U0555049

本书为国家社会科学基金一般项目“西周铭文史”（13DZW051）最终成果

西周銘文史

丁 進著

文物出版社

圖書在版編目（CIP）數據

西周銘文史／丁進著．—北京：文物出版社，2022.1（2023.1重印）

ISBN 978－7－5010－7342－9

Ⅰ．①西…　Ⅱ．①丁…　Ⅲ．①金文－研究－中國－西周時代　Ⅳ．①K877.34

中國版本圖書館 CIP 數據核字（2022）第 003384 號

西周銘文史

著　　者：丁　進

責任編輯：許海意
封面設計：程星濤
責任印製：王　芳

出版發行：文物出版社
社　　址：北京市東城區東直門内北小街 2 號樓
郵　　編：100007
網　　址：http：//www.wenwu.com
經　　銷：新華書店
印　　刷：文物出版社印刷廠有限公司
開　　本：710mm×1000mm　1/16
印　　張：34.25
版　　次：2022 年 1 月第 1 版
印　　次：2023 年 1 月第 2 次印刷
書　　號：ISBN 978－7－5010－7342－9
定　　價：180.00 圓

序

蔣　凡

丁進教授所撰《西周銘文史》將由文物出版社出版。該書的出版是學術界一件大事，彌補了以前青銅器銘文無史的學術遺憾。關於商周青銅器銘文的研究，前賢付出了諸多努力，作出了諸多貢獻。陳夢家、郭沫若、唐蘭、容庚、楊樹達、于省吾、馬承源、李學勤、裘錫圭諸大師的研究精彩紛呈，各具特色，啟迪來者。學術研究猶如滾滾長江東逝水，一浪高一浪，這是客觀規律。以此，前賢有“後生可畏”“當放出一頭地”的歎美之言。現在，丁進在繼承前賢碩果的基礎上繼續向前，勇於開拓創新，讓銘文史研究達到了新高度，由此，商周青銅器銘文史研究又站在新起點上。

我和丁進相稔相知數十載，即使在他成博士、任教授、桃李滿天下之時，我們這對“平生風誼兼師友”的夥伴，仍互相往來，多所交流。“如切如磋，如琢如磨”，互相促進。現在，爲了閱讀並理解《西周銘文史》，有必要略知作者的學術個性與特點，此所謂“知人論世”也。爲深入學術殿堂，丁進常廢寢忘食，幾達如醉如癡地步。學術修養，一方面有天分的因素，但更與勤奮刻苦的鑽研精神相關。如果缺乏甘坐冷板凳精神，要有新的學術突破和質的飛躍是難以想像的。據我所知，丁進讀書多在深夜，子時苦思，丑時未懈，夜半人静，饑腸轆轆。他在攻讀博士學位時，上有耄耋之老，下有待哺兒女，條件限制，能有幾塊餅乾、一杯開水已算不錯。夫人憂其健康，望我幫助勸慰告誡，但收效甚微，只有在讀書研究告一段落之後方才稍事調整休息。如此這般，日復一日，年復一年，夏暑秋涼，冬去春來，終於開花結果，可謂求之不易，令人歎息。能下此苦功夫，需要高度的學術自覺意識做支撐。在學術研究領域，以苦爲樂精神不可或缺。現在，學術生態環境大有改善，但急於求成者大有人在，相映之下，能無思乎？

《西周銘文史》是一部專精深刻的學術著作。其專精肇於作者學術基礎的寬廣博厚。若無博厚，何來精深之約？丁進主修專業是中國古典文學，而非古文字學和考古學。但要研究青銅器銘文，就必須從認字釋文基本功做起。語言文字的障礙逼他必須先行補課而從識字斷義始。攻博之時，年已逾而立，但他卻像古代丱角學童，琅琅書聲，臨字描畫，一筆不苟，然後進一步閱讀前賢隸字釋義之章，漸有所悟，能就銘文字形字體的變化提出自己的商討意見，力求持之有故，言之在理，從“老學童”逐漸轉變爲專業能手。學而有思，自然無罔不殆。在征服了語言文字障礙後，他逐漸將讀書所悟積累起來，整理成章，形成一篇篇研究成果，並從最初的“以銘文證周禮”的交叉研究拓展到對銘文史本身的研究，開拓了個人研究的新領域。

撰寫《西周銘文史》，需要有建立在精細深刻研究基礎上的獨到見解。西周銘文研究雖然名家輩出，然而涉及一篇篇具體的銘文，各家解讀多有分歧。撰寫西周銘文史必須對這些異說做出取捨，或另辟新説。於此，則需要研究的精細深刻。如釋《宜侯夨簋銘》“賜在宜王人十有七姓”句，何謂“十有七姓”？專家意見相左難決，作者加注：“十有七姓之‘姓’，搨片類似於‘生’字，郭沫若、陳夢家、唐蘭均釋爲‘姓’；李學勤在《宜侯夨簋與吴國》一文中提出當爲‘里’。我們仔細辨别‘生’左上角一横筆似爲創痕，筆勢與‘里’第一横畫不契合，今仍從唐蘭等説。”（《西周銘文史》第 96 頁）又如釋《大盂鼎銘》記録周康王語曰：“賜汝……人鬲千又五十夫。”何謂“人鬲”？專家意見紛紜。作者加注説：“人鬲，有釋爲人數，有釋爲人獻，見李學勤《大盂鼎新論》……我們認爲人鬲以‘夫’爲單位，相當於以家庭爲單位的户數。”（《西周銘文史》第 120 頁）鄙見以为，“鬲”讀爲 lì，是上古時代蒸煮食物的炊具，是家家必備的生活用具。作者釋“人鬲”爲人户，應當成立。由此可見，作者在使用銘文材料時候有繼承，也有自己獨立的思考和有依據的判斷，在尊重事實的基礎上學而能思，思而有得，並不盲從前賢。

撰寫《西周銘文史》，需要有寬廣的知識基礎。丁進學科視域開闊，興趣廣泛，基礎寬闊深厚，爲他建造《西周銘文史》學術之塔奠定了深厚的根基。他不僅對經、史、諸子之學孜孜以求，《詩經》《楚辭》反復諷誦，而且對人們視爲畏途的"三禮"之學用功尤深，對《儀禮》《周禮》《禮記》各篇反復推敲，稔熟於胸，因此根柢，他常將現存傳世文獻和考古發現的銅器銘文相互參證，作新闡發，所論大多持之有故，有所開拓，有新創意，發人深思。至於古典文學方面，是其當行本色的學術專攻，對青銅器銘文的文學闡發，更是行家裏手，多有發人之所未發之言。我國古代詩文的諷誦吟唱傳統，現代學校因教育體制關係而少有重視，幾近失傳。丁進很想改變這一現狀，他努力結合文學與音樂，積極提倡，廣加開拓，於嶽山之麓開課講授，吟聖賢之書，唱經典詩文，續千年弦歌，琅琅書聲，一片宫商，悦耳動聽。如此寬廣的學術基礎當然會爲《西周銘文史》研究注入新氣象，其磅礴的學術氣勢，隨處可見，令人歎賞。吟唱古詩文的興趣直接助力於他對青銅器銘文語言的音樂性研究。如他分析《晉侯僰馬壺銘》説：

> 銘文語言非常流暢，語句連貫，節奏感非常強，具有《詩經》四言詩的韻味："既爲寶盂，則作尊壺；用尊于宗室，用享用孝，用祈壽考。""既"與"則"呼應，三個"用"字構成排比修辭，"盂"與"壺"、"孝"與"考"押韻。銘文駢散結合，以詩入文。(《西周銘文史》第 470 頁)

作者言簡意賅地把青銅器銘文語言藝術的音樂性審美要素生動地展現在讀者面前。於此可見，興趣廣泛，基礎寬厚，有助於學術的專精深入，有助於化枯燥的學術語言表述爲生動的藝術特色敘述。以下就《西周銘文史》的特點和作者學術個性略作提示。

有關青銅器銘文的探索研究，丁進已有三部專著。最早的一部是《周禮考論：周禮與中國文學》(上海人民出版社，2008 年)，其中有論述西周器銘的專門章節。其次是《商周青銅器銘文文學研究》(西北大學出版社，2013 年)。第三部即本書《西周銘文史》。從這三部著作中，我們看到了作者堅實穩健的學術步伐，進步、提高、躍升的痕跡明顯可見。《西周銘文史》是其心血結晶的集成之作。

學術領域各有其史。經學有經學史，文學有文學史，交通有交通史；可是青銅器銘文研究卻没有系統的史學著作。現在，丁進《西周銘文史》的出版，彌補了這一學術空白，厥功甚偉。著作總結了西周銘文的發展規律，揭示西周青銅器銘文直接繼承晚商銘文寫作傳統並加以發揚光大，走向輝煌。作者把西周銘文創作劃分爲四個階段：武、成二王爲發軔期，康、昭二王爲發展期，穆、恭、懿、孝四王進入繁榮期，到夷、厲、宣、幽四王時代，雖經政治衰亂，但銅器銘文並不因此衰落，反而進入極盛期。这反映出文化與政治治亂有時並非同步，二者有聯繫，也有區别，各有自己的發展規律，不可一概而論，應該根據實際情況作具體分析，揭示其發展特點。

《西周銘文史》在研究方法上多有思考與創意，從寫作方法探索到價值判斷，進一步建立了青銅器銘文研究的基本框架，其中包括了銘文的歷史價值、文學價值以及以經學爲主的文化價值。在丁著《西周銘文史》之前，尚未見有哪部銘文著作對上述三大價值做出綜合、系統的分析研究，從而全面地評價各篇銘文在銘文發展史上的地位。《西周銘文史》做了創新性嘗試，深入到西周禮樂文明中，對貴族生活的方方面面廣泛涉及，包括歷史學、考古學、古文字學、語言學、經濟史學、法制史學、文化人類學，以及人們生活中不可或缺的文學等諸多方面。在這裏，我們僅就上述三大價值略作導引薦介。

歷史價值。西周青銅器銘文的作者都是西周貴族，《西周銘文史》並非孤零零地簡單斷識銘文，而是試圖把銘文作家作品安放在上古廣闊的歷史視野中，研究銘文所反映的西周王朝及眾多諸侯國的政治生活、家族故事、貴族之家彼此交往互動及其歷史作用等。在歷史研究方面，《西周銘文史》綜合運用了比較研究法來彰顯銘文的史料價值，特别是與《尚書》《詩經》《周禮》《儀禮》《左傳》《國語》《逸周書》《竹書紀年》以及《史記》等文獻的梳理比較，凸顯了西周器銘對於填寫西周歷史的某些空白以及彌補史料不足等方面的作用。如通過對《兮甲盤銘》所載分析西周王朝與南淮夷的關係，從而作出判斷："《兮甲盤銘》表明，經過周厲王的兩次南淮夷之役，南淮夷被徹底納入王朝經濟體系中。"《西周銘文史》還通過分析一組應侯家族銘文，指出西周分封同姓諸侯，確實起到了拱衛藩屏周室的效果。《西周銘文史》還通過周康王時期一組戰爭銘文分析了西周初年的民族關係；從昭王南征一組銘文中發掘出昭王南征歷史事件的許多具體細節，填補了史書記載的缺失。

文化價值。《西周銘文史》緊扣“宗周禮樂文明”這條主線來展開，具體審視了諸多銘文所反映的西周王朝禮樂文化的特性與深度。對經學，尤其是禮學，作者用功尤深。他重視並分析了一篇篇銘文具體記敘的宗法、職官、禮制、經濟權益、祖先崇拜、鬼神祭祀等諸多內容。如從《小盂鼎銘》分析西周軍禮；從《匽侯克盉銘》發掘西周大封禮；從琱生三器銘分析宗法制度中的大宗、小宗問題及其關係處理；從《霸伯盂銘》分析西周王朝聘禮；從《荊子鼎銘》分析西周大殷之禮。周禮並非空有形式，而是運用定型化的禮儀來操縱和實施統治的具體政治制度，作用巨大。《西周銘文史》對於“蔑歷”禮的探索，還原了當時一種特殊的禮儀：“‘蔑歷’是一種帶有儀式化的行政獎勵活動。金文中‘蔑歷’一詞出現於晚商時期，西周早期開始興起，中期達到鼎盛，晚期之後逐漸減少，到春秋時期完全消失。”（《西周銘文史》第 320 頁）對於“蔑歷”的來龍去脈，梳理清晰，有力地證明“蔑歷”是西周王朝對有功之臣實施的一種表彰禮儀，用以激勵臣屬或諸侯對王朝的忠心。這當然是一種很實用的政治工具。上述所論，值得借鑒而多所啟迪。

文學價值研究。作者在青銅器銘文的文學價值研究方面更是得心應手，遊刃有餘。他把具體的銘文作品安放在青銅器銘文發展史上考察，並能把中國古代文學批評與現代文藝學的理論與方法結合在一起，綜合運用了字義分析法、語義分析法、修辭分析法、章句分析法、情景分析法、心理分析法、形象分析法、敘事分析法、意境分析法等，靈活運用，具體分析、研判一篇篇銘文的寫作藝術和文學價值，進一步揭示其地位，言之有據，論之成理，在微細的分析中見其宏觀的理論思考。作者指出，西周銘文是貴族的個人創作，也是一種家族文學，反映了當時的貴族生活和精神面貌。作者的銘文研究關注於西周貴族精神，並深入銘文內在的心理刻畫藝術。認爲一篇成功的青銅器銘文可與《詩經》《尚書》《左傳》等經典作品互證參讀；銘文語言聲韻鏗鏘，詩文結合，亦駢亦散，具有詩情畫意，頗富藝術魅力。《利簋銘》顯示了“從史官敘事向私人敘事的過渡狀態”，因此作者斷言，史官的史傳文學、先秦諸子散文與商周青銅器銘文一起成爲先秦時期散文藝術的三座高峰（《西周銘文史》第 49 頁），給予商周青銅器銘文以很高的文學評價。

總之，作者西周青銅器銘文研究既有謹慎縝密的微觀考察，同時又重視宏觀的理論思考與創意闡發。比如，本書在學術史上首次提出商周青銅器銘文是中華文化史上最早的一批“私家著作”的大膽新見。由於商周貴族製作青銅器的目的就是爲家族的禮樂文化生活——特别是家族祭祀提供器具，這些器具並非“公用器物”，而是具有鮮明的私家性質的私人用品，铭刻其上的金文自然也具有私人寫作性質；同時，銘文作品本身明確宣佈自己的私人屬性，其寫作立場與寫作視角也多爲私人性質。這一論斷大膽地推翻了二十世紀初學者提出“戰國之前無私家著作”之説，這一論斷是否爲定讞，可以继续討論。但作者持之有故，其創新之思是建立在青銅器銘文發展的事實之上，給人有益的啟迪，其學術分量不可小覷。

作者寄我《西周銘文史》一大册手稿，囑爲序，在此只能以第一讀者的身份，以一篇讀書心得代序，祈諒。

目　录

第一章　緒　論

西周文章寫作有兩個傳統：一個是以史官爲主的公文寫作傳統；另一個是各級貴族的青銅器銘文寫作傳統。前者屬於官方寫作，後者屬於私人寫作。以青銅器銘文爲代表的銘刻創作是中華最早的私人化散文寫作，展現了三千年前西周社會面貌、貴族思想感情和生活真相，是凝結在青銅器上的民族文化記憶，是人類青銅時代的文化瑰寶。那時候王侯、公卿和士大夫家家制器，人人作銘，形成世界古代文明史上的文化大觀。僅僅西周時期我們目前能夠看到的成篇銘文就有千篇之巨，數量遠遠超過傳世的官方文書《尚書》，與優美的詩歌作品《詩經》一起構成西周文學史上的三座高峰。具有文章意義的青銅器銘文創作在商代晚期開始興起，西周中晚期達到極盛，經過春秋時期的轉變而再次繁榮，隨着青銅時代的終結而逐漸衰落於秦漢之際。在長達一千多年的青銅器銘文創作歷程中，歷代銘文作者從私家視角記載了個人的經歷、業績、榮耀、感受和願望，间接反映了他們所處時代的政治、經濟、軍事、審美、信仰等多方面的内容。語言文字學家通過考釋，辨認出一批難識别的西周文字，爲我們理解銘文内容提供了巨大便利。歷史學家通過銘文研究發現一大批湮滅於歷史長河的商周方國和貴族世家的活動遺跡，整理出許多失傳的歷史史實、文化制度資料，拓展了我們對於商周文化的視野。文學研究者從銘刻中發現史家情懷和詩人風致，爲我們發掘出一篇篇精美的文學作品。然而對於長達千年的青銅器銘文發展歷程，相關研究成果十分罕見，至今没有出現一部青銅器銘文史著作。本書致力於對近三百年西周銘文史的演進歷程作深入研究，在本章，我們對西周銘文史的研究現狀、西周銘文史的分期以及我們的研究目標和研究方法作簡要介紹。

第一節 西周銘文史研究現狀

西周青銅器銘文是西周人親手撰寫的文章，是西周人寫西周事，是實實在在的西周“真跡”，他們凝結着西周貴族的理想、願望和情感，是通過地下埋藏而突破了時空限制展現在我們面前的上古遺愛。每一件青銅器銘文都是一件奇跡，每一篇青銅器銘文都是一件無價之寶。從北宋開始到今天，學者對這份遺産作了整理和深入的研究，成果非常豐富。到目前爲止，西周青銅器銘文研究呈現“三熱二冷”局面。

一、西周青銅器銘文研究之“熱”

銘文研究第一個“熱”表示在銘文文獻整理方面。圖像類的如《中國青銅器全集》十六册，銘文總集類的如《殷周金文集成》十八册，圖像與銘文總集類的如《商周青銅器銘文暨圖像集成》三十五册，研究資料彙編類的如《金文文獻集成》四十六册。工具書類聞名四海的就有《金文編》《金文詁林》以及《古文字詁林》《金文引得》《新金文編》《新見金文字編》《金文詁林補》《金文大字典》《金文人名彙編》等等。

銘文研究第二個“熱”表現在語言文字學研究方面。從事銘文語言文字研究的阵容庞大，名家輩出。這方面的學術研究時間跨度長，積累的成果非常可觀。就以近代來説，除了著名的金甲文研究“四堂”之外，我們還可以列出楊樹達、于省吾、陳夢家、唐蘭、胡厚宣、張政烺、饶宗頤、李學勤等一大批已經故去的學術大師。目前正活躍在學術界的金文學名家更是難以一一枚舉，甚至海外學者日人白川静儼然成爲金文研究巨匠。一個有趣的現象更能説明語言文字研究之“熱”：每當發現一件帶銘青銅器，即帶來一個銘文研究小高潮，短時間内湧現一大批文字考釋的論文，可見語言文字學科研究力量之強。

銘文研究的第三個“熱”體現在銘文的史學研究方面。近代特别是改革開放以來，從制度史、文化史角度研究銘文的學者十分活躍，成果也相當豐富。張亞初、劉雨的金文職官研究，[1] 大陸學者陳漢平、台灣學

[1] 張亞初、劉雨：《西周金文官制研究》，中華書局，1986年。

者何樹環的金文册命制度研究，[①] 大陸學者馬承源、張長壽、劉啓益、彭裕商、張聞玉、陸勇飛以及臺灣學者趙英山等一大批學者的金文斷代與西周曆法研究，[②] 丁山、楊寬、唐蘭、李峰等一大批學者的西周史研究都推出了各自的名著。[③] 至於專門史的研究，成果同樣可觀，一批碩博論文展開了金文中的軍禮、祭祀禮研究；[④] 劉正出版了《金文廟制研究》《金文氏族研究》《金文學術史》等專著。[⑤]

青銅器銘文研究本當是非常“冷”的學科，由於以上三類研究成果突出，爲一個相對“冷門”的學科帶來許多新氣象，因而在一定程度上稱之爲“熱”也不爲過分。

二、青銅器銘文研究之“冷”

然而在如此熱鬧之中仍然存在青銅器銘文研究之“冷”。

青銅器銘文研究第一個“冷”是青銅器銘文文章學研究成果稀少，研究力量薄弱。自唐蘭於20世紀發表《卜辭和卜辭世代的文學》以來，近百年間研究名家屈指可數，學術專著二、三部而已。連秀麗致力於發掘銘文的“詩性特徵”和“史家理性”，成就銘文學史上第一部文學研究

---

① 陳漢平：《西周册命制度研究》，學林出版社，1986年；何樹環；《西周錫命金文新研》，台灣文津出版社，2007年。

② 進按：關於斷代研究，由於“夏商周斷代工程”的啟動，世紀之交興起青銅器斷代研究熱潮，主要成果見王世民、陳公柔、張長壽：《西周青銅器分期斷代研究》，文物出版社，1999年；其餘如馬承源的《商周青銅器銘文選》四册就是一部按照王世編排的銘文研究著作。此外還有更多的成果，如劉啟益：《西周紀年》，廣西教育出版社，2002年；彭裕商：《西周青銅器年代綜合研究》，巴蜀書社，2003年；張聞玉：《西周王年論稿》，貴州人民出版社，1996年；張聞玉：《銅器曆日研究》，貴州人民出版社，1999年；張聞玉等：《西周紀年研究》，貴州大學出版社；陸勇飛：《西周金文曆法與斷代研究》，三秦出版社，2017年；趙英山：《古青銅器銘文研究》，台灣商務印書館，1983年。

③ 利用青銅器銘文研究西周史的名著非常多，兹舉數例，如丁山：《商周史料考證》，中華書局，1988年。丁山：《甲骨文所見氏族及其制度》，中華書局，1988年；楊寬：《西周史》，上海人民出版社，2003年；唐蘭：《西周青銅器銘文分代史徵》，中華書局，1986年；李峰：《西周的政體：中國早期的官僚制度和國家》，三聯書店，2010年；李峰：《西周的滅亡：中國早期國家的地理和政治危機》，上海古籍出版社，2007年。

④ 例如吉林大學2010年張秀華的博士論文《西周金文六種禮制研究》，河南大學2010年袁俊傑的博士論文《兩周射禮研究》，陝西師範大學2016年李春艷的博士論文《西周金文中的天子禮儀研究》等。

⑤ 劉正：《金文氏族研究：殷周時代社會、歷史和禮制視野中的氏族問題》，中華書局，2002年；《金文廟制研究》，中國社會科學出版社，2004年；《金文學術史》，上海書店出版社，2014年。

專著。然而強行將銘文分爲“尚書體”和“韻文體”，難免以偏概全。[①]我們的專著《商周青銅器銘文文學研究》以傳統的文章學方法剖析銘文，初步建立了銘文文學研究的基本框架；然而關於銘文發展史的研究尚未涉及。[②]李義海一段時間致力於西周銘文的修辭藝術研究；[③]陳彦輝也有數篇從文體學角度研究銘文的論文；[④]譚德興在銘文的文學思想研究方面下過功夫；[⑤]陳桐生對銘文的語言藝術作過深入分析。[⑥]但是以上學者也只是在一段時間或所研究領域旁涉青銅器銘文才進行了相關的研究，遠沒有達到學科自覺的程度。至於青銅器銘文的文章學研究今後如何推進，關心的人很少。這方面的研究所處位置並不突出，大多數學者將銘文研究置於“中國古代文學”分支“先秦文學”中，與諸子散文、歷史散文、上古神話和傳説並列，屬於“先秦散文”中的次目。

青銅器銘文研究第二個“冷”是青銅器銘文發展史的研究成果十分罕見。如果一個成熟的學科没有學科史的研究，那麽學科的成熟程度是值得懷疑的，假如中國古代文學研究領域没有中國古代文學史研究成果，那麽中國古代文學學科是不可想象的。青銅器銘文研究自北宋開始到今天已經有一千多年的歷史，研究成果豐富，學科理論和實踐都有舉世矚目的建樹，可是青銅器銘文史的研究卻非常滯後，與學科的發達形成巨大的反差。

---

① 連秀麗：《周代吉金文學研究》，中國社會科學出版社，2011 年。

② 丁進：《商周青銅器銘文文學研究》，西北大學出版社，2013 年。

③ 李義海：《先秦時期漢語中的合敘與銅器銘文的釋讀》，《修辭學習》2008 年 6 期；《西周金文修辭研究》，華東師範大學 2009 年度博士論文；《別白行文視點下的㑹匜銘文補釋》，《華東師範大學學報》2011 年 4 期；《西周長銘金文事物別白初探》，《陝西師範大學學報》2011 年 2 期；《西周長銘金文中的自釋》，《阜陽師範學院學報》2013 年 5 期。

④ 陳彦輝：《青銅時代：商周青銅銘文發生的文化背景》，《學術交流》2009 年 3 期；《商周青銅器銘文文體論》，《文學評論》2009 年 4 期；《周代銘文祝嘏辭的文體特徵》，《學術交流》2011 年 12 期；《周代訓誥銘文的發生及其文體特徵》，《文藝評論》2012 年 12 期。

⑤ 譚德興：《論周代銅器銘文中的文學批評思想》，《貴州大學學報》2009 年 3 期；從《〈詩經〉與銅器銘文看中國文學批評思想的萌芽》，《衡陽師範學院學報》2008 年 5 期；《吴國青銅樂器銘文與季札的詩樂思想》，《武漢理工大學學報》2016 年 6 期。

⑥ 陳桐生：《商周銘文語言的發展演變》，《東南大學學報》2015 年 1 期；《商周文學語言因革論》，《文學遺産》2016 年 4 期。

三、青銅器銘文的文體學研究的“瓶頸”

青銅器銘文的文學研究遭遇三大瓶頸：銘文史研究困難重重，新領域開拓遥遥無期，研究方法看似“山窮水盡”。

由於從事銘文文學或文章學研究的大學者大多没有文字學、曆法學研究的學術背景，他們的研究必須依托文字學家和天文史學者的研究成果。由於青銅器斷代問題争論比較大，難有統一的意見，單篇銘文年代難以確定。這個問題不解決，銘文史研究所依賴的原始材料的年代就難以確定，後續工作無從下手。同時，青銅器銘文的語言文字研究雖然熱鬧，可是同一篇銘文的解讀大多言人人殊，對於同一篇銘文内容的釋讀難有定論。這個問題不解決，銘文史和銘文的文學研究難以開展。

青銅器銘文寫作傳統到秦漢之際已經終結，出現在魏晉南北朝時期的“銘誄”文體與青銅器銘文幾乎没有直接關係，因而我國古代文學批評中關於青銅器銘文的文學批評付之闕如，對於銘文的文學批評前人没有遺産留給我們。近代以來學者嘗試了文體學、修辭學、文藝學等多種方法研究銘文文學，雖然在“詩性意藴”“史家理性”“修辭藝術”等方面有所創獲，但再分析下去明顯感到分析工具的匱乏，似乎舊的研究方式已經走到盡頭，想開拓銘文研究的新領域、新視野已經非常艱難。

目前青銅器銘文研究成果大多集中在文字學、考古學、中國歷史學三大學科，從文章學史角度綜合研究西周青銅器銘文的成果卻非常匱乏。商周青銅器銘文到底取得了怎樣的創作成就？他們是如何發展變化的？有哪些著名的作家和作品？他們的寫作風格如何？到目前爲止，還没有一部著作對這個問題作出全面的回答。

四、突破銘文研究“瓶頸”的思考

如何突破目前的研究瓶頸，如何從外部的研究進入到青銅器銘文的“内核”，推動銘文研究向更高層次發展？我們認爲必須突破現有觀念、突破目前的研究套路。我們以下對突破路徑做簡要分析。

明確青銅器銘文傳統的“家族文學”特徵。商周青銅器銘文不是先秦散文百花園中一個簡單的組成部分，僅僅處在與歷史散文、諸子散文、神話與傳説的“平行四邊形”位置，而是具有一千多年創作史的獨立的文學體裁。不僅有獨特的文體特徵，還有獨立而悠久的文化和藝術傳統。我們應當充分理解青銅器銘文的傳統，不僅要重視青銅器銘文的文體學特徵，更要重視青銅器銘文的文化傳統。如果説青銅器銘文的文體學特徵是外在的特徵，那麽青銅器銘文的文化傳統就是内在特徵。如何把握青銅器銘文自己形成的文化傳統？我們認爲應當認識青銅器銘文的本質，那就是“家族文學”。青銅器銘文的本質特徵是“家族文學”，這與殷商貴族製作青銅器的目的有關。製作青銅器與“宗法制度”密切相關。一個鐘鳴鼎食之家，有日常用具青銅器，有宗廟祭祀用具青銅器，有妻子帶來的青銅器嫁妝。每次製作青銅器對於一個家族來説都是一個大喜事，很多家族爲紀念這樣的大喜事，往往撰寫銘文。有了青銅器，銘文才有載體。製作青銅器激發了貴族創作銘文的衝動。上古貴族聚族而食，聚族而祭，無論大宗、小宗都是如此。青銅祭器爲宗族所有，青銅日用器也屬於宗族，屬於宗族的宗婦和宗主。男子開宗，需要另立宗廟，未開宗的男子有一定的經濟條件也製作青銅器，卻是用於宗族宗教生活。青銅器是宗族文化的物質載體，青銅器銘文反映大量的宗族信息，充分顯示了家族特徵。青銅器銘文就是上古的“家族文學”。“天子建國，諸侯立家，卿置側室，大夫有貳宗，士有子弟。”從天子到士都在宗法之中，天子是最高的宗主。如果從宗室視角看青銅器銘文，那麽從天子到士的銘文都可以納入這個視野。我們從“家族文學”的角度研究青銅器銘文，就可以一線貫穿，大幅度拓寬了青銅器銘文縱嚮和横嚮視野，前所未有的相關信息蜂擁而至，對作者創作用心的感應更接近實際，對單篇銘文的解讀更加準確。有利於打破目前以文體和文學表現力爲中心的青銅器銘文文學研究的局限。

明確銘文創作的主體是上古貴族。青銅器銘文都是以貴族私人身份創作的個人作品，這些貴族是參與到當時社會生活中的人，其中許多人在歷史中扮演重要角色。那麽，我們在研究中就不能孤零零地研究青銅器銘文文本本身，應當放在上古廣闊的歷史視野中研究青銅器銘文所反映的王朝和諸侯國的歷史事實、家族歷史，一個家族與其他家族的聯繫，本家族在王朝和諸侯國起到的歷史作用等等。這樣，青銅器銘文的研究就與《詩經》《尚書》《左傳》《國語》《戰國策》聯繫起來。再結合歷史地理學和文化人類學的研究方法，必定能打破目前的研究瓶頸，形成新的突破。

青銅器銘文是人類共同的文學遺産，日本人白川静用數十年時間完成了巨著《金文通釋》，取得驚人的成果。中國文學研究者更應該耐得住寂寞，致力於金文研究。我們堅信商周青銅器銘文這一座富礦的資源並没有枯竭；相反，開採才剛剛開始。

我們試圖將西周青銅器銘文視爲西周貴族的“家族文學”，並以此爲出發點探索銘文創作的發展歷程。本研究第一次從文章學發展史角度對西周燦若群星的銘文作家和作品進行全面梳理，試圖描述出西周二百五十七年[①]銘文寫作發展演變的全貌。

第二節 西周王朝的興衰與青銅器銘文的發展

關於西周從部落到王朝直至覆滅的歷史，傳世文獻記載非常簡略，並且缺失太多。目前學術界一般將西周王朝分成早、中、晚三個時期，相當於發展期、全盛期和衰落期。然而西周青銅器銘文的發展與此並不同步。由於文化的特殊性，到了西周社會的衰落期，青銅器銘文創作不但没有衰落，反而更加繁榮。我們總結了西周銘文發展的實際情況，將西周銘文史分爲四個時期：武王、成王時代的發軔期，康王、昭王時代的發展期，穆王、恭王、懿王、孝王四王時代的繁榮期，夷王、厲王、宣王、幽王四王時代的鼎盛期。每一個時期的青銅器銘文都有各自的特點。在發軔期，銘文作品數量比較少，由於這是西周銘文的起步階段，我們對單篇銘文的分析要細緻一些。到了發展期，銘文作品逐漸增多，我們開始以突出的作家、作品爲重點。到了繁榮期，銘文作品大量湧現，我們進行分類歸納總結，挑選出重點作家和作品作特色和風格的分析。

一、西周王朝的歷程

根據《史記・周本紀》以及《詩經》等文獻，周人之祖后稷大約與夏禹同時代，在農業種植方面對中華民族有過重要貢獻。后稷之後另一位重要人物是公劉，主要活動在今甘、陜地區的漆水、沮水間，與戎狄雜處。公劉之後另一位重要部落領袖公亶父帶領周部族離開戎狄之地，定居到岐山之下，建立岐周侯國，從此拉開周人進入中華主流文化的序

---

① 進按：關於西周年數有多種説法，這裏採用《古本竹書紀年》説，以爲自武王滅商至幽王死於驪山，凡二百五十七年，見裴駰《史記集解・周本紀》引《汲冢紀年》，中華書局，1959年，第149頁。

幕。公亶父的孫子姬昌是中華歷史上有名的政治家，生當商紂王之時。姬昌廣納人才，圖謀大業，商紂王感到西周的威脅，囚禁了姬昌。姬昌在被囚期間推演《周易》，圖謀滅商。姜尚等人賄賂商紂王及其臣屬，商紂王忘乎所以，不僅釋放了姬昌，還授予姬昌征伐大權。姬昌回歸，伐犬戎，伐密須，伐耆，伐邗，滅崇侯虎，利用一系列軍事和政治手段控制了西北，奠定了西周一統天下的基礎。

姬昌去世後子姬發即位。姬發繼續推進姬昌向東發展戰略，終於在公元前1046年[①]二月甲子之日率領西方聯軍擊破商王紂聯軍於商郊牧野，商王紂自焚於鹿台，商王朝覆滅。姬發採取一系列安定殷商人民的措施，釋放囚犯，發放商王紂聚斂的財物和糧食，賑濟貧民，搬走象徵王權的九鼎，立商王紂之子禄父爲諸侯，管理殷民，奉殷祀。以管叔爲王子禄父之相，監視禄父。乃領軍回歸。[②]1046年4月，姬發回到鎬京，昭告天下即位爲王，開始了西周王朝第一次大規模分封諸侯活動。[③]目前所能見到的反映武王克商這一重大歷史事件的銘文有《天亡簋銘》《利簋銘》兩篇。

姬發克商後，日夜操勞，以致夜不能寐；[④]後二年去世。[⑤]子姬誦立，是爲周成王。周成王缺乏治國經驗，而此時天下未寧，周公姬旦攝政，引起管叔、蔡叔等西周内部勢力的不滿，管、蔡二叔竟然與商紂王之子禄父、東夷勾結，發動叛亂。周成王命令周公鎮壓叛亂，殺王子禄父、

① 按：武王克商年代也有多種説法，此處採用“夏商周斷代工程”專家組説，見《夏商周斷代工程1996—2000年階段成果報告簡本》，世界圖書出版公司，2000年，第46頁。

② 《逸周書·克殷解》：“立王子武庚，命管叔相。乃命召公釋箕子之囚；命畢公、衛叔出百姓之囚。乃命南宫忽振鹿台之財、巨橋之粟。乃命南宫伯達、史佚遷九鼎、三巫。乃命閎夭封比干之墓。乃命宗祀崇賓，饗禱之於軍，乃班。”黄懷信等：《逸周書彙校集注》，上海古籍出版社，2007年，第356~360頁。

③ 《逸周書·世俘解》：“維四月乙未日，武王成辟，四方通，殷命有國。”其中“命有國”，陳逢衡以爲即大封國邑，見黄懷信等：《逸周書彙校集注》，上海古籍出版社，2007年，第411頁。又《作雒解》：“武王克殷，乃立王子禄父，俾守商祀。建管叔于東，建蔡叔于殷，俾監殷臣。”黄懷信等：《逸周書彙校集注》，上海古籍出版社，2007年，第510~511頁。

④ 《史記·周本紀》：“武王至於周，自夜不寐。”（《史記》，中華書局，1959年，第128頁）

⑤ 《史記·封禪書》：“武王克商二年，天下未寧而崩。”（《史記》，中華書局，1959年，第1364頁）

管叔，流放蔡叔，以殷商故都朝歌爲基礎建立衛國，分封給康叔封；以一部分殷商遺民爲基礎建立宋國，封給微子啟，奉殷祀。[①]此爲二次伐商之役。此役之後，殷商政治集團徹底退出歷史主舞台，西周王權在中原地區真正確立起來。

此後，爲徹底征服以淮夷爲主力的東方勢力，周成王以召公爲保、周公爲師，東伐淮夷，破滅奄國，[②]將東方納入西周王權控制之下，最終完成了西周王國的統一。此爲"周公東征"之役。二次伐商和周公東征引發了西周銘文創作的第一次小高潮。

東征成功之後，成王和周公再次分封諸侯，將親屬和功臣分封到王朝域内要地。分封諸侯，爲王朝设置屏障，是王朝對全國實行有效管理的手段。此外，周公再次營建洛邑，是爲成周。成周成爲王朝在東方的政治中心，西周王朝東都成周、西都宗周的兩都格局由此形成。周公還爲王朝制定了禮樂制度，之後，致政成王。[③]禮樂制度是中華文化的一大創舉，是世界文明史中的瑰寶。周公奠定了西周禮樂文明的發展基礎，是中華文化史上的偉人。周成王遵循周公所建立的治國之道，奠定了中華歷史上首個"小康社會"——成康盛世的基礎。

周成王臨終之前對王朝權利做了安排，以召公和畢公爲輔佐大臣，協助太子釗繼位，是爲周康王。周康王以安民樂業爲務，完善了郊、野、里、居行政區劃，天下太平四十餘年，號稱"成康盛世"。[④]此爲青銅器銘文創作的一個高潮期。

經過文、武、成、康四世的發展，西周社會的政治、經濟和文化進

---

① 《史記·周本紀》："成王少，周初定天下，周公恐諸侯畔周，公乃攝行政當國。管叔、蔡叔群弟疑周公，與武庚作亂，畔周。周公奉成王命，伐誅武庚、管叔，放蔡叔。以微子開代殷後，國於宋。頗收殷餘民，以封武王少弟封爲衛康叔。"（《史記》，中華書局，1959年，第132頁）

② 《史記·周本紀》："召公爲保，周公爲師，東伐淮夷，殘奄，遷其君薄姑。"（《史記》，中華書局，1959年，第133頁）

③ 《尚書大傳》："周公攝政，一年救亂，二年克殷，三年踐奄，四年建侯衛，五年營成周，六年制禮作樂，七年致政成王。"（皮錫瑞：《尚書大傳疏證》卷五，《續修四庫全書》本第55册，第789頁）

④ 《史記·周本紀》："康王即位，遍告諸侯，宣告以文武之業以申之，作《康誥》。故成康之際，天下安寧，刑錯四十餘年不用。康王命作策畢公分居里，成周郊。"（《史記》，中華書局，1959年，第134頁）

入全盛時期。昭王、穆王二世西周王朝國力強盛，昭王在位十九年，穆王在位五十五年，王權穩定。昭、穆二王依托強大的經濟和軍事實力，分别向南、向西北擴張，著名的“昭王南征”和“穆王西征”反映的就是這兩大歷史史實。然而周昭王南征而不復，穆王伐犬戎而荒服者不至，[①] 西周鼎盛期走到盡頭。

此後共、懿、孝、夷四王時期，西周國力逐漸下降。其中周夷王三年，夷王於齊哀公覲見之際烹殺齊哀公，從此諸侯離心離德，成爲西周王權由盛而衰的轉折點。[②]

夷王崩，子姬胡繼位，是爲周厲王。周厲王寵信榮夷公，拒绝聽從百姓意見，内與國人争利，外以強力壓迫列國，導致王朝政治内外交困，終於爆發“國人暴動”，周厲王被“國人”趕下台，國家政權由召、周二公共同執掌。[③]

十四年後，周厲王死於彘，二公擁立太子靖，是爲周宣王。在周、召二公的輔佐下，周宣王有所作爲，王朝基本上恢復了對諸侯的行政管理權力，史上號稱“宣王中興”。但這種復興畢竟只是衰落王朝的迴光返照。周宣王三十九年，周人與姜氏之戎戰於千畝，西周軍隊大敗，喪南國之師。

宣王立四十六年崩，王子宫湦繼位，是爲周幽王。周幽王寵信褒姒，廢申后，廢太子宜臼，立褒姒爲后，以褒姒所生子伯服爲太子。前太子宜臼奔申，申侯聯合繒、西夷犬戎攻殺幽王於驪山，虜褒姒。諸侯擁立前太子宜臼爲王，是爲周平王。爲避戎狄，周平王東遷雒邑，西周終結，中國歷史進入東周時期。

西周王朝的分封制實際上是“小國寡民”政策。從《宜侯夨簋銘》就可以看出，單個諸侯分封面積并不大。讓諸侯國互相制衡，但又不允許他們互相吞併，出現問題由王朝出面解決。如果發生武裝反抗，王朝

① 《史記・周本紀》：“昭王南巡狩不返，卒於江上。”又：“王遂征之，得四白狼、四白鹿以歸。自是荒服者不至。”（《史記》，中華書局，1959年，第134、136頁）

② 張守節《史記正義》引《紀年》：“三年，致諸侯，烹齊哀公於鼎。”（《史記》，中華書局，1959年，第141頁）

③ 按：關於“共和”主要有兩種説法，司馬遷《史記・周本紀》以爲周、召二公共同執政；而古本《竹書紀年》以爲共伯和攝王政，見《史記・周本紀》司馬貞《索隱》引《汲冢紀年》，中華書局，1959年，第144頁。此從司馬遷説。

往往調動周邊姬姓封國軍隊加以圍剿，以多敵寡，形成數量優勢，將王朝管理成本降到最低。例如《晉侯蘇編鐘銘》所記討伐夙夷之役，主力部隊是晉侯國軍事力量。《柞伯簋銘》所記周厲王伐南淮夷，柞國、虢國、蔡國軍事力量協同作戰，王朝所派力量往往是左右虎臣和公族，動用西六師、成周八師的情況非常少見。

西周王朝以周天子爲中心，有國家一級管理機構，"三有司"負責王朝日常事務的管理，而太史寮和卿事寮爲兩大一級行政部門。處理王朝日常事務的最高官僚集團是公和五大臣，例如周公子明保、虢成公、毛公都擔任過這種"爲四方極"的公。在畿内設有二級機構，例如宗周五邑也設有"三有司"。西六師分佈於五邑和王畿内，從軍事官員中有"師埶"看，西六師也有民事和農業種植任務，是一種戰時出征，和平時務農的軍事組織。

以上軍事、經濟措施極大地降低了國家治理成本，讓西周保持了近三百年的繁榮。當周幽王被殺後，天下諸侯没有了王朝調節器和制衡機制，方伯巨頭開始成長，中國進入諸侯吞併期，最終演變成戰國七雄争天下局面。

二、西周社會生活與青銅器的製作

爲什麽青銅器銘文創作在西周爆發？青銅器銘文創作與西周社會政治、經濟、文化和宗教生活有什麽關係？我們在本節主要探討以上問題。

青銅器銘文創作的主體是西周貴族。武王伐紂之後，西周建立起以宗周和成周爲政治中心的姬周王朝，行使天下治理權。姬周王朝將天下分爲畿内和畿外兩部分。畿内是核心區，包括關中地區，所謂"八百里秦川"，以及成周附近的中原地區。畿内由周王直接管理。宗周鎬京和成周及其周邊地區百里稱爲"國"，土地、賦税歸王朝支配。國之外爲"野"，從鄉野結合部到畿内邊鄙地區分佈着公卿大夫和王子弟所封采邑。畿外治理則採用代理制，由周王任命功臣和親屬世世代代爲諸侯，代理周王管理所封之地，作爲保衛王朝的屏障散佈在宗周和成周四周邊境地區。另外，還有一些古諸侯國、古部落，周王也任命他們爲諸侯，世襲其地，服事周王。在政權形式上西周完成了天下一統，實現了"溥天之下，莫非王土；率土之濱，莫非王臣"的政治理想。西周貴族由四級構成，首先是享有天下治理權的周王，又稱"天子"；其次是有封地的諸侯和邦君；再次是有采邑的公卿大夫；最後是無采邑的士。士是周王朝最底層的官員，由於没有采邑，王朝直接發放俸禄。

西周仍然屬於青銅時代。青銅器的形制起源於對陶器的模仿，而後沿着自己的軌跡發展，在晚商時代就已經形成獨立的食器、酒器、水器、量器、樂器、兵器、車馬器等器具系統。[①] 西周在這個系統之上發揚光大，形成自己的時代特色，並且與禮制結合，形成各系統青銅器數量的固定搭配，成爲禮樂文明的重要載體。

用於軍事鬥争的青銅兵器有戈、矛、戟、劍、鏃、殳、鉞、刀、弩等。在西周時代，青銅硬度高，能夠鑄造打磨出尖鋭而鋒利的銅質部件，用於兵器的戰鬥部位。因而青銅兵器表面積相對比較小，難以銘刻長篇銘文。兵器銘文大多以標記擁有者氏族、姓名爲主，不是西周青銅器銘文的主流。

西周時代的軍事裝備和交通工具最先進的仍然是馬拉車。馬拉車的材質主要有木、皮筋和青銅。其中青銅在馬拉車中有固定搭配，例如護衛馬前額的當盧，以及車軸護套、車轄、鑾鈴等。由於這些車馬組合青銅器表面積也比較小，目前還没有發現成篇的青銅器銘文。

西周銘刻最豐富的當屬飲食器類青銅器具。盛谷物類食品的青銅器皿有圓形的簋，長方形的簠，圓角長方形的盨以及敦、盉、豆等，而以簋爲代表。簋以圓形爲主，是後世碗的先導。簋的口徑從十幾厘米到幾十厘米不等，表面積遠超青銅兵器，有利於銘刻文章，因此銘於簋上的銘文代表作衆多。最著名的有西周武、成時期的《天亡簋銘》《利簋銘》，康王時期的《宜侯夨簋銘》等。

西周烹煮器和盛肉食類青銅器具有鼎、鬲、甗等，以鼎爲代表。鼎的形制雖有大小之分，但總體上看，鼎的表面積超過簋很多，爲銘刻長篇銘文提供了條件，例如著名的《大盂鼎銘》《小盂鼎銘》《大克鼎銘》《毛公鼎銘》等長篇銘文都是銘刻於鼎上的傑作。

西周青銅酒器配置複雜，主要有盛酒、盛香料鬱鬯的卣、尊，觥、彝、觶、觚等，以及飲酒器爵、斝等。器主都愛在這些青銅酒器上製作

① 關於青銅器的分類，衆説紛紜，本書採用朱鳳翰容器、樂器、兵器、工具、車馬、雜器六分説，見朱鳳翰：《中國青銅器綜論》，上海古籍出版社，2009 年，第 83~84 頁。

銘文，著名的如晚商“邲其四卣”銘、西周早期的《何尊銘》、西周昭王時期的《令方彝銘》等。

西周青銅樂器同樣體系龐大而以青銅鐘鼓爲最。西周貴族往往成組鑄造青銅鐘，形成編鐘。有些器主喜愛將長篇銘文分别印在成組編鐘上，著名的如周厲王所作《宗周鐘銘》以及《晉侯蘇編鐘銘》等。

在西周只有士及士以上官員才有資格使用青銅器。由於它的金屬屬性，不容易損壞，青銅器可以傳之久遠，自然成爲經濟實力雄厚的貴族之家日用器具的首選。青銅器用途最多的是作爲日常飲食器具。用於蒸煮的青銅器有甗、鑊、甗等，牲體煮熟之後可以分類放進鼎中。鼎有三到四足支撑出空間，便於放置木炭火加温。食客坐在席上，面前有俎，俎上可以直接擺放肉食。至於米飯等顆粒類食物盛在青銅簋、簠之中，食客直接用手抓取，捏成團，吃一個飯團爲“一飯”。日常飲食也有音樂伴奏。《周禮・春官・小胥》載：“正樂縣之位。王宫縣，諸侯軒縣，卿大夫判縣，士士特縣，辨其聲。凡縣鍾磬，半爲堵，全爲肆。”[①] 後世所謂“鐘鳴鼎食之家”所述當爲西周日常生活盛況。在西周，青銅器作爲禮器使用於各種禮儀中，盛況令後人嘆爲觀止。

各家用於祭祀祖先的青銅器不能從市場上買賣，也不能借用别人家的青銅器。“圭璧金璋不鬻於市；命服命車不鬻於市；宗廟之器不鬻於市，犧牲不鬻於市。”[②] 這些禮器不能在市場上交易，無買方就没有賣方，圭璧金璋、命服命車只能等候周王賞賜了；[③] 宗廟之器自己製作或等候周王賜金餅後再製作。《周禮・春官・大宗伯》載：“以九儀之命正邦國之位。壹命受職，再命受服，三命受位，四命受器。”[④] 此説不一定是西周的真實情況，但青銅器銘文中多有周王賜金、賜服、賜車馬器的記載。金即銅料，多爲餅狀，是製作青銅器的基本材料，王臣獲得賜金，自然要自己去作器。這樣，貴族製作青銅器成爲西周政治、文化和宗教生活的風尚。

---

① 賈公彦：《周禮注疏》，《十三經註疏》，中華書局，1980年影印本，第795頁。

② 孔穎達：《禮記注疏》，《十三經註疏》，中華書局，1980年影印本，第1344頁。

③ 按：禮器實際上是可以購買的，例如裘衛所作《三年衛盉銘》就記載矩伯庶人向裘衛購買覲璋。《禮記》所説是自家已經使用過的禮器不能拿到市場上賣出去，那是“敗家子”行爲。

④ 賈公彦：《周禮注疏》，《十三經註疏》，中華書局，1980年影印本，第761頁。

西周青銅器雖然是耐用品，但今天我們看不到一件西周青銅器是通過人間世俗生活代代相傳下來的。我們今天能夠看到的西周時期青銅器，主要依靠窖藏和墓葬保存下來。

周幽王被殺之後，西周王朝的核心地區宗周淪爲戎狄出没之地。宗周畿内封國大規模東遷。由於沿途遭到戎狄侵擾，青銅重器不便於攜帶，貴族們被迫將大量青銅器埋藏於地下，希望形勢好轉後能夠收復舊地，重新挖出青銅器。然而這些僅僅是西周貴族的一廂情願，西周政權退出宗周地區後再也没有回來。從此以後，歷代都有人在岐周地區發現西周青銅器窖藏。特别是周原地區的扶風、岐山、眉縣，一直到21世紀初還有青銅器窖藏被發現，例如眉縣楊家村單逑家族的青銅器窖藏就在2003年被發現。

西周青銅器銘文得以保存除了西周貴族窖藏之外，更普遍的是作爲陪葬品埋於地下，得以躲過人間的多次戰火和人爲的毁滅。由於青銅是金屬，青銅時代結束之後人們不再用青銅製作兵器，但青銅仍然是製作其他器具的優質材料，更是製作金屬貨幣的材料，中國古代社會一直到晚清還是使用銅質貨幣。由於以上原因，歷史上不知毁壞了多少商周青銅原器，依附於青銅原器而存在的銘文也隨着青銅器具再度融化而湮滅。而埋藏於墓葬中的青銅器只要不被發掘，銘文除了受一些鏽蝕侵擾外，大部分内容都能保存下來。例如20世紀後期河南省平頂山市應侯家族墓地、三門峽市上村嶺虢國墓地、湖北隨州葉家山曾侯墓地、山西省曲沃縣北趙晉侯墓地的搶救性發掘，就出土了一大批帶銘青銅器。

三、西周銘文創作動機

商周時代從兵器、日常用具到禮器，無不需要青銅鑄件。軍事方面的如戰車上的銅質配件、箭矢上的銅簇、戈上的戰鬥部位多爲青銅。生活用品方面也是如此。貴族之家餐飲用具如燒煮肉類的鑊，煮飯的鬲，蒸煮用具甗，加熱保温的鼎，盛放食品的簠、簋、盨，盛放調味品的豆，飲酒類器具如卣、尊、彝、罍、爵、斝、觚、觶、觥、盉，盛水器如盤、盂、匜、瓿，無不用青銅鑄造。至於禮器類青銅器不但包含了日常生活用品，還包含了青銅樂器、青銅車馬器，體制更大，可刻寫銘文的面積也更多。西周貴族用銅爲材質製作器具是一種時尚，除了青銅本身能夠傳之久遠外，青銅器的文化意義也是重要因素。青銅器代表財富，代表政治地位，代表經濟實力。由於青銅器的廣泛製作，爲青銅器銘文創作提供了書寫載體。

最早的青銅器銘文僅僅用於作記號。其作用或爲區别同款列器，或爲標識祭祀對象，或爲銘記擁有者。商代大量的青銅器銘文只有幾個字。以大型青銅器鼎類爲例，《殷周金文集成》00984 器只刻有一個“祖”字，00985 器只刻有一個“父”字。顯然，祖、父是祭祀對象的親屬稱謂。00986 器只刻有一個“丁”字，00987 器只刻有一個“庚”字，“丁”和“庚”則爲祭祀對象的廟號，也有可能是青銅器的序號。01025 刻有一個“光”字，01030 刻有一個“先”字，“光”和“先”爲器主或器主宗族之名。這一類單個詞或單個詞組銘文僅僅表示器銘所屬，不具備語義表達功能。

《殷周金文集成》01903 器銘文“作母旅鼎”，有動詞謂語，有賓語，是一個單句。01911 器“北伯作尊”銘文一句有主語和動詞謂語，有賓語，是完整的句子，已經能夠表達完整的意義。單句銘文的出現標誌銘文已經發展出新功能，從簡單記號走向記敘事件和表達願望。本書的銘文研究以單句銘文爲起點，以成篇銘文爲主要對象。

到晚商時期，成篇銘文開始出現。例如著名的“商三句兵”之《太祖諸祖戈銘》：“大祖日己，祖日丁，祖日乙，祖日庚，祖日丁，祖日己，祖日己。”[①]《祖諸父戈銘》：“祖日乙，大父日癸，大父日癸，中父日癸，父日癸，父日辛，父日己。”[②]《大兄諸兄戈銘》：“大兄日乙，兄日戊，兄日壬，兄日癸，兄日癸，兄日丙。”[③] 以上三戈銘似乎都没有動詞謂語，不成句子。我們認爲這是成篇的銘文，“大祖日己”是陳述句，“大祖”爲主語，“日己”是謂語，意思是在己日祭祀大祖，其餘依此類推。《太祖諸祖戈銘》所記爲祖祭日名，是戈主人祭祀太祖日己及以下六人的祭祀名單。這三篇銘文是成篇銘文的雛形。更典型的成篇銘文出現在尊、鼎、卣、甗、壺等大型青銅器上。晚商《小臣俞尊銘》，全銘二十八字：“丁巳，王省夒亭。王賜小臣俞夒貝。唯王來征人方，唯王十祀又五，肜

① 中國社會科學院考古研究所：《殷周金文集成（修訂增補本）》第 7 册，中華書局，2007 年，第 6149 頁，11401 器。

② 中國社會科學院考古研究所：《殷周金文集成（修訂增補本）》第 7 册，中華書局，2007 年，第 6149 頁，11403 器。

③ 中國社會科學院考古研究所：《殷周金文集成（修訂增補本）》第 7 册，中華書局，2007 年，第 6149 頁，11392 器。

日。”[①] 銘文有時間、地點、事件、人物，是真正意義上的銘文。目前發現商代成篇銘文總數大約三十餘篇，這些銘文是中華青銅器銘文創作開端期優秀成果，是殷人留給後世的真正的“殷商文學”。

商周貴族創作青銅器銘文的主要原因有記敘作器者建功立業的榮耀，記敘作器者所受册命情況，記敘器主受到賞賜的樂事，記載重要的法律文書，祈求先祖保佑子孫萬代，表達福禄永久的願望，告誡子孫，展示招待親戚朋友使節的熱情等等，我們在《商周青銅器銘文文學研究》一書有過比較細緻的討論。[②]

記敘作器者榮耀類最常見的是記敘賞賜情況銘文。包括因祭祀有功而受賞賜、因軍功受賞賜、因政績受賞賜、因覲見受賞賜等等。上面《小臣俞尊銘》記載了器主小臣俞因追隨商王巡狩夔地而受商王賞賜的光榮事跡，由於此類銘文因賞賜而作器以記載榮耀，我們稱之爲“賞賜銘文”。

記敘作器者所受册命情況的銘文數量衆多。這是因爲西周王朝對所有職官採用册命制度。對於畿外諸侯及其群臣如此，對於王朝群臣、畿内諸侯及其群臣也是如此，凡是有爵位者必定獲得周王的册命。册命製度是西周王權落實到官員管理的具體體現，受册命的群臣不但因此進入國家管理體系中，還給各自的家族帶來榮耀。不僅如此，册命銘文還相當於周王與受册命者之間所簽訂的“契約”，其中包含了册命者與受册命者各自所擁有的權利和應當承擔的義務。

記載重要法律文書的銘文我們目前見到的大多因爲發生法律糾紛而創作。《周禮・秋官・司約》載：“大約劑書於宗彝，小約劑書於丹圖。”[③] 例如西周王臣裘衛所作諸銘。

祈求先祖保佑類銘文往往因製作祭器而創作。商周社會普遍存在祖先神靈信仰，以爲祖先神靈需要後世子孫提供酒肉美食。《禮記・郊特牲》所謂“蕭合黍稷，臭陽達於牆屋”就是證明。商周人爲祖先神靈頻繁地舉行祭祀活動，祭祀需要祭器，青銅禮器成爲祭祀必備之物，西周貴族借助製作青銅禮器之機撰寫銘文以表達子孫萬代永遠享受美好生活

① 中國社會科學院考古研究所：《殷周金文集成（修訂增補本）》第5册，中華書局，2007年，第3684頁，5990器。

② 丁進：《商周青銅器銘文文學研究》，西北大學出版社，2013年。

③ 賈公彦：《周禮疏》，《十三經註疏》，中華書局，1980年影印本，第880頁。

的願望。

四、青銅器器主與銘文作者問題

青銅器器主與銘文作者問題非常棘手。由於西周時期人們還没有形成著作權意識，對於銘文的“版權”問題不夠重視，因而没有在銘文中直接署名。再加上青銅器本身具有極高的私人屬性，尤其是用於宗廟祭祀的禮器，具有極高的排他性，不可能容忍非本族作者留名於本家族青銅器上。

我們可以根據西周青銅器銘文確定誰是器主，但器主不一定就是銘文的作者。有些銘文當爲器主所作；有些銘文當爲本家族中銘文高手代作；有些銘文甚至是家族以外的寫手代爲捉筆，包括政治名人、朝廷史官，其中他人代筆的情況不在少數。不過，凡是代筆者都明白自己作品的“版權”屬於委託方：青銅器的擁有者，這一點是那個時代的“共識”。

由於西周銘文作者没有著作權意識，他們在撰寫銘文中没有準確的署名，銘文的作者立場大多體現了作器者立場，只有少量銘文採取第三方立場。但是銘文作者的敘述立場並不能作爲區分器主和作者的標誌，敘述立場完全可以是虛擬的。例如西周康王時期的《小盂鼎銘》並没有借用器主南宫盂的視角記敘大獻禮典的進程，採用的是“史家筆法”，從“萬能”視角記敘了傳世文獻失載的西周軍隊與玁狁（一作獫狁）之間發生的重大歷史事件。可是我們不能肯定這篇銘文就是當朝史官代筆，從而排除器主南宫盂爲作者的可能性，因器主南宫盂也完全有可能採用“史家筆法”去“客觀”地敘述這一偉大事件。

此外，作器者、器物擁有者也不能完全等同。例如數量龐大的媵器銘文，出資作器者往往是器主的父母、兄弟或父系宗族的其他成員。同樣，西周也盛行爲他人作器。例如丈夫爲妻子作器，小宗爲大宗作器，宗族成員爲宗子作器。其中一部分作器者極有可能就是銘文的作者，而器具擁有者反而不是銘文作者。

因此我們没有可能將作者和器主嚴格區分開來，我們不得不假設全部銘文都是作器者所作，即假設作器者就是銘文的作者。這樣處理肯定有不合理之處，但歷史没有留給我們作出嚴格區分的條件，我們這樣做也是萬不得已。

第三節　西周王朝銘文發展分期

青銅器銘文是西周禮樂文明的重要載體，也是禮樂文明的重要組成部分。西周人用了一百年時間將王朝經濟、軍事、文化推向新高峰，這是歷經文、武、成、康、昭五朝的王朝上升期。西周人又用了一百年時間保持了王朝的繁榮和穩定，這是經歷了穆、恭、懿、孝、夷五朝的王朝繁榮期。西周人又用了一個甲子的時間維持王朝的生命，這是歷經了厲、宣、幽三朝的王朝衰落期。在近三百年的歷史長河中，西周人創作了不可勝數的銘文，從而形成中華散文史上第一座高峰。近三百年的西周銘文創作呈現出典型的歷史階段性。我們根據西周青銅器銘文創作的實際情況，將西周銘文創作歷程分爲發軔、發展、繁榮、極盛四個時期。

一、西周銘文的發軔期

武王、成王時期是西周銘文創作的發軔期。這一時期的銘文大多質樸簡略，没有長篇巨制，用語嚴謹，情采内斂。目前發現的武王時期銘文有《利簋銘》和《天亡簋銘》兩篇，反映的都是"武王伐紂"這一重大歷史事件。《利簋銘》記載有司利在武王伐紂那一天因成功預測西周聯軍克敵制勝而獲得周武王獎賞的榮耀。①《天亡簋銘》記載伐商成功後，作器者天亡協助周武王在天室祭祀上帝和周文王的事情。兩篇銘文是西周銘文的開山之作，在質樸中有恣肆，已經顯示了與晚商銘文不同的審美旨趣。

成王時期的銘文今天能見到的大約有五十餘銘。大致上可以分爲朝覲賞賜、軍功賞賜、分封諸侯和政績賞賜四類。

第一類因朝覲受賞類的有《獻侯䵼鼎銘》《荆子鼎銘》《匽侯旨鼎銘》三銘，分别記載獻侯、楚子和燕侯三個諸侯覲見周成王並受賞賜的史實。其中《荆子鼎銘》記載周成王"岐陽之會"中楚王與會的情景，至爲寶貴。第二類因軍功受賞而創作的銘文數量最多。成王前期平定武庚禄父叛亂是重大事件，反映這個重大歷史事件的共有九銘，器主大多因在周

① 丁進：《利簋銘"歲鼎克"的再認識——兼論"歲星當空"諸説的困難》，《安徽農業大學學報（社科版）》2012年1期。

公、召公東征的戰役中建立戰功而受賞賜。《沫司徒疑簋銘》反映二次伐商後周成王把衛國增封給衛康叔的史實。《禽簋銘》《剛劫尊銘》《旅鼎銘》《魯侯尊銘》記載周公、召公伐商奄的史實；《大保簋銘》記載召公受命討伐武庚祿父的史實；《小臣單觶銘》《塱方鼎銘》和《保員簋》三銘記載器主隨周公東征歸來受賞的榮耀。第三類是因分封而作器。目前發現的此類銘文有《匽侯克罍銘》《匽侯克盉銘》兩篇，兩篇銘文記載了周成王分封召公於燕的史實，兩篇内容一致，只有個别文字的差異。第四類屬於因政績賞賜而作器。包括《何尊銘》《德方鼎銘》《柬鼎銘》《保卣銘》《士上尊銘》《小臣諫鼎銘》《禦正良爵銘》《臣卿鼎銘》《叔德簋銘》《堇鼎銘》等。其中《何尊銘》是成王時期最長的一篇銘文，也是西周第一次採用了語言描寫手段的銘文。銘中出現"中國"一詞，以指稱中州地區，證明周武王克商後確實有建都洛邑的計劃，這也是"中國"一詞首次出現在漢語文獻中。

二、西周銘文的發展期

西周康、昭二王時期是西周銘文的發展期。這一時期西周社會經濟文化初步繁榮，社會安定，銘文創作數量和品質又有提高。隨着西周政權管理能力的提升，行政賞賜類銘文創作數量激增，册命分封類和軍事活動類銘文出現長篇巨制。行政獎賞類銘文所涉及的活動更加廣泛。有記敘使臣接受儐物的，如《盂爵銘》；有記敘因祭祀活動表現優異受表彰的，如《庚嬴鼎銘》《庚嬴卣銘》；有記敘因政績突出受表彰的，如《麥方鼎銘》《麥方彝銘》《麥盉銘》；有記敘參加會盟受賞賜的，如《獻簋銘》。其中作於昭王時期的《令簋銘》《作册令方彝銘》是西周銘文中的傑作。前者記載作册夨令受昭王命令送福胙給王后王姜並受到王姜賞賜的事情；後者記載周昭王時期某代周公接受任命，到成周履行職責的事跡。後者提供的歷史材料非常寶貴，我們今天通過這篇銘文可以了解到西周行政官員行使自己職權的具體情況。

長篇分封賜采類銘文首次出現在康王時期。其中著名的有《宜侯夨簋銘》《大盂鼎銘》《麥方尊銘》。《麥方尊銘》記載了邢侯"射爲諸侯"的情形；《宜侯夨簋銘》比較詳細地記載了虞侯被周康王改封到宜國的情況；《大盂鼎銘》比較詳細地記載了周康王分封權臣盂的情況。其中《大盂鼎銘》二百九十餘字，在銘文中屬於長篇巨制。

軍事活動類銘文創作也有長足的進步。《師旂鼎銘》記載一次因違反軍紀而受處罰的事件，豐富了我們對於西周軍事法律制度的認識。《小盂鼎銘》是西周前期最傑出的長篇大銘，全文超過四百字，記載西周康王時期一次重要戰役後周康王舉行大獻之禮的情景，銘文出現了儀注細節描寫，這篇銘文爲後世探索西周獻俘禮提供了第一手資料。

這一時期還出現了禱神與告誡類銘文。《沈子它簋蓋銘》是周公後裔子它爲遷廟所作的祖先神靈禱告文，[①] 全文一百四十九字，反映了西周貴族精神文化生活的一個方面。《叔趯父卣銘》是器主叔趯父爲宗子作器並勉勵宗子好好做人的勸誡文，具有突出的個性，是中國歷史上最早的私人勸誡文。

三、西周青銅器的繁榮期

西周穆、恭、懿、孝四王時期是西周青銅器的繁榮期。這一時期銘文創作出現了四大新氣象：反映禮儀活動的銘文大幅度增加；記敘册命和賞賜的銘文大幅度增加；記敘經濟活動的銘文大幅度增加；記敘戰争事跡的銘文大幅度增加。這一時期優秀的長篇銘文不下百篇，優秀銘文作家達數十人。

穆王時期因禮儀活動受表彰的賞賜類銘文數量大增，表明這一時期西周禮樂活動進入繁榮期。例如《遹簋銘》記載遹因射漁而受賞,《長由盉銘》記載長由因大射禮而受賞,《剌鼎銘》記載剌因參加禘昭王禮而受賞。《作册大方鼎銘》記載公太保爲武王、成王鑄造祭祀大鼎之事。《豐尊銘》記載豐召集大矩參加殷見禮之事。《静卣銘》和《静簋銘》記載射禮之事,《吕方鼎銘》記載宛於大室的宗教活動。《繁卣銘》記載某公舉行禘禮情況。恭王時期的《逋盂銘》記載逋受王后之命出使情況。《九年乖伯簋銘》記載非中華的外服諸侯眉敖朝覲周王情況，這是中華第一篇“國家關係”文獻。

這一時期出現了大量的册命銘文。如穆王時期的《趩鼎銘》《㦰方鼎甲銘》《录伯㦰簋銘》《縣改簋銘》《廿七年衛簋銘》；恭王時期的《師酉簋銘》《小臣逋鼎銘》《逋盂銘》《三祀師遽簋蓋銘》《七年趞曹鼎》《利鼎

① 按:《沈子它簋蓋銘》中的“沈子”，大多數學者以爲沈國之君名它者；也有部分學者以“沈子”之“沈”爲形容詞，非國名。揣摩語氣，後説爲長，今從之。見陳夢家:《西周銅器斷代》，中華書局，2004 年，第 68 頁。

銘》《師奎父鼎銘》《八祀師𩛥鼎銘》……與賞賜有關的"蔑歷"類銘文開始出現，如《師遽方彝銘》。

這一時期的戰爭類銘文也傑作輩出。其中包括穆王時期的《班簋銘》《彔卣銘》《彔簋銘》《㦰簋銘》《㦰方鼎乙銘》《穚卣銘》《𤔲甗銘》《禹鼎甲銘》《臤尊銘》《競卣銘》等，而以《班簋銘》《㦰方鼎乙銘》最爲傑出。

這一時期反映貴族政治、經濟和宗族宗教活動的銘文層出不窮，出現了裘衛、史牆、師遽、師望、𤼈、克、應侯爯等一大批傑出的銘文作家。《三年衛盉銘》《五祀衛鼎銘》《九年衛鼎銘》《衛簋銘》《衛鼎銘》反映了貴族裘衛的經濟和政治活動。《十二年永盂銘》《倗生簋銘》《曶鼎銘》《五年琱生簋》《五年琱生大口尊形器銘》《六年琱生簋銘》《牧簋銘》等，這些反應經濟和商業生活的銘文作品是中華經濟生活文學作品的濫觴。由於這一時期優秀的銘文作家和作品數量大，我們用兩章篇幅予以論述。

四、西周青銅器銘文的鼎盛期

夷、厲、宣、幽四王時期，西周青銅器銘文創作進入高峰期，各種銘文題材創作出現了總結性作品。在戰爭題材類作品中，《㝬鐘銘》《禹鼎銘》《多友鼎銘》《敔簋銘》《虢季子白盤銘》《不嬰簋蓋銘》《兮甲盤銘》《晉侯蘇編鐘銘》都站上了西周同類銘文的最高峰，而以反映厲王時期戰爭情況的《晉侯蘇編鐘銘》的成就最高。

册命賞賜類題材的銘文作品《頌鼎銘》《四十二年逨鼎銘》《四十三年逨鼎銘》均站在西周同類題材作品的巔峰，而以《毛公鼎銘》最爲著名。經濟活動題材類的銘文作品以《散氏盤銘》爲代表。此外，還出現了《逨盤銘》，這是西周世系類銘文的最優秀作品。

這一時期的銘文名家輩出，諸侯國銘文和貴族世家銘文大多出現了代表作，例如晉侯國、應侯國、單逨世家、召伯世家、微史世家等都有代表作出現。

西周青銅器銘文創作顯然與西周政治周期不同步。青銅器銘文的高峰期出現在西周末年，這個歷史階段是西周政治的衰落期，也是西周社會的衰落期。説明在西周晚期，西周貴族的經濟生活更加繁榮，社會財富更加集中在貴族手中。這是一個不幸的時代，卻是青銅器銘文大放異彩的時代。由於本階段優秀銘文作品數量大，我們也用兩章的篇幅予以論述。

第四節　研究内容與方法

西周青銅器銘文是人類青銅時代散文體文學最傑出的代表。目前傳世有銘青銅器優秀篇目數量大約一千篇。[①]這千篇銘文的作者上至天子下至士一級的官員，均可歸入貴族一類。從晚商到東周晚期大約八百年間，士以上貴族何其多！他們所製作的青銅器不計其數，可以想像他們隨器創作的銘文數量必定極其龐大，目前我們能夠見到的千篇銘文應當只是這些貴族創作的極小部分，那些未能埋葬於地下的青銅器銘文隨着器皿被銷毀，重鑄爲貨幣、兵器和其他器具而永遠地消失於人間；同時消失的還有這些銘文所承載的商周文明的信息。這是不能挽回的損失，因此躲過天災人禍而遺留下來的千篇銘文彌足珍貴。他們對於我們了解商周歷史、文化、宗教信仰、社會生活、政治組織形式和經濟狀況有着不可替代的價值。但研究什麽？如何研究？是我們必須首先回答的問題。

一、本書的研究目標

青銅器銘文誕生於晚商，卻由西周人發揚光大，成爲宗周禮樂文明中最具代表性的散文文學樣式，與《詩經》一起，成爲我國周代文學的雙璧。然而青銅器銘文距離今天十分久遠，文字、詞彙、語法與今天的現代漢語差别巨大，加上文字的釋讀不盡如人意，今天的大部分讀者很難直接欣賞這些青銅器銘文作品。青銅器銘文代表作没有進入中小學教材體系，甚至在大學歷史系古代歷史文獻教科書、中文系中國文學史教材中也難以見到青銅器銘文的身影。面對這樣一份豐厚的文學遺産，古代文學研究者大多視而不見，倒是語言文字學家和考古學家多次揭示青銅器銘文的文學價值。造成這種反常現象的原因很多，例如青銅器銘文自身存在閲讀難度，文學研究者自身知識儲備不足，現有的文學觀念對青銅器銘文的排斥等等。但最重要的原因是還没有一部著作能夠將西周青銅器銘文的家底系統地梳理一遍，對商周青銅器銘文的發生、發展、繁榮轉變作接近實際的描述，回答商周青銅器銘文爲什麽寶貴，寶貴在

① 傳世有銘青銅器上萬件。馬承源先生所編《商周青銅器銘文選》挑選了晚商到東周時期優秀銘文 925 篇。該書最後一册出版於 1990 年，到今年已經過去 31 年。這 31 年裏。每年都有數篇乃至數十篇青銅器銘文出土，我們因此説有上千篇優秀銘文傳世。

哪裏，有哪些名篇，有哪些著名的銘文作家……然而，中國文學批評從西化到中國化、本土化的歷程已經有一百年，隨着中國經濟和社會的全面發展，我國社會科學和人文學科也進入全面繁榮期，目前已經有條件對中國文學根脈之一的商周青銅器銘文進行深入、系統的研究，讓這份寶貴的文化遺産能夠爲當今社會所利用。我們的研究就是期望撰寫出這樣一部西周銘文史，回答西周青銅器銘文爲什麽好，好在哪裏，西周青銅器銘文是怎樣發展變化的，發展變化的原因是什麽，等等。這樣，我們的總體目標是撰寫一部能夠全面反映西周青銅器銘文發展變化規律及其成就的西周銘文史。在這部銘文史中，我們能夠回答各個階段出現了哪些優秀作家和優秀作品，這些作家和作品爲什麽會優秀；本階段銘文創作出現了哪些變化，爲什麽出現了這變化；西周青銅器銘文總體水平如何，他們在中國文學史上佔據怎樣的地位，對中國文學的影響如何等等。同時解釋這些銘文記載了哪些歷史事實，記録了哪些禮樂文明材料，以便爲歷史學、考古學、經濟史學、法制史學和文化人類學學者提供一份比較全面的“清單”。由於目前尚未出現一部西周銘文史類著作，我們期待以我們的研究填補這一空白。

二、本書的研究内容

（一）研究内容的主幹和分支

西周有太多的歷史之謎，西周年代問題就是其中之一。目前有確切紀年的西周史還是兩千一百多年前司馬遷在《史記》中確定的，即西周共和元年。史學界曾試圖用“天再旦於鄭”“歲星當我有周分野”來確定武王伐紂的具體年代，但效果並不完全令人滿意。我們撰寫西周銘文史同樣面臨一系列難題，例如西周國家的組織形式，西周政治生活、經濟生活、文化生活的具體形式，王朝與諸侯的關係的具體實現方式，公邑、封地、采邑的管理、生産、消費的具體狀況等。由於西周許多重大歷史問題的謎團和具體的生産與生活方式的謎團未能完全解開，本書以時間爲經、以空間爲緯編寫西周銘文史。以時間爲經，即按照大致上的時間先後描述和分析西周銘文創作的歷程。以空間爲緯，即按照地域來劃分銘文創作單元，形成塊狀結構。以西周王朝貴族銘文創作爲主幹，以列國銘文創作和貴族世家銘文創作附之於後。由於列國和貴族世家的銘文創作也有時間的延續性，我們以列國和貴族世家中最著名的作家或最著名的篇章爲介入點，附在這位作家之後或這篇作品同一時代的王朝創作的主線上，然後再前後發掘，一併將這個諸侯國或者這個家族的銘文創作成就集中在一處分析。

（二）内容主幹的基本構成

我們的終極目標是撰寫一部西周銘文史。這部銘文史的起點是周武王伐商之年，終點是周平王東遷之年。爲此，我們試圖對這一時期所有的青銅器銘文作品作窮盡性的搜集、整理，開展溯源研究、分期研究、分類研究、技法研究、背景研究、史實研究和知識研究。

爲了弄清楚西周青銅器銘文的來龍去脈，我們首先對晚商青銅器銘文進行研究，通過比較去發現西周銘文作家繼承了什麽、發展了什麽，改變了什麽。以上這些研究構成我們的溯源研究，這是本書第二章中的一部分内容。

爲了弄清楚西周青銅器銘文的發展規律，我們努力歸納出各個歷史階段青銅器銘文的時代特徵，由此産生了本書對西周青銅器銘文發展階段的劃分，包括武、成二王的發軔期，康、昭二王的發展期，穆、恭、懿、孝四王的繁榮期，夷、厲、宣、幽四王的極盛期。這些構成我們的西周青銅器銘文的分期研究。

西周銘文作家撰寫青銅器銘文的緣起、目的各不相同，不同的緣起和寫作目的決定了他們的寫作内容和寫作方法。我們大致上按照册命類、賞賜類、紀功類、契約類、訓誡類、祈願類對西周青銅器銘文進行了分類，這些構成我們的分類研究。

西周青銅器銘文具有典雅的審美風格。然而構成典雅審美風格的主要原因在於作家採用了獨特的記敘方法和表現手段，使用了富有魅力的銘文語言。我們對這些優美篇章一般都要做寫作技巧和藝術特色分析。這一部分屬於技法研究。

雖然西周青銅器銘文作家的生平事跡、家庭背景和交游資料非常缺乏，不可能對作家的生活環境與作品風格進行關聯研究，但我們還是根據銘文作品的系聯關係，盡可能地發現銘文作家的生活背景。這些研究屬於背景研究。

從西周青銅器銘文的一篇篇個人敘事作品中，我們可以發現一大批西周歷史史實，通過連綴相關篇章，我們可以對西周歷史上重要的事件進行描述，以彌補傳世文獻的不足。我們這一部分的研究屬於史實研究。

由於古今語言文化的巨大差異，我們今天欣賞老祖宗這份珍寶存在巨大障礙，包括文字的辨認、字義的理解、文章内容的通讀等。這些困難隨着古文字學研究的進展，已經有所緩解。然而仍然有不少知識性問題，現有的文字學家的考釋成果並不能解決銘文閱讀的難題，這些難題困擾銘文的解讀。有時候我們不得不作一些相關知識的研究。這類知識研究我們盡可能放到注釋中，但某一個知識性問題研究影響到銘文的解讀時，我們有時候也放到正文中。

三、本書的研究方法

本研究主要揭示西周青銅器銘文的發展規律、取得的成就以及文學和歷史文化價值。我們的研究從文章學角度對西周銘文作綜合性審視，除了使用文學史研究的基本方法外，同時還要吸收文字學、考古學和歷史學方法。但最主要的研究還是文學性研究，因而我們本節重點介紹本書的文學研究方法。

由於近代輸入型的"文學"觀念籠罩文學研究領域已經有一個世紀，中國人對傳統的"文學"觀念已經非常陌生。我們没有辦法回到過去，因此也只能以今天這種"文學"觀念爲基礎，盡可能綜合古代文學觀念作爲分析和欣賞青銅器銘文的手段。

銘文文章學研究也必須研究"文學性"體現在哪裏。要回答這個問題還得重新審視我們今天所謂的"文學"觀念。關於文學本質的諸種説法今天已經難以一一枚舉。現狀是大家都在盲人摸象，有説文學的本質在於他的語言藝術之美，我們一般將這類觀點視爲"形式主義文學觀"；有説文學的本質在於文學家用文字的形式再現了社會生活，我們一般認爲這類觀點屬於"再現主義文學觀"；有人主張文學的本質是文學作品表現了作家的情感，這類觀點一般被視爲"表現主義文學觀"；有人主張文學是"意識形態"，文學作品具有深刻的社會影響，我們一般稱這類觀點爲"政治主義文學觀"；還有人主張文學作品之所以受人喜愛，是因爲她具有審美特質，這類觀點屬於"審美主義文學觀"。以上説法似乎都有道理，也似乎都有偏頗。因此無論是信奉還是放棄似乎都不妥。以上説法都是文學研究者進行的"盲人摸象"。然而在今天，我們捨棄這種方法將别無選擇，我們只得摸下去，企圖將各人得到的印象綜合起來，以圖

“合成”完整的“大象”之象。

因文學的反映論，我們從歷史角度考察青銅器銘文對她的時代反映的程度。一般説來，她們反映的當時社會歷史文化和社會政治、經濟、軍事生活越豐富，視角越獨到，材料越新穎，銘文的文學價值就越高。這一點我們借鑒的是古代文學中對“歷史散文”研究建立起來的評判模式；同時對歷史事件分析法也多有參考。

因文學的表現論，我們特别注重青銅器銘文所流露的個人感受。筆者早在十多年前的博士論文《周禮考論》中就提出青銅器銘文是中國最早的“私人寫作”。[①] 銘文的創作者都是貴族精英，他們在中國文學中第一次以個人姿態展現了作者的個性特點，他們是中國最早的一批作家。對於他們的思想感情，給予再多的關注也不過分。

因文學的審美論，我們注重青銅器銘文從詞語到篇章的技法分析和研究。在這裏傳統文論的優勢將有所體現。我們將關注銘文的修辭之美、遣詞造句之巧、佈局謀篇之妙。

因傳統綿長的古代文論，我們對於具體的單篇銘文採用我國傳統的文章分析法，其中包括段落層次分析法、段意分析法、關鍵詞義分析法、修辭分析法、寫作特點分析法、構成要素分析法、語法和詞法分析法等等，只要能夠準確分析出銘文的特點，我們不介意這些方法是本土的還是外來的。

因金文文字與隸書、楷書的差異性，我們不得不作一些考釋工作。由於西周青銅器銘文使用的金文文字從字形結構到語法與中古漢語有很大的差異，我們還不能完全按照一般文學史和文化史的寫法，直接使用古今學者的研究成果。第一，西周青銅器銘文雖然大多可以依照古、隸轉變規律轉寫成楷體字，但其中相當一部分即使轉寫成楷體字，今天也難以釋讀，因這些被按照古、隸轉寫規律寫定的楷體字，並不存在於今天的漢字中。第二，甚至有些金文轉寫爲楷書的字存在於今天的漢字中，但其字義已經丢失，不能用該字的今義釋讀銘文。第三，有些金文雖然字形隸定没有問題，但學者的解釋幾乎難以達到共識。我們發現爲數衆

① 參見拙著《周禮考論：周禮與中國文學》中有關青銅器銘文部分，上海人民出版社，2008年。

多的銘文篇章，學者的解説很難完全一致。這樣，我們在處理材料時候不得不進行一些必要的文字、語義和史實的考證。例如《利簋銘》中的“歲貞克”的解釋。

綜上所述，我們的研究方法以傳統的篇章分析法結合少量的文字訓詁爲基礎，發掘西周青銅器銘文的文學價值、歷史認識價值、經學價值和審美價值。以上幾個方面構成我們研究的主幹。

四、材料挑選和處理

傳世青銅器銘文收在《殷周金文集成》一書中的就有 12000 篇左右。但從文章學角度看，其中有相當數量篇什是不能算數的。其一是同器銘文重複，例如器蓋、器身銘文全同，著録時算作兩篇，本書只算作一篇。其二,一篇銘文分刻在一組銅器的各部分，著録時多少部件算多少篇。從文學角度研究銘文，這數篇銘文只能算作一篇。

（一）重點研究成篇的銘文

本書“篇”的計算以“成篇”爲收納標準。所謂成篇，指銘文作爲文章基本完整。“成篇”的具體要求是：第一，從内容上看，至少具備時間、地點、人物、事件“四要素”中的“事件”加上其餘三項中的一項。例如著名的婦好鼎有銘文“婦好”二字，僅僅滿足“人物”一項，算不上成篇銘文。西周早期的《乖叔鼎銘》只有“乖叔作”三字，已經有主語“乖叔”，有動詞“作”，還有隱含的賓語“鼎”，即銘文實際上包含“乖叔作鼎”四字，記敘了一個事件，這個事件就是乖叔作鼎，因而雖然只有三字，也算得上是一篇銘文。第二，從語法角度看，應成句子。即有謂語動詞，並且至少帶有主語或者賓語。例如《用享鐘銘》只有動詞“用享”二字，只有謂語動詞，没有主語或賓語，不成句子，所表達的信息非常有限。而《天尹鐘銘》雖然只有“天尹作元弄”一句五字，比《宋公戌鐘銘》“宋公戌之歌鐘”還少一字，但在語法上多出一個動詞“作”，顯然已經從詞組演進爲句子，銘辭仍然僅僅起標識器主的作用，卻已經具備完整的語法。此類銘文功能是族徽類銘刻功能的文字性延續，已經是成篇銘文的雛形。

青銅器銘文如此衆多，我們雖然將所有銘文全部納入研究範圍，但我們重點研究的還是那些“成篇”的銘文。我們的研究不是純粹的歷史文物研究，也不是純粹的歷史文獻研究和語言文字研究，而是從文章學角度研究西周金文的發生、發展、演變的規律和取得的成就。因此我們重點關注篇幅比較長、信息量大的銘文，對於那些只有幾個字的短篇銘文，由於其中信息寶貴，我們也適當兼顧，但不做重點分析。

（二）謹慎對待來歷不明的銘文

我們首先重在研究有明確出土地點的銘文，特别是經過考古發掘的銘文。其次是傳世銘文中獲得大多數學者認可，基本上不存在争議的銘文。由於青銅器具有收藏價值，自古以來僞造、僞刻層出不窮，作僞手段高明。選入這些僞作毫無疑問將嚴重損害我們研究的可靠性。近些年出現了許多海外回流的青銅器銘刻，還有許多公私藏家的藏品，其内容十分誘人，但只要存在有根據的争議或者有明顯的可疑之處，我們都暫不涉及。如近年出現的《静簋銘》，記載静成爲昭王南征的統帥之一，内容明顯與此人其他銘文作品衝突，這篇銘文諸要素雖好，我們暫不採用。還有些來歷不明的銘文，雖然没有人提出懷疑，我們在没有吃透其内容的情況下也暫不列入。

（三）失傳字、殘缺字和古今字的處理

經過文字學家的努力，绝大多數西周青銅器銘文能夠隸定出來。然而漢字經過春秋、秦漢、魏晉的發展，許多金文中出現的文字已經没有對應的楷體字。我們的研究畢竟不是文字學的研究，而是文章學的研究，需要有完整的文本，因此我們不得不借用與之最接近的楷體字表示。例如西周册命銘文中常用“䝨”司表示擔任某一職務，但“䝨”字楷體中没有對應的字，我們有時候不得不用“攝”字表示。

西周青銅器銘文鏽蝕殘缺嚴重，導致銘文不能卒讀。由於我們的研究重點在於文章學，我們不得不根據西周銘文行文習慣和一般常識，模擬出所缺之字，用帶框字符提示爲模擬字，僅供參考，並非故意忽視研究材料的科學性，也不是“勇於論斷”，而是爲了彌補材料的缺陷造成的局限所作的模擬。

關於本源字、古今字的處理我們盡量照顧其對應關係。西周青銅器銘文中，“白”字多表示“伯”，“易”字多表示“賜”，賞賜銘文中用“易”字表示“賞賜”的“賜”字，我們一律寫作“賜”。

（四）本書使用的銘文材料

由於著録青銅器銘文的著作衆多，我們選擇的銘文釋文一般以中國社會科學院考古研究所編、中華書局 2007 年版的《殷周金文集成》(修訂增補本)爲主。只要該書有收録，我們盡量採用該書的隸定成果；該書未收的青銅器銘文，我們盡量採用首次發表該材料的期刊雜誌中隸定的成果。近年出現了一大批青銅器銘文，其中有相當篇目没有在報刊雜誌上公開發表,《殷周金文集成》(修訂增補本)没有收録，卻被一些個人著作收録，我們認爲可靠的，也直接採用這些著作的隸定成果。吴鎮峰《殷周青銅器皿銘文暨圖像集成》和《續編》，也著録了不少首次公開的銘文，我們也從中挑選一批我們認爲可靠的銘文納入研究視野。目前收録銘文的著作大多以器形爲類别匯集不同時代的銘文，以字數多少安排銘文入選的先後次序，不能反映銘文的時代特徵。馬承源的《商周青銅器銘文選》是一部按照年代選編銘文的著作，我們在銘文年代安排上以該書爲主要參考。該書出版於 20 世紀八九十年代，此後又有一些青銅器年代學成果。對於這些成果，我們擇善而從，作爲一種補充予以採納。

《殷周金文集成》(修訂增補本)的隸定依然存在一些不合理處，有些學者已經指出其不足，我們也將採用這些學者的研究成果，並在頁下註明。有些文字隸定和考釋雖然没有學者指出其問題，我們發現有不妥之處的，也在頁下予以簡要説明。

第二章　西周銘文的發軔

我們將周武王建國到周成王離世這一段時期作爲西周青銅器銘文的發軔期。武王伐商之後不久辭世，周公攝政，引起管叔、蔡叔等西周貴族的猜忌。武庚禄父聯合殷商殘餘勢力，並蠱惑承擔監視殷商遺民責任的管叔、蔡叔、霍叔"三監"一起叛亂，天下爲之震動，西周政權面臨空前危機。周公説服召公，並獲得多方支持，發動東征，終於平定了東方叛亂。《尚書大傳》對周公這一段時間所作歷史貢獻作了概述："一年救亂，二年克殷，三年踐奄，四年建侯衛，五年營成周，六年制禮樂，七年致政成王。"在這七年中周公辦了五件大事。第一件是平定東方諸侯的叛亂，《尚書大傳》所説的救亂、克殷、踐奄即東征，花費三年時間。第二件是分封諸侯，建立起以藩屏周王朝爲目標的侯衛體系。第三件是在河洛地區建立管理東方諸侯的行政中心成周城。第四件是制定了一套禮樂制度。最後一件是平穩地完成了國家權力交接，將兄終弟及的平輩遞傳制調整爲父傳嫡子的世襲制，周成王成爲西周王朝實際掌控者。此後成王勵精圖治，爲西周"成康之治"奠定了基礎。由於部族時代的岐周没有青銅器出土，我們認爲晚商銘文無疑爲西周銘文之父。因此我們本章將晚商銘文作爲西周銘文的源頭。第一節分析晚商銘文對於西周銘文的影響，第二節分析武王伐紂時期的銘文創作，第三節分析以成王、周公爲中心的銘文創作情況，第四節重點分析以燕召公爲中心的銘文創作。"武王伐紂"這一偉大歷史事件産生了《利簋銘》[①]《天亡簋銘》兩篇極其寶貴的銘文。管、蔡畔周，周公東征，三年而畢定，史稱"二次伐商"。

---

① 進按：《利簋銘》中出現了周武王謚號"珷"字，不能排除銘文爲武王去世後所作的可能。不過銘文爲當事人記當時事，暫從主流意見，置於武王世。

這一過程產生了《小臣單觶銘》《禽簋銘》等近十篇銘文，這些作品是西周銘文發軔期留下的瑰寶。

第一節　晚商銘文寫作技術的演進

商代是青銅器鼎盛時代，製作宏偉，氣象博大。商人最早在青銅器上銘刻文字，並在晚商時期誕生一批精美的成篇銘文。商人是青銅器銘文寫作傳統的開創者，卻没有來得及將這種文體發揚光大，他們爲西周人開創銘文時代奠定了基礎。爲了突顯西周人的貢獻，我們先從晚商銘文的寫作技巧説起。

一、晚商賞賜銘文的基本結構

晚商有相當數量的銘文由一句話構成，例如《竟作父乙鬲銘》只有“竟乍父乙”一句四字，難以開展文章結構分析。我們選擇的分析對象至少是兩句以上的銘文。目前發現的晚商具備記敘文規模的銘文大約有三十餘篇，這些銘文大部分屬於因賞賜而作器，是典型的賞賜銘文。但晚商畢竟處在青銅器銘文初創期，銘文表達功能還不完備。我們採用“模型法”對晚商銘文的基本框架作簡要分析。

晚商賞賜銘文的主幹結構由兩個句子組成，前句記敘賞賜情況，後句記敘賞賜的影響。例如《小臣缶方鼎銘》：“王賜小臣缶湡積五年。缶用乍享大子乙家祀尊。舉父乙。”[①]

這篇銘文包括族徽在内，總共二十二個字，由三部分組成。第一部分記敘核心事件：王賜小臣缶湡積五年；第二部分記敘核心事件引出的另一事件——作祭器；第三部分是族徽符號。第三部分除了具有家族徽章標誌意義之外，與前面兩件事情没有直接聯繫，屬於銘文的附屬部分。其主幹部分按照因果關係安排前後次序。器主受賞賜是器主作祭器之因，器主作祭器是受賞賜引發的次生事件，是果，也可視爲前一事件產生的影響。可見本銘屬於非常質樸的事件主幹記敘，没有時間、地點和相關人物情況的記敘。

① 中國社會科學院考古研究所：《殷周金文集成（修訂增補本）》，第二册，中華書局，2007 年，第 1349 頁 02653 器。進按：銘末“舉”爲族徽，暫據于省吾先生説釋爲“舉”。

實際上晚商銘文已經開始在賞賜背景、賞賜過程和影響三個方面進行了不同程度的探索，我們以下從這三個方面進行簡要分析。我們以“賞賜”作爲銘文的核心，分出賞賜背景、賞賜過程、賞賜影響三個一級構成。每個一級構成還可以再分出各自的次級構成。我們就用這樣一個模型來分析晚商銘文的構成。以下是對《小臣缶方鼎銘》的結構所作“文字模型”分析：

王賜小臣缶（過程記敘，一級）
湡積五年（賞賜物品記敘，二級）
缶用乍享大子乙家祀尊（影響記敘，一級）

在這個文字模型中，用楷體字表示的是銘文原文，括號裏面的仿宋體文字是我們的提示語，分別提示該句在銘文中的邏輯層次。

不過，有些銘文作者不滿足於以上基本的記敘框架，在記敘賞賜活動中加上背景介紹，對時間、地點、作者等賞賜背景方面進行記敘成爲晚商青銅器銘文發展的方嚮。例如《小臣𦇧卣銘》三句，不包括族徽“爻敢”，共十三字，用字非常簡略：“王賜小臣𦇧，賜在寢。用作祖乙尊。爻敢。”①

本銘有兩個一級結構，與《小臣缶方鼎銘》相比，多出一個表示地點的二級項。因本銘没有記載賞賜何物，比《小臣缶方鼎銘》少了一個賞賜物品記敘的二級項。本篇銘文包括三方面內容：一是事件雙方，即施賜者商王和受賜者小臣𦇧；二是事件發生的地點；三是賞賜事件引出的另一事件——作祖乙尊，即作宗廟祭器。全銘內容可以概括爲因賞賜而作祭器，至於賞賜了什麼，銘文省略了。以上分析，可以用“文字模型分析法”表述：

---

① 中國社會科學院考古研究所：《殷周金文集成（修訂增補本）》，第四册，中華書局，2007年，第3354頁05379.2器。進按：“小臣𦇧”之“𦇧”，原搨從爫從三糸並列。《説文》系字下列有籀文“系”，從爪從雙糸，會意字，與此接近。中華書局版《釋文》也括號作“系”。又按：“𦇧”字在本銘中既可以視爲器主之名，也可以視爲賞賜物品。然銘文中賞賜物品尚未見以“𦇧”稱者；晚商另一銘《小臣缶方鼎銘》即以私名跟在職稱“小臣”之後，今暫以“小臣𦇧”爲人名。

王賜小臣𢆶（過程記敘，一級）
賜在寢（背景記敘之地點記敘，二級）
用作祖乙尊（影響記敘，一級）

另外一篇晚商《戍方㒸鼎銘》[①] 在這個基本結構上添加了時間項，我們直接用“文字模型分析法”作以下分析：

丁卯（背景記敘之時間記敘，二級）
王令宜子迨西方（背景記敘之背景事件記敘之一，二級）
于省隹反（背景記敘之背景事件記敘之二，二級）
王賞戍㒸貝二朋（核心事件之過程記敘，一級）
用作父乙𩰫（核心事件記敘之影響記敘，一級）

與《小臣𢆶卣銘》相比，《戍方㒸鼎銘》增加了“丁卯”這個干支紀時項。銘文記載丁卯日，商王命令宜子殷會西方諸侯，巡視後返回，商王賞賜了器主二朋貝，爲紀念這次榮耀，器主製作了這件祭祀父乙的方鼎。

晚商有些銘文作者開始注重賞賜過程中的賞賜物品的記敘。《作册般甗銘》賞賜過程記敘重點突出賞賜物品的類别。銘文一篇，算上族徽共二十字：“王宜人方無敄。咸，王商乍册般貝。用乍父乙尊。來册。”[②] 我們用“文字模型分析法”作如下分析：

王宜人方無敄（背景記敘之背景事件記敘法，二級）
咸，王商乍册般貝（賞賜過程記敘，一級）
用乍父乙尊（賞賜影響記敘，一級）
來册（族徽銘，獨立結構）

---

① 中國社會科學院考古研究所：《殷周金文集成（修訂增補本）》，第二册，中華書局，2007年，第1376頁02694器。進按：“貝”字前一字不識，當爲貝的限定詞，非人名。器主名戍，“戍㒸方鼎”當爲“戍方鼎”。

② 中國社會科學院考古研究所：《殷周金文集成（修訂增補本）》，中華書局，2007年，第750頁00943器。

銘文用於記敘賞賜過程的只有一句六字，所記賞賜物品只有一個“貝”字，没有數量和性質方面的限制詞，屬於非常簡略的記物。不過《作册般甗銘》最重要的貢獻是記敘了主體事件發生的背景，就是“王宜人方無敄，咸”一句七字，佔了銘文的三分之一篇幅。這種篇首記敘事件發生背景的寫法，在周初《利簋銘》《天亡簋銘》中得到繼承。“王宜人方無敄，咸”，與“王商作册般貝，用作父乙尊”的關係正如《肄簋銘》“遘於妣戊、武乙儷，豕一”關係一樣，前一項事件都是後一項事件發生的背景。作器者之所以受賞賜，當與在前一項事件中表現值得賞賜有關。這種背景記敘拓展了銘文敘事空間。西周初年以後《作册般甗銘》這種處理方式被普遍傳承下來，成爲後世記敘文的背景介紹部分。

晚商《小子省卣銘》除了記敘賞賜物品及其數量之外，還在賞賜過程記敘中添加了受賜者感激記敘項：“甲寅，子商小子省貝五朋。省揚君商，用作父乙寶彝。[①] 舉。”

《小子省卣銘》使用了“省揚君賞”，這是商周銘文史上一件大事，“省揚君賞”開創了西周銘文“對揚王休”模式的先河，爲西周銘文“對揚王休”固定模式的形成奠定了基礎，我們在西周多篇銘文中都能看到對於“省揚君賞”的繼承和發展。[②] 我們以“文字模型分析法”對該銘作結構分析：

甲寅（賞賜背景之時間記敘，二級）
子商小子省貝五朋（賞賜過程之賞賜物品記敘，一級）
省揚君商（賞賜影響之感激之意記敘，二級）
用作父乙寶彝（賞賜影響記敘，一級）
舉（族徽銘刻，獨立結構）

銘文有兩個一級構成，兩個二級構成，一個獨立構成。這是晚商銘

① 中國社會科學院考古研究所：《殷周金文集成（修訂增補本）》，中華書局，2007年，第 3364 頁 05394 器。進按：原搨族徽符號“舉”在銘文第二行之首，今爲體現銘文行文完整性，置於銘末。

② 進按：關於“對揚王休”的辨析，我們不認可“儀注説”，可參考拙著《商周青銅器銘文文學研究》，西北大學出版社，2013 年，179~185 頁。

文創作最基本的框架，包括賞賜者、被賞賜者、賞賜物品、作器者、器物用途、家族標誌符號六類信息。

二、晚商銘文時間記敘技術的演進

以上分析了晚商賞賜銘文的基本框架和基本結構。實際上在晚商，一批銘文作者對這個框架的突破做過一些嘗試，爲西周銘文的大爆發作了前驅性探索。

《小臣艅犀尊銘》在晚商篇幅稍長，内容相對豐富一些。此銘將背景中的時間要素記敘分置於篇首和篇尾，這種處理方法，是晚商銘文的一個典型特點：

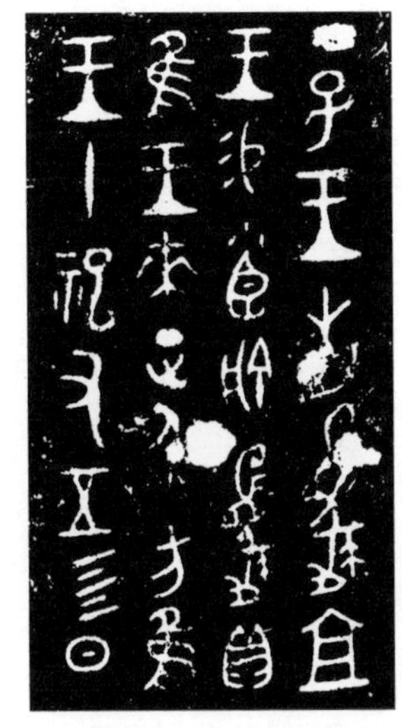

圖 2–1　小臣艅犀尊銘

丁巳，王省夒亭，/ 王賜小臣艅夒貝。/ 唯王來征人方，唯 / 王十祀又五，肜日。[①]

全銘二十七字，内容包括商王賞賜小臣艅的時間、背景和物品三項内容。在時間敘述上，本銘採用王祀紀年法，將日干支置於銘前，將王祀之數置於後，這是晚商和周初銘文記時普遍採用的做法。本銘關於商王征人方的敘事可以與甲骨文征人方相印證。“王省夒亭”不僅是過程敘事，還暗示人方的位置。這種日號在前、年月號或日名在後的時間記敘方式成爲晚商、周初銘文記時的標準樣式。例如《六祀𨞾其卣銘》《小臣邑斝銘》《宰䈞鼎銘》等。

乙亥，𨞾其賜乍 / 册隻𤫊一、琊，用乍 / 祖癸尊彝。在六 / 月，唯王六祀，翌日。[②]

① 中國社會科學院考古研究所：《殷周金文集成（修訂增補本）》，中華書局，2007 年，第 3684 頁 5990 器。

② 中國社會科學院考古研究所：《殷周金文集成（修訂增補本）》，第四册，中華書局，2007 年，第 3386 頁 5414 號。進按：𨞾其分别作有二年、四年、六年三銘。其人𨞾其之𨞾《集成》篇題均寫作從弋從卩之字，篇内均寫作“𨞾”。細辨搨片，其字明顯從弋從卩，然該字今楷體無對應字，故暫從舊釋。餘處不再註明。又按：“隻”字原搨從隹、又、子，今楷體無對應字，故暫寫作“隻”字。

圖 2–2　六祀𨚕其卣銘

《六祀𨚕其卣銘》對於事件記敘非常簡略，十六字，而在時間介紹上卻用了十一字，幾乎占銘文的一半。《小臣邑斝銘》更加突出，敘事用了十四字，記時用了十一字："癸巳，王賜小臣邑貝十朋，用乍母癸尊彝。隹王六祀肜日，在四月。"[①]

晚商《寑孳鼎銘》更特殊，記敘事件主體只用十一字，對時間的介紹更用十六字，超過了全銘的一半："甲子，王賜寑孳商，用乍父辛尊彝，在十月又二，遘且甲協日，隹王廿祀。"[②]

晚商《緈簋銘》在時間記敘上又有創新：

> 戊辰，弜師賜緈/𩖃户𩍾貝。用乍父乙/寶彝。在十月一，隹王/廿祀，劦日，遘于妣戊/武乙爽，豕一。𡨦旅。[③]

圖 2–3　緈簋銘

這篇銘文事件敘述只有"弜師賜緈𩖃囊貝，用乍父乙寶彝"十三字，在時間記敘上卻多達二十一字。其中"遘於妣戊武乙爽，豕一"本當屬於事件敘述，由於和"弜師賜緈𩖃囊貝，用乍父乙寶彝"不是同一件事，銘文作者將這一事件作爲時間因素放在時間記敘項進行敘述，從而豐富了銘文的內容。後來的銘文將時間背景中包含的事件記敘調整到主體事件敘述之前，成爲事件敘事的背景記敘，本銘的探索功不可没。

晚商賞賜銘文的標準樣式以《版方鼎銘》最

① 中國社會科學院考古研究所：《殷周金文集成（修訂增補本）》，第六册，中華書局，2007 年，4884 頁 9249 號。

② 張頷：《寑孳方鼎銘文考釋》，《文物季刊》1990 年 1 期。進按：該器 1981 年出土於山西曲沃曲村。

③ 中國社會科學院考古研究所：《殷周金文集成（修訂增補本）》，第三册，第 4144 號，中華書局，2007 年，第 2320 頁。進按：馬承源以劦日爲禮書之禘祫之祫，謂合祭。見馬承源：《商周青銅器銘文選》，第三册，文物出版社，1990 年，第 4 頁第 6 器。

有代表性：

圖 2-4　版方鼎銘

乙未，王賓文武帝／乙。肜日，自闌俑。王／返自闌，王商版／貝。用作父丁寶／尊彝，在五／月，惟王廿祀又二。[①]

《版方鼎銘》的代表性有三點。第一，在時間記敘上，將干支日序置於篇首，將自然數月序和王年數置於篇末。其中王年數用量詞“祀”。這種年月日記時法成爲判斷青銅器年代及其所屬文化類型的重要標誌。第二，在器用對象記敘上，採用天干廟號稱呼祖先。這也是判斷青銅器年代和文化類型的重要標誌。第三，在時間記敘上採用連續記時，豐富了銘文的寫作技巧。“乙未，王賓文武帝乙。肜日，自闌俑。王返自闌”，形成一個完整的“王賓”祭祀過程敘述。本銘時間、地點的敘述有利於今天推測商紂王二十二年的相關情況。

晚商《二祀𠨘其卣銘》記載器主𠨘其受商王之命到夆地贈送物品、夆甸人按照禮節贈𠨘其五朋儐幣之事。與前面幾篇銘文相比，《二祀𠨘其卣銘》添加了時間、地點和背景事件記敘項，從而成爲一篇記敘環境要素完整的銘文：

圖 2-5　二祀𠨘其卣銘

丙辰，王令𠨘／其兄殷／于夆，田渴賓／貝五朋。在正月，遘／于妣丙，肜日，大乙爽。／隹王二祀，既／𢦏

① 馮時：《坂方鼎、榮方鼎及相關問題》，《考古》2006 年 8 期。

于上下帝。[①]

我們用“文字模型分析法”分析如下：

丙辰（時間背景記敘之紀日，二級）
王令𠨘其兄殷於夆（背景事件記敘之一，二級）
田渴賓貝五朋（賞賜過程記敘，一級）
在正月（時間背景記敘之紀月，二級）
遘于妣丙肜日（時間背景記敘之祀日，二級）
大乙奭（背景事件記敘之二，二級）
隹王二祀（時間背景記敘之紀年，二級）
既𢦏于上下帝（背景事件記敘之三，二級）

《二祀𠨘其卣銘》記時項是晚商銘文記時的典型代表。在銘文開頭記干支日名；在銘文末尾再補記事件發生的月份、祭祀日名和王祀年序。本銘的記時若組合在一起，按照時間次序應當是在商王帝辛二年正月丙辰這一天，𠨘其受命到夆地贈送禮品。這一天是大乙的配偶妣丙的肜祭之日。全銘三十七字，與記時有關的就有二十四字，用於記事的只有十三字。當然，這些繁瑣的記時實際上與賞賜背景有一定的關係，在某種程度上，這些記時構成銘文敘事主體發生的背景，隱含器主活動的起因。器主“覣殷于夆”實際上是這個祀典的組成部分，𠨘其的活動屬於這次祭祀活動的一個側面，

① 中國社會科學院考古研究所：《殷周金文集成（修訂增補本）》，第四册，中華書局，2007年，第3383頁5412.3器。進按：本銘“殷”字上尚有一字符，李學勤、馬承源、張亞初等先生以爲與“殷”合爲一字，則其上字符爲義符，“殷”爲聲符；而裘錫圭先生讀該字爲“鼇”；尚有學者將該字視爲“麗”“殷”二字。今從第一説。分别見李學勤：《青銅器與古代史》，（台北）聯經出版事業股份有限公司，2005年，第158~159頁；馬承源：《商周青銅器銘文選》，第三册，文物出版社，1988年，第8頁；張亞初：《殷周金文集成引得》，中華書局，2001年，第107頁；裘錫圭：《裘錫圭學術文集》，復旦大學出版社，2012年，第156頁。又按：“王令𠨘其兄殷于夆，田渴賓貝五朋”的斷句目前學術界也没有形成一致的意見。馬承源在“田”字處斷句，以爲所覣之物爲夆地之田。然而根據西周《大克鼎銘》“賜女田于埜”“賜女田于渒”，西周賜田的一般表述是用“于”引出田所在地點，地點名稱作爲狀語後置在句末，因此我們暫不從馬承源説。還有一種句讀：“王令𠨘其兄，殷于夆田”，在“覣”字處斷句，將“殷”解釋爲“殷見”，一銘記兩事件，不多見。

是大事件中的小事件，即受命去獎賞在外地參與這次祭祀聯動的有功人員。

三、地點記敘模式的形成

地點記敘是記敘文的重要組成部分，該因素爲後世了解商周歷史事件提供了非常有價值的信息。晚商青銅器銘文的地點記敘形成了"王在某地"的固定寫作模式，這種模式爲西周銘文所繼承。例如《𦉢亞囂角銘》出現了"在某地"的地點介紹：

圖 2-6　𦉢亞囂角銘

丙申，王賜𦉢亞囂奚／貝，在㝷。用乍父癸彝。①

此銘未直接記敘"在某地"，應當省略了一個"王"字，這是承前省略。"在某"之"某"均指具體的某一地，而《宰椃角銘》出現了完整的"王在某地"的地點記敘：

圖 2-7　宰椃角銘

庚申，王在闌。／王各，宰椃從，／賜貝五朋，用乍父丁／尊彝，在六月，唯王／廿祀，翌又五。②

此銘不僅出現了"王在某地"，對於賞賜時間本身還添加了過程記敘，如"王格，宰椃從"是西周册命銘文的標準模式，此後，西周青銅器銘文地點記敘大多採用這一句式。可見本銘的寫法爲西周銘文所繼承。

① 中國社會科學院考古研究所：《殷周金文集成（修訂增補本）》，第三册，中華書局，2007年，第4838頁09102.1器。

② 中國社會科學院考古研究所：《殷周金文集成（修訂增補本）》，第三册，中華書局，2007年，第4840頁9105器。

四、對話描寫技術的演進

記言、記事是記敘文的兩大内容。晚商《小子𧧼卣銘》在寫作技法上更有進步。銘文記載小子𧧼受子之命，率先帶人進入堇地。子賞賜小子𧧼兩朋貝，用以表彰小子𧧼的功勞。小子𧧼因此爲母辛製作了這件祭祀用卣。

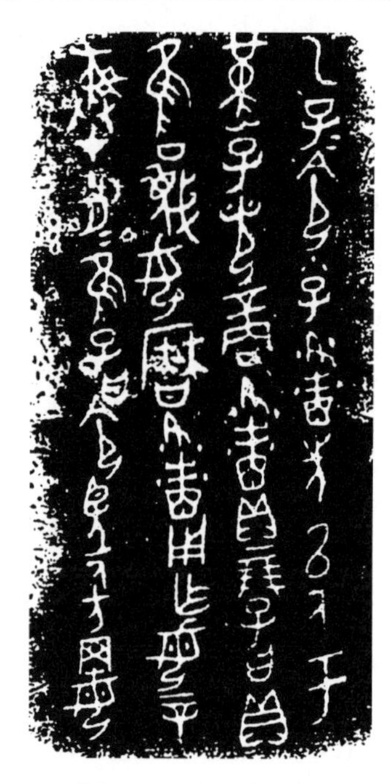
圖 2–8 小子𧧼卣銘

乙巳，子命小子𧧼先以人于/堇，子光商𧧼貝二朋。子曰："貝/隹蔑女歷。"𧧼用乍母辛/彝，在十月，唯子曰："令望人方𩰫"。[①]

該銘最重要的貢獻是第一次出現了語言描寫。事實上"子"對器主所説的話應當比較長，本銘選取其中最重要的兩句，第一句"貝隹蔑女歷"是賞賜的原因；第二句"令望人方𩰫"是追記子對小子𧧼的册命。

同樣，《四祀邲其壺銘》也有對話記載。此銘選擇商王訓話中的一句"尊文武帝乙俎"作爲禮儀活動的點睛之筆。當然此銘最值得注意的還是他的時間節點敘述，以乙巳、丙午、丁未、己酉四個時間點起領四件事的敘述。

圖 2–9 四祀邲其壺銘

乙巳，王曰："尊/文武帝乙宜。"/在召大廷，遘/乙。翌日丙午，𩛥。/丁未，𩚫。己酉，王/

① 中國社會科學院考古研究所：《殷周金文集成（修訂增補本）》，第四册，中華書局，2007 年，第 3391 頁 5417 器。

在榦，郯其賜貝，/在四月，唯王四祀，翌日。[①]

從以上分析看，晚商銘文雖然缺少長篇大作，但在敘事手段上基本上奠定了青銅器銘文簡潔明了而典雅的敘述模式，在事件敘述、時間、地點記敘和對話描寫等方面進行了探索，形成了獨具特色的銘文記敘體制，深刻影響了西周青銅器銘文的體制、敘述方法和審美傾嚮。

第二節　關於武王伐紂的銘文創作

姬周部落由於遭受戎狄壓迫，在古公亶父的帶領下從戎狄之地回到祖先故地岐山之下的周原，古公亶父與子王季勵精圖治，吸收殷商帝國先進文化，很快培育出雄視諸侯的經濟、軍事和文化的強大實力，完成了從部落小國向西方大國的轉變。到周文王時期，姬周實力再次迅速上升，雄霸一方，周文王姬昌號稱“西伯”。岐周國力的上升引起殷商帝國的普遍擔憂，商紂王接受崇侯虎的建議，將周文王幽拘於羑里。岐周方面用有莘氏美女以及驪戎之文馬、有熊九駟等奇珍異寶討得商紂王的歡心，姬昌獲釋。“乃赦西伯，賜之弓矢斧鉞，使西伯得征。”[②]姬昌回歸岐周，制定了以覆滅殷商爲目標的大政方針。在政治上陰行善，在軍事上主動出擊，首伐犬戎，再伐密須，伐耆國，滅崇侯虎，取得一系列軍事鬥爭勝利成果，又成功遷都灃水西岸，是爲豐京。豐京的建設更加有利於西周向東方擴張。

一、利簋銘和天亡簋銘的構成分析

武王伐紂是中華歷史上偉大事件，雖然距今久遠，與西周中晚期文獻極度匱乏相比，關於武王伐紂的事跡，傳世文獻上還是留下比較豐富的記載。《今文尚書》中《牧誓》的主體是牧野之戰前夕周武王向西周聯軍將領發佈的演説詞。從演説詞中可以看出西周軍隊將領的組

① 中國社會科學院考古研究所:《殷周金文集成（修訂增補本）》，第四册，中華書局，2007年，第3385頁5413.3器。進按：張政烺以爲器真而銘僞，見張政烺:《切其三卣真僞問題》，1987年（安陽）國際殷商文化研討會論文，《出土文獻研究》第三輯，中華書局，1998年。而故宮博物院採用紅外掃描，肯定器爲真器。見丁孟等:《切其卣的X射线检测分析》，《故宮博物院院刊》1999年1期。

② 司馬遷:《史記·周本紀》，中華書局，1982年，第116頁。

成是邦冢君、御事、司徒、司馬、司空、亞旅、師氏、千夫長、百夫長以及庸、蜀、羌、髳、微、盧、彭、濮八個部落將領；周武王強調的商紂王罪過有婦人干政、廢棄祖宗祭祀、棄用兄弟和任用四方潛逃罪犯。周武王還特别強調了旅進旅止的戰場紀律問題。[①]由於《牧誓》局限於記言體，未能提供更多的事跡。正面記載武王伐紂事跡的《尚書·武成》篇已經失傳，好在内容相似的《逸周書·世俘》篇流傳下來。[②]

《世俘篇》正面記敘了武王伐紂的全過程，有戰鬥場面，有軍禮儀式場面，還有商紂王自焚的描述，許多細節記敘是後人難以僞造的。所有關於武王伐紂的傳世文獻，以《世俘篇》記敘最爲全面。至於《詩經》《國語》《左傳》《吕氏春秋》《荀子》等雖然也有片言隻語的記載，也僅僅側面補充或證實《世俘篇》而已。此後《史記·周本紀》和《魯周公世家》在綜合這些文獻基礎上對武王伐紂作了簡要描述。

依據《史記·周本紀》，姬昌遷都第二年去世，太子姬發即位，是爲周武王。周武王在太公望、周公旦以及召公、畢公的輔佐下，繼承周文王未竟事業，又在灃水東岸建立鎬京。姬發即位十一年，聯合庸、蜀、羌、髳、微、纑、彭、濮人發動了滅商之戰。雙方會戰於商都朝歌之牧野，商紂王戰敗，自焚於鹿台。姬發舉行盛大告祭，宣布"膺更大命，革殷，受天明命。"[③]一統天下，周王朝正式確立。爲整頓天下秩序，鞏固周王朝，姬發開始了西周歷史上第一次分封。論功行賞，封太公望於營丘，爲齊國。封弟周公旦於曲阜，爲魯國。[④]封召公奭於燕，封弟叔鮮於管，弟叔度於蔡。爲褒揚前代聖王，封神农氏之後於焦，黄帝之後於祝，帝尧之後於薊，帝舜之後於陈，夏禹之後於杞。爲監督、安撫殷商之民，以殷商餘民封商紂王之子武庚禄父，以弟管叔鮮、蔡叔度爲相，協助武庚禄父治理殷商之民。

武王滅商後二年因病去世，太子誦代立，是爲成王。周公攝政，管

① 按：對於誓詞中的"不愆于六步、七步，乃止齊"和"不愆於四伐、五伐、六伐、七伐，乃止齊"，我們不取戰前舞蹈説，而從"僞孔傳"的戰鬥要求説。

② 黄懷信等：《逸周書彙校集注》，上海古籍出版社，2007年，第411~446頁。

③ 司馬遷：《史記·周本紀》，中華書局，1982年，第126頁。

④ 按：根據《魯頌·閟宫》："王曰叔父，建爾元子，俾侯於魯，大啟爾宇，爲周室輔。乃命魯公，俾侯於東，賜之山川，土地附庸。"則魯國爲周成王所封。

叔、蔡叔等与武庚禄父一起發動叛亂。周公奉成王之命平定武庚禄父叛亂，诛殺武庚、管叔，流放蔡叔。將武庚禄父舊地封給康侯封，爲衛國。封殷微子啟於宋。是爲西周第二次大分封。[①]至於成王時期分封了多少諸侯，《左傳·僖公二十四年》説："昔周公弔二叔之不咸，故封建親戚，以蕃屏周。管、蔡、郕、霍、魯、衛、毛、聃、郜、雍、曹、滕、畢、原、酆、郇，文之昭也。邘、晋、应、韩，武之穆也。凡、蒋、邢、茅、胙、祭，周公之胤也。"[②]此爲文昭十六國、武穆四國、周公之胤六國。

周公攝政七年，返政成王。周成王也爲一代明君，他命召公、周公營洛邑，遷居殷遺民，建成統治東方的中心城市，完成周武王遺願。又以召公爲保，周公爲師，東伐淮夷，殘奄，遷其君薄姑，平定東方諸侯，天下歸於平静。成王崩，太子钊立，是爲康王。召公、畢公輔佐康王。周康王繼續分封諸侯，雖然史書没有具體記載康王分封了哪些諸侯，不過青銅器銘文有所記載，如遷封坯侯爲邢侯，改封虞侯爲宜侯等。

從武王伐紂到康王末年這五十餘年之間，號稱"成康盛世"。西周青銅器銘文創作完成了從模仿晚商銘文到形成自己時代氣派的過程。這一時期的青銅器銘文基本上反映了這一偉大的歷史進程，承擔了從私人視角側面書寫周初波瀾壯闊的歷史畫卷的使命。

到目前爲止，尚未發現古公亶父、季歷和周文王時期的青銅器銘文。到了武王時期才出現《利簋銘》和《天亡簋銘》，可見西周人在接受殷人政權的同時也接受了殷人的文化。西周銘文創作是在接受殷商文化之後才開始的，是向殷商人學習的成就之一。目前發現的武、成、康三王時期優秀銘文大約五十餘篇，這些銘文從軍事鬥争、日常行政生活、宗族宗教生活和賜采封國等角度反映了西周初年的社會生活。

武王伐商是一場深刻影響中國歷史進程的戰役，目前我們能夠從青

① 按：《左傳》昭公二十六年有"昔武王克商，成王靖四方，康王息民，並建母弟，以藩屏周。"可見西周早期有三次重大的分封活動。

② 孔穎達：《春秋左傳注疏》，《十三經註疏》，中華書局，1980影印本，第1817頁。按：以上二十七國不盡爲成王、周公所封。管、蔡之封在武王時，《史記》有明文；滕國，也是武王所封。杜預《春秋釋例·世族譜》："滕，姬姓。文王子錯叔繡之後，武王封之，居滕，今沛郡公丘縣是也。"

銅器銘文看到兩篇銘文，從不同角度記敘了這場偉大戰役。

1976年3月間，陝西省臨潼縣零口公社西段大隊發現了一個西周銅器窖穴，出土銅器六十餘件，其中就有利簋。[①] 同出的青銅祭器有陳侯作王嬀媵簋，王作豐妊單盉，以及宧車父壺兩件；還有編鐘十三枚，工具、兵器、車馬飾和銅餅等。除這個利簋是周初外，其餘都是西周後期器物。這件銅器應是這個家族世代保存下來的，在入窖藏時也已經是二、三百年前的古物了。[②]

窖藏發現後，《文物》雜誌於1977年發表了唐蘭和于省吾的文章，對《利簋銘》作了隸定、考釋和解説，就《利簋銘》的核心問題“歲鼎克聞”，唐蘭提出“越鼎説”；于省吾提出“貞歲説”和“歲星當位説”，並主張“貞歲説”。1978年，《考古》雜誌1期發表了張政烺的研究成果，又正式主張“歲星當空説”説。據黄盛璋介紹，利簋剛出土，黄盛璋請教郭沫若，郭沫若主張“歲祭説”。黄盛璋發表文章的時間在1978年的6月，同期尚有趙誠、王宇信也主張此説。因此我們將“祭祀説”發明權歸爲此四人。[③] 三十多年來，《利簋銘》研究論文數十篇之巨，大多未跳出以上四説範圍。

利簋全銘三十二字，文字隸定也不算難，但至今没有出現一種讓大家都能普遍接受的解釋。因以上四説似乎都有道理，讀者無所適從。我們提出“歲、利名字説”，即銘文中的有司利就是銘文中“歲鼎克”之歲，歲與利一名一字，歲爲斧頭，利爲其屬性。對於全銘，我們的解釋是：武王伐紂甲子之日的早晨，西周軍隊中一位名歲字利的有司對戰爭勝負進行了占卜，占卜結論是西周軍隊將戰勝商紂王。占卜之後前線很快傳來消息：西周軍隊一個早晨就佔領了商都朝歌。八天以後，周武王在闌師，賞賜了準確預測戰役結果的有司利金餅。有司利以這塊金餅鑄造了祭祀檀公的這件寶器。

---

① 于省吾：《利簋銘文考釋》，《文物》1977年8期。

② 唐蘭：《西周時代最早的一件銅器利簋銘文解釋》，《文物》1977年8期。

③ 黎子耀在《杭州大學學報》1978年1期發表《陝西臨潼發現的武王征商簋銘文考釋》，提出“歲鼎克”爲“戎商克”，將“鼎”直接解釋爲“商朝”的“商”，立論雖早，但不能成立。另外尚有《文物》1978年6期《關於利簋銘文考釋的討論》所收鐘鳳年的文章，觀點雖新，但無字形學依據。

珷征商，唯甲子朝，歲／貞，克。聞夙有商。辛未，／王在闌師，賜有事利／金，用作檀公寶尊彝。[①]

我們用上一節使用過的“文字模型分析法”對《利簋銘》作簡要分析：

珷征商（大背景事件記敘，一級）
唯甲子朝（大背景事件之時間記敘，二級）
歲貞，克。聞夙有商（事件小背景記敘，二級）
辛未（核心事件之時間記敘，二級）
王在闌師（核心事件之地點記敘，二級）
賜有事利金（核心事件記敘，一級）
用作檀公寶尊彝（核心事件影響記敘，一級）

圖 2–10　利簋銘

從以上分析不難看出，《利簋銘》用五個二級項開展核心事件背景記敘，在背景記敘上的複雜程度超過了晚商銘文。

據清人陳介祺《聃敦釋説》介紹，天亡簋出自陝西岐山，今人孫稚雛根據陳介祺説推斷，該器大約出土於 1843 年之前，出土後不知去嚮。1956 年北京琉璃廠振寰閣古物店從上海周姓人士處購得，後歸故宫博物院，[②] 今藏中國國家博物館。

天亡簋初出時被稱爲“朕敦”，陳介祺以爲“朕”字當爲“聃”字，故稱“聃敦”。唐蘭以作器者爲“朕”，稱“朕簋”，吴式芬、孫詒讓、郭沫若以銘文中有“大豐”二字，故稱之爲“大豐簋”。劉心源則以爲“天亡”爲人名，稱“天亡簋”。[③] 三説以劉心源説爲長。關於天亡簋製作年代，大多數學者根據銘文中有“文王監在上”，定爲武王時器；但在伐商之前還是之後，尚有争議。以爲在武王伐紂前的又分兩

① 中國社會科學院考古研究所：《殷周金文集成（修訂增補本）》，第三册，中華書局，2007 年，第 2306 頁 4131 器。進按：利簋銘的文義，我們有自己的看法，因而斷句與《集成》有所區别。見拙文《利簋銘“歲鼎克”的再認識——兼論“歲星當空”諸説的困難》，《安徽農業大學學報》2012 年 1 期。

② 孫稚雛：《天亡簋銘文匯釋》，載《古文字研究》第三輯，中華書局，1980 年。

③ 孫稚雛：《天亡簋銘文匯釋》，載《古文字研究》第三輯，中華書局，1980 年。

説。孫作雲以爲在武王伐商前一段時間，[①]孫常敘以爲在大軍出發前夕十三天，武王舉行大封之禮，會同東南西三方諸侯。[②]唐蘭、于省吾以爲在伐商以後爲祭祀文王所作。于省吾將此篇與《世俘》相比較，以爲兩文所説爲同一事件，並且據天亡簋銘指出《世俘》天干有錯。此外，尚有殷滌非以爲昭王器，[③]周錫䪖以爲康王器，[④]劉曉東以爲時間在克殷之後的“度邑”期間，與克殷没有直接關係。[⑤]我們贊同唐蘭、于省吾説，依據天亡簋自身銘文確定爲西周重臣天亡因協助周武王伐商成功之後祭祀文王受賞而作。

天亡簋圓身方座，内底有銘文八行七十八字。[⑥]

圖 2–11 天亡簋銘

乙亥，王有大禮。王同三方。王/祀于天室。降，天亡佑王/衣祀于王丕顯考文王，/事喜上帝。文王監在上：丕/顯王乍省，丕肆王乍庚，丕克/訖衣王祀。丁丑，王饗大宜。王降。/亡助釐復囊。

① 進按：孫作雲根據“丕顯王作省，丕肆王作庚，丕克訖殷王祀”爲祈禱語，判斷殷國未滅，因此在伐紂之前。見《説“天亡簋”爲武王伐商以前銅器》，《文物參考資料》1958年1期。

② 孫常敘：《天亡簋問字疑年》，《吉林師大學報》1963年1期。

③ 進按：殷滌非將“丕克訖殷王祀”讀成“丕克王殷王祀”，以與“文王監在上”“丕顯王”“丕肆王”並列。見《十論“大豐簋”的年代》，《文物》1960年5期。此説非，“丕克王殷王祀”不成句子。

④ 周錫䪖：《天亡簋應爲康王時器》，《古文字研究》第二十四輯，中華書局，2002年，第211頁。

⑤ 劉曉東：《天亡簋與武王東土度邑》，《考古與文物》1987年1期。

⑥ 進按：釋文以于省吾説爲主，兼顧諸家之説。我們認爲銘文稱“文王”，則銘文撰寫於滅商之後。理由有二：第一，周原甲骨自稱“西伯”，則文王在世時未稱王。第二，《禮記・大傳》説牧野之戰畢，武王率領諸侯設奠於牧室，“追王大王亶父、王季歷、文王昌。”則文王稱王，乃牧野之戰後武王所追認。

唯朕／有蔑，每啟王休于尊簋。[①]

我們還用"文字模型分析法"對《天亡簋銘》作內容構成分析：

乙亥（背景事件記敘之時間，二級）

王有大禮（總背景事件概述，一級）

王同三方（背景事件進程之一，二級）

王祀于天室降。天亡佑王衣祀于王丕顯考文王，事喜上帝（背景事件進程之二，二級）

文王監在上：丕顯王乍省，丕肆王乍庚，丕克訖衣王祀（背景事件記敘之禱辭記敘，三級）

丁丑（核心事件之時間記敘，二級）

王饗大宜（核心事件記敘之一，概述，一級）

王降。亡助釐復囊（核心事件記敘之二，過程記敘，一級）

唯朕有蔑（作器原因記敘，二級）

每啟王休于尊簋（核心事件影響記敘，一級）

從文章學角度看，本銘的內容結構的豐富程度遠遠超出了晚商任何一篇銘文，繼承性和發展性歷歷在目。

二、利簋銘和天亡簋銘的歷史價值

《利簋銘》和《天亡簋銘》具有重要的歷史價值。我們根據《利簋銘》和《天亡簋銘》，大致上可以將周武王伐商之後的行程作簡單的描述。公元前一零四六年二月五日甲子，周武王軍隊攻克商都。八天後，即二月十二日辛未這一天，周武王到達闌師，在這裏賞賜了占卜有功的有司利。克商十二天後的乙亥這一天，周武王到達嵩山，在天亡佑助之

① 中國社會科學院考古研究所：《殷周金文集成（修訂增補本）》，第三册，中華書局，2007年，第四册，第2589頁04261號。進按："同三方"之"同"，學者多釋爲"凡"。然審視搨片，左右兩豎劃對稱，實爲"同"字，同即會同，舉行會同禮。原銘文"三方"，于省吾指出當爲"四方"，仔細辨别銘文原器，"三"字與"方"之間的確空有一個字的位置，很有可能原有一横筆畫，當爲原泥版筆畫在鑄造此器中脱落，或器成後鏽蝕而滅。然西周本爲西方諸侯，武王爲召集人，召集北、東、南三方即可，西方已包括其中，不必改"三"爲"四"。

下舉行祭祀天地四方的報功之禮。報功禮後第三天丁丑日，周武王舉行大饗禮，宴請功臣。

《利簋銘》從這個偉大歷史事件親歷者個人視角簡略記載了武王伐商歷史事件，給武王伐商是否在甲子日這一曠日持久的争論畫上句號；同時證實《尚書·武成》《逸周書·克殷解》和《度邑解》以及《史記·周本紀》等歷史文獻有關記載可信。我們今天可以根據這兩銘以及《何尊銘》和《逸周書》相關記載復原周武王西歸宗周鎬京的路線。周武王在甲子之日克商，克商第八天之後，周武王到達闌師，在闌師賞賜了有司利；《天亡簋銘》記載，又過四天後，周武王到達嵩山，在中嶽嵩山舉行了盛大的封禪禮，祭祀天帝。並發表了著名的“依天室”“宅兹中國”的演説，提出了“載戢干戈，载櫜弓矢。我求懿德，肆於時夏”的美好願望。[①]

《天亡簋銘》從器主天亡的私人視角順時敘事。銘文記載的是以武王舉行祭天禮爲中心的事件。這個“大禮”之稱不僅僅因爲儀式盛大，更重要的是只有王朝天子之禮才能稱“大禮”。根據銘文，乙亥這一天的重要活動包括了“同三方”之會同之禮、“祀天室”之祭祀中嶽嵩山之禮、祭祀文王之禮、祭祀上帝之禮四大内容。丁丑這一天的重要活動是周武王舉行大饗之禮。天亡在大饗禮中獲得祚肉和一囊貝。[②] 對於天亡來説這是巨大的榮耀，因此作器以紀念這個榮耀。銘文所記内容能夠與《詩經·般》《詩經·時邁》《逸周書·度邑解》《逸周書·世俘解》《史記·周本紀》所記周武王滅商後巡視中土、祭祀山川上帝相印證。

《天亡簋銘》具有典型的私人敘事性質。我們可以從銘文中兩個“降”字的分析中看出來。“王祀于天室。降，天亡佑王衣祀于王丕顯考文王。”此“降”不是從天而下之“降”，而是大人物到達現場的尊褒之詞，即蒞臨現場之義。這一次“降”，天亡獲得輔佐武王祭祀文王的機會。由於天亡直接參與這場祭祀，並且還是禮典中武王的佑者，因此天

---

① 鄭傑祥:《周初銅器銘文“王在闌師”與“王祀於天室”新探》,《中原文化研究》2017年7期。

② 進按:“勛釐復囊”或釋爲“勳爵退囊”，不詞。“勛”，今從孫常敘説，爲賞赉之義；爵當爲釐。“復”字字義相當於“又”字，即賞賜既有釐又有貝，相似用法有《鬲比盨銘》“復友鬲比其田、其邑”。

亡對於祭祀之辭也很上心，因而能記住祈禱辭，並記於銘文中。武王第二次“降”是到達大饗禮現場。這一次天亡獲得了豐厚的賞賜。

銘文中的“文王監在上：丕顯王作省，丕肆王作庚，丕克訖衣王祀”顯然具有詩歌性質。這是中華銘文史上第一次記載詩歌體祈禱詞，内容是對文王的頌揚，可見這次祭祀具有王朝禮典性質，但此祈禱詞不屬於《詩經》系統。“文王監在上：丕顯王作省，丕肆王作庚，丕克訖衣王祀。”從句式看爲“五言、五言、五言、六言”句式，與《清廟》《維清》等篇以四言爲主、間有五言有别。《天亡簋銘》表明，此時以《詩經·周頌》爲標誌的西周祭歌體系尚未建立起來。

三、利簋銘和天亡簋銘的文學地位

《利簋銘》和《天亡簋銘》具有重要的文學價值。從目前已經確定爲武王時期的這兩篇銘文看，西周銘文的開端帶有濃厚的史家敘事色彩，與晚商銘文高度模式化顯然有别。西周銘文創作在起始階段就已經具有周文化印記。《利簋銘》和《天亡簋銘》提高了西周青銅器銘文創作起點時期的水準。

《利簋銘》是西周銘文的開山之作，顯示西周青銅器銘文一開始就有不同於晚商青銅器銘文的新氣象和新寫法。全銘按照時間進程作順時敘事，簡潔、完整，信息含量遠超晚商銘文，擺脱了晚商銘文“日名—事件—年次”的標準寫作模式，標誌着新的銘文創作時代的到來。

《利簋銘》顯示了從史官敘事向私人敘事的過渡狀態。中國文化中的史官傳統極其發達。早期詩文二分，其中“文”的創作傳統由史官所建立，並且樹立了“史傳文學”的典範，與青銅器銘文、春秋戰國時期的諸子散文一起，構成了中國文學中散文的三座高峰。

青銅器銘文與諸子散文、歷史散文有顯著的區别。歷史散文的作者——史官幾乎不顯露個人的情感，他們的敘事立場類似於“爲天地立心，爲萬世立法則”，他們代表超越於時代的文化傳統和道德法則而寫作，他們的寫作立場是“歷史理性”。諸子散文有私人敘事性質，但哲學意味更濃，主要表現個人的思想認識成果。青銅器銘文寫作從私人立場出發，寫私人生活。而私人生活寫作必然催生純粹文學意義的散文誕生。在史官歷史敘事向青銅器銘文私人敘事的發展歷程中，《利簋銘》和《天亡簋銘》是標誌性作品，代表西周私人敘事的興起。

《利簋銘》是西周開國第一篇銘文，銘文寫作顯示了史家筆法的高超技藝，同時又兼具私人敘事的性質，標誌西周私人化的青銅器銘文創作即將興起。從内容上看，《利簋銘》總共有三十二字，卻敘述了武王伐商、有司占卜、戰役結果、武王賞賜有司利、有司利爲檀公作器五件事情，敘事效率極高。同時也可以看出銘文主體部分屬於歷史敘事，這些歷史敘事内容可以統攝在“武王伐商”這個主題之下；其中“征商”“有商”完全屬於歷史寫作；“歲貞”和“賜金”則介於歷史寫作與私人寫作之間，因所敘述的事情也屬於國家事件。“用做檀公寶尊彝”則屬於純粹的私人敘事，所敘事件“作器”只是有司利家族私事；在比重上，私人敘事也只有七字，呈現出史官敘事向私人敘事的過渡狀態。

從選材角度看，《利簋銘》私人敘事意味更濃一些。歷史敘事的四個事件採取的是顯性敘事方式表達，其實在這一天尚有更多的事跡，銘文没有直接敘述。這種選擇性敘事反映了銘文的偏向：重在突出有司利個人功勞的敘述。所選擇的不是正面戰場將士們的英勇事跡，而是有司利個人在這次戰役中的貢獻和所受嘉獎。有司利自己就是文官，銘文的寫作風格簡潔明瞭，追求每一個字最大的信息表達量，可謂一字千金。

《天亡簋銘》則顯示了銘文創作的藝術追求。《天亡簋銘》記載的事件比《利簋銘》只晚六天，兩文的創作技法有一致處，更有明顯的差異。除了篇幅多出《利簋銘》一倍而外，創作風格也一改《利簋銘》的嚴謹和簡略。細緻分辨，不難發現兩者的差異。

在敘事線索方面，《利簋銘》是雙線索敘事，一主一副，剔除了與雙線索無關的其他内容，即使其他内容意義重大也不入筆下。《利簋銘》的主線是武王伐商，副線是有司利的活動。武王伐紂是主線，銘文主體事件——有司利受賞賜也因武王伐紂而起，其中有司利的占卜、受到賞賜都是由於武王的指令。然而這條副線也制約着主線事件敘事的選擇：武王伐商期間激動人心的事件肯定很多，但銘文只選擇與自己有關的事件去記敘，這是因爲有司利所作之器是祭祀檀公的禮器，具有嚴格的宗族排他性，盡量避免與宗族無關之人出現在銘文中。此種排他性無疑也促進了銘文敘事的私人化傾向。

《天亡簋銘》則是三線索敘事，一主二副、二顯一隱。顯性線索是武王與天亡的活動；隱性線索是“文王監在上”與上帝等衆神等待告成。

主線是周武王的禮樂活動，第一副線是天亡參與這些活動並受賞賜；第二副線是文王與衆神之間的祭祀與享受祭祀。雖然兩銘所記作器目的不盡相同，《天亡簋銘》也如《利簋銘》一樣，只選擇與三線索有關的事件記敘，排除了其他事件。

《天亡簋銘》在創作上出現了抒情體句子，採用了反復、對仗修辭格，這是《利簋銘》所不具備的。銘文出現了類似於《詩經》"頌體"的句子："文王監在上，丕顯王作省，丕肆王作庚，丕克訖殷王祀"——以其成功告於神明，可見銘文已經不滿足於簡單的事件敘事，在創作中注入個人的感情，對文王的德行和在天之佑的歌頌、對武王效法文王完成克商大業的讚美以及個人對完成偉大事業的興奮之情洋溢其間。這四句即使不是天亡的獨立創作，至少也是對祭祀儀式用辭的改寫，不是簡單的抄録。正如前文所述，這種抒情性效果是通過反復、對仗的修辭手段實現的，體現了銘文對寫作藝術的追求。這在西周銘文史上還是第一次，當然也是中華散文寫作史上的第一次。《天亡簋銘》中記載的這首《文王頌》没有進入《詩經》體系，有可能當時使用的是殷商樂，非周樂，故周公製禮作樂之後，祭祀文王的樂歌全部改爲周樂，原來藉助殷商樂創作的文王祭祀樂歌因此被廢。

在敘事場域方面，《利簋銘》體現了史官敘事向私人敘事過度的狀態，敘事軸按照時間先後次序在一個平面上展開。《天亡簋銘》由於引進了文王這條線索，實現了空間的拓展，將虛擬的天神世界與人間世界對接在一起。此種寫法雖然源自於天亡個人的宗教觀念，卻拓展了銘文創作空間，提高了銘文的表現力。就成就來看，《天亡簋銘》更高一些，更具有新時代特徵；《利簋銘》繼承性更多一些。

私人敘事的興起是中國文學的一件大事。20世紀初有學者宣稱戰國以前中華無私人著述。但由於西周青銅器銘文私人敘事性質的確認，這個論斷將受到挑戰；也將爲研究春秋戰國中華思想文化大爆發的原因提供新思路。由於青銅器銘文私人敘事性質的確認，先秦文學之林中一大批銘文作家的地位將被確認，中華個人創作的歷史將被上溯到三千多年以前。這無疑將豐富先秦文學史的内容，爲我們探索中華散文創作的源頭提供真實可靠的材料。

由於私人敘事的偏向，《利簋銘》《天亡簋銘》除了證實文獻中關於伐商時間爲甲子日之外，没有爲我們提供更多的關於武王如何伐商的細節，這不能不説是個遺憾。但是，這裏正是史官敘事與私人敘事的差别所在，凸顯了私人敘事的側重點所在。就這一點説，《利簋銘》和《天亡簋銘》的文學價值足以和她們的歷史價值相媲美。

《利簋銘》《天亡簋銘》的出現是西周銘文創作的“報春鳥”，在她們之後到周成王晚年，私人化的銘文寫作層出不窮，今天有案可查的就多達五十多篇。其中包括著名的《何尊銘》《中方鼎銘》《中甗銘》《太保簋銘》《士上尊銘》《商卣銘》等精美篇章。這些銘文從私人視角反映了西周初年重大歷史事件和士大夫政治、軍事、宗教活動與個人生活感受，爲中華私人寫作第一次高潮的到來打下了基礎。

第三節　以成王爲中心的銘文創作

周公攝政，西周王朝内部出現不同的聲音。以管叔鮮、蔡叔度爲首的西周貴族實力派對周公攝政竭力反對，乃至武裝對抗。周公擊殺了武庚禄父，覆滅了商人在東方最後據點奄城，平定了東方叛亂，將一批功臣、近親分封到各地，佔據戰略要地以藩屏王朝中心區域。周公又在洛水建造成周城作爲管理東方的行政中心，然後製禮作樂，完成制度建設之後才將國家權力交給周成王。反映這一段歷史的詩歌創作，收入《詩經》中的有《東山》《采薇》等篇；收入《尚書》中的則有《召誥》《洛誥》《康誥》《多士》等篇。流傳至今的青銅器銘文則有《沬司徒疑簋銘》《小臣單觶銘》《禽簋銘》《保員簋銘》《剛劫尊銘》等。

關於周公東征的起因，《今本竹書紀年》載：“（成王）二年，奄人、徐人及淮夷入於邶以叛。”① 即在成王元年武庚禄父叛亂之後，殷人舊部東方諸侯也發動叛亂。而《尚書大傳》載：“武王死，成王幼，周公盛養成王，使召公奭爲傅，周公身居位，聽天下爲政。管叔疑周公，流言於國曰：‘公將不利於王。’奄君薄姑謂禄父曰：‘武王既死矣，成王尚幼矣，周公見疑矣。此世之將亂也，請舉事。’然後禄父及三監叛也。周公

① 陳逢衡：《竹書紀年集證》，《續修四庫全書》本，第335册，第322頁。

以成王之命殺禄父，遂踐奄。”[①]《尚書大傳》所説更加細緻，其中奄君薄姑不僅是這次叛亂的參與者，還是武庚叛亂的直接鼓動者。《逸周书·作雒》也記載：“周公立，相天子，三叔及殷、东、徐、奄及熊盈以略……二年，又作師旅，臨衛政殷，殷大震潰。降辟三叔，王子禄父北奔，管叔經而卒，乃囚蔡叔於郭淩，凡所征熊、盈族十有七國，俘維九邑。俘殷獻民，遷於九里，俾康叔於殷，俾中髦父宇於東。”[②]由此可見，周公東征與殷東方諸侯舊部參與和支持武庚叛亂有關，是二次伐商的繼續。由於主戰場已經轉移至東方，直到海邊，這次戰役才被稱爲“周公東征”之役。

這一時期主要政治人物爲周成王、周公和召公，我們將這些銘文分别放在周公、召公和周成王近臣三個標題之下進行分析。

周成王是西周歷史上有作爲的明君，是西周成康之治的主要奠基者。其人勵精圖治，在青銅器銘文中也有所反映。以周成王活動爲中心的青銅器銘文，著名的有《沬司徒疑簋銘》《獻侯鼉鼎銘》《何尊銘》《荆子鼎銘》《德方鼎銘》《柬鼎銘》《士上尊銘》等。

一、反映周成王二次伐商活動的銘文

《史書》記載西周二次伐商的主角是周公。與傳世文獻不同，西周《沬司徒疑簋銘》和《剛劫卣銘》表明，周成王以周王的名義主導了二次伐商這一重大歷史事件。

（一）沬司徒疑簋銘

沬司徒疑簋又稱“康侯簋”，所刻銘是一篇關於二次伐商之後改封衛康叔爲衛侯的銘文。該器1931年在河南浚縣辛村出土，隨後被倒賣海外，今藏英國大英博物館。該簋有銘文一篇二十三字，敘述周成王完成二次伐商戰役之後改封康叔封於衛，爲衛侯，掌控殷商餘民以藩屏周室。[③]器主沬司徒疑參與衛侯改封這一重大事件，因而作父考祭器以紀念這次榮耀。我們依據銘文在器中分行形式將《沬司徒疑簋銘》排列如下：

---

① 伏生：《尚書大傳》，皮錫瑞《尚書大傳疏證》本，《續修四庫全書》第55册，第761頁。

② 黄懷信等：《逸周書彙校集注》，上海古籍出版社，2007年，第514~520頁。

③ 董蓮池《沬司徒疑簋“徃”“啚”釋“徙”“圖”説平議》提出“啚”字當解釋爲“在衛地建守周邊”義，今從之，見《中國文字研究》2008年1期。

王來伐商邑，祉/令康侯啚于衛。/渣司土遙眔啚，乍/氒考尊彝。朋。[①]

圖 2–12　沬司徒疑簋銘

《沬司徒疑簋銘》具有重要的历史价值。该銘的發現證明成王徙封衛康叔確有其事。周公滅武庚，殺管叔，將殷都朝歌及其周邊地區的殷餘民七族分封給康侯封，建立衛國，作爲保衛西周的東方屏障。衛康叔以殷民七族爲基礎建立殷八師，與成周八師互爲犄角，從而在中原地區形成強大的軍事保障。周公分封衛康叔是一項重大舉措，《沬司徒疑簋銘》以無可辯駁的事實證明《酒诰》《康诰》《梓材》这三篇收入《尚书・周书》中的“康侯三誥”以及《左傳》等文獻所説周成王封衛康叔於衛以監殷餘民是正確的。根據丁山的研究，西周銘文中的“殷八師”就是分封給衛康叔的殷民七族，衛國在西周初年的確成爲西周政權的保障，起到了藩屏王室的作用。[②]

《沬司徒疑簋銘》還具有重要的經學價值。《尚書・酒誥》有“妹土嗣，爾股肱”一句，“妹土嗣”顯然是人名，康叔的下級臣屬，但此人是誰？“妹土嗣”是什麼性質的官員？《尚書》學史上一直存在争論。本銘的發現證實《酒誥》可靠；同時從文獻學角度糾正了《酒誥》一處小錯誤：基本上可以斷定“妹土嗣”當爲“妹嗣土”之誤。器主沬司徒疑以自己的銘文創作，不僅爲自己在中華文明史上留下了一筆，還解決了《尚書》學史上的一樁公案：“妹土嗣”爲“妹嗣土”，即銘

① 中國社會科學院考古研究所：《殷周金文集成（修訂增補本）》，第三册，中華書局，2007年，第2231頁04059號。進按：“沬嗣土遙”之“沬”原搨從氵從木、日，今楷體無對應字。此字指牧野之牧，文獻又寫作“沬”，《集成》標題用原搨字，内容徑寫作“沬”，故本書從之寫作“沬”。“沬嗣土遙”之“遙”，原搨從辵從矣，可隸定作“遙”字。《集成》題名從辶從矣，内容從辶從疑。今徑寫作“疑”

② 丁山：《遺敦跋》，《歷史語言研究所集刊》2本4分册，1932年。

文中的沬司徒疑。[1] 此人所作器銘尚有數篇：三篇二字銘《沬爵銘》；一篇《沬伯尊銘》，均有銘文“沬伯疑作毕考寶旅尊彝”；兩篇《沬伯疑卣銘》，内容與尊銘一致；一篇《沬伯疑鼎銘》，内容也與尊銘相同。所有這些銅器都帶有族徽“䀠”字，我們很容易依據這個族徽判斷此人爲殷商遺民，並且就是周成王封給衛康叔的“殷民七族”之一的䀠族。

《沬司徒疑簋銘》在文章寫作學上也有可取之處。銘文擺脱了自晚商以來因賞賜而作器的寫作套路，直接記載自己參與的重大歷史事件：周成王在二次伐商之後分封衛康叔於衛國的活動，省略了因功賞賜環節。銘文中“王來伐”之“來”，學者或隸定爲“朿”。同時期的《旅鼎銘》有“隹公大保來伐反夷年”（《集成》02728），“來伐”連用。此處也應隸定爲“來”。“來”字使用精彩，説明器主沬司土疑就是本地人，正如《旅鼎銘》器主旅爲東夷之人一樣，周成王、大保都是外地人，用“來”字，正好表達其人自外而至於此。循此規律，器主凡稱“來”者，都是本地人。記載同一事件的《禽簋銘》就不用來字，直接説“王伐蓋侯”，不説“王來伐蓋侯”。那時候伯禽尚未封侯於魯，並不身處東方，還在西周聯軍之中，故不用“來”字。

（二）剛劫卣蓋銘

《剛劫卣蓋銘》反映了周成王二次伐商有關事跡。現據銘搨將釋文排列如下：

王征埜，賜剛／劫貝朋。用乍／朕蒿且缶尊彝。[2]

圖 2–13　剛劫卣蓋銘

《剛劫卣蓋銘》一篇十六字，器主剛劫因參與周成王伐商征奄有功受到周成王的賞賜，

① 陳夢家：《西周銅器斷代》，中華書局，2004 年，第 13 頁。

② 中國科學院考古研究所：《殷周金文集成（修訂增補本）》，中華書局，2007 年，第 2257 頁 05383.1 器。

爲紀念這些榮耀，器主爲自己的高祖製作祭祀用寶器。銘文所提供的信息看似非常有限，卻有重要的歷史價值。銘文所記事件的背景正是傳世文獻所説的周公功績中“救亂、伐商、踐奄”的“踐奄”，屬於周公東征戰役的重要組成部分。“王征蓋”即“王征奄”，這一句非常重要，證明二次伐商之後，西周確實繼續向東方進軍，討伐參與三監之亂的東夷蓋侯。銘文中的“王”即周成王，周成王親自參加了這次戰役，可與《禽簋銘》等互相印證。

二、反映周成王會盟諸侯活動的銘文

西周“分封制”取得成功的重要原因是周王對諸侯有控制權。控制權的重要標誌是有效舉行巡守禮和會盟禮。《荆子鼎銘》記載的就是一次在歷史上非常有名的“岐陽之盟”。

周成王岐陽之盟，是一次歷史盛會，周成王利用這次會盟確立了西周王朝與諸侯列國關係基本框架，爲成康之治奠定了政治基礎。但是傳世文獻記載十分簡略。《國語·晉語八》有簡單記載説：“昔成王盟諸侯於岐陽，楚爲荆蠻，置茅蕝，設望表，與鮮卑守燎，故不與盟。”①

2011 年湖北隨州葉家山西周曾國墓地的 M2 號墓出土了一件器主自稱“刅子”的帶銘文西周青銅鼎，②鼎銘按照事件發展的先後次序，從楚子的視角簡要記載了周成王岐陽之盟的盛況，證明了傳世文獻不誤，補充了傳世文獻的不足，具有極高的歷史認識價值。③《荆子鼎銘》全文三十八字，所包含的信息十分豐富，體現了銘文作者高超的寫作技巧。④爲便於作文章學分析，我們將荆子鼎銘文按照現代出版物分段落形式排列如下：

丁子，王大祓。/戊午，刅子蔑歷，敞白牡一。/己未，王商多邦白。

① 董立章：《國語譯註辨析》，暨南大學出版社，1993 年，第 549 頁。
② 湖北省文物考古研究所、隨州市博物館：《湖北隨州葉家山西周墓地發掘簡報》，《文物》2011 年 11 期。
③ 黄錦前：《荆子鼎與成王岐陽之盟》，《中國國家博物館館刊》2013 年 9 期。
④ 黄鳳春等：《湖北隨州葉家山新出西周曾國銅器及其相關問題》，《文物》2011 年 11 期。

刅子麗，商邕卣、貝二朋。/ 用作文母乙尊彝。①

《荆子鼎銘》具有很高的歷史價值。銘文第一次用出土文物形式證明了傳世文獻所説楚子熊繹事周成王並曾參與“岐陽之蒐”的歷史事實，“岐陽之盟”爲真實的歷史事件。《史記・楚世家》記載周成王封熊繹以子男之田，銘文中器主自稱“荆子”，可證司馬遷説不誤。銘文記載周成王賞賜“多邦伯”，荆子在受賞之列，可見荆子雖爲子男，也享受邦君待遇，算是西周諸侯。《荆子鼎銘》的出土是楚史研究領域的一件大事，楚子所造青銅器出現在曾國墓葬中，同時説明西周早期楚、曾兩國非同一般的關係。根據李學勤先生的意見，②《荆子鼎銘》與《保卣銘》記敘的是同一件事情，記敘的是周成王岐陽之盟中器主各自參與的活動。我們可以從記敘同一件事情的兩篇銘文中將周成王“岐陽之盟”的時間推斷出來。《保卣銘》記載的是二月既望乙卯事情，《荆子鼎銘》記載的是乙卯兩天之後的事情，那麼這一年二月的干支就能全部確定。同樣，這一年十二個月的干支都能全部確定。

《荆子鼎銘》還具有很高的禮學價值，爲研究西周王朝的會盟制度提供了第一手資料。

傳世文獻一再提到周公製禮作樂，西周禮樂文明無疑具有一套嚴密

① 進按：《荆子鼎銘》釋文我們主要依據《發掘簡報》。《荆子鼎銘》自 2011 年公佈以來，關於銘文中的“敞”“麗”兩字的釋讀以及器主刅子的指嚮和銘文所反映的歷史史實，學者多有討論，但没有取得完全一致的意見。關於器主之名，李學勤先生隸定爲“斗子”，見氏所作《斗子鼎與成王岐陽之盟》，《中國國家博物館館刊》2012 年 1 期。李天虹隸定爲“耒子”，王佔奎隸定爲“戊子”，二説均見《湖北隨州葉家山西周墓地筆談》一文，《文物》2011 年 11 期。涂白奎、黄錦前隸定爲“刅子”，讀爲“荆子”，即楚子。該説初見於復旦大學“出土文獻與古文字研究中心”網站 2011 年 11 月 4 日涂白奎、黄錦前《隨州葉家山所出荆子鼎銘文補釋》一文，再見於該網站 2012 年 2 月 27 日黄錦前《再論荆子鼎》一文，三見於該網站 2012 年 3 月 4 日黄錦前《三論荆子鼎》一文。“荆子説”提出之後，學術界大多接受了涂、黄二人之説，但仍有學者持有不同意見。例如周寶宏《荆子鼎銘文補釋》一文，題目採用了“荆子説”，内容卻反對該説，以爲該字雖然可以隸定爲“刅”字，卻不能遽定位“荆”字。該文收録於張玉金主編《出土文獻語言研究》，第二輯，暨南大學出版社，2015 年，第 112~115 頁。本書器主指嚮採用黄錦前等的“楚子熊繹説”；歷史史實採用“周成王岐陽之盟説”；“麗”字採用徐在國老師的“釃酒説”；“敞”字採用我們自創的“遷牲説”，後不一一指出。

② 李學勤：《斗子鼎與周成王岐陽之盟》，《中國國家博物館館刊》2012 年 1 期。

的制度。但傳世《儀禮》的編撰考慮的只是一個士一生中可能用到的禮儀，因而傳世《儀禮》被兩漢學者稱爲"士禮"。"天子之禮"除了十七篇中的《覲禮》之外，其餘難以尋覓。後世經學家難以見到天子級别的禮典，不得不"推士禮以至於天子"。按照《周礼·大宗伯》"春見曰朝，夏見曰宗，秋見曰覲，冬見曰遇，時見曰會，殷見曰同"的説法，我們通過《荆子鼎銘》可以發現周成王時期"殷同禮"的一些綫索：會盟禮有大祓，大祓後一天有對參與人員的表彰；大祓後二天有賞賜邦伯的活動。對於天子禮具體儀注的探索也提供了不可多得的資料。"戊午，办子蔑歷，敞白牡一"記敘的是頭一天荆子具體負責處理一頭祭祀用犧牲，因而在第二天受到"蔑歷"。由此可見這次大祓禮使用的牛牲爲白公牛，我們可以判斷這次大祓禮祭祀使用白公牛則爲殷禮。[①] 參與祭祀的邦君們如何"助祭"，我們從荆子"敞牛"的記敘中看出了其中一端。[②]

《荆子鼎銘》在文章學上也有可貴之處。銘文敘事追求簡練，以時間爲線索，以天爲單位，形成四個自然段。前三個自然段合起來構成一個完整的事件敘事：荆子參與周成王"岐陽之盟"的經歷。這個經歷分爲三個單元：第一個單元，參與周成王舉行的"大祓禮"，並在這個典禮中承擔"敞"一頭白公牛的任務，爲第二天受周成王"蔑歷"埋下伏筆。第二個單元記敘第二天荆子受表彰，將前一天"敞白牡一"的事情補敘在這一段。這是爲了消除自己"敞白牡一"與受蔑歷之間的"隔閡"，將

① 進按：傳世文獻中用白牡祭祀，見於《詩經·魯頌·閟宫》"白牡騂剛，犧尊將將"、《禮記·郊特牲》"諸侯之宫縣，而祭以白牡"、《禮記·明堂位》"夏后氏牲尚黑，殷白牡，周騂剛"等，註疏均以爲殷禮用牲。

② 進按：銘搨顯示"敞"字左邊聲符從八、石，顯然不是尚字，"敞"字的隸定和解讀都有問題。正如學者已經發表的成果顯示，讀爲獎賞之賞難以成立，作爲獎賞的"賞"字，銘文寫作從商從貝之字，並且出現了兩次。同一篇銘文同一個字，寫法如此混亂是不可想象的。讀爲"嘗"字也難以成立。傳世經典中蒸嘗禮中的祭品不是給活人享用，而是給已經去世的"先王"。關於"敞"字字義，我們有自己的兩點考慮。《儀禮·少牢饋食禮》："明日，主人朝服即位于廟門之外，東方，南面。宰、宗人西面，北上。牲北首，東上。司馬刲羊，司士擊豕，宗人告備，乃退。"由於這一篇記載的是少牢禮，三牲缺一牛牲。太牢禮中有牛牲，當有有司殺牛牲規定。《少牢饋食禮》中，殺羊用刲，殺豬用擊，那麼殺牛有可能用"敞"。還有一種可能，"敞"字從攴，不從殳、不從刂，也有可能類似於《禮記·祭義》所説的"祭之日，君牽牲"中"牽牲"之"牽"類動詞。因此我們將"敞白牡一"視爲祭祀過程中的一項儀注。

兩者之間的聯繫無間隔地展示在同一自然段，便於讀者一目了然地理解銘文之義。爲此，銘文作者採用了補敘法。第三個單元記敘第三天荆子參與周成王賞賜多邦伯的事情，具體擔任釃酒任務，並受到周成王獎賞。以上三個單元爲銘文第一部分，並作爲製作器銘的緣起，引出第四自然段關於作器的用途的敘述。

三、反映周成王禮樂活動的銘文

周武王在滅商之初就決定將王國行政中心遷移到中原核心地區。二次伐商之後，周公完成了這一夙願。《何尊銘》《甲戌方鼎銘》《𠭯士卿尊銘》《柬鼎銘》《臣卿鼎銘》《德方鼎銘》《獻侯䵼簋銘》等一大批銘文顯示，周成王的確將行政中心遷移在成周地區。

（一）何尊銘

何尊爲陝西寶雞縣賈村原公社社員於 1963 年取土發現，1965 年爲寶雞市博物館徵集所得。[①] 有銘文一百二十二字，因尊底破損一處，失三字，存十二行一百一十九字。今據搨片排列分行樣式排列如下：

隹王初遷宅于成周，復稟 / 珷王豐福自天，在四月丙戌。/ 王誥宗小子于京室，曰："昔在 / 爾考公氏，克弼玟王，肆玟 / 王受兹大命。惟珷王既克大 / 邑商，則廷告于天，曰：'余其 / 宅兹中國，自之乂民。'嗚 / 呼，爾有唯小子亡識，視于 / 公氏，有賞于天，螽命，敬 / 享戋！" 唯王恭德裕天，訓我 / 不敏。王咸誥。何賜貝卅朋。用乍 /

圖 2–14　何尊銘

① 王光永：《寶雞市博物館新徵集的饕餮紋銅尊》，《文物》1966 年 1 期。

匽公寶尊彝。隹王五祀。[①]

《何尊銘》是西周第一篇百字長銘。銘文記載：周成王五年，周公營洛邑成，成王遷居東都洛邑。宗小子何到天室告祭武王，祭祀完成後，將祭祀胙肉帶回來餽贈成王。爲表彰宗小子何順利完成這項任務，四月丙戌，成王在京室對宗小子何進行獎勵，並且作了訓誥，表揚了宗小子已經過世的父親爲西周王朝所作貢獻，重申了周武王克商後希望在洛水之畔建都以治理天下的理想。希望宗小子不要忘記先考美德，以先考爲榜樣。[②]

《何尊銘》具有四大歷史價值：證明傳世文獻所説周武王希望建都洛邑、居中以治天下確有其事；證明周成王確實遷到洛邑，居住在成周；證明洛邑及其附近地區在西周人眼中確實是天下的中心；證明最初的“中國”之稱就是指中原地區。銘文首次出現了“中國”之稱，這是中華文化中的一件大事，説明“中國”之稱至少在西周初年就已經存在。

《何尊銘》最重要的歷史價值在於證實了周武王確實有在洛水之畔建造都城的願望。傳世文獻《逸周書・度邑篇》《史記・周本紀》等都記載過周武王伐商後希望在洛水、伊水之間建造都城，以便西周加強對東方的治理。後來周公、召公建造了洛邑，完成了武王的心願。這個心願是周成王完成的。爲了便於和西邊都城鎬京有區别，洛邑被稱爲“成周”。成周建成後，成爲西周在東方的政治、經濟、軍事和文化中心。對於成周與周武王的關係，歷代學者均有不同看法，而《何尊銘》的發現爲這個爭論劃上句號。

《何尊銘》是西周初期銘文的典範，文章價值同樣突出。該銘最主要的寫作貢獻在於將長篇誥詞成功地熔鑄進銘文之中，在西周銘文歷史上這是第一次。依據《尚書》中的“周初八誥”名稱的慣例，《何尊銘》融入的當是《宗小子何誥》或《何誥》。“周誥殷盤，佶屈聱牙。”但銘刻在何尊上的這篇《何誥》卻簡明扼要、重點突出，用語中規中矩。顯然器主在創作此銘過程中對《何誥》進行了二次加工，做了摘要性質的處

① 中國社會科學院考古研究所：《殷周金文集成（修訂增補本）》，中華書局，2007年，第3703頁6014器。進按：何尊銘釋文有多家，“初遷宅”之遷或釋爲營，此從唐蘭釋；“豐福”之福，或釋爲祼，此從唐蘭釋，見唐蘭：《何尊銘文解釋》，《文物》1976年1期。

② 進按：關於《何尊銘》的內容，我們從葉正渤等人的祭祀之後的致福説。見葉正渤：《我方鼎銘文今釋》，《故宫博物院院刊》2001年3期。

理，從而使銘文前、中、後三部分筆力分佈十分合理。“惟王初遷宅于成周，復稟珷王豐福自天，在四月丙戌。”這是第一部分，介紹周成王發表《何誥》的背景。“王誥宗小子于京室”到“敬享戈”，這是對周成王發佈《何誥》的語言描寫。當然，銘文採用的語言描寫不是全寫，而是摘要式描寫。“唯王恭德裕天，訓我不敏。王咸誥”這是承上啟下的過渡段，“唯王恭德裕天，訓我不敏”既是對周成王作誥的讚美之詞，也是承上之句。“王咸誥”則承上啟下，對周成王作誥禮儀作了總結，引出銘文第三部分：受賞賜并作器銘記榮耀。《何尊銘》的出現標誌西周初年有別於晚商銘文的西周賞賜銘文基本成熟。

（二）甲戌方鼎銘

碰巧的是在同一天同一地點，還有另外一位貴族人士獲得成王的賞賜。那就是收入《西清續鑒》中的周《甲戌方鼎銘》。

隹四月，在成周。/ 丙戌，王在京 / 宗，賞在安 / 典□卿貝，用 / 作寶尊彝。①

圖 2–15　甲戌方鼎銘

《甲戌方鼎銘》正好爲我們認識《何尊銘》的歷史價值與文學價值提供了比較研究的機會。銘文只有二十四字，對自己受賞事件僅僅在時間、地點和賞賜物品的簡單介紹，而時間只有日月信息，沒有祀年信息。受賞賜的原因也绝口不提。該銘寫法簡潔，缺乏《何尊銘》的激情，看不出處在王朝上升時期士大夫的張揚個性。在同時、同地點受賞賜，宗小子何寫出了傑出的《何尊銘》，而此人雖然也留下書法精美的銘文，但該銘所提供的認識價值和文學價值與《何尊銘》不可同日而語。

① 王傑：《西清續鑒》卷一，第 35 頁；劉慶柱等：《金文文獻集成》，第五册，線裝書局，2005 年，第 22 頁。進按：由於該搨片中關鍵兩字還沒有被辨別出來，因此器主是誰不得而知。原稱“甲戌方鼎”也是錯誤的，所謂“甲戌”實爲“在成周”的“在成”二字之誤。唐蘭先生釋第一字爲“典”，今從之；稱器名“口卿方鼎”，今不從，依然從王傑說。見唐蘭《西周青銅器銘文分代史徵》，中華書局，1986 年，第 79 頁。

（三）𠽙士卿尊銘

𠽙士卿尊傳出自河南洛陽，舊爲劉體智所藏，今藏台北故宫博物院。該器有銘四行二十四字：

丁巳，王在新邑，初/𨽶工，王賜𠽙士/卿貝朋，用作/父戊尊彝。子黑。①

圖 2–16　𠽙士卿尊

銘文反映了周成王在成周的活動情況。器主參與了“初事工”活動，受到周成王的賞賜。《鳴士卿尊銘》出現“新邑”，根據劉啟益的研究，新邑爲成周建設初期稱呼，可見本銘以及“新邑”諸器都爲周成王初年作品。② 銘文的歷史價值在於證實周成王確實曾在成周開展國家治理活動。

（四）柬鼎銘

還有一篇《柬鼎銘》也當作於成王初期。柬鼎傳出土於陝西扶風縣任家村一座青銅器窖藏，今藏陝西省博物館，有銘文四行三十字：

癸卯，王來奠新邑，/二旬又四日丁卯，/往自新邑于柬。王/賞貝十朋，用乍寶彝。③

銘文中“王來奠新邑”記敘周成王參與了成周城的建設。這個記敘與前面《何尊銘》《鳴士卿尊銘》一致。此外，本銘還記敘了周成王在建造成周城二十四天之後到達柬地之事。此柬當爲《利簋銘》所記闌地，

① 中國社會科學院考古研究所：《殷周金文集成（修訂增補本）》，第三册，中華書局，2007 年，第 3679 頁 5985 器。進按：銘文第二行第一字不識，學者或讀爲“營”，或讀爲“遣”或讀爲“遷”。其左邊旁字符不識，右邊與“事”形近，我們暫釋爲“事”，“初事功”，用今天口語即“開始幹活”，成王搬遷到成周，正式開始國家行政治理活動。

② 劉啟益：《西周紀年》，廣西教育出版社，2002 年，第 70 頁。

③ 中國社會科學院考古研究所：《殷周金文集成（修訂增補本）》，第三册，中華書局，2007 年，第 1368 頁 02682 器。

即管叔曾經的封地。可見營造成周之時，周成王没有放鬆其他的政治活動。在本銘中，成周還没有獲得“成周”之名，仍用“新邑”指稱成周。可見，本銘的寫作當在《何尊銘》之前。

（五）臣卿鼎銘

與新邑有關的還有《臣卿鼎銘》。臣卿所作器，見於記録的有臣卿鼎、臣卿簋、臣卿卣、臣卿尊等，而以鼎銘、簋銘最長。其中鼎原爲吴式芬、陳承裘所收藏，今藏天津市歷史博物館；簋原藏陳承裘氏，今藏丹麥哥本哈根國立博物館。鼎、簋各有銘，銘文相同。鼎銘三行十八字：

公違省自東，/在新邑，臣卿賜金，/用乍父乙寶彝。[①]

銘文中的公已經以成周爲依托開展視察東國的工作，這時候的成周已經發揮東都的作用，體現出西周王朝管理東方諸侯國的行政中心功能。

（六）士上尊銘

《士上尊銘》記敘了成王舉辦的一次大禴禮。成康之治的一項重要内容是周成王和周康王的禮樂文化建設，傳世文獻幾乎没有記載，而士上尊銘在一定程度上填補了這方面的不足。[②]

隹王大禴于宗/周，𢓊祼方京年，/在五月既望辛/酉，王命士上眔史寅/殷于成周，禮/百姓豚，眔賞卣/鬯、貝，用乍父癸寶/尊彝。[③]

這篇銘文從側面記載了周成王在成周的一次大會諸侯的殷見禮。銘文

① 中國社會科學院考古研究所：《殷周金文集成（修訂增補本）》，第三册，中華書局，2007年，第1308頁02595器。進按：“公違”，彭裕商等以爲周公，唐蘭以爲《逸周書》中的百違。今從唐蘭説。

② 唐蘭：《論昭王時代的青銅器銘刻》，《唐蘭先生金文論集》，紫禁城出版社，1995年，第275頁。

③ 中國社會科學院考古研究所：《殷周金文集成（修訂增補本）》，第三册，中華書局，2007年，第4971頁9454器。

出現了大禴於宗周、祼方京和殷於成周三大禮儀，透露出周成王時代禮樂文明建設的成果。其中“禮百姓豚眔賞卣鬯、貝”當爲殷見禮典中的一個儀節。

這一時期出現了一批銘文三十字以内的短銘，例如：

隹三月，王在成周，征珷福自蒿，咸，王賜德貝廿朋，用作寶尊彝。(《德方鼎銘》)[①]

王賜叔德臣嫠十人，貝十朋，羊百，用作寶尊彝。(《叔德簋銘》)[②]

隹成王大桒在宗周，賞獻侯䍙貝，用作丁侯尊彝。(《獻侯䍙鼎銘》)[③]

《德方鼎銘》記載一次祭祀周武王之後的致福活動；《臣卿鼎銘》記載了一次巡視東方諸侯活動；《獻侯䍙鼎銘》記載了宗周一次祓祭活動；《叔德簋銘》記載一次賞賜人、貝、牲口活動。這些銘文内容簡略，所提供的歷史信息不多，也不在意寫作技巧，只是簡單地記載受賞而作器。但同期也出現了數篇追求寫作技巧的、書寫重大歷史事件的優秀作品，如衛康叔改封衛侯，楚子熊繹參與成王的岐陽之盟，周成王遷宅成周等。

第四節　周公集團的銘文創作

周公是周成王前期最重要的政治家和實權人物，武王辭世後周公是王朝實際的掌控者，王朝重要的活動都離不開周公。這一時期與周公有關銘文創作以二次伐商的最多。

一、周公的銘文作品

史傳周公多才多藝，《尚書》中有多篇周公的作品。但周公的銘文作品没有長篇巨製，今僅見一篇短章《周公作文王方鼎銘》。該銘一篇

① 馬承源：《德方鼎銘》，《商周青銅器銘文選》，第三册，第26頁40器；《集成》2661器。

② 馬承源：《叔德簋銘》，《商周青銅器銘文選》，第三册，第27頁43器；《集成》3942器。

③ 馬承源：《獻侯䍙鼎銘》，《商周青銅器銘文選》，第三册，第16頁24器；《集成》2626器。

兩行七字：

周公乍文／王尊彝王。[①]

圖 2–17　周公作文王方鼎銘摹寫

由於本銘篇幅短，我們難以發掘出更多信息。不過根據禮製推測，這篇銘文當爲周公爲自己采邑或封地宗廟用於祭祀文王的禮器所撰寫的銘文。

二、周公部屬的銘文作品

周公集團的銘文作品著名的有《小臣單觶銘》《塱方鼎銘》《禽簋銘》三篇。

（一）小臣單觶銘

二次克商包括鎮壓武庚禄父和"三監"叛亂之戰，以及隨後的周公東征之役。《小臣單觶銘》記載的是前一戰役，全銘二十二字，敘述周成王二次伐商，小臣單參與了這次戰役。在西周軍隊成師大營，周公賞賜了小臣單十朋貨幣，小臣單因此製作青銅禮器，并作銘刻以紀念。

王後叚克商，／在成師。周公賜／小臣單貝十朋。用／作寶尊彝。[②]

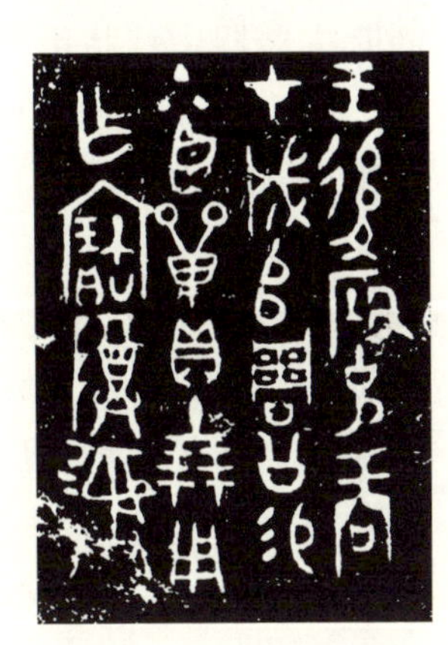

圖 2–18　小臣單觶銘

《小臣單觶銘》以追憶形式從側面反映了二次克商的重大歷史事件，從而證明二次克商的真實性，證明周公没有稱王，周公以輔佐大臣的身份指揮這場軍事鬥争，西周軍隊仍然以周成王爲

① 中國社會科學院考古研究所：《殷周金文集成（修訂增補本）》，第二册，中華書局，2007 年，第 1169 頁 2268 器。進按：宋人王厚之（復齋）《鐘鼎款識》録有《周師旦鼎銘》一篇，四十餘字，算比較長的銘文，内容具有震撼力。然而銘文有"師旦受命作周王、太姒寶尊彝"。"受命"一詞不似周初語言；"周"字不似周初銘文不從口；字體猶如行書。疑爲僞器。暫不算作周公作品。器銘見劉慶柱等：《金文文獻集成》，第九册，第 199 頁。

② 中國社會科學院考古研究所：《殷周金文集成（修訂增補本）》，第三册，中華書局，2007 年，第 3861 頁 6512 器。

最高統帥。同時《小臣單觶銘》在創作上追求語言的簡練精粹，用四句話二十二字就將主要背景和個人受賞事件清楚地敘述出來，銘文文字信息負載效率高。

（二）塱方鼎銘

《塱方鼎銘》[①] 記載的是周公東征之役。武王克商以後將殷人餘民分封給王子禄父，讓王子禄父作爲諸侯侍奉西周王朝。《漢書・地理志》載："周既滅殷，分其畿内爲三國，《詩・風》邶、鄘、衛是也。邶以封紂子武庚，鄘，管叔尹之；衛，蔡叔尹之，以監殷民，謂之三監。" 武王辭世後，王子禄父發動叛亂。《尚書・大誥》載："殷小腆誕敢紀其敘。" 可見武庚禄父宣布再續殷人"王統"，與西周王朝公開對抗。周成王在周公的主導下發動二次伐商戰役，擊潰了王子禄父的隊伍，再次奪取商都。王子禄父率部向東潰逃，周公發動東征戰役。這一事件歷史文獻有記載，《史記・周本紀》載："召公爲保，周公爲師，東伐淮夷，殘奄，遷其君薄姑。" 此事也即《尚書大傳》所說的"三年踐奄"。在伐東夷的隊伍中尚有本器器主、將軍塱，他參加了周公東征伐豐伯、溥古戰役，並在凱旋之後獲得周公的賞賜。他用自己的銘文記載了這一重大歷史事件。

隹周公于征，伐東/夷，豐伯、溥古咸𢦏。公/歸，禦于周廟。戊/辰，飲秦飲。公賞塱/貝百朋，用乍尊彝。

圖 2–19 塱方鼎銘

這篇銘文有兩大價值。第一是歷史價值，記載了周公東征主要的戰果，那就是東夷豐伯、溥古兩大勢力被完全剿滅。[②] 第二是禮學價值，記載了凱旋之後舉行大獻禮 [③] 的兩种儀式。包括

① 中國社會科學院考古研究所：《殷周金文集成（修訂增補本）》，第二册，中華書局，2007 年，第 1409 頁 2739 器。

② 進按：咸𢦏之𢦏從馬承源解，以爲即剿滅。可見東征的主要戰果是將東夷主要勢力消滅了。

③ 進按：我們根據《周禮》一文提出西周軍隊凱旋之後有大獻禮。見丁進：《從小於鼎銘看西周大獻禮典》，《學術月刊》2014 年 10 期。

“𤔲于周廟”的獻俘禮[①]和“飲秦飲”的“飲至禮”。[②]前者不但證明《尚書》《史記》等傳世文獻的有關敘述爲真，還提供了周公東征的具體對象等有關信息；後者表明，西周禮樂文明不是西周獨立創造的，早在周公制禮作樂之前，西周軍隊就有完整的軍禮了。顯然這種軍禮一方面來自西周部落時代的傳統，另一方面吸收殷禮中的有關部分。孔子所說“周因殷禮”可信。

在文章學方面，本銘的寫法有特點。這篇銘文以周公的行跡爲主線，以器主的活動爲副線，按照時間先後將周公東征的過程串聯起來，使銘文自然形成四個部分：第一，周公征伐東夷及其戰果；第二，周公凱旋，舉行獻俘禮和飲至禮；第三，周公獎賞戰役中立功人員；第四，受賞者爲紀念戰功而製作青銅器。這種一主一從雙線索敘事法效率很高，將一次偉大的歷史事件壓縮在三十五字之内，裁剪之功可謂卓绝。

（三）《禽簋銘》

周公長子伯禽留下了《禽簋銘》。在討伐東夷的戰役中，周公集團貢獻卓越。𪠚方鼎的器主顯然是周公的部下，受周公直接指揮。周公的長子伯禽時爲王朝太祝，[③]他在這次東征戰役中負責社祭。《禽簋銘》記載了周公集團這次戰役的一個側面。銘文記載周成王討伐奄[④]侯戰役中伯禽所作貢獻。

圖 2-20　禽簋銘

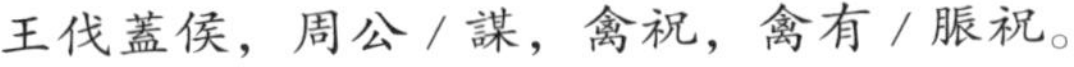

王伐蓋侯，周公/謀，禽祝，禽有/脈祝。

① 進按：“𤔲”字上從雙手執一倒“隹”字，與收穫的獲本字“隻”從右手持鳥義近；而下所從之示則表示這是一種祭祀活動。因而我們提出銘文此句所記即獻俘禮。其字比“俘”字傳遞的信息更古老。獻俘禮是在原始捕獵展示捕獲儀式基礎上發展起來的禮儀。

② 進按：“飲秦飲”之秦，李學勤已經發現爲臻之初文，“飲秦”即“飲臻”，即《左傳》所説的“飲至”。見李學勤：《小盂鼎與西周深社會》，《歷史研究》1987 年 5 期。

③ 進按：馬承源《商周青銅器銘文選》第 28 器即大祝禽鼎，有銘文“大祝禽鼎”四字，證明伯禽曾在王朝任職太祝。

④ 進按：原字本上從林下從去，馬承源以爲讀“蓋”，即《韓非子・説林》中“商蓋”，商蓋即商奄。今從其説。見馬承源：《商周青銅器銘文選》，第三册，文物出版社，1988 年，第 18 頁 27 器。

王賜金百鋝。/禽用乍寶彝。[①]

《禽簋銘》具有三大歷史價值。第一，銘文記載了在二次伐商之滅奄戰役中周公父子具體的功績。銘文中的“周公某”即“周公謀”，周公負責整個戰役的謀劃，長子伯禽負責禱祝軍社的脤[②]祝活動。這對父子一個分管戰役智謀，一個分管戰役愉神活動，這個家族可謂舉足輕重。第二，直接證實周公在周武王去世後沒有稱王。由於本銘“王伐奄侯”與“周公某”同時出現，可見二次伐商中，“王”就是周成王，周公仍然稱“周公”。銘文的作者是周公之子，更說明周公家族對周成王的態度就是以周成王爲王、周公爲臣。銘文只有二十三字，卻讓後人知道了周公東征中王朝核心成員的分工情況。銘文記載伯禽因禱祝有功，受到周成王的賞賜，證明王朝名義上還在周成王的領導之下，周公及其子弟爲東征主力，在周成王領導下各自發揮作用，建立重大功勛。第三，此銘還提供了一個重要信息：伯禽在周公東征之役前並没有被封爲魯侯，他擔任的是東征隊伍中“祝”之職務，銘文没有稱“侯”或“魯侯”，可見此時伯禽爲王國之臣，非諸侯。由於此時周公尚在，伯禽製作青銅器没有説爲哪位祖考作器。看來禽簋爲日常用具，非祭器。

《禽簋銘》還具有一項禮學價值，那就是記敘了伐奄之戰中，西周聯軍曾有祭祀軍社之禮。銘文中的“禽祝。禽有脤祝”所敘就是其中一個組成部分。由於銘文爲概述性質的記敘，没有祭祀軍社禮的具體儀注描述，其禮學價值有限；不過本銘至少證明傳世文獻記載的軍社祭祀之禮是存在的。

三、魯國的銘文創作

周公是西周最重要的政治家之一。我們在前一小節分析了周公集團的銘文創作情況。根據《史記》所説，魯國是周公的封國，周公自己留王朝任職，以長子伯禽出任魯侯，治理魯地，世世代代爲魯侯。周公的王朝職官由次子君陳世襲。此後兩周王朝一直有代代世襲者“周公”的

---

① 中國社會科學院考古研究所：《殷周金文集成（修訂增補本）》，第三册，中華書局，2007年，第2216頁4041器。

② 進按：原字從攴辰聲，馬承源以爲假借爲脤，以蜃盛肉祭社，爲軍禮之一。今從其説，見馬承源：《商周青銅器銘文選》，第三册，文物出版社，1988年，第18頁27器。

身影，多見於《左傳》等文獻。伯禽開創的魯侯世系一直傳到戰國時代，最後爲楚國所滅。由於魯侯爲“周公六胤”之一，我們本節在周公目下對魯國在西周的青銅器銘文成就作集中分析。

目前發現的西周魯國青銅器銘文並不多。伯禽所作《禽簋銘》上面已經討論。除了《禽簋銘》外，伯禽還作有《大祝禽鼎銘》，該篇只有銘文四字：“大祝禽鼎”，除了再次證明伯禽曾任王朝太祝外，没有記敘任何事件，因而這篇銘文最大的歷史價值在於告訴後人伯禽曾經爲西周王朝官吏，擔任“太祝”一職。

（一）魯侯獄鬲銘

伯禽之子魯侯獄作《魯侯獄鬲銘》一篇，也很簡短，只有三行十三字：“魯侯獄乍彝，/ 用享䵼氒 / 文考魯公。”① 銘文稱魯侯伯禽爲“文考魯公”，可見魯侯伯禽没有謚號，“文考”是西周銘文對父親廟號的通稱，説明此時西周謚法還没有普遍通行。稱“公”，也是諸侯的普遍做法，生稱侯，死稱公。只不過伯禽時代諸侯没有謚法，因而只稱“魯公”，不似此後歷代魯侯都有謚號稱“魯某公”。根據《史記·魯周公世家》記載，伯禽死，子酋繼位；魯考公酋死，弟魯煬公熙繼位。熙與獄均從㠯得聲，互爲假借。《魯侯獄鬲銘》證明《史記》所敘魯國世係基本可信。可惜這篇銘文過於簡略，所提供的歷史信息不多。

（二）魯侯尊銘

《魯侯尊銘》的作者魯侯爲哪一代魯侯，目前還不能確定。《魯侯尊銘》記載周明公伐東國的歷史事件，銘文四行二十二字：“隹王令明公 / 遣三族伐東 / 國，在䧹，魯侯有 / 囚功，用作旅彝。”② 這篇銘文最重要的歷史價值是記敘了西周歷史上一次重大的軍

圖 2–21　魯侯尊銘

① 中國社會科學院考古研究所：《殷周金文集成（修訂增補本）》，第三册，中華書局，2007 年，第 614 頁 648 器。

② 陳佩芬：《上海博物館新收集的西周青銅器》，《文物》1981 年 9 期 30 頁。又見《銘文選》35 頁 58 器。器藏上海博物館。“囚”字馬承源以爲“繇”初文，同咎，大也。

事活動：以周明公爲首的西周王朝主力匯合魯國等諸侯國發動了對東部叛亂諸侯國的鎮壓之戰。《魯侯尊銘》雖然只有二十二字，記敘的卻是一場重大戰役。銘文涉及王朝重要官員周明公，此明公即《令彝銘》中"周公子明保"之明公。在《令彝銘》中，明保受周王命爲"尹三事、四方"，當爲首席執政大臣，正如《班簋銘》記載毛公受穆王命"爲四方極"後立即帥軍鎮壓徐偃王叛亂一樣，明公受命當也是爲了東國的戰事。《魯侯尊銘》透露出明公的主力是三族，魯侯參加了這次戰役，並且由於占卜準確，建立了戰功。《魯侯尊銘》正好可以與《令彝銘》互相補充。伯禽所作《禽簋銘》也記載二次伐商之役，伯禽由於"脤祝"而建立戰功。可見幾代魯侯在戰役中都屬於"決勝於廟堂之上"的高級決策者，非具體的戰鬥者。可惜銘文没有記載具體的討伐對象和戰爭過程，留下了巨大遺憾。由於這次戰役傳世文獻没有提及，本銘填補了這段歷史空白。"王令明公遣三族伐東國"之"三族"，極有可能就是周成王賞賜給伯禽的"殷民六族"之三。

（三）魯叀尊銘

魯國在西周歷史上最有成就的銘文作家是魯叀，此人作有《魯叀尊銘》和《魯叀提梁卣銘》兩篇銘文。根據朱鳳瀚先生基於器形學的研究成果，尊銘大約作於周昭王時期；卣銘大約作於周穆王時期。[1]兩篇銘文的創作年代已經處在西周早期晚段，不在銘文的發軔期。由於我們後面不再單獨討論魯國的銘文創作，故置於伯禽之後一併分析。這兩篇銘文雖然長短不一，但語言風格十分接近，特别是兩篇都採用了具有個性化的句式"自今往……"，我們認爲兩銘爲同一人在相距不遠的時間内所作，時代取周穆王時期。

侯曰："叀！丕顯朕文考魯/公，垂文遺功，丕肆厥誨。余命/汝自陽橋來誨魯人，爲余/宫，有姝俱成，亦唯小羞。余既/告，余既處，無不好。丕戩于朕/誨。"侯曰："若！若！自今往，弗其/有達汝于乃巧。賞汝貝、馬/用。自今往至于億萬年，汝日/其賞，勿替乃工日引！"/

① 朱鳳瀚：《叀器與魯國早期歷史》，載《新出金文與西周歷史》，上海古籍出版社，2011年，第6~20頁。按：器主之名朱鳳瀚隸定爲左右結構字，左上從叀下從二，右邊從又。今楷書没有對應漢字，該字讀若"叀"，暫借用"叀"字表示。據朱鳳瀚説，魯叀提梁卣和魯叀尊不知所出，今分别爲海外私人收藏家所有。本書該器照片出自朱氏此書。

唯三月，叀賜貝于原。叀對揚/辟君休。用作朕列考寶尊彝。[①]

圖 2–22　魯叀提梁卣器影各銘文照片

魯叀尊有銘文十一行一百一十三字，記敘器主魯叔因建築魯國宫殿非常成功，受到魯侯表揚的榮耀。本銘最突出的價值在於文章學上的成就。

首先，銘文創下了一個“中華第一”：這是我國第一篇記敘土木工程事件的銘文。由銘文可見器主魯叔是一位建築大師，此人給魯國帶來新的建築思想，所建宫殿讓魯侯感覺到美不勝收，令人不由地想起魯國能工巧匠魯班。看來魯叔給魯人帶來的建築美學思想一直到春秋戰國時期還在惠及魯國的手工業者。[②]

其次，這是西周青銅器銘文中出現了極其精彩的對話描寫。“若！若！自今往，弗其有達汝于乃巧！”這句銘文對魯侯説話的音容笑貌進行了模擬性描述，刻畫出魯侯神采飛揚的神情。

再次，銘文追求語言之美。“有姝俱成，亦唯小羞。”這是四字句成

① 朱鳳瀚：《叀器與魯國早期歷史》，載《新出金文與西周歷史》，上海古籍出版社，2011 年，第 6~20 頁。

② 按：銘中“爲余宫”之“宫”實從宫從九，朱鳳瀚讀爲軌，以爲作準則解。我們根據銘文中有“余既省、余既處，無不好”。看來此人所作爲具體可見的東西，因而我們認爲與建築有關。又，1960 年扶風齊家村西周青銅器窖藏出土的幾父壺銘有“同仲宫西宫”，第一個“宫”字也從宫從九，則此字可以作動詞。楊樹達提出金文名、動相因説，那麼此字爲建造建築是没有問題的。

語；“余既眚，余既處，無不好。”這是三字句記敘語；“自今往，弗其有達汝于乃巧。”“自今往，至于億萬年，汝日其賞，勿替乃工日引。”這些用詞打上了個性化特徵，在西周銘文中不多見。

（四）魯叀提梁卣銘

《魯叀提梁卣銘》七行四十七字，記敘器主另外一次受到魯侯賞賜的榮耀。行文之美雖然比不上尊銘，依然不失爲銘文中的精品。卣器造型奇特，根據朱鳳瀚目驗，是套盒組合器，工藝複雜，當爲模仿竹器所製作的青銅器。由此可見器主叀是一個充滿奇思妙想之人，不愧爲魯國工藝大師第一人。

侯曰：“叀！汝孝友，/朕誨在兹鮮。汝/生繼自今，弗有不汝型。賜汝/貝用。”維六月，叀/賜貝于寢。叀對/揚辟君休，用作/朕文考寶尊彝。

叀所作兩篇銘文寫法基本一致，都是分三個板塊。第一板塊是對魯侯的賞賜令的記敘；第二板塊是補敘時間、地點要素；第三板塊是作器敘述目的。三個記敘板塊中，魯侯賞賜令是記敘重點，當然《魯叀尊銘》記敘魯侯賞賜令的技法更突出一些。伯禽治魯，號稱“文治”，然而就目前所發現的魯國西周青銅器銘文看，没有長篇巨制，叀的作品代表了魯國銘文最高水平，這與留下了《春秋》《魯頌》的魯國文學傳統水平不相符。或許更傑出的作品没有被發現，還有可能已經被毁壞了。如果是後者，那將是不能彌補的永久遺憾。

第五節　召公集團的銘文創作

召公在成王、周公時期是一位十分重要的政治家。周公攝政，群弟猜疑，召公也不例外，周公作《君奭》篇，争取到召公的全力支持，周公從而取得對武庚、管叔、蔡叔的優勢，獲得平定三監叛亂的勝利。周公去世後，召公成爲最重要的權臣。召公高壽，輔佐成王、康王兩朝，是成康時代舉足輕重的政治家。召公被封於匽，與周公一樣，以長子就封，召公留在王朝輔佐成王、康王，食采於畿内召邑，世代沿襲，形成獨特的召南文化，樂歌作品被保存在《詩經·召南》中，流傳至今。召公政治集團和召公後裔的銘文創造也取得了很高的成就，我們放在一起進行分析。

西周召公家族青銅器銘文有兩次重大發現，一次是清道光年間山東壽張縣梁山出土"梁山七器"，除了其中小臣艅尊爲晚商青銅器外，其餘六器均爲召公奭及其家族的作品。第二次是20世紀80年代末北京琉璃河考古發掘出一批匽國青銅器。這兩批青銅器是召公家族貢獻給我們的寶貴遺産，其中多篇銘文是西周傑出的作品。這兩批青銅器銘文大多爲西周早期作品。爲便於研究，我們將兩批青銅器銘文放在一起討論。召公家族中留在王朝世襲召公爵位的一系，出現了召伯虎、琱生兄弟兩個重要人物，我們將放在厲、宣時代討論。

一、召公奭的銘文作品

召公奭是西周銘文史上的多産作家。目前能夠見到的召公奭銘文作品大多爲兩字到十幾字的短篇，例如召卣是一提梁卣，今藏北京故宫博物院，蓋銘有一"召"字，並有一卦文符號；此爲《召卣蓋銘》，爲《集成》04868器。"梁山七器"之一的《大保方鼎銘》也只有"大保鑄"一句三字，爲《集成》01735器。召公奭最著名的銘文作品是"梁山七器"之一的《大保簋銘》，還有一篇玉銘，我們也順帶予以介紹。

（一）大保簋銘

"梁山七器"中有召公奭的作品兩篇，分别是《大保鼎銘》和《大保簋銘》。其中《大保鼎銘》所提供的信息非常有限；《大保簋銘》一篇，四行三十四字，包含的信息遠超《大保鼎銘》。大保簋今藏美國弗利爾美術館，現據揚片原樣，將《大保簋銘》釋文排列如下：

圖 2–23　大保簋銘

王伐录子聖。𠭰氒反，王/降征令于太保，太保克/敬亡譴。王侃太保，賜休/榆土，用兹彝對令。[①]

① 中國社會科學院考古研究所：《殷周金文集成（修訂增補本）》，第三册，中華書局，2007年，第2315頁4140器。進按：录子聖之聖，原揚從耳、口，有釋爲聽者，有釋爲聖者，今從劉心源説。"王侃大保"之"侃"，《集成》釋讀爲"永"，今從裘錫圭説，以爲侃。侃，使……喜樂。"賜休榆土"之"榆"，《集成》釋讀爲"集"，今從陳絜説，讀爲榆。見陳絜：《"梁山七器"與周代巡守之制》，《漢學研究》34卷1期（2016年3月）。

《大保簋銘》具有重要的歷史價值。銘文記載武庚禄父叛亂，周成王命令太保鎮壓叛亂，太保恪盡職守，有功無過，成王依據功勞賞賜太保財物和土地，讓太保世襲。太保因此製作此器，將成王之命銘刻其上。[①]這篇銘文坐實了商紂王子武庚禄父叛亂的歷史事實，並且透露出二次伐商的公認領袖仍然是周成王；召公接受周成王徵召，帥部參與鎮壓武庚禄父叛亂；"克敬亡譴"顯示召公對於周成王的權威的認同。

《大保簋銘》具有重要的禮學價值。銘文包含一個被今人忽視的信息，那就是成王賞賜給召公的東西除了物品還有"榆土"。"賜休榆土"透露出西周初期的"湯沐制度"的一些信息。根據陳絜的研究，"賜休榆土"猶如衛康叔受封時周成王賞賜衛康叔"取於相土之東都，以會王之東蒐。"即賞賜湯沐之邑，以便於周王東巡守時候助祭於泰山。[②]這樣的信息在傳世文獻中没有記載。本銘是召公親自創作的銘文，是召公留下的"真跡"，價值之高自不待言。

《大保簋銘》在文章學上也具有重要價值。這篇銘文在西周銘文史上第一次明確提出作器目的是"用兹彝對令"，即以此簋弘揚成王之命，與《匽侯克盉銘》"余大對乃享"之"對"同義。這是西周銘文"對揚王休"的前奏。

（二）大保玉戈銘

召公還作有一篇《大保玉戈銘》。《大保玉戈銘》一篇二十七字，記敘召公受周成王之命，視察南國的情況。玉銘雖非青銅器銘，然而透露出重要的歷史信息。今依據搨片樣式，將《大保玉戈銘》列於下：

六月丙寅，王在豐，令大保省／南國。帥漢，誕殷南，令濮侯辟，用／蛛走百人。[③]

---

① 馬承源：《太保簋銘》，《商周青銅器劉銘文選》，第三册，文物出版社，1988年，第24頁。按：吴大澂首倡录子聖即武庚禄父説。日人白川静繼之，此後李學勤、路懿菡等學者均主張此説，本書從其説。見白川静著，温天河、蔡哲茂譯：《金文的世界：殷周社會史》，臺北聯經出版社，1989年，第36頁；李學勤：《清華簡〈系年〉及有關古史問題》，《文物》2011年3期；路懿菡：《"录子聖"與"王子禄父"》，復旦大學出土文獻與古文字研究網2012年5月25日稿。又按：關於銘文中的"戲"字，近期有學者提出爲地名，即下面《克盉銘》中歸克差遣的"戲"，今不從，還依舊説爲虛詞。

② 陳絜：《"梁山七器"與周代巡狩之制》，《漢學研究》34卷第一期（2014年3月號）。与前不统一。

③ 徐錫臺、李自智：《太保玉戈銘補釋》，《考古與文物》1993年3期。

銘文記敘召公沿漢水而下，還舉行了殷見禮，召集南國諸侯舉行會議。這次會議讓濮侯爲主持人，并徵用了朱國的趣馬一百人。《太保玉戈銘》價值重大。銘文可以解釋爲什麼《詩經·召南》中有如此濃厚的漢水流域的南國情懷。原來召公治理南國，不僅有軍事、政治手段，還有文化手段。召公整理《召南》之樂，實際上已經將南國江漢文化納入西周的文化版圖。

此外，我們前面還提到“梁山七器”中有召公鑄造的一方鼎，有銘文“太保鑄”三字，可惜不成篇，僅僅起到標識作用，不能做文學分析。傳世文獻中不見歷史上傑出人物召公的任何作品，他的這兩篇銘文通過銘刻終於重見天日，也是中國文化史之幸。

二、召公奭部屬的銘文作品

召公奭是西周歷史上重要的政治家，加上此人壽命長，歷武、成、康三世，活躍在西周政治舞台上長達半個世紀。他長期擔任王朝職官，因而許多篇銘文都有召公的活動身影。與召公有關的銘文創作多達數十篇。

（一）御正良爵銘、臣榭簋銘

《御正良爵銘》五行二十二字：

隹四月/既望丁亥，公大保賞/御正良貝，用乍/父辛/尊彝。馭。[①]

銘文稱“公太保”以特指召公奭，在修辭上屬於“別白”。該稱呼證實召公奭的確在成王時期擔任過王朝太保一職，並且還位居三公。

《臣榭簋銘》殘存兩行十三字：“大保賜氒臣榭/金，用乍父丁尊彝。”[②]這篇銘文中的大保指稱的是西周著名政治家召公奭。與上篇銘文一樣，記載的都是召公以賞賜爲主的行政活動，所提供的信息不多，尚未能夠對銘文的敘事、抒情功能進行發掘利用，文學成就不高，屬於西周銘文的平凡之作。

（二）旅鼎銘、保卣銘

有一批銘文記載了召公參與了二次伐商的重大軍事活動。

---

① 中國社會科學院考古研究所：《殷周金文集成（修訂增補本）》，第六册，中華書局，2007年，第4839頁9103器。進按：最後一個字象一個人駕馭馬車狀，是一個族徽，《集成》讀爲“掌”字。我們考慮到其人職官爲御正，此字當即“馭”字的初文。

② 中國社會科學院考古研究所：《殷周金文集成（修訂增補本）》，第三册，中華書局，2007年，第2015頁3790器。又見馬承源：《商周青銅器銘文選》，第三册，文物出版社，1988年，第25頁。

旅鼎傳於光緒二十二年（1896）出土於山東黄縣之萊陰。《旅鼎銘》六行三十二字：

圖 2–24 旅鼎銘

唯公大保來/伐反夷年，在/十又一月庚申，公/在盩師，公賜/旅貝十朋。旅用/乍父丁尊彝。來。①

銘文具有重要的歷史價值。《旅鼎銘》所記敘的無疑是周公東征這重大歷史事件。傳世文獻只説周公東征，沒有説召公也參與東征，本銘證明召公親自帥所部參加了這一重大戰役，並與“梁山七器”的《大保簋銘》互相印證。

召公集團創作的最優秀銘文是《保卣銘》。保卣現藏上海博物館，《保卣銘》器蓋同銘，據陳夢家説，卣和同銘尊傳説出土於河南洛陽唐寺。②

圖 2–25 保卣銘

乙卯，王令保及/殷東國五侯，祉/兄六品，蔑歷于/保。易賓，用作文/父癸宗寶

① 中國社會科學院考古研究所：《殷周金文集成（修訂增補本）》，第二册，中華書局，2007 年，第 1402 頁 2728 器。進按：陳夢家《西周銅器斷代》置於成王世；馬承源置於康王世。今從陳夢家説。

② 按：陳夢家以爲此器爲武王時期所作，見陳夢家：《西周銅器斷代》，中華書局，2004 年，第 7~9 頁。我們根據銘文内容認爲此器製作與成王封召公於匽有關，因而定爲周成王時期之器。

尊彝，遘/于四方會王大祀，祐/于周，在二月既望。[①]

《保卣銘》具有重大歷史價值。銘文記載的是周成王著名的“岐陽之盟”活動的一個方面。在這一年的二月既望乙卯日，成王在宗周舉行重大祭祀禮儀，這一天還册命了大保召公，讓召公之子克侯於匽，賞賜大保以殷民六族。[②] 並且還在原殷商東方舊地册命了五侯。[③] 器主由於參與周成王賞賜大保移交殷民六族的活動，受到大保的表彰，大保賞賜了器主儐物。[④] 器主因此製作用於父癸廟中祭祀的寶器。本銘可以與《荆子鼎銘》《克盉銘》對讀，從而豐富了我們關於周成王“岐陽之盟”的歷史知識。[⑤]

《保卣銘》與商末《四祀𠨘其壺銘》如出一轍，可見器主深受晚商文化影響，其人極有可能爲滅商後投靠西周的殷商遺民。銘文雖無獨創性，卻從另外一個側面記敘了周成王“岐陽之會”的歷史事件，記敘了器主自己直接參與了召公封匽的重大歷史活動。

三、匽侯及其臣屬的銘文創作

關於召公封燕及其燕侯國世系，《史記》所説非常簡略，只説“自召公已下九世至惠侯，燕惠侯當周厲王奔彘共和之時。”從周初封燕到共和之際，在召公到燕惠侯之間七代燕侯分别是誰？不得而知。20世紀

---

① 中國社會科學院考古研究所：《殷周金文集成（修訂增補本）》，第三册，中華書局，2007年，第5415器。

② 我們認爲此處“六品”即《匽侯克罍銘》中賞賜給匽侯克的羌、馬、叡、雩、御、微六族。

③ 銘文“王令保及殷東國五侯”各家解釋不一，有釋“及”爲逮捕的，見郭沫若《保卣銘釋文》，《考古學報》1958年1期、黄盛璋《保卣的年代、地理與歷史問題》，《考古學報》1957年3期；有釋“征伐”的，見李平心《保卣銘新釋》，載《平心文集》，華東師範大學出版社，1992年；有釋“趕上”的，見蔣大沂《保卣銘考釋》，《中華文史論叢》，第5輯。有釋“殷”爲殷見之禮的，蔣大沂《保卣銘考釋》，載《中華文史論叢》，第5輯。今均不從。

④ “賜賓”我們從彭裕商説，以爲主人犒勞使者物品，見彭裕商《保卣新解》，《考古與文物》1998年4期。

⑤ 進按：李學勤先生最先將《荆子鼎銘》與《保卣銘》用“岐陽之會”串聯起來，見李學勤：《斗子鼎與周成王岐陽之盟》，《中國國家博物館館刊》2012年1期。今從之。又按：本書又將本銘的“貺六品”與《克盉銘》所賜克的六族聯繫起來，從而判定“王令保及殷東國五侯”之“令”的詞義即陳夢家著名的“令字三義”之三的“令其爲侯”，由此進一步判斷西周匽國封侯的時間就在周成王“岐陽之會”上。

七八十年代北京琉璃河匽國墓地出土的一批青銅器在一定程度上彌補了這段空白。根據出土器銘，傳世文獻中的“燕”被寫作“匽”，召公之子克是匽國的首封之君。侯克之外還有一位匽侯旨。我們本小節分析北燕國系統的銘文作品。

（一）匽侯克的銘文作品

召公在伐商和二次伐商中建立了巨大功勛，周成王爲表彰召公的業績，封召公之子克於匽。《匽侯克盉銘》記載了這一重要歷史事件。

王曰：“太保，唯乃明乃鬯，享/于乃辟。余大對乃享，/令克侯于匽。使羌、馬、/叡、雩、御、微。”克宅/匽，入土眔有司，/用作寶尊彝。[①]

圖 2–26　匽侯克盉銘

《匽侯克盉銘》是關於西周燕國分封最早的第一手原始資料。1986 年由考古所發掘於北京琉璃河一座大墓中。該墓爲罕見的四墓道，墓葬已經被盜，但仍然有不少隨葬品未被盜走，其中一件罍、一件盉的器、蓋都有銘文，共四篇，内容完全相同。考古隊在《考古》1989 年 1 期發表了他們的發掘報告，該刊物同期還刊有十位學者的座談會紀要。[②] 後來張亞初[③]、杜迺松[④]在原來紀要的基礎上再次單獨發文，闡明自己的觀點。殷瑋璋[⑤]、陳平[⑥]等學者也發表文章，問題討論更加深入。

《匽侯克盉銘》六行四十三字，簡要記敘了周成王封匽侯克於匽的誥令，以及匽侯克奉命抵達匽地後建立社稷宗廟和侯國的職官體系之事。

① 劉雨、盧岩：《近出殷周金文集録》，第三册，中華書局，2002 年 466 頁。

② 李學勤等：《北京琉璃河出土西周有銘銅器座談紀要》，《考古》1989 年 10 期。

③ 張亞初：《太保罍、盉銘文的再探討》，《考古》1993 年 1 期。

④ 杜迺松：《克罍克盉銘文新釋》，《故宫博物院院刊》1998 年 01 期。

⑤ 殷瑋璋：《新出太保銅器及其相關問題》，《考古》1990 年 1 期。

⑥ 陳平：《克罍、克盉銘文及其相關問題》，《考古》1991 年 9 期；陳平：《再論克罍、克盉銘文及其有關問題——兼答張亞初同志》，《考古與文物》1995 年 1 期。

銘文具有五大的歷史價值。

第一，這是目前所能見到的西周最早的一篇記載封建諸侯事件的銘文，第二篇要等作於周康王時期的《宜侯夨簋銘》的出現。傳世文獻中，《左傳》對於西周分封衛、唐、魯侯的情況有轉述，但没有提到燕侯分封情況，本銘填補了這一歷史空白。

第二，本銘證實司馬遷所説召公被封於北燕是正確的。克盉出土於北京琉璃河，正處於司馬遷所説的北燕——古幽州薊縣之地。銘文中“燕”寫作“匽”，匽當爲本字，燕爲通假字。今本字泯而假字行。

第三，本銘證實司馬貞《史記索隱》所説召公居王朝爲王官、以長子就封説正確。司馬遷在《魯周公世家》《齊太公世家》中都説以長子就封，獨《燕召公世家》不説。司馬貞在《索隱》中所説原無依據，今《克盉銘》出土，“令克侯于匽”直接證明司馬貞所説不誤。

第四，本銘還糾正了司馬遷《燕召公世家》的一個錯誤。司馬遷説周武王分封召公於北燕。本銘“王曰大保”顯示，這個王就是周成王，《尚書・君奭・序》説召公爲保，周公爲師，相成王爲左右；《史記・燕召公世家》載成王時，召公爲三公。加上銘文使用“乃明乃鬯”這樣高度讚揚召公的語氣，這個王就是周成王。“乃明乃鬯”是召公被封的主要原因，明鬯，正如《左傳・定公四年》所説“昔武王克商，成王定之。選建明德以蕃屏周”之“選建明德”相合。

第五，本銘還可以與前面的《荆子鼎銘》《保卣銘》以及“梁山七器”之一的《大保簋銘》互相印證，豐富了我們對周成王“岐陽之盟”的認識。《大保簋銘》中的“太保克敬亡譴，王侃太保”與《匽侯克盉銘》中的“唯乃明乃鬯，享于乃辟，余大對乃享”相呼應；《保卣銘》中的“王令保及殷東國五侯，征貺六品”與《匽侯克盉銘》中的“令克侯于匽。使羌、馬、叡、雩、御、微”互相呼應。“六品”即“羌、馬、叡、雩、御、微”這殷民六族。四銘對勘，關於“六品”“令保及殷東國五侯”以及“岐陽之蒐”的争論基本上可以迎刃而解了。“令保及殷東國五侯”之“令”在本銘中相當於“册令某人”之意。説明與召公同時封侯的還有其他五侯，分佈於殷商舊地“東國”。毫無疑問，齊、魯必在五國之中。

《匽侯克盉銘》在文章學上同樣具有重要價值。銘文分前後兩段。前段將周成王的册命文《太保之誥》中的精華部分摘入銘文："太保！唯乃明乃鬯，享于乃辟"是周成王讚美召公侍奉文王、武王，品德光明馨香。[①]這是分封召公的理由，引出下文"余大對乃享"，即周成王要報答召公。[②]"令克侯於匽"乃是報答召公明德功勛的方式，即封召公之子姬克爲匽侯。"使羌、馬、叡、雩、御、微"是使喚羌、馬、叡、雩、御、微六族之人，也即上面保卣銘所說的"貺六品"。[③]與賞賜魯侯"殷民七族"類似，這是分給匽侯克殷民六族。以上是對成王《封匽侯令》和《太保之誥》的摘要。"克宅[④]匽，入土眔有司，用作寶尊彝"是銘文第二段，極其簡略地記載器主匽侯克到達所封地匽後的兩件事，第一是納土，第二是納有司。納土或可讀爲"納社"，將周成王賞賜的象徵匽地主管權的社土納入匽社，即建造了匽地土地神社；"納有司"即接收管理人才，爲匽國治理配置官員。《匽侯克盉銘》採用簡要的筆法記載了西周早年重大歷史事件，顯示了比較高的敘述水平。

（二）匽侯旨的銘文作品

北京琉璃河大墓出土的青銅器中還有匽侯旨器，毫無疑問，匽侯旨是《史記》失載的西周七世燕侯之一。匽侯旨有成篇銘文多篇，這裏分析三篇。

---

① 按：我們認爲"乃明乃鬯"之"明"字當作光明睿智解，此明字與《左傳》定公四年所記周成王封伯禽於魯所説的"使之職事於魯，以昭周公之明德"的"明德"相似。"鬯"當從杜迺松説，通"暢"字。明、暢即光明通達。我們主張這裏的享作功勞、貢獻解。《商頌·殷武》："維女荆楚，居國南鄉。昔有成湯，自彼氐羌，莫敢不來享，莫敢不來王，曰商是常。"此處的"享"，乃是進貢。《尚書·洛誥》記載周公之誥："汝惟沖子，惟終，汝其敬識百辟享，亦識其有不享，享多儀，儀不及物，惟曰不享，惟不役志於享。凡民惟曰不享，惟事其爽侮，乃惟孺子，頒朕不暇聽，朕教汝於棐民彝，汝乃是不蘉，乃時惟不永哉！"僞《孔傳》："奉上謂之享。言汝爲王，其當敬識百君諸侯之奉上者，亦識其有違上者。奉上之道多威儀，威儀不及禮物，惟曰不奉上。"我們認爲以"奉上爲享"，可以作爲解釋本銘"享"字意義參考。奉上即事上，臣子事奉君主。

② "對"字，罍蓋銘"寸"在左邊，盉蓋銘"寸"在右邊。李學勤釋爲答；張亞初解釋是召公對周武王的對答稱揚；劉雨以爲通封，金文"對""封"有時混用。進按：此不可理解爲對揚王休之類。彝器凡對揚王休之後，後面緊接作器目的，本銘不是。"對"字，乃答謝、宣揚，這裏指報答召公。

③ 按："使羌、馬、叡、雩、御、微"，諸家所説未當。此即保卣銘"貺六品"之六品之人。

④ "宅"字，從方述鑫釋，見方述鑫：《太保罍、盉銘文考釋》。

1. 匽侯旨作父辛鼎銘

圖 2–27　匽侯旨作父辛鼎銘

《匽侯旨作父辛鼎銘》有銘文兩行七字："匽侯旨作 / 父辛尊。"[①] 這篇七字銘文透露出重要的歷史信息：匽侯旨的父親是召伯父辛。這位召伯父辛顯然不是召公奭，因召公爲西周三公，謚號不可能降爲伯。同時，召伯是具有别白意義的特定稱謂，那就是指在西周王朝世襲王官、采地在畿内召地的召公奭後裔。可見匽侯旨不是匽侯克的直系後裔，此人當是從王官召伯一系"過繼"給匽侯克一系來繼位匽侯的。由於這篇銘文字數過少，包含的信息有限，難以做進一步深入分析。

2. 匽侯旨卣銘和爵銘

匽侯旨還有一篇卣銘："匽侯旨作姑妹寶尊彝。"[②]

這件卣銘 2008 年出土於山西翼城大河口西周墓地 M1 號墓。該墓地爲西周霸國墓地，當爲匽侯旨爲本族出嫁霸國女子所作的媵器。同墓還出土了匽侯旨爵兩件，均有銘文"旨作父辛爵"五字。[③] 當爲燕國贈送給出嫁霸國女子的媵器。與前面提到的一篇霸國墓地出土的《匽侯旨爵銘》"匽侯旨作父辛尊"内容非常接近。

圖 2–28　匽侯旨鼎銘

3. 匽侯旨鼎銘

匽侯旨還有一篇《匽侯旨鼎銘》，四行二十二字："匽侯旨初見 / 事于宗周，王 / 賞旨貝二十朋。用 / 乍又始寶尊彝。"[④] 匽侯旨鼎出自

① 中國社會科學院考古研究所：《殷周金文集成（修訂增補本）》，第二册，中華書局，2007 年，第 1169 頁 2269 器。

② 山西省考古研究所大河口墓地聯合考古隊：《山西翼城縣大河口西周墓地》，《考古》2011 年 7 期。

③ 山西省考古研究所大河口墓地聯合考古隊：《山西翼城縣大河口西周墓地》，《考古》2011 年 7 期。進按：原文"爵"後有"世"。張成昊以爲"世"字是"爵"字的一個字符，不當單作一字，今從之。見氏所作《霸國墓地出土銅器零釋》，《中原文物》2019 年 2 期。

④ 中國社會科學院考古研究所：《殷周金文集成（修訂增補本）》，第二册，中華書局，2007 年，第 1331 頁 2628 器。

北京城外，器今藏日本泉屋株式會社。該銘記敘匽侯旨初次覲見周王受到賞賜的榮耀。每一代諸侯即位，都當“初見事”於周王。《匽侯旨鼎銘》爲西周燕國第二任匽侯第一次朝覲周王所作青銅器，所涉及的禮儀在禮學上屬於覲禮。①

（三）燕國屬臣的銘文作品

北京琉璃河西周墓地出土的青銅器，器主除了匽侯克、匽侯旨外，還有一批燕國屬臣。這些青銅器大多爲臣屬奉獻的陪葬品。其中帶有銘文的有堇鼎、圉方鼎、伯矩鬲、复尊、攸簋等等。

堇鼎 1974 年出土於北京房山琉璃河，有四行銘文二十六字：“匽侯命堇饔 / 太保于宗周，庚申，/ 太保赏堇贝。用乍 / 太子癸宝尊爐。”②《堇鼎銘》具有重要的歷史價值。記敘匽侯屬下受匽侯之命到宗周送美食給召公之事，反映西周北燕國與召公的緊密聯繫，證明司馬貞《史記·燕召公世家索隱》所説召公以元子就封於燕、召公自己仍留王庭爲三公之説可靠。銘文中的匽侯不是第一代匽侯克就是其繼任者第二代匽侯，且極有可能是第一代匽侯。銘文“用乍太子癸寶尊爐”説明此時匽侯的太子已經去世，這就爲匽侯旨爲什麼稱自己的父考爲“召伯父辛”提供了一種可能：匽侯旨非匽侯克的直系，

圖 2–29　堇鼎銘

① 劉啟益以爲此處的“匽”在宗周地區，即《大克鼎銘》中的“匽”，在溥原附近，今岐山縣鳳雛村一帶，是召公所食采邑，非匽侯旨所在的匽，屬於世襲召公爲王卿士的一支。召公的另一支分封於匽，即北京琉璃河出土的匽侯克盉銘的匽，就是文獻中的燕，今北京地區。召伯父辛與匽侯旨鼎銘所説“匽侯旨作父辛尊”中的父辛是兩個人，並且懷疑同時出土的太史友甗銘中的太史友即伯憲的父親召伯父辛。見劉啟益：《西周紀年》，廣東教育出版社，2002 年，第 159~160 頁。陳夢家以爲伯憲與匽侯旨、伯和是兄弟輩，伯憲二器與同時出土的太史友甗銘稱召公，則召公、召伯稱呼可以互換。見陳夢家：《西周銅器斷代》，中華書局，2004 年，第 96 頁。依據陳夢家説類推，匽侯旨是第一代匽侯，那麼憲也是召公之子。但是由於 20 世紀 80 年代匽侯克器的出土，匽侯旨作爲第一代匽侯説受到挑戰。我們從劉啟益説，以爲召伯父辛不是召公。召伯父辛是召康公奭的可能性不大。奭有謚號爲康，有爵稱公，有采邑召。召伯父辛是“采邑名 + 爵稱 + 廟號”，與召公奭無關。

② 中國社會科學院考古研究所：《殷周金文集成（修訂增補本）》，第二册，中華書局，2007 年，第 1384 頁 2703 器。

由於匽侯克太子没有繼位就去世了，匽侯大宗被迫從召伯小宗找來姬旨作爲宗子，繼任匽侯。

《圉方鼎銘》三行十四字："休朕公君匽 / 侯賜圉貝，用 / 乍寶尊彝。"①《圉方鼎銘》記敘器主圉獲得匽侯賞賜的美事。"公君"一詞少見，用作匽侯的限定詞，"朕公君匽侯"不僅透露出此人與匽侯的君臣關係，還透露出製作本銘時，賞賜者已經不在人世。諸侯生時稱侯，死稱公。"朕公君匽侯"之稱隱隱包含人世滄桑感。

《攸簋銘》一篇三行十七字："侯賞攸貝三朋，/ 攸用作父戊 / 寶尊彝。肇乍綦。"② 攸簋也是 1973 年出土於北京房山琉璃河匽國墓地，因而銘文中的侯必爲匽侯。只是銘文極其簡略，今天的讀者難以確定此匽侯是哪一代匽侯，也不知道器主攸的生平事跡。

圖 2–30　圉方鼎銘　　圖 2–31　攸簋銘

復尊和攸簋一樣，也是 1973 年出土自北京琉璃河西周墓葬。《復作父乙尊銘》一篇十六字："匽侯賞複冖 / 衣，臣妾、貝，用乍 / 父乙寶尊彝。"③ 器主復很受匽侯寵愛，一次賞賜的就有禮服、臣妾和貨幣，比以上諸銘賞賜的財物種類都要多，當爲匽國重要人物。

① 中國社會科學院考古研究所：《商周金文集成（修訂增補本）》，第二册，中華書局，2007 年，第 1262 頁 02505 器。

② 中國社會科學院考古研究所：《商周金文集成（修訂增補本）》，第三册，中華書局，2007 年，第 2105 頁 03906 器。

③ 中國社會科學院考古研究所：《商周金文集成（修訂增補本）》，第五册，中華書局，2007 年，第 3675 頁 5978 器。

圖 2–32　伯矩鬲銘

伯矩鬲也出土於琉璃河。《伯矩鬲銘》一篇十五字："在戊辰，匽/侯賜伯矩/貝，用作父/戊尊彝。"[①] 由於銘文簡略，伯矩鬲器主伯矩與匽侯的關係不明。不過大致上可以推測本銘記敘的是匽侯賞賜臣屬貨幣的事情。伯矩在西周屬於多産作家，除了本銘，他的作品目前所見有二十二篇，多爲短章之作，包括盤銘、甗銘、壺銘等，銘文多如"伯矩乍寶尊彝"之類。

以上作品是西周匽國銘文的一次展示。雖然不能説這些作品代表匽國銘文創作最高成就，不過我們可以從中發現一些西周匽國的歷史信息。例如以上銘文作者大多用天干稱呼自己的祖考廟號，而不似宗周地區的銘文大多用謚稱；説明匽國在文化上大量吸收了殷商文化傳統，包括匽侯旨在内的燕國貴族也用天干稱父考廟號。可惜西周匽國貴族們創作的銘文流傳下來的缺少長篇巨制，反映西周匽國社會生活還不夠廣泛。

四、召公其他後裔的銘文創作

召公後裔在西周歷史上有兩支非常著名。一支由子克開創，子克所封之匽，典籍寫作"燕"。另一支世世代代在王朝爲王官，世襲召公爵，與周公留在王朝的後裔一樣，世稱"召伯"，死稱"召公"，其中召伯虎最爲著名。近年來，學術界發現召公直系還有另外兩支，一在洛陽北窯，其族以"大保"爲氏；一在山東壽張，極有可能是爲召公家族世世代代守泰山湯沐之邑的一支。[②] 我們將召公家族在王朝爲王官者的銘文創作與其餘支系的銘文創作放在本節一起集中論述。

（一）伯憲的銘文創作

清道光、咸豐年間，山東梁山縣出土七件青銅器，號稱"梁山七器"，其中有兩件爲一個自稱憲的人所作，分别爲憲鼎和憲盉，均有銘文。憲稱"召伯父辛"則憲爲召公後裔無疑。

---

① 中國社會科學院考古研究所：《商周金文集成（修訂增補本）》，第一册，中華書局，2007 年，第 644 頁 689 器。

② 陳絜：《"梁山七器"與西周的巡守制度》，《漢學研究》34 卷 1 期（2016 年 3 月）。

唯九月既生霸辛／酉，在匽，侯賜𡧊貝、金。／揚侯休，用作召／伯父辛寶尊彝。／𡧊萬年子子孫孫／寶，光用大保。[①]

圖 2–33　𡧊鼎銘

《𡧊鼎銘》一篇三十九字，記敘匽侯賞賜器主𡧊的事情。器主𡧊稱“用作召伯父辛寶尊彝”，如果僅僅看“召伯”二字，很容易將伯𡧊視爲召公後裔中留在王朝世襲召公采地的那一支系。但根據陳絜的研究，壽張一係的召公後裔爲又一小宗，世代守召公位於泰山腳下的瀴沐之邑——“梁山七器”中《大保簋銘》所説的“賜休榆土”的“榆土”。[②]

因爲小宗，故梁山壽張的召公後裔有自己的排行系統，𡧊自稱“伯”，在大宗匽侯受到匽侯賞賜。“在匽”的地點記敘暗示伯𡧊自榆土而來，爲外來者。“召伯父辛”屬於修辭學上的人名别白，同時包含了此人宗族血緣的一些重要的歷史信息。

“梁山七器”中另一𡧊器伯𡧊盉就自稱“伯𡧊”。伯𡧊盉有銘文十字：“伯𡧊作召／伯父辛寶尊彝。”[③]《伯𡧊盉銘》字數太少，所包含的信息有限，價值雖与《𡧊鼎銘》不能相比，但兩銘的相關信息聯繫起來我們不難推測：此二人都是王官召伯的兒子，一爲匽侯，當爲小宗過繼給大宗爲後者。伯𡧊也是王官召伯之子，爲榆邑之主，也自立一小宗。據朱鳳瀚《商周家族形態研究》，有采地的小宗宗主也可稱伯。再聯繫到《堇鼎銘》的“太子癸”，不難發現匽侯克之子去世過早，那時候召公奭還在王庭當差。由此可以推測召公已經升爲三公，召公讓伯辛父世襲采邑召邑之君，

① 中國社會科學院考古研究所：《殷周金文集成（修訂增補本）》，第二册，中華書局，2007 年，第 1417 頁 2749 器。

② 陳絜：《“梁山七器”與西周的巡守制度》，《漢學研究》34 卷 1 期（2016 年 3 月）。

③ 中國社會科學院考古研究所：《殷周金文集成（修訂增補本）》，第三册，中華書局，2007 年，第六册，第 4955 頁 9430 器。

爲召伯；讓克到北匽爲匽侯；讓召伯父辛之子伯害到榆邑爲榆伯。不久召伯辛父、匽侯克相繼去世，召公讓召伯父辛另一兒子襲匽侯克之位爲匽侯。

（二）伯龢的銘文創作

與召公奭有關的西周人物還有一個伯龢。此人創作了《伯龢鼎銘》《龢爵銘》。伯龢鼎爲“梁山七器”之一，《伯龢鼎銘》三行十字：“伯龢作召 / 伯父辛 / 寶尊鼎。”[①] 銘文中出現了“召伯父辛”。而“召伯”一般用於稱呼召公奭留在王朝擔任王官一係的宗子，與伯害均爲召伯父辛之子。此人名旨字龢。《説文》“旨，美也”。《説文》又説“龢，調也。”此調指調和音樂，音樂以龢爲美。

伯龢還作有伯龢爵，有銘文九字：“龢作召伯父辛寶尊彝。”均不成篇章。

（三）大史友等人的銘文

召公集團有一太史，此人所作太史友甗爲“梁山七器”之一。《大史友甗銘》三行九字：“大史友 / 乍召公 / 寶尊彝。”[②] 此人爲“太史”，顯然是王官。爲召公作器，顯然是召公子孫輩或部屬。

還有一篇自稱“叔”的人，作有叔尊，叔尊從洛阳北窑墓地西周早期墓葬 M374 出土，也有銘文。《叔尊銘》三行十一字：“叔肈作召 / 公宗宝尊 / 彝。父乙。”[③] 銘文没有直接記敘器主與召公的關係，不過讀者還是可以推測此人爲召公奭的後裔。召公奭活到了周康王時代，此銘之作當更在其後。朱鳳瀚以爲説明西周早期有召公一支居住在洛陽成周一帶。[④] 從召伯虎青銅器曾出土於洛陽看，召公後裔中確實有一支系的采邑在東都洛陽一帶。

---

① 中國社會科學院考古研究所：《殷周金文集成（修訂增補本）》，第二册，中華書局，2007 年，第 1220 頁 02407 器。

② 中國社會科學院考古研究所：《殷周經文集成（修訂增補本）》，第一册，中華書局，2007 年，第 738 頁 00915 器。

③ 洛陽市文物工作隊：《洛陽北窯西周墓地》，文物出版社，1983 年，第 87 頁。

④ 朱鳳瀚：《商周家族形態研究（增訂本）》，天津古籍出版社，2004 年，第 628~630 頁。

第三章　西周青銅器銘文的發展

我們根據已經發現的西周銘文實際情況，將西周康、昭王時期視爲青銅器銘文的發展期。傳世文獻關於康、昭二王的事跡記敘非常有限。周成王臨終前對於西周朝廷政權人事作了安排，史官筆録成《尚書·顧命》篇。司馬遷根據《顧命》和《書序》等其他材料，對這一段歷史作了簡要描述："成王將崩，懼太子釗之不任，乃命召公、畢公率諸侯以相太子而立之。成王既崩，二公率諸侯以太子釗見於先王廟，申告以文王、武王之所以爲王業之不易，務在節儉，毋多欲，以篤信臨之，作《顧命》。太子釗遂立，是爲康王。康王即位，徧告諸侯，宣告以文武之業以申之，作《康誥》，故成、康之際，天下安寧，刑錯四十餘年不用。康王命作策畢公分居里，成周郊，作《畢命》。康王卒，子昭王瑕立。昭王之時，王道微缺，昭王南廵狩不返，卒於江上。其卒不赴告，諱之也。"① 關於康王和昭王近半個世紀的歷史，司馬遷只寫了以上幾句話。不過康、昭時代的青銅器銘文卻在一定程度上彌補了傳世文獻這方面的不足，展現了西周廣闊的歷史畫卷。我們本章主要揭示這兩朝青銅器銘文所反映的西周社會面貌以及青銅器銘文的創作成就。

我們本章重點分析西周康、昭時期的分封賜采銘文、戰争銘文、女性所作銘文和抒情體銘文。在西周分封賜采銘文方面，《宜侯夨簋銘》反映了康王改封虞侯夨爲宜侯的歷史事實，將數字句的表現力發揮到極致。《邢侯簋銘》反映了周康王改封邢侯的歷史事件，在作器目的書寫上鋪張揚厲。《麥方尊銘》敘事層巒疊嶂。西周早期的邢國還出現了臣諫的銘文創作，我們也就附帶在一起討論。這一時期南宫世家中出現了傑出的銘文作家南宫盂，他的《小盂鼎銘》記敘了西周大獻禮的主要過程，記敘手法高超，開

① 司馬遷：《史記》，中華書局，1982年，第134頁。

創了中華儀注記敘的源頭。這一時期軍事題材的銘文創作除了《小盂鼎銘》之外，還出現了《師旂鼎銘》，開造了中華軍事法律文學的源頭。女性作器方面，出現了庚嬴二銘。叔趯父二銘與《作册嗌卣銘》開創了西周早期抒情體銘文的先河；《沈子它簋銘》也開創了西周獨白體銘文的先河。

第一節　分封賜采銘文

西周時期分封了哪些諸侯國，傳世文獻多有記載。除了《左傳・僖公二十四年》所說文之昭十六國、武之穆四國、周公之胤六國之外[①]，《左傳・昭公二十八年》载："昔武王克商，光有天下，其兄弟之國者十有五人，姬姓之國者四十人，皆舉親也。夫舉無他，唯善所在，親疏一也。"[②]由此可見，西周確實施行了大規模的分封諸侯活動。分封諸侯是西周實施天下治理的一項重要措施，但是如何分封諸侯？分封諸侯的具體情況如何？傳世文獻的記載卻相當簡略。西周青銅器銘文中有一批作品對此作了記敘。上一章中我們分析了武、成時期有關分封的銘文如《沬司徒疑簋銘》《匽侯克盉銘》《荆子鼎銘》《太保簋銘》等，這些銘文雖然具有重要的歷史價值，但在寫作藝術上還不夠成熟，所記内容也比較簡略。到了康、昭時期，青銅器銘文記載了多次分封活動，寫作藝術進一步發展，出現了著名的《宜侯夨簋銘》《大盂鼎銘》《邢侯簋銘》《麥方尊銘》等傑作，豐富了分封銘文這一題材，爲後世留下珍貴的歷史史料。

一、傳世文獻所見分封情況

我們結合各種資料判斷，殷人的國家管理體系由王官"百正"、邊侯"侯、甸、男、方伯"組成，例如《尚書・召誥》载："越七日甲子，周公乃朝用書，命庶殷侯、甸、男、邦伯。"[③]而《尚書・酒誥》载："在昔殷先哲王迪畏天顯小民，經德秉哲。自成湯咸至於帝乙，成王畏相，惟御事厥棐有恭，不敢自暇自逸，矧曰其敢崇飲。越在外服：侯、甸、男、衛、邦伯；越在内服：百僚、庶尹、惟亞、惟服、宗工；越百姓、里居，

① 孔穎達：《春秋左傳注疏》，《十三經注疏》，中華書局，1980年影印本，第1817頁。
② 孔穎達：《春秋左傳注疏》，《十三經注疏》，中華書局，1980年影印本，第2119頁。
③ 劉起釪：《尚書校釋譯論》，第3册，中華書局，2005年，第1433~1434頁。

罔敢湎於酒，不惟不敢，亦不暇。”[①]《康誥》載：“汝劼毖殷獻臣、侯、甸、男、衛；矧大史友、内史友越獻臣、百宗工。”[②]

西周初年的國家管理結構基本上延續殷商體系并做了部分調整。例如《尚書・康誥》：“惟三月哉生魄，周公初基作新大邑于東國洛，四方民大和會，侯、甸、男，邦采、衛、百工、播民，和見士于周。”[③]其中侯、甸、男相當於殷商的“外服”，邦采、衛、百工相當於殷商的“内服”，邦字領采、衛、百工，即邦采、邦衛、邦百工、邦播民。百工即朝廷臣工，直接在朝廷任職。調整的部分是將采、衛納入内服，在采、衛前加一個“邦”表示這兩種人歸周王直接領導。這個王國管理體系通過册命、分封、賜采來完成。册命對應百工；分封對應侯、甸、男；賜采對應采、衛。

關於西周分封制度的研究，學術界已經有十分豐富的成果。《左傳・定公四年》對於魯、衛、唐三個姬姓封國情況記載比較詳細：

> 分魯公以大路，大旂，夏后氏之璜，封父之繁弱，殷民六族：條氏、徐氏、蕭氏、索氏、長勺氏、尾勺氏。使帥其宗氏，輯其分族，將其類醜，以法則周公，用即命於周。是使之職事於魯，以昭周公之明德。分之土田倍敦，祝、宗、卜、史，備物、典策，官司、彝器。因商奄之民，命以《伯禽》，而封於少皞之虚。
>
> 分康叔以大路、少帛、綪茷、旃旌、大吕，殷民七族：陶氏、施氏、繁氏、錡氏、樊氏、饑氏、終葵氏。封畛土略，自武父以南，及圃田之北竟，取於有閻之土，以共王職。取於相土之東都，以會王之東蒐。聃季授土，陶叔授民，命以《康誥》，而封於殷虚，皆啟以商政，疆以周索。
>
> 分唐叔以大路，密須之鼓，闕鞏，沽洗，懷姓九宗，職官五正；命以《唐誥》，而封於夏虚，啟以夏政，疆以戎索。[④]

我們根據上文，爲以上三諸侯國受封令所列内容製作了一份分封内

① 劉起釪：《尚書校釋譯論》，第 3 册，中華書局，2005 年，第 1403 頁。
② 劉起釪：《尚書校釋譯論》，第 3 册，中華書局，2005 年，第 1410 頁。
③ 劉起釪：《尚書校釋譯論》，第 3 册，中華書局，2005 年，第 1292 頁。
④ 孔穎達：《春秋左傳注疏》，《十三經注疏》，中華書局，1980 年影印本，第 2134~2135 頁。

容清單。這份清單包括賞賜的禮器、人民、土地、官吏、器物、封地地名、分封令名稱、治國理疆方略八個方面的内容。其中對於魯國的記敘，這八個方面的内容都完整；在八個方面，禮器、人民、封地名稱、分封令名稱和治國理疆方略四項，三國都具備。

表 3–1 魯、衛、唐分封情況

封國	魯國	衛國	唐國
禮器	大路、大旂、夏後氏之璜、封父之繁弱	大路、少帛、綪茷、旃旌、大吕	大路，密須之鼓，闕鞏，沽洗
人民	殷民六族：條氏、徐氏、蕭氏、索氏、長勺氏、尾勺氏。	殷民七族：陶氏、施氏、繁氏、錡氏、樊氏、饑氏、終葵氏	懷姓九宗
土地	土田倍敦	武父以南及圃田之北竟	
官吏	祝、宗、卜、史		職官五正
器物	備物、典策，官司、彝器		
封地	少皞之虚	殷虚	夏虚
分封令	伯禽	康誥	唐誥
方略	因商奄之民	啟以商政，疆以周索	啟以夏政，疆以戎索

從上表看，所有受封諸侯都獲得了禮器、人民、封地、分封令和治國方略，這五項是必備項目，可見以上五項十分重要，因而《左傳》予以重點記敘。與在朝王官不同，這些諸侯除了承擔藩屏西周王畿的職責外，還擁有自己封地内獨立的治權。這些治權名義上是代理治權，即周王授權諸侯代爲治理所封之國。西周分封的諸侯大致上分爲三類：一類是姬周核心集團成員，包括姬姓的文之昭、武之穆、周公之胤以及在西周興盛過程中立下功勞的異姓臣屬；一類是所謂“二王之后”，如封宋微子於宋，封胡公滿於杞；一類是殷王朝原有的諸侯，臣服西周後，西周予以確認。對於前一類諸侯，周王在册封令中一般要規定受封者的義務和權力。被分封諸侯最大的義務正如《左傳・定公四年》所説，就是“選建明德，以藩屏周”。以上材料對於我們解讀康、昭時期的分封銘文有極大的幫助。

二、宜侯夨簋銘

宜侯夨簋 1954 年發現於江蘇丹徒縣煙墩山。由農民耕地發現，從一座墓葬中取出。根據張敏《宜侯夨簋軼事》記載，墓中出土了五鼎、一鬲、二簋、二盤、二盉、二羊尊、二兕觥、一碗、兩豆以及兵器、車馬器、玉飾件。其中宜侯夨簋出土時被土地所有者聶長保之子砸破，以證明器物爲“金子”，對器物造成一定程度的損壞，尤其對於銘文的破壞更大。[①] 江蘇省文物管理委員會發表《江蘇丹徒縣煙墩山出土的古代青銅器》一文，宣佈煙墩山一號墓出土了十二件青銅器，配發了器形照片和宜侯夨簋銘文搨片，但未作考釋。同期刊登了陳邦福的《夨簋考釋》、陳夢家的《宜侯夨簋和它的意義》兩篇考釋論文。[②]

根據學者的研究成果，我們大致上能夠判斷宜侯夨簋的主要內容。這篇銘文記敘虞侯夨接受周康王的命令，從原封地虞國率領部下遷移到宜國去做宜侯的改封之事。銘文還記敘了這次改封中王朝配置的禮器、山川土地和人民的具體數字，從銘文“王省武王、成王伐商圖，誕省東國圖”看，這次改封是國家發展戰略的重要調整，目的是加強王朝對東國的控制。

（一）宜侯夨簋銘的主要內容

宜侯夨簋出土到現在已經過去近七十年，正如上面所分析，關鍵字的釋讀仍然分歧嚴重。至於本銘的文學價值，少有論文言及。我們本小節重點分析本銘的敘事方法。同時，爲便於了解這份寶貴的遺產，我們對《宜侯夨簋銘》中關鍵字和重要問題做簡單考釋，提出自己的看法。綜合各位學者的研究成果，現在將《宜侯夨簋銘》寫成通行文排列如下：

圖 3–1　宜侯夨簋銘

唯四月，辰在丁未，王省

① 周寶宏：《西周青銅重器銘文集釋》。天津古籍出版社，2007 年，第 7~8 頁。

② 江蘇省文物管理委員會《江蘇丹徒縣煙墩山出土的古代青銅器》、陳邦福《夨簋考釋》、陳夢家《宜侯夨簋和它的意義》，《文物參考資料》1955 年 5 期。

珷王、/成王伐商圖，誕省東國圖，/王立于宜。入社，南鄉。王命/虞侯夨曰："遷侯于宜！"賜登[①]/鬯一卣，商瓚一毀[②]，彤弓一，彤矢百，/旅弓十，旅矢千。賜土：厥川/三百有三，[③]，厥宅邑卅/有五，厥井[④]百有卌。賜在宜/王人十有七姓。賜鄭七伯，/厥盧千有五十夫。賜宜庶人/六百有六十夫。宜侯夨揚/王休，用作虞公父丁尊彝。

《宜侯夨簋銘》記敘西周康王爲了進一步落實武王、成王向東部發展的戰略，將原先的虞侯夨改封到東部的宜國爲宜侯。銘文比較詳細地記敘了周康王賞賜給宜侯夨的禮器、土地、山川、人民、住宅、職官等，彌補了傳世文獻關於西周分封具體細節記敘的不足。宜侯夨簋是西周重器，《宜侯夨簋銘》在西周銘文史上具有極其重要的地位。銘文爲我們提供了西周早期諸侯改封的一個典型案例，所記細節遠遠超過了《沬司徒疑簋銘》，具有重要的史料價值；銘文在寫作藝術上獨樹一幟，具有重要的文學價值；同時，銘文簡略記載了西周改封諸侯之儀，具有重要的禮學價值。

銘文由三部分組成：第一部分爲分封禮儀式記敘；第二部分爲賞賜內容記敘；第三部分爲作器原因敘述。銘文首先記敘在周康王某年四月丁未日，[⑤]周康王帶領虞侯夨在圖室分析了武王克商圖和成王伐商圖，又分析了東國形勢圖。周康王來到宜國地圖前站立了很久，然後進入周

---

① 進按："登"字原字上下結構，上部從爪從尋，下部從豆，《説文》所無，會意字，與"登"字構造相似，暫讀爲登，以待更可靠成果出現。傳世文獻都稱"秬鬯"，此"登鬯"或爲"秬鬯"别稱。

② 進按："毀"字諸家或釋爲枚。從搨片看，筆畫比枚複雜，似毀。

③ 郭沫若認爲"川"通"甽"；三百後面一字毀滅，郭沫若推測爲"萬"字，三百萬畝爲萬夫之地。根據《詩經·魯頌》，"賜之山川，土田附庸"，封侯賞賜的當爲山、川、田、地，故不從。根據"厥林百有卅，厥宅邑卅"推測，"百"後仍然爲數詞，兩個數詞之間應當用"又"連接；而最後一字殘存筆畫顯然是三橫在受到打擊後造成移位變形所致，故我們推測爲"有三"。"林"字原字磨滅，諸家無釋文，搨片僅殘存一横，我們根據文意和殘筆畫推測爲林字。"卅"字諸家無釋文，原搨片僅存右邊上翹筆畫，類似於卅的右半邊，我們暫且推測爲卅字。

④ 井字磨漫不辨，郭沫若推測爲"井"字，一百四十爲四的倍數，符合一邑四井古説，今從。

⑤ 進按：這個紀年屬於哪一王？郭沫若以爲成王是生稱，是周成王時候器，陳夢家説同。唐蘭主張康王時期説。我們從唐蘭説。在西周銘文中，時王往往只稱"王"，本銘"王省武王、成王伐商圖"，可見時王不是成王，宜侯夨遷封發生在周康王某年的四月丁未日。

社，[1] 發佈了改封令，命令虞侯夨改封到宜國。並宣佈賞賜給宜侯夨鬯、瓚、弓、矢等禮器；賞賜山川、宅邑、土地、人民、職官等物質財富和

---

① 進按：銘中的“圖”字，陳夢家讀爲“鄙”。後來大多數學者放棄此説，但提倡者也没有斷絶。工克陵指出，“東國圖”的製圖區域應包括今河南安徽兩省漢、淮以北的大片地區，範圍應比“伐商圖”更廣。王永波在《中原文物》1999年4期上發表《宜侯夨簋及其相關的歷史問題》還主張此説。此説致使“省”與“伐商鄙”不能搭配，而“伐商鄙”“伐東國鄙”難以理解，爲什麼都是討伐人家的邊鄙而不是都邑？“東國鄙”更難以理解，當作“圖”字解。西周銘文恒有“圖”字。《無叀鼎銘》有“于圖室”、《膳夫山鼎銘》有“王在周，格圖室”，《夨人盤銘》有“授圖”，可以證明西周有地圖。“東國”在哪？宗周，典籍稱爲西土；成周，因爲天下之中，被稱爲中土，《何尊銘》稱之爲“中國”。金文有“東國”，例如《保卣銘》“命保及殷東國五侯”。《晉侯蘇編鐘銘》“王親遹省東國、南國”，所伐爲成周東南部的淮夷。《班簋銘》有“東國痟戎”，指徐偃王。《競卣銘》有“伯屖父以成師即東，命伐南夷”。東與南當相距不遠，《魯侯尊銘》有“惟王命明公遣三族伐東國”，指伐東夷。東國大致上指黄、淮之間的東部諸侯國。“立”字，有釋爲“卜”“涖”“位”三種。釋卜以唐蘭爲代表。考慮到“卜於宜”的地點因素，我們認爲“占卜説”不合，因宜是一個大地名，而“卜”是具體的動作行爲，後面的地點不應當不具體。典籍中“卜”字即使用於大地名，也有一定的範圍限制，如《洛誥》卜於澗水東、瀍水西。“立於宜”也不應理解爲涖臨宜國，不能説周康王自己千里迢迢來到宜國分封宜侯夨。此處的“宜”指地圖上的宜國，當是周康王在省東國圖時候，在宜國圖前站了很長時間。我們認爲此“立”就是册命銘文中常見的“立中庭”之立。“宜”字，學術界有祭祀説、地名説兩種看法。祭祀説以馬承源爲代表。馬承源《商周青銅器銘文選》以爲“位於宜”乃是宜祭。地名説還分兩種。唐蘭、郭沫若、劉啟益等以爲宜國在江南，即出土地江蘇丹徒。唐蘭認爲宜侯夨就是文獻中的泰伯、仲雍之後，仲雍的曾孫周章，武王時周章在吴，求得周章之弟封在北虞；周章在吴，因而封之，爲南虞，康王時改封在宜。唐蘭説不破《史記》。劉啟益認爲，勾吴是虞侯夨及其子孫所建，銅器中夨國就是吴國也就是虞國，在陝西隴縣一帶，原爲太伯、仲雍所建，他們並没有奔吴，而只是來到了這裏建立吴國，後傳於仲雍，三傳至虞仲，被武王封於晉南爲虞國君長。隴縣西周墓葬出土的“夨仲戈”就是虞仲分封於晉南前在夨國時作，其子虞侯夨又被康王改侯於宜，因而建立了南方的吴國即勾吴。劉啟益説打破了《史記》相關説法。黄盛璋以爲宜在今河南省西部的宜陽，是周王的畿内領地，處在宗周到成周之間。我們認爲在没有確切的證據證明丹徒煙墩山墓葬爲窖藏之前，此銘文中的宜當定在江蘇丹徒一帶。入社，黄盛璋讀“納土”，將土地分封。我們認爲讀“入社”爲宜，入社即進入周王宗廟，西周册命、分封等大事都在宗廟舉行。虞字郭沫若以爲虔字。唐蘭釋爲虞字，從虍從夨，是虞字的早期寫法。曹錦炎引日人白川静的觀點，以爲虎字。劉啟益以爲虞即夨國，也即泰伯、仲雍建立的吴國，他們没有逃到南方，而是在畿内建立了夨國。黄盛璋不同意，夨國稱王，姜姓，非姬姓國，虞爲姬姓國。虞侯夨的父親虞公是春秋虞國的祖先，在山西平陸縣。遷字，原字漫損嚴重，郭沫若釋繇字，李學勤釋遷字。近年由于薇通過電腦放大，發現此字與何尊銘“初遷宅于成周”的遷字接近。以上諸説見劉啟益：《周夨國銅器的新發現與有關歷史地理問題》，《考古與文物》1982年2期。曹錦言：《關於〈宜侯夨簋〉銘文的幾點看法》轉引，《東南文化》1990年5期174~175頁。黄盛璋：《銅器銘文宜、虞、夨的地望及其與吴國的關係》，《考古學報》1983年3期295~305頁。于薇：《西周封國徙封的文獻舉證——以宜侯夨簋銘文等四篇文獻爲中心》，《中國歷史地理論叢》2013年1期。王克陵：《“宜侯夨簋”銘文記〈武王、成王伐商圖〉、〈東國圖〉及西周地圖綜析》，《地圖》1990年1期。

人力資源。爲宣揚康王對宜侯夨的賞賜榮耀，宜侯夨製作了這一件寶貴的青銅器，以祭祀宜侯夨已經去世的虞公父丁。

（二）宜侯夨簋的文章學價值

《宜侯夨簋銘》顯示了高超的語言提煉技巧。本銘記敘藝術頗值得稱道。首先，有敘事意識。第一部分没有過分關注於具體的分封禮細小的儀注，而是關注分封禮中不同於一般賞賜禮的特色儀注：王省地圖。這是西周銘文中唯一一篇記載這個特色儀注的銘文。由此我們知道周王朝作爲中央集權，對於中華文化圈制訂了政治地理版圖、歷史地理圖、經濟地理圖等。分封王侯以這些地圖爲依據，而這些儀注，是其他賞賜禮所没有的。其次，邏輯意識特别强。第二部是關於賞賜的記敘。陳夢家先生將這部分銘文分爲五層。第一層，賞賜祭祀用香料。這是西周史官所作分封令本身的敘述次序，《宜侯夨簋銘》屬於二次引用。第二層是弓矢，第三層是土地，第四層是屋舍，第五層是人民。郁鬯，根據《周禮》，只有諸侯才能使用，而製造者爲天子，這是賞賜宗教權力，屬於精神統治權。弓矢是軍事裝備，雖然不是重裝備，卻是一種權力和義務的象徵：諸侯的征伐權力。後三類均爲生存發展資料。

銘文這五層當根據周康王對宜侯夨的册封令改寫而成，没有照抄原文。按照《尚書》文體，這篇册封令應當命名爲《宜侯夨之命》。爲了節省篇幅，《宜侯夨簋銘》這一部分省去了周康王勉勵的話，將分封令中有關賞賜的内容作了分類處理，用最簡潔的語言對分封令中的關鍵内容按照類别進行了摘要。

《宜侯夨簋銘》追求語言簡潔和音節之美，表達效率極高。“登鬯一卣，商瓚一毂”爲對文修辭；“彤弓一，彤矢百，旅弓十，旅矢千”不僅對文，還有排比，同時還用減字法，一、百、十、千後都減省了量詞張、支。爲了音節優美，本銘還使用了添字法。在“賜土：厥川三百川，厥林百有卅，厥宅邑卅有五，厥井百有卌。賜在宜王人十有七姓。賜鄭七伯，厥盧千有五十夫”中，川、林、宅、井、盧爲單音節基本詞彙，加上厥字則爲雙音節的厥川、厥林、厥宅、厥井、厥盧，從而形成音節變化。至於“賜”字用法也非常講究。“賜土”之“賜”一直領到“厥井百有卌”，川、林、宅邑、井都在“賜土”統攝之下。“賜在宜王人十有七姓。賜鄭七伯，厥盧千有五十夫。賜宜庶人六百有六十夫”用了三個

“賜”，表示所賞賜之人有三類，各不相同。没有採用“賜人：在宜王人十有七姓……”這種延續“賜土”一層句式，顯然是追求行文變化。“賜鄭七伯，厥盧千有五十夫”一句在“賜鄭七伯”之後用“厥盧千有五十夫”之“厥”，表示這千有五十夫乃歸鄭七伯所有。

《宜侯夨簋銘》用概述法記敘分封令中的賞賜，特别擅長數字表示法。依據相關傳世文獻我們可以推測，周康王發佈的遷封令以及相關誥文篇幅肯定不短，而青銅簋上可書寫的面積非常有限，銘文不可能將以上内容全部轉記在簋上。《宜侯夨簋銘》採用概述法，簡要記敘了其中禮器、土地和人力資源等相關内容。從“賜登鬯一卣”到“賜宜庶人六百有六十夫”一共十四個小類，銘文只用了七十個字，可見銘文記敘非常簡略，文字表達效率高。其中每一個小類賞賜都落實到具體的數字上。如此大規模使用數字記敘法，在之前的銘文中没有出現過。這些數字是寶貴的歷史數據，爲我們研究西周分封的具體情況提供了第一手準確的數據資料。本銘在具體的數字運用方面，極盡技巧之能事，銘文數字標記具有藝術追求。由於本銘的中心在於周康王賞賜的土地和人民，通篇二十五句，使用數字十四句之多，帶數字句子超過半數卻不讓人感到枯燥。本銘數字或只用數詞，或數詞、量詞並用，交錯變化，在追求語義表達高效同時追求語言的審美意蕴。例如“賜登鬯一卣，商瓚一瑴”用量詞；緊接在後面的“彤弓一，彤矢百，旅弓十，旅矢千”不用量詞。“厥川三百有卅，厥林百有卅，厥宅邑卅有五，厥井百有卌”不用量詞，“賜在宜王人十有七姓。賜鄭七伯，厥盧千有五十夫。賜宜庶人六百有六十夫”則用量詞。

本銘通過動態描述，對分封事件的時間、人物和地點作了簡要介紹。“唯四月，辰在丁未”，是時間記敘。“王省珷王、成王伐商圖，誕省東國圖”是參與人及其發生地點記敘。對人物的記敘不是簡單地指出誰參加了這件事，而是放在人物活動過程中記敘，爲銘文增添了動感。銘文記敘分封令發佈的兩個相關地點——地圖室和周社，也是採用動態描述法。這兩個地點的轉换大有考究。周康王先“省珷王、成王伐商圖”隱含了這次遷封的政治、軍事意圖，同時暗示宜侯夨的遷封正是出於同樣的政治和軍事戰略需要。“誕省東國圖”乃是“省珷王、成王伐商圖”的後續動作，暗示這兩者的關係密切。銘文没有直點明，卻隱含了遷封宜侯夨乃是武王、文王滅商建國大業的延續，政治、軍事意義非常重要，同時也顯示周康王具有雄偉的政治謀略和對戰略決策及其實施的謹慎態度。

《宜侯夨簋銘》事件過程記敘善於突出關鍵動詞。“王立於宜。入社，南嚮。”這是記敘周康王發佈遷封令的儀式前半段。此句文氣接“省圖”而來。“王命虞侯夨曰：遷侯於宜”抓住了遷封令的關鍵句子“遷侯於宜”，簡要記敘周康王發佈遷封令。

（三）宜侯夨簋銘的歷史價值

《宜侯夨簋銘》具有極高的史料價值。西周歷史上虞侯國改爲宜侯國，傳世文獻資料没有提及，是一段失落的歷史。傳世文獻關於江南吴國的來源只有“太伯奔吴説”。《宜侯夨簋銘》的出現雖然還不能推翻“太伯奔吴説”，但至少填補了關於西周虞、宜兩國關係的空白。尤其是關於宜國，歷史上更是聞所未聞，由於《宜侯夨簋銘》的出現，這一段被遺忘的歷史才得以重見天日。

《宜侯夨簋銘》從完備性來看，是目前所能見到的最早的最完整的關於西周分封諸侯的第一手史料。銘文中關於賞賜禮器、人民、土地的記敘，其詳細程度超過了所有的傳世文獻，不僅證明傳世文獻相關説法有根據，而且提供了一個真實的諸侯遷封案例，提供了更真實而具體的數據。

銘文包含了諸侯改封的主要内容。對於改封内容，銘文有相對詳細的敘述：“賜登鬯一卣，商瓚一穀，彤弓一，彤矢百，旅弓十，旅矢千。賜土：厥川三百有三，厥林百有卅，厥宅邑卅有五，厥井百有卌。賜在宜王人十有七姓，賜鄭七伯，厥盧千有五十夫。賜宜庶人六百有六十夫。”從這段銘文看，周康王册封令的主要内容包括指明所封地點，賞賜象徵祭祀權力的登鬯，賞賜象徵征伐權力的武器以及山川、土地、人民、宅邑、廬舍。從宜侯夨改封的配置看，這是一次殖民活動。周康王將虞侯夨改封到東國的宜地，“賜在宜王人十有七姓”相當於《左傳・定公四年》所説封魯公伯禽殷民六族，衛康叔殷民七族，唐叔虞懷姓九宗，不過這次分給宜侯夨的人數多達“王人十有七姓”[①]，規模遠遠超過了魯、

① 進按：“十有七姓”之姓，搨片類似於“生”字，郭沫若、唐蘭、陳夢家等均釋爲“姓”；李學勤在《宜侯夨簋與吴國》一文中提出字當爲“里”。我們仔細辨别“生”左上角一横筆，似爲創痕，筆勢與“里”字第一畫横畫不契合，今仍從唐蘭等説。

衛、唐三國，可見周康王對於這次改封的重視。“賜鄭七伯”類似於賞賜唐叔的“職官五正”，《大盂鼎銘》中的“邦司四伯”和“夷司王臣十又三伯”，屬於從事管理工作的官員；而“廬千有五十夫”“賜宜庶人六百有六十夫”相當於命伯禽的“因商奄之民”。由以上內容可見這次改封屬於西周歷史上一次重大事件，而這次改封以及後來宜侯之國的演變如何，傳世文獻没有任何信息涉及。《宜侯夨簋銘》無疑爲今天的西周史研究揭開了一片新天地。

《宜侯夨簋銘》所提供的歷史信息讓今人驚歎。

《宜侯夨簋銘》給我們的第一個驚奇是西周居然已經對蘇南地區行使了有效的行政管轄權。從武王伐紂到周公東征再到昭王南征，西周國力所及只在黄、淮之間。《宜侯夨簋銘》卻告訴今人一個事實：周康王對於江南就有過實質性的行政佈局。在《宜侯夨簋銘》出現之前，這種説法是難以想象的。目前學術界對《史記》“太伯奔吴説”表示懷疑，以爲所奔在寶雞一帶。我們認爲不要小看江南與中原地區的聯繫。例如中原紅銅原料大多來自江南，説明早在青銅時代，中原至少有一條聯繫中原與江南的通道。

《宜侯夨簋銘》給我們的第二個驚奇是西周初年居然有完備的國家行政圖、經濟地理圖和歷史地理圖。目前所見最早的地圖爲西漢人所作，《宜侯夨簋銘》説“王省武王、成王伐商圖，誕省東國圖”無不説明當時的確有地圖，該地圖有十分重要的實用性，而且有河流、邑居標識，並且與實際一致。這些圖保存於王國，地方政權也應有圖，不然分封宜侯夨時候，面對地圖指定的從哪到哪的界限規定就失去了意義。可見作爲中央集權的大一統周王朝的確在中華大地上建立起來，範圍包括黄河與長江兩大流域。

《宜侯夨簋銘》給我們的第三個驚奇是銘文包含了西周分封中關於土地、山川、人民、宗族和社會組織的難得的第一手資料。從川、林、宅、井的組合可以看出宜侯國的土地領屬性質；從“在宜王人十有七姓”“鄭七伯、厥廬千有五十夫”“宜庶人六百有六十夫”等記載中我們大致上可以看出宜侯國勞動力、宗族和社會管理情況。

《宜侯夨簋銘》給我們的第四個驚奇是自《史記》以來關於吴國政權的起源極有可能是錯誤的。歷史上的“太伯奔吴”極有可能不是吴文化的源頭。虞侯夨被改封爲宜侯才是東吴政治和文化興盛的關鍵。吴國的祖先可能不是吴太伯，而是虞侯夨。

（四）宜侯夨銘的禮學價值

《宜侯夨簋銘》的禮學價值在於記敘了西周“大封禮”的部分儀節。西周大封禮禮典不見於傳世文獻《儀禮》,《周禮》也只是零星的記敘;《宜侯夨簋銘》所提供的信息遠超之前的任何文獻。

《宜侯夨簋銘》在禮學上的第一個貢獻是記載了大封禮中的省圖儀節。《宜侯夨簋銘》受到書寫載體的限制，不可能完整地記敘大封禮儀式。不過《宜侯夨簋銘》在傳世文獻之外爲我們提供了十分寶貴的“省圖”儀注:“維四月，辰在丁未，王省珷王、成王伐商圖，誕省東國圖，王立於宜。入社，南嚮。”從這部分銘文可以看出，大封禮在王社中舉行。在正式頒布大封令之前，周王與獲封之侯有一個分析地圖的儀節，目的顯然是説明這次分封所應承擔的政治、經濟、軍事任務以及分封範圍等，這是傳世文獻不曾記載的。

《宜侯夨簋銘》在禮學上的第二個貢獻是證明了大封禮的“合衆”性質。“合衆”出自《周禮・大宗伯》:“大封之禮合衆也。”但如何合衆,《周禮》没有展開。銘文所説“賜在宜王人十有七姓。賜鄭七伯，厥盧千有五十夫。賜宜庶人六百有六十夫”不是簡單的賞賜官吏和人民，而是聚合這些官民成爲一個有軍事戰鬥能力、生活資料生産能力、文化創造能力和政治組織能力的諸侯國。在西周時期最重要的資源還是人力資源，受封諸侯必須具備控制這些民衆的能力。《宜侯夨簋銘》的賞賜官吏即《周禮》所説的“合衆”。郑玄注《周禮・大宗伯》“大封之禮合衆也”説:“正封疆溝塗之固，所以合聚其民。”贾公彦疏说:“知大封爲正封疆者，謂若諸侯相侵境界，民則隨地遷移者，則民庶不得合聚。今以兵往正之，則其民合聚，故云大封之禮合衆也。鄭兼言溝塗者，古境界皆有溝塗而樹之以爲阻固，則《封人》云‘爲畿封而樹之’者是也。”[①] 賈公彦所説只是大封禮的特殊情況，鄭玄所説是大封禮的一般情況。“合衆”即聚合人民，是大封禮的精髓所在。本銘中，周康王賞賜宜侯夨官吏和人民即是“合衆”最好的註解。

① 賈公彦:《周禮註疏》,《十三經註疏》，中華書局，1980年影印本，第760頁。

《宜侯夨簋銘》第三個禮學貢獻是重點記載了分封令中的賞賜部分。從銘文中可以看出，這篇分封令賞賜部分有三個類别：第一類賞賜是包括鬯、瓚、弓、矢在内的禮器，屬於文化資料；第二類則爲土地，包括山林、河流、宅邑和水井等，屬於生産和生活資料；第三類則爲人民，包括從事管理的官吏和從事生産和軍事鬥爭的人力資源。《宜侯夨簋銘》再次證明《左傳》等傳世文獻所記載的關於分封賞賜可信。

三、邢侯與作册麥的銘文創作

西周邢侯國即《左傳·僖公二十四年》富辰所説“凡、蔣、邢、茅、胙、祭，周公之胤”的邢國。與宜侯夨一樣，邢國初封於河内邢邱，著名的虎牢關即在境内，爲扼守中原的要隘。成王封周公庶子於此，大有深意。[①] 後改封，其國仍稱邢，其地相當於西漢時期趙國屬地襄國，在今邢臺境内。[②] 而遷封後的邢國軍事地位從拱衛成周變爲抗擊北戎，從《臣諫簋銘》“惟戎大出于軝，邢侯搏戎”的記載中我們還能看到遷封邢國的軍事意義。

邢國在西周歷史上一直承擔抗擊戎狄的任務，是連接北方燕國和東方齊、魯的戰略要地。直到周平王東遷之後，邢國還有大破北戎的戰績，見於《後漢書·西羌傳》。後來邢國受狄人侵犯，才被迫從邢臺遷移到夷義，其地在今山東聊城境内。封建邢國是西周王朝一項重要的舉措，邢國在西周歷史上起到重要作用。《詩經·齊風·碩人》載：“齊侯之子，衛侯之妻，東宫之妹，邢侯之姨。”可見齊、衛、邢三國關係至爲密切。

目前發現的西周邢國有銘青銅器有邢侯簋、麥尊、麥方彝、麥方盉、麥方鼎、邢侯夫人鼎（五件）、邢姜大宰巳簋、臣諫簋、叔趯父卣、日爲父癸爵、并簋、省命戈、玄鏐戈等。其中《邢侯簋銘》、麥四器銘、《臣諫簋銘》《叔趯父卣銘》都是西周銘文中的傑作，邢國貴族的銘文創作構

① 關於邢國始封之地，《説文》六篇下：“邢，周公子所封，地近河内懷。”《後漢書·郡國志》：“平臯有邢丘，故邢國，周公子所封。”鄒衡考察了成臯遺址發現最早的遺存不過西周晚期，得出成臯爲東周邢邱的結論。我們認爲從邢國始封到改封時間很短，因而留下的遺跡不多是有可能的。我們採用邢國遷封説，以爲邢國初封之地相當於今河南省温縣的邢邱，遷封之地相當於今河北省的邢臺。

② 關於邢國是否有改封，學術界依然有争論。劉節提出邢國有過改封（劉節：《古邢國考》，《禹貢》1935 年 4 卷 9 期），我們從劉節説。

成西周銘文史上絢爛的一頁。

（一）邢侯的銘文創作

邢侯簋 1921 年前後從河北邢臺中邱出土，爲英籍希臘人尤莫伐拉斯（Eumoforo Pulas）所得，此器後來捐獻給了大英博物館，今藏該館。[①]

《邢侯簋銘》八行六十八字，是中篇規模的銘文。然而該銘具有重要的歷史價值，它證明了傳世文獻所説西周分封周公之胤以及邢國之君爲周公之胤正確。同時記載了這次分封的具體情況，填補了傳世文獻關於邢國記載的不足。從本銘我們獲悉，這次分封令執行者爲榮伯和内史，賞賜的人民分别爲州、重、庸三類，這三類人組成邢國基本的人力資源。[②]

圖 3–2　邢侯簋銘[③]

隹三月，王命榮眔内史/曰：[③]“割井侯服。賜臣三/品：州人、重人、庸人。”拜/稽首，魯天子寏厥瀕/福，克奔走上下，帝無終命/于有周。追考，對不敢/墜，邵朕福盟，朕臣天子，/用典王命，作周公彝。[④]

從銘文“作周公彝”看，這篇銘文的作者顯然是第一代邢侯，是《麥方尊銘》中“用龏儀寧侯顯考于邢”的“顯考”；銘文所記爲邢侯初

① 傅振倫：《西周邢侯毁銘》，《文物春秋》1997 年 1 期。

② 也有人認爲邢侯簋銘記載的是邢侯入爲周王卿士的事件。我們認爲銘文中“侯”是外服諸侯，稱呼十分嚴格。畿外諸侯入王朝爲王官目前尚未發現稱侯的。毛公鼎毛公是諸侯，銘文在任命前稱毛伯，任命後稱毛公，其前任稱虢城公。

③ 此銘在解決“王若曰”時非常重要。此處王曰是對榮和内史説的，割邢侯服，馬承源以爲“分與邢侯官職”，我們認爲即分封邢侯，封侯在天子看來就是替天子守衛疆土，“藩屏周室”，是一種任務。即王口述任命，榮去安排，内史書寫册命文。“王若曰”恐怕是内史撰寫命書時候的套話：王這樣説到。

④ 馬承源：《商周青銅器銘文選》，第三册，文物出版社，1988 年，第 45 頁。

封，是一篇記載封侯事跡的銘文；此時周公已經故去，邢侯作周公彝是爲封地的宗廟製作祭祀周公的禮器。

在銘文創作技法上，《邢侯簋銘》也具有重要意義。《邢侯簋銘》是西周第一篇致力於作器目的敘述的銘文，開創了鋪陳作器目的一派的先河。《邢侯簋銘》對於周王的封侯令和賞賜物品的描述相對簡略，對作器目的敘述相對比較詳細：全銘六十八字，有四十四字用於敘述作器目的。從"拜稽首"以下可以分爲五層，"魯天子寐厥瀕福"爲一層，頌揚周天子賜予的巨大幸福；"克奔走上下，帝無終命于有周"爲第二層，邢侯祈禱自己子孫永遠享受世襲爲諸侯的政治待遇；"追考，對不敢墜"爲第三層，表示追思周公功績和美德，不敢有失；"邵朕福盟"爲第四層，以此器宣揚自己的幸福和榮耀；"朕臣天子，用典王命，作周公彝"爲第五層，表示用此器典藏周王這次封侯令，即《周禮》所說"大事書於宗彝"。

銘文撰寫的視角也很獨特。整篇銘文看似從邢侯角度敘述。但前一段："惟三月，王命榮眔内史曰：'轄井侯服，賜臣三品：州人、重人、庸人。'"卻是全能視角，似乎當周王與榮伯商量封邢侯大事時候，作者也在現場一樣。此爲史家筆法，與後一段作器目的私家敘述顯然不同。從這一句我們還能獲得啟發：西周册命的過程首先是周王向輔政大臣和内史下達口頭命令，然後内史撰寫成册封令。"賜臣三品"證明《太保簋銘》"貺六品"也是賞賜人民，同時證實《太保簋銘》所記也是分封事宜。

（二）作册麥的銘文創作

麥是西周邢國早期重要的屬臣，深得第二代邢侯信任。麥多次參加過邢國重大活動，并多次獲得過賞賜。爲了紀念這些榮耀，麥作有多件青銅器，著録在《西清古鑒》上就有著名的"麥氏四器"：麥尊、麥彝、麥鼎、麥盉。麥氏四器來源不明，[①] 其中麥鼎爲孫詒讓收藏，1959 年再由孫孟晉捐贈給浙江省博物館，保藏至今。[②] 其餘三器原藏清内府，後來麥盉流落到日本住友株式會社，今藏日本泉屋；而麥尊、麥彝至今下落不明。[③]

---

① 劉節：《麥氏四器考》，《浙江學報》1947 年 1 卷 1 期。

② 俞珊瑛：《浙江省博物館收藏的一批商周青銅器》，《中原文物》2012 年 3 期。

③ 楊文山：《西周青銅邢器"麥尊"通釋》，《邢臺師範高專學報（綜合版）》1997 年 4 期。

《麥方鼎銘》記載某年十一月，邢侯用饗酒禮招待作册麥，賞賜作册麥赤金的情況。[①]《麥方彝銘》記載某年八月乙亥這一天，邢侯在作册麥家再次讓麥享受了獻酒禮，并賞賜金。《麥盉銘》與《麥方彝蓋銘》記載的當爲同一件事情。在屬臣家中舉辦饗禮，文獻記載很難看到，可見作册麥深得邢侯信任。

《麥彝蓋銘》一篇三十七字，記載邢侯表彰有功官吏，在麥宫舉行獻酒禮。邢侯賞賜麥青銅金餅，麥用這些賞賜的金餅製作了寶器。邢侯親自到麥的住處來表彰官吏，可見麥多麼受邢侯寵信。

唯十／又一月／井侯／誕獻／于麥，麥／賜赤／金用／作鼎／用從／井侯／征事／用饗多／諸友。

圖3–3　麥方鼎銘

《麥盉銘》有銘三十字。在《麥彝蓋銘》中，邢侯八月到麥的住處表彰麥。在《麥方鼎銘》中，十一月又來一次。在本銘中，邢侯再次來到麥宫表彰麥，這些事實證明麥是邢侯倚重的寵臣。

井侯／光厥／使麥，／獻于／麥宫／侯賜／麥金，／作盉／用從／井侯／征事／用奔／走夙／夕獻／御事。

圖3–4　麥盉銘

① 按："獻"字，馬承源隸定爲從咼從口之字，讀若過，義爲步行。但麥彝蓋銘也兩用該字，只是没有口部。其中咼邢侯若視爲"過"字則講不通，故暫釋爲獻酢酬之"獻"。

《麥方彝銘》五行三十七字，器、蓋同銘。銘文記載某年八月乙亥日，邢侯表彰使節，再次到麥的住處給麥獻酒，并賞賜麥金餅。在“麥四器”中，有三篇記載的都是這一類榮耀，屬於紀事體銘文。這三篇銘文寫法中規中矩，是西周邢國留給後人寶貴的文化遺産。不過就銘文價值來看，四篇銘文最突出的當屬《麥方尊銘》。

在八月乙亥，辟井/侯光厥正使，獻[①]于/麥宫，賜金，用作尊/彝，用獻井侯，出入遅/令，孫孫子子其永寶。

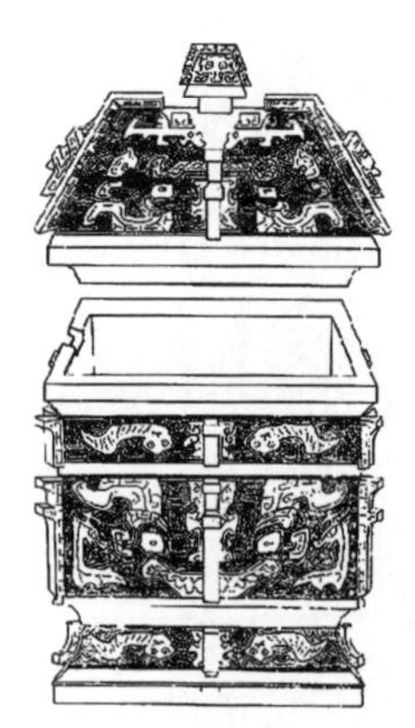

圖 3–5　麥方彝圖像和蓋銘

《麥方尊銘》就銘文内容看，在“麥四器銘”中成就最高。我們以馬承源釋文爲主，結合時賢和我們自己的研究成果，將麥方尊銘列如下：

王令辟邢侯出坯，侯于邢。雩若二月，侯見于宗周，亡尤。迨王/宛方京，酌祀。雩若翌日，在壁雍，王乘于舟，爲大豐。王射/大龏禽。侯乘于赤旂舟從。匓咸之日，王以侯内于寢。侯賜玄琱/戈。雩王在岸，已夕，侯賜諸𢦏臣二百家，儕用王乘車馬、金勒、冖/衣、市、舄。唯歸，揚天子休，告亡尤，用龏儀寧侯顯考于邢。[②]/侯作册麥賜金于辟侯。麥揚，用作寶尊彝，用鬲侯逆/受，揚明令。唯天子休于麥辟侯之年鑄。孫孫子子其/永亡終終，用受德，綏多友，享奔走令。[③]

① 銘文中“鬲于麥宫”“鬲井侯”之“鬲”，乃“獻”字初文，本銘中相當於經典中一獻之禮到九獻之禮的“獻”字。

② 進按：有學者讀爲“顯孝于邢侯”，今不從，因本銘在稱時任邢侯前必用修飾語“辟”字，稱辟邢侯、辟侯、侯，不稱“邢侯”。

③ 馬承源：《商周青銅器銘文選》，第三册，文物出版社，1988 年，第 46 頁。

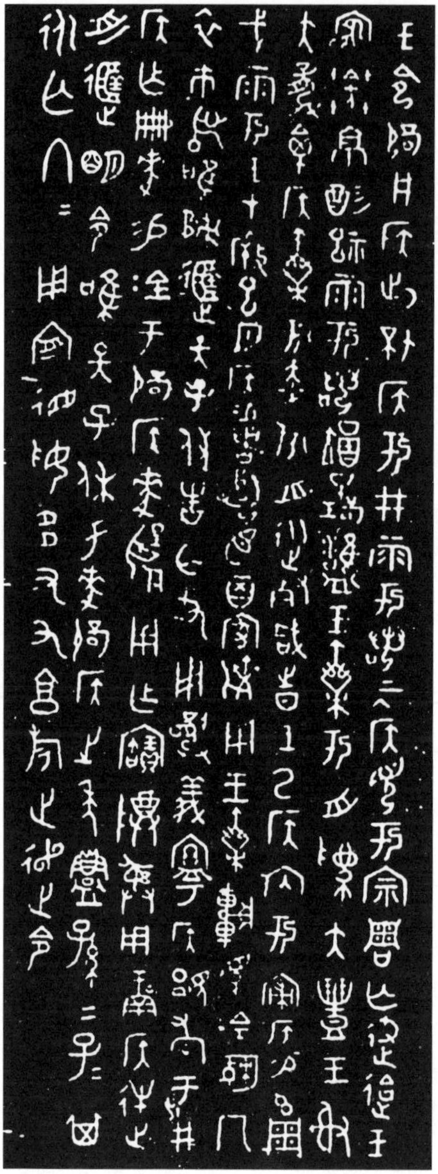

《麥方尊銘》是西周早期銘文的傑作之一，以邢侯之臣作册官麥的眼光爲視角，記敘了第二代邢侯接到康王之令，到宗周接受康王改封的全過程。[②]銘文寫作技巧高超，全篇一百六十餘字，既有層巒疊嶂，又有峰迴路轉。我們試用段落層次分析法作簡要分析。

全銘可分爲三部分：第一部分爲首句十個字，“王令辟邢侯出坯，侯于邢”是全銘所記載事件的總背景；第二部分起於“雩若二月”，止

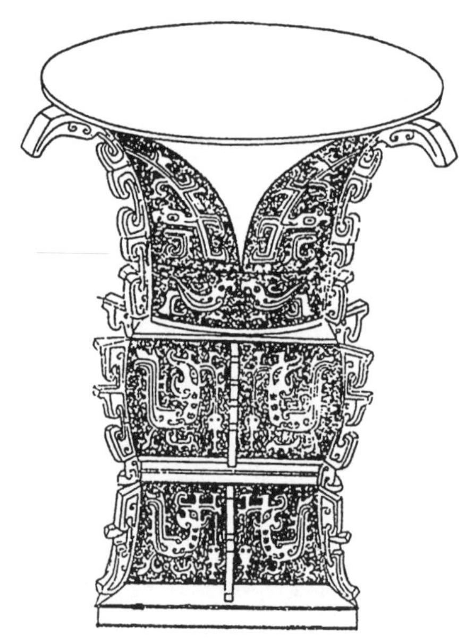

圖 3–6　麥方尊圖像摹畫和銘搨

① 吴鎮烽：《商周青銅器銘文暨圖像集成》，第 21 卷，上海古籍出版社，2012 年，第 313 頁 11820 器。

② 根據《宜侯夨簋銘》所記，宜侯夨改封，宜侯自己要到王朝首都接受周王當面册封。本銘没有這樣的記載。所記是改封之後邢侯到宗主覲見周康王述職的情形。這樣，本銘所記就是到宗周接受周康王册封後回到宗周述職再到遷封地的全過程。

於“用龏儀寧侯顯考于邢”，記敘邢侯到宗周覲見周王的一系列活動；第三部分從“侯作册麥賜金于辟侯”到銘末，記載邢侯覲見歸來後賞賜作册麥，作册麥因而作器。其中第二部分是全銘的主體，可分爲三層。“雩若二月，侯見于宗周，亡尤”爲第一層，簡介邢侯覲見周王情況，“亡尤”是重點，暗示邢侯改封後到宗周述職，獲得周王肯定，同時説明《覲禮》等傳世文獻所説諸侯覲見周王“待罪”説不虚。“迨王宛方京，酌祀”爲第二層，簡要記敘邢侯參加周王在方京的祭祀活動情況。從“雩若翌日”到“侯乘于赤旂舟從”爲第三層，重點記敘邢侯在辟（璧）雍參與周王一項“舟射禮”活動。“叙咸之日，王以侯内于寢。侯賜玄琱戈”和“雩王在厈，已夕，侯賜諸俎臣二百家。儕用王乘車馬、金勒、冖衣、市、舄”分别爲第四、第五層，記載周王兩次賞賜邢侯情況。“唯歸，揚天子休，告亡尤，用龏儀寧侯顯考于邢”爲第六層，記載邢侯歸國後告慰考廟情況。銘文僅僅第二部分所記載事件就有六個層次之多，可謂層巒疊嶂；其中“亡尤”與第一層的“亡尤”呼應，首尾一線貫穿，可謂峰迴路轉，同時證實《覲禮》等文獻諸侯歸來告寧於廟説不誤。銘文如果像許多其他銘文那樣僅僅只有相當於第三部分的内容，麥及其同時代人當然知道麥作器的背景；然而我們今天將無從獲悉從邢侯改封、邢侯覲見到作册麥受賞作器的豐富信息，西周重要的歷史事實將因此而湮没。

《麥方尊銘》具有很高的歷史認識價值。第一，證實西周邢國有過改封。傳世文獻關於西周邢國除了記載邢國爲周公庶子封國之外，没有提供更多的信息。本銘與《邢侯簋銘》一起，爲我們提供了寶貴的邢國早期的歷史資料。從“王令辟邢侯出伾，侯于邢”看，西周邢國有過改封，從地處大伾山附近的成皋改封到位於今天邢臺附近的邢地，從而解决了兩漢文獻所説邢國或在河内、或在趙之襄國的矛盾。[①]第二，證實西周邢國改封於第二代邢侯。從“寧侯顯考于邢”看，其考廟已經遷到邢地，可見這一次覲見周王是在邢侯遷移邢國、安頓好宗廟和部屬之後才到王朝去述職的；同時可見時侯非第一代邢侯，結合器形、銘文風格等因素看，時侯爲第二代邢侯。

《麥方尊銘》同樣具有很高的禮學價值。第一，銘文的主體記載的是

① 進按：至今仍有一些學者不認可本銘遷封説。

大覲禮，用生動的事實證實了《儀禮·覲禮》不虚，同時還補充了《覲禮》記載的缺漏，並且留下幾個值得思考的重要問題，如改封與覲見的關係；覲見與逌王宛方京的關係；覲見與“舟射”[①]的關係；邢侯兩次獲得周王賞賜的禮學背景等。第二，銘文所記不但證實了《儀禮·覲禮》所記不虚，還對覲禮、祓礼、射礼多有涉及，尤其是其中的“舟射禮”記載，豐富了我們對於西周王禮的認識。“會王宛方京，酻祀”涉及一種我們至今未能完全明白的宛祭禮。“雩若翌日，在璧雍，王乘于舟，爲大豐。王射大龏禽。侯乘于赤旂舟從”當爲宛祭禮的一個組成部分。這一部分被稱爲“大禮”，可見即使作爲宛祭禮的一個部分，其禮儀形式也十分隆重。銘文重點記載了一次“舟射禮”活動，關於這種“舟射禮”的性質，至今仍然是個謎。第三，豐富了人們關於大封之禮的認識。《宜侯夨簋銘》記載宜侯夨分封所賜禮器、人民、土地是放在一起記敘的，容易造成這些賞賜是一次性完成的假象。根據本銘，以上賞賜是分開執行的，時間、地點各不相同。可見大封之禮是一個十分複雜的過程。第四，從本銘看，傳世文獻所説的“射爲諸侯”是有可能的。邢侯在獲得賞賜之前參加了系列祭祀活動，其中重點活動就是參加周康王的“舟射禮”。第五，從“唯歸，揚天子休，告亡尤，用龏儀寧侯顯考于邢”看，歸來告廟儀式十分莊嚴肅穆，我們從“用龏儀寧侯顯考于邢”可以想象諸侯告廟禮儀式的複雜性。

由於《詩經》中没有《邢風》，關於西周邢國的歷史文化流傳下來的特别稀少。麥用自己的銘文創作爲後世了解西周邢國留下寶貴的第一手資料，尤其是《麥方尊銘》，歷史價值和文學價值都非常高，是西周紀事體銘文的典範，是西周早期銘文中的傑作。

四、叔趯父的銘文創作

1978年3月，河北省元氏縣西張村村民在村東霸王崗取土時發現一處西周墓葬，出土一批文物。其中一件臣諫簋、兩件叔趯父卣和一件叔趯父尊均有長篇銘文，卣有大小，和尊同銘，簋銘殘損嚴重，尊銘僅余18字。[②]根據李學勤、唐雲明意見，臣諫與叔趯父爲同一人，諫爲名而叔

① 傳世文獻稱射禮有稱大射禮的，也有稱澤射禮的，然而銘文所見射禮不同於傳世文獻所記載的以上二禮，我們姑且稱之爲“舟射禮”。

② 唐雲明：《河北元氏縣西張村的西周遺址和墓地》，《考古》1979年1期。

趯父爲字，今有雙音節次勸諫，可見勸、諫義近。[①]《臣諫簋銘》和《叔趯父卣蓋銘》器主身份的破解揭開了西周邢國歷史絢麗的一頁，這兩篇銘文作品奠定了臣諫在銘文史上優秀作家的地位。從兩篇銘文我們可以看出，邢國是周王抵禦北戎的中堅力量。邢侯在西周抗擊北戎入侵戰役中處於總指揮地位，可以指揮軝國的軍隊，從而證實西周的確有"方伯"作爲地區領導者，在西周王權政令和軍事活動的實施中起關鍵作用。

《臣諫簋銘》有多位學者予以考釋，我們以李學勤、唐雲明釋文爲主，吸收其他學者的研究成果，并結合我們自己的研究，對臣谏簋銘作如下釋文。

隹戎大出軝，邢侯搏/戎，誕命臣谏以軝[②]亚/旅处于軝，迵[③]。/谏曰："拜手稽首，臣谏子[④]/亡，母弟引庸有長子，事[⑤]/余，弇皇辟侯命肄服。"作/朕文考宝尊，隹用祈[⑥]/康命于皇辟侯，匄眉壽[⑦]。

圖 3–7　臣諫簋銘

本銘記事技巧高超。銘文的核心部分是臣諫無子，不得不過繼了同母兄弟的長子作爲自己大宗的繼承人。

① 李學勤、唐雲明：《元氏青銅器與西周的邢國》，《考古》1979 年 1 期。

② "軝"字原搨模糊，我們根據西周銘文通例，"亞旅"前應爲一個地名修飾詞，如"西六師"、"殷八師"。模糊之處字跡與"邢"字相去甚遠，而與"軝"字接近，爲了銘文文章學意義的完整性，我們因此推測爲"軝"字。

③ "迵"字義爲聚集、匯合，從謝明文釋，見《中國國家博物館館刊》2014 年 3 期。"師搏伐"三字原搨字跡模糊，其中"伐"字尚殘存"戈"部，暫定爲"伐"；"師"與"搏"爲筆者根據文意推測。

④ "子"字原搨模糊，李學勤等推測爲"子"字，今從，見李學勤等：《元氏青銅器與西周的邢國》，《考古》1979 年 1 期。

⑤ "事"字原搨不清，沈長雲以爲，本句應讀爲"母弟引庸又長，子事余"，以"庸又長"爲平庸張狂，是臣諫向邢侯報告的自謙之語，沈說可備一說，見沈氏《元氏銅器銘文補說》，《邢臺歷史文化論叢》，河北人民出版社，1990 年，第 106~118 頁。

⑥ 原搨字跡模糊，不能辨認。此處我們以西周金文慣例推測爲"祈"字。

⑦ "眉壽"二字原搨片未搨出字跡，我們根據西周銘文慣例，推測此處應爲"眉壽"。

這件事情得到軝侯的確認，軝侯任命了這位過繼之子的職事。由於大宗有繼承人了，臣諫爲亡父製作禮器。這僅僅是一個家族的私人事件，利用邢侯搏伐北戎這個大背景作爲渲染，讓私人敘事成爲西周歷史宏大敘事的一個組成部分。而從邢侯搏戎、命臣諫率領軝國亞旅處於軝，不禁讓人聯想起關於方伯的傳説。邢侯顯然就是這種可以號令一方諸侯的方伯，傳世文獻中没有見過的軝國，顯然是這一方諸侯中的一員。銘文氣魄雄偉，落脚點卻十分堅實。銘文留下的“飛白”空間很大。例如臣諫之子爲什麼已亡盡？考慮到臣諫爲將軍，那麼，他的兒子們戰死沙場的可能性極大，同時反映出西周與北戎之間戰爭的殘酷，爲銘文宏大敘事添上一層哀傷的底色，其審美意蘊足以與《詩經》周公東征篇什媲美。

臣諫另一篇作品是《叔趯父卣銘》。叔趯父卣有大小兩件，銘文相同。

我們以唐雲明《河北元氏縣西張村的西周遺址和墓地》釋文爲基礎，結合時賢的研究成果，對《叔趯父卣蓋銘》作釋文如下。

叔趯父曰：余考，不/克御事。唯汝攸其敬/辥乃身，毋尚爲小子。余/更爲汝兹小鬱彝，汝其/用饗乃辟軝侯，逆㝭/出內使人。嗚呼！/攸，敬哉！兹小彝妹/吹，見余，唯用諆歔[①]汝。

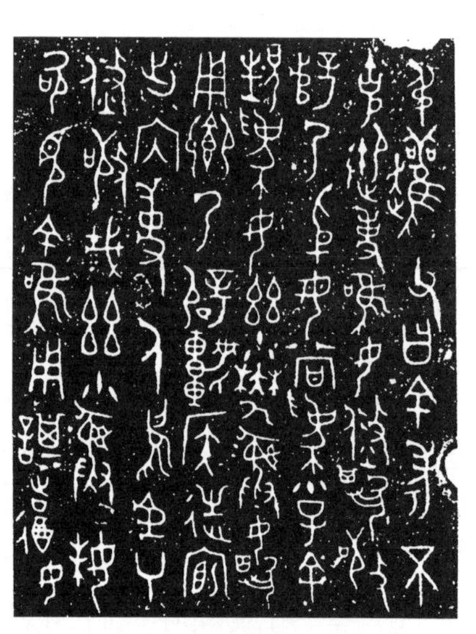

圖 3-8　叔趯父卣蓋銘

這是臣諫第二篇極具特色的銘作。在西周銘文主流體式紀事體之外，開創了西周銘文抒情體中的私人告誡體。與一般的作器銘志不同，本銘類似後世家訓，主要内容是告誡自己的繼子攸，[②]自己爲攸製作這兩件卣，希

① 該字從馬承源意釋，見《銘文選》第四册，第 61 頁。

② 沈長雲認爲引與攸一名一字，引、攸都有長義，名字相因，見沈長云《元氏銅器銘文補説》，《邢臺歷史文化論叢》，河北人民出版社，1990 年，第 106~118 頁。我們以爲此即告誡繼子攸。前篇臣諫簋記載繼子受軝侯任命；此處説乃辟軝侯，顯然攸即叔趯父的繼子。

望攸能夠敬業修身，成爲軝國稱職的好大夫。本篇銘文與前篇《臣諫簋銘》形成互文。《臣諫簋銘》説自己兒子死亡，母弟將自己的兒子過繼爲子，軝侯任命繼子以職事。本銘中，攸能夠饗軝侯，送迎出入使節，顯然繼子已經爲軝國大夫。而且叔趯父自己也自稱老了，可見《叔趯父卣銘》創作時間晚於《臣諫簋銘》至少十年以上，而且不像《臣諫簋銘》大氣磅礴，本銘在呢喃的親情中透露出一些暮色之氣。叔趯父流傳下來兩篇銘文，百字之内提供的信息遠遠超過了一般性的刻板銘文，篇篇都有獨創性，一再打破了銘文創作的模式，成爲西周最具獨創性的銘文作家之一。

第二節　南宫盂及其家族的銘文創作

清道光年間，岐山河岸崩，出三大鼎，其中兩鼎爲一個叫“盂”的西周官員所作，均有長篇銘文。銘文字體大者被稱爲“大盂鼎”，銘文字體小者被爲“小盂鼎”。其實小盂鼎形體反而大於大盂鼎。與小盂鼎相比，大盂鼎銘文可全部搨出，故又稱“全盂鼎”；又由於銘文自稱爲先祖南公作器，故又稱“南公鼎”。今大盂鼎完好保存於國家博物館，但小盂鼎失蹤於太平天國兵燹，幸賴晚清文人搨片傳世，小盂鼎銘文得以部分保存；第三鼎因收藏者密不示人，銘文不得而知，文獻從無著録，而器身竟也不知所終。[①]

西周初期的南公，根據《南宫乎鐘銘》稱“祖南公”，則南公即南宫氏之祖，即周初著名人物南宫括。傳世文獻記載有協助周文王復興并參與武王伐紂的南宫括，其次是在《尚書・顧命》中出現的南宫毛：“惟四月哉生魄，王不懌。甲子，王乃洮頮水，相被冕服，憑玉几。乃同召太保奭、芮伯、彤伯、畢公、衞侯、毛公、師氏、虎臣、百尹、御事……越翼日乙丑，王崩。太保命仲桓、南宫毛，俾爰齊侯吕伋以二干戈、虎賁百人逆子釗於南門之外。”[②] 由此可見，南宫毛此時地位在召公奭之下，也不及芮伯、彤伯、畢公、衞侯、毛公，非文武時期的南宫括，應爲南宫括的子輩。由於《大盂鼎銘》稱“祖南公”，那麽南宫盂當爲南宫毛

① 方濬益：《綴遺齋彝器考釋》卷三，商務印書館，1935年，第25~33頁。
② 劉起釪：《尚書校釋譯論》，中華書局，2005年，第4册，第1712~1738頁。

的子侄輩。我們傾向於南宫毛即南宫盂的父親南伯，南宫毛不稱公而稱伯，因去世時爲大夫級。南伯未世襲南宫括爵位就去世了，因而南宫盂作《小盂鼎銘》稱“用作南伯寶尊彝”。近年湖北隨州葉家山墓地出土曾侯諸器銘顯示，南宫括一脈比較顯赫的有兩支：一支留在王朝，世襲南宫括爵位，世爲王官，就是南宫盂這一支；另外一支被分封在曾國，世爲曾侯，一直延續到春秋時期爲楚國所滅。南宫盂這一支後來還出現了南宫乎、南宫柳等王官。我們以南宫盂爲中心，將南宫盂這一支的銘文創作放在本節論述。曾侯一支的銘文創作水平到春秋時期才進入成熟期，我們將在《春秋銘文史》中予以重點討論。本節重點分析南宫盂這一支在西周時期創作的銘文。

到目前爲止，已經發現南宫盂創作的四篇銘文，即一爵銘、一卣銘、二鼎銘。其中爵銘和卣銘篇幅不長，《盂爵銘》二十一字：“隹王初桒于/成周，王令盂/寧鄧伯，賓/貝。用乍父寶尊彝。”[①]《盂爵銘》記載的是一次聘問禮活動。盂受周康王委派，安撫鄧國國君，鄧國國君贈送南宫盂儐貝，南宫盂因此作祭祀父考禮器。從“唯王初桒于成周”看，事情發生在周康王早期。活動性質相當於《周禮·大宗伯》賓禮中“时聘曰问”的聘禮，問即問安，即銘文中的寧。銘文書法狂放，其中尊彝的彝字還錯位到第三行末，而“作父寶尊彝”中，父後漏了父的日名，與《盂卣銘》相比較，當少了父丁之丁字。

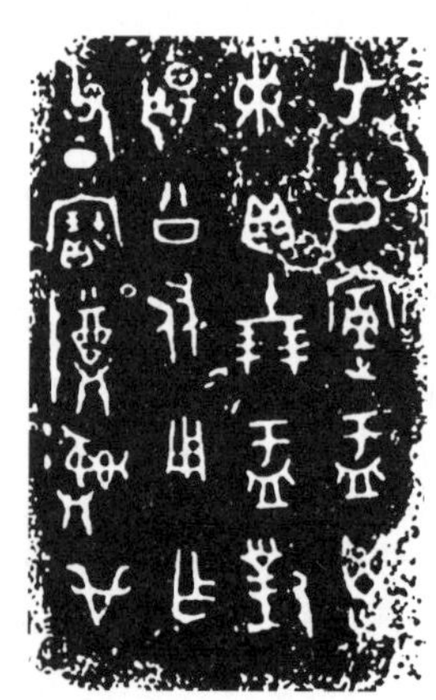

圖 3–9　盂爵銘和盂卣蓋銘、器銘

① 馬承源：《商周青銅器銘文選》，第三册，文物出版社，1988 年，第 44 頁。

《盂卣蓋銘》只有三字："作旅卣。"包含的信息不多，此處不展開討論。

《盂卣器銘》二十二字："兮公寷盂鬯、/束、貝十朋。盂對/揚公休。用乍/父丁寶尊彝。"根據兮公賞賜物品我們可以判斷，《盂卣銘》和《盂爵銘》内容相似，也是賓禮中慰勞賓客之禮。① 所記爲盂在青年時期受康王派遣，出使兮國獲儐物的情況。相比這兩篇銘文，《大盂鼎銘》和《小盂鼎銘》屬於長篇巨制，是西周初期銘文中的巔峰之作，南宫盂也憑藉這兩篇銘文躋身西周傑出的銘文作家之列。

南宫盂是康王時期重要的政治人物，除了大、小盂鼎銘記載了他顯赫的政治地位和卓越的軍事才能外，他同時代人柞伯所作的《柞伯簋銘》也記載了南宫盂在王朝的活動情況。20世紀末在河南平頂山應國墓地M242號墓出土一件帶銘柞伯簋，《柞伯簋銘》有銘文"王令南宫帥王多士。"銘文"南宫"就是南宫盂。

一、大盂鼎銘

大盂鼎出土後爲縣令周某據爲己有，後爲左宗棠購得，轉贈潘祖蔭。1951年潘氏後人捐獻給國家，藏上海博物館。②1959年爲中國歷史博物館收藏。器通高101.9公分，内壁銘文十九行二百八十六字，合文五字，共二百九十一字。③

大盂鼎保存狀況良好，銘文相對清晰。今以《殷周金文集成釋文》爲主，綜合先賢和時賢研究成果以及我們自己的研究心得，對大盂鼎銘文作如下釋文。

隹九月，王在宗周，命盂。王若曰："盂！丕顯/玟王受天有大命；在珷王嗣玟作邦，闢/厥慝，匍有四方，畯正厥民。在雩御事，䱷/酒無敢醮，有祡蒸祀無敢酣，故天翼臨/子，灋保先王，匍④有四方。我聞殷墜命，隹/殷邊侯甸雩殷正百辟率肄于酒，故喪/師已。汝妹辰有大服，余隹即朕小學，汝/勿剋余乃辟一人。今我隹即型亩于玟王/正德，若玟

① 馬承源：《商周青銅器銘文選》，第三册，文物出版社，1988年，第44頁注釋一。
② 陈梦家：《西周銅器斷代》，中華書局，2004年，第101頁。
③ 王世民等：《西周青銅器分期斷代研究》，文物出版社，1999年，第26頁。
④ "匍"字原搨模糊，根據殘留輪廓看，與"匍"字更近。

王命二三正。今余隹命汝盂/召榮，敬雍德巠，敏朝夕入諫，享奔走，畏/天畏。”王曰：“須[①]！命汝盂，型乃嗣祖南公。”王/曰：“盂，乃召夾死司戎，敏枤罰訟，夙夕召/我一人烝四方。雩我其遹眚先王受民受/疆土，賜汝鬯一卣，冂、衣、市、舄、車、馬。賜乃/祖南公旂，用狩。賜汝邦司四伯，人鬲自/御至于庶人六百又五十又九夫。賜夷司王/臣十又三伯，人鬲千又五十夫。𢓊戜[②]遷戜自/厥土。”王曰：“盂！若敬乃正，勿廢朕命。”盂用/對揚王休。用作祖南公寶鼎。唯王廿又三祀。[③]

圖 3–10　大盂鼎銘

① 進按："須"字，諸家或釋爲於、烏、示，或以爲不識字，唐蘭釋爲"而"，金文"而"則爲"須"字初文。《殷周金文集成（修訂增補本）》從之。從文氣看，該字爲虛詞，須、於、烏均可作句首語氣詞。

② 進按：字上從宀，下從戜字，諸家均未釋出。或與戜同，《玉篇・戈部》："戜，國名也，在三苗東。"蓋即古戜國之"戜"。然盂所封在畿內，不當在三苗東，只是地名相同而已，戜當即在二盂鼎出土地岐山一帶。

③ 中國社會科學院考古研究所：《殷周金文集成釋文》，第二卷，香港中文大學出版社，2001 年，第 411 頁。

（一）大盂鼎銘的歷史價值

《大盂鼎銘》是西周初年第一篇近三百字的長銘，銘文包含了極其重要的歷史信息，彌補了傳世文獻關於西周康王時期歷史的許多不足。《大盂鼎銘》透露出西周康、昭兩朝重臣南宫盂的重要信息，填補了歷史文獻的空白。

第一，銘文揭示了南宫盂的世家貴族身份。銘文顯示，盂即南宫盂，世襲了武王時期著名政治家南宫括的爵位。從“型乃嗣祖南公”和“賜乃祖南公旂，用狩”看，盂是西周初年著名政治家南宫括的孫子。本銘中“南公”出現了三次，一次是“型乃嗣祖南公”，另一次是“賜乃祖南公旂，用狩”，第三次是“用作祖南公寶鼎”，可見盂是南公的嫡孫。西周初年的南公是誰？1979 年，陝西扶風縣豹子溝出土南宫乎鐘，存銘文六十七字，收入《集成》，爲 00181 器。器主自稱“南宫乎”，則南宫爲氏；稱先祖爲“南公”，則“南公”也以“南宫”爲氏。這個南宫氏的南公是誰？《尚书·君奭》有“惟文王尚克修和我有夏，亦惟有若虢叔，有若闳夭、有若散宜生、有若泰颠、有若南宫括。”《墨子·尚賢》篇說：“武王有閎夭、泰顛、南宫括、散宜生而天下和。”《史記·周本紀》記載武王伐商“命南宫括散鹿臺之財。”南宫括又寫作南宫適。《國語·晉語四》云：“文王詢於八虞而咨於二虢，度於閎夭而謀於南宫。”韋注：“南宫，南宫適。”由此可見“祖南公”是輔佐武王伐商的重要功臣，怪不得周康王要在任命南宫盂的時候要説“型乃嗣祖南公”了。結合《南宫乎鐘銘》，我們可以得出這樣的結論：盂即南宫盂，是西周文、武時期重要政治家南宫括的孫子，在周康王二十三年世襲南宫括的爵位，并被周康王任命爲輔政大臣，賞賜了采邑。兩年以後，南宫盂率領多士征討入侵的鬼方，取得重大戰果。反映這次重大戰役的銘文爲《小盂鼎銘》。我們還可以從康王時期的《柞伯簋銘》中看到他的身影：“唯八月辰在庚申，王大射在周，王令南宫率王多士……”銘文中的這個南宫當爲南宫盂。根據“夏商周斷代工程”的初步成果，周康王在位二十六年，即在南宫盂取得伐鬼方重大勝利後的第二年去世，那麼南宫盂一定在昭王朝繼續擔任重要職務。湖北隨州葉家山墓地 M111 出土的《曾侯犺方簋銘》稱南公爲“父考”，而曾侯犺爲周康王時期人，則此人爲南宫盂的伯父或叔父，比南宫盂長一輩。可見南宫盂在康王時當年富力強，非耄耋之人，完全有可能活躍在周昭王時代。結合《大盂鼎銘》和《曾侯犺方簋銘》我們不難發現類似於周公和召公後裔，南宫括後裔中的一支留在宗周擔任王朝要職，有自己的封地，相當於畿内諸侯；另外一支則被分封爲曾侯，爲畿外諸侯。[①] 根據"安州六器"的《中方鼎銘》"唯王命南宫伐反虎方之年"記載，南宫盂曾經在周昭王十八年率領王朝聯軍鎮壓過南方的虎方；而南宫伐虎方之事也爲2000年在晉侯墓地M114出土的《晉侯鼤甗銘》所證實。[②]由於周昭王南征失敗，一代政治家南宫盂的生命和政治活動到此終結。昭王南征的決策存在重大失誤，作爲昭王朝重要官員的南宫盂也難辭其咎，從功臣到罪人也就間隔一個漢水之役。南宫盂從前建立的功業後人也就鮮有提及，這就是傳世文獻難見南宫盂的原因之一吧。

第二，銘文顯示，南宫盂被任命爲康王朝執掌軍政大權的重臣。銘文顯示盂深受康王信任，擔任的是康王朝最重要的軍政要職。從"汝妹辰有大服，余唯即朕小學，汝勿剋余乃辟一人"看，這是一次重大任命。[③] 銘

① 黄鳳春、胡剛：《説西周金文中的"南公"——兼論隨州葉家山西周曾國墓地的族屬》，《江漢考古》2014年2期；《再説西周金文中的"南公"——二論葉家山西周曾國墓地的族屬》，《江漢考古》2014年5期。

② 孫慶偉：《從新出鼤甗銘看昭王南征與晉侯燮父》，《文物》2007年1期。

③ 進按："汝妹辰有大服，余唯即朕小學，汝勿剋余乃辟一人"三句，學者們的意見分歧很大。妹辰，清人吴大澂以爲"昧晨"，即傳世文獻中的昧爽，乃早晨日始出尚有昏昧。見吴大澂：《愙齋集古録》，1930年涵芬樓影印本，第四册，第16頁。此爲確詁，強運開、唐蘭、馬承源等從之。然對"昧爽"詞義的使用又有分歧，郭沫若雖從之釋"昧"，卻採納昧爽的比喻義，以妹辰爲"早年童蒙無知時期"，説整句的意思爲"你早年繼承了重要職務（盂的父親去世早），我讓你到我的小學受教育"。見郭沫若：《兩周金文辭大系圖録考釋》，科學出版社1058年，第34頁。陳夢家從之説，但此説難通。至於朱英以妹辰爲妹農，釋爲勉力，李平心以妹辰爲"妹邦"，文字學根據不足，距離銘文本義甚遠。見平心：《大盂鼎銘"女妹辰又大服"解》，《中華文史論叢》第五輯，上海古籍出版社，1964年。唐蘭等用"昧爽"本義，以"汝妹辰有大服"爲"你早上要輔佐大事"，已經接近銘文本義，只是將"有大服"之"有"釋爲輔佐，尚有欠缺；見唐蘭：《西周青銅器銘文分代史徵》，中華書局，1985年，第175頁。馬承源以爲此句相當於"你受顯要職官於昧旦之時"，最接近銘文本義，今從之。見馬承源：《商周青銅器銘文選》第三册，文物出版社，1988年，第39頁。"余惟即朕小學"中，郭沫若首倡"入貴胄小學深造"，後如陳夢家、馬承源、李學勤等多有從之者。高明《中國古文字學通論》聯繫到《師𩛥簋銘》"在昔先王小學汝，汝敏可使"，以"學"爲"教"。見高明：《中國古文字學通論》，北京大學出版社，1996年，第379頁。上古"教""學"二字爲一，此句"小學"即"小教"，乃是帝王自稱"教導"的謙虚説法。《禮記・檀弓》："叔仲皮學子柳"，鄭玄注：" 學，教也。"即叔仲皮教訓兒子子柳學禮。"余唯即朕小學"之"余"爲主語，"即"爲謂語，"朕小學"爲賓語，"我的教導"。"即"的本義是靠近，在這裏相當於"就此機會"。全句的意思爲："我就此機會對你作簡要的教導。"

文中，周康王任命南宫盂繼任榮氏的職位，在康王身邊輔佐康王處理日常行政工作。

“汝勿剋余乃辟一人”之“剋”隸定不一定正確，但該字的意思相當於“辜負”是可以推測出來的。全句的意思是：“你早晨將擔任重要職務，我就此機會發佈我對你的簡要教導，你不要辜負我。”由此可見，盂的“大服”不是指早年繼承祖父南公的爵位，而是周康王即將公佈的重要任命，任命南宫盂擔任重要職務。

從“召榮敬雍德巠”與“召夾死司戎”看，盂集軍政大權於一身。“召”即紹，即接手事務。唐蘭讀爲“紹”，從《爾雅》和《説文》説，釋紹爲繼承。[①]“召榮”與“夾”中的榮、夾，郭沫若《兩周金文辭大系圖録考釋》以爲均爲人名，此説爲許多學者所接受；關於榮和夾，我們從郭沫若説，以爲是盂的前任。關於“召”字，前兩個召字我們從唐蘭説，以爲意義相當於《毛公鼎銘》中“更郭成公服”之“更”，周康王通過這次任命，讓盂一身兼領榮的内政職官和夾的外政職官。銘文中關於“召榮”一節説：“召榮敬雍德巠，敏朝夕入諫，享奔走，畏天畏。”其中“敬雍德巠”“畏天威”顯然是最高層次的“坐而論道”；“敏朝夕入諫”透露出盂將成爲康王身邊寵臣的信息；“享奔走”即廟享之時奔走助祭如《詩經·周頌·清廟》“駿奔走在廟”。[②]如果拿《周禮》職官比照，盂這一職能相當於大宰職官的“及納享，贊王牲事。及祀之日，贊玉幣爵之事。祀大神示亦如之。享先王亦如之。”在“召夾”一節，銘文“召夾死司戎，敏勑罰訟，夙夕召我一人烝四方”顯然是關於“國防”與軍隊治理方面的職能。如果拿《周禮》職官比照，盂相當於大司馬這一職官。由此可見，盂集軍權、政權於一身。

“司戎”相當於今天的國防，負責對外軍事鬥争工作。“戎”在西周銘文中指非周民族的其他民族：

唯戎大出軧，邢侯搏戎。(《臣諫簋銘》)

虢中至，辛酉専戎。柞白執訊二夫，獲馘十人。(《柞伯鼎銘》)

---

① 唐蘭：《西周青銅器銘文分代史徵》，中華書局，1985年，第176頁。
② 秦永龍：《西周金文選注》，北京師範大學出版社，1992年，第34頁。

王命毛公以邦冢君、徒御、𢦚人伐東國𤞷戎。(《班簋銘》)

戎伐𨥦，𢦏率有司、師氏奔追御戎于𣐺林(《𢦏簋銘》)

𢦏曰："王用肇使乃子𢦏率虎臣御淮戎。"(《𢦏方鼎銘》)

唯十月，用嚴狁放興，廣伐京師，告追于王。命武公遣乃元士羞追于京師，武公命多友率公車羞追于京師，癸未，戎伐郇，衣孚。(《多友鼎銘》)

𩁹方、玁狁廣伐西俞，王命我羞追于西，余來歸獻禽，余命汝御追于䂂，汝以我車宕伐玁狁于高陵，汝多折首執訊，戎大同，從追汝，汝及戎大敦搏(《不其簋蓋銘》)

用建于兹外土，遹司蠻夷戎，用幹不廷方。(《戎生編鐘銘》)

𤞤狁出捷于井阿，于歷𡽽，汝不𣪕戎，汝光長父以追博戎(《四十二年逨鼎乙銘》)

第三例中，東方徐偃王的部族被稱爲"𤞷戎"；第五例中，淮夷被稱爲"淮戎"；第六例中，玁狁被稱爲"戎"；第七例中，御方、玁狁也被稱爲"戎"。可見，"戎"在西周語境中指的就是非周人的"少數民族"，此句與"夙夕紹我一人烝四方"呼應。"烝四方"而不是"烝天下"，四方強調的是四邊，即周邊的國防。紹夾，當爲繼任夾的"司戎"職務。"雩我其遹眚先王受民受疆土"即我將去巡視疆土和人民，西周銘文有三次用"遹眚"，一個是《晉侯蘇編鐘銘》，一個是周厲王《㝬鐘銘》，都與軍事鬥爭有關。"其"是一個語氣詞，可見尚未進行"遹眚"的行動。由此可見周康王任命盂爲"司戎"是爲了開展保衛邊疆的軍事鬥爭。果然，兩年以後，有了《小盂鼎銘》所記載一次大捷。"受民受疆土"不是授給盂人民和疆土，而是先王（成王）所控制的人民與土地。"賜乃祖南公旂，用狩"也就在邏輯上連接起來。旂載於車上，作爲標誌以指揮軍隊。據此看，盂當繼承了其祖南公的爵位。

（二）大盂鼎銘的禮學價值

大盂鼎銘文爲西周分封禮提供了一個典型案例。首先，銘文記載了一個畿内諸侯分封的具體數據，爲今天了解西周畿内諸侯分封提供了寶貴資料。周康王所賜鬯一卣爲祭祀用禮物；冖、衣、市、舄四物爲禮服；車、馬、南公旂爲禮器；邦司四伯、夷司王臣十又三伯以及邦司人鬲自御至於庶人六百又五十又九夫、夷司人鬲千又五十夫則爲賜人民；“祉戠遷自厥土”則爲賜土地。賞賜帥旂，此旂爲盂的祖父南公所有，目的是巡守，此旂具有象徵意義，一是相當於南公的爵位和權力，二是一種職位。賞賜土地和人民，顯然爲一方之君，而根據銘文，周康王任命南宫盂爲王官，在王朝任職，那麼南宫盂不爲畿外諸侯，而是畿内諸侯，銘文提供的當爲畿内諸侯受封案例。從南宫盂封地人民的結構看，可分爲兩類。一類爲邦人，另一人爲夷人。邦人即周人，夷人即周之外臣服周的人，以殷人爲主。邦人六百五十九夫，夷人一千零五十夫，二者比例近于二比三，即夷人多、周人少。從“祉戠遷自厥土”看，邦人即戠地邦人，而夷人需要從外地遷入。由此可見周康王依然沿用武王、成王將周人、殷人混編的政策，分化、分割殷商遺民，以便控制和利用。南宫盂封地總人口除了六百五十九個邦司人鬲、一千零五十個夷人人鬲外，加上四邦司、十三夷司，一共一千七百二十六户。當然這不是南宫盂封地的全部人口。人鬲非人口單位，而夫爲人鬲單位。根據《周禮·遂人》，“上地夫一廛，田百畮，萊五十畮，餘夫亦如之。”[①] 可見夫既包括成家的男性勞動力，也包括一個家庭中已經成年但没有成家的勞動力。前者爲一家之主，後者稱爲“餘夫”，可見夫爲成年勞動力之量詞，單位比家小一些。人鬲一千七百零九人，規模相當於後世的千户侯。由於西周人口遠遠低於春秋戰國時代，千户可以算作不小的社會政治實體了。

我們不妨與《宜侯夨簋銘》所記畿外諸侯分封人民數量做一個比較。《宜侯夨簋銘》載：“賜在宜王人十有七姓。賜鄭七伯，厥廬千有五十夫。賜宜庶人六百有六十夫。”其中“王人”即《大盂鼎銘》所説邦司四伯以下，“十有七姓”即十七族，《周禮·大司徒》載：“令五家爲比，使之相保。五比爲閭，使之相受。四閭爲族，使之相葬。五族爲黨，使之相救。五黨爲州，使之相賙。五州爲鄉，使之相賓。”[②]《周禮·小司徒》説“五人爲伍，五伍爲兩，四兩爲卒，五卒爲旅，五旅爲師，五師爲軍，以起軍旅，以作田役，以比追胥，以令貢賦。”[③] 可見居民組織的族與軍事組織的卒對應，都是以百夫爲基數。宜侯夨獲得賞賜的人民中，王人十七姓

① 賈公彦：《周禮註疏》，《十三經註疏》，中華書局，1980年影印本，第740頁。
② 賈公彦：《周禮註疏》，《十三經註疏》，中華書局，1980年影印本，第707頁。
③ 賈公彦：《周禮註疏》，《十三經註疏》，中華書局，1980年影印本，第711頁。

則爲一千七百夫，加上鄭七伯管轄的一千零五十夫，以及庶人六百六十夫，宜侯夨總共獲得三千四百一十夫賞賜，數量比南宫盂多一倍。值得注意的是，宜侯夨所獲賞賜人民有兩類在數量上與南宫盂是一致的。南宫盂獲得的邦司人鬲六百五十九夫，宜侯夨獲得的在宜庶人六百六十夫，只比南宫盂多一夫；南宫括獲得的夷司人鬲千有五十夫，而宜侯夨獲得鄭廬千有五十夫，數量完全一致，這是不是一種巧合？顯然不是巧合。

由以上分析可見，畿内諸侯分封規模雖然小於畿外諸侯，所少的在於人民的數量，畿内諸侯人民數量相當於畿外諸侯的二分之一，兩者本質上看不出差别。

關於南宫盂封地的社會組織，我們可以從銘文中看出端倪。在“邦司四伯，人鬲自御至於庶人六百又五十又九夫”中，邦司四伯顯然是管理者，管理者與被管理者的比例 1 : 165 ；而夷司王臣十三伯管理人鬲千又五十夫，比例大略爲 1 : 81，邦司和夷司王臣平均所管轄人鬲大約 1 : 100，由此可見，邦司、夷司相當於百夫長。與此相比，邦之人鬲超過六卒而邦伯爲四，其建制當爲四卒，每卒轄一百六十余夫；夷司王臣十三人，當爲十三個卒，每卒轄八十一夫。可見邦司所轄是夷司的一倍，邦司建制大於夷司，類似於現代的“加強連”。這個建制顯然是爲了提高周人相同單位對於殷人的绝對壓制力。我們認爲一定要與《小盂鼎銘》聯繫起來看，邦司四伯，即《小盂鼎銘》中的明伯、繼伯等，或許還有費伯。這樣，兩銘貫通，有利於理解銘文的重要價值。

通過以上分析，我們對於西周“大封之禮”的人民組成結構和規模有了比較清晰的認識，古老的西周大封禮因《大盂鼎銘》而露出了冰山一角。

（三）大盂鼎銘的文學價值

《大盂鼎銘》從文章學角度看可以分爲三段，第一段和第三非常簡略。第一段即首句“唯九月，王在宗周，命盂。”簡敘時間、地點、事件三要素。不過時間記敘依然保持晚商銘文篇首紀月、篇末紀年的方式，表明大盂鼎銘年代不晚，在西周初期。第三段即“盂用對揚王休，用作祖南公寶鼎，唯王廿又三祀。”記敘作器目的和時間。“唯王廿又三祀”，補敘時間。第二段爲主體部分，記載了周康王對南宫盂的訓令。

《大盂鼎銘》第一次在主體部分用記言體寫作，開創了記言體銘文先河。第二段是銘文的主體部分，記敘了周康王的訓令。包括一個“王若曰”、三個“王曰”。我們根據先賢、時賢的研究成果就第二段中難理解的句子作簡單分析。這一段又分爲四層。

第一層即“王若曰”部分，是周康王對南宫盂的第一項訓令。“盂！丕顯玟王受天有大命；在珷王嗣玟作邦，闢厥慝，匍有四方，畯正厥民”這是回顧歷史，不僅僅強調周文王、周武王的豐功偉績，也在強調“周命天授”的意識形態觀念，此後多篇銘文採用了這種歷史溯源寫法。“在雩御事，䖒酒無敢醺，有紫蒸祀無敢酣，故天翼臨子，灋保先王，奄有四方。”也是總結歷史經驗，特别強調輔佐文王、武王的大臣們不敢沉湎於酒，這是因爲即將任命南宫盂爲輔政大臣，並且即將世襲南宫括的爵位；“在雩御事”中當然包括了南宫盂的先祖南宫括。“我聞殷墜命，惟殷邊侯甸雩殷正内辟率肄于酒，故喪師已”與前“在雩御事”形成鮮明的對比，回顧歷史，一成一敗的原因一目了然，與《尚書·酒誥》精神一脈相承。由此可見周康王對南宫盂的重視，同時顯示南宫盂即將擔任的職務之重要。“汝妹辰有大服，余唯即朕小學，汝勿剋余乃辟一人。今我惟即型亩於玟王正德，若玟王命二三正。今余唯命汝盂紹榮，敬雍德巠，敏朝夕入諫，享奔走，畏天畏”是第一項訓令的重點部分，核心是繼任榮伯的職位，要求是“敬雍德巠，敏朝夕入諫，享奔走，畏天畏”；“今我唯即型亩於玟王正德，若玟王命二三正”則包含了周康王自己向文王、武王學習和要求南宫盂向二、三正學習的意思。

第二層爲第一個“王曰”，也是第二項訓令。“須！命汝盂型乃嗣祖南公”比較簡短，包含了命令南宫盂世襲南宫括爵位和采邑的意思；當然也包含了要南宫盂以先祖南宫括爲榜樣的意思。由於受銘文體制限制，關於繼承南宫括品質、讚揚南宫括功績部分的訓辭銘文没有記録下來。

第三層是第二個“王曰”，包括兩項内容，一是南宫盂的第二個職務任命；二是賞賜南宫盂禮器和人民。“盂！乃紹夾死司戎，敏敕罰訟，夙夕紹我一人烝四方。”第一個“紹”是繼任的意思，如果理解成“輔助”與“死司戎”衝突；死即尸，尸即主，“死司戎”即主司戎，而輔佐不得爲“主司”。第二個“紹”則爲輔佐。[①] 南宫盂“司戎”相當於大司馬職務。第二項内容以“雩我其遹眚先王受民受疆土”起領，也是説遵循先王封建制度。關於賞賜的禮器，第一次有了成系統的記載：“賜汝鬯一卣，冖、衣、市、舄、車、馬。”包括祭祀用的鬱鬯、服飾和交通用具，這是後世册命銘文的常規賞賜。“賜乃祖南公旂，用狩。”則不多見，顯示這次賞賜包括了賞賜世襲爵位資格的内容。而“賜汝邦司四伯，人鬲自御至於庶人六百又五十又九夫。賜夷司王臣十又三伯，人鬲千又五十夫。𢓊戔遷自厥土”與宜侯夨簋銘封侯賞賜相似。所授予之民一千七百零九户，[②] 所授予官員十九人；所授予的土地即“𢓊戔遷自厥土”之戔。

第四層即第三個“王曰”，内容非常簡略，“盂！若敬乃正，勿廢朕命。”只有三句，一個獨詞句“盂”是插入語，表示感歎，後兩句言簡意賅，對前面内容作了總結性要求。

《大盂鼎銘》最精彩之處在於記言。通過一個“王若曰”、三個“王曰”將周康王的現場訓話串聯起來，而“王若曰”和三個“王曰”用了一個句首語氣詞“須”，三個插入性獨詞句“盂”讓銘文具有鮮明的口語化色彩。此後的册命文基本上遵循這一寫法。表明在周康王時期，西周册命禮儀基本定型。

此外《大盂鼎銘》在銘文寫作上還開創了另外三個第一。《大盂鼎銘》在西周銘文中第一個使用“王若曰”。《大盂鼎銘》用事實證明《尚書》中周初文獻的“王若曰”十分可靠。《大盂鼎銘》在西周銘文中第一次使用“祖述文武”的君臣關係楷模講述模式，此後《牆盤銘》等都採用這個模式。《大盂鼎銘》在西周銘文中第一次比較完整地記敘了周王册封令。在此之前的《克罍銘》等雖然已經敘述了周成王的册封講話，不過也只是簡單的選擇其中一兩個關鍵句子加以轉述而已。《宜侯夨簋銘》比《匽侯克罍銘》所記要豐富一些，不過没有採用直接的話語描寫，採用的主要是轉述法。到了《大盂鼎銘》，開始大段直接引用周王册命令和現場誥命語。至此，西周册命銘文記言體標準樣式誕生。

---

① 進按：本銘中有兩個廢字，灋保先王與“勿廢朕命”之“廢”字意思正好相反。同銘同字字義不一定一致。

② 人鬲，有釋爲人數，有釋爲人獻，見李學勤《大盂鼎新論》，《鄭州大學學報》1985年3期。我們認爲人鬲以“夫”爲單位，相當於以家庭爲單位的户數。

二、小盂鼎銘

大盂鼎還有一個姊妹鼎小盂鼎。小盂鼎有長篇銘文。由於原搨非常模糊，爲便於作文章分析，我們根據文意對缺失字作一些合理的推測：

隹八月既望，辰在癸未，[1]昧爽，三左三右多君入服酒。明，王/各周廟。□□□賓祉[2]邦賓尊其旅服，東嚮。盂以多/旂佩鬼方子懸首入[3]南門，告曰："王令盂以諸侯侯甸男[4]/伐鬼方，盂執獲馘俘，[5]執酋三人，獲馘四千八百又二馘。俘/人萬三千八十一人，俘馬二百匹，俘車卅輛，俘牛三百五十五牛，羊/卅八羊。"盂或告曰："王令費伯[6]呼蔑我征，執酋一人，獲馘/二百卅七馘，俘人□□□人，俘馬百四匹，俘車百□輛。"王若/曰："嘉！"[7]盂拜稽首，以酋進，即大廷。王令榮訊酋，榮即/酋，訊厥故。曰："克伯□□鬼獯，鬼獯虘以新□从。"咸，折/酋于廟。王呼□□令盂以人馘入門，獻西旅。首馘入/燎周廟。盂以諸侯侯甸男入三門，即立中廷，北嚮。盂/告。费伯即位，费伯□□□□于明伯、继伯，費伯告。咸。/盂以诸侯眔侯甸男邦君從盂登堂。[8]咸，賓

① 癸未，原搨不可辨認，諸家推測爲甲申，我們不從：此大獻禮總共舉行三日，銘文最後一日爲乙酉，因而預測首日爲癸未，中間日爲甲申。

② "祉"字在金文中有三說，一爲"誕"字，此爲郭沫若說，爲各家所接受，如《宜侯夨簋銘》"王省武王、成王伐商圖，诞省東國圖"；二爲侍奉之"侍"字，此爲楊樹達說，如《吕鼎銘》"吕祉於大室"；三爲陳夢家說，以祉有延引義。我們認爲延引即侍奉，本銘三祉字均有侍奉或延引義。

③ "方""懸""首""入"四字根據上下文義補入。《逸周書・克殷解》敘述武王懸掛商紂王及其妻子首級於大白、小白，以及《世俘》"大師負商王紂懸首白旂、妻二首赤旂"，此處也當爲以旂懸掛鬼方子族首領首級之義，故推測此處二字爲"懸首"。

④ 此處原搨失搨，我們根據上下文和金文慣例推測爲"諸侯侯甸男"五字，僅供參考。

⑤ 原搨"馘"字前有三字、後有一字未搨出，我們根據前後文意推測前爲"盂執獲"，後爲"俘"。

⑥ 原搨失四字左右。根據銘文内容，大致上可以推測盂率領諸侯出征之後，康王又派遣另外一支軍隊協助盂打擊鬼方。從費伯在盂之後報告戰況看，這支軍隊的統帥是費伯，故我們推測此處爲"王令費伯"四字。

⑦ "嘉"字從陳夢家推測，見《西周銅器斷代》，中華書局，2004年，第105頁。

⑧ "登"字諸家釋爲"征"字，"堂"字原搨漏搨，諸家未釋。盂帶領功臣先在中庭，必然再帶領功臣登堂飲酒，因而推測此處爲登堂。

即位，獻[①]/賓。王呼獻盂，以□□□進賓。甲申，大采三周入/服酒，王各廟，祝祉□□□□□邦賓丕祼，□□用/牲禘周王、武王、成王。□□卜，有臧，王祼，祼述，獻/邦賓。王呼□□□令盂以區入，凡區以品。雩若翌日乙酉，𠚤/三事大夫入服酒。王各廟。獻王，邦賓祉。王令賞/盂秬鬯一卣，弓一、矢百、画皋一 、贝胄一、金干一、/戟戈二、矢珏八。用作南[②]伯宝尊彝。唯王廿又五祀。

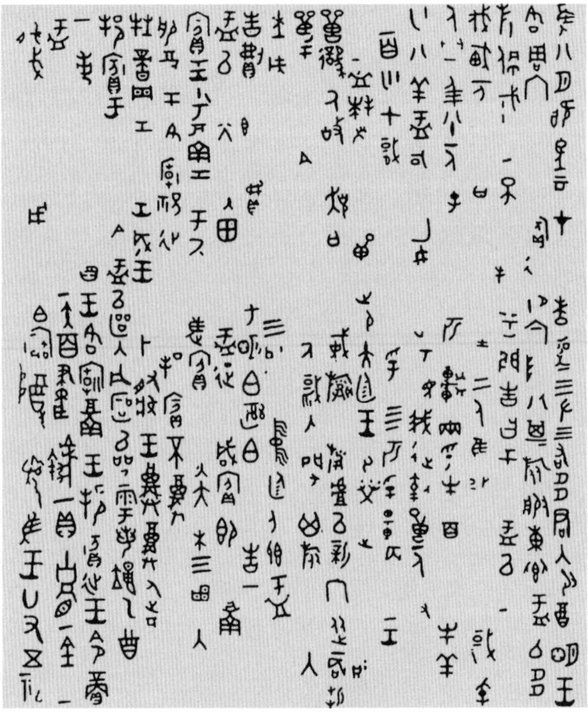

圖 3–11　小盂鼎銘摹本

① 原字作“鬲”字形，有釋爲“祼”，有釋爲“贊”。我們認爲此字在本銘中有二義，其一可隸定爲“祼”字，其二可隸定爲“獻”字，即禮經中獻酢酬之獻。用酒禮鬼神稱祼；用酒禮活人稱獻。爲“祼”義作主謂式，祼在主語人物名詞後；爲“獻”字作動賓式，字在賓語人物名詞前。

② 此處原字失揚，我們推測爲“南”。南伯即盂的父親。按西周青銅器銘文一般規律，畿内諸侯死去均稱公，此人稱伯，可見未世襲南宫括封號，可能去世早，未及封號。前面大盂鼎是南宫盂爲先祖所作器以祭祀先祖；一年後有大功，爲皇考作祭祀用器亦當然。

小盂鼎的形制大於大盂鼎，由於銘文更長，刻寫者採用了小字體，因而被稱爲“小盂鼎”。小盂鼎刻有西周初年最長的銘文，鼎銘二十行，每行字數不等，在二十字左右，全篇大約四百字。這篇銘文描述了周康王二十五年大臣南宫盂征伐“鬼方”凱旋歸來舉行大獻禮的盛大場面，是真正的西周“大獻之禮”。小盂鼎原器不知所終，僅陳介祺搨片傳世，而傳世搨本非常模糊，有七十餘字爲銅銹所掩，給通讀造成極大困難，《小盂鼎銘》問世以來的一百多年間，許多學者付出艱苦的努力，取得了一批成果，但銘文釋讀多處尚未取得一致意見。我們以《殷周金文集成釋文》（修訂增補本）爲基礎，吸收陳夢家、馬承源等學者的研究成果，并作適當推測，將小盂鼎銘文作如前釋文。其中帶框字爲原搨失搨處，是我們根據銘文上下語境和西周銘文慣例所作推測性填補。

《小盂鼎銘》在中國歷史上第一次集中記敘西周“大獻之禮”全過程，是真正的以當事人記當時事。銘文真實地記載了西周康王二十五年一個重大的歷史事件，那就是以南宫盂爲統帥的西周王師對擾亂邊境的鬼方玁狁發動了一次規模巨大的平定叛亂戰役，西周軍隊取得決定性勝利，鬼方玁狁受到沉重打擊，數千人被殺，近兩萬人被俘。關於這次戰爭，傳世文獻没有記載任何信息。《小盂鼎銘》的發現，推翻了史書關於成康之際天下太平、刑錯四十餘年而不用的説法。《小盂鼎銘》爲西周初期的長篇巨制，詳細記敘了一場盛大的大獻禮盛況，突破了青銅器銘文聚焦於個人作器目的的刻板寫法，足以與《尚書·顧命》等篇媲美。

（一）小盂鼎銘所記爲大獻禮

周人軍事上的一系列成功促進了西周軍禮的建立。然而由於文獻不足，軍禮的詳細情况我們今天知之甚少。《儀禮》幾乎没有軍禮的記載，《周禮》中的大宗伯是掌管禮典的，軍禮是其職掌的五禮之一，但《大宗伯》職文關於軍禮的敘述十分簡略，只簡單提及大師之禮、大均之禮、大田之禮、大役之禮和大封之禮。與此相關的《大司馬》《大司樂》《樂師》三篇也只有以上六禮簡略的記載。《大司樂》職文説：“王師大獻，則令奏愷樂”，《大司馬》職文説：“若師有功，則左執律，右秉鉞以先，愷樂，獻於社。”《樂師》職文説：“凡軍大獻，教愷歌，遂倡之。”這三條文獻在禮儀細節上敘述十分有限。此外，傳世文獻只有《逸周書·世俘篇》有所涉及。然而《世俘篇》寫作年代尚不清楚，作者不明，錯簡嚴重，遺憾頗多。所幸的是還有小盂鼎銘文傳世，該銘年代明確，作者確定，是真正的西周人在西周初年創作的文獻，足以與《世俘篇》互相印證，我們可以利用《小盂鼎銘》這份珍貴資料，探索周初大獻禮典的面貌。

郭沫若、陳夢家、李學勤、劉雨、高智群、張懷通等學者均以爲《小盂鼎銘》記載的是“獻俘禮”。筆者認爲，從禮學角度看《小盂鼎銘》所反映的禮典應當稱爲“大獻禮”，理由有三：一是《周禮·大司樂》職文説“王師大獻，則令奏愷樂。”《樂師》職文也提到“大獻”，文獻中既然有名稱，不妨採用；二是“獻俘禮”有級別之分，諸侯也可以辦獻俘禮，天子級别的才能稱爲“大獻禮”，“大獻禮”稱呼比“獻俘禮”更能突出“王禮”的特徵；三是《小盂鼎銘》除了記載獻俘之外，還記載了禘禮、饗禮，用“大獻禮”不但可以包括獻俘禮，還可以包括獻俘之後銘文中出現的禘禮和饗禮，而用“獻俘禮”難以概括這兩項内容。

“大獻禮”由哪些儀式組成呢？《左傳·僖公二十八年》記敘了一次晉國軍隊得勝歸來的系列儀式：“秋七月丙申，振旅，愷以入於晉，獻俘，授馘，飲至，大賞，征會，討貳，殺舟之僑以徇於國”，包括振旅、凱入、獻俘、授馘、飲至、大賞、征會、討貳、懲違命九項内容，前六項顯然是一個大禮典的儀式組合，我們雖不能確定《左傳》所説就是天子級别的大獻禮組合，不過春秋時期列侯在禮制上的僭越已經是不争的事實，即使晉國這次没有完全僭越禮制，真正的王朝大獻禮只會更複雜。因此在目前材料不完備的情況下，我們以此爲大獻禮的樣本即使不是最優選擇，但至少也不是最差選擇。《小盂鼎銘》記載了哪幾項儀式？學者對於《小盂鼎銘》的理解有太多的分歧，如何劃分各儀式還存在許多問題。我們發現，銘文所記載三次“入服酒”的時間記敘是解決這個問題的一把鑰匙。

到目前爲止，學者均根據“雩若翌日乙酉”的時間提示，推測“唯八月既望，辰在□□，昧爽”所缺失的時間是“甲申”。我們不採用此説，以爲整個大獻禮歷時三天，分别是癸未之昧爽的”三左三右多君入服酒”、甲申大采的”三周入服酒”、乙酉的”三事大夫入服酒”。

陳夢家先生據甲骨文以爲“大采”乃表示時間的名詞，可能相當於上午八點左右；將“三周”讀爲“三壽”，即“三老”。[①]據此，再結合銘文三次提到“入服酒”和“王各廟”，不難發現三者具有很強的時間節奏提示意義：

唯八月既望，辰在□□，昧爽，三左三右多君入服酒。明，王各周廟。

□□，大采，三周入服酒，王各廟。

雩若翌日乙酉，旦，三事大夫入服酒。王各廟。[②]

三次“入服酒”中，第一次、第三次都有表示時間的干支，因此第二次“入服酒”前的“□□大采”，“大采”前二字必爲表示時間的干支。如果不是這樣將有三個問題出現：

第一，與褅禮的重要程度不符合。“昧爽”時已經有一批人“入服酒”了，天明後周王先“格廟”，然後又出去，再換一批人來“入服酒”，周王再次“格廟”……這種解釋没有考慮到祖廟的神聖性，一天之内多次打擾祖宗，不近情理。在天明以後才來“入服酒”，其恭敬程度遠不如昧爽“入服酒”，然而這次“入服酒”卻是爲了褅祭文王、武王和成王。褅禮是祖先祭祀中最高級别的祭祀禮，没有道理不受重視。

第二，與獻俘禮進程不符合。根據銘文所記，在王“格廟”以後，分别有十一項工作需要進行：邦賓入廟奠旅服；盂入南門報告兩次俘獲情況；盂將俘酋押進大庭；王命令榮刑訊俘酋；榮訊俘酋；將俘酋斬首；王命費伯招呼盂將俘虜和首級帶進廟；在西旅獻俘；用鬼方首級在周廟舉行燎祭；盂帶領一班諸侯入中庭告至；王爲盂等舉行飲至禮。即從天明到“大采”這一段時間，分别要舉行告俘馘、訊酋、殺酋、獻俘、燎祭、告至、飲至等儀式，儀式結束以後再來一次“入服酒”，間隔時間控制在一個時辰之内，這是難以做到的。

第三，假如周康王一個時辰之内兩次“格廟”之説成立，那麼第一次“入服酒”準備的飲食禮器在舉行飲至禮後只有被清洗才能重新使用，則宗廟猶如今日的飯店，周康王君臣猶如今日的“食客”，宗廟的莊嚴肅

① 陳夢家：《西周銅器斷代》，中華書局，2004 年，第 111 頁。

② 與流行看法不同，筆者認爲時間的干支分别是癸未、甲申、乙酉。

穆從何談起？

“三周”在哪一天“入服酒”？從銘文敘事格局看，銘文記載的是三天内舉行的禮儀活動。銘文三次記載“入服酒”和“王格廟”，只有第一次完整地記載包含月、日、時辰三個時間項。其中第一次記載的“三左三右多君”是“昧爽”入廟，王是“明”入廟；第三次只説“翌日乙酉”，時間只明確到“日”，“三事大夫入服酒”與“王格廟”的時辰都没有介紹。這是因爲銘文行文追求效率：第一次已經介紹了月、時辰這兩項，第二、第三次“入服酒”這兩項没有發生變化，無需重復記載，只有表示日名的干支變化了。銘文拓片在“大採”前面有兩個字以上的空缺，至少有兩個字被漏拓了。這兩個字是什麽？根據第三次“入服酒”的情況，此處應當爲表示時間的干支，我們可以從三次“入服酒”時間的相關性作推導。第三次“入服酒”的時間是“雩若翌日乙酉”，那麽，乙酉的前一天應當是甲申，而甲申的前一天是癸未。因此在銘文“大採三周”之前漏拓的兩個字應當是表示日名的干支“甲申”。前輩釋讀者没有注意到銘文三次提到“入服酒”和“王格廟”的時間提示意義，以爲銘文記載的是兩天之内發生的事情。郭沫若先生根據“雩若翌日乙酉”，將“唯八月既望，辰在□□”的“□□”推定爲“甲申”，[1] 笔者認爲不確。仔細審視拓片，“辰在”與“昧爽”之間的文字相當模糊，不能直接定爲“甲申”。由於銘文記敘的是三天内連續舉行的儀式，我們可以推定出此處應當是表示日期的干支“癸未”，而不是“甲申”。

我們對銘文内容進行梳理不難發現，第一次“入服酒”和“王格廟”主要任務是處理獻俘馘事情；第二次“入服酒”和“王格廟”主要任務是禘祭文王、武王和成王；第三次“入服酒”和“王格廟”主要任務則是賞賜有功人員。由於每一次“入服酒”的人都不同，而且“王”也分三次“格廟”，顯然三件事情是在三天完成的。第一次“入服酒”的人員是“三左三右多君”，時間應當是八月癸未；第二次“入服酒”的應當是“三周”，時間是八月甲申；最後一次是三事大夫“入服酒”，時間是八月乙酉。

或許有人會問：將第一天干支名定位癸未，那麽第二天應當是“雩

---

① 郭沫若：《兩周金文辭大系圖録考釋》，科學出版社，1957 年，第 37 頁。

若翌日甲申”，但銘文出現的卻是第三天“雩若翌日乙酉”，這是爲什麽？這是因爲祭祀禮中禘禮最爲隆重，因而第二天甲申這一天被當成時間坐標來强調就不足爲奇了。由《小盂鼎銘》我們可以看出，西周大獻禮核心部分由三大儀式組成。第一大儀式爲獻俘禮，第二大儀式爲禘禮，第三大儀式爲大饗禮。飲至則包含在第一天的獻俘禮中，作爲一個儀節存在。銘文重點記載第一大儀式獻俘禮。爲方便理解銘文，我們將《小盂鼎銘》劃分爲三部分。其中第一部分爲獻俘禮，第二部分爲禘禮，第三部分爲大饗禮。

（二）小盂鼎銘所記獻俘禮儀注分析

《小盂鼎銘》記敘的大獻禮包含了獻俘、禘祖、大饗三大儀式，其中關於獻俘儀式的記敘最爲詳細。銘文第一天所記是獻俘禮的主要過程。《小盂鼎銘》雖不是純粹的禮典，卻可以從中分析出禮典儀注。

《小盂鼎銘》記敘了獻俘禮儀注。從儀節和儀注看上看，這一天的儀式按照時間劃分，有服酒、奠服、告禽、獻俘和飲至五大儀式。獻俘儀式是銘文的寫作重點，篇幅也最長。這個獻俘儀式又可以劃分爲三左三右多君服酒、盂報告戰役俘獲的告禽以及榮訊酋、盂獻西旅、燎周廟、飲至六個儀節。以下從儀注角度分别予以討論。

1. 服酒儀注分析

這個儀式包括三個儀節，第一個儀節是“昧爽，三左三右多君入服酒。”“三左三右多君入服酒”，陳夢家先生以爲“三左三右”是在周王室任職的諸侯，[①] 筆者贊成此説，但不同意他“多君”就是“邦賓”的觀點。“三左三右”與“多君”是同位語關係，左三人，右三人，共六人，且爲畿内有封地的諸侯和有采邑的公卿大夫，故稱“多君”。而“邦賓”銘文均爲專稱，特指此次没有參加討伐鬼方戰役的畿外諸侯。在禮樂活動中，“賓”是有特定含義的，有“賓”就有“主”。銘文中周康王是實際的主人，但根據《儀禮·覲禮》等篇，天子從大臣中指定一人作爲“獻主”獻賓。這次戰役的勝利是由盂率領諸侯取得的，參加戰役的諸侯邦君此時還没有入廟，他們在盂的率領下正等候在南門之外。“入服酒”，方濬益《綴遺齋彝器款識考釋》以爲“服”爲“事”，“酉”爲“酒”，是供鬱

① 陳夢家：《西周銅器斷代》，中華書局，2004年，第106頁。

毖之事。[1]此説正確，他們提前入廟，用今天的話説就是“搞服務工作”，實際上他們並不負責各種禮器、禮物的搬運和擱置，具體的事情有相關職官完成，他們只不過去過問一下而已。“入服酒”也就是文獻中提到的“助祭”，是一種光榮。至於具體的“入服酒”儀注，銘文没有記載，我們無從推測。

第二個儀節是王格廟，即銘文“明，王各周廟。”第三個儀節是賓奠旅服，即銘文“賓征邦賓尊其旅服，東嚮。”其中第三個儀節已經細化到了儀注級别。“賓征邦賓尊其旅服”中第一個“賓”，陳夢家解釋爲“儐者延引邦賓”，[2]此爲確詁。此句表明邦賓不在“三左三右多君”之列，因昧爽“三左三右多君”已經入服酒了，他們此時已經在廟中；天亮後康王才進來，此時儐者引導邦賓奠其旅服，説明邦賓是在康王“格廟”以後才入廟，因而儐者引導他們將所持旅服按照一定次序放置。“東嚮”説明邦賓站在西面，西面是賓位，此方位表明邦賓與康王成賓主之禮。這些邦賓是什麽人？是没有參加這場戰役的畿外諸侯。因爲參加戰役的諸侯邦君此時正隨盂在南門之外等待王命進入。這些人才是這次“入服酒”的主要對象，後面銘文稱他們爲“賓”，而“邦賓”的稱呼是不變的，如第二天禘禮和第三天的大饗禮所稱的“邦賓”，指的就是這些未參加戰役的畿外諸侯。

這次獻俘禮爲什麽要“邦賓”來到現場？主要目的是讓他們體會周王朝軍事的强盛，讓他們恪盡職守，因此“尊旅服”是免不了的一項儀注。“尊旅服”是一項具有象徵意義的儀式，是畿外諸侯對王朝表示臣服和盡職守的標誌性活動。“旅服”是什麽？白川静以爲指邦賓攜帶的禮物、禮器，“尊其旅服”就是奠置這些禮器、禮物。[3]唐蘭以爲就是貢物。[4]白川静着眼於禮制，唐蘭着眼於政治關係，實質是一樣的。相關儀注我們可以從《儀禮・覲禮》中看到。

---

① 方濬益：《綴遺齋彝器款識考釋》卷三，劉慶柱等《金文文獻集成》，線裝書局，2005年，第14册72頁。

② 陳夢家：《西周銅器斷代》，中華書局，2004年，第106頁。

③ 白川静：《金文通釋》，轉引自《金文詁林補》卷7第1859頁。另外陳夢家以爲“服”和“酒”都是名詞，“或時祭祀時服用之物”，見《西周銅器斷代》106頁。此説恐誤，如果酒和其它服用物品在昧爽時候才由三左三右多君“納”入，過於匆忙。

④ 唐蘭：《西周青銅器銘文分代史徵》，中華書局，1986年，第183頁。

不過筆者以爲這些旅服就是諸侯所執之瑞玉之類的“信物”。這些“信物”由天子頒賜，覲見天子要將這些憑證交給天子。天子賜玉，名義上就是天子任命他們擔當任務，因此“服玉”就是“服事”。多位諸侯的信玉放置在一起就是“旅服”。西周册命禮銘文中常有“受命册，佩以出，反，内覲璋”的記載，如《頌鼎銘》《膳夫山鼎銘》所記。“覲璋”就是瑞玉，也就是“旅服”。《尚書・顧命》東西方諸侯見康王“賓稱奉圭兼幣，曰：‘一二臣衛敢執壤奠。’”“執壤奠”就是這裏的“奠旅服”，不是真的將分封時候的茅土拿來，而是將周王頒給的瑞玉奉上。《儀禮・覲禮》對於覲禮諸侯向天子獻玉的儀注有詳細記載：

> 天子設斧依於户牖之間，左右几，天子袞冕負斧依。嗇夫承命，告于天子。天子曰：“非他，伯父實來，予一人嘉之。伯父其入，予一人將受之。”侯氏入門右，坐，奠圭，再拜稽首。擯者謁。侯氏坐取圭，升，致命。王受之玉，侯氏降，階東北面再拜稽首。①

此引文中天子只接見一位諸侯，因此天子直接接受諸侯瑞玉。在小盂鼎銘文中，康王接見的邦賓不止一位，儐者讓他們將自己的瑞玉排列整齊，以便康王檢閱。

2. 告禽儀注分析

告禽即報告戰役俘獲情況，是戰功報告的主要内容。按照文獻記載，在告禽之前軍隊應當有振旅儀式，即舉行勝利之師凱旋歸來的入城儀式。銘文没有記載這個儀式，直接從南門寫起。此儀式包括兩項重要儀節：第一，盂指揮懸掛鬼方首級的旗隊進入周廟門：“盂以多旂佩鬼方子懸首入三門。”第二，盂報告兩次戰役的俘獲情況。第一次報告：“告曰：‘王令盂以西六師伐鬼方，盂執獲馘俘，執酋三人，獲馘四千八百又二馘。俘人萬三千八十一人，俘馬二百匹，俘車卅輛，俘牛三百五十五牛，羊卅八羊。’第二次報告：“盂或告曰：‘王令費伯呼蔑我征，執酋一人，獲馘二百卅七馘，俘人□□□人，俘馬百四匹，俘車百□輛。’”這個儀節

① 《儀禮・覲禮》，引自《儀禮注疏》，《十三經注疏》，中華書局，1980 年影印本，第 1089 頁。

也細化到了儀注級别，例如記載了周康王贊許："王若曰：'嘉！'"記載了盂的感激與後續行爲："盂拜稽首，以酉進，即大廷。"

俘獲由鬼方首級、俘虜、車馬物資等組成，而且數量巨大，僅僅活人就有一萬多，如此龐大的俘獲不可能都帶進廟裏，只能挑選鬼方首領和部分俘虜進來作爲"代表"展示。盂就俘獲情況分兩次向周王報告，這是因爲此次戰役分爲主戰場和輔助戰場，參戰將士的俘獲有多有少，功勞有大有小，有必要分别加以陳述。《逸周書·世俘》篇記載太公親自背負懸掛商紂及其二妻首級的兩面旗幟；《小盂鼎銘》中記載有多面旗幟懸掛鬼方的首級，盂没有親自背負旗幟，這是因爲盂即將向周王報告俘獲情況，並且還要"拜稽首"，若背負掛有首級的旗幟，此動作做不出來。此種差别屬於同中有異。《世俘》記載的是滅國之戰，武王親自指揮；商紂及其妻子是最高級别的俘馘，太公親自背負旗幟以炫耀戰果是可以理解的。銘文反映的這次戰役由大臣南宫盂指揮，因而告禽禮儀中南宫盂不必親自背負旗幟。

3. 訊酋儀注分析

這個儀式記載對戰俘中的"首惡"進行審訊後予以懲處，包括訊酋和折酋兩個大儀節。本儀式記載比較細緻，可以作儀注分析。銘文記載的儀式可以分出四項儀注。第一是康王命令榮審訊敵酋："王令榮訊酋。"第二是榮拷問敵酋反叛原因："榮□即酋，訊厥故。"第三是敵酋交代爲什麽反叛："曰：'克伯□□鬼獯，鬼獯虘以新□从。'"第四是將敵酋斬首："咸，折酋于廟。"這四項儀注目的是展示周王朝的威風，迫使敵酋承認犯罪，然後依法判處敵酋死刑以震懾那些心懷不軌者。

4. 獻禽儀注分析

這個儀式，銘文記敘比較簡單，側重於戰役成果的展示，只有"王呼□□令盂以人馘入門，獻西旅"兩句。如果用儀注分析法解析，銘文涉及三項儀注，分别是康王發佈命令，南宫盂引導人馘進入廟門，南宫盂在西旅獻上人馘。其中："王呼□□"的□□必定是人名，則這句隱含了這位大臣再轉達康王命令這一儀注。"獻西旅"呼應了《書序》所説的"西旅獻獒，太保作《旅獒》"特殊文化信息證明《書序》所説可信。

5. 燎祭儀注分析

這個儀式的主要内容是將戰果用燎祭的方式獻給祖先神靈，銘文僅僅用了一句話："首馘入燎周廟。"這句銘文證實《逸周書·世俘》所記相關内容可靠。

以上此兩個儀式記載最爲簡略，儀注可以推測出來：周王命某位大臣傳令，命令盂將俘虜和首級帶進廟門；盂遵命，指揮有關人員將俘虜押進來，將俘馘抬進來；在西旅獻俘。將俘馘、首級等放在木柴上燃燒掉，其宗教含義是將這些戰俘品獻給神靈。獻西旅當有更加具體的儀注，銘文省略未記載。陳夢家以爲"獻西旅"就是在廟之西廂或西序行道上展示俘獲。筆者以爲即在廟堂前西邊過道展示，供人參觀，猶如今日"展覽"。

6. 饮至儀注分析

"飲至"是一個禮典，但在更大的大獻之禮中就成了其中一項儀式，被包含在大獻禮之中。此儀節即《左傳·隱公五年》所説的"三年而治兵，入而振旅，歸而飲至"的"飲至"，包含六個儀節。第一，盂率領有功將士進入廟門，在大庭中間依次站立，面朝北方廟堂："盂以諸侯侯甸男入三門，即立中廷，北嚮。"第二，盂報告自己指揮的戰鬥經過，這一項僅僅用了"盂告"兩個字。第三，費伯等報告自己和其他戰場的情況："費伯即位，費伯□□□□于明伯、繼伯，費伯告。"第四，盂帶領功臣們登上廟堂："咸。盂以諸侯眾侯甸男、邦君從盂登堂。"第五，飲至第一個節目——飲賓："咸，賓即位，獻賓。"第六，飲至第二個節目——飲獻主："王呼獻盂，以□□□進賓。"

第五、第六項一共只有寥寥十六字，卻是"三左三右入服酒"的最終落實處。此處的"賓"不是上文的"邦賓"，而是"告功"儀節中出現的畿内和畿外參與了這場戰爭的功臣，他們才是這一天的主角。在此儀節之前，他們没有被稱爲"賓"，這是因爲在飲至禮中要有獻、酢、酬儀注，需要指定誰爲正賓、誰爲介，其餘有功人員則爲衆賓。因此這節銘文第一儀注是"賓即位"。根據《儀禮·燕禮》，賓由君主當場指定，被指定爲賓後，賓還得出門外，再按照賓的禮節進來。此處的賓也當由康王在聽取了"告功"之後當場指定，因而才有賓"即位"的記載。第二個儀注"獻賓"，當爲將酒獻給賓。"獻"字搨片爲"鬲"字，"獻"的繁體從鬳從犬，鬳字從鬲，當和獻酒有關。"王呼獻盂"一句，銘文有意突出"王呼"，對盂來説這是特殊榮耀，從這個儀注看，盂没有作爲"賓"

的身份來享受獻酒待遇，同時也透露出盂在飲至禮中的身份，那就是作爲獻主。而“以□□□進賓”，當爲獻酒衆賓。

在探討以上各儀式的儀注之後，可以解決一個問題了：周康王身在何處？大獻禮儀式在什麼地方舉行？筆者以爲在舉行這個儀式時候周康王一直在周廟之中，不是如陳夢家先生所説，盂在中庭北嚮告王時候，王在王宫的大室（即寢）之前。[①] 也不是如李學勤先生所説，當盂背負懸掛鬼方首級的旗幟入南門時候就已經離開宗廟，到南門來觀看了；更不是[②] 如高智群先生所説“在大庭獻俘結束後，周王退回後寢休息。”[③] 筆者以爲此處的“中庭”就是西周册命銘文一再提到的“中庭”。册命銘文大多在廟中舉行，[④] 則此處銘文“即位中庭”也當在周廟之内。此節的主體是舉行飲至禮。文獻記載的飲至禮也在宗廟舉行，如《左傳・桓公二年》載：“冬，公至自唐，告於廟也。凡公行，告於宗廟；反，行飲至、舍爵、策勳焉，禮也。”我們不妨以盂在這一天的行程來説明這個問題：

1. 盂以多旂佩鬼方子懸首入南門，[⑤] 告曰……
2. 盂拜稽首，以酋進，即大廷。
3. 王呼□□令盂以人馘入門，獻西旅，首馘入燎周廟。
4. 盂以諸侯侯甸男入三門，即位中廷，北嚮。

盂在銘文中不停地進出廟門，而俘虜則逐漸接近宗廟：南門——大庭——門——西旅——周廟——中庭。盂是周王與將士之間聯絡人，首先將載有鬼方首級的旗幟以及俘酋帶進南門，自己向康王報告兩個戰場的俘獲情況，這是“告禽”儀式。然後盂帶領俘酋進入大庭，讓周康王目驗俘酋。在處理完俘酋之後，康王命令盂將停留在南門内的人、馘帶

① 陳夢家：《西周銅器斷代》，中華書局，2004年，第109頁。

② 李學勤：《小盂鼎與西周制度》，《當代學者自選集・李學勤卷》，安徽教育出版社，1999年，第289頁。

③ 高智群：《獻俘禮研究》，《切問》（下）復旦大學出版社，2005年，第145頁。

④ 陳漢平：《西周册命制度研究》，學林出版社，1986年，第113~115頁。

⑤ 按：此處“三門”之“三”，筆者仔細比較了搨片字跡，發現其殘留筆畫有弧度，且有豎筆，與銘文“三左三右”“大采三周”等“三”字筆畫明顯不同，當從陳夢家説，隸定爲“南”字。

進來，在宗廟西旅獻禽。交割俘虜後，盂又帶領有功將士進入三門（“中庭”即在三門之内），向康王彙報戰功情況，整個進程有條不紊，周王怎麽可能中間還離開宗廟?

（三）小盂鼎銘所記禘禮儀注分析

《小盂鼎銘》記載了一次禘禮過程，對我們了解禘祫禮的性質十分重要：

甲申，大采，三周入服酒。王各廟，祝𢓊□□□□□邦賓丕祼，□□用牲禘周王、武王、成王。□□卜有臧，王祼，祼述，獻邦賓。王呼□□□令盂以區入，凡區以品。

引文“用牲禘周王、武王、成王”顯示這一段禮儀的性質就是禘禮。這段銘文一共記録了九組儀注，分别是三周入服酒、王各廟、祝延引邦賓即位、邦賓祼鬱鬯、牲禘、占卜、周王祼鬱鬯、獻邦賓、盂納玉。

“大采，三周入服酒”即三公助祭。三次“入服酒”者中這一次地位最高。第一次是朝廷職官最高的“三左三右”入服酒，這一次是文化地位最高的二王之後入服酒，第三次將是朝廷大夫一級的“三事大夫”入服酒，地位最低。禘禮爲什麽要選三公?因禘禮是最高級别的祭祀禮，助祭者地位越高越顯得其儀式的重要。本節的禘禮屬於大獻禮的一個組成部分，是在王師取得偉大勝利之後舉行的，當然也包含了向祖先報捷的意思。

“祝𢓊……”一句後面文字模糊，不能辨認，“𢓊”字仍然是導引的意思。第一次三左三右入服酒是儐者引導，這一次用祝，因服務對象是祖先神，因此神職人員擔任引導工作。

“邦賓不祼”之“不”讀爲“丕”，“丕祼”就是“大祼”，即遍祼，是説邦賓們依次向祖先神祼鬱鬯，也就是助祭。周人尚臭，鬱鬯也是獻給先祖的禮物。

“□□用牲禘周王、武王、成王”接在祼鬱鬯之後，是獻給祖先神的第二批禮物。

“□□卜，有藏”是説在祭祀中還有卜問未來這一儀式，這是從前文獻中没有的。

“王祼，祼述，獻邦賓”包含兩組儀注，第一組是周王祼鬱鬯的系列動作，第二組是向邦賓獻酒。

“王呼□□□令盂以區入，凡區以品”陳夢家先生以爲周王命令盂將俘虜押進來；[①]李學勤先生以爲俘虜人數巨大，不可能都帶進廟來，而且在“三左三右入服酒”那一次已經獻過俘虜了。他認爲這裏盂是獻俘獲鬼方的玉。[②]此爲正解。筆者根據《鮮簋銘》“啻于召王，鮮蔑歷，祼王璋、祼玉三品，貝二十朋。”[③]以爲盂帶來的這些玉不是獻給祖先神的，康王將把這些玉賞賜給邦賓。看來，這個儀節還應包括周王賞賜玉的儀注。

此處的禘禮應當被包含在“大獻禮”之中，它是王師凱旋歸來而舉行的告祭，與固定時間舉行的禘禮目的不一樣。但是祭祀對象一樣，都是周人列祖列宗；助祭者相似，有三公，有畿外諸侯；地點均在祖廟，因而稱爲“禘禮”是没有問題的。筆者以爲銘文祭祀對象“周王”不僅僅指周文王，搨片“周”字到“武王”這一區間比較模糊，不排除有列王的可能。即使就是“周王”二字，“周王”均可包含“小邦周”時期的各王。

（四）小盂鼎銘記敘饗禮儀注分析

《左傳・僖公二十八年》載：“秋七月丙申，振旅，愷以入于晉，獻俘，授馘，飲至，大賞，征會，討貳，殺舟之僑以徇于國，民於是大服。”其中“大賞”緊接在“獻俘，授馘，飲至”後面，次序與小盂鼎銘文所記一致。按照禮學習慣叫法，“獻俘，授馘，飲至，大賞”是可以分别稱爲獻俘禮、授馘禮、飲至禮、大賞禮的，但禮學文獻中没有“賞賜禮”這個專有名詞，賞賜活動從來没有作爲獨立的禮儀來處理，它總是作爲其他事件的一個環節進入禮儀中，如册命禮中的賞賜，覲禮中的賞賜。小盂鼎最後一段銘文記載的“賞賜禮”實際上是作爲大饗禮的一個組成部分而存在的。因此筆者認爲這一段實際上記載的就是大饗禮：

雩若翌日乙酉，[曰]，三事[大][夫]入服酒。王各廟。獻王，邦賓祉。王令賞盂[秬][鬯][一][卣]，弓一、矢百、画皋一 、贝胄一、金干一、戟戈二、矢珏八 。用作南伯宝尊彝。唯王廿又五祀。

---

① 陳夢家：《西周銅器斷代》，中華書局，2004 年，第 111 頁。

② 李學勤：《小盂鼎盂西周制度》，《當代學者自選集・李學勤卷》，安徽教育出版社，1999 年，第 289 頁。

③ 劉雨、盧岩：《近出殷周金文集録》，第二册，中華書局，2002 年，第 365 頁。

由於銘文中没有出現饗字，目前學術界未能將此禮納入大饗禮中。我們認爲銘文明確出現了“三事大夫入服酒”以及“獻王”的記載，顯然這一次依然是飲酒禮。只不過這次飲酒禮屬於哪一類禮不好判斷。西周晚期《虢季子白盤銘》爲解決這個問題提供了思路：“桓桓子白，獻馘于王，王孔嘉子白義，王各周廟，宣榭爰饗。王曰白父，孔景有光。王賜乘馬，是以左王。賜用弓，彤矢其央。賜用鉞，用征蠻方。子子孫孫，萬年無疆。”[①]《虢季子白盤銘》記載虢季子白凱旋歸來後周王招待虢季子白的情況。比較《虢季子白盤銘》不難發現二者在獎賞程式方面非常一致，事件性質也非常一致，都是大臣作爲統帥征伐叛亂，得勝而歸，周王爲之舉辦凱旋禮。《小盂鼎銘》只説“獻王”，《虢季子白盤銘》直接説“王饗”。筆者認爲二者在禮學上性質相同，都是周王舉行的饗禮。《小盂鼎銘》只説“獻王”，没有提到“獻盂”，原因是這一次盂出場的主要目的不是接受象徵性榮耀的獻酒，而是接受實實在在的物質賞賜，因而銘文也就忽略不記了。我們也不能將《虢季子白盤銘》之“饗”説成是飲至禮，銘文在“獻馘于王”之後又説“王各周廟，宣榭爰饗”，顯然是在獻馘之後的第二天，不然怎麼會有“王各廟”？

《虢季子白盤銘》的這些文字包括王各周廟宣榭、王饗、王稱讚子白、王賜子白物品四個儀注，前三個極其簡略，賞賜物品記載還算具體。小盂鼎銘文則記載了三事大夫入服酒、王各廟、獻王、邦賓祉、王命賞賜盂這五組儀注，比《虢季子白盤銘》雖少了周王的贊詞，卻多出了三事大夫入服酒、獻王、獻邦賓三組儀注，這三組儀注非常寶貴，讓今人能夠了解到比較完整的大饗禮的程式和面貌。

（五）小盂鼎銘的禮學價值

《儀禮》在漢代被視爲“士禮”。從今本十七篇看，的確是從世襲貴族人生角度選編的一套禮儀；涉及天子的重大禮典也只有一篇《覲禮》，可見西周朝廷禮典大多没有流傳下來。據《周禮・大宰》職文，西周朝廷“六典”中有“禮典”；據《春官・大宗伯》職文，《禮典》又分爲吉、凶、賓、軍、嘉“五禮”，但《儀禮》中王朝軍禮一篇也没有。通過以上分析，

① 中國社會科學院歷史研究所編：《殷周金文集成釋文》，第六卷，香港中文大學出版社，2001年，第130頁。

我們發現小盂鼎銘文涉及了獻俘禮、禘禮和大饗禮，是真正的西周王國級別的禮，《小盂鼎銘》的價值可見一斑。不過這篇銘文是記載了三種禮還是這三種禮作爲更大的禮典的組成部分被載入銘文呢？我們認爲是後者。

銘文所記時間首尾相接，事件完整。從盂率領凱旋隊伍獻廟開始，到盂及其部下受賞賜結束，盂及其部下得勝歸來，彙報戰功和因功受賞是一條主線，前後貫穿。

銘文所記人物除了盂及其部下之外，周王、邦賓也連續“在場”。第一天癸未日有“邦賓尊其旅服”，第二天甲申日有“王祼。祼述，獻邦賓”，第三天乙酉日有“獻王，邦賓祉”。銘文所記主要地點也没有變，連續三天都有“入服酒”和“王各廟”，可見主要活動都在周廟。由此可見，銘文所記系列事件具有連續性，顯然屬於一個大事件的組成部分；相應的禮典既不能用獻俘禮、禘禮包括，也不能用大饗禮包括。那麽更高層次的禮典是什麽？我們認爲是大獻禮。

文獻中雖無“大獻禮”名稱，但“大獻”是存在的。《周禮·大司樂》載：“王師大獻，則令奏愷樂。”《周禮·樂師》载：“凡軍大獻，教愷歌，遂倡之。”《周禮·鎛師》載：“軍大獻，則鼓其愷樂。”《周禮·眡瞭》載：“賓射皆奏其鐘鼓鼜，愷、獻亦如之。”根據《周禮·大宗伯》職文，軍禮有五，其一爲“大師之禮”，即軍隊操練、用兵之禮。“大師之禮”是總稱，《周禮》在具體的職官職文中出現了“大蒐”“振旅”等，文獻均稱之爲“大蒐禮”“振旅禮”；那麽“大獻”自然可以稱之爲“大獻禮”了。

下面我們對《小盂鼎銘》所記禮儀儀注作列表分析。

從陳夢家先生開始，學者研究小盂鼎銘文已經注意分析其内容結構。其中劉雨先生從禮學角度劃分出十個儀節：一，告獻；二，訊酋；三，折酋；四，獻聝；五，燎祭；六，告成；七，飲至；八，禘祖；九，獻俘獲；十，賞賜。[①] 筆者在此基礎上結合《周禮》《左傳》等文獻，將大獻禮分爲禮儀、儀式、儀節和儀注四個層次，包括振旅、凱入、獻俘、禘祖、大饗五個禮儀，振旅和凱入見於《周禮》和《左傳》，而小盂鼎銘文未涉及，因而不録入下表。

---

① 劉雨：《西周金文中的軍事》，載《金文論集》，紫禁城出版社，2008年，第97頁。

表 3–1　小盂鼎銘反映西周大獻禮禮典

禮儀	儀式	儀節	儀注
獻俘	服酒	三左三右多君入服酒	昧爽，三左三右多君入服酒。
	尊旅服	王格廟	明，王格周廟
		邦賓尊旅服	□□□□賓征邦賓尊其旅服，東鄉。
	告禽	初告	盂以多旂佩鬼方□□□□入南門。 告曰：王令盂以□□伐鬼方，□□□馘□，執酋三人，獲馘四千八百又二馘。俘人萬三千八十一人，俘馬□□匹，俘車卅輛，俘牛三百五十五牛，羊卅八羊。
		再告	盂或□曰：□□□□呼蔑我征，執酋一人，獲馘二百卅七馘，俘人□□□人，俘馬四匹，俘車百□輛。
	獻酋	進酋	王□曰：嘉！盂拜稽首以酋進即大廷。
		訊酋	王令榮訊酋，榮□即酋訊厥故，□克伯□□鬼旟，□旟以新□從。
		折酋	咸，折酋於□。
	獻人馘	獻西旅	王呼□□令盂以人馘入門獻西旅。
		入燎周廟	□□入燎周□。
	告功	盂告	盂以□□□□入三門即立中廷，北鄉。盂告。
		費伯告	費伯即位費伯□□□□于明伯。
		衆伯告	繼伯、□伯告。
	飲至	贊賓	盂以諸侯罘侯田男從盂登堂。賓即位贊賓。
		贊盂	王呼贊盂以□□□進賓。
禘祖	服酒	大采三周入服酒	甲申大采，三周入服酒
	祼祭	王格廟	王格廟
		邦賓丕祼	祝延□□□□□邦賓丕祼
	禘先王	禘周王、武王、成王	□□用牲禘周王、武王、成王。
	占卜	占卜	□□卜有臧
	祼祭	王祼	王祼。祼述贊邦賓
	納玉	盂區	王呼□□□令盂以區入，凡區以品。

續表

禮儀	儀式	儀節	儀注
大饗	服酒	三事□□入服酒	雩若翌日乙酉，□三事□□入服酒。
	獻酒	王各廟	王各廟
		獻王	獻王邦賓祉
	大賞	賞盂	王令賞盂□□□□□，弓一、矢百、畫皋一、貝胄一、金斡一、戟戈二、矢珏八。

《小盂鼎銘》具有極高的禮學意義。

與傳世文獻相比，這個禮典没有記載振旅、凱入和獻社三個儀式，是不是西周大獻禮没有這三個儀式？由於《小盂鼎銘》是記載個人榮耀的"私人敘事"，並不刻意於記載完整的禮典，因此省略三個儀式是有可能的。

《小盂鼎銘》是帶有"私人敘事"性質的記敘文，不是真正的禮典，但它記載的大獻禮儀式，對於研究西周禮學具有不可多得的參考價值。

《小盂鼎銘》所記禘禮對於禮學研究具有重要意義。劉雨先生和張懷通先生[①]曾經分別指出《小盂鼎銘》所記獻俘禮與《逸周書·世俘篇》一致；筆者通過儀注分析發現《左傳·僖公二十八年》所記晉軍凱旋禮與小盂鼎銘文也契合。由此可見從西周早期到春秋時期，大獻禮的基本儀注幾乎没有變化，作爲一種軍事文化，大獻禮顯示了超強的穩定性。

《小盂鼎銘》證明《儀禮》等傳世文獻的價值不可低估。《儀禮》不是真的"周禮"，不過《儀禮》十七篇中的《鄉飲酒禮》《燕禮》《公食大夫禮》和《覲禮》十分接近《小盂鼎銘》時代的文化背景，他們關於獻主、賓、衆賓、祝、介的記載對於我們破解《小盂鼎銘》中的賓、邦賓具有啟示意義。青銅器銘文已經發現不少，但銘文的解讀很難取得一致的意見，這是由於今人距離西周的文化背景十分遥遠。正確解讀青銅器銘文不能完全拋開"三禮"等傳世文獻。有時候銘文似乎與傳世文獻"衝突"，那是因爲我們没有掌握足夠的資料。

《小盂鼎銘》説明周禮在康王時期已經很規範。那麼從西周青銅器

① 張懷通：《小盂鼎與世俘新證》，《中國史研究》2008年1期。

銘文中探索西周禮制就是一條可行之路。陳夢家在他的《西周銅器斷代》中已經注意從禮典角度把握銘文；李學勤利用《小盂鼎銘》研究西周獻俘慶賞之禮和門朝制度；劉雨致力於西周青銅器銘文中“周禮”研究，頗有創獲。從禮典角度研究研究青銅器銘文的工作才剛剛開始，研究成果值得我們期待。

《小盂鼎銘》在西周銘文史上佔據重要地位，開創了中華儀注記敘的源頭。

三、南宫世家的銘文創作

以文、武時代重臣南宫括爲祖的南宫家族開枝散葉，其子子孫孫延綿不绝。其中一支被分封到漢水流域，建立了曾國；另外一支被分封在畿内，號稱南宫氏，並且世襲南宫括的爵位，在西周王朝擔任王官，成爲西周王朝的政治世家。王朝世官南宫氏到南宫盂時代走上政治高峰。南宫盂崛起於周康王末年，按照常理，南宫盂也當爲周昭王朝重要的政治家。在南宫盂之後南宫氏王官銘文作家還出現了南宫乎、南宫柳，分别有《南宫乎鐘銘》和《南宫柳鼎銘》傳世。將這個家族的銘文創作附在南宫盂後面作簡要分析。

（一）南宫乎鐘銘

1979 年 5 月 5 日，扶風縣城關公社農民在南陽公社五嶺大隊豹子溝修公路時，用炸藥炸掉了大山一角，從爆破坑中出土了完整無損的大甬鐘一件，該鐘收藏於扶風縣圖書博物館。經考古學者勘察，此處爲西周遺址。南宫乎鐘出土時甬鐘通體翠绿色，並有少許赭色鐵質鏽斑。根據考古學者描述，甬飾環帶紋，旋飾竊曲紋，舞部飾雙頭獸紋，篆間飾竊曲紋，鼓部飾大變形夔紋一對，右下角增飾小變形夔紋一個。斡的造型新穎，作顧龍形象。南宫乎鐘的甬部、鉦間和左鼓三處鑄有銘文三段[①]。甬銘銘文十六字、鉦間銘二十字、左鼓銘三十一字：

司徒南宫乎／作大林協鐘。兹／鐘名曰無睪。／先祖南公、亞祖公中必父／之家。天子其萬年眉壽，畯／永保四方，／配皇天。乎／拜手稽首，／敢對揚天／子丕顯魯休／用乍朕皇且／南公、亞且公中[②]

① 羅西章：《扶風出土的商周青銅器》，《考古與文物》1980 年 4 期。

② 中國社會科學院考古研究所：《殷周金文集成（修訂增補本）》，第一册，中華書局，2007 年，第 188~189 頁 181 器。

圖 3–12　南宫乎鐘銘

銘文並不完整，但不影響我們進行分析。從銘文中我們大致上可以判斷南宫乎一系與南宫盂同出於南宫括，但爲南宫氏的小宗。南宫盂的父親爲南伯，當爲南宫括的嫡長子；南宫乎的亞祖爲“中必父”，即“仲必父”，古人以伯、仲、叔、季區分排行，中必父可能是南伯的二弟。南宫乎亞祖與南宫盂父考南伯一輩，南宫乎祖則與南宫盂同輩，南宫乎父考與南宫盂子同輩，而南宫乎相當於南宫盂的孫子輩，時當西周中期。

（二）南宫柳鼎銘

南宫柳鼎傳 1948 年出自陜西省寶雞虢鎮，入藏陜西省博物館。① 現藏國家博物館。該鼎陳夢家以爲孝王時期器，馬承源以爲厲王時期器，王世民等以爲西周晚期偏早，當早於宣王時期。② 銘文中有佑者武公，而武公也出現在《禹鼎銘》《敔簋銘》《多友鼎銘》中，以上三鼎學術界大多定爲周厲王時代器。

隹王五月初吉甲寅，王在／康宫，武公佑南宫柳，既立中／庭，北

① 于省吾：《商周金文録遺》，中華書局，2009 年。
② 王世民等：《西周青銅器分期斷代研究》，文物出版社，1999 年，第 46 頁。

鄉。王乎作册尹册命／柳嗣六師牧場大友、嗣／義夷場佃事。"賜女赤市幽／黄，攸勒。"柳拜稽首，對揚／天子休，用作朕剌考尊／鼎。其萬年子子孫孫永寶用。[①]

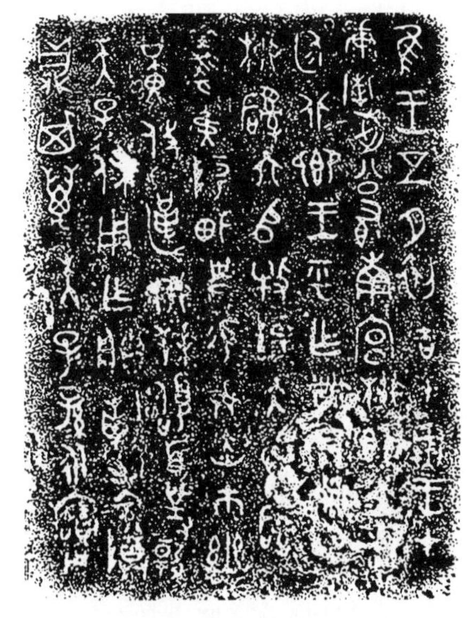

圖 3–13　南宫柳鼎銘

《南宫柳鼎銘》七十九字，記載了南宫柳被授予王朝官職的一次册命活動。周王任命南宫柳擔任管理六師牧場大友以及義夷場佃事，其職官相當於《周禮》中的場人。這篇銘文對於册命之令採用轉述和摘録兩種引用手法。其中"王乎作册尹册命柳嗣六師牧場大友、嗣義夷場佃事"屬於轉述式引用；"賜女赤市幽黄，攸勒"則爲摘録原句。

《南宫柳鼎銘》最重要的歷史價值在於爲我們了解西周著名的西六師提供了寶貴的資料。南宫柳的職務是"嗣六師牧場大友、嗣義夷場佃事"，其中"六師牧場"顯然是西六師的牧場，可見西六師有固定的牧場。"義夷場佃事"，據《周禮·地官·載師》"以場圃任園地。"則爲農業生産事務。可見南宫柳的主要職務是管理西六師牧場的放牧人員，其次是管理義夷人場的農業生産。其中牧業事務是全面的管理；農業職責是負責一個單位的事務。南宫柳顯然是農牧業管理官員。

以上我們分析了南宫世家的青銅器銘文創作。總體上看，這個世家最傑出的銘文作家是南宫盂，他一人創作了兩篇傑出的銘文作品。其中《小盂鼎銘》的價值更高，是西周時期頂級銘文之一。

四、曾侯國的銘文創作

20 世紀 70 年代出土的春秋時期曾侯乙墓編鐘規模宏大，顯示曾國具有高度發達的青銅文化。然而傳世文獻很少有關於曾國的記載，曾

① 中國社會科學院考古所：《殷周金文集成（修訂增補本）》，第三册，中華書局，2007 年，第 1474 頁 2805 器。

國在哪裏、族屬如何成爲當時令人難以釋懷的“曾國之謎”。隨着 2011 年湖北隨州葉家山墓地發掘成果的面世，以及相距不到十公里的文峰塔墓地考古新發現，“曾國之謎”終於被揭開。原來傳世文獻中的隨國即曾國，曾國初封於成王時期，首封曾侯爲文王時期著名的謀士南宫括，[①]其封地一直在今湖北隨州一帶，歷經西周、春秋時期，直到戰國時期才滅於楚國。曾國爲南宫括之子受封的南宫氏一支，與南宫盂同屬於南宫括的後裔，因此我們將西周曾國銘文創作附在南宫盂一系後面分析。

西周時期的曾侯國留下了一批銘文作品，但這些作品大多篇幅短小。例如葉家山 M1 號墓出土的師鼎銘文只有“師作父癸寶尊彝”七字，是不成篇的銘文，只能表達器主、祭祀對象兩項信息；M27 號墓出土的曾侯鼎銘文也只有“曾侯作寶尊彝鼎”七字，卻連器主的私名都没有，僅能表達器主的身份這種信息。出土於 M65 的曾侯諫鼎銘文有“曾侯諫作寶彝”六字，也只是補全了器主私名信息。葉家山出土青銅器銘文大多如此，其中歷史價值最高的要屬出自 M111 號墓的曾侯犺簋銘文：“犺作剌考南公寶尊彝”。[②]從同墓出土的其他器銘中可以知道犺即曾侯犺，南公爲其烈考，那麽首封曾侯爲南公之子南宫犺。結合文峰塔 M1 號墓出土的曾侯與一號編鐘銘的“伯括上庸，佐佑文武，撻殷之命，撫定天下。王遣命南公，營宅汭土，君比淮夷，臨有江夏。”[③]不難看出，銘文中的“伯括上庸”即南宫括，南公則出自西周初年南宫括。而曾侯與二號編鐘銘的“曾侯與曰：余稷之玄孫”又可以判斷南宫括、南宫盂、曾侯與周同爲姬姓。

圖 3–14　曾子伯皮鼎銘摹本

目前發現的西周曾侯國成篇銘文不多，今擇其中兩篇作簡要分析。《曾子伯皮鼎銘》一篇四行十六字：“唯曾子伯 / 皮用吉金 / 自作寶鼎，/ 子孫用享。”[④]這篇銘文是比較簡單的作器紀念類

① 也有學者以爲曾國首封之君爲康王時期的南宫盂，見王恩田：《曾侯與編鐘與曾國始封——兼論葉家山西周曾國墓地復原》，《江漢考古》2016 年 2 期。

② 黄鳳春等：《説西周金文中的“南公”——兼論隨州葉家山西周墓地的族屬》，《江漢考古》2014 年 2 期。

③ 院文清等：《隨州文峰塔 M1（曾侯與墓）M2 發掘簡報》，《江漢考古》2014 年 4 期。

④ 陳偉武：《兩件新見曾國銅器銘文考述》，《中山大學學報》2009 年 5 期。

銘文，具備了成篇銘文的基本要素，作者也具備有意識地創作銘文的寫作衝動。然而本銘載體圓鼎有比較充裕的物理空間，作者並没有充分利用，説明西周曾侯國銘文文學的追求遠低於王朝和畿内其他諸侯國。

還有一篇《曾太保嬀簋銘》四行二十六字："曾太保嬀用吉 / 金自作寶簋，用 / 享于其皇祖文 / 考，子子孫孫永用之。"① 曾太保嬀簋銘文透露出一些寶貴的歷史信息：西周曾國設有太保官。西周王朝只在早期有太保官，由召公長期擔任。由此可見曾侯國對於西周文化的堅持。本銘也是到目前爲止我們所能看到的西周曾侯國青銅器銘文中最長的一篇。

圖 3–15　曾太保嬀簋銘摹本

與留在王朝擔任王官的南宫世家相比，曾侯國在西周的銘文作品數量多，僅僅葉家山出土的青銅器銘總字數都已經超過四百個。然而西周曾侯國銘文創作水平遠遠不及王官的南宫世家，曾侯這一係在西周没有銘文代表作，一直到春秋時期，曾侯國的銘文創作水平才進入鼎盛期，出現了《曾侯乙編鐘銘》這樣的長篇巨制，我們將在《春秋銘文史》中予以分析。

第三節　軍事鬥争銘文

西周康王時期反應戰争主題的青銅器銘文除了《小盂鼎銘》外，還有《䨣鼎銘》《疐鼎銘》《庯伯馭簋銘》《小臣謎簋銘》《吕壺銘》《保員簋銘》《師旂鼎銘》等一批銘文，與《小盂鼎銘》表現西周與鬼方戰争不同，這些銘文大多反映了西周鎮壓東夷叛亂的戰争。東夷叛周與康王平叛，傳世文獻未見記載，這組銘文填補了歷史空白。

一、平叛東夷的銘文

（一）䨣鼎銘

康王時期的《䨣鼎銘》反映了伐東夷戰役的一個側面戰場的情形。

① 陳偉武：《兩件新見曾國銅器銘文考述》，《中山大學學報》2009 年 5 期。

這是一次史書失載的戰役，西周軍隊主帥爲溓公，討伐對象是東夷。銘文作者亹接受西周軍隊主帥溓公的命令，與史旗一起率領師氏和有司跟在主力之後，攻擊東夷貊。主帥溓公這樣安排顯然是一種戰術考慮。這支偏師得手，銘文作者亹繳獲一批貨幣，因而自作亹公寶鼎。

圖 3–16 亹鼎銘

隹王伐東夷，溓公命亹/眔史旂曰："以師氏眔有/司後國捋[①]伐貊。"亹孚貝，/亹用作宛公寶尊彝。[②]

此爲西周戰爭銘文中比較早的一篇，已經有了戰爭過程的記敘，雖然簡略，卻也包括了戰役背景，戰役部屬和戰鬥成果。不過銘文基本上局限於個人視野，未能將戰役的全局和戰役進程記敘下來，從而更清晰地展示這場戰役的面貌。

（二）保員簋銘

另一篇《保員簋銘》中的保員爲征伐東夷叛亂將領辟公[③]的部下，在這次戰役中保員也建立了功勛。銘文中的辟公當爲王朝官員，同時也爲畿內諸侯。"辟公"在完成征伐東夷反叛之後回到采邑，賞賜了建立戰功的部下，保員也獲得了賞賜。從銘文中可以看到這次討伐東夷叛亂之後，周康王舉行了燎祭，"辟公"也當參與了這次在宗周舉行的燎祭。所記情況與《小盂鼎銘》相似，這次燎祭爲王師凱旋的重大軍禮活動之一。這一點，我們可以從《小臣謎簋銘》"唯十有一月，遣自䍙師"中獲得佐證，銘文中

① 進按：原字從孛從戈從又，無楷體字對應，暫用表示拔的捋字代替。該字或借爲撲滅之撲字。

② 吴鎮烽：《商周青銅器銘文暨圖像集成》，第 5 卷，上海古籍出版社，2012 年，第 146 頁 02366 器。

③ 進按：金文中的辟字往往指器主的主人或受其直接管理的上級官員。金文大多用於王、公、侯，如《麥方鼎銘》中的"辟邢侯"。

的“十一月”就是西周王師凱旋之日。[①]

唯王既燎，氒伐東／夷，在十又一月。公反自／周。己卯，公在𪊨，保／員邐，辟公賜保員／金車曰：用事。隊于寳／簋，用饗公逆洀事。[②]

圖 3–17 保員簋銘

我們將《䰝鼎銘》和本銘對讀，就會發現西周王朝派遣的統帥是《䰝鼎銘》中的溓公，即《保員簋銘》的“辟公”。此人爲器主保員的上司，故器主稱之爲“辟公”。

《保員簋銘》對討伐東夷戰役的記敘側重點又有所不同。銘文採用倒敘手法，先從大軍凱旋，舉行燎祭寫起，再追述伐東夷之事。銘文没有記敘戰鬥情況和戰果情況，卻側重於凱旋後對周康王燎祭和戰役結束後西周軍隊的獎賞情況的記敘。對於凱旋階段的記敘也十分簡略，重在記敘主帥“辟公”從周廟返回後對自己的部屬進行論功行賞的活動。

（三）疐鼎銘

另一篇《疐鼎銘》作者疐則爲殷八師統帥伯懋父手下將軍之一遣的部屬。他跟隨遣鎮壓東夷叛亂，攻城拔寨，大有俘獲，立下戰功，作器以示榮耀：

① 賈海生提出保員簋銘燎祭爲出師前的軍禮活動，見《試論保員簋銘所見禮典》，勵耘學刊（文學卷）2011 年 02 期；馬承源以爲乃獲勝後的獻俘禮，見《新獲西周青銅器研究二則》，《上海歐博物館館刊》1992 年刊。今仍從馬承源説。

② 保員簋出土地不明，由文物工作者從香港購回内地，今藏上海博物館。見張光裕：《新見保員簋試釋》，《考古》1991 年 7 期。銘文釋文主要根據張光裕一文。

王令遣戡東反／夷。疐肇從遣征，／攻開無啻，省于厗／身，俘戈，用作寶尊／彝，子子孫孫其永寶。①

圖 3-18　疐鼎銘摹本

《疐鼎銘》所記周王朝鎮壓反叛東夷戰役，不見於傳世文獻記載，銘文也未作具體的背景記敘。我們將本銘與下面《小臣謎簋銘》對讀，不難發現兩篇銘文都是記敘西周征伐東夷反叛戰役的。銘文雖然簡潔明了，但充滿英雄主義的豪情。"攻開無啻"顯示出強烈的自信和自豪，未見戰爭的殘酷和克敵制勝的艱難。

（四）庸伯馭簋銘

《庸伯馭簋銘》記載的是伐逨魚和淖黑之戰。逨魚、淖黑均在今山東半島，這兩個部族當爲東夷人，對於西周王朝時降時叛。周康王發動了解決東邊萊夷叛亂的戰爭。從《庸伯捱簋銘》看，這場戰爭推進似乎十分順利。周康王在宗周舉行了燎祭儀式，并賞賜了這場戰爭的有功人員。器主庸伯捱獲得十朋貝，似乎獎勵不是很大，庸伯捱卻對此没有異議，並且作器紀念，銘刻功績、宣揚周昭王給予自己的榮耀。

庸伯馭簋今藏美國米里阿波里斯美術館，該器有銘文四十五字：

隹王伐逨魚，誕伐／淖黑。至，燎于宗周。／賜庸伯馭貝十朋。敢／對揚王休，用乍朕／文考寶尊簋，其萬／年子子孫孫其永寶用。②

《庸伯馭簋銘》的視角又不一樣。銘文没有完整記敘伐東夷戰役的全過程，只是截取這次戰役的兩個階段進行重點記敘。第一個階段是伐逨

① 馬承源：《商周青銅器銘文選》，第三册，文物出版社，1988年，第52頁73器。

② 中國社科院考古所：《殷周金文集成（修訂增補本）》，第三册，中華書局，2007年，第2351頁04169器。

圖 3–19　庸伯馭簋及銘拓

魚、淖黑的兩場戰鬥，另一個階段是王朝軍隊凱旋後舉辦飲至禮并舉行燎祭。由於記敘了征伐對象，本銘的歷史價值更高一些。

以上《䨵鼎銘》《疐鼎銘》《庸伯馭簋銘《保員簋銘》都是從不同側面、不同視角記敘這次討伐東夷之役，周康王朝的伐東夷之役傳世文獻沒有提及，《詩經》也沒有反映。這些短篇銘文匯合起來，一起構成了康王朝征伐東夷之役的“戰爭文學”。

（五）小臣謎簋銘

康王時期鎮壓東夷反叛的統帥中除了溓公之外還有西周著名的政治家伯懋父。這一點我們可以從《小臣謎簋銘》中看出來。小臣謎簋 1930 年前後出土，由當時的“中央研究院”購得，器今藏台北故宮博物院。小臣謎簋銘文一篇六十四字：

圖 3–20　小臣謎簋銘

𠭯！東夷大反，伯懋父 / 以殷八師征東夷，唯 / 十有一月，遣自䍙師述 / 東陕，伐海眉。雩厥復 / 歸，在牧師，伯懋父承 / 王命，賜師率征自五 / 齵貝，小臣

誺蔑歷眔 / 賜貝，用作寶尊彝。[①]

《小臣誺簋銘》記載伯懋父征東夷的情況，從銘文中可以看出，伯懋父所率領的主力爲殷八師，發兵時間爲周康王某年的十一月，戰役推進路線爲𦣞——東陕——海眉。戰役結束，伯懋父賞賜部下之地在殷八師的駐地牧野。《小臣誺簋銘》是一篇體現了相當高歷史價值的銘文，富有寶貴的歷史信息。我們將以上五篇銘文匯合起來看，大致上可以勾畫出周康王時期這一次鎮壓東夷叛亂戰役的梗概：東夷大規模反叛，周康王委派溓公率領王朝師氏以及有司𩛥、史旟、保員、庯伯𠭰等武裝力量組成中路軍鎮壓東夷叛亂；周康王命令伯懋父率領殷八師組成左路軍鎮壓東夷叛亂，殷八師還有將軍遣及其屬下疐等參加了這次戰役。西周聯軍攻克萊、魚等地，沿東陕進擊，一直打到海邊，平叛戰役取得徹底的勝利後，殷八師返回駐扎地，並論功行賞；王朝軍隊舉行大獻禮，獎賞參戰部隊。

《小臣誺簋銘》是記敘康王時期伐東夷戰役諸銘中水平最高的一篇，成就在《𩛥鼎銘》《疐鼎銘》《庯伯𠭰簋銘》《保員簋銘》等四銘之上。

二、伯懋父麾下的戰争銘文

在康王時期的銘文中“伯懋父”出現頻率比較高，例如《小臣誺簋銘》《小臣宅簋銘》、《吕壺銘》《師旂鼎銘》《召卣銘》都能見到此人的身影。伯懋父即康伯髦，衛康叔之子，傳世文獻又稱王孫牟，是第二代衛侯。[②]

（一）吕壺銘

《小臣誺簋銘》反映伯懋父參與了周康王鎮壓東夷叛亂之戰，上面已經做了簡析。除了鎮壓東夷叛亂，伯懋父還作爲統帥，發動了北征戰役。根據《吕壺銘》記載，伯懋父這次北征在三月出師：“唯三月，伯懋父 / 北征。唯還，吕行 / 捷，孚兕。用乍 / 寶尊彝。”[③] 銘文過於簡略，没有記

① 中國社會科學院考古研究所：《殷周金文集成（修訂增補本）》，第三册，中華書局，2007 年，第 2453 頁 4238 器。

② 郭沫若：《郭沫若全集》考古編第八卷，科學出版社，2002 年，第 64 頁。

③ 中國社會科學院考古研究所：《殷周金文集成（修訂增補本）》，第六册，中華書局，2007 年，第 5075 頁 9689 器。

敘北征討伐對象是誰，戰役經過如何也沒有涉及。但銘文的歷史價值依然不容忽視：西周即使在成康盛世，抗擊北方玁狁的軍事活動一直沒有終止。

（二）師旂鼎銘

另外一篇《師旂鼎銘》也與北征有關。銘文沒有正面記敘軍事鬥争，記敘的是一件比較有趣的事件：

唯三月丁卯，師旂衆僕不／從王征于方雷，使厥友引／以告于伯懋父，在莽。伯懋／父迺罰得、𧀼、古三百寽。今弗／克厥罰，懋父命曰："義敉！／𠭯！厥不從厥友征！今毋敉，／其有内于師旂。"引以告中／史書，旂對厥賫于尊彝。[①]

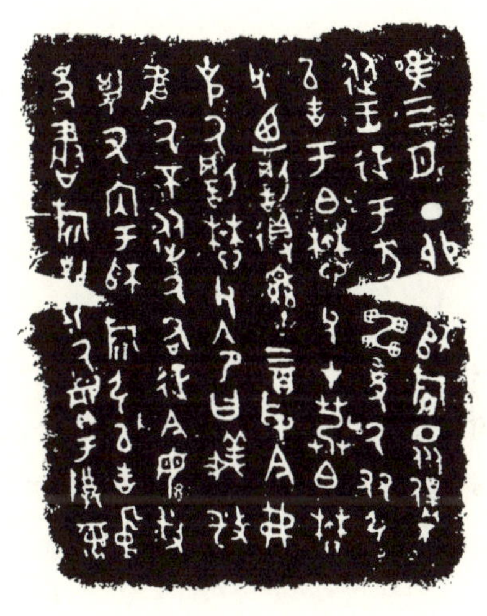

圖 3–21　師旂鼎銘

《師旂鼎銘》透露出這次北征的對象是方雷。《師旂鼎銘》是一篇奇文，也是中國軍事文學中第一篇記敘戰争違紀處罰案件的銘文，可謂中國"軍事法律文學"的鼻祖。銘文記敘師旂手下衆僕沒有按照命令跟隨康王北征。師旂派手下一個名字叫引的人向伯懋父報告了情況。伯懋父根據法律規定，要將這些不聽命令的衆僕流放；但伯懋父最後還是從輕發落，給予得、𧀼、古等三人罰款三百寽的經濟處罰，罰款要交給師旂。師旂的手下引立即將伯懋父的處罰向王朝中史書作了報告。

師旂所作這篇銘文記敘水平高超。首先是精彩的對話描寫。銘文記敘伯懋父處理這個軍事違法案件主要通過語言描寫完成的。"義敉！𠭯！厥不從厥友征！今毋敉，其有納于師旂。"這一段對話描寫十分生動。伯懋父先是氣憤不已，脱口而出："該流放！"還用了一個擬聲獨詞句"𠭯！"然後又有一個轉折："今毋敉，其有納于師旂。"只要繳納罰款，流放還是免了

① 中國社會科學院考古研究所：《殷周金文集成（修訂增補本）》，第二册，中華書局，2007 年，第 1478 頁 2809 器。

吧。一個機智、老練、圓滑的官僚形象被刻畫出來。其次，本銘善於表現言外之意。師旂的手下引爲什麽要立即報告中史書？因爲伯懋父的判決對於師旂非常有利，引到中史書處報告案情處理情況就是到王朝備案，形成法律效應。“旂對厥質于尊彝”就是將這次判決記録在鼎上。

（三）召卣銘

《召卣銘》也與軍事活動有關。事情發生在炎師，但西周軍隊在炎師活動的目的是什麽，銘文没有記載，銘文只是記敘伯懋父賞賜召一批物品：

唯九月，在炎師。甲/午，伯懋父賜召/白馬、妦黄、猶微，用/桒丕杯召多，用追/于炎，丕肆伯懋父/吝。召萬年永/光，用作團宫旅彝。[①]

圖 3–22　召卣銘

不過《召卣銘》所提供的西周軍事信息不可忽視。本銘記載事件發生地在“炎師”；聯繫到上面《小臣謎簋銘》的牧師、睘師，“殷八師”已得其三。

（四）召圜器銘

此人還有另外一篇銘文，其器形不明，因爲圜形器，故稱召圜器。學術界還有人以爲該器爲卣，故稱之爲《召卣二銘》：

唯十又二月初吉丁卯，/召肇進事，旋走/事皇辟君，休王/自穀事賞畢土/方五十里，召弗敢忘/王休異，用作牀宫/旅彝。[②]

① 中國社會科學院考古研究所：《殷周金文集成（修訂增補本）》，第四册，中華書局，2007年，第3389頁5416器。

② 中國社會科學院考古研究所：《殷周金文集成（修訂增補本）》，第七册，中華書局，2007年，第5584頁10360器。

《召卣二銘》透露出此人又升官了。此時他被周康王賞賜了五十里土地，顯然是畿内采邑主了。銘文説自己"肇進事"，不是第一次當官，"進事"當爲進入内閣，成爲王朝卿士。然而召所作兩銘過分注重私人敘事，没有對自己時代的重大事件作記録，他的銘文價值也就不能與大、小盂鼎銘相比。

另外一篇與伯懋父有關的銘文是《小臣宅簋銘》，我們在下一節予以分析。

第四節　行政奖赏類銘文及其他

周康王時期王朝職官體系已經健全，系統運轉非常有效，推動了社會發展，一批行政奬勵類銘文由此興起。尤其是女性賞賜銘文的湧現，反映這一時期物質生活和宗教、精神生活越來越豐富，因而一批抒情類銘文誕生，標誌着西周青銅器銘文的表現力再上新台階。

一、王朝行政奬勵銘文

周康王時期反映王朝行政奬勵類銘文有《史䛐簋銘》《庚嬴鼎銘》《庚嬴卣銘》。前者是王朝外朝官員創作的銘文，後者爲内宫女官創作的銘文。

史䛐簋有二器，其一早年傳世，原藏頤和園，今藏北京故宫博物院。另外一件於1966年陝西岐山縣賀家村出土，今藏陝西歷史博物館。《史䛐簋銘》只有二十三字，卻包含了一個重大的歷史史實。

圖 3–23　史䛐簋銘

乙亥，王誥畢公，/ 迺賜史䛐貝十朋。/ 䛐古于彝，其 / 于之朝夕監。①

銘文"乙亥，王誥畢公"六字中，"王誥畢公"根據唐蘭先生的意

---

① 中國社會科學院考古研究所:《殷周金文集成（修訂增補本）》，第三册，中華書局，2007年，第2206頁4031器。

見，即指《史記·周本紀》的“康王命作册畢公分居里，成周郊，作《畢命》”一事。唐蘭認爲此畢公爲第二代畢公，畢公高的兒子。[①]我們認爲此人即畢公高本人。《書序》載：“康王命作册畢分居里，城周郊。”裴駰《史記集解》引孔安國説：“分别民之居里，異其善惡也。成定東周郊境，使有保護也。”“異其善惡”恐怕是一種臆説，很難在現實中執行；不過畢公爲成周制定了一套居民制度還是可信的。《史記》敘述康王功業只有兩條，此爲其中之一，可見畢公分成周里居是一個重大事件。唐蘭先生認爲史䛐受賞，是因爲史䛐是畢公的下屬。細讀銘文不難看出，史䛐受賞賜原因並不是畢公下屬而連帶受賞，銘文中的“誥畢公”猶如《康誥》《酒誥》之誥，乃是對畢公分居里的告誡，非因功賞賜，史䛐也就談不上連帶受賞。史䛐受賞，乃是史䛐自己有功，並且與“王誥畢公”有關。結合《史記·周本紀》“康王命作册畢公分居里，成周郊，作《畢命》”，史䛐當爲起草《畢命》之人。

由於在日常行政中表現傑出而受獎賞，説明西周社會此時已經進入穩定期，社會財富逐漸積累，已經有積餘用於激勵行政官員的工作積極性。此後行政獎勵銘文逐漸增多，西周社會進入成熟期。

二、女官賞賜銘文

康王時期出現了一批與女性有關的青銅器銘文創作，這些女性多爲王朝與諸侯後宫的女性管理者，例如“庚嬴二銘”、《庚姬尊銘》《頂壺銘》等。這些銘文開創了西周女性銘文創作的歷史，反映了貴族婦女部分生活面貌，在中國文學史上首次出現婦女的文章寫作，是中國婦女文學史上散文的開山之作，非常難能可貴。

（一）庚嬴鼎銘

庚嬴二銘的器主庚嬴，根據金文女性人名慣例，此女爲嬴姓之女，兩篇銘文都記載了康王表彰庚嬴、賞賜財物的榮耀。庚嬴鼎早年傳世，今不知所在。《庚嬴鼎銘》幸賴有多種文獻著録而得以保存下來。

隹廿有二年四/月既望己酉，王/格琱宫，衣事。丁/巳，王蔑庚嬴

① 唐蘭：《西周青銅器銘文分代史徵》，《唐蘭全集》，第7册，上海古籍出版社，2015年，第187頁。

歷，/賜祼璋、貝十朋。對/王休，用作寶鼎。[①]

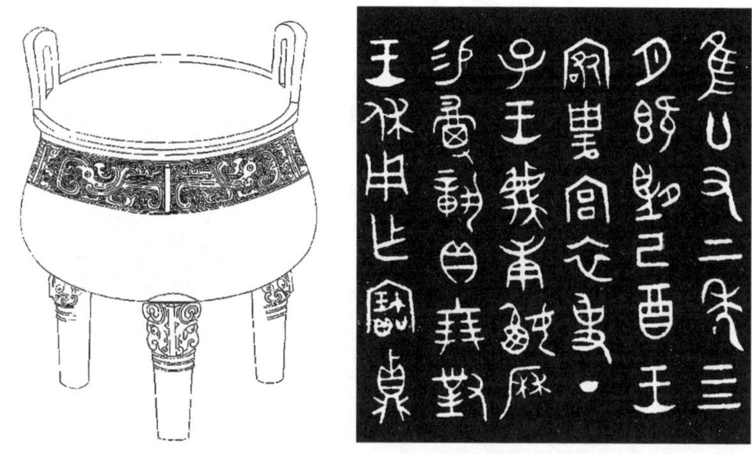

圖 3–24　庚嬴鼎銘拓和圖摹

《庚嬴鼎銘》記載周康王二十二年四月既望己酉日，康王來到琱[②]宮舉行大祭祀，九天後的丁巳日，康王表彰了庚嬴在這次大祭祀中的功績，賞賜庚嬴爵和璋兩類禮器，以及十朋海貝。銘中出現“蔑歷”一詞，可見西周後宮管理也納入了王朝行政管理體系中。同時，本銘也爲西周貴族婦女參與王朝祭祀活動提供了一個案例。

（二）庚嬴卣銘

傳世庚嬴卣有二器，一藏美國哈佛大學弗格美術館；另一不知所在。庚嬴卣器、蓋同銘，有銘文五十三字：

隹王十月既望，辰在己丑，/王格于庚嬴宮，王蔑庚嬴/曆，賜貝十朋，又丹一枏，庚嬴/對揚王休，用作厥文姑寶/尊彝，其子子孫孫萬年永寶用。

① 中國社會科學院考古研究所：《殷周金文集成（修訂增補本）》，第二册，中華書局，2007 年，第 1417 頁 2748 器。

② “琱”字馬承源不識，或釋爲琱字，然與琱生三器之琱字差别明顯，字上部明顯不爲周字，暫釋爲琱字，琱爲宫殿名稱。

圖 3–25　庚嬴卣圖像和銘拓

《庚嬴卣銘》記載康王某年十月既望，康王來到庚嬴宫，表彰了庚嬴的功績，賞賜庚嬴海貝十朋和一枅丹砂。鼎銘的作器目的只說“對揚王休”。卣銘除了有“對揚王休”之外，還說“用作厥文姑寶尊彝，其子子孫孫萬年永寶用。”可見作卣之時庚嬴夫之母已經去世，並且庚嬴至少已經有了子輩。從周王到庚嬴居室蔑歷庚嬴看，庚嬴地位不低，是獨立的消費主體，有爲姑作器的能力。

從“庚嬴二銘”可以看出，周王對女性的賞賜活動雖爲家事，也爲行政事務。二銘都出現了周王蔑歷庚嬴的句子，其中鼎銘還提到“殷事”，從己酉殷事到丁巳蔑歷庚嬴，時間跨度九天，可見“殷事”規模之大。《天亡簋銘》說“殷事王丕顯考文王”，那麽“殷事”即大型祭祀活動。“蔑歷”爲一種行政性質的表彰活動，① 庚嬴在鼎銘中參加“殷事”受到表彰，可見庚嬴應當爲康王夫人之一。王后與王夫人參與祭祀，見於《周禮》相關職官職文。庚嬴不爲王后，按照金文女性名稱慣例，庚嬴若爲王后，當成爲“王嬴”。

庚嬴二銘透露出西周王宫治理的寶貴信息。例如庚嬴作爲王夫人之一，有自己獨立的宫室——庚嬴宫；每一位夫人是一個獨立的消費單位，因而周王賞賜庚嬴貨幣；庚嬴承擔特定的祭祀義務，那就是祭祀她的文

① 見拙著《商周青銅器銘文的文學研究》，西北大學出版社，2014 年，第 168~178 頁。

姑——周王的母親，庚嬴在西周祭祀系統中具有特定的地位和權力。

（三）顯卣銘

最後説一説《顯卣銘》。這是一篇器主爲自己故去的婆婆製作青銅祭祀器的銘文，全銘只有四行十八字："顯乍母辛尊/彝。顯賜于婦/婚曰：'用齍/于乃姑宓。'"[①] 相比於庚嬴，同爲西周早期婦女婦婚就不得不依靠丈夫顯幫助作器以祭祀其姑，《顯壺銘》的"顯賜于婦婚"表明，這個卣是丈夫顯出資製作的。從《顯壺銘》和《庚嬴卣銘》可以看出，西周祖妣祭祀系統是有性别區别的。男性作器者所祭祀對象一般爲男性先祖先考；而女性作器者所祭祀的大多爲先妣。

三、賓禮銘文

（一）小臣宅簋銘

由於康王時期西周社會全面繁榮，賓禮活動繁忙，在王朝，諸侯及其使節頻繁來朝覲，同時王朝也派使節交通列國；在諸侯之間，婚姻、外交、政治、軍事活動頻繁，聘問之禮走向繁榮。正是在這種背景之下康王時期還出現了一批賞賜使者和隨從賓禮的銘文。其中小臣宅簋銘文所記賞賜屬於諸侯賞賜王朝使者。依據《儀禮·覲禮》等文獻，朝臣與諸侯交接，諸侯一般都要賞賜王使財物，《小臣宅簋銘》證實這些文獻所説爲真。《小臣宅簋銘》六行五十二字：

隹五月壬辰，同公在豐，/命宅事伯懋父。伯賜/小臣宅畫毌、戈九，錫/金車、馬兩。揚公、伯休，/用乍乙公尊彝，子子孫孫/永寶，其萬年，用饗王出入。[②]

圖 3–26　小臣宅簋銘

《小臣宅簋銘》最重要的價值是反映了西周初期王朝聘問禮。從銘文

① 中國社會科學院考古研究所：《殷周金文集成（修訂增補本）》，第四册，中華書局，2007 年，第 3361 頁 5389 器。

② 中國社會科學院考古研究所：《殷周金文集成（修訂增補本）》，第三册，中華書局，2007 年，第 2398 頁 4201 器。

“用饗王出入”看，小臣宅爲王官職官小臣，非同公私屬，同時説明同公也爲幾内諸侯在王朝擔任職官者，小臣宅爲同公在王官的屬下。“事伯懋父”當爲“使伯懋父”，即作爲王朝的使者見伯懋父。小臣宅之所以作銘文“揚公、伯休”，是因爲伯懋父賞賜他財物，而同公是他的“主管領導”——直接的上司，“用饗王出入”則是因爲小臣宅爲王官，有接待來往使節的義務。相關細節可以從今本《儀禮·聘禮》中看出來。

由於王朝使臣出使諸侯國禮典没有傳承下來，我們根據《儀禮·覲禮》推測，《小臣宅銘》反映了西周賓禮中的儐物禮。《儀禮·覲禮》是諸侯覲見天子之禮。當諸侯進入天子王都之郊，天子派使臣接待，是爲“郊迎”，使者代表天子完成郊迎之後，《儀禮·覲禮》載：“侯氏用束帛乘馬儐使者，使者再拜受，侯氏再拜送幣。使者降，以左驂出，侯氏送於門外，再拜，侯氏遂從之。”《儀禮》雖説使者僅僅接受左驂，根據鄭玄注，其餘三馬侯氏之士遂以出，授使者之從者於外。本銘中“賜金車、馬兩”，馬承源以爲即賞賜一輛車匹配的駟馬。《覲禮》未見賞賜金車，或爲王禮與諸侯禮的區别所在。本銘是器主受上司同公委託，出使衛國，聘問伯懋父，伯懋父賞賜器主珍貴的儐物，銘文背景就是王朝聘問諸侯的《大聘禮》，其禮學價值可見一斑。

（二）揚方鼎銘

反映西周初期聘問禮的還有《揚方鼎銘》。銘文只有四行十七字，加上一個族徽：“己亥，揚見事 / 于彭。車叔賞 / 揚馬。用作父庚 / 尊彝。天黽。”[①]“揚見事于彭”就是出使彭國。彭爲西南小諸侯國，曾參與武王伐商之戰，是西周重要的聯盟國。揚出使彭國，車叔賞賜馬，馬爲儐物。本銘屬於獲得儐物而作器紀念。

圖 3–27 揚方鼎銘

（三）獻簋銘

《獻簋銘》所記爲諸侯覲見天子禮，其

① 中國社會科學院考古研究所：《殷周金文集成（修訂增補本）》，第二册，中華書局，2007 年，第 1321 頁 2613 器。

中的賞賜則屬於諸侯隨從獲得諸侯賞賜一類，反映了西周康王時期覲見禮已經基本確立。銘文中的“楷[①]伯于遘王”即楷伯去覲見周王。《周禮・春官・大宗伯》載：“春見曰朝，夏見曰宗，秋見曰覲，冬見曰遇，時見曰會，殷見曰同。”但西周金文所見諸侯覲見周王，所用詞彙有遘和造兩種。本銘文中楷伯九月十六日見周王，“于遘王”之“于”乃動詞，相當於“往”，可見九月既望乃楷伯出發之日，爲秋天。按照《周禮・大宗伯》所説，當爲“秋見曰覲”。這是啟程之日。見周王之日銘文没有説，不過我們可以從銘文中推測出來。銘文出現了“十世不忘獻身在畢公家”，可見楷伯爲畢公後裔。器主獻爲楷伯之臣而稱“在畢公家”，可見楷伯是畢公的後裔。畢公即周文王之子畢公高。《左傳・僖公二十四年》所説“畢、原、酆、郇，文之昭”之畢，其地在豐鎬附近，覲見周王的路程在數日之間，不會超過半月，應在九月之内。

隹九月既望庚寅，楷／伯于遘王，休，亡尤朕／辟天子。楷伯令厥臣獻／金車。對朕辟休，乍朕文／考光父乙，十世不忘獻／身在畢公家，受天子休。[②]

圖 3–28　獻簋銘

楷伯覲見周王屬於賓禮中的“大覲禮”。銘文没有記載楷伯覲見周王的具體情況，原因是這次令器主最動心的事情是楷伯賞賜覲見有功的器主獻鍾。器主從自己的視角記載這份榮耀，而楷伯賞賜獻，屬於覲見禮典中一個儀節。從“十世不忘獻身在畢公家”看，獻是器主之名，並且世世代代在爲西周著名政治家畢公的家臣。“楷伯令厥臣獻金車”中的

① 楷字，馬承源釋爲𣚁字，其字不見字書；李學勤釋爲楷字，但該字左旁與金文皆字不合，今暫用李學勤説。馬承源説見《商周青銅器銘文選》，第三册，文物出版社，1988 年，第 55 頁 80 器。

② 中國社會科學院考古研究所：《殷周金文集成（修訂增補本）》，第三册，中華書局，2007 年，第 2403 頁 4205 器。

“令”就是賞賜，是陳夢家先生所説令字三義之一，獻爲雙賓語之一，金車是另一賓語。銘文還顯示，畢公的後裔有采邑在楷者，以楷爲氏，且在康王時期，楷氏在王朝爲三公之一，位高權重。

四、抒情體銘文的産生

除了以上反映分封、戰争、賞賜銘文外，康王時期還出現了一些個性非常强的銘文，這些銘文突破了分封、賞賜和戰争類銘文的寫作模式，私人寫作的性質更加突出，推動了銘文創作的私人化，《沈子它簋蓋銘》《作册嗌卣銘》《叔趯父卣銘》爲其中的佼佼者，其中《叔趯父卣銘》創造了西周銘文抒情體中的告誡體，我們在邢侯君臣銘文創作一節已有論述。本節我們重點分析《沈子它簋銘》和《作册嗌卣銘》。

（一）沈子它簋蓋銘

沈子它簋蓋傳1931年出土於洛陽，劉體智收藏，後歸中央博物館籌備處，終輾轉流失，今器身不見，僅存一蓋，藏於比利時布魯塞爾皇家美術歷史博物館。《沈子它簋蓋銘》一篇一百四十九字。著録於《集成》爲4330器。今以馬承源釋文爲主，兼顧陳夢家、唐蘭、平心、李學勤、劉雨、單育辰等前輩時賢成果，[①] 對銘文釋文如下。

它曰：拜稽首，敢取卲告：朕／吾考命乃鴅沈子作𦀚于周公／宗，陟二公，不敢不𦀚。休凡公克成，／妥吾考以于顯顯受命。嗚／呼！唯考肇念自先王先公，／廼妹克，衣告列成功，𠭰！吾考／克淵克，乃沈子其顀褱多公能福，／嗚呼！乃沈子妹克蔑，見厭／于公休。沈子肇畢

① 進按：本銘的解讀分歧非常大，本處綜合陳夢家、單育辰等多家解説説。關於“沈子”之“沈”，陳夢家以爲作形容詞修飾“子”，猶如“巡子”“沖子”；郭沫若、唐蘭等以爲“沈”爲沈國，周公六胤之一。我們以爲陳夢家説爲優。關於本器的年代，容庚以爲成王時，陳夢家、馬承源以爲康王時，郭沫若、唐蘭等以爲康王時，今從陳夢家説。關於沈子的身份，我們從“凡國説”。凡也爲周公六胤之一。關於本銘涉及的禮典問題，劉雨有過研究，我們基本上採用劉雨説。近年楊坤更提出“小宗沈子到大宗凡伯宗廟私祭説”，也可備一説，今不從。陳説見《西周銅器斷代》，中華書局，2004年，第113~115頁；單説見《再論沈子它簋》，《中國歷史文物》2007年5期。楊坤説見《沈子它簋銘與西周宗法》，《出土文獻研究》第十四輯74~89頁。劉雨説見《金文中的餈祭》，故宫博物院院刊1998年4期。

付[①]貯嗇，/ 作玆簋，用載饗己公，用恪多公，其 / 夙夜乃沈子它唯福，用永靈命，/ 用妥公，唯壽它，用懷㚸我多弟 / 子、我孫，克有型學懿父迺是子。[②]

圖 3–29　沈子它簋蓋銘

1. 沈子它簋蓋銘的文章學價值

在銘文寫法上，本銘採取抒情體中的禱告體，在禱告中透露情感、願望，以抒情爲主，帶動記敘，完全突破了紀事體的寫作框架，因而讓本銘成爲西周早期一篇奇文。根據劉雨等學者的研究，《它簋蓋銘》是器主它爲在周公宗廟舉辦一次祫祭禮而作。從銘文説“乃鴅沈子作綐于周公宗，陟二公，不敢不綐。”其中“陟二公”表明，周公廟中實行祧祭制度，即新入廟的父考排位入列周公宗廟，之前的列祖依次升位。《它簋蓋銘》的出現，體現西周銘文的表現功能進一步增強，銘文表現的題材進一步擴大，私人化傾向進一步突出，技巧進一步提升。

在用詞方面，本銘開始使用雙音節次和多音節詞，以追求銘文的表達效果。“朕吾考”中的朕、吾爲第一人稱代詞連用。“鴅沈子”中的鴅、沈也是如此。“顯顯受命”之顯顯是連綿詞中的“重言”。“吾考克淵克”之“克淵克”爲三音節形容詞作謂語。其餘如鶾懷、懷㚸、型學都是雙音節詞。雙音節詞和多音節詞的使用無疑增強了銘文的表現力，説明到周康王時期，西周散文語言發生了一次重大創新性巨變：詞彙音節大突破。

在句法方面，本銘非常有特色。兩次用“嗚呼”插入語、一次用“叡”這個獨詞感歎句，增強了銘文的抒情色彩。兩次用“乃沈子其……”句式，增强了銘文禱告意味。

① 進按：付字從單育辰釋。“凡公”之凡，舊釋爲“同”。根據王子揚的研究，同、凡字形相似；其左右對稱的爲同字；不對稱的爲凡字。見王子楊：《甲骨文舊釋“凡”之字絶大多數當釋“同”——兼談“凡”“同”之别》，復旦大學出土文獻與古文字研究中心編《出土文獻與古文字研究（第五輯）》，上海古籍出版社，2013 年。

② 馬承源：《商周青銅器銘文選》，第三册，文物出版社，1988 年，第 56 頁 81 器。

2. 沈子它簋蓋銘的禮學價值

從禮學角度看，本銘提供了諸侯廟制的真實案例：一個諸侯宗族的䄛祭情況。䄛祭多次出現在西周銘文中，作爲周天子家族的䄛祭多在方京舉辦。䄛祭之䄛，本銘義旁從絲，其他銘文義旁多爲食字替代，聲旁相同。本銘顯示䄛祭儀式在周公廟主辦，子它的父考成功列入這次䄛祭序列，這個序列包括周公、同公、己公，其中己公即子它的父考。由此我們知道，器主子它所在的凡國有周公廟，并以周公廟爲祖廟舉行祫祭，合食先公。此吉禮應當屬於祫禮。什麼是祫禮？《公羊傳》文公二年説："大事者何？大祫也。大祫者何？合祭也。其合祭奈何？毀廟之主陳于祖，未毀廟之主皆升，合食于太祖。"① 由此可見"陟二公"就是將二公廟的牌位"升"到周公廟去"合食"。爲什麽是合食？禘禮以肆獻祼爲主，猶生之有饗也；祫禮以饋食爲主，猶生之有食也。而簋是盛谷物的禮器，正好與饋食禮合。從本銘看，西周凡國到器主子它這一代，至少已經有周公、凡公、己公三座祖考廟。本銘還提供了一個信息，那就是西周諸侯國君廟號問題。從本銘看，死後都稱公，如本銘中的周公、凡公、己公。其中己公更值得注意。己字似不爲號謚，更像殷人的天干廟號，不似西周以文、武、成，康爲謚號。

（二）作册嗌卣銘

《作册嗌卣銘》也是西周早期一篇具有獨創性銘文。與《叔趯父卣銘》《沈子它簋蓋銘》不同，《作册嗌卣銘》開創了西周早期抒情體銘文中的獨白體。銘文第一段"作册嗌作父辛尊，厥銘宜曰'子子孫孫寶'"，直接將自己遭遇的困境説出來。作册嗌爲父辛製作了寶器。按照一般情況作册嗌應當在寶器上銘刻"子子孫孫寶"字樣。可是這個"子子孫孫寶"真不好寫，原因是作册嗌没有子嗣。正如銘文第二段所説："不禄嗌子，誕先盡死，亡子，子引有孫，不敢娣㜸。"作册嗌的兒子們全部死光了，只有一個孫子，② 作册嗌這一脈已經岌岌可危。銘文寫到這裏充滿悲

① （唐）徐彦：《春秋公羊傳註疏》，《十三經註疏》，中華書局，1980年影印本，第2267頁。

② 馬承源讀"子子引有孫"，而單育辰讀"引有孫"爲"矧有孫"，意思爲兒子們讀死光了，更不用説孫子了，可備一説。見單育辰：《作册嗌卣初探》，《出土文獻研究》十一輯。

傷，私人化與個性化尤其濃郁，以至於今天讀到此文，依然能感受到生命延續的艱難和生命的寶貴。

圖 3–30　作册嗌卣銘

作册嗌作父辛尊，/厥銘義曰“子子孫孫寶”。/不禄嗌子，誕先盡/死，亡子，子引有孫，不/敢娣嬰。 䟌鑄彝，/用作大禦于厥祖、/厥父母、多神，毋念/弋，弋勿剥嗌鰥寡，/遺祐祏宗不剌。[①]

《作册嗌卣銘》具有禮學價值。銘文反映的是一個家族舉行的大禦禮。大禦禮也是祭祀祖先之禮，但從本銘得知，大禦禮祭祀對象與一般的吉禮不同。由男性器主舉辦的普通祭禮一般只祭祀烈祖烈考男性鬼神，不祭祀先妣；大禦禮則烈祖烈考先妣一同祭祀。此外，一般的祭祀禮祭祀烈祖烈考，不祭祀諸神；大禦禮則祭祀諸神。從祭祀目的看，普通祭祀爲求福，大禦禮則側重於去災害。大禦禮的禮義即去災祈福。

（三）柞伯簋銘

《左傳·僖公二十四年》説：“凡、蔣、邢、茅、胙、祭，周公之胤也。”[②] 周公之胤除六國之外還有魯國，魯國的銘文創作已經在上面作了簡述，邢國青銅器我們已經在《麥尊銘》與《邢侯簋銘》一節集中討論。凡國銘文見於上一節《沈子它簋蓋銘》。至於蔣、祭兩國青銅器銘，由於尚未見到代表作，目前還不具備討論條件。我們本小節分析胙國的青銅器銘文創作。

文獻中胙國之“胙”，西周金文寫作“柞”，其君主自稱柞伯。傳世文獻之“胙”當爲音近假借。在西周銘文史上，胙國留下兩篇優秀作品，

① 馬承源：《商周青銅器銘文選》，第三册，文物出版社，1988 年，第 95 頁 142 器。

② 孔穎達：《春秋左傳注疏》，《十三經註疏》，中華書局，1980 影印本，第 1817 頁。按：以上二十七國不盡爲成王、周公所封。管、蔡之封在武王時，《史記》有明文；滕國，也是武王所封。杜預《春秋釋例·世族譜》：“滕，姬姓。文王子錯叔繡之後，武王封之，居滕，今沛郡公丘縣是也。”

其器主都自稱“柞伯”。其中一篇《柞伯簋銘》作於西周康、昭之際。另外一篇《柞伯鼎銘》作於周厲王時，銘文記敘柞伯參加周厲王首次南淮夷之役，與蔡侯一起圍困南淮夷昏城的情況，歷史價值非常高，我們放在西周晚期厲王朝銘文一節分析，此處我們分析《柞伯簋銘》。

柞伯簋 1993 年發現於河南省平頂山市應侯國墓地。應侯國爲武王子封國，“武之穆”四國之一，與胙國爲同姓兄弟國，柞伯簋當爲胙國贈送給應侯國的禮品。

隹八月辰才庚申，王大射/在周。王令南宮率王多/士、師醽父率小臣。王遅/赤金十反，王曰：“小子、小臣：/敬友！有獲則取！”柞伯十/稱弓無廢矢，王則畀柞/伯赤金十反。徣賜柷見。/柞伯用作周公寶尊簋。①

圖 2–31　柞伯簋及銘

這是一篇在西周銘文中獨樹一幟的傑出作品。器主柞伯以歡快的筆調記敘一件令人快樂的事情，那是一次大射競賽。與《儀禮》所記《大射儀》不同，本銘所記之事生動活潑，競賽規則不是《大射儀》所說的比賽中規中矩，而是比賽誰射得最準。周夷王拿出紅銅十版作爲懸賞，“有獲則取”是周厲王規定的唯一標準。與周昭王時期的《令鼎銘》所記周昭王懸賞臣十家相似，都具有打賭取樂性質，是西周僅有的兩篇記敘

① 王龍正、姜濤、袁俊傑：《新發現的柞伯簋極其銘文考釋》，《文物》1998 年 9 期。

快樂遊戲的銘文。

西周胙國在歷史上默默無聞，然而憑藉柞伯的兩篇作品，讓世人知道了西周胙國曾經是姬姓強國，某代胙侯曾經作爲左路軍統帥參與周厲王圍攻南淮夷之都昏邑，這就是銘文的力量。雖然我們不清楚這位柞伯的具體名字，不清楚西周柞國的世系，但有此兩銘，西周柞國文化得以在今天重見天日。

第四章　昭王時期的銘文創作

經過“成康之治”，昭王時期國力強盛，文化發展，西周社會全面繁榮，推動了青銅器銘文的興盛。《作册魖卣銘》反映太史畢公爲王朝修訂了王朝官員職責制度，《作册令方彝銘》記載了昭王任命明公爲三公、管理卿事寮情況。《卲咨簋銘》記載昭王任命卲咨擔任司徒要職，《小臣傳簋銘》《頍方鼎銘》記載朝廷一般官員的任命情況，《效父簋銘》《肆簋銘》《榮簋銘》等二十余銘記載官員受到賞賜的榮耀，顯示王朝激勵制度推動了王朝政治和文化的繁榮。昭王時期的銘文還反映了王朝的禮樂活動，《士上卣銘》《不栺方鼎銘》記載了王朝重大祭祀禮儀。《不壽簋銘》還記敘了王朝的“獻功禮”，尤爲可貴。昭王時期銘文創作最集中的主題是兩次昭王南征活動，如《䡣甗銘》《過伯簋銘》《䟭馭簋銘》等十多篇都是其中的優秀作品。

在昭王時代還出現了兩位傑出的銘文作家，一個是作册夨令，另一個是名爲“中”的王朝官員。作册夨令創作的《作册夨令方彝銘》是西周王朝最傑出的銘文作品之一，在一百八十余字長銘中，作册夨令記敘了周公家族一個重要人物周明公接受昭王任命、負責“尹三事、四方”的重要事件。銘文相對細緻地記載了周明公從接受昭王任命到成周上任的全過程，對西周早期王朝治理狀況、職官分佈和祭祀體系都有記載。銘文屬於長篇紀事體，所包含的西周早期政治、文化信息非常寶貴。另一位作家中是兩次南征造就的“軍旅作家”，中所創作的四篇銘文全部與昭王南征有關。其中《中觶銘》記載自己作爲南征的先導在昭王檢閲公族部隊時候被任命的情況；《中甗銘》記載自己到南國負責王朝對楚荆戰役的交通保障和糧草徵集情況；《中鼎甲銘》記載自己因保障工作成效突出而獲得周昭王的賞賜并得到一個采邑情況。《中鼎乙銘》更是記載了一件昭王南征的小插曲：中在南國得到鳳凰，并將鳳凰獻給了昭王。

昭王雖然只有十九年，青銅器銘文創作卻取得了長足的進步。成篇銘文數量增加，西周銘文創作乘着康王時代的發展勢頭，創作題材向多個領域邁進。

第一節　王朝政治活動銘文

西周銘文創作的動機主要是銘記榮耀和功績。由於西周王朝官員的任用是周王任命制，同時任命制又是事實上的契約制，周王的任命書具有契約性質，因此“書之鐘鼎”實際上就是保存契約證據。周王的任命對於畿内和畿外諸侯具有委託管理性質，同時這些諸侯和公卿大夫還具有世襲特權，因而西周貴族在創作其銅器銘文中不僅僅有顯示榮耀、銘記契約的動機，還有希望家族世襲的權力和利益傳之久遠的願望，這就是西周青銅器銘文中一再出現“子子孫孫永寶用享”這樣非常程式化句子的原因。以上三大動機激發了西周貴族的青銅器銘創作熱情，尤其是關於官員任命和賞賜類銘文，成爲西周銘文創作主題的主流。

一、重要官員任命銘文

從西周青銅器銘文可以看出，西周王朝重要官員的來源有兩條：一是從諸侯中啟用，例如衛國的伯髦父、毛國的毛伯、虢國的虢城公都曾擔任王朝官員。二是從世家中啟用，例如世襲周公采邑的君陣及其後裔恒爲在王朝任職的周公，世襲召公采邑的召公之子及其後裔世爲在王朝任職的召伯。《令簋銘》中的周公子明保、琱生三器銘中的召伯都是執政大臣。西周昭王時期青銅器銘文這方面的代表作有《作册䰧卣銘》《作册令方彝銘》等。

（一）作册䰧卣

作册䰧卣據傳出土於洛陽，今藏台北故宫博物院。器、蓋同銘，各六十三字。

隹公太史見服于宗周年，/在二月既望乙亥，公太史/咸見服于辟王，辨于多正。/粤四月既生霸庚午，王遣/公太史。公太史在豐，賞作册魖馬。/揚公休，用作日己旅尊彝。①

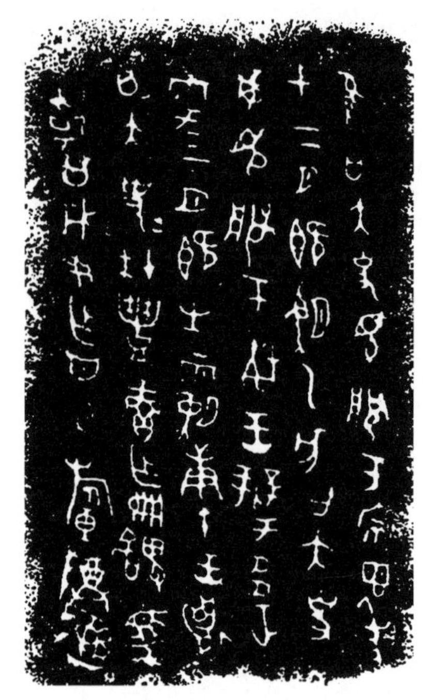
圖 4–1　作册魖卣銘

《作册魖卣銘》具有重要的歷史價值。

作册魖卣銘文反映了諸侯兼任王官的具體做法。《作册魖卣銘》從太史畢公屬下作册魖的視角記載了畢公在王朝當職的情況。“公太史”之“公”爲爵稱；“太史”爲王官職務。與公太史這個特别的稱呼相符合的西周歷史上只有一人，那就是畢公。《史記·周本紀》説康王曾經任命畢公到東都成周分周郊里居。“唯公太史見服于宗周年”，透露出此前畢公已經不在王宫做官。“見服”就是被任命，此次爲王官時間從乙亥到庚午共五十五天，擔任的是太史職務。事情辦完之後，康王“遣公”，即遣歸畢公，當爲畢公已經完成了使命，回歸畢國。由此可見，西周王朝有時候會臨時性抽調諸侯到王朝擔任職官，負責專項事物。任務完成後，諸侯還要回到受封之國。本銘中，畢公作爲王朝太史一職當爲恒職，有重大任務就到王朝履行職責，平時在侯國。“初見服”當爲畢公初次爲昭王服務，因畢公在成王朝就已經是太史了，再經過康王一朝，到昭王時代首次爲昭王服務。

本銘文還提供了西周昭王時期王朝治理一個重要的信息，那就是畢公主持了這一次王官體制改革活動。銘文有“咸見服于辟王，辨于多正”，而《周禮》所存五官序官都有“惟王建國，辨方正位，體國經野、設官分職”；《周禮·大司馬》職文也説“設儀辨位”。銘文“辨于多正”不是一般的對百官排排位置那麼簡單。從周昭王的重視程度看，

① 馬承源：《商周青銅器銘文選》，第三册，文物出版社，1988 年，第 88 頁 130 器。

畢公這次"見服"就是主持職官制度改革。《周禮·太史》職文説:"大史掌建邦之六典,以逆邦國之治。掌灋以逆官府之治;掌則以逆都鄙之治。"鄭玄注引《春秋傳》載:"天子有日官,諸侯有日御。日官居卿以底日,禮也。日御不失日,以授百官於朝。居猶處也,言建六典以處六卿之職。"① 由此可見作爲太史的畢公"辨于多正"五十五天,顯然是一次重大的職官制度建設活動,時間當在周昭王初年。從這一組銘文可以看出,畢公歷經文武成康昭五朝,主要功績有伐商、顧命、分里居和辨多正,《作册魖卣銘》反映了畢公高這一生中爲西周王朝所作的最後一個功績。

從本銘可以推測既望與既生霸關係。既望是十六日,這是常識,那麼再過五十五天就是第三個月的陰曆十一。此爲確定既生霸時段提供了第一手資料。

(二)即曶簋銘

西周時期每一王"登基"必做兩件事情,第一件就是調整王朝祭祀系統,將前王插入這個系統以便享受祭祀。這就是西周銘文多次見到"王初宛於方京"記載的原因。第二件,對王朝職官重要崗位進行調整。《即曶簋銘》所記就是周昭王元年的一次職官調整:

隹元年三月丙寅,王各/于大室,康公佑即曶。/賜戠衣,赤雍市,曰:"用/嗣乃祖考事,作司徒。"/曶敢對揚王休,用作/寶簋,子子孫孫其永寶。②

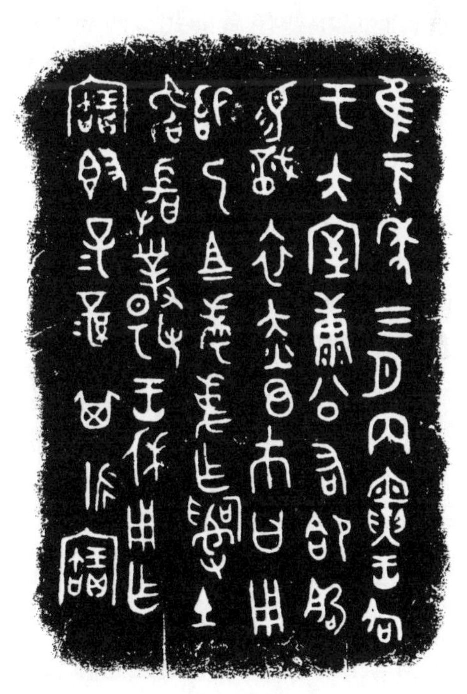

圖 4–2 即曶簋銘

① 鄭玄:《周禮注》,《十三經註疏》,中華書局,1980年影印本,第817頁。
② 馬承源:《商周青銅器銘文選》,第三册,文物出版社,1988年,第62頁88器。

《卲卲簋銘》記載西周昭王元年三月的一次重要任命。銘文非常簡略，卻也透露出周昭王時期高級官員任命的一些細節。器主卲卲在康公的陪同下出席這次任命，周昭王親自到現場，任命器主卲卲繼承其祖父的職事，擔任司徒官。這是西周最高級别的任命儀式了，周天子親自主持，三公之一的康公爲佑者，賞賜物品有絲織上衣、赤色蔽膝。相對西周中晚期，賞賜物品似乎偏少，没有西周中後期高級官員任命中車馬器、旗幟、禮玉等“標配”。周昭王在元年即任命“三有司”之一的民事官司徒，也是“一朝天子一朝臣”的具體表現。康公生稱公，則此公爲王朝執政大臣“三公”之一無疑。

二、王朝職官任命與行政活動銘文

王朝一般官員的任命，有周王親自到現場的，但更多的是王朝相關主管官員主持任命儀式。西周青銅器銘文包含許多王朝下層職官任命的例子，昭王時期的《小臣傳簋銘》記載的就是這樣的案例。《𩑈方鼎銘》則記載了普通官員的一次重要的行政活動。

（一）小臣傳簋銘

關於小臣傳簋來歷，方濬益作過簡單介紹。器原爲吴雲所藏，器蓋俱全。光緒己卯，器至吴中洗剔後多得十余字，而器蓋破碎，粘貼而成，不能剔鏽。[①] 小臣傳簋今下落不明，唯有搨片傳世。該器器身銘文大約六十一字，屬於西周時期中型銘文作品。

圖 4-3　小臣傳簋銘

隹五月既望甲子，王在方[②]/京，令師田父殷成周年，/師田父令小臣傳非余，傳用/作朕考簋，師田父令余嗣/□官，伯俎父賞小臣傳。對/揚伯休，用作朕考日

① 方濬益：《綴遺齋彝器考釋》，商務印書館，1935 年石印本卷十七，葉二十九。

② 案：“方”字，原搨從䒑、旁，即《詩經》“侵鎬及方”之“方”，我們本書一律寫作“方”，以下不再一一説明。

甲寶彝。[1]

“小臣”官西周銘文常見，爲士一級下層官員，卻有一定的經濟實力製作禮器。銘文中有“師田父令小臣傳非余”，“令”即陳夢家所説三義之一的賜物品。“非余”，今寫作“緋琜”，爲官員所持玉笏，是官員身份的象徵物。師田父當爲受詔王之命，將象徵職官身份的緋琜賜給小臣傳，小臣傳因此作器，紀念人生中這次重要的進階。師田父授予小臣傳緋琜，並且任命他擔任某一職官，當以王命任命低級職官，周王不親自出席任命儀式。銘文中雖然表示這個職官名稱之字已經鏽蝕難辨，不過不影響銘文整體閱讀。銘文還記載伯俎父賞小臣傳，即在被任命職官後，相應的“待遇”也就跟着到位了。這樣，爲先考作祭器的權力、財力、時機都具備了。銘文顯示，小臣傳這樣的職官任命儀式在昭王時期周天子不一定要在現場，由主管長官負責任命就可以了。《小臣傳銘》提供了這樣一個基層職官任命的典型案例。

（二）頍方鼎銘

頍方鼎今藏美國波士頓美術館，有銘文四行三十一字，器蓋同銘：

圖 4–4　頍方鼎銘

頍肇卿宁百姓。揚。用 / 作高文考父癸寶尊 / 彝，

---

① 進按：本銘文釋讀主要採用馬承源説，見《商周青銅器銘文選》，第三册，文物出版社，1988 年，第 81 頁 117 器。《積古齋》六卷 12 頁有摹寫本 40 余字；《攈古録金文》也是摹寫本；《愙齋集古録》録有搨片，命名“師田父尊”；《綴遺齋》命名爲“小臣傳尊”，有摹寫，無搨片。方濬益考證殷成周爲殷祭，京之上爲鎬。銘文搨片第一行尾缺 2 字，今從馬承源補“在方”兩字；第二行尾從馬承源補“年”字，第三行尾根據銘文慣例“用作寶尊彝”慣例補“用”字；第四行行首相應補“作”字。第四行尾從吳鎮烽補“司”字；第五行首所缺一字當爲某官之名，暫缺；行尾根據“對揚王休”慣例補一“對”字，第六行首補一“揚”字；末行根據銘文“用作某某寶尊彝”慣例補一“彝”字。銘文第四行“朕考簋”原搨作㿝，像無蓋簋形，或爲簋的異體字。簋、尊之别明確，然陳壽卿以爲尊，或因一人同時所作器有多種，銘文只有一篇，造成銘與器不符，金文多見。

用翻文考列，余其／萬年寶，孫子寶。𡧊。[1]

《頍方鼎銘》十分簡略地記載了器主頍初次召集百姓聚會的政治活動。銘文中的“百姓”非一般平民，在西周有姓之人乃有采邑之人，可見這次聚會就是召集西周國家貴族聚會。關於這次聚會的性質銘文没有涉及，不過從器主作器以紀念這次榮耀看，這是一次非常重要的會聚，當爲西周“國人”的議事大會。“高文考”短語中，“高文”爲雙音節詞，用以修飾“考”，顯示詔王時期貴族宗廟謚號出現追求“溢美”趨嚮。

三、反映王朝管理激勵機制的銘文

西周社會管理的財政經濟機制目前還没有研究清楚。禮樂制度的經濟基礎是什麽仍然需要深入研究。其中各級官員行政活動中的賞賜與儐贈在西周“禮樂經濟”中佔有重要地位。西周青銅器銘文對此有多層面的反映。根據這些銘文我們不難發現，西周王朝行政活動有多級激勵機制。第一級是周王的獎勵，第二級是王朝三公的獎勵，第三級是諸侯的獎勵，第四級是王朝和諸侯卿大夫的獎勵。我們在本小節主要分析反映行政活動中獎勵機制的銘文。

各級官員除了軍事活動中建立戰功有獎勵之外，王朝每次重要的政治、文化活動都伴隨着獎勵活動，這是西周王朝治理的定制。正因如此，西周青銅器銘文中出現了大量的因賞賜而作器紀念的内容。從這些銘文中我們不難得出，有功必賞當爲周王朝國家治理和官員管理的基本制度。王朝也通過賞賜控制了官員的經濟生活、精神生活和文化生活。

（一）反映周王行政激勵活動的銘文

周昭王一般通過獎勵物質財富對官員進行激勵。因此周昭王時期的銘文中有多篇銘文包含了關於賞賜物質財富的記載。這些物質財富包括

① 中國社會科學院考古研究所：《殷周金文集成（修訂增補本）》，第六册，中華書局，2007年，第5199頁9892器。進按：“頍”字爲人名，《集成》《釋文》《銘文選》均未釋，或釋爲頍字，我們暫且採用。又按：銘文中的揚字，馬承源以爲有退義，我們不從，以此“揚”乃“對揚王休”之省。見馬承源：《商周青銅器銘文選》，第三册，文物出版社，1988年，第96頁。

用於製作禮器的青銅原料、貨幣、土地和人民等。賞賜製作青銅禮器的原料在銘文中一般稱“金”或“吕”。

《師絲鼎銘》記載獎勵的物品就是金；《效父簋銘》記載的獎勵物品是“吕”。此吕字不是金屬鋁，從搨片看，猶如兩個丁字重疊，應當是金餅的象形字。“休王賜效父吕 / 三，用作厥寶 / 尊彝。五八六。”[①]

《榮簋銘》記載的獎勵物品是禮器用具，其一是玉瓚，其二是祼用材料，其三是貨幣百朋。賞賜貝百朋非常罕見，這是西周貨幣賞賜的最高紀録，可見這個“臣父榮”在昭王時期的地位之高。“隹正月甲申，榮 / 各，王休賜厥臣 / 父榮瓚、王祼 / 貝百朋，對揚天子 / 休，用作寶尊彝。”[②]

圖 4-5　效父簋銘

圖 4-6　榮簋銘

《命簋銘》比較有趣，記載周王賞賜動物鹿：“隹十又一月初吉 / 甲申，王在華，王賜 / 命鹿，用作寶彝，命 / 其永以多友簋飤。”[③] 周王賞賜鹿是

① 中國社會科學院考古研究所：《殷周金文集成（修訂增補本）》，第三册，中華書局，2007 年，第 2039 頁 3822 器。

② 中國社會科學院考古研究所：《殷周金文集成（修訂增補本）》，第三册，中華書局，2007 年，第 2296 頁 4121 器。進按：本銘釋讀有分歧。見馬承源：《商周青銅器銘文選》，第三册，文物出版社，1988 年，第 84 頁。

③ 中國社會科學院考古研究所：《殷周金文集成（修訂增補本）》，第三册，中華書局，2007 年，第 2283 頁 4112 器。

一時的高興還是一種制度目前尚不清楚。不過聯繫到《盠尊銘》周王賞賜養馬的大臣盠馬駒，這位臣命或許也是園囿管理官員，鹿養得好，用而受到賞賜。

《遣卣銘》則記載了周王賞賜采地和貨幣的榮耀：

隹十又三月辛卯，/王在庈，賜遣采曰/𧻚，賜貝五朋。遣對/王休，用作姞寶彝。①

圖 4–7 命簋銘

圖 4–8 遣卣銘搨

能賞賜采邑一座，也是了不起的賞賜，從此器主遣就是有采邑之人，在自己的采地内可以成爲“君主”了。但賞賜的貝卻只有五朋，與上面《榮簋銘》中榮獲得百朋貝相比，簡直就是小巫見大巫了，榮得到如此多的貨幣賞賜，表明榮的政治經濟地位炙手可熱。

《作册旂觥銘》記載的賞賜是一套土地、金、臣的組合。作册旂觥1976年出自陝西白莊1號窖藏，器蓋同銘，有銘文四十二字：

① 中國社會科學院考古研究所：《殷周金文集成（修訂增補本）》，第四册，中華書局，2007年，第3372頁5402器。

隹五月，王在厈。戊／子，命作册旂眖望／土于相侯，賜金賜／臣，揚王休。唯王十／又九祀。用作父乙／尊。其永寶。木羊册。[①]

圖 4-9　作册旂觥器銘

《作册旂觥銘》是歷史上青銅觥銘中最長的一篇，透露出重要的歷史信息。銘文記載周昭王十九年，昭王將望土賞賜給了相侯，命令作册旂去執行這次交接任務。作册旂圓滿完成這一任務，並獲賜金、賜臣。銘文雖然只有寥寥四十二字，卻在昭王南征大背景上展開。昭王爲什麽要將望土賞賜給相侯？相侯封地在今天安徽省淮北市，其地有相山，是東方夷族西進的必經之路。相侯控制着淮夷西進的通道，昭王此舉必爲籠絡相侯。[②] 由此可見周昭王賞賜相侯望土是南征戰略一系列措施中的一個，周昭王正在作大佈局，可見周昭王並非愚蠢。在作册旂平静的記敘中包含了驚心動魄的歷史事件，《作册旂觥銘》揭開了周昭王宏偉戰略佈局的一角，這是傳世文獻不曾有過的。

《鼐簋銘》記載了器主的一次覲禮活動，賞賜物是鑾旂：

唯十有二月既生霸丁／亥，王使榮蔑歷，命往／邦。呼賜鑾旂，用保厥邦。鼐／對揚王休，用作寶器，萬／年以厥孫子寶用。[③]

圖 4-10　鼐簋器銘

① 中國社會科學院考古研究所:《殷周金文集成（修訂增補本）》，第六册，中華書局，2007 年，第 4905 頁 9303 器。

② 進按：以上分析基於馬承源論斷，見《商周青銅器銘文選》，第三册，文物出版社，1988 年，第 63 頁註釋。

③ 中國社會科學院考古研究所:《殷周金文集成（修訂增補本）》，第三册，中華書局，2007 年，第 2387 頁 4192 器。進按：我們辨析搨片，發現器主名右邊非從聿，故本書從馬承源《銘文選》説，見《商周青銅器銘文選》，第三册，文物出版社，1988 年，第 85 頁。

銘文實際上記敘了三件事情，構成一個完整的覲禮過程。第一件事是周昭王命令權臣榮伯主持蔑歷器主𦈢的儀式。第二件事情是周昭王命令器主前往所封之國；第三件事情是周昭王賞賜給器主𦈢一面鑾旂。鑾旂是禮器之一，從“用保厥邦”看，𦈢當爲有封土的諸侯。毫無疑問，本銘記敘的是邦君𦈢的一次覲見禮。即邦君到宗周向昭王述職，昭王通過蔑歷禮表彰了邦君𦈢，邦君𦈢成功地返回封國。這篇銘文反映西周王朝治理諸侯國的一般情況：依據覲見制度諸侯國國君必須到宗周述職，接受朝廷的考核。諸侯通過考核，再返回封國。此爲諸侯國重要的政治事件，因而邦君𦈢作器紀念這件大事。銘文中的賞賜鑾旂具有認同器主封國治理的象徵意義。

（二）反映公卿的行政激勵活動銘文

周昭王時代的銘文還反映出，有時候王朝的行政激勵通過三公來完成的。厚趠方鼎最早著録於薛尚功《歷代鈡鼎彝器款識法帖》，該器雖經長期流傳而得以保存。今藏上海博物館，内壁有銘文三十三字。

隹王來格于成周/年，厚趠有歸[①]于/溓公。趠用作厥/文考父辛寶尊/齋，其子子孫孫永寶。束[②]

圖 4–11　厚趠方鼎及銘文

① 該字没有與之對應的楷體字，馬承源以爲該字與“歸”字接近，“歸”即“饋”。見馬承源：《商周青銅器銘文選》，第三册，文物出版社，1988 年，第 83 頁。

② 中國社會科學院考古研究所：《殷周金文集成（修訂增補本）》，第二册，中華書局，2007 年，第 1403 頁 02730 器；又見吴鎮烽《商周青銅器銘文暨圖像集成》，第 5 卷，上海古籍出版社，2012 年，第 122 頁。又見馬承源《商周青銅器銘文選》，第三册，文物出版社，1988 年，第 83 頁 120 器。

《厚趠方鼎銘》甚至没有記載自己因何而受賞賜，只是記載賞賜者爲溓公。溓公當然不會私人出資獎勵厚趠，他只不過是這次獎勵儀式的執行者。這個溓公是昭王時代王官中的三公之一，雖然傳世文獻中没有關於他的記載，青銅器銘文多處有他的身影。如《𡞞鼎銘》有“溓公命𢆶眔史旂”，《䣄鼎銘》中有“溓公蔑䣄曆”。此人甚至有可能就是《令鼎銘》中的太僕溓仲。從時間跨度看，此人政治活動横跨康王、昭王兩朝。

（三）反映諸侯對臣屬行政激勵活動的銘文

銘文反映更多的是諸侯對屬下的激勵。《復作父乙尊銘》記載的是匽侯賞賜臣屬情况：“匽侯賞復冖/衣、臣妾、貝，用作/父乙寶尊彝。”[①]

《殳簋銘》記載的是相侯賞賜屬臣情况：“唯二月乙亥，相侯/休于厥臣殳，賜帛、金。/殳揚侯休，告于文/考，用作尊簋，其/萬年□□□/侯。”[②]

此爲昭王時期繼《作册旂觥銘》之後第二篇與相侯國有關的銘文。關於西周相侯國，傳世文獻幾乎没有涉及。這兩篇銘文爲相侯國在西周歷史長河中留下兩朵浪花。

《耳尊銘》所記榮耀是侯賞賜臣十家：

圖 4–12 耳尊銘

隹六月初吉，辰在辛/卯，侯格于耳寢，侯休/于耳，賜臣十家。微師/耳對揚侯休，肇作京/公寶尊彝，京公孫子/寶，侯萬年壽考黄/耇，耳日受休。[③]

---

① 中國社會科學院考古研究所：《殷周金文集成（修訂增補本）》，第五册，中華書局，2007年，第3675頁5978器。

② 中國社會科學院考古研究所：《殷周金文集成（修訂增補本）》，第三册，中華書局，2007年，第2311頁4136器。進按：《集成》稱器爲“相侯簋”。依據銘文，當從馬承源説爲“殳簋”。馬承源將殳簋歸入西周早期，不確定爲何王時期。我們根據銘文中有“相侯”推測此銘與作册旂觥銘時代接近，因而定爲昭王時代。見馬承源：《商周青銅器銘文選》，第三册，文物出版社，1988年，第92頁。

③ 中國社會科學院考古研究所：《殷周金文集成（修訂增補本）》，第五册，中華書局，2007年，第3697頁6607器。

此侯是哪位目前難以考證。此侯與微師耳關係親密，親自到耳的住所賞賜耳。從本銘看，諸侯賞賜臣屬人力資源也是一種激勵臣屬的手段。器主職務爲“微師”，銘文中侯到器主家中賞賜器主，可見此侯當爲微侯。

（四）反映士大夫行政激勵活動的銘文

除了王朝三公以及王國諸侯之外，昭王時期的銘文反映一些卿大夫也採用物質獎勵手段激勵部下。

《奚方鼎銘》記載的是長官賞賜屬下馬車，並且連馬車上的旃子都一併賞賜了。奚方鼎爲布倫奇所得，今藏美國舊金山亞洲美術博物館。器内壁有銘文 32 字：

隹二月初吉庚／寅，在宗周，楷仲／賞厥嫊奚／遂毛兩，馬匹。對／揚尹休，用作己公／寶尊彝。①

圖 4–13　奚方鼎及銘拓

《奚方鼎銘》中的楷仲爲畢公之子畢仲。② 根據《獻簋銘》記載，楷伯曾經賞賜厥臣獻金、車，獻還説自己十世不忘在畢公家。可見獻是楷伯的家臣。而獻説自己十世在畢公家，可見楷伯也是畢公後裔。畢公被

① 中國社會科學院考古研究所：《殷周金文集成（修訂增補本）》，第二册，中華書局，2007 年，第 1402 頁 2729 器。進按：器主名字形與今楷書無對應者，陳夢家稱之爲奚方鼎，今從其説。見陳夢家：《西周銅器斷代》，中華書局，2004 年，第 54~55 頁。

② 陳夢家：《西周銅器斷代》，中華書局，2004 年，第 55 頁。

封於畢原，爲畿内諸侯。畢公曾任王朝太史，爲三公之一，因而稱畢公。而楷伯當爲封地或采邑在楷者，伯爲行輩，那麽楷仲當與楷伯爲兄弟關係。

在《奚方鼎銘》中，楷仲賞賜對象是"厥嫊奚"，而器主嫊奚在銘中還説"揚尹休"，可見楷仲爲嫊奚的上司。這次賞賜的物品很有可能出自楷仲自己。

《召卣甲銘》記載西周名臣伯懋父賞賜下屬召一匹黄背黑鬃馬。[①]而另一《召卣乙銘》則記載周王賞賜召五十里畢土。[②]在召所作第一卣銘中，召作團公旅彝；在第二卣銘中，又作欶宫旅彝。可見召至少有二廟，召至少是大夫一級的官員。在前銘中，召説"丕肆伯懋父友"，可見此時他還是伯懋父的僚屬。在後銘中，召已經有了自己的采邑，身份和地位大幅度提升。前後差異表明，召有可能在追隨伯懋父之後立下戰功，因而獲得周王的賜采。兩篇《召卣銘》生動地記載了西周官員通過王朝的激勵機制提高自己身份地位和政治待遇的途徑。

還有一篇《御正衛簋銘》，記載了伯懋父另一個賞賜案例："五月初吉甲申，/懋父賞御正衛/馬匹自王，用作/父戊寶尊彝。"[③]

圖 4–14　御正衛簋銘

伯懋父也是賞賜一匹馬。由於器主的職官是御正，主管官員賞賜馬，正好與其官職相關。

四、后宫參與國家禮樂活動銘文

西周青銅器銘文中多次出現"王姜"之人。根據西周銘文慣例，稱王姜，則此人爲王后，並且是來自姜姓國的女子。例如成王之后稱王姜，根據《叔簋銘》記載，王后也應當參與王朝重要的祭祀活動。

---

① 中國社會科學院考古研究所：《殷周金文集成（修訂增補本）》，第四册，中華書局，2007 年，第 33891 頁 5416 器。

② 馬承源：《商周青銅器銘文選》，第三册，文物出版社，1988 年，第 72 頁。

③ 中國社會科學院考古研究所：《殷周金文集成（修訂增補本）》，第三册，中華書局，2007 年，第 2218 頁 4044 器。

圖 4–15 叔卣銘

隹王𠦪于宗周，/王姜使叔事于太/保。賞叔鬱鬯、白/金、芻牛。叔對太保/休，用作寶尊彝。[①]

這次𠦪祭在宗周，召公當爲重要的主事者。王姜派器主協助太保舉行大𠦪之禮，顯然王姜自己没有直接參與其事，也是有代表參與，説明這一次王姜應當參與，只是由於其他原因不能前往而已。銘文中鬱鬯也賞給非諸侯人員，説明此器的器主也是有采地之人。

王姜參與國家祭祀大典之事，貴族宗親婦女也參加國家祭祀活動。對此，《伯姜鼎銘》有所記載：

圖 4–16 伯姜鼎銘

隹正月既生霸庚/申，王在方京溼宫，天子㳄/室伯姜，賜貝百朋。伯姜對/揚天子休，用作寶尊彝。/用夙夜明享于卲伯日庚，/天子萬年，百世孫孫子子受/厥純魯。伯姜日受天/子魯休。[②]

西周金文凡有“王在方京”必有祭祀之事。此當爲祭祀之後的論功行賞活動之一。從銘文“用夙夕明享于卲伯日庚”看，伯姜當爲召公奭在王朝世襲召公采邑一系的某位召伯的夫人。“卲伯日庚”有可能爲其夫之父，也有可能是其亡夫。天子一次賞賜達百朋，在西周銘文中僅見於前面的《榮簋銘》，而

① 中國社會科學院考古研究所：《殷周金文集成（修訂增補本）》，第三册，中華書局，2007年，第2307頁4132器。

② 中國社會科學院考古研究所：《殷周金文集成（修訂增補本）》，第二册，中華書局，2007年，第1458頁2791器。

榮是昭王時期的權臣，可見天子與召伯家族關係非同一般。

《作册睘卣銘》記載的王姜當爲周昭王之后：

> 隹十又九年，王在厈，王/姜命作册睘安夷伯。夷伯/賓睘貝、布，揚王姜休，用/作文考癸寶尊器。①

圖 4–17　作册睘卣銘

此年爲昭王十九年，是中國歷史上昭王南征而不復之年。這次王姜派屬臣睘去向夷伯問安，既是家事，也是國事。從銘文用“安”看，夷伯與王姜似有血緣關係，安夷伯是家事；從銘文“夷伯賓睘貝、布”看，這是賓禮中的儐使者之禮，“賓貝”，是覲禮等的一個儀節，一般是賞給使者財物，又屬於國事。或許與《作册旂觥銘》一樣，是昭王南征戰役中的一個佈局，不然，銘文强調“王在厈”就没有意義了。

作册睘還作有一篇尊銘，銘文説：“在厈，君命余作册/睘安夷伯，夷伯賓用貝、/布，用作朕文考/日癸旅寶。”② 顯然《作册睘尊銘》與其卣銘記敘的是同一件事情，只是卣銘所記詳一些，而尊銘簡略一些而已。

圖 4–18　旗鼎銘

王姜還參與王朝對官員賞賜衣服的有關活動。《不壽簋銘》載：“隹九月初吉戊/戌，王在大宫，王/姜賜不壽裘，對/揚王休，用作寶。”③ 王姜賜裘，當爲王朝一個固定的儀式。《周禮・司裘》載：“司裘掌爲大裘，以共王祀天之服。中秋，獻良裘，

① 中國社會科學院考古研究所：《殷周金文集成（修訂增補本）》，第四册，中華書局，2007 年，第 3377 頁 5407 器。

② 中國社會科學院考古研究所：《殷周金文集成（修訂增補本）》，第五册，中華書局，2007 年，第 3683 頁 5989 器。

③ 中國社會科學院考古研究所：《殷周金文集成（修訂增補本）》，第三册，中華書局，2007 年，第 2232 頁 4060 器。

王乃行羽物。季秋，獻功裘，以待頒賜。”從銘文所記賜裘發生在九月看，《不壽簋銘》所説當爲季秋頒賜“功裘”之事。

王姜與周王一樣具有賞賜土地人民的權力。《旟鼎銘》載：

唯八月初吉，王姜/賜旟田三于待劆，/師櫨酤兕，用對王/休，子子孫孫其永寶。①

第二節　作册令家族的銘文創作

作册夨令爲夨國貴族在王朝爲王官者，從他的家族族徽爲“隹丙册”看，這個家族世世代代爲作册官。他們曾經是殷商帝國的作册，武王克商後，這個家族爲武王所降服，又擔任西周王朝的作册官。在昭王朝，這個家族出現了兩個重要作家作册夨令和作册大。這是一對父子，作册夨令流傳下來四篇銘文，其中三篇都是西周銘文中的傑作；《作册夨令盤銘》一行六字，由於不成篇，不在我們討論範圍内。作册大有一篇《作册大方鼎銘》，也是西周銘文中的瑰寶。

一、作册夨令方彝銘

作册夨令方彝據傳1929年出土於洛陽邙山馬坡，今藏美國華盛頓佛利爾美術館。同出的還有一尊，銘文與方彝銘相同。作册夨令方彝器、蓋刻有一百八十五字同篇長銘。記敘的是周明公受册命擔任職官的全過程。② 這篇銘文是目前所發現的昭王朝最長的一篇紀事體銘文，銘文在記敘事件方面達到了很高水平，是西周早期銘文的代表作。

---

① 中國社會科學院考古研究所：《殷周金文集成（修訂增補本）》，第二册，中華書局，2007年，第1385頁2704器。

② 按：至於銘文中的“周公子明保”的身份，學術界有周公旦説、君陳説、伯禽説、某一代周公説等。我們認爲《作册夨令方彝銘》中的周公子明保就是第二代周公之子君陳的兒子明保。其人名明，職官爲保。周公死後，西周王朝主要政治家爲召公、畢公，而召公、畢公都是長壽之人，又是明保的祖、父輩，因此第二代周公及其子明保一直没能走到西周政治的最前沿。畢公在康王朝爲作册，在昭王朝爲太史，而太史即作册。可見太史寮長期爲畢公所掌管，作册夨令方彝銘作者夨令也是畢公部下。由此類推，卿事寮當爲召公所掌控。一直到召公和畢公去世，周公姬旦同輩政治家都已經從王權政治中消失，而第二代周公君陳已老，其子明保才被推上西周政治的最前沿。

隹八月，辰在甲申，王命周公子明保／尹三事、四方，受卿事寮。丁亥，命夨告／于周公宫。公命徣同卿事寮。隹十／月月吉癸未，明公朝至于成周。徣命舍／三事命，眔卿事寮，眔諸尹，眔里／君，眔百工，眔諸侯：侯、甸、男；舍四方命。既／咸命，甲申，明公用牲于京宫；乙酉，用／牲于康宫；咸既，用牲于王。明公歸自／王，明公賜亢師鬯、金、小牛，曰：用祓！賜令鬯、／金、牛，曰：用祓！迺命曰：今我唯命汝二人亢／眔夨，協[1] 左右于乃寮友、以乃友事！作册令／敢揚明公尹氒宔，用作父丁寶尊／彝；敢追明公賞于父丁，用光父丁！／雋册。[2]

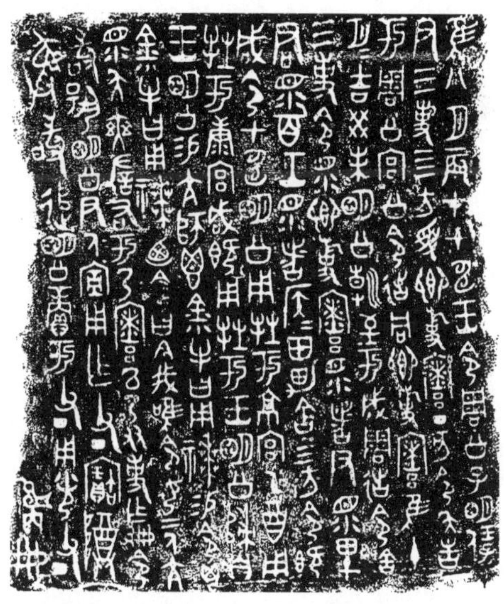

圖 4–19　作册夨令彝及銘拓

《作册夨令方彝銘》從周明公助手作册夨令視角記敘了周昭王任命周公子明保爲執政大臣的政治事件，銘文具有極高的歷史認識價值。第一，

① 楊樹達以爲“爽”字，讀爲“尚”，表命令、希望義。《積微居金文説》，中華書局，1997 年，第 6 頁。

② 馬承源：《商周青銅器銘文選》，第三册，文物出版社，1988 年，第 67 頁 95 器。進按：此銘反映的應當是昭王時期的某位周公受命情形。“周公子明保”是這位周公在未受此職前的稱呼。稱“子”猶如武王自稱“沖子”一樣，爲父守喪期間稱子。“保”是職務，“明”爲字。銘文記載，周王發佈命令時候稱其人爲“周公子明保”，到了第四天則稱此人爲“明公”，因四天前已經任命他新職務，管理卿事寮。

銘文向我們展示了西周時期如何在成周地區行使王權政治的情況；第二，銘文展示了著名的“殷見禮”情況；第三，銘文包含了許多史書失載的歷史信息。

西周王朝如何任命成周的執政大臣？執政大臣如何行使職權？《作册夨令方彝銘》對此有很好的詮釋。根據這篇銘文，我們今天還能還原出這個過程。

首先是周王任命執政大臣，然後相關附屬職官向受命的執政大臣報到，執政大臣派附屬職官官員發佈會同令，約定會同地點——成周，然後執政大臣到達成周，分别向所屬部門和諸侯發佈行政令。各類行政令發佈以後，執政大臣進行祭祀活動，祭祀對象包括供奉在京宫、康宫和王城三處的先王、先公神靈。這段記敘很好地闡釋了金文中經常出現的“殷成周”問題。什麽是“殷成周”？從本銘的記敘看，殷就是殷祭，殷成周就是祭祀成周地區宗廟，包括京宫、康宫和王城宗廟。完成這些行政事務和宗教事務之後，受命官員獎勵有關有功人員。這是西周執政大臣行使職權的一般流程。

明公爲什麽要到東都成周行使職權？這就是《史記·燕召公世家》所説的“自陜以西，召公主之；自陜以東，周公主之。”這種東西兩行政中心的佈局一直到周昭王時期都没有變化。明公所管理的卿事寮，核心機構即三事，三事即三有司，包括司徒、司馬、司空三職。從西周銘文看，三有司爲王朝日常行政職能的主要承擔者。

從銘文内容看，周明公對卿事寮和諸侯直接發佈號令，並且代表周王獨立進行祭祀祖先的活動，權力已經超過了《周禮》一書中關於天官冢宰職責的規定，是名副其實的執政大臣，這樣的事實在傳世文獻中不曾見過。

周明公這一次在成周發佈三事、四方令是西周王朝一件重要的政治事件，被其他銘文作者作爲紀年標誌。因而“殷成周”不僅包括了殷祭禮，還包括了殷見禮。銘文説：“舍三事命，眔卿事寮，眔諸尹，眔里君，眔百工，眔諸侯：侯、甸、男；舍四方命。”舍即施，即發佈政令。根據西周銘文的相關内容可知，這個發佈令與今天中央政府、國務院以公告文件形式發佈命令不同，接受命令者必須到場。由此可見朝廷内的官員和朝廷外的諸侯全部到現場，“殷見”場面宏大，當爲昭王朝一次重大政治事件。

從禮學角度看，《作册夨令方彝銘》爲我們提供了西周殷見禮最直接的文獻。由於這次殷見的意義重大，這一年被同時代銘文作家作爲標誌年。《作册翻卣銘》載："唯明保殷成周年，/公賜作册翻鬯、貝。翻/揚公休，用作父乙/寶尊彜。"[①] "同卿事寮"在《作册翻卣銘》中被視爲"殷成周"，這一年即明公殷成周年。《周禮·大宗伯》職文説"殷見曰同"。周明公這次在成周殷見了諸侯和卿事寮，從周明公和作册夨令角度看，這是"同三事、四方"；從諸侯角度看，則爲殷見禮。

圖 4-20　作册翻卣銘

傳世文獻中，周公後裔繼承周公爵位世代爲周公的，在西周只有周公之子君陳而無明公。《魯侯尊銘》載："唯王命明公遣三族伐東國，在囟，魯侯有囚功，用作旅彜。"[②] 結合《毛公鼎銘》記載毛公受命爲四方極後立即帥軍東征，我們可以推測周昭王這次任命明公尹三事、四方就是爲了伐東國。明公伐東國當爲明公一生最爲重要的業績，而傳世文獻不載，《作册令方彜銘》《魯侯尊銘》填補了歷史空白。

銘文比較詳細地記載了執政大臣上任的經過，爲後人提供了真切的西周朝廷政治生活細節。這是西周政治生活中的一件大事，可以作爲紀年的標誌性質的事件，彌補了傳世文獻不足的缺憾。

《作册夨令方彝銘》是西周紀事體銘文的傑作，寫作技巧高超。[③]

首先在語言上用詞非常講究。我們僅以人稱爲例。明保在未被任命前，所任王朝職官是保。"唯八月辰在甲申，王命周公子明保尹三事、四方，受卿事寮。丁亥，命夨告于周公宮。公命徣同卿事寮。"即在八月甲申之前，明保還是周公君陳之子，故稱"周公子明保"；四天後夨令到周

① 馬承源：《商周青銅器銘文選》，第三册，文物出版社，1988 年，第 80 頁 115 器。

② 陳佩芬：《上海博物館新收集的西周青銅器》，《文物》1981 年 9 期。進按：馬承源以爲"繇"初文，同"咎"，大也。明公：馬承源以爲即茅公，周公之後。茅、萌通，則茅與明通。

③ 參見拙著《商周青銅器銘文的文學研究》，西北大學出版社，2013 年，第 133 頁。

公故居——明保的現居地報到，已經不稱明保，改稱“明公”了，因四天前周昭王已經册封明保，任命他尹三事、四方，即管理三有司和諸侯。考慮到《班簋銘》在周王任命毛伯“庚虢成公服、尹三事四方”後就改稱“毛公”了，此處的“公”就是被周王任命尹三事四方的周公子明保。爲區别已故周公與此人，作册夨令稱他爲“明公”。[①]明保在主持三事、四方工作之前王官職務是“保”；由保升爲“三事、四方尹”，相當於後來的“宰相”，就是《周禮》中的冢宰。《左傳・定公四年》衛子魚對於西周分封母弟有過一段介紹：“周公爲太宰，康叔爲司寇，聃季爲司空。”這是職務升遷；命數也升爲人臣最高級别的公，因而銘文此時换稱呼稱之爲“明公”。爲什麽不直接稱“周公”？有兩種可能：第一，此時第二代周公君陳尚在，因此要到周公君陳去世後周明公才能被稱爲“周公”。第二，此爲特定稱謂的别白手法，以與歷代周公區别開來。我們傾向於後一個原因。

其次，銘文敘事條理嚴密。銘文雖落實在作器以銘記榮耀上，但榮耀的具體内容敘述很有講究。銘文重點記敘了六件事情。第一件事情是周昭王任命明保爲三事尹。第二件事情是四天後周王派夨令向已經退休在家的第二代周公通報任命情況。周公君陳雖老，還是有政治頭腦，他囑咐夨令去召集卿事寮。這兩件事情發生在宗周地區。五十九天後，明保到達成周，銘文已經稱他爲“明公”，這是銘文所記載的第三件事情。第四件事情是明公發佈一系列命令。命令敘述順序也非常講究：“三事令”最重要，放在前面，用連詞“眔”將卿事寮、諸尹、里君、百工連起來，這些都是王官。然後是諸侯，由侯、甸、男組成。最後是四方。由近及遠，由内到外。第五件事情爲“用牲”，分别用牲於京宫、康宫、王城。

① 關於本銘的明保、周公、公、明公，面學術界尚未取得統一的意見，主要有郭沫若明保爲伯禽説；周同的明保爲周公旦説；陳夢家的明保爲君陳説；唐蘭以爲明保爲君陳之子、周公之孫；李學勤的明保非人名説；馬承源的明公爲周公之胤茅伯説，分别見郭沫若：《兩周金文辭大系圖録考釋》(三)，科學出版社，1957年，第6頁；周同：《令彝考釋中的幾個問題》，《歷史研究》1959年4期；陳夢家：《西周銅器斷代》，中華書局，2004年，第37頁；唐蘭：《西周青銅器銘文分代史徵》，《唐蘭全集》上海古籍出版社，2015年，第220頁；李學勤：《令方彝、方尊新釋》，《古文字研究》1989年，第16輯；馬承源：《商周青銅器銘文選》，第三册，文物出版社，1988年，第35頁。我們採用唐蘭説，以爲明保爲周公旦之孫，事情發生在昭王時期。這一點可以從夨令家族所作青銅器銘文時代序列中看出來。

第六件事情是賞賜，亢與矢令一同受賞，因而順帶提到亢師這個人。可見事件記敘佔有主導地位。

再次，銘文通過簡潔明了的地點記敘，將事件發生的空間一一有層次、連續地展現出來，充分顯示了銘文作者對於銘文空間佈局高超的經營水平。六大事件分别發生於不同的地點：周王任命在宗周王宫；矢令報到在周公宫；周公建議在周公宫；明公發佈三事令、四方令在成周；明公祭祀分别在成周京宫、康宫和成周附近的王城；明公賞賜又回到成周。銘文地點記敘層次有條不紊，從宗周到成周到王城再到成周，銘文成功地記敘了明公相關活動的空間轉换，爲讀者描述了一套明公治國的精彩連環畫卷。

本銘是一篇純粹的記敘文，事情本身也比較複雜，地點轉换快，要在兩百字以内將這系列事件都記録下來，記敘難度非常大大。銘文完整地記載了西周王朝一次重大的政治活動，作者矢令不愧爲史官世家之人，這篇銘文極有可能就是作册矢令親自撰作，是史官矢令獻給中華文化最傑出的作品。

二、令鼎銘

《令鼎銘》八行六十九字，一反西周銘文的凝重、典雅的主流風格，文筆自由活潑，是西周銘文中少見的充滿歡樂情趣的散文傑作，顯示了作册矢令高超的散文創作能力。銘文的背景是周昭王舉行的一次籍田禮。銘文没有敘述籍田禮的具體過程，只選擇籍田禮結束後回歸活動中一場不屬於禮典的小插曲——以一場賭約爲中心事件，銘文先用極其簡略的筆墨介紹了籍田、饗禮、饗禮中的宴射、昭王回歸行程。然後重點記敘一場玩笑式賭約。昭王命令矢令和另外一位叫奮的王駕先驅進行速度比賽，看誰先到達目的地。銘文雖然只有六十九字，寫作技巧卻十分高超。通過簡敘和繁敘、明敘和隱敘結合，將一場賞心悦目的樂事記載下來：

王大籍農于諆田，餳，王/射，有司眔師氏小子合[1]/射。王歸自諆

① 合字原揭從卯從合，馬承源以爲即會字。根據《儀禮·大射禮》，此爲三偶射，偶射即合射。

田。王御滕/仲僕，令眔奮先馬走。王/曰："令眔奮，乃克至，余/其舍汝臣十家！"王至于/滕宫，敀。令拜稽首曰："小/子迺學。"令對揚王休。①

圖 4-21　令鼎銘拓

"王大籍農於諆田"爲故事背景，然後用一個"餳"字將籍田禮中隆重的大饗禮一帶而過。"王射，有司眔師氏小子合射"略中有詳，這爲後面的打賭埋下伏筆。銘文没有記敘合射的過程，實際隱含了雙方互有勝負，各不服氣，因而昭王在回程中命令夨令與奮再比賽一場。同時我們還可以推測令和奮在合射比賽中必然各爲一方，不然不會在回程中還在較勁。至於競走比賽誰赢了，銘文不直接説出來，但根據銘文"小子效"②這句記言可以看出，夨令赢了這場競走比賽。此外太僕滕仲作爲銘文中的第四人也受到了夨令隱敘的"照顧"。銘文僅僅間接介紹了他爲王御，擔任這次歸程的御手，這就間接顯示了他的職官是太僕。"王至于滕宫"一句表明昭王籍田歸來没有直接回自己的王宫，而是來到滕仲家裏，可見昭王非常信賴滕仲。銘文記敘最爲詳細的是昭王爲夨令和奮設置的競賽："令眔奮，乃克至，余其舍汝臣十家！"這是通過物質獎勵激勵兩人奮勇争先，屬於記言敘事，同時展現了周昭王在帝王氣象之外還有爽朗的個性，而夨令個性更加突出。競賽獲勝後得理不饒人，直截了當地向昭王討要懸賞。根據銘文内容可以判斷，此時夨令擔任的職官爲走馬，即《周禮》中的驅馬。從銘文中表現的夨令氣質看，當爲夨令年青時代的作品，其時，他的父親丁公尚在人間，因而作器没有提到先公。銘文記敘的是一個充滿樂趣的故事，在西周傳世文獻中絶無僅有，是先秦小説家的濫觴。

① 吴鎮烽：《商周青銅器銘文暨圖像集成》，第 5 卷，上海古籍出版社，2012 年，第 292 頁 02451 器

② 按：西周銘文"學""教""效"均用"學"字表示。

三、令簋銘

目前發現的作册夨令創作的銘文除了上面兩篇外，還有《令簋銘》一篇，也是西周銘文中的傑作。

圖 4-22　令簋銘拓

隹王于伐楚伯，在炎。隹九／月既死霸丁丑，作册夨令／尊宜于王姜，姜賞令貝十朋，／臣十家，鬲百人。公尹伯丁／父貺于戍，戍冀司乞。令／敢揚皇王休，丁公文報，用／稽後人享，隹丁公報。令用／登揚于皇王，令敢揚皇王／休，用作丁公寶簋，用尊事于／皇宗，用饗王逆受，用／廄寮人，婦子後人永寶。／雋册。[1]

《令簋銘》全文 110 字，也是長篇銘文，記載周昭王十六年，昭王發動了征楚之戰。夨令跟隨昭王參加了這場戰爭。九月二十八日丁丑，[2]夨令從炎地出發，送福胙給王后王姜。王姜賞賜夨令財物、土地和人民。王官伯丁父負責土地和人民的交割，由於土地在戍地，戍地官員戍冀承接并完成了交割任務。銘文可分爲前後兩部分，分别爲紀事和祝福，用於紀事的篇幅不到全文的一半，而祝福部分迴返往復，説的都是一個意思，那就是企望子子孫孫永遠享用王姜賜予的采邑。祝福部分雖然創造性不強，不過提到了丁公。按照銘文慣例，貴族製作祭器，如果父親已亡，當首先爲父考作祭祀禮器。那麽銘文中的丁公當爲夨令的父親。這個信息爲確定作册夨令家族的世系提供了依據。銘文最有價值的當屬前半紀事部分。這一部分紀事雖然極其簡略，不過根據西周禮制傳統，我們可以揭示銘文中的隱藏記敘内容。“尊宜”即敬獻福胙。賜胙禮是西周吉禮典中的一個儀節，即祭祀之後，將祭祀用肉賞賜給親戚朋友。由於

① 馬承源：《商周青銅器銘文選》，第三册，文物出版社，1988 年，第 66 頁。
② 依據馬承源説，見《商周青銅器銘文選》，第三册，文物出版社，1988 年，第 66 頁。

王姜地位高，不能用“賜”字，故用“尊”。[①] 由此可見周昭王必在炎地舉行了大型祭祀活動。由於是在征楚行程中舉行的，這次活動必爲軍禮中的祭祀。王姜賞賜作册夨令臣十家、鬲百人，没有説土地；由於西周土地廣袤，人力資源才是最重要的，賞賜人民必然連帶賞賜土地，銘文不説，卻已經隱含在記敘中。再者，王姜賞賜的土地和人民，需要公尹伯丁父到戍地去交割，戍地官員戍冀負責落實。在這條記敘明線之下暗藏另外兩個記敘：其一，伴隨賞賜的落實，作册夨令成爲有采邑的貴族；其二，伴隨伐楚戰役的展開，周昭王控制了大片土地和人民，這些新獲土地和人民大多用來賞賜給功臣，作册夨令所獲戍地就是其中之一。

四、作册大的銘文創作

作册大是夨令家族中重要作家，代表作是《作册大方鼎銘》。《作册令方彝銘》稱“作父丁寶尊彝”，而《作册大方鼎銘》稱“作祖丁寶尊彝”，我們據此可以判斷作册大是作册夨令的子侄輩。同樣，《作册令方彝銘》有“隹丙册”字樣的族徽，《作册大方鼎銘》也有“隹丙册”字樣的族徽，由此可見這兩人爲同一個家族的兩代人。

圖 4–24　作册大命銘

公朿鑄武王、/成王翼鼎，隹/四月既生霸/己丑，賞作册/大白馬。大揚/皇天尹太保/休，用作祖丁寶/尊彝。雋册。[②]

至於兩人在血緣上有什麽關係，《作册夨令方彝銘》載：“敢追明公

① 按：銘文“作册夨令尊俎于王姜”，原字的確是“尊”，“尊俎”是什麽意思？“尊俎”就是送祭祀後的福祚，“尊”顯然是動詞，就是饋贈。地位低的人的贈送可以叫“獻”。小盂鼎銘有“邦賓尊旅服，東鄉”句子，學者大多釋爲“奠”，爲陳設，放置。又商鼎四祀𠨘其壺銘“尊文武鼎帝乙俎，在召大廳”，“尊俎”即此“尊宜”。

② 吴鎮烽：《商周青銅器銘文暨圖像集成》，第 5 卷，上海古籍出版社，2012 年，第 184 頁。

賞于父丁，用光父丁”，而《作册大方鼎銘》載：“用作祖丁寶尊彝”，同一個祭祀對象，作册夨令稱父丁、作册大稱祖丁，可見作册夨令爲作册大之父，兩人爲父子關係。銘文説公束鑄武王、成王鼎，此公即作册夨令方彝中的周公子明保，即明公，作册大所揚的“皇天尹太保”職務還是太保，即周公子明保。父子二人都爲銘文作家，都留下了優秀的銘文作品，這在西周並不多見。

第三節　禮樂活動銘文的出現

昭王時期，反映王朝禮樂活動銘文創作開始湧現。《士上卣銘》記載昭王大禴於宗周、宛方京、殷成周活動。《不栺方鼎銘》記載昭王在上侯居舉行奉祼禮情況；此外還有《遹簋銘》所記獲魚禮，《静簋銘》所記大射禮等，我們本節分别從王朝、諸侯和卿大夫三個方面對有關青銅器銘文進行分析。

一、賓禮銘文

賓禮即賓主之禮，屬於人際交往禮。昭王時期記載的賓禮銘文尚未大規模興起，不過也出現了《亢鼎銘》這樣的記敘交易活動中獲得儐物的銘文傑作。

亢出現在《作册夨令方彝銘》中，是夨令的同僚，該人所作《亢鼎銘》吴鎮烽以爲康王時期的作品。我們以爲亢與夨令是同時代人，銘文中所稱公太保即《作册夨令方彝銘》中的周公子明保。

乙未，公太保買／大珏于样亞，裁／五十朋。公令亢歸样／亞貝五十朋以鬱／奉、鬯罍、牛一。亞／儐亢騂金二鈞。／亢對亞宣，用作／父己。夫册。[①]

圖 4–25　亢鼎銘

① 吴鎮烽：《商周青銅器銘文暨圖像集成》，第 5 卷，上海古籍出版社，2012 年，第 236 頁。

亢鼎 20 世紀末出現於香港，出土地不明，有銘文四十六字。《亢鼎銘》最大的價值在於他是西周青銅器銘文中最早記敘商品買賣活動的銘文。銘文記敘公太保從檨亞處購買一塊大玉，其價格是五十朋貨幣。公太保派亢去完成這筆交易。檨亞完成交易後，作爲儐物付給亢兩鈞黄銅。然而與純粹的商品交易不完全相同，公太保讓亢支付五十朋的同時，還命令他帶上鬱拳、鬯罍、牛一。這是貨幣交易之外的附加物，其性質不明。檨亞給與亢的二鈞，銘文已經説明其性質，“儐亢騂金二鈞”即將騂金二鈞以儐物的形式送給亢。西周凡賓禮，相關人員往往獲得主人餽贈給客人的物品，這些物品稱爲儐物。儐物類似於今天西方的“小費”，但本質上與小費不同。儐物是禮樂活動中的禮物，是今天“禮物”的源頭。

二、吉禮銘文

昭王時期關於祭祀禮活動的銘文比較豐富，所反映的活動有大禴、桒、禘等，所反映的禮典很難於傳世文獻所説一一對應，但這些吉禮才是實實在在的周禮，因而相關銘文十分寶貴，是西周禮樂文明真正的“遺珠”。

（一）士上卣銘與大禴禮

大禴禮是昭王時期重要的禮樂活動。反映大禴禮樂活動銘文首推《士上卣銘》。士上卣，傳 1929 年出自洛陽邙山馬坡，同時出土一卣一盉。由於銘文都有族徽臣辰册先，又稱臣辰卣、臣辰盉，均器蓋同銘。[①] 士上卣有銘文七行四十六字：

隹王大禴于宗／周，祉宛方京年，／在五月既望辛／酉，王命士上眔史／寅殷于成周，嗀／百姓豚，眔賞卣鬯、／貝，用作父癸册寶／尊彝，臣辰册先。[②]

圖 4–26　士上卣器銘

① 引自唐蘭：《論昭王時代的青銅器銘刻》，《唐蘭先生金文論集》，紫禁城出版社，1995 年，第 275 頁。

② 馬承源：《商周青銅器銘文選》，第三册，文物出版社，1988 年，第 82 頁 118 器。

“唯王大禴于宗、祉往宛方京年”從側面記載了周昭王在宗周舉行的大禴禮。從銘文内容看，禮儀的中心是在宗周的大禴，而“宛方京”只是這個大禴禮的組成部分，甚至是附屬部分。至於殷成周，更是排在宛方京之後的附屬部分，周王自己都不參加了，僅僅派士上代表自己去殷成周。但成周的殷祭，我們聯繫到《作册矢令鼎銘》中明公在成周用牲于京宫”“用牲于康宫”“用牲于王”，不難判斷，這就是“殷成周”三大項目。所謂“殷成周”就是殷祭成周，殷乃盛大之義，即成周主要的宗廟都要祭祀到。同樣，“宛方京”也是將在方京的宗廟都祭祀一遍。一曰宛，一曰殷，宗周和成周的吉禮存在一定的差别。

從《士上卣銘》我們知道，大禴禮以宗周爲中心，旁及方京和成周。而在方京舉行的儀式叫“宛”，在成周舉行的儀式叫“殷”。大禴禮舉行的時間爲五月，與傳世文獻“夏禴”時間一致。但傳世文獻對“夏禴”的解釋明顯與銘文所反映的大禴禮内容有差距。從規模看，大禴禮根本就不是因爲夏季没有祭品、只是在月底“稍稍”祭祀。本銘提供了大禴禮的真實情況：禴禮之後有宛禮，有賜胙禮。銘文記載了時王在宗周的一次大型祭祀活動，該活動還可以作爲大事紀年的座標，與《麥尊銘》所反映的那次大祭祀幾乎一樣。銘文的重點在於記載這次大祭祀的一個側面：作爲王朝大禴禮的一個組成部分，在成周舉行的“殷成周”之禮；在“殷成周”成功之後，還要賞賜祭祀福祚給東方的諸侯和世家。因大祭祀發生在宗周，周昭王在大禴禮之後，分别在方京和成周舉行附帶的宛祭和殷祭。成周的殷祭，周昭王只派士上和史寅到成周主持祭祀，并“殷見”東方諸侯，《士上卣銘》提供了解決大禴宗周、宛方京和殷祭成周三禮儀關係的鑰匙。

（二）與桒禮相關的銘文

昭王時期還出現了有關桒祼禮銘文創作。《不栺方鼎銘》記載的就是這種祭祀禮——桒祼禮。[①]從銘文看，昭王也外出祭祀。《不栺方鼎銘》所反映的就是西周昭王在上侯居舉行的一次祼祭活動。銘文説：

① 不栺方鼎1971年出土於陝西扶風縣法門寺西鎮3號西周墓，方鼎通高21.8釐米，口横寬18.2釐米，口縱寬14釐米，鼎腹10.1釐米，重3.2公斤，内壁有銘34字，今藏扶風縣博物館。

隹八月既望戊辰，王 / 各上侯𢉩，𠦪祼。不旨賜 / 貝十朋，不旨拜稽首，敢 / 揚王休，用作寶將彝。[①]

由於銘文作者的寫作重點也不在這次祭祀活動，器主關注的是自己在這次活動中受到獎賞的榮耀，因而對於這次禮儀的細節描敘非常少，給今天破解𠦪祼禮造成困難。

昭王時期出現了記敘在成周舉行𠦪禮銘文，代表作爲《圉卣銘》。關於𠦪祀的性質，學術界一直在討論，但没有形成一致的見解。1975年北京琉璃河出土《圉卣銘》載："王𠦪于成周，/ 王賜圉貝。用 / 作寶尊彝。"[②] 由於銘文過於簡略，我們難以從中發掘出關於𠦪禮的更多信息。

圉的銘文作品尚有一篇《圉方鼎銘》："休朕公君匽 / 侯賜圉貝，用 / 作寶尊彝。"銘文内容是記載受到匽侯賞賜貝的榮耀。將兩篇銘文串聯起來可以看出，圉這個人是匽侯的下屬，卻能夠參與周穆王在成周舉行的𠦪禮，並且還受到賞賜，說明周穆王非常倚重召公及其後裔。

圖 4–27　不栺方鼎銘

圖 4–28　圉卣銘

圖 4–29　圉方鼎銘

① 吴鎮烽：《商周青銅器銘文暨圖像集成》，第 5 卷，上海古籍出版社，2012 年，第 139 頁。

② 馬承源：《商周青銅器銘文選》，第三册，文物出版社，1988 年，第 86 頁。

（三）與禘禮相關的銘文

圖 4–30　庚姬卣及銘拓

這一時期還出現了記載禘祭禮銘文，代表作爲《庚姬卣銘》。[①] 庚姬卣 1976 年出土於扶風縣莊白村一號窖藏中。同出的商器還有一件青銅尊，兩器都非常精美，其中尊高 30.5 釐米，口徑 23.6 釐米，底徑 16.7 釐米，器重 11 斤，是青銅尊中真正的重器。卣器通高 35 釐米，口徑 15 釐米左右，腹深近 21 釐米，器重 16 斤，容積達 4700 毫升，在西周青銅卣中同樣屬於重器，今兩器藏陝西省寶雞市周原博物館。

兩件庚姬器均有同篇銘文，其中卣銘器身和蓋各有同篇銘文。庚姬卣器銘六行三十字，其餘均爲五行三十字。

隹五月辰在丁／亥，帝司。賞庚／姬貝卅朋，乢兹／廿寽商，用作／文辟日丁寶／尊彝。𦥑 [②]

銘文記載器主參與了一次禘禮活動。器主庚姬在這次禘祭中比較圓滿地完成了她應承擔的事情，因而獲得貝三十朋的賞賜。這是西周

① 進按：器主之名，馬承源等稱庚姬，曹瑋《周原出土青銅器》一書稱商姬，見《周原出土青銅器》，巴蜀書社，2005 年，第 4 卷 529 頁。兩種稱呼源自對銘文“乢兹廿寽商用作文辟日丁寶尊彝”的不同句讀。曹瑋當讀爲“商用作文辟日丁寶尊彝”，馬承源等讀“商”爲賞賜之“賞”，“乢兹廿寽商”即取其中二十寽商貝。曹瑋讀或可備一說。按照金文慣例，“用作某某器”中，“用”之前一字往往爲器主名字。但若視本銘庚姬爲器主商的妻子，庚姬是姬姓女子嫁給𦥑族者，那麽其丈夫爲什麽要爲自己去世的長官文辟日丁製作禮器呢？銘末族徽説明器主是殷人後裔之妻，其文辟日丁當爲其舅，婦女祭祀舅姑見於《儀禮・士昏禮》。

② 中國社會科學院考古研究所：《殷周金文集成（修訂增補本）》，2007 年五册，第 3689 頁 5997 器。又見 馬承源：《商周青銅器銘文選》，第三册，文物出版社，1988 年，第 94 頁 14 器。進按：“帝司”，有讀“禘祠”“嫡司”“啻司”的。乢、兹、商三字也有多種不同釋讀。也有學者讀“帝司”爲“帝后”，此讀則有兩種可能，帝后即王后，其一；帝后讀爲“禘，后”，則禘禮之後，王后賞賜器主，此可備一説。乢、兹、商三字也有多種不同釋讀。例如董蓮池以“帝司”爲周王故去㛸姓夫人；乢爲給予；兹爲絲；商即庚姬之名，見董蓮池：《商尊銘文研究》，《古文字研究》第二十五輯 10~14 頁。今不從，仍從馬承源説。

初年一次賞賜貨幣數量相當大的賞賜。銘文中的庚姬當爲姬姓女子嫁於具有商文化傳統的家族者，由於文化傳統與姬周文化傳統不同，庚姬所作禮器使用對象不稱姑舅，而稱廟號，祭祀對象是廟號日丁的男性先人。銘文體現了比較濃厚的商文化氣息。銘文中的“帝司”即禘祠，禘祠即禘祭。銘文簡略記載了庚姬在周王舉行的一次禘禮中由於有所貢獻而獲得豐厚的賞賜，透露出王室之女嫁給外姓貴族，依然可以參與王朝重大禮儀活動。本銘還透露出一條經濟信息，那就是二十寽至少可以鑄造大型的一尊一卣兩種禮器，也即意味着二十寽至少可以兑换二十七八斤紅銅。[①]

除了本銘之外，此女所作銘文見於著録的還有《庚姬鬲銘》同銘四篇、《庚姬器銘》一篇，分别爲《集成》637至640器、10576器，都是一兩句話的銘文。這些銘文都帶有族徽符號“舉”字。

三、政禮銘文

西周將王朝一般性的行政活動納入禮樂活動之中，這些活動有一定的儀式程式，我們暫且稱之爲“政禮”。政禮包括蔑歷禮、獻功禮等。西周政禮發展到昭王時期出現了“獻功禮”銘文。代表作爲《史獸鼎銘》。史獸鼎高20.3釐米，口徑17.5釐米，鼎腹深11.6釐米，器重4.4斤，曾爲劉體智所得，今藏台北故宫博物院。鼎有銘八行五十字：

圖4–31　史獸鼎銘

尹令史獸立工/于成周。十又一月/癸未，史獸獻工/于尹。咸獻工，尹/賞史獸祼，賜豕/鼎一，爵一。對揚皇尹/丕顯休，

① 按：銘文中“赿兹廿寽商用作文辟日丁寶尊彝”，有人斷句爲“赿兹廿寽，商用作文辟日丁寶尊彝。”將“商”字看成一個叫商的人，此器也被稱爲商卣。我們以爲此“商”即銘文“賞庚姬貝卅朋”的“賞”，爲賞賜。“商庚姬貝卅朋。赿兹廿寽商用作文辟日丁寶尊彝。”即從中拿出二十寽來製作青銅器。“赿”字，尊銘從辵、弋，不能看成連詞而解釋成賞賜卅朋貝和二十寽絲，應是動詞，表示從卅朋中拿出二十寽。金文中“貝”“寽”均爲貨幣單位。

用作父／庚永寶尊彝。[1]

銘文從器主史獸角度記載西周王朝在成周舉辦的一次重要的禮樂活動，我們姑且稱之爲“獻功禮”。銘文簡要概述了這次禮樂活動大致過程，没有具體的細節描述。銘文稱史獸參與這次活動爲“蒞功”，而史獸完成任務後要“獻功”。從獻功和主管官員賞賜史獸福胙、鼎、爵看，這次活動規模宏大。通過對銘文内容分析可以判斷這是一次重要的祭祀活動。銘文用詞非常講究，賞賜胙肉用動詞“賞”，賞賜鼎、爵用動詞“賜”。在西周銘文中，賞和賜有嚴格區分，賜鼎、爵就是賜器，《周禮・大宗伯》職文説：“壹命受職，再命受服，三命受位，四命受器，五命賜則，六命賜官，七命賜國，八命作牧，九命作伯。”受器四命，而四命，根據《周禮・典命》職文“王之三公八命，其卿六命，其大夫四命”，史獸爲王朝大夫，這次賜器或爲一次升職儀式。我們從《史獸鼎銘》中大致上可以勾勒出獻功禮的主要儀式有獻功、致福、賜器三大環節。

“獻功”是什麼性質的禮儀？《周禮・大宰》職文有“歲終，則令百官各正其治，受其會，聽其致事而詔王廢置。”賈公彦疏説：“有功者置之，進其爵；有罪者廢之，退其爵。”《史獸鼎銘》所記敘的恐怕就是這種官吏考核制度。尹爲史官之長，史獸在成周任職，到年末述職，報告工作成績，這就是獻功。史官之長尹認可了史獸的成績，因而“進其爵”。《史獸鼎銘》記載了昭王朝官員述職禮儀性質的活動——獻功禮。

四、軍禮銘文

軍禮即軍事禮樂。《周禮・大宗伯》載：“以軍禮同邦國。大師之禮，用衆也；大均之禮，恤衆也；大田之禮，簡衆也；大役之禮，任衆也；大封之禮，合衆也。”這就是軍禮五典。昭王朝有兩次征伐南淮夷活動，相關銘文我們設專節分析。這裏我們挑選一篇大田禮銘文作爲代表。

《周禮・大司馬》職文有春蒐、夏苗、秋獮、冬狩四季振旅狩獵之説，爲軍禮大田之禮的組成部分。《員方鼎銘》載：“隹征月既望癸酉，／

---

① 中國社會科學院考古研究所：《殷周金文集成（修訂增補本）》，第二册，中華書局，2007 年，第 1445 頁 2778 器。又見馬承源：《商周青銅器銘文選》，第三册，文物出版社，1988 年，第 90 頁 134 器。

王狩于眂𢼸，王命/員執犬，休善，用乍/父甲𩰬彝。”[①] 銘文所記周王狩獵時間爲正月，若爲周正則周以十月爲歲首，爲夏季之獵，是爲“夏苗”；若爲夏正則爲春季之獵，是爲“春蒐”。《周禮·秋官》有犬人一職，王令員執犬，器主員當爲犬人之類的職官。

圖 4–32 員方鼎銘

五、公卿士大夫嘉禮活動銘文

昭王時代關於士大夫禮樂活動的銘文開始出現，《榮中鼎銘》記載貴族榮仲大廈落成的慶賀之禮，反映了西周社會貴族生活的一個側面，[②] 所記非常珍貴。

王作榮仲宮，/在十月又二月/生霸吉庚/寅，子賀榮仲/祼璋一，牲太牢。/己巳，榮仲速/芮伯、𩵦侯、子。子/賜伯金鈞。用/作父丁𩰬/彝。史[③]

圖 4–33 榮中鼎銘

《榮仲鼎銘》記敘西周王朝一個非常有權勢的榮氏家族成員榮仲個人生活的一件喜事。周昭王爲榮仲建造了榮仲宮。一個叫子的貴族帶來玉璋和犧牲恭賀榮仲大廈落成，來恭賀的還有芮伯、𩵦侯等。榮仲派手下一個叫伯的人去“速賓”，告訴客人榮伯舉行答謝宴會的時間。其中那個叫子的貴族賞給伯一塊金鉼。這篇銘文不是榮仲所作，器主應該是

① 中國社會科學院考古研究所：《殷周金文集成（修訂增補本）》，第二册，中華書局，2007 年，第 1377 頁 2695 器。又見馬承源：《商周青銅器銘文選》，第三册，文物出版社，1988 年，第 78 頁。員方鼎今藏上海博物館。

② 榮中鼎有二，同銘，其一爲保利藝術博物館收藏。另一傳出自山東，爲某私人收藏。

③ 吴鎮烽：《商周青銅器銘文暨圖像集成》，第 5 卷，上海古籍出版社，2012 年，第 225 頁 02412 器。

這個自稱伯的人。可以説這篇銘文所記爲嘉禮，相當於《周禮·大宗伯》中嘉禮十二的“以賀慶之禮親異姓”的賀慶之禮。這篇銘文爲我們提供了西周賀慶之禮的一個實例。子用來慶賀的禮物很有意思，一類是貴重的玉器禮品祼璋；另一類是用於祭祀的牛肉、豬肉和羊肉組成的太牢。芮伯、䀛侯是來恭賀的諸侯，還有一個某子爵國國君。榮伯爲了答謝，要辦一個答謝宴會。按照《儀禮》所記，凡是邀請人參加活動，必定提前派人告訴被邀請人活動的時間，這在禮節上叫“速賓”，而不速自來的稱“不速之客”。有意思的是這個子竟然還贈給來速賓的伯一金餅。爲什麽不記載芮伯、䀛侯所贈禮品？因作器者伯是子的速客人，不是芮伯、䀛侯的速客人。

六、公卿士大夫吉禮活銘文

伴隨西周禮樂文化的繁榮，昭王時期反映公卿士大夫私人禮樂活動的銘文開始出現。其中比較突出的一篇銘文就是《我方鼎銘》。我方鼎造型奇特，傳出自洛陽，由尊古齋修復成形。器身今藏台北故宫博物院，器蓋藏台北中研院史語所。①

《我方鼎銘》是一篇御祭銘文，鼎銘六行四十三字：

隹十月又一月丁亥，/我作御，祭祖乙、妣乙、/祖己、妣癸，征礿𣪘/二母。咸，㚸遣福二、/𠬝貝五朋，用作/父己寶尊彝。亞若。②

圖 4–34　我鼎銘

銘文内容記載，一個叫“我”的貴族舉辦了一個家族御祭典禮，祭祀祖父、祖母。可能是在這次活動中有功，祭祀結束之後，器主獲得㚸

① 吴鎮烽：《商周青銅器銘文暨圖像集成》，第 5 卷，上海古籍出版社，2012 年，第 195 頁。

② 中國社會科學院考古研究所：《殷周金文集成（修訂增補本）》，第二册，中華書局，2007 年，第 1429 頁 2763 器。又見馬承源：《商周青銅器銘文選》，第三册，文物出版社，1988 年，第 85 頁。

的賞賜，獎勵給器主兩條胙肉和五朋貝。器主因此製作祭祀父己的寶器。銘文雖然作於昭王時期，但銘文所反映的文化帶有鮮明的殷商文化特色。御祭是向鬼神祈禱除去災害的一種祭祀儀式，本銘是西周爲數不多的御祭銘文之一。

第四節　昭王南征銘文

昭王南征是西周歷史上的重大事件，昭王南征的失敗是西周早期和中期的分水嶺，也是西周王朝終結上升期的標誌性事件。關於這一重大歷史事件，傳世文獻所提供的資料非常有限。《古本竹書紀年》也只有三條，分別記載昭王十六年，伐楚荆遭遇大兕；十九年天大曀，喪六師於漢；昭王末年南巡不反。而《史記・周本紀》只有“昭王之時王道微缺，昭王南廵狩不返，卒於江上。其卒不赴，告諱之也。”寥寥數句。與此形成強烈的反差，昭王時期青銅器銘文與昭王南征有關的就多達數十篇，這些銘文共同構築了那場戰役的雄偉畫卷，在一定程度上彌補了傳世歷史文獻嚴重匱乏的缺憾。

一、昭王十六年南征銘文

根據《古本竹書紀年》，昭王南征有前後兩次，第一次在昭王十六年；最後一次在昭王十九年。昭王十六年的南征獲得成功，可以説是得勝而歸，我們將反映昭王時代南征獲勝的大部分銘文視爲創作於昭王十六年南征前後。

（一）過伯簋銘等四銘

過伯參與昭王南征戰役。《過伯簋銘》載：“過伯從王伐反/荆，俘金，用乍/宗室寶尊彝。”[①] 此過伯當爲過國嫡長子，過國在淮陽，位置或以爲在今安徽渦陽縣境内。可見昭王南征動員了中原地區不少小國參與其中。

圖 4–35　過伯鼎銘

《䧹簋銘》也記載了一個叫䧹的戰將跟隨昭王伐荆

① 中國社會科學院考古研究所：《殷周金文集成（修訂增補本）》，第三册，中華書局，2007 年，第 2106 頁 3907 器。又見馬承源：《商周青銅器銘文選》，第三册，文物出版社，1988 年，第 73 頁。

情況，銘文只有十個字："𤔲從王伐荆，/ 俘，用乍餴簋。"[①]

《𠂤驭簋銘》與《𤔲簋銘》一樣，非常簡略地記敘了南征事實，不過關於私人信息要略爲豐富一些："𠂤馭從王南征，/ 伐楚荆，有得，用乍 / 父戊寶尊彝。"[②]

《鳿叔鼎銘》也十分簡略，從《鳿叔鼎銘》我們知道，昭王十六年南征歸來在八月："鳿叔從王南 / 征，唯歸，唯八 / 月在皕应，誨 / 乍寶鬲鼎。"[③]

從以上四銘看，昭王南征的目的分別是伐反荆、伐荆、伐楚荆，這些將軍在這次戰役中分別有收穫。𠂤驭是"有得"，過伯是"俘金"，𤔲比較謙虛，只是説"俘"，總之，這場戰役昭王及其部下得手了。

圖 4–36　𤔲簋銘

圖 4–37　𠂤驭簋銘

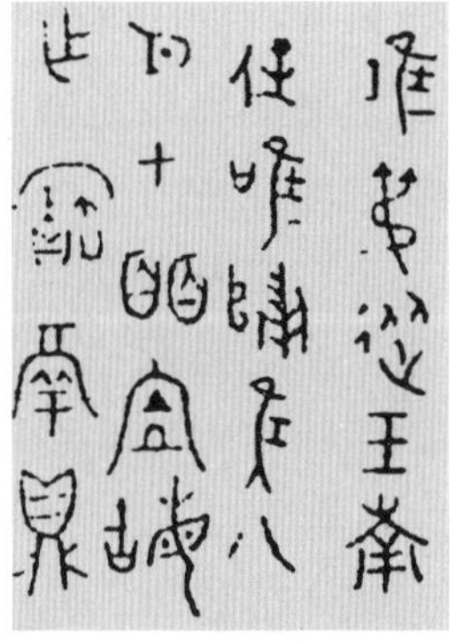

圖 4–38　鳿叔鼎銘摹本

① 中國社會科學院考古研究所：《殷周金文集成（修訂增補本）》，第三册，中華書局，2007 年，第 1978 頁 3732 器。又見馬承源：《商周青銅器銘文選》，第三册，文物出版社，1988 年，第 73 頁。

② 中國社會科學院考古研究所：《殷周金文集成（修訂增補本）》，第三册，中華書局，2007 年，第 2159 頁 3976 器。又見馬承源：《商周青銅器銘文選》，第三册，文物出版社，1988 年，第 75 頁。

③ 中國社會科學院考古研究所：《殷周金文集成（修訂增補本）》，第二册，中華書局，2007 年，第 1322 頁 2615 器。又見馬承源：《商周青銅器銘文選》，第三册，文物出版社，1988 年，第 75 頁。進按：馬承源以此器主爲誨。1981 年陝西斗門鎮出土此人所作一簋，銘文清晰，器主實爲"誺"字，從言從妾。

（二）𢦚甗銘

我們從最近面世的《𢦚甗銘》中發現，晉侯燮父也參加了昭王十六年南征的相關活動：

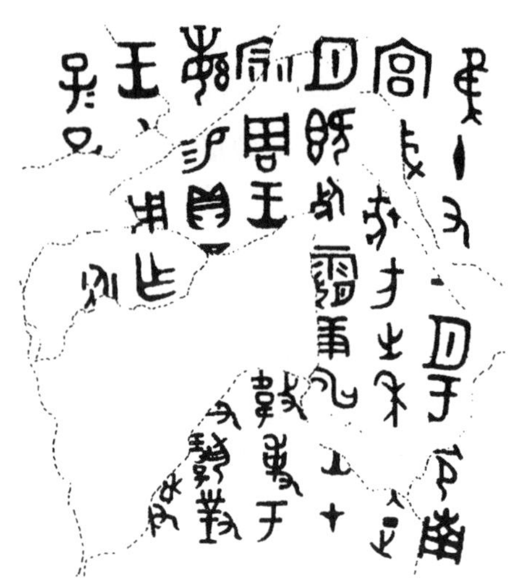

圖 4–39　𢦚甗銘摹本

> 唯十又二月，王命南/宮伐虎方之年。唯正/月既死霸庚申，王在/宗周。王命佰𢦚事于/繁，賜貝五十朋。𢦚揚，對/王休，用乍寶尊彝/子子孫孫永寶用享。①

𢦚甗器主根據孫慶偉考證，乃是著名的晉侯燮父，𢦚與燮一名一字。但我們不讚成此爲昭王二次南征銘文。我們認爲此爲昭王十六年前後首次南征作品。② 𢦚甗銘從𢦚的視角記載昭王十五年十二月，昭王下令南宮討伐虎方，統帥爲南宮。第二年正月，周昭王下令𢦚出使繁陽，賞賜給𢦚五十朋貝。《𢦚甗銘》所記乃昭王南征戰役前期戰役動員階段的一個環節，也是這場戰爭宏偉畫卷的一個側面。銘文在創作方法上雖然没有新突破，但時間和地點記敘十分嚴謹，其中關於時間的記敘就占了銘文一半的篇幅，具有歷史真實性，爲今天推測西周昭王時代紀年提供了十分寶貴的曆法資料。

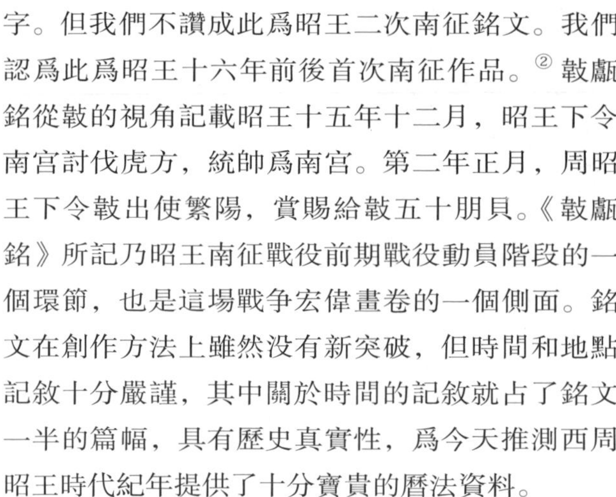

圖 4–40　啟尊銘

（三）啟所作二銘

首次南征另外一位參與者啟也創作了兩篇銘文。《啟尊銘》正文三行十九字：“啟從王南征，

① 𢦚甗出自山西天馬—曲村北趙晉侯墓地 M114。銘文大體上尊董珊意見，見孫慶偉《從新出土𢦚甗看昭王南征與晉侯燮父》，《文物》2007 年 1 期。帶邊框字原摹寫本缺寫，我們根據銘文内容和西周金文用於習慣推測。

② 進按：見下面我們對中鼎銘的分析。

蹕 / 山谷，在㴉水上，啟乍且 / 丁鼎旅寶彝。”[①] 銘文十分簡略，但記下了兩個地點，一個是山谷，另一個是㴉水。這篇銘文注重記敘地點的變化以反映南征戰役的進程，爲研究昭王南征的線路提供了寶貴的資料。

《啟卣蓋銘》正文六行三十七字：

王出獸南山寇，蹕山谷，/ 至于上侯、順川上。啟從 / 征，謹不夓。乍且丁寶旅 / 尊彝。用匄魯福，用 / 夙夜事。[②]

圖 4–41　啟卣蓋銘

啟的這一篇銘文非常有意思，寫出了昭王南征初期的欺騙戰術。昭王僞裝成剿滅山賊，率領大軍出南山，到達戰略要地上侯。啟的部隊跟隨昭王，一路上小心謹慎，隱蔽前行。“謹不夓”就是隱蔽行軍，不暴露目標。周昭王的欺騙戰術效果非常好，這是昭王十六年南征取得成功的因素之一。

啟兩銘所記載南征的路線，董珊認爲都是從宗周出發。《啟尊銘》從渭水南岸前行，沿褒水岸邊走褒斜道，目標是漢中。《啟卣銘》是沿秦嶺谷地向東，中途駐扎在山谷休整。之後到達位於藍田的上侯，沿藍武道到達均水邊，目標是江漢平原。[③] 我們採用啟兩銘所記都是首次南征説，是昭王十六年的同一次南征，即使兩銘有可能不是同一批次製作。《啟尊銘》所記簡略，是在駐扎山谷期間所作。《啟卣銘》所記相對詳細，是在到達上侯順川之後所作。

上侯，據董珊考證，當即今厚鎮。在今藍田縣與渭南縣交接處的冢嶺山以北，有厚鎮，古稱“堠子鎮”。厚鎮四通八達，從厚鎮既可以出潼關到達成周，也可以經過藍武道出武關向南進入楚地。周昭王扼守上侯，當爲搶佔戰略要地。

---

① 董珊：《啟尊、啟卣新考》，《文博》2012 年 5 期。進按：本書對本銘的解讀對董珊説多有吸收。

② 董珊：《啟尊、啟卣新考》，《文博》2012 年 5 期。

③ 董珊：《啟尊、啟卣新考》，《文博》2012 年 5 期。

圖 4–42 鮽鼎銘摹本

周昭王在上侯有過一系列舉措。前面我們所列《不指方鼎銘》就有“王在上侯居，𡴞祼”的記載，可見昭王在上侯還舉行了𡴞祼禮。

（四）師鮽鼎銘

師鮽是昭王首次南征的另外一位參與者。根據此人所作《師鮽鼎銘》，周昭王在上侯對部下作了賞賜：

王如上侯，師鮽從。王／裬功，賜師鮽金。鮽則／對揚厥德，其作厥文／考寶鼎，孫孫子子寶用。①

《師鮽鼎銘》《不指方鼎銘》《啟卣銘》都記載在上侯有過停留，周昭王還舉辦過𡴞祼禮，並且對部下進行了賞賜。從《啟尊銘》看。周昭王這次出征出其不意，採用了戰略欺騙手段。“王出獸南山寇”，似乎這次軍事行動針對的是在南山一帶活動的小股戎狄的騷擾。但是到達上侯以後，戰略欺騙已經達到目的，不需要再掩蓋。於是周昭王告鬼神、動員將士，恐怕上侯駐扎的目的就在於此。周昭王十六年南征獲勝，與出其不意的戰略欺騙恐怕有一定關係。

（五）京師畯尊銘

正面記敘昭王十六年南征克敵場面的銘文當屬《京師畯尊銘》。② 銘文正文六行二十三字，還有一個族徽舉字。

王涉漢伐／楚，王有緐功，／京師畯克匹，／王釐貝，用作／日庚寶

① 中國社會科學院考古研究所：《殷周金文集成（修訂增補本）》，第二冊，中華書局，2007 年，第 1399 頁 2723 器。又見吳鎮烽：《商周青銅器銘文暨圖像集成》，第 5 卷，上海古籍出版社，2012 年，第 111 頁 02344 器。

② 京師畯尊來路不明，李學勤首先發表於《文物》2010 年 1 期，吳鎮烽、黃錦前等學者對銘文予以考釋。

尊 / 彝，舉。[1]

圖 4–43　京師畯尊及其銘文照片

當然銘文僅僅用一句話概括了昭王渡過漢水所取得的軍事勝利，根據黄錦前的研究，王有䌛功即王有猷功，猷功即大功。銘文謙虚地記敘自己的功績僅僅用“克匹”，即能輔佐昭王有功，獲得昭王賞賜。

以上諸器銘記載了昭王十六年南征的事實。這場戰爭昭王取得了勝利，有功、有俘，説明戰爭進程順利。這些器物可能是在戰場上製作，所謂“旅尊彝”，有可能是“行鼎”，即可以攜帶的輕型祭器，爲的是在戰鬥間歇隨時祭祀，以保佑自己平安。昭王在南山有過戰鬥，應當是戰役性質。他們沿着山谷進兵，終於走出山區，到達上侯。以上諸器發掘自扶風，説明西周戰士一部分回到了宗周。這一組銘文提供了昭王十六年南征的一些細節，彌足珍貴。這組青銅器銘文缺少關於昭王十六年具體戰鬥場面的描述，這是西周早年戰爭銘文與西周中後期戰爭銘文的一個重要區别。西周早期戰爭銘文很少描述戰場情景，體現了一種並不看重殺伐的貴族精神，因而銘文没有留下首次南征的戰鬥場面。

---

① 釋文以黄錦前説爲主，參考了李學勤、吴鎮烽兩學者的意見，見李學勤：《由新見青銅器看西周早期的鄂、曾、楚》，《文物》2010 年 1 期。吴鎮烽：《京師畯尊釋文補正》，復旦大學出土文獻與古文字研究中心網 2012 年 7 月 26 日。黄錦前：《京師畯尊讀釋》，《文物春秋》2017 年 1 期。

二、昭王十九年南征銘文

與首次南征不同，昭王二次南征大張旗鼓，大肆宣揚，全力動員，廣泛開展軍事外交，形成壓倒之勢。昭王在首次南征勝利之後第三年就發動第二次南征，恐怕根本原因是由於第一次南征是一場破襲戰，擊潰了楚荆多個部族，並且掠奪了不少財富。但在政治上似乎没有達到目的，並没有消滅荆楚有生力量，没有完成控制荆楚地區的戰略目的。極有可能在西周主力凱旋之後，所佔領的要地被荆楚部族一一收復，荆楚一帶又恢復到了戰争之前的狀態。因此二次南征的戰略目的不僅僅要在軍事上取得勝利，還要在政治上實現對荆楚地區的有效控制，這就是周昭王大肆宣傳的目的所在。

二次南征可分爲戰略準備期、戰役推進期、戰略徘徊期三個階段。

首先是内部動員。《中觶銘》記載昭王舉行了“大省公族”活動，這是戰前動員，檢查公族的準備情況。而《小子生尊銘》中昭王命令小子生到南公宗“辨事”，這篇銘文就是中觶銘所説“大省公族”中的一個組成部分。

隹王南征，在厈。[1] 王／命生辨事南[2] 公宗，／小子生賜金，鬱鬯，用／作簋寶尊彝，用對／揚王休，其萬年永／寶，用饗出入事人。[3]

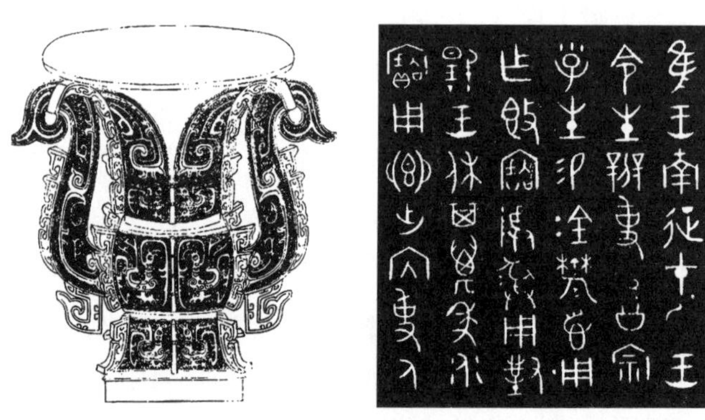

圖 4–44　小子生尊圖像及銘文摹本

① 小子生尊銘只存摹本。厈字僅存一筆。我們根據十九年二次南征銘文，在戰役動員階段，周昭王一般在厈地發佈命令，結合殘存筆畫，推測此字爲厈。

② 原摹本只殘存右下角一筆，我們推測二次南征統帥爲南宫，南宫有銘文稱“南公”，我們結合筆畫推測此字爲南字。

③ 中國社會科學院考古研究所：《殷周金文集成（修訂增補本）》，第五册，中華書局，2007 年，第 3692 頁 6001 器。又見馬承源：《商周青銅器銘文選》，第三册，文物出版社，1988 年，第 74 頁。

此外，還有《作册旂觥銘》中賜望土於相侯的外交舉措、《作册瞏卣銘》中王姜安夷伯的舉措等，展開軍事外交攻勢，或安撫，或賄賂，或重任。這些措施在戰略上屬於“伐謀”。

在戰略準備階段，周昭王還派遣重臣巡視南國，實際上就是軍事偵察。著名的“安州六器”之一《中方鼎銘》記載的是昭王命令中去巡查南國的道路，并負責爲昭王建立行宫。《宫伯鼎銘》則記載昭王某公巡視南國情景：

隹公省，䢅南/國，至于漢。氒至/于㝬，公賜伯□寶/玉五品，馬四匹。/用鑄宫/伯寶尊彝。①

根據李學勤的目驗，宫伯鼎屬於西周早期。這一次王朝某公視察的目標是南國，他的第一行程是到達漢水，然後到達胡國。胡國在今河南漯河東，這次巡省極有可能爲昭王南征提前做準備。此公即“安州六器”《中方鼎銘》的作者中。

戰略推進期開始於昭王十九年的九月。參與昭王十六年南征的誎這次又參加了南征。誎簋出自长安花园村 17 号大墓 M17，從《誎簋銘》的記載中我們知道昭王十九年南征的時間在九月。此人與創作《鳿叔鼎銘》的作者爲同一人：

唯九月，鳿叔從/王員征楚荆，在/成周，誎作寶簋。②

圖 4–45　誎簋圖像及銘拓

① 李學勤：《試説新出現的胡國方鼎》，《江漢考古》2015 年 6 期。

② 吴鎮烽：《商周青銅器銘文暨圖像集成》，第 10 卷，上海古籍出版社，2012 年，第 175~176 頁。

從《誃簋銘》中可以看出，周昭王這次南征與首次南征不一樣，周昭王到達成周，其意圖極有可能是以成周爲中心，動員東方力量參與這次戰役。

周昭王在成周還進行了一系列政治活動。其中包括安撫上次南征的烈士遺孀。《胡應姬鼎銘》就是這樣，記敘器主胡應姬拜見了昭王，獲得昭王的賞賜：

唯昭王伐楚荆，/胡應姬見于王，/辭皇，賜貝十朋，/玄布二乙。對揚王休，/用作氒啻君公/叔乙尊鼎。[①]

銘文中出現了昭王稱呼，是生稱還是謚稱？李學勤以爲是後者。我們讚同此説。不過李學勤以爲胡應姬覲見昭王大約在十五年冬到十六年前半年之間，我們不讚成。胡應姬是應國姑娘嫁給胡國者，與昭王一樣，同爲“武之穆”的周武王後裔，親緣關係在四代之間，胡應姬如果與昭王同輩分，就是昭王隔四代的堂妹。我們認爲胡應姬之所以被昭王接見，除了血緣關係外，極有可能胡國在第一次南征中派遣了武裝力量配合昭王作戰，胡應姬的啻君——丈夫公叔乙參加了這場戰争，在戰争中或在隨後抗擊楚荆部族的反擊戰中殞身。考慮到第一次南征就有過國的過伯參戰，並作有《過伯簋銘》，胡應姬丈夫死於那次南征的可能性非常大。昭王接見胡應姬就是接見“烈士”遺孀，給予“烈士”家屬最高榮耀并賞賜財物，這也是戰争動員的策略之一。然而與一般的烈士家屬不同，胡應姬見到昭王表現突出。“辭皇”一次極其罕見，當爲形容胡應姬能説會道。大戰在即，胡應姬所説無非與戰役有關。昭王南征，南國震動，作爲嫁到胡國的女子，胡應姬覲見昭王不知出於什麼目的，代表哪一方力量。在大戰間隙憑自己的如簧巧舌，獲得周昭王的認可，賞賜她一大筆錢財，不禁讓人聯想翩翩。難道胡應姬向周昭王出謀劃策，她的計策被周昭王採納？或者她的智謀爲周昭王所欣賞？今天已經不得而知。可以説，通過這篇銘文，我們看到了大戰濃雲密佈之下，還有一段浪漫

---

① 李學勤：《胡應姬鼎試釋》，復旦大學出土文獻與古文字研究中心編《出土文獻與古文字研究（第六輯）》，上海古籍出版社，2015 年，第 109 頁。

的小插曲：一個女政治家憑藉自己的智慧，爲晦氣沉沉的死局帶來一抹亮色。

《小臣夌鼎銘》記載了昭王在成周另外一件事情，那就是提前安排昭王南征的行宮：

正月，王在成周。/ 王迖于楚麓，令 / 小臣夌先，省楚应。/ 王至于迖应，無 / 譴。小臣夌賜貝賜 / 馬兩。夌拜稽首 / 對揚王休，用作 / 季娟寶尊彝。[①]

圖 4–46　小臣夌鼎銘

這是昭王從成周向南國進發進程中的另一個側面。小臣夌這樣的官員負責昭王的飲食起居和安全保衛工作，因而着眼於他自己所負責的事情，他的銘文創作爲我們提供了昭王南征又一個行動節點，那就是昭王從成周向南國進發，曾經在楚应落腳。

銘文所記載昭王十九年南征活動到此戛然而止，至於昭王此後取得哪些進展，發生了哪些戰鬥，與什麽人戰鬥，銘文和傳世文獻一樣保持緘默。我們認爲銘文作家一般在獲得賞賜等榮耀之後才會製作禮器并撰寫銘文。十九年南征大敗，六師喪失，戰場親歷者大多殞命漢水。僥倖逃脱者不僅僅無功，這段經歷更是一生的噩夢，因而關於昭王十九年南征的銘文創作到此爲止。此前幾個階段由於已經鑄就銘文，相關事跡才得以流傳。

三、南征崛起的銘文作家

昭王南征的最終失敗，讓西周王朝終結了上升期，是一次歷史悲劇。但這場悲劇卻造就了一位優秀的銘文作家，他就是“安州六器”方鼎、中甗的器主中。

中流傳下來的四器銘都與昭王南征有關。中所作第一篇南征銘文是《中觶銘》。《中觶銘》記載的是南征準備階段周昭王“大省公族”的情景：

① 中國社會科學院考古研究所：《殷周金文集成（修訂增補本）》，第二册，中華書局，2007 年，第 1443 頁 2775 器。又見吴鎮烽：《商周青銅器銘文暨圖像集成》，第 5 卷，上海古籍出版社，2012 年，第 223、224 頁 02411 器。

王大省公族于庚辰／旅，王賜中馬自鄺／侯四䮂，南宮貺。王曰：／“用先！”中䂞王休，用／作父乙寶尊彝。①

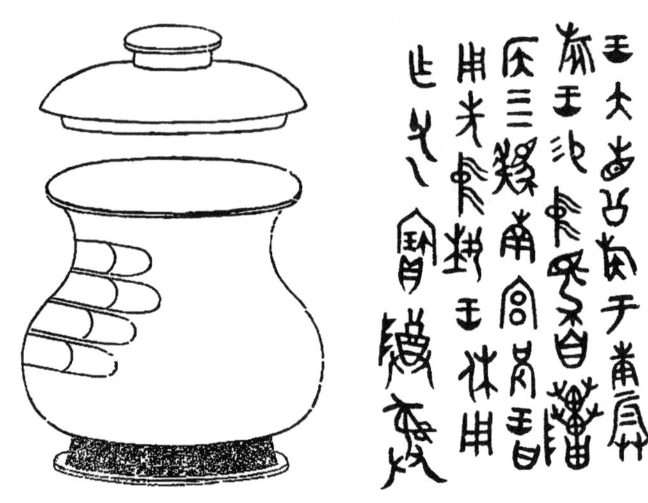

圖 4–47　中觶蓋銘

在這次大省公族活動中，中被周昭王任命爲先鋒，實際上是先遣部隊。周昭王賞賜中產自南國厲國的四匹馬，這是爲中配齊裝備，考慮周到。南方天氣炎熱多雨，只有本地產的馬才能很好地適應當地的氣候。統帥南宮親自將馬匹交給中，昭王鼓勵中，讓他乘着這些馬拉的車作爲部隊先鋒。

本銘所記周王“大省公族”應當屬於一種軍禮，類似於現代戰爭的戰前動員。“庚辰旅”當爲公族所在地，此禮或爲傳世文獻中的振旅禮。由於屬於王朝禮，因而稱“大省公族”。

中所作第二篇南征銘文爲《中鼎乙銘》。《中鼎乙銘》記載了中作爲先驅部隊，首先巡查了南國的交通狀況，並且爲昭王建造了行宫。但銘文的重點似乎不在這裏，而在記敘南征途中發生的一個小插曲：中獲得了“生鳳”，并將“生鳳”獻給了昭王。

① 中國社會科學院考古研究所：《殷周金文集成（修訂增補本）》，第五册，中華書局，2007 年，第 3863 頁 6514 器。吴鎮烽：《商周青銅器銘文暨圖像集成》，第 19 卷，上海古籍出版社，2012 年，第 474 頁 10658 器。

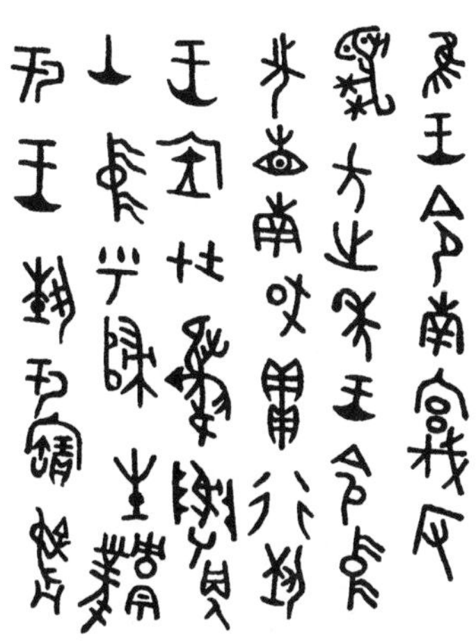

圖 4-48　中鼎乙銘摹本

隹王令南宫伐反／虎方之年，王令中／先，省南國貫行，蓺／王居，在夒隓真／山，中呼歸生鳳／于王，蓺于寶彝。①

中鼎乙爲“安州六器”之一，又稱南宫中鼎二、中齋。《中鼎乙銘》的“歸生鳳”看似一個小插曲，卻與《楚辭·天問》“昭后成遊，南土爰底，厥利維何，逢彼白雉”互相印證。我們認爲此即《竹書紀年》“周昭王十六年，伐楚荆，涉漢，遇大兕”的正確表述法。《古本竹書紀年》所述是“歸生鳳”的一種變形了的傳説，“大兕”應爲“大雉”，而“大雉”實爲生鳳，即活鳳凰，屈原《天問》得其實。白雉在楚國人看來比較正常，算不得什麽奇異珍禽，但在西北地區的人看來，少見多怪，以爲天降祥瑞。② 西周部族時代就有“鳳鳴岐山”的信仰；而《書序》記載唐叔得嘉禾，獻之周公，周公獻之成王。説明西周文化基因中隱藏着一種祥瑞信仰。中這個人未能免俗，將“生鳳”獻給了昭王。根據《古本竹書紀年》，相關事情發生在昭王十六年，因而南宫伐虎方之年即昭王十六年。中鼎乙銘文記載的這段小插曲在大戰前夕爲軍旅生活增添了一段佳話。

中所作第三篇南征銘文爲《中甗銘》。《中甗銘》是中所作最長一篇銘文，全銘近百字。可惜北宋人摹寫精度不足，造成辨識困難，而原器在宋靖康之難中下落不明，現在無以校對原器，十分遺憾。

銘文記敘器主中奉命巡視南國交通狀況，并爲昭王在曾國修建行

① 中國社會科學院考古研究所：《殷周金文集成（修訂增補本）》，第二册，中華書局，2007 年，第 1419 頁 2751 器。又見馬承源：《商周青銅器銘文選》，第三册，文物出版社，1988 年，第 75 頁 107 器。

② 按：聞一多《楚辭校補》即讀爲“兕”，以白雉爲白兕。郭永秉《睡虎地秦簡字詞考釋兩篇》一文也論證“矢”和“兕”可以相通。關於昭王南征遭遇怪異，傳世文獻有如下記載：《初學記》卷七地部下引《紀年》：“周昭王十六年，伐楚荆，涉漢，遇大兕。”《紀年》曰：“周昭王十九年，天大曀，雉兔皆震，喪六師於漢。”白雉，王逸《楚辭章句》以爲越裳氏獻白雉，重譯而來獻成王、周公，也不得其實。

宮。這個内容與《中鼎乙銘》一致。看來中所率領的部隊並不是披堅執鋭的戰鬥先鋒，而是戰略保障性部隊，主要負責對戰略要點和交通要道的掌控：

王命中先省南國貫行，埶/应，在曾。史兒至，以王令曰：/“余令女使小、大邦，氒又舍/女芻量，至于汝、唐小多邦。”/中省自方、鄧、舟、𩁹邦，在噩/師次。伯買父乃以氒人戍/漢中州，曰段，曰旋。氒人鬲/廿夫，氒貫□貝。/日傳揚王休，肆肩有羞，/余□捍，用作父乙寶彝。①

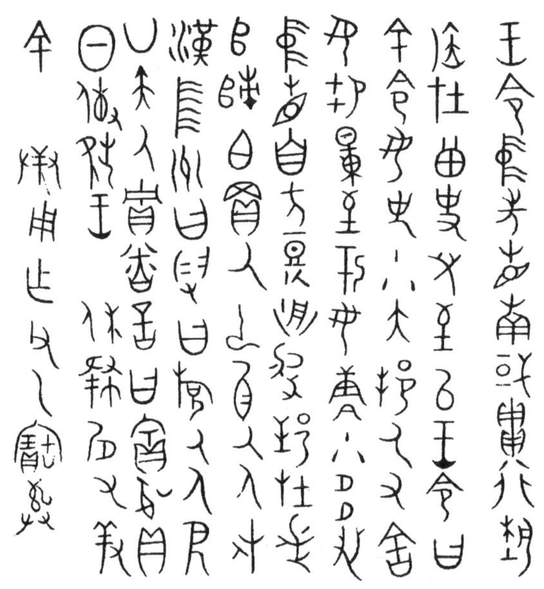

圖 4-49 中甗銘摹寫

看來中已經完成了這項任務，於是昭王派遣史兒來傳達昭王新的命令，要求中出使多個邦國，到達汝河、唐河流域大大小小的邦國，向這些邦國徵集糧草。銘文記載了中出使小大多邦的線路，最後到達鄂師駐扎地。銘文還記載了另外一個事件，一個叫伯買父的貴族率領段、旋兩個家族二十户人家戍守漢江之中的小島，爲此，中還支付了一批費用給伯買父。從《中甗銘》可以看出，西周南國分佈着許多大大小小的邦國。中在這一地區費盡周折，保障了西周軍隊對重要交通要道和據點的控制，并對漢江實施監控，徵集了大量糧草，爲昭王十六年南征獲勝做出了特殊貢獻。

中所作第四篇南征銘文是《中鼎甲銘》。這篇銘文記載了周昭王對中

① 中國社會科學院考古研究所：《殷周金文集成（修訂增補本）》，第一册，中華書局，2007年，第754頁949器。又見馬承源：《商周青銅器銘文選》，第三册，文物出版社，1988年，第76頁108器。

的褒獎，將武王伐紂時期投降武王的福人福土賞賜給中爲采邑：

隹十又三月庚寅，/ 王在寒師，王令大 / 史貺福土。王曰："中，/ 兹福人入事，賜于 / 珷王作臣。今貺畀 / 女福土，作乃采。"中 / 對王休令，鷺父乙尊。/ 隹臣尚中臣。[①]

圖 4–50　中鼎甲銘文摹本

福土恐怕就在今湖北省孝感縣境内，即"安州六器"出土的地方。由於中熟悉南國情况，又立有戰功，昭王將中采邑封在此地，正好可以作爲西周王朝控制南國的一塊跳板，與"漢陽諸姬"以及鄂、胡等協從國一起協助王朝加强對南國地區的控制。可惜三年後昭王南征失敗，王朝六師喪失殆盡，中的采邑也不能倖免，在荊楚部族瘋狂的反撲中湮滅於歷史長河。中的政治貢獻僅僅曇花一現，而中的銘文創作超越了歷史時空，中銘四篇成爲昭王南征最直接的資料，描述着昭王南征正面戰場雄偉的歷史畫卷。

四、其他戰役銘文

昭王時代除了最著名的南征之外，還發生過伐會之戰、追巢之争等，只是這些戰争的影響遠遠不及昭王南征。

《員卣銘》記載了周昭王時代伐會之戰："員從史旟伐會，/ 員先入邑，員俘 / 金，用作旅鼎。"[②]

伐會這場戰争由什麼引起？我們無從知道。不過本銘是誕生過《詩經·檜風》的會國在銘文中唯一一次顯露尊容。會國的銘文創作成就比不上《檜風》。員還有一件銘文作品《員方鼎銘》，記載因爲犬養得好，受到周王賞賜，見本章第一節。

① 中國社會科學院考古研究所：《殷周金文集成（修訂增補本）》，第二册，中華書局，2007 年，第 1452 頁 2785 器。又見吴鎮烽：《商周青銅器銘文暨圖像集成》，第 5 卷，上海古籍出版社，2012 年，第 170、171 頁。

② 中國社會科學院考古研究所：《殷周金文集成（修訂增補本）》，第四册，中華書局，2007 年，第 3359 頁 5387 器。又見馬承源：《商周青銅器銘文選》，第三册，文物出版社，1988 年，第 78 頁 110 器。

第五章　西周中期禮樂銘文的繁榮

西周銘文的繁榮期大致上包括穆、恭、懿、孝四王時期。從武王建國到穆王登基，西周已經走過第一個百年，從上升期進入平穩期。穆王高壽，享國五十五年，加上恭王三十年、懿王十三年和孝王八年，西周王朝又走過了第二個百年，西周社會各個方面都已經高度成熟。總體上看，這一時期也是西周社會的繁榮期。西周社會治理更加精細，物質財富更加豐富，禮樂文化更加發達，反映禮樂活動和經濟活動的銘文創作進入了大繁榮時期。但經過上一個時期昭王南征的失敗，西周社會持續上升的動力已經難以爲繼，依靠社會發展消解矛盾的機會也逐漸消失，社會矛盾逐漸積累。在王朝内部，經濟生活的繁榮促進了西周貴族世系枝葉繁茂，貴族子孫希望獲得更多的采邑、封地。但現實情况是王朝不可能無限制地滿足貴族們的願望，對現有貴族利益的調整無疑是對王朝與世襲貴族之間契約的否定，必然激化王朝與世襲貴族之間的矛盾。在邊境，北方的玁狁依然威脅王朝西北乃至宗周鎬京地區的安全；在東方，淮夷也不時反叛。鎮壓東夷、犬戎需要大量的人力、財物，建功的將軍需要受封，戰死的將士家屬需要撫恤。而每一次賜采和封侯都是對既有利益的調整，必然産生新的矛盾。最終導致王室與貴族之間的矛盾不可調和，周厲王被迫流亡於彘。西周進入下一個階段——王朝的衰落期。

西周青銅器銘文的繁榮期包括前後兩個階段，前一階段相當於穆王時期，後一階段相當於恭、懿、孝三王時期。由於繁榮期的銘文數量多、質量高，爲避免篇幅過於臃腫，我們將西周銘文的繁榮期分爲兩章，即本書的第五章和第六章。本章即第五章，主要研究反映西周中期禮樂生活方面的銘文，分爲五個小節展開。

西周禮樂文明在第二個百年也達到高峰，青銅器銘文反映出這一時期禮樂活動相當頻繁，祭祀活動頻仍，燕享之風盛行。例如《遹簋銘》反映的是獲魚禮，“静三銘”都與賓射禮有關，《長由盉銘》正面記敘了一場大射禮，《剌鼎銘》記敘了穆王爲昭王舉行的禘禮，《吕方鼎銘》記載了一場宛祭禮，《豐尊銘》反映的是殷見禮情況。

由於禮樂文化也滲透在西周軍事活動中，我們在本章也設立軍禮銘文一節。西周王朝第二個百年戰争仍然不斷。周穆王時期就有著名的討伐東夷徐偃王之役和伐犬戎之役。這一時期銘文創作成就最高的還是戰争題材類銘文。師雍父部下諸銘提高了軍事銘文的整體水平，录伯諸銘讓录伯成爲中國文學史上最早主攻軍事銘文的作家，而《班簋銘》長達一百九十七字，記載了穆王鎮壓徐偃王叛亂的重大歷史事件，將西周戰争題材銘文推向新的高度。我們也設禮樂征伐類銘文專節分析禮樂征伐銘文的創作成就。

帶有濃厚的禮樂文化色彩的西周王朝行政管理體系高度發達，因此與册命相關的銘文非常繁榮。其中册命是西周重要的行政管理方式之一，也是一種禮典，我們依據《周禮》的思想將這一類銘文納入“政典”中，相應的銘文屬於册命禮銘文。册命禮銘文的内容豐富，包含了西周社會政治、經濟、文化、世族方面的寶貴信息，寫作技巧高度成熟，成爲典型的模式化文體。册命銘文作家在這一階段將册命銘文模式作了定型，然後在現有模式基礎上通過對銘文的部分要素的細化和擴充，提高銘文的表現力，又將“王若曰”“器主曰”等形式發揚光大，推動銘文的發展；更有銘文作家或打破固定模式，或省略部分要素專攻一個方面，或在詞彙使用上求變，或打破舊的次序以求變，創作了一批頗具創新色彩的銘文作品。我們專門設立章節分析册命銘文的發展變化軌跡，評價册命銘文取得的成就。

西周第二個百年期社會經濟和文化高度發展，文明成果不斷湧現。就文學藝術來説，這是産生《詩經》中雅詩詩篇和相關樂舞的時代，也是銘文高度繁榮的時代。西周銘文中的代表作在這一段時期呈爆發之勢，《師訇簋銘》《牧簋銘》《番生簋蓋銘》《八祀師𩛥鼎銘》都是册命銘文中的傑作；《班簋銘》《䧅簋銘》《录伯䧅簋》都是軍事文學的傑作。

這一時期青銅器銘文作家開始了對銘文語言審美的追求，他們試圖在銘文中融入詩歌的節奏和韻律，追求銘文語言的音樂之美。例如《白公父簠銘》載："伯大師小子伯公父作簠。擇之金，唯鐈唯盧；其金孔吉，亦玄亦黄，用成糕稻糯粱，我用召卿士辟王，用召諸考諸兄，用乞眉壽，多福無疆。其子子孫孫，永寶用享！"① 此篇將青銅器銘文創作中最難出彩的作器目的和作器願望部分進行詩化處理，讀起來朗朗上口，一改普通銘文這一部分的刻板單調。這篇銘文第一次顯示了詩化的追求，代表了西周中期銘文創作一種突破現有模式的審美追求。我們將這種創作手法稱爲"仿詩法"。一些銘文作品試圖通過修辭手段爲銘文的語言帶來更多的魅力。同是伯公父，他創作了另一篇銘文《白公父勺銘》："伯公父作金爵，用獻、用酌、用享、用孝於朕皇考，用祈眉壽，子孫永寶用耇。"② 銘文採用反復修辭手法，連用五個"用"字，將銘文語氣連貫起來，形成内在的韻律，雖然不押韻，但以句子長短相間造成變化，不是完全的四言詩體，卻類似於後世散文詩體，開後世韻散結合的文體先河。此爲一種語言審美的自覺追求。

第一節　禮樂銘文的繁榮

禮樂銘文即反映禮樂活動的銘文；征伐銘文即戰爭題材銘文。孔子説"禮樂征伐自天子出"，説的就是西周情況。因此我們將這兩類題材的銘文放在本節進行分析。這一時期青銅器銘文所記包括具有豐收賀慶性質的獲魚禮、執駒禮，包括具有賓禮性質的大射禮，還包括具有祭祀性質的禘禮、宛祭禮。此外，這一時期王朝的征伐對象是北方和西北方的犬戎，東方的東夷。犬戎又稱玁狁，東夷又稱淮夷、南淮夷。

一、賀慶禮和射禮銘文

西周銘文中所見生産性禮儀有籍田禮、獲魚禮、執駒禮等，這些禮

① 中國社會科學院考古研究所：《殷周金文集成（修訂增補本）》，第四册，中華書局，2007 年，第 3004 頁 4628 器。

② 中國社會科學院考古研究所：《殷周金文集成（修訂增補本）》，第六册，中華書局，2007 年，第 5225 頁 9935 器。進按：器銘自稱器具爲"金爵"，故《銘文選》標爲"白公父爵"，實爲勺形器。

典帶有慶賀豐收的性質，我們暫時將它們歸在嘉禮中的“賀慶之禮”中。

（一）獲魚禮銘文

獲魚禮與籍田禮一樣，都是生産性禮儀，源自周部落漁獵時代。我們從《儀禮》中可以看到，魚是祭祀不可缺少的祭品之一。在西周除了有獲取祭祀物品目的外，還有一個重要目的，就是獲取食品。

《遹簋銘》所記爲獲魚禮。根據鄒安説，[①] 遹簋1910年出土於秦中，今藏台北故宫博物院。遹簋有銘六行五十二字：

圖 5–1　遹簋銘

隹六月既生霸，穆穆王在／方京，乎漁于大池。王饗／酒。遹御，亡遣。穆穆王親賜／遹䢅。遹拜首稽首，敢對／揚王休，用乍文考父／乙尊彝，其孫孫子子永寶。[②]

銘文並没有正面記載獲魚禮的細節，只是從器主角度記敘自己參與的事情，重點記敘自己獲得周穆王的獎賞以及自己感激之情與作器願望。不過從銘文中我們依然可以發現獲魚禮的部分信息。第一，獲魚禮舉行的時間爲六月份。六月爲夏季，正是一年中魚正肥時節。第二，獲魚之地在大池，大池距離方京不遠，因此可以推測，大池就是西周壁雍，與下面《静簋銘》所記舉行大射禮的大池爲一處。第三，獲魚之後還要舉行饗禮，饗禮規模不小，需要不少人協助。第四，饗禮之後還有賞賜儀節，賞賜那些對獲魚禮有貢獻的大臣，賞賜禮品不是魚，而是䢅。

記載獲魚禮的還有《井鼎銘》：

① 陳夢家：《西周銅器斷代》，中華書局，2004年，第143頁。陳夢家原作庚戌年，注公元1901年，當爲1910年之誤。

② 中國社會科學院考古研究所：《殷周金文集成（修訂增補本）》，第三册，中華書局，2007年，第2405頁4207器。又見馬承源：《商周青銅器銘文選》，第三册，文物出版社，1988年，第104頁。

圖 5-2 井鼎銘

隹七月，王在/方京。辛卯，王/漁于𥨊池，呼/井從漁，攸賜/魚。對揚王休，/用乍寶敦鼎。①

《井鼎銘》記敘某一年七月，周王在方京舉行獲魚禮，傳令井跟隨周王去捕魚。捕魚結束之後，器主井獲得周王獎賞的一批魚。方京有璧雍，也有宗廟，周王在方京多次舉行祭祀禮。本銘記敘周王到方京敏池捕魚，再一次證實方京有大池。由於魚是祭祀用品之一，方京大池裏的魚顯然是爲祭祀祖先神靈準備的。至於器主獲得賞賜，不能看成是普通的食品魚的賞賜，應當視爲與賞賜籍田所産谷物一樣，具有重要的宗教禮儀意義，意味器主可以用靈池中出産的魚祭祀自己的祖先，這是一種莫大的榮耀。

銘文記載的是一次周穆王親自舉辦的獲魚禮，器主井有幸被周穆王選中參與這次活動。獲魚地點不在大池，或者大池即敏池。與《遹簋銘》不同的是，這次用來賞賜的物品就是魚。天子參與的重要生産性活動中，天子賞賜的物品就包括了這次勞動所獲：賞賜魚、賞賜馬等。《井鼎銘》記載周王賞賜器主井的就是魚。我們由此判斷，獲漁禮中，賞賜魚才是正態。

（二）執駒禮

執駒禮也是一種生産性禮樂活動。執駒即將剛成年的馬駒從馬群中套取出來，再套上絡頭以便下一步訓練馬駒爲作戰用馬或負重運輸用馬。

西周時期記載執駒禮最著名的銘文作家是盠，此人有兩篇銘文與執駒禮有關。

① 中國社會科學院考古研究所：《殷周金文集成（修訂增補本）》，第二册，中華書局，2007年，第1397頁2720器。又見馬承源：《商周青銅器銘文選》，第三册，文物出版社，1988年，第231頁318器。

《盠方尊蓋銘》記載："王拘駒厈，賜盠駒南雷駱子。"[①] 銘文字數過少。另一篇《盠駒尊銘》卻是西周銘文的傑作：

隹王十又三月，辰在甲申，王／初執駒于厈，王乎師遽召／盠，王親旨盠駒，賜兩。拜稽／首曰："王弗忘厥舊宗小子／𤇈皇盠身"盠曰："王倗下不其，／則萬年保我萬宗。"盠曰："余其／敢對揚天子之休，余用作朕／文考大中寶尊彝。"盠曰："其／萬年世子子孫孫永寶之。"[②]

圖 5–3　盠駒尊及銘拓

盠駒尊 1955 年陝西省眉縣李村西周窖藏出土，今藏國家博物館。全銘九行九十四字。銘文記敘周王首次舉辦執駒禮，并賞賜器主馬駒的事情。"拜稽首曰"以下連用"盠曰"，這是一種創新。實際上並不是對話描寫，而是一種擬言法。"王親旨盠駒"，馬承源以爲旨可訓"語"，並舉"指九天以爲正"爲例，其説可從。"倗下不其"，馬承源以爲"丕暇丕

① 中國社會科學院考古所：《殷周金文集成（修訂增補本）》，第五册，中華書局，2007 年，第 3701 頁 6011.1 器。

② 中國社會科學院考古所：《殷周金文集成（修訂增補本）》，第五册，中華書局，2007 年，第 3701 頁 6011.2 器。進按：銘文斷代有多种意見，例如馬承源《銘文選》以爲懿王時期器，因師遽爲懿王時期人物。我們以爲馬説年代偏晚，仍將器置於穆王世。

基”，爲假借，實爲避重修辭法。

（三）射禮銘文

射箭本應當提高戰鬥搏殺能力而進行的活動，但古代中國將這種帶有軍事意義的活動發展成爲一種寓軍事訓練於娛樂中的禮樂活動。《儀禮》中有《大射》一篇，東漢禮學家鄭玄《三禮目録》將它歸入嘉禮中。從西周幾篇涉及射箭的銘文内容看，這種分類符合西周觀念。這些包含射箭内容的銘文的確帶有娛樂性質。《儀禮・大射》所記也是射儀伴隨樂奏，樂賓性質非常明顯。

《静簋銘》是記敘射禮銘文的代表作。

隹六月初吉，王在方京。丁卯，/王命静司射學宫，小子眔服/眔小臣眔夷僕學射。雩八月/初吉庚寅，王以吴𣓁、吕剛合/𡚸蓝師、邦君射于大池。静學/無昇，王賜静鞞剢。静敢拜稽/首，對揚天子丕顯休，用乍文/母外姞尊簋，子子孫孫其萬年用。①

圖 5–4　静簋及銘拓

静簋高四寸有餘，重八斤，今藏美國紐約大都會博物館。静簋有銘

① 中國社會科學院考古所：《殷周金文集成（修訂增補本）》，第四册，中華書局，2007 年，第 2604 頁 4273 器。又見馬承源：《商周青銅器銘文選》，第三册，文物出版社，1988 年，第 111 頁 170 器。

文八行九十字，是西周銘文中的長篇。《静簋銘》記敘穆王舉辦的一次大射禮活動，器主静受穆王任命爲璧雍太學生教授射藝，兩個月後穆王在大池舉行大射禮，檢驗静的教學效果。大射禮演示顯示，静的教學效果非常有成效，因而受到穆王的獎賞。

《静簋銘》是一篇典型的紀事體銘文，記事相對詳細，時間、地點、任務、事件發展都很明確，是西周中期銘文中難得的佳作。銘文記載穆王某年六月丁卯日，穆王任命静爲學宫射藝教授；八月庚寅，穆王在學宫附近的大池舉行大射禮。吴伯、吕伯爲一方，𠭯莽師、邦君爲另一方。大射禮的表現證明射藝教授静的教學效果不錯，穆王因而賞賜静一把帶有鞘和鞘剺的刀。銘文對這次大射禮的過程記敘比較少，不過提供了關於射藝的教學情況，如射藝最高官員司射由周王直接任命，在學宫中學習射禮的還有小子、小臣、夷僕等官員。[①] 此外，銘文還簡略地記敘了偶射情況。銘文雖然記敘的射禮情況過於簡略，卻是實實在在的西周大射禮，因而彌足珍貴。

西周穆王王官司射静除了這篇銘文外，還流傳下來另外兩篇銘文，[②] 其一爲《静卣銘》，其二爲《小臣静卣銘》。静卣今藏台北故宫博物院，器、蓋同銘。《静卣蓋銘》七行三十六字，重文二字，屬於西周銘文中的“中篇”。

圖 5–5　静卣蓋銘

隹四月初吉丙/寅，王在方京，/王賜静弓。静/拜稽首，敢對/揚王休，用作宗/彝，其子子孫孫永/寶用。[③]

① 進按：學宫是教育貴族子弟的地方。但從銘文看，“小子”“小臣”“夷僕”“服”雖然都是職官，卻也在大池跟隨静學射禮，這在傳世文獻中未曾記載過。

② 進按：日本出光美術館 1996 年編輯的《館藏名品選》録有静方鼎銘一篇，王恩田疑乃僞刻，故本書不予收録。見王恩田《静方鼎銘文辨僞》，復旦大學出土文獻與古文字網站 2017 年 4 月 5 日刊。

③ 中國社會科學院考古所：《殷周金文集成（修訂增補本）》，第四册，中華書局，2007 年，第 3378 頁 5408 器。又見馬承源：《商周青銅器銘文選》，第三册，文物出版社，1988 年，第 110 頁 169 器。

三十餘字的《静卣銘》着重記敘器主静獲得穆王賞賜一張弓的榮耀。西周賞賜禮中，賞賜弓矢意味着授予權力。本銘雖然没有記載與之配套的其他物品以及穆王在賞賜禮儀中的訓令、以及册命賞賜令中關於器主職官職責的規定等，不過我們可以推測，静這一次一定升職了，職官一定比在學宫教授射術還要高。静因此感到十分榮耀，因而作器紀念。此外，在西周銘文中，每當出現“王在方京”，周王都是在舉辦重要的祭祀活動。静這一次也在方京，恐怕也是這次重要的祭祀活動的直接參與者，而且本次活動必定也有射禮，静應當是這次射禮的重要成員，銘文没有直接記敘這些活動，但根據西周銘文的一般情況，讀者可以推測出來，這就是銘文中的隱敘。

静還有一篇《小臣静卣銘》，是静任職“小臣”期間所作。但小臣静卣器已不傳世，僅有銘文搨片流傳。《小臣静卣銘》五行三十一字。

隹十又三月，王/宛方京，小臣静/即事，王賜貝五十朋，/揚天子休，用乍父/□寶尊彝。①

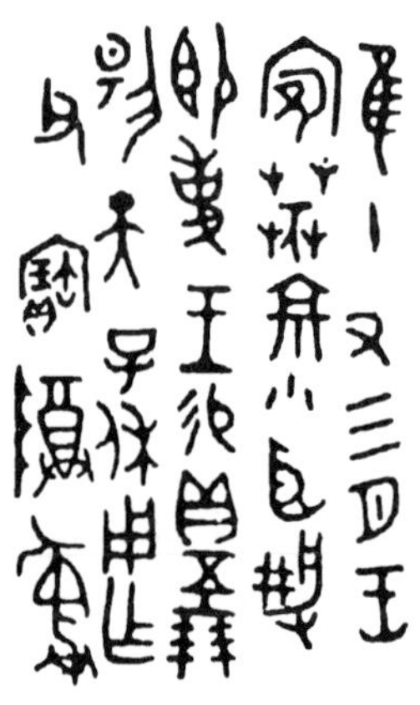

圖 5–6 小臣静卣銘摹本

《小臣静卣銘》記載，周穆王再次來到方京，舉行的又是一次重要的禮樂活動——宛祭。本銘搨片中的宛祭，在其他銘文中多從宛從食，宛爲聲旁，食爲義旁，是一個形聲字。本銘所記宛祭在十三月。西周曆法在年末置閏，周穆王在歲末舉行宛祭，而其他銘文中的宛祭，或在其他月份，可見宛祭時間不固定，這對於我們判定宛祭的性質有幫助。器主在銘文中自稱“小臣”，此小臣是一種職官，與《静尊簋銘》中“小子眔服眔小臣眔夷僕學射”的小臣一樣，是低級王官。在《静簋銘》和《静卣銘》中，静的王官地位不斷升高。可見製作《小臣静卣銘》時期，静非王朝重臣，他此時“即事”宛方京應當還是與射禮有關。小臣静這次受到五十朋的貨幣獎勵，而周成王時期的《荆子鼎銘》記載，楚子熊

① 馬承源：《商周青銅器銘文選》，第三册，文物出版社，1988 年，第 112 頁 171 器。

繹參加岐陽之會，所獲得的獎勵僅僅二朋，可見小臣静所獲獎勵數額在西周銘文中算是相當高的。同時説明周穆王對於國家射藝教學是多麽重視。在"静三銘"中，有兩銘直接反映了西周穆王時期的射藝教學與演習情況，《小臣静卣銘》也隱含了射禮儀節。三者雖是側面或隱含記敘，三銘的文學價值同樣也不可低估。

反映穆王大射禮的還有《長甶盉銘》。

隹三月初吉丁亥，穆王/在下淢应，穆王饗禮，即/邢大祝射。穆王蔑長/甶以逨即邢伯，邢伯氏寅不/奸。長甶蔑歷，敢對揚天/子丕杯休，用肈乍尊彝。[1]

圖 5-7　長甶盉銘

長甶盉 1954 年出土於陝西長安斗門鎮普度村西周墓葬，今藏國家博物館。《長甶盉銘》記載器主受到穆王的表彰，原因是長甶參與了邢伯一組的大射活動，在大射中表現好。銘文記載的大射禮與《静簋銘》所記有所不同，可以補充《静簋銘》的不足。在大射之前有大饗禮，這一點可以印證《儀禮・大射禮》的相關内容；本次大射禮是三偶射，長甶參加的一方包括邢伯、邢太祝、長甶。更重要的是邢伯表現優異，深得穆王讚賞，而長甶最突出的亮點是"逨即邢伯"，即邢伯這一組表現傑出，長甶因是邢伯三偶射成員之一受到表彰。至於如何蔑歷，銘文没有作更詳細的記載。

二、賓禮銘文

𩱾卣爲上海博物館 1993 年從香港徵集，器蓋同銘。[2]《𩱾卣銘》記載丙公到宗周覲見穆王并向穆王獻貢的事情。丙公是商周著名的丙族之君，

① 中國社會科學院考古所：《殷周金文集成（修訂增補本）》，第六册，中華書局，2007 年，第 4972 頁 9455 器。又見馬承源：《商周青銅器銘文選》，第三册，文物出版社，1988 年，第 105 頁 163 器。

② 唐友波：《𩱾卣與周獻功之禮》，《上海博物館集刊》第 7 輯，上海書畫出版社，1996 年，第 45~52 頁。

商周青銅器銘文中常見的丙形族徽就是丙公族的族徽，殷商亡國之後，丙族成爲臣服西周的畿内諸侯國，《𩰫卣銘》生稱丙公，類似於經學家所説的“二王之後稱公”。

圖 5–8　𩰫卣銘

隹王九月，辰在己亥，/丙公獻王餴器，休，/無譴。内尹右，衣獻。/公畬在官，賜𩰫/馬，曰：“用肇事！”𩰫/拜稽首，對揚公休，/用乍父己寶尊彝，/其子孫永寶用。戈。[①]

根據唐友波考證，銘文反映的是西周朝貢禮情況。器主是跟隨丙公來朝貢穆王的隨從，由於順利完成了進貢，丙公獎勵了來自戈族的器主𩰫。銘文的可貴之處在於它記敘了西周王朝對諸侯實施控制和管理的重要措施——朝貢禮。銘文真實記敘了在覲禮掩蓋下諸侯向王朝貢獻財物——貢器的情況，即禮樂之中隱含的經濟問題。銘文還記載了進貢的幾個主要環節，包括佑者爲管理王朝内務大臣内尹；所貢物品衆多，儀式盛大——“衣獻”即殷獻，殷有盛大義，可見所獻不只是一件器物；進貢之後還有饗宴，而饗宴就在丙公所住賓館等。

殷見禮即周王或周王派出的大臣集中召見諸侯的禮儀，見於《周禮·大宗伯》：“以賓禮親邦國，春見曰朝，夏見曰宗，秋見曰覲，冬見曰遇，時見曰會，殷見曰同，時聘曰問，殷覜曰視。”[②] 此描述非常系統，不一定反映了西周賓禮的實際狀況，但“殷”和“同”都出現在西周青銅器銘文中。

《豐尊銘》中也出現了殷見禮：

隹六月既生霸/乙卯，王在成周，/命豐殷大矩，大矩賜/豐金、

① 吴鎮烽：《商周青銅器銘文暨圖像集成》，第24卷，上海古籍出版社，2012年，第304頁。

② 賈公彦：《周禮註疏》，《十三經註疏》，中華書局，1980年影印本，第759頁。

貝，用乍父/辛寶尊彝。①

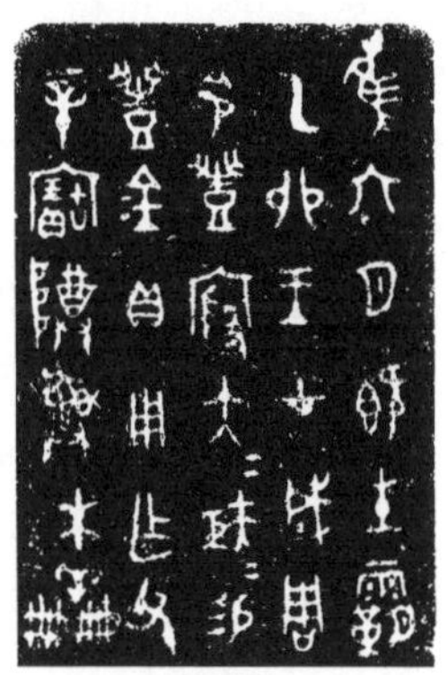
圖 5-9　豐尊銘

前面有《作册夨令方彝銘》的“殷成周”，《士上盉銘》的“殷成周”，《叔夨簋銘》的“殷多士”，本銘所記也是殷見之禮。不過與以上殷見禮不同的是，豐只是穆王舉行的殷見禮的一個協助者。豐在這次殷見禮中的任務是“殷大矩”，不是豐代替穆王接見大矩，而是豐受穆王派遣去召集大矩前來覲見。他所獲得的賞賜應當是賓禮中的儐物，是賞賜給使者的禮物。銘文從一個獲利者角度展開記敘，屬於“私人敘事”，與史官關注事件的過程不同，因而没有關注這次穆王舉辦的殷見禮其他信息。豐是微史家族的優秀作家，關於微史家族的銘文，我們有專節介紹。

三、吉禮銘文

祀禮即祭祀禮儀，經學文獻稱爲吉禮。《周禮・大宗伯》稱爲“吉禮”，有十二小類：“以吉禮事邦國之鬼神示：以禋祀祀昊天上帝，以實柴祀日、月、星、辰，以槱燎祀司中、司命、飌師、雨師，以血祭祭社稷、五祀、五嶽，以貍沈祭山林川澤，以疈辜祭四方百物，以肆獻祼享先王，以饋食享先王，以祠春享先王，以禴夏享先王，以嘗秋享先王，以烝冬享先王。”② 西周青銅器銘文所記祭祀禮儀與此有所不同，銘文中有褅祀、酌祀、宛祀等禮儀。

《剌鼎銘》記敘器主協助穆王舉行祭祀昭王的大褅禮活動。

圖 5-10　剌鼎銘

唯五月，王在衣，③ 辰在丁/卯，王褅，用

① 中國社會科學院考古所：《殷周金文集成（修訂增補本）》，第五册，中華書局，2007 年，第 3688 頁 5996 器。又見馬承源：《商周青銅器銘文選》，第三册，文物出版社，1988 年，第 107 頁 166 器。進按：《集成》稱“豐作父辛尊”。

② 賈公彦：《周禮註疏》，《十三經註疏》，中華書局，1980 年影印本，第 758 頁。

③ 衣字原搨不甚清楚，左邊像衣，右邊不清，或釋爲殷，今不能確指爲何處。

牲于大室，/ 禘昭王，剌御。王賜剌 / 貝卅朋，天子萬年，剌對 / 揚王休，用乍黄公尊 / 𩰫彝，其孫孫子子永寶用。①

銘文涉及王朝的禮典中的禘禮。本銘禘禮專爲昭王舉辦。傳世文獻中關於禘禮的説法互有牴牾，本銘提供了西周禘禮的真實案例。從時間看，本次禘禮在五月，而昭王十九年南征，九月從宗周出發，年底殞身於漢水。② 至此，大約有六個月左右，似乎符合傳世文獻“天子七月而葬”之説。從地點看，“用牲于大室”之大室可能與《吕方鼎銘》所説的“宛于大室”是同一個地方，這句話透露出此次禘禮的地點、規模、祭祀對象以及相關祀典信息。可惜銘文對於禘禮的記敘非常簡略，未能提供更多的細節。

《吕方鼎銘》記載的也是王朝舉行的一次宛祭禮。關於宛祭，目前學術界還没有取得一致的意見。《小臣静卣銘》直接寫作“宛”字，本銘和其他銘文上從宛下從食。看來“宛”爲本字，從食只是加了義旁以區别於表示非祭祀意義的宛字。

圖 5–11 吕方鼎銘

隹五月既死霸，辰在 / 壬戌，王宛于大室。吕 / 征于大室。王賜吕鬯 / 三卣，貝卅朋，對揚王休，/ 用乍寶𪔂，其子子孫孫永用。③

與《剌鼎銘》所記相似，吕也是因爲協助穆王舉行宛祭禮有功而受到穆王賞賜。地點也是大室。穆王時期的大室當即太室，太室即太廟中的大室。銘文爲探索禘祭和宛祭的關係提供了線索。穆王

① 中國社會科學院考古所：《殷周金文集成（修訂增補本）》，第二册，中華書局，2007 年，第 1443 頁 2776 器。又見馬承源：《商周青銅器銘文選》，第三册，文物出版社，1988 年，第 106 頁 164 器。

② 尹泓兵：《地理學與考古學視野下的昭王南征》，《歷史研究》2015 年 1 期。

③ 中國社會科學院考古所：《殷周金文集成（修訂增補本）》，第二册，中華書局，2007 年，第 1422 頁 2754 器。又見馬承源：《商周青銅器銘文選》，第三册，文物出版社，1988 年，第 113 頁 173 器。

這次舉行的宛祭在五月，與剌鼎所記載的禘禮在同月，存在禘昭王之後再舉行宛祭的可能。如果這個可能存在，那麼穆王之世應當舉行過一次禘禮。這些信息對於研究禘禮具有重要價值。

《繁卣銘》記敘的是酌祀禮。酌祀在殷商甲骨文中就已經出現，是一種傳統源遠流長的祭祀禮。關於酌祀禮的性質，目前學術界尚未有統一的認識。大體上看，這是一種以鬱鬯祭祀神靈的禮儀活動。

隹九月初吉癸丑，公酌/祀。雩旬又一日辛亥，公/禘，酌辛公祀。衣事，無斁。/公蔑繁歷，賜宗彝一肆，/車馬兩。繁拜手稽首，對/揚公休，用乍文考辛公/寶尊彝，其萬年寶。或。①

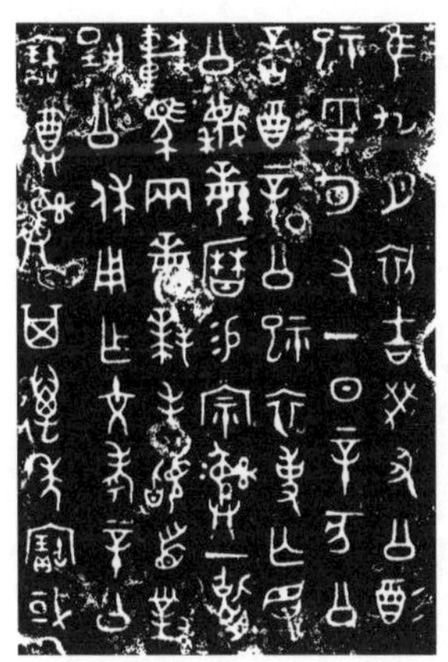

圖 5–12　繁卣銘

《繁卣銘》記敘器主參與了某公舉辦的酌祀活動。銘文透露出關於酌祀的一些信息。在九月癸丑這一天舉辦酌祀，十一天以後的癸亥（原銘誤作辛亥），某公再舉辦禘祭，在禘祭之中酌祀辛公。由此可以看出，酌祀被包括在禘禮之中，或者說禘禮之中有酌祀。從“衣事”看，酌祀不是簡單的祭祀方法或祭祀物品，也是比較複雜的祭祀活動。

① 中國社會科學院考古所：《殷周金文集成（修訂增補本）》，第四册，中華書局，2007 年，第 3409 頁 5430 器。又見馬承源：《商周青銅器銘文選》，第三册，文物出版社，1988 年，第 125 頁 191 器。

第二節 軍禮銘文的繁榮

西周中期雖然没有出現類似於《小盂鼎銘》那樣注重於軍禮儀式記敘的銘文，但軍事類銘文的數量和質量都超過了從前的同類題材作品，其中《班簋銘》同樣屬於西周銘文的傑作，完全可以與《小盂鼎銘》媲美。由於西周軍事活動大多遵循既定的制度規範，反映了濃厚的禮樂文化特徵，我們將這一類題材作品視爲“軍禮銘文”。除了少數幾篇反映從出征到凱旋的軍事鬥争過程的銘文外，大部分軍禮題材銘文都與軍事蔑歷禮有關。實際上西周銘文出現“蔑歷”有多種情況，我們根據銘文的具體内容將這些“蔑歷”銘文分爲軍禮類蔑歷銘文和民事行政禮類蔑歷銘文，本節分析其中的軍禮類蔑歷銘文。

一、毛班與他的班簋銘

穆王時代也是個戰火激蕩的時代，大大小小的戰役激發了一大批銘文創作。這樣的短章就有一大批。這一時期更出現了傑出的軍旅銘文作家录𢦚、毛班和𤼈，優秀作家數量和銘文創作成果全面超過周昭王時代。

班簋原藏清宫，來歷不明，後散落民間，1972年在北京廢舊品收購站被重新發現，今藏首都博物館。班簋有銘二十行一百九十七字。

隹八月初吉，在宗周。甲戌，/王命毛伯更虢城公服，甹/王位，作四方極，秉繁、蜀、巢。/命賜鈴、勒，咸。王命毛公以/邦冢君徒御、𢦚人伐東國/痟戎，咸。王命吴伯曰：“以乃/師左比毛父！”王命吕伯曰：/“以乃師右比毛父！”遣令曰：/“以乃族從毛父征，徃（出）城，衛父/身！”三年，静東國，亡不成，尤/天畏，否畀屯陟。公告厥事/于上：“隹民亡出哉！彝昧天/命，故亡。允哉！顯隹敬德，亡/逌違！”班拜稽首曰：“嗚呼！丕/顯丮皇公受京宗懿釐，毓/文王、王姒聖孫，登于大服，廣/成厥功，文王孫亡弗懷型，/亡克競厥烈。班非敢覓，隹/

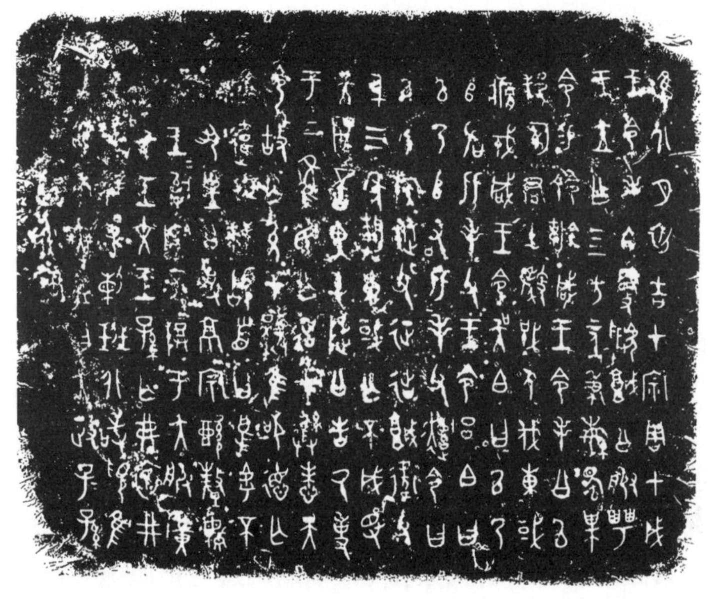

圖 5–13　班簋銘

作昭考爽，謚曰‘大政’，子子孫孫 / 多世其永寶。”①

《班簋銘》是穆王世器最傑出的銘文作品之一，也是西周銘文的代表作之一，是長篇紀事體銘文，在寫作藝術上做出了三大新貢獻。

第一，用對話描寫作爲銘文的主體。銘文可以分爲任命毛公、發佈討伐令、發佈作戰令、毛公作戰役總結、毛班告慰祖先五個部分，每個部分或用間接對話描寫，或用直接對話描寫，或用内心獨白。在第一部分，銘文説：“王命毛伯更虢城公服，甹王位，作四方極，秉緐、蜀、巢。命賜鈴、勒。”這是採用間接語言描寫轉述穆王册命毛伯的册命文，然後用一個“咸”轉入第二部分。“王命毛公以邦冢君、徒馭、或人伐東國痟戎。”還是用間接語言描寫轉述方穆王的征伐令。再用一個“咸”字轉入發佈作戰命令的第三部分。周穆王的作戰命令總共有三道，第一道是發給吴伯的：“以乃師左比毛父！”這是直接語言描寫，挑選的是命令

① 中國社會科學院考古所：《殷周金文集成（修訂增補本）》，第四册，中華書局，2007 年，第 2742 頁 4341 器。又見馬承源：《商周青銅器銘文選》，文物出版社，1988 年，第 108 頁 168 器。

中最關鍵的句子，顯然是給左路軍下達的命令。第二道命令是發給吕伯的："以乃師右比毛父！"挑選的也是命令中最關鍵的句子，顯然是給右路軍下達的命令。第三道命令是發給遣的："以乃族從毛父征，徣（出）城，衛父身！"可見這是發給中軍的命令。這一道命令比前兩道命令更細一些，顯示出對毛公更多的關懷，因毛班是毛公之子，所帥部隊主力或人乃毛公自己"公族"。作爲毛公之子，[①] 毛班不僅有戰鬥任務，還有保衛毛公人身安全的任務。這批人又是討伐東國痟戎的主力，爲討伐部隊的中軍，因而命令之中帶有叮囑之意。用直接的語言描寫記敘三道命令，顯示了穆王鎮壓痟戎叛亂的堅定意志和西周軍隊磅礴的氣勢，同時邏輯嚴明，標誌西周銘文創作的語言描寫達到了新的水平。

第二，突破了銘文"某拜稽首，對揚某休"的寫作模式，開拓了器主拜稽首後的寫作空間。在《班簋銘》之前，銘文寫到"某拜稽首"的時候，後面緊跟的就是"對揚某休"；本銘創造性地跟上一段"曰"，引出對祖先神靈的感謝、對昭考懿德的歌頌。"丕顯玌皇公受京宗懿釐，毓文王、王姒聖孫，登于大服，廣成厥功。"這是對祖父的稱頌；"文王孫亡弗懷型，亡克競厥烈。"這是對昭考的稱頌。"丕顯玌皇公"即毛班祖父，"文王聖孫"即毛公。《班簋銘》的這項突破是巧妙地將《作册嗌卣銘》等開創的"器主曰"寫作模式嵌入到"器主拜稽首"結構中，從而爲銘文作者表達感情打開了廣闊的空間。"拜稽首曰"不是真正的對話描寫，是一種虛擬的器主對神靈的單嚮獨白。

第三，《班簋銘》將銘文創作的詳略適當的寫作技術運用到新的高度。銘文反映的是著名的穆王千里奔襲鎮壓徐偃王叛亂戰役。穆王的八駿、馭手造父都是關於這次戰役的傳説。然而與《穆天子傳》不同，銘文前部分氣勢磅礴，有氣吞山河氣概；後半部深思，意味深長。中間省略了戰爭進程與戰鬥經過，只用"三年静東國"一語帶過，没有戰場血腥。三年的討伐戰，有多少可歌可泣的事件，然而銘文没有一字涉及戰場的英雄氣概、戰果的空前、戰鬥的激烈。毛公所作的戰役報告，銘文僅僅選擇結論部分的歷史教訓："惟敬德，亡攸違！"與康

① 進按：關於毛班的身份，目前有毛班即毛公説、毛班爲毛公之子輩説。我們從毛班爲毛公子輩説。銘文中的"譴令曰"即"令譴曰"，"譴"與"班"一名一字。

王時期的《小盂鼎銘》相比，没有一句話涉及戰果，銘文通篇没有炫耀武功的意圖，顯示了一代政治家毛公的思想深度，以及銘文作者毛班的思想傾向。

《班簋銘》同樣具有重要的歷史價值。傳世文獻有穆王伐徐偃王之説。但所記非常簡略。從本銘中我們發現，周天子討伐徐偃王戰役三軍並進，統帥爲毛公。左路軍帥爲吴伯，右路軍帥爲吕伯。毛公居中路軍。《周禮》所謂王師六軍説顯然與此不合。銘文顯示，西周王朝針對諸侯的軍事打擊的主力往往不是王朝軍隊，而是受命的諸侯軍隊。

二、录伯諸銘和師雍父部屬諸銘

1975年，陝西省岐山縣法門公社莊白大隊農民耕地中發現一批青銅器，經考古工作者勘察，是一座西周中期墓葬。墓葬墓主爲录伯㦰。在录伯㦰墓中一共出土十八件青銅器，有銘十一件，其中兩鼎一簋銘爲長篇銘文。[①] 此外，世間流傳非本次發掘的帶銘㦰器還有伯㦰簋、录伯㦰簋二件，㦰一人流傳下來五篇優秀銘文，是西周銘文作家中創作優秀銘文最多的作家之一。我們從這一組銘文作品中可以看到穆王時期，以伯雍父爲中心的西周軍事力量在東方的活動狀況。

（一）录所作二銘

我們先從㦰的部下录的兩篇銘文開始。[②]《录卣銘》原爲清朝大臣端方收藏，後流落海外，爲賽克勒所得，今藏美國普林斯頓大學美術博物館。

王命㦰曰："𠭰！淮夷敢／伐内國，汝其以成周／師氏戍于古[③]師！"

---

① 其中有銘銅器有㦰鼎三件，銘文各不相同，分别是"㦰作祖乙公鼎""㦰作文母日庚鼎""㦰作𡚬尊鼎"，後者只有五字銘文。簋二件，一件㦰作文母日庚簋，有長篇銘文。另一件伯㦰作旅簋，只有"伯㦰作旅簋"五字銘文。㦰甗一件，銘文三字："㦰作旅"。飲壺兩件，一件伯㦰壺，有銘文五字"伯㦰作𩚔壺"；一件另有銘文五字"伯㦰作旅彝"。此外尚有"孑父乙"爵一件，"𨍭父作寶彝"盉一件，"伯雍父自作用器"盤一件。見羅西章等:《陝西扶風出土西周伯㦰諸器》,《文物》1976年6期。

② 關於录和㦰的關係，有同一人説、父子關係説，二人説，見李學勤:《從新出青銅器看長江下游文化的發展》,《文物》1980年8期。我們讚成二人説，以爲录爲㦰的部屬。因而我們稱此銘爲《录卣銘》，不稱《录㦰卣銘》。

③ 進按：古字原搨右邊尚從丰，馬承源定爲"古"字。師雍父部屬諸銘直接寫作"古"今從。又按：諸銘提到𩁹師、𩁹侯，國當即胡公滿所封胡國，在《录簋銘》中寫作𩁹，本銘當爲𩁹的異體。該國長期與西周保持君臣關係，例如昭王南征途中接見胡應姬，權臣榮仲宫成，胡侯與芮伯來恭賀等。

伯雍/父蔑录歷，賜貝十朋，录/拜稽首，對揚伯休，用/作文考乙公寶尊彝。[①]

圖 5-14 录卣蓋銘

《录卣銘》所記爲穆王時期防守淮夷的事件。銘文記敘穆王時期淮夷採取攻勢戰略，向王朝畿内諸侯發起攻擊。穆王命令录戜率領成周部隊駐扎在胡國，抵禦淮夷對胡國的進犯，戜率部駐扎㝬地，受到伯雍父表彰的情況。伯雍父能蔑歷录，可見伯雍父爲西周軍隊最高統帥。銘文所展示的精神風貌已經没有昭王時代奔放的熱情。《录卣銘》讓我們了解到了穆王時期西周國家所面臨的問題。銘文第一部分選用周穆王的一則命令作爲開頭，實際上就是伯雍父蔑歷器主录的背景介紹。這個隱性的背景介紹在之前的銘文中還没有出現過。本銘是理解戜及其部下創作的一系列銘文的關鍵。伯雍父被周王任命爲防守淮夷叛亂的主帥，以下故事都以此爲背景展開。

录還有一件銘文傳世，那就是《录簋銘》：[②]

① 中國社會科學院考古所：《殷周金文集成（修訂增補本）》，第四册，中華書局，2007 年，第 3394 頁 5420 器。又見馬承源：《商周青銅器銘文選》，文物出版社，1988 年，第 114 頁 174 器。

② 器原爲陳壽祺購得，今藏日本京都泉屋博物館。見吴鎮烽《商周青銅器銘文暨圖像集成》，第 11 卷，上海古籍出版社，2012 年，第 49 頁。

伯雍父來自䣊，/蔑录歷，賜赤金。/對揚伯休，用作/文祖辛公寶䵼/簋，其子子孫孫永寶。①

圖 5-15　录簋蓋銘

录簋與卣所記内容都是伯雍父賞賜，都是與防守䣊地有關，所記當爲一件事情。卣與簋當爲同時所作。

（二）𢦚所作五銘

再看西周第一位專攻軍事題材的銘文作家𢦚的銘文創作。此人留下五篇優秀的軍事文題材銘文。

第一篇，《𢦚方鼎銘》。

𢦚曰："嗚呼！王唯念𢦚辟列/考甲公，王用肇使乃子𢦚/率虎臣禦淮戎。"𢦚曰："嗚呼！/朕文考甲公、文母日庚弋休，/則尚安永宕乃子𢦚心，安/永襲𢦚身，厥復享于天子，/唯厥使乃子𢦚萬年辟事/天子，毋有尤于厥身。"𢦚拜/稽首，對揚王命，用乍文母/日庚寶尊䵼彝，用穆穆夙夜尊/享孝妥福，其子子孫孫永寶兹列。②

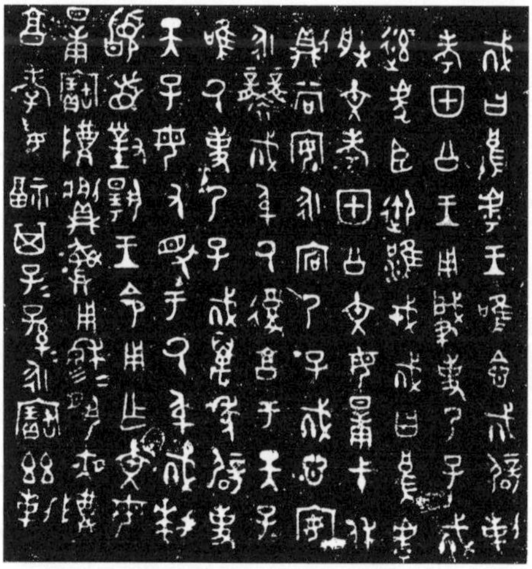

圖 5-16　𢦚方鼎銘

前面《录卣銘》所引穆王命令即本銘所説"王唯念𢦚辟列考甲公，王用肇使乃子𢦚率虎臣禦淮戎"之事。《录卣銘》記載王令𢦚率領的是成

① 中國社會科學院考古所：《殷周金文集成（修訂增補本）》，第三册，中華書局，2007 年，第 2297 頁 4122 器。進按：《集成》稱录作辛公簋；又見馬承源：《商周青銅器銘文選》，第三册，文物出版社，1988 年，第 114 頁 175 器。

② 中國社會科學院考古研究所：《殷周金文集成（修訂增補本）》，第二册，中華書局，2007 年，第 1494 頁 2824 器。又見馬承源：《商周青銅器銘文選》，第三册，文物出版社，1988 年，第 117 頁 179 器。進按：《集成》名𢦚方鼎。

周師氏，本銘説王命令䧹率領的是虎臣，實即師氏，因《䧹簋銘》説自己率領的就是有司、師氏；《彔卣簋銘》説䧹駐守的是㝬師，本銘説抵禦淮戎；《彔卣銘》概述性引用穆王命令，本銘直接引用，正是同一件事情從不同視角的記敘。本銘作者所"對揚"的不是"王休"，而是"王令"，可見這個任命對於器主來説非常重要，關係到器主上承父蔭、下接子孫萬代福禄問題。因而在獲得重用之時，立即鑄造了感謝母親亡靈庇護的禮器，所作銘文充滿感情，是一篇優秀的"祭母文"，也是中華文學第一篇"祭母文"。

銘文在寫法上打破常規，用兩個"䧹曰嗚呼"起領兩個段落。第一個段落爲概述穆王命令；第二個段落是感謝母親亡靈庇護，并祈望父母在天之靈一直庇護下去。而"嗚呼"是後世祭祀禱告類文體普遍採用的寫作手法，起到奠定基調、以情感打動神靈的作用。銘文在詞彙使用上也頗爲獨特，有愛用復詞修飾傾向。如"安永宕乃子䧹心""安永襲䧹身"中連用"安永"修飾"宕"字和"襲"字；用"穆穆"修飾夙夜，用"穆穆夙夜尊"這樣的偏正短語修飾"享"字等。這兩項自覺的寫作藝術追求讓本銘不同凡響，成爲西周中期的傑作之一。

第二篇，《䧹簋銘》。䧹在抵禦淮夷入侵戰役中建立了戰功，這份戰功可以從莊白村出土的《䧹簋銘》中看出來。《䧹簋銘》記敘説：

隹六月初吉乙酉，在堂師。戎伐/馭，䧹率有司、師氏奔追禦戎于/棫林，搏戎㝬。朕文母競敏聖行，/休宕厥心，永襲厥身，卑克厥啻，/獲馘百，執訊二夫，俘戎兵：豚、矛、/戈、弓、備、矢、裨、胄，凡百有卅有五/款，捋俘戎人百有十有四人。衣/博，無尤于䧹身。乃子䧹拜稽首，/對揚文母福列，用乍文母日庚/寶尊簋，卑乃子䧹萬年，用夙夜/尊享孝于厥文母，其子子孫孫永寶。①

① 中國社會科學院考古研究所：《殷周金文集成（修訂增補本）》，第四册，中華書局，2007年，第2698頁4322.1器。又見馬承源：《商周青銅器銘文選》，第三册，文物出版社，1988年，第115頁176器。

圖 5–17　𢦚簋銘

銘文記敘戎㝬主動向西周進攻。𢦚率有司、師氏追擊戎㝬，雙方在棫林遭遇，展開生死搏殺。由於經過亡母美德錘煉器主身心，器主智勇雙全，打敗了敵人，大有斬獲。因而作器弘揚亡母帶來的福烈。在西周銘文中“對揚文母”的非常少，顯示出𢦚所作銘文獨特的文化個性。

本銘與《𢦚作文母鼎銘》同爲祭祀亡母所作，卻在寫法和體式上都没有重複前作，顯示出𢦚對於銘文寫作藝術有自覺追求。本銘屬於紀事體，尤其看重對於自己斬獲的記敘，在平静的記敘中帶有對亡母的緬懷。在感情表達上，鼎銘直露而簋銘含蓄，顯示出器主高超的銘文創作才能。本銘在修辭上具有自覺追求。“朕文母競敏聖行，休宕厥心，永襲厥身”採用了互文手法，展開表達即爲“朕文母競敏聖行，休宕厥心厥身，永襲厥心厥身。”“休宕厥心，永襲厥身”追求的是四字句的節奏之美。

第三篇，《𢦚方鼎銘》。𢦚作文祖鼎銘文[1]記敘周穆王之后王則姜派内史友員賞賜器主衣服的事情。

---

① 學界目前稱此鼎爲𢦚鼎甲，另一件爲𢦚鼎乙。爲行文方便，我們分别稱爲𢦚方鼎、𢦚作文母鼎。兩鼎均在 1975 年從陝西省扶風縣法門寺莊白村西周墓出土，前者有銘文 65 字，後者有銘文 116 字。兩器今藏扶風縣博物館。

隹九月既望乙丑，在/堂師，王剅姜使內史/友員賜㲋玄衣、朱襮/裣。㲋拜稽首，對揚王/俎姜休，用乍寶黼/尊鼎，其用夙夜享孝/于厥文祖乙公、于文/妣日戊，其子子孫孫永寶。[①]

圖 5–18 㲋鼎甲銘

《詩經·豳風·七月》有“九月授衣”之説，本銘王后爲器主授衣，不僅僅是一種榮耀，恐怕還包含多重意義。其一是禮學意義，所受玄衣朱襮裣當象徵某種地位；其二是代表一種特殊的關心，那就是慰問此時駐扎在堂師的器主；其三，代表了王朝對於㲋及其部屬擊退淮夷、守衛成周東南邊境功勞的認可。

《㲋作文祖鼎銘》還具有曆法價值，可以與《㲋簋銘》互相聯繫，擬定這一年的日曆。兩銘記載的是同一年事情，九月既望干支爲乙丑，則九月十六日爲乙丑，而乙丑比丙寅早一天，則八月乙未、七月乙丑、六月乙未爲既望，六月乙未距離六月乙酉爲十天，則初吉爲六月六日。但這裏的“初吉”是占卜確定的“好日子”，第一個好日子叫“初吉”，《儀禮·士冠禮》稱之爲“近日”，即近日之吉日；如果最近没有好日子，則筮“遠日”。本銘所記爲作器時間，因而要卜筮，這就是文獻有那麽多“初吉”的原因。利用這兩銘，可以將這一年的曆法日干支全部計算出來。

第四篇，《伯㲋簋銘》。伯㲋簋銘一篇三十一字，銘文刻于器底，今器不知所在，銘文《攈古録》和《小校經閣》均有收録，但搨片不清晰。[②]《伯㲋簋銘》在其銘文作品中只能算作短章：“伯㲋肇乍其西/宫寶，唯用

① 中國社會科學院考古研究所：《殷周金文集成（修訂增補本）》，第二册，中華書局，2007 年，第 1456 頁 2789 器。又見馬承源：《商周青銅器銘文選》，第三册，文物出版社，1988 年，第 116 頁 178 器。

② 吴鎮烽：《商周青銅器銘文暨圖像集成》，第 11 卷，上海古籍出版社，2012 年，第 35 頁 05107 器。

綏神，/ 懷效前文人，秉 / 德恭純，唯匄萬 / 年，子子孫孫永寶。”[①] 此銘當爲𢦚在受封地之後所作。從所祭祀地點看，此人至少有兩廟，一爲西宫，另一個爲東宫。伯𢦚墓葬出土的食器組合是三鼎二簋一甗，而同期的應侯爯墓出土的食器組合是二鼎一甗一盨。可見在西周中期擁有三鼎葬器，墓主生前身份地位一定比較高。此外，本銘提出“秉德恭純”的願望，可以將儒家思想上溯到西周中期，在中國思想史上具有重要意義。

圖 5-19　伯𢦚簋銘

第五篇，《录伯𢦚簋銘》。录伯𢦚簋内底有銘文一百一十三字，該器早年曾被《攈古録》《愙齋》等著録，但器今已不知所在，只有銘文流傳下來。

唯王正月，辰在庚寅，王若 / 曰：“录伯𢦚！繇！自乃祖考有 / 舜于周邦，佑辟四方，叀圅 / 天命，汝肇不墜，余賜汝秬鬯 / 卣、金車：桒幬較，桒因朱虢 / 靳，虎冟朱裏，金甬，畫 / 轄，金厄，畫轉，馬四匹，攸勒。” / 录伯𢦚敢拜手稽首，對揚 / 天子丕顯休，用乍朕皇考 / 釐王寶尊簋，余其永萬年 / 寶用。子子

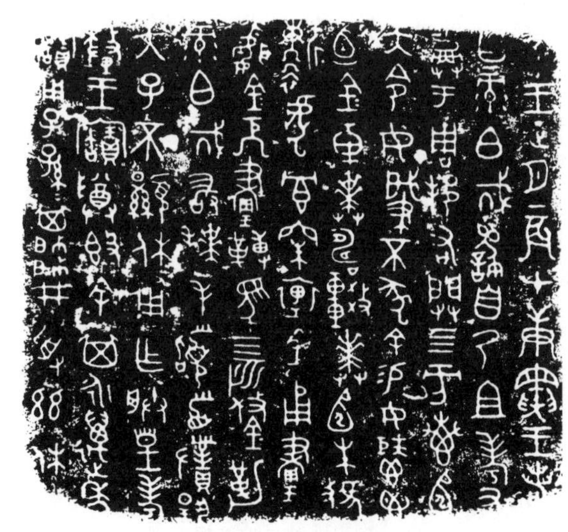
圖 5-20 录伯𢦚簋銘

① 中國社會科學院考古研究所：《殷周金文集成（修訂增補本）》，第三册，中華書局，2007 年，第 2286 頁 4115 器。

孫孫其帥型，受兹休。[①]

《录伯㦰簋銘》記載了㦰接受穆王重大賞賜事件。銘文賞賜秬鬯、金車，賞賜級别高。銘文提到㦰的祖考“有勛周邦，佑辟四方”，這個評價非常高；《㦰作文母鼎銘》稱“辟考甲公”，銘文凡稱辟必爲有土地人民者，可見㦰的祖考爲封國之君。從㦰的銘文頗有非姬周色彩的因素看，㦰家族具有獨特的異族文化因素。㦰諸器中稱父考有稱甲公者，此稱釐王，當爲㦰此時已經被封爲畿内諸侯。㦰的地位不斷上升，是因爲在他抗擊淮夷内侵戰役中多有建樹。[②]

（三）師雍父部屬創作的銘文四篇

師雍父是這一時期著名的軍事統帥，其部屬諸銘記敘了期間一系列軍事活動。

抵禦淮夷内侵是穆王時期重大的戰略部署。時間之久、動員力量之大可以從伯㦰部屬所作銘文中看出來。這些銘文包括《稓卣銘》《遹甗銘》《𢼸鼎銘》《臤尊銘》等。

稓從師雍父戍于/古𠂤，蔑歷，賜貝卅/寽，稓拜稽首，對揚/師雍父休，用作文/考日乙寶尊彝。/其子子孫孫永福。戉[③]

圖 5–21　稓卣蓋銘摹本

① 中國社會科學院考古研究所：《殷周金文集成（修訂增補本）》，第四册，中華書局，2007 年，第 2656 頁 4302 器。又見吴鎮烽：《商周青銅器銘文暨圖像集成》，第 12 卷，上海古籍出版社，2012 年，第 124 頁 05365 器。

② 進按：關於录伯㦰、伯㦰的關係，也有學者認爲非一人。馬承源以爲非姬姓諸侯往往在國内自稱王，如夨國自稱王，乖伯稱幾王等，見馬承源《商周青銅器銘文選》，第三册，第 119 頁。我們推測录伯㦰極有可能是武庚禄父的後代，以录爲氏。武庚叛亂失敗以後武庚子孫被迫投降，成爲周臣，但仍然保留着殷商王族某些文化因素，因而㦰所作其中所稱祖、考非一。馬承源《銘文選》177 器《㦰簋銘》説“作祖庚尊彝”，我們懷疑此祖庚即武庚。

③ 中國社會科學院考古研究所：《殷周金文集成（修訂增補本）》，第四册，中華書局，2007 年，第 3381 頁 5411.1 器。又見 馬承源：《商周青銅器銘文選》，第三册，文物出版社，1988 年，第 120 頁 182 器。

《稽卣銘》記敘器主稽跟從師雍父駐扎古自、師雍父蔑歷器主之事。至於爲什麼要表彰器主，銘文未記敘，當爲器主有功，器主稽當即㦰所帥成周師氏、虎臣之屬。

與《稽卣銘》相似的還有一篇《遇甗銘》：

圖 5–22　遇甗銘

隹六月既死霸/丙寅，師雍父戍/在古𠂤，遇從。師/雍父俏[①]使遇事/于䵼侯，侯蔑遇歷，/賜遇金，用乍旅獻。[②]

《遇甗銘》三十八字，記載師雍父在古𠂤防守淮夷，器主遇作爲部屬跟隨左右。師雍父連夜派遣遇到䵼國聯繫䵼侯，䵼侯蔑歷了器主，賞賜器主銅料。《遇甗銘》反映出䵼國已經成爲西周王朝抗擊淮夷内侵的前線，是西周抵禦淮夷的戰略支點之一。師雍父連夜派遣器主出使䵼國，説明軍事鬥争情況的緊急。

師雍父部屬還有一位竅，有一鼎存世。該器光緒二十二年（1896）出自山東黄縣萊陰，今藏台北中研院歷史語言研究所。《竅鼎銘》一篇三十字：

隹十又一月，師/雍父省道至/于䵼，竅從，其/父蔑竅歷，賜/金。對揚其父/休，用乍寶鼎。[③]

① 字從人從月，《玉篇》有其字，以爲地名。本銘在動詞前，顯然不爲地名。

② 中國社會科學院考古研究所：《殷周金文集成（修訂增補本）》，第一册，中華書局，2007 年，第 753 頁 948 器。又見馬承源：《商周青銅器銘文選》，第三册，文物出版社，1988 年，第 120 頁 183 器。

③ 吴鎮烽：《商周青銅器銘文暨圖像集成》，第 5 卷，上海古籍出版社，2012 年，第 107 頁。

5-23 㲃鼎銘

《㲃鼎銘》記載師雍父巡視交通狀況，[1] 到達𩵦國。器主作爲師雍父的隨從之一也到達𩵦國，受到𩵦國其父的蔑歷，賞賜了器主銅料。銘文中的其父或以爲即𩵦侯。按照賓禮對等原則，器主爲伯雍父隨從，這次蔑歷器主的當爲𩵦侯之臣。從銘文内容看，保持師雍父駐地到𩵦侯國交通通暢受到師雍父的高度重視，對於這條交通要道的保障已經成爲戰略問題。

師雍父部屬中還有一位叫䢅的部下，作有一篇《䢅尊銘》。

圖 5-24 䢅尊銘

隹十又三月既生霸丁卯，䢅/從師雍父戍于古𠂤/之年，䢅蔑歷，中競父賜/赤金，䢅拜稽首，對揚中競父/休，用乍父乙寶旅彝，其子子孫孫永寶用。[2]

① 也有學者以“道”爲地名，今不採用。

② 中國社會科學院考古研究所：《殷周金文集成（修訂增補本）》，第五册，中華書局，2007 年，第 36981 頁 6008 器。又見馬承源：《商周青銅器銘文選》，第三册，文物出版社，1988 年，第 122 頁 186 器。

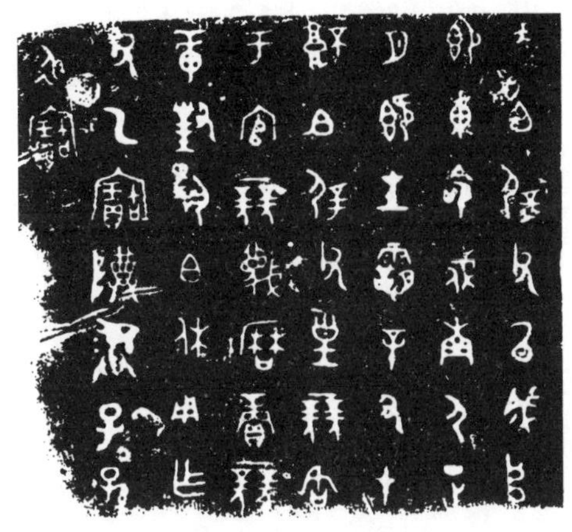

圖 5–25　競卣銘

䢼尊今藏上海博物館。《䢼尊銘》記敘的也是一件受到蔑歷的事情，蔑歷器主的是另外一位人物中競父。中競父即仲競父，競父爲此人之字，仲爲排行。至此，我們獲知師雍父所率成周之師將領有中競父、䢼、𤔲、遇、稽等五人。

（四）伯遅父部屬創作的銘文

此外尚有一個伯屖父及其部下競。競所作《競卣銘》載：

隹伯遅父以成師／即東，命戍南夷。正／月既生霸辛丑，在／鄐，伯遅父皇競，各／于官，競蔑歷，賞競／璋，對揚伯休，用乍／父乙寶尊彝，子子孫孫／永寶。[①]

《競卣銘》記敘了西周穆王時期另外一位將領伯遅父率領成周之師開赴東方，防守南淮夷之事。目前還不能判斷競卣銘所記是否與師雍父及其部屬所記爲同一戰役。不過對淮夷採取積極防禦性質的戰略還是相同的。成周八師原來屬於戰時爲軍隊、平時爲屯墾的亦軍亦農性質的組織，現在被派到東南前線從事防禦，必將造成巨大的後勤供給壓力，從銘文看，此時西周王朝很大一部分職能轉變爲軍事鬥争的機器，嚴重消耗了西周王朝的實力。

競爲穆王朝御史，除了這篇卣銘，他還作有《御史競簋銘》一篇。御史競簋有二，同銘，傳 1926 年同出自洛陽邙山西周墓，爲西人懷履光所得，今藏加拿大多倫多皇家安大略博物館。[②]

隹六月既死霸壬申／伯屖父蔑御史競歷，／賞金。競揚伯屖父休／用

① 中國社會科學院考古研究所：《殷周金文集成（修訂增補本）》，第四册，中華書局，2007 年，第 3401 頁 5425 器。又見馬承源：《商周青銅器銘文選》，第三册，文物出版社，1988 年，第 123 頁 188 器。

② 吴鎮烽：《商周青銅器銘文暨圖像集成》，第 11 卷，上海古籍出版社，2012 年，第 61 頁。

乍父乙寶尊彝簋。[1]

御史在王朝中地位頗高，伯犀父卻能蔑歷御史競，可見御史競爲伯犀父屬官，伯犀父負責太史寮，是穆王朝重要的政治人物，他自己没有留下銘文作品，但在《縣改簋銘》中又一次留下他的身影：

隹十有二月既望，辰在壬午，伯犀/父休于縣改曰："獻！乃任縣[2]伯/室！賜汝婦、爵、㚸之戈，琱玉、/黃㭆。"縣改敏揚伯遅父休，曰：/"休伯哭𧈢恤縣伯室，賜君，我/隹賜壽，我不能不眔縣伯/萬年保，肆敢陳

圖 5–26 御史競簋銘

圖 5–27 縣改簋銘

① 中國社會科學院考古研究所：《殷周金文集成(修訂增補本)》，第三册，中華書局，2007 年，第 2209 頁 4134 器。又見吴鎮烽：《商周青銅器銘文暨圖像集成》，第 11 卷，上海古籍出版社，2012 年，第 61 頁。

② 進按：前人釋此字爲"縣"，然字從木、幺與倒白，幺爲絲之省，可能爲"樂"字，今暫從舊説。

于彝，曰：/其自今日孫孫子子毋敢忘伯休。"[①]

《縣改簋銘》記載伯犀父將縣改嫁給縣伯，并將女僕、爵、玉器等送給縣改作爲陪嫁。與以上記敘王朝重大政治事件不同，銘文從一個貴族家庭生活角度記敘私人發生的故事，其主體是私人的感恩戴德，銘文的價值在於書寫了西周貴族的婚姻生活一個方面：在父兄之命、媒妁之言下，將嫁的縣改儼然以縣伯夫人自居，作器頌揚伯犀父給予的恩惠，這種情況頗爲少見。銘文還記載了具體賞賜的物品，而且用語頗爲特別，與一般的媵器銘文不同，體現了一個女性作家的特色。馬承源以爲伯遅父乃縣改之父，所賜乃媵器，似可疑。縣改稱伯遅父爲"伯"，當爲同輩人，如"伯也執殳，爲王前驅"，兩人似爲同輩兄妹關係。《縣改簋銘》當爲中國文學中第一篇新婦"謝嫁文"，在中華女性文學中佔優一席之地。

第三節　册命禮銘文的内容和類别

册命銘文是西周銘文中的第一題材，數量上佔據绝對優勢。經過穆王二十四年《录簋銘》的定型，册命銘文的體式基本固定下來，雖然有裘衛、伯獄兄弟採用"器主曰"形式替代"王呼某"的平面記敘，這種做法最終没有形成氣候。恭王以下的册命銘文創作選擇另外一條道路發展册命銘文，那就是在《录簋銘》的框架下對部分結構進行細化，從而推動了册命銘文的發展。西周中期的册命銘文具有極高的歷史認識價值，反映出西周中期職官建設情況，對於今天認識西周社會官制具有重要意義。

銘文顯示從穆王時期開始，王官治理進一步規範化。《趩鼎銘》《录簋銘》是兩篇典型的王官任命銘文，此類銘文學術界稱之爲册命銘文。他們共同構建了西周册命銘文的基本框架，此後大多數册命銘文都遵循這個基本框架，從而開啟了西周册命銘文寫作傳統。我們本節分别從册命銘文的類别、册命銘文傳統的形成、册命銘文的發展、册命銘文模式的突破四個方面分析西周中期册命銘文的發展變化和取得的成就。

---

① 中國社會科學院考古研究所：《殷周金文集成（修訂增補本）》，第四册，中華書局，2007年，第2600頁4269器。又見馬承源：《商周青銅器銘文選》，第三册，文物出版社，1988年，第123~124頁189器。

一、王朝行政官员的册命禮銘文

西周中期是册命禮銘文的繁榮期，出現了爲數衆多的優秀作品。由於册命禮銘文數量龐大，爲便於深入分析，本小節將西周册命銘文從内容視角作類别劃分。我們發現西周册命銘文大致上可以分爲王朝行政官員的册命、王朝軍事將領的册命、王朝對諸侯及其臣屬的册命、諸侯對屬下的册命四大類别。

（一）王朝行政官员任命的册命禮銘文

銘文中常見的王官有“三有司”：司徒、司馬、司工，還有一種職官叫司寇，這套職官體系與《周禮》所設計的王朝官員體系有比較大的差異。我們以王朝常見的司徒、司馬、司工、司寇爲主，對西周中期册命銘文中的王官册命禮銘文作簡要分析。

首先看司徒官的册命。《牧簋銘》記敘的是一次司徒的任命：

隹王七年十有三月既生霸甲/寅，王在周，在師汓父宫，格大/室，即位，公族緬入佑牧，立中/庭。王呼内史吴册命牧。王若/曰：“牧！昔先王既命汝作司徒，/今余唯或廏改，命汝辟百尞。/有冋事包，迺多亂，不用先/王作型，亦多虐庶民，氒訊庶/右粦，不刑不中，迺侯之籍，/以今訇司匐氒辠氒故。”王曰：/“牧！汝毋敢弗師型先王作明刑，/

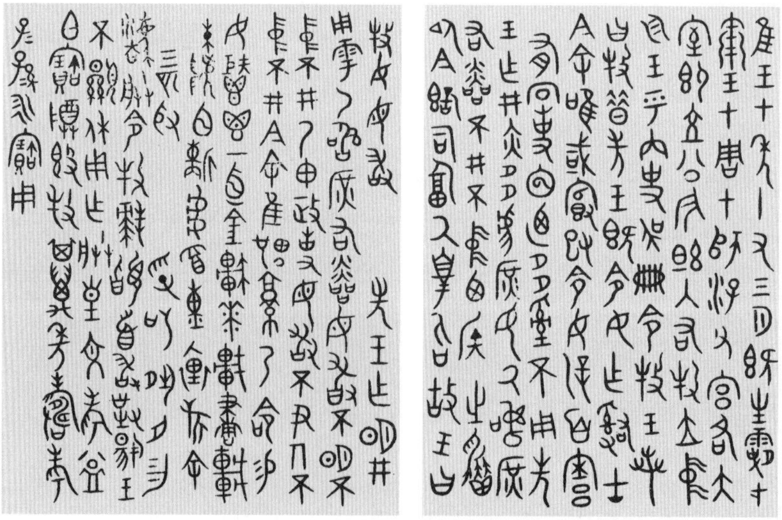

圖 5–28 牧簋蓋銘摹寫

用雩乃訊庶右粦，毋敢不明不／中不刑，乃敷政事，毋敢不尹其不／中不刑。今余唯申就乃命，賜／汝秬鬯一卣，金車，桒較，畫輴，／朱郭圅靳，虎冟，纁裏、旂，駼／馬四匹，取䝤□寽，敬夙夕勿／灋朕命。”牧拜稽首，敢對揚王／丕顯休，用作朕皇文考益／伯寶尊簋，牧其萬年壽考／子子孫孫永寶用。①

銘文長達二百二十三字，是西周簋銘中最長的一篇，也是西周中期册命銘文的典型代表。從銘文“命汝辟百寮”看，周懿王這次任命牧所作司徒爲王朝大司徒。傳世文獻中關於周懿王朝的史實所記極其匱乏，關於大司徒牧，傳世文獻根本就無其人。本銘顯示益伯是牧的文考，益是國名，在西周非常有名，其中益公曾擔任王朝主要執政官，此人作爲佑者出現在恭王時期的《十二年永盂銘》《九年乖伯簋銘》《詢簋銘》《休盤銘》中，以及懿王時期的《申簋蓋銘》《王臣簋銘》中。此外，《盠方彝銘》《畢鮮簋銘》都爲文祖益公、皇祖益公作器。由此可見，益國世代有人在王朝擔任王官。

西周中期册命銘文顯示，王朝高官也是一步一步升上來的，其中免所作五銘可以作爲西周中期官僚晉升的典型案例來分析。

《史免簠銘》應當是免比較早的作品：“史免乍旅簠，/從王征行，用/盛稻粱，其子子/孫孫永寶用享。”②

此時，免的身份還是史，故自稱史免。同時期史免還作有一盤銘：

隹五月初吉，王在周，命作册／内史賜免鹵百陖。免蔑，静／女王休，用乍盤盉，其萬年寶用。③

① 中國社會科學院考古研究所：《殷周金文集成（修訂增補本）》，第四册，中華書局，2007年，第2748頁4343器。又見馬承源：《商周青銅器銘文選》，第三册，文物出版社，1988年，第187頁260器。馬承源未識字從吴鎮烽釋文。

② 中國社會科學院考古研究所：《殷周金文集成（修訂增補本）》，第四册，中華書局，2007年，第2948頁4579器。又見馬承源：《商周青銅器銘文選》，第三册，文物出版社，1988年，第181頁253器。

③ 中國社會科學院考古研究所：《殷周金文集成（修訂增補本）》，第七册，中華書局，2007年，第5464頁10161器。又見馬承源：《商周青銅器銘文選》，第三册，文物出版社，1988年，第179頁250器。

《免盤銘》没有自稱史免，没有自稱其他職官，僅僅自稱私名，可見此時免的職務没有改變。到了《免簋銘》，史免身份發生了轉變：

隹十有二月初吉，王在周，昧/爽，王格于大廟，邢叔佑免即/命，王授作册尹者，俾册命/免，曰："命汝疋周師司林。賜/汝赤雍市，用事。"免對揚王休，/用乍尊彝，免其萬年永寶用。[①]

這一次册命，免從史官系統調出來，"胥周師司林"就是協助周師管理林地。此時免擔任司林這種管理地方事務的職官，職責是"疋周師司林"，是副職。由此，史免從咨政官轉變爲事務官，他的人生發生重要轉折。免在事務官司林任上似乎得心應手，不久又升遷了。這就是《免簠銘》作記敘的内容：

隹三月既生霸乙卯，王在周，/命免作司徒，司鄭還林罘/虞罘牧，賜戠衣、鑾，對揚王休，/用作旅將彝，免其萬年永寶用。[②]

《免簠銘》所記顯示，司林免變身爲司徒官，没有"胥"字，從副職升爲正職，所管理的範圍變爲"司鄭還林罘虞罘牧"；此前僅僅司林，這一次不僅司林，還司虞、司牧。即管理宗周五邑中鄭邑的林場、大小河流和草原，從低級王官升爲中級王官。他職官稱呼爲"司土"，但不是王官大司徒，而是王朝大司徒直接管理的地方性司徒。由此可見在西周中期，大司徒的屬官也可以稱"司徒"。《周禮·大司徒》系統中，虞官分有山虞、澤虞，林官稱"衡"，有林衡、川衡之分。虞官和林官並列。《周禮》大司徒系統也有牧官，稱爲"牧人"，與牛人、充人並列。由此可見，《周禮》大司徒職官體系與西周中期的職官體系似是而非，但淵源關係明顯。到了《免尊銘》，司徒免成爲司工免：

① 中國社會科學院考古研究所：《殷周金文集成（修訂增補本）》，第三册，中華書局，2007年，第456頁4240器。又見馬承源：《商周青銅器銘文選》，第三册，文物出版社，1988年，第179頁251器。

② 中國社會科學院考古研究所：《殷周金文集成（修訂增補本）》，第四册，中華書局，2007年，第3002頁4626器。又見馬承源：《商周青銅器銘文選》，第三册，文物出版社，1988年，第180頁252器。

隹六月初吉，王在鄭。丁亥，/王各大室，井叔佑免。王蔑/免曆，命史懋賜免韍市、冋/黄，作司工。對揚天子休，用乍/尊彝，免其萬年永寶用。①

這一次免是平級換崗位還是升遷，我們還難以判斷。《免尊銘》顯示，西周三有司職官是可以跨系統任職的。“免五銘”具有特殊的史料價值，如此完整地記録下來自己職官的升遷變更過程，爲後世留下典型案例，可以説是中國文化史上的奇跡。

再看司工的册命。與《周禮》中的司空官寫作“司空”不一樣，金文寫作“司工”。金文是西周王官的真實反映；而《周禮》寫作“司空”，應當屬於今古文問題。

《揚簋銘》記敘的是一次司工官的册命禮：

隹王九月既生霸庚寅，王/在周康宮。旦，格大室，即位，司/徒單伯内佑揚。王呼内史史微册/命揚。王若曰：“揚！作司工，官/司量田甸眔司居，眔司芻，/眔司寇，眔司工司。賜汝赤/雍市、鑾旂，允訟，取債五寽。”揚/拜手稽首，敢對揚天子丕/顯休，余用乍朕列考憲伯寶/簋，子子孫孫其萬年永寶用。②

圖 5–29　揚簋銘拓

《揚簋銘》一百零七字，最寶貴之處在於顯示了西周中期司工官管理的内容：“司量田甸，眔司居，眔司芻，眔司寇，眔司工事。”揚所管理比較廣，管田甸，管居住，管草料，管治安，管工程，一共有五大類。

① 中國社會科學院考古研究所：《殷周金文集成（修訂增補本）》，第五册，中華書局，2007年，第3696頁6006器。又見馬承源：《商周青銅器銘文選》，第三册，文物出版社，1988年，第178頁249器。

② 中國社會科學院考古研究所：《殷周金文集成（修訂增補本）》，第四册，中華書局，2007年，第2640頁4294器。又見馬承源：《商周青銅器銘文選》，第三册，文物出版社，1988年，第183頁257器。

尤其是還有司寇職能，可見揚的主職爲大司工職，還兼任司寇職務，可見西周中期王朝主要職官是可以兼任的。此爲《周禮》“職官兼官説”提供了一個實例。

《揚簋銘》記敘王朝一次册命司空的禮儀活動。銘文利用“王若曰”形式對册命内容要素項進行了深化記敘，特别是對司空官職掌範圍的記敘——“官司量田甸，眔司居，眔司芻，眔司寇，眔司工史”讓我們今天可以大致歸納出西周著名三有司之一的司工原來職掌測量田甸，還負責住房建設，管理糧草，管理司工署名下的司空史，甚至還有防捕盜寇任務；並且還有設立訴訟法庭的權力，並且還可以從訴訟案件中收取五寽的訴訟費。而《周禮·冬官》殘缺，《揚簋銘》所記敘的是真實的西周官制中的司空職掌，可靠性不容置疑。當然揚擔任的不一定是大司空職務，但也不是地方級别的二級司空。

至於司寇職官，金文出現頻率没有司徒、司工、司馬高。《南季鼎銘》記敘的是王朝册命司寇官禮儀。南季鼎又稱庚季鼎，有銘文九行五十三字：

隹五月既生霸／庚午，伯俗父佑／南季，王賜赤雍／市、玄衣黹純、鑾／旂，曰：“用又右俗／父司寇。”南季拜稽／首，對揚王休，／用作寶簋，其萬／年子子孫孫永寶用。[1]

銘文記載伯俗父爲佑者，金文佑者一般爲被佑者的上級。册命令説“又右俗父司寇”，可見伯俗父爲大司寇，“又右”當爲“左右”之誤。南季爲伯俗父的左右助手，則爲小司寇。《周禮》小司寇二人，“左右”恐怕包含這個意思。

司馬官的屬官當有管理園囿的職官。《五年諫簋銘》記敘了司宥的册命情況：

隹五年三月初吉庚寅，王在／周師录宫。旦，王格大室，即位，／司

① 中國社會科學院考古研究所：《殷周金文集成（修訂增補本）》，第二册，中華書局，2007年，第1448頁2781器。又見馬承源：《商周青銅器銘文選》，第三册，文物出版社，1988年，第191頁264器。進按：与《銘文選》不同，《集成》称南季鼎为庚季鼎。

馬共佑諫入門，立中庭。王／呼內史微册命諫曰："先王既／命汝攝司王宥，汝某不有昏，／毋敢不善，今余隹或嗣命汝，／賜汝攸勒。"諫拜稽首，敢對揚天／子丕顯休，用作朕文考惠伯／尊簋，諫其萬年子子孫孫永寶用。①

司馬共爲佑者，那麼諫所擔任的司囿爲司馬屬下。司馬是帶有軍事性質的職官，園囿管理當有軍隊負責維護治安，保衛王室遊園的安全。

司空揚官司量田甸，而《窌鼎銘》則記載了王朝一次田官的任命：

隹王九月既望乙／巳，遣中命窌𩁹／司鄭田，窌拜稽首，／對揚遣中休，用乍／朕文考釐叔尊／鼎，其孫孫子子其永寶。②

𩁹字，馬承源以爲"汲水"之汲，即主管之義。可見器主擔任的是主管鄭田的田官，此爲銘文首次記敘管理田地官員的册命儀。

懿王時期的《申簋蓋銘》記載了一次王朝主管"意識形態"的職官——王朝太祝屬官的册命活動：

隹正月初吉丁卯，王在周康宮，／格大室，即位，益公入佑申，／中庭，王命尹册命申："更乃／祖考胥大祝，官司豐人眔／九戲祝，賜汝赤市縈黃，鑾旂，／用事！"申敢對揚天子休命，／用乍朕皇考孝孟尊簋，申／其萬年用，子子孫孫其

圖 5-30　申簋蓋銘

① 中國社會科學院考古研究所：《殷周金文集成（修訂增補本）》，第四册，中華書局，2007 年，第 2625 頁 4285.2 器。又見馬承源：《商周青銅器銘文選》，第三册，文物出版社，1988 年，第 207 頁 288 器。

② 中國社會科學院考古研究所：《殷周金文集成（修訂增補本）》，第二册，中華書局，2007 年，第 1423 頁 2755 器。又見馬承源：《商周青銅器銘文選》，第三册，文物出版社，1988 年，第 142 頁 208 器。

永寶。[①]

銘文記敘器主世襲祖考官職，作爲太祝的助手，擔任豐和九戲的祝。銘文中凡地名跟“人”的，人没有意義，例如膳夫旅伯簋銘説作“旅邑人膳夫”，即擔任旅地膳夫。本銘中申擔任豐邑和九戲兩地的祝，豐邑、九戲屬於王朝的地方管理機構管理，因此申擔任的是王朝二級機構的祝，并受王朝中央太祝的縱向領導。本銘證實《周禮》太宰“以八则治都鄙，一曰祭祀以驭其神”并非虚言。

（二）康宫行政官員的任命

康宫是西周中後期經常出現在銘文中的一個地名。周王經常在康宫發佈册命。康宫是一個什麼性質的地方，前輩學者有過探索，并取得了突出成果。我們在分析西周中期册命銘文中發現管理康宫的官員也需要周王任命。

《伊簋銘》提供了著名的康宫管理的信息：

隹王廿又七年正月既望/丁亥，王在周康宫，旦，王格穆/大室，即立，申季入佑伊，立/中廷，北嚮。王呼命尹封册/命伊，𫊸官司康宫王臣妾/百工。賜汝赤市幽黄，鑾旂、/攸勒，用事！伊拜手稽首，對/揚天子休，伊用乍朕丕顯文/祖、皇考徲叔寶䵼彝，伊其/萬年無疆，子子孫孫永寶用享。[②]

圖 5-31 伊簋銘

伊這次受命管理康宫的王臣妾、百工，銘文透露出康宫必定爲周王居住的地方，王臣妾是爲王日常生活起居提供直接服務人員，百工爲

① 中國社會科學院考古研究所：《殷周金文集成（修訂增補本）》，第四册，中華書局，2007年，第2597頁4267器。

② 中國社會科學院考古研究所：《殷周金文集成（修訂增補本）》，第四册，中華書局，2007年，第2628頁4287器。

“手藝人”，當爲周王生産工藝美術品、生活器具、服裝等。由此可以判斷康宫是周王重要的宫殿，並不僅僅是祭祀康王的宗廟。

《宰獸簋蓋銘》記敘的是康宫管理的另外一次任命：

唯六年二月初吉甲戌，王在周師录/宫。旦，王各大室，即立，司徒榮伯右宰/獸，入門，立中庭，北嚮。王乎内/史尹中册命宰獸曰：“昔先/王既命汝，今余唯或申就/乃命，庚乃祖考事，𠭯司康/宫王家臣妾，奠庸，外入毋/敢無聞知。賜汝赤市幽亢、/攸勒，用事。”獸拜稽首，敢對/揚天子丕顯魯休命，用乍/朕烈祖幽中、益姜寶匳簋，/獸其萬年子子孫孫永寶用。①

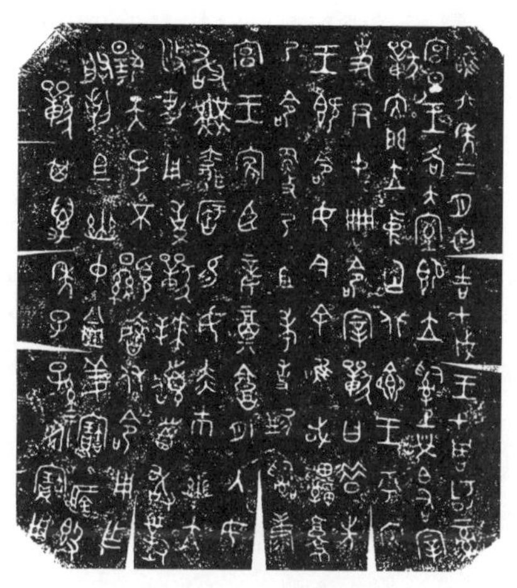

圖 5–32　宰獸簋蓋銘

《宰獸簋蓋銘》再次證明康宫是周王及其夫人居住的地方，從宰獸所司“康宫王家臣妾，奠庸，外入毋敢無聞知”看，此康宫就在宗周，宰獸相當於《周禮》中的内宰，管理的是王宫的飲食起居和安全保衛工作。

（三）成周地區行政官員任命

西周中期銘文還出現了反映東都成周地區行政管理的册命禮銘文《虘簋銘》：

唯王正月，辰在甲午，/王曰：“虘！命汝司成周/里人眔諸侯、大亞，訊/訟罰，取債五寽，賜汝/夷臣十家，用事。”虘拜/稽首，對揚王休命，用/作寶簋，其子子孫

圖 5–33　虘簋銘

① 吴鎮烽：《殷周青銅器銘文暨圖像集成》，第 12 卷，上海古籍出版社，2012 年，第 154、155 頁 05377 器。進按：器 1997 年出自陝西省扶風縣段家鎮大同村西周墓葬。

孫寶用。[①]

成周是西周在東部的權力中心，管理東方諸侯國事務。關於成周的行政管理體系，傳世文獻幾乎没有記載，我們從西周青銅器銘文中發現了一些材料。

本篇銘文記敘的就是周王任命成周官員的册命禮儀。器主的職官名稱没有出現在銘文中，他的職責卻很明確："司成周里人以及諸侯、大亞"。由此可見，成周有周王朝設立的機構，這個機構的首腦管理成周的人民以及諸侯和大亞。諸侯、大亞實際上歸周王管理，器主鸞只不過管理東方諸侯的事務。這種管理應該是雙向的。一方面西周王朝向東方諸侯傳達命令，要經過成周的機構予以傳達到位；另一方面東方諸侯需要向王朝覲見、進貢、履行其他權利和義務必須經過成周的機構預先轉告。

此外，大部分伐東夷、淮夷、南淮夷的銘文都記載周王首先到達成周進行戰前動員和軍事部署，然後向戰役目的地進發。例如反映周昭王十九年二次伐南淮夷戰役諸銘都是這樣記敘戰爭進程的。

圖 5–34　救簋蓋銘

（四）王朝其他官員的任命

從西周中期册命銘文中，我們能夠發現西周社會治理許多有價值的信息，一些官員的任命可以看出許多職官十分古老，《救簋蓋銘》出現了"五邑守堰"職官。《救簋蓋銘》六行六十九字，在銘文中屬於中長篇：

隹二月初吉，王在師司馬宮／大室，即位，井伯内，佑救，立中庭，／北嚮，内史尹册，賜救玄衣、黹屯、旂／四日，用大備于五邑守堰。拜／稽首，敢對揚天子休，用乍／寶

① 中國社會科學院考古研究所：《殷周金文集成（修訂增補本）》，第三册，中華書局，2007 年，第 2417 頁 4215 器。又見馬承源：《商周青銅器銘文選》，第三册，文物出版社，1988 年，第 232 頁 219 器。按：器今藏台北故宮博物館。

簋，其萬年子子孫孫永寶用。[①]

《救簋蓋銘》記敘的是器主救被周王任命爲五邑守堰之事。守堰即守衛河堰之官。堰，圍土爲堤防，是一種水利設施。五邑又見於《元年師兑簋銘》《鄠簋銘》《柞鐘銘》《虎簋銘》，分别有五邑走馬、五邑甸人、五邑祝等職官，可見五邑是宗周地區豐、鎬、鄭、方、周等最重要的五個都城的合稱。[②] 五邑守堰職官相當於宗周地區總管水利官。由此可見，西周中期就已經有水利治理體系了。

此外尚有《微鑾鼎銘》記敘器主微鑾受册命"司九陂"之事。[③] 陂即聚水池塘，猶如今之水庫。此兩銘爲世界最早的水利官員"委任狀"，也是人類最早的水利官員撰寫的文章。

《吴方彝蓋銘》顯示，器主擔任的職官非同尋常：

隹二月初吉丁亥，王在周 / 成大室。旦，王格廟。宰朏佑 / 作册吴入門，立中廷，北嚮。/ 王呼史戊册令吴：司旃眔 / 叔金。賜秬鬯一卣，玄衮衣，赤 / 舄，金車，桒鞃，朱虢錦，虎冟，/ 熏裏，桒較，畫轉，金甬。馬四匹，/ 攸勒。吴拜稽首，敢對揚王 / 休，用作青尹寶尊彝，吴其 / 世子孫永寶用，唯王二祀。[④]

圖 5–35　吴方彝蓋銘

《吴方彝蓋銘》記敘的是器主擔任管理旗幟和貴重金屬的官，職務分

① 中國社會科學院考古研究所：《殷周金文集成（修訂增補本）》，第三册，中華書局，2007 年，第 2459 頁 4243 器。進按：該銘首見天津市文物管理處：《天津市發現西周殺簋蓋》，《文物》1979 年 2 期，稱"殺簋"。

② 邱海文：《西周關中都邑若干問題研究》，陝西師範大學 2017 年歷史學碩士學位論文。

③ 中國社會科學院考古研究所：《殷周金文集成（修訂增補本）》第六册，中華書局，2007 年，第 5112 頁 9723.3 器。

④ 中國社會科學院考古研究所：《殷周金文集成（修訂增補本）》，第六册，中華書局，2007 年，第 5206 頁 9898 器。又見馬承源：《商周青銅器銘選》，文物出版社，1988 年，第 3 册，第 175 頁 246 器。

工如此之細，令人驚歎。佑者爲宰朏，是内官，管理宫廷事務，類似後世所謂“大内總管”；那麼器主吴所擔任的也是内官。他的職掌是“司旃罘叔金”，即管理旗幟和善金，善金即銅。器主第一職掌相當於《周禮》中的“司常”；器主第二職掌相當於《周禮》中“内府”的部分功能。這兩職都是重要職務。

二、王朝軍事將領的册命

禮樂征伐是西周王朝最重要的兩件大事，記叙軍事將領册命的銘文爲數頗豐。我們在上一節對西周中期反映軍禮類銘文作了分析，而將反映軍事將領册命禮的銘文放在本節處理，主要考慮到册命禮在王朝政禮中具有普適性。

西周中期反映軍事將領的册命禮銘文作家中，有活躍在懿王、孝王時期的將領盠、師兑、師瘨、師晨、師旋、師毛父、走等。

（一）盠、師瘨和師晨的册命銘文創作

盠所作《盠駒尊銘》我們在執駒禮儀節已經分析過，這裏分析《盠方尊銘》。

唯八月初吉，王格于周廟，穆公佑/盠，立于中庭，北嚮。王册命尹/賜盠赤市幽亢、攸勒，曰：“用司/六師、王行、三有司：司徒、司馬、/司空。”王命盠曰：“纘司六師及八師/藝。”盠拜稽首，敢對揚王休，/用作朕文祖益公寶尊彝。/盠曰：“天子丕遐丕其，萬年，/保我萬邦。”盠敢拜稽首曰：/“剌！朕身庚朕先寶事。”①

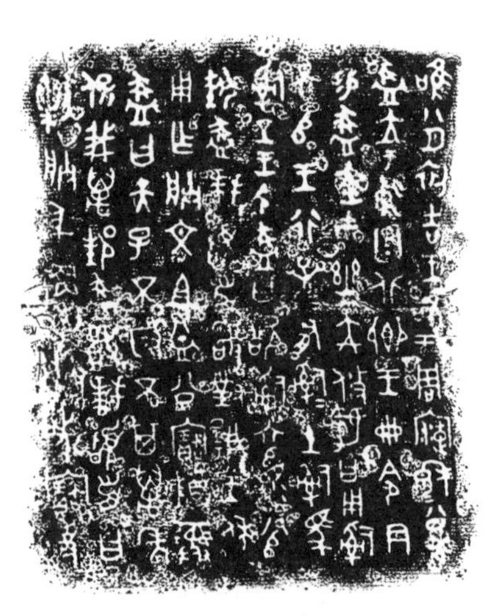

圖 5-36　盠方尊銘

銘文所記内容非常有歷史價值。王朝軍事力量部屬有六師、八師之分。六師、八師不僅是軍事組織，還有司徒、司馬、司工這三有司的職

① 中國社會科學院考古研究所：《殷周金文集成（修訂增補本）》，第五册，中華書局，2007 年，第 3702 頁 6013 器。又見馬承源：《商周青銅器銘選》，文物出版社，1988 年，第 3 册，第 228 頁 313 器。

官配置，還有六師、王行，還有六師、八師藝這樣的職官崗位設置。王行、藝可以與司馬、司徒、司工並列，而三有司一般屬於民事官員。藝當即戰術，包括格鬥、射擊、駕馭等戰鬥技藝。由此可見西周六師、八師的性質和軍事將領的管理範圍。

《盠方尊銘》的寫作手法靈活。對於懿王的册命之令，本銘採用轉述、選擇性引用手法，避免了將册命之令集中在一處造成的冗長、枯燥和刻板。“王册命尹賜盠赤市幽亢、攸勒”將周王的册命之令關於賞賜禮服、禮物的部分用轉述形式表達。“曰：‘用司六師王行、三有司：司徒、司馬、司空。’”是直接引用。“王命盠曰：‘纘司六師及八師藝。’”是選擇性引用。因周王的册命令中關於器主的職掌分主管和分管兩個部分，本銘擇其要者分兩處加以引用。

《盠方尊銘》在表達作器願望中連用兩個“器主曰”形式將器主的兩個願望分開表述，顯得層次分明，重點突出。是對“器主曰”這些寫作模式的靈活運用。

《師瘨簋蓋銘》記敘了“邑人”一職的册命儀式：

唯二月初吉戊寅，王在周／司馬宫，格大室，即位。司／馬井伯親佑師瘨入門，立／中庭。王呼内史吴册命師／瘨曰：“先王既命汝，今余唯／申先王命，命汝官司邑人、師／氏，賜汝金勒。”瘨拜稽首，敢／對揚天子丕顯休，用作朕／文考外季尊簋，瘨其萬年／孫孫子子其永寶用享于宗／室。[①]

《師瘨簋蓋銘》是非常成熟的百字長銘，記敘册命禮技巧嫻熟。雖然没有獨創性，但對於研究西周中期職官問題很有價值。邑人一官是什麽性質的王官？《周禮》中没有邑人一職。本銘中，佑者爲司馬井伯，司馬爲軍事官員，按照西周青銅器銘文慣例，佑者爲受命者上級官員，那麽這個邑人職官當爲大司馬的屬官。器主師瘨的職掌除邑人外還有師氏，師氏是軍事官員，我們可以從西周銘文中看到，绝大部分稱“師某”的都是軍事官員，這一點我們可以從下面的《師晨鼎銘》中看到。

---

① 中國社會科學院考古研究所：《殷周金文集成（修訂增補本）》，第四册，中華書局，2007年，第2622頁4283器。

《師晨鼎銘》記敘的是另外一次管理邑人的軍事官員的任命情況。

隹三年三月初吉甲戌，王/在周師彔宮。旦，王格大室，/即立，司馬共佑師晨入門，/立中庭。王呼作册尹册命/師晨："疋師俗司邑人，隹小臣、/膳夫、守友、官犬眔奠人、膳/夫官守友。賜赤舄。"晨拜稽/首，敢對揚天子丕顯休命，/用作朕文祖辛公尊鼎，晨/其萬年世子子孫孫其永寶用。①

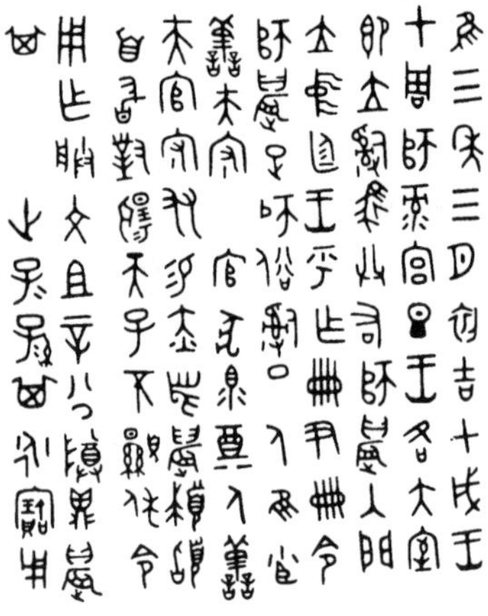

圖 5–37　師晨鼎銘摹本

《師晨鼎銘》所記器主師晨管轄範圍有兩塊，一塊是邑人，包括小臣、膳夫、守友、官犬；另一塊是鄭人，包括膳夫、官守友。司馬是軍事官員，司馬共爲佑者，當爲師晨的上級官員，司馬共極有可能就是大司馬。師晨稱"師"，也當爲軍事官員。他的下屬構成是膳夫、小臣、守友等，其中小臣一般都是青年官員，官犬當用於偵察和治安，守友則爲常居一地負責守衛者。由此我們可以看出西周西六師中各師常務官員的配置情況。

（二）走、師旋和師毛父的册命銘文創作

根據司馬爲軍事官員、井伯爲大司馬、帶"師某"稱呼的一般是軍事官員的規則我們大致上可以判斷《十二年走簋銘》和《師毛父簋銘》記敘的也是軍事官員的任命。

《十二年走簋銘》大約七十四字，記敘的是一個自稱"走"的官員册命儀式：

隹王十有二年三月既望/庚寅，王在周，格大室，即/位，司馬井伯入佑走，王/呼作册尹册命走䩮疋/益，賜汝赤口口鑾旂，用/事，走敢

① 中國社會科學院考古研究所：《殷周金文集成（修訂增補本）》，第二册，中華書局，2007年，第1486頁2817器。

拜稽首，對揚王／休，用自作寶尊簋，走其／眔厥子子孫孫萬年永寶用。[①]

關於器主走的職官，銘文没有直接説，只是説“命走䟽疋益”。由於益在當時是人人皆知的名人，其職官不言而喻。但我們今天卻不知道益是誰，不過根據銘文内容有“司馬井伯入佑”，我們知道了走擔任的是軍事官員。

同樣，《師毛父簋銘》没有記敘器主師毛父擔任的是什麼官，我們也可以從銘文内容中推導出他所任職官的性質：

隹六月既生霸戊／戌，旦，王格于大室，／師毛父即位，井伯佑，／内史册命，賜赤市。／對揚王休，用乍寶簋，／其萬年子子孫孫其永寶用。[②]

由於銘文記載比較簡略，我們不知道師毛父具體擔任何種職務。師毛父自稱“師”，其佑者還是井伯，這次册命師毛父擔任的應當是軍事官員。

《元年師旋簋銘》記敘的是宗周五邑之一豐邑軍事將領的册命情況：

隹王元年四月既生霸，王／在淢居，甲寅，王格廟，即位，／遟公入佑師旋，即位中庭。／王呼作册尹册命師旋曰：／“備于大左，官司豐還左右／師氏。賜汝赤市、冋黄、麗鞶。／敬夙夕用事。”旋拜稽首，敢／對揚天子丕顯魯休命，用／乍朕文祖益仲尊簋，其萬／年子

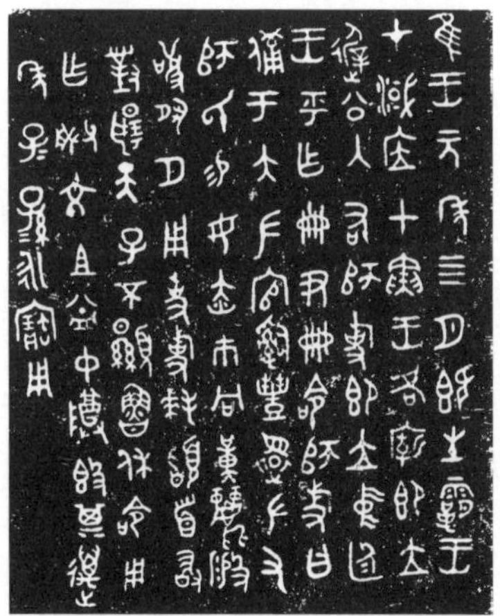

圖 5-38　元年師旋簋蓋銘

① 中國社會科學院考古研究所：《殷周金文集成（修訂增補本）》，第三册，中華書局，2007 年，第 2460 頁 4244 器。又見馬承源：《商周青銅器銘文選》，第三册，文物出版社，1988 年，第 159 頁 228 器。

② 中國社會科學院考古研究所：《殷周金文集成（修訂增補本）》，第三册，中華書局，2007 年，第 2393 頁 4196 器。

子孫孫永寶用。[①]

《元年師旋簋銘》九十八字，記敘周孝王元年册命師旋擔任大左師，具體分管西六師之豐還軍事主管。銘文的歷史價值在於提供了西周中期軍事職官系統的重要信息。器主“備于大左”即擔任大左師。由此可以推測，同時軍事官員還有大右師設置。大左師當爲器主在王朝中的職務，器主的具體執掌爲掌管西六師之一的豐師。與《周禮·地官司徒》系統中的師氏相比，兩者有一定的類似之處，包括在爵位上，《周禮·師氏》爲中大夫，僅次於天地四時六卿；在官職上，《周禮·師氏》“居虎门之左，司王朝。”這一點也與器主“備于大左”相似。然而《周禮》中的師氏主要是負責周王日常保衛的職官，不掌管王朝之外的軍隊，與本銘區别很大。《元年師旋簋銘》是西周長篇册命銘文中文筆最流暢的一篇。

（三）師兑的册命銘文創作

師兑是西周中期優秀的銘文作家，此人爲“周公六胤”之一的蔣侯後裔。蔣國故址一般認爲在今河南省信陽市淮濱縣期思鎮。看來周成王封周公子于此，當爲增加西周對淮夷的控制力量。蔣國青銅器傳世不多，到目前爲止還没有發現蔣君及其部屬撰寫的青銅器銘文。倒是蔣國貢獻給王朝的在朝官員中出現了著名的師兑，此人留下《蔣兑簋銘》一篇，《元年師兑簋銘》一篇，《三年師兑簋銘》一篇，一共三篇銘文。《蔣兑簋銘》一篇四十三字：

圖 5–39 鬻兑簋銘

唯正月初吉甲午，/ 鬻兑作朕文祖乙[②]/ 公、皇考季氏尊簋，/ 用祈眉壽萬年無 / 疆多寶，兑

① 中國社會科學院考古研究所：《殷周金文集成（修訂增補本）》，第四册，中華書局，2007 年，第 2612 頁 4279 器。又見馬承源：《商周青銅器銘文選》，第三册，文物出版社，1988 年，第 199 頁 275 器。進按：器 1961 年出土長安縣張家坡西周窖藏，今藏陝西歷史博物館。同時出土有五十三件，有銘十一種。

② 按：乙字馬承源缺釋，吴鎮烽釋乙，暫從。

其萬年／子子孫孫永寶用享。[①]

《蔣兑銘》記敘器主蔣兑特别爲自己的文祖、皇考製作尊簋之事。由於銘文没有記敘作器的緣起，也没有記敘文祖、皇考的功績德業，所包含的歷史文化信息不如此人所作的另外兩篇銘文。

《元年師兑簋銘》記敘的是師兑擔任走馬這一軍事官員的任命情況。

圖 5–40　元年師兑簋銘

隹元年五月初吉甲寅，王／在周，格康廟，即位，同仲佑／師兑入門，立中庭。王呼内／史尹册命師兑："胥師龢父／司左右走馬、五邑走馬。賜／汝乃祖市五黄、赤舄。"兑拜／稽首，敢對揚天子丕顯魯／休，用作皇祖城公䵼簋。師／兑其萬年走子孫孫永寶用。[②]

《元年師兑簋銘》九十一字，記敘器主師兑在周孝王元年的一次受册命情況。這一次受册命的職官是做師龢父的副手，主管王朝左右走馬和五邑走馬。從"賜汝乃祖市五黄、赤舄"看，師兑還是世襲官員。《元年師兑簋銘》再次透露出西周中期軍事部署的信息。其中"司左右走馬、五邑走馬"説明宗周地區的軍事部署包括王朝的中央軍隊、駐扎在宗周豐、鎬、方、鄭、豳等五邑的地方部隊，以上就是"西六師"的雛形。走馬當爲從事馬政的官員，這批人應爲軍人中供應馬匹的人員，是西周車戰中決定勝負的力量之一。平時養戰馬、訓練戰馬，作戰時負責馬匹的供應、管理和餵養。師兑作爲這些人的長官，在朝廷中地位應當不低。[③] 從《元年師兑簋銘》中不但可以看出宗周軍隊部署情況，銘文還透露出西周

① 馬承源：《商周青銅器銘文選》，第三册，文物出版社，1988 年，第 202 頁 279 器。按：器今藏故宫博物院。馬承源以爲"䵼兑"即蔣兑，爲周公之胤蔣國後裔，且蔣兑即師兑。今從之。

② 中國社會科學院考古研究所：《殷周金文集成（修訂增補本）》，第四册，中華書局，2007 年，第 2605 頁 4274 器。

③ 張亞初、劉雨：《西周金文官職研究》，中華書局，1986 年，第 20~22 頁。

軍隊是有兵種分工的。

《三年師兑簋銘》記敘的是一次“增命”，即職務基本不變，但地位提高了。原來是胥伯龢父司左右走馬，增命後獨立攝司走馬：

唯三年二月初吉丁亥，王才周，/各大廟，即立，鍐白右師兑，/入門，立中廷，王乎内史尹/册令師兑：“余既令女疋師/龢父司左右走馬，今余唯/申就乃令，令女𠭯司走馬。/賜女秬鬯一卣、金車、桒較、朱鞹、/鬲鞃、虎冟、纁裏、右軛、畫轉、/畫輯，金甬、馬四匹、攸勒。”師/兑拜稽首，敢對揚天子不顯/魯休，用乍朕皇考釐公𩰫簋，/師兑其萬年，子子孫孫永寶用。①

圖 5–41　三年師兑簋銘

《三年師兑簋銘》作於器主在周孝王元年受册命之後的第三年，全文一百二十八字，記敘在元年被任命爲司左右走馬、五邑走馬之後，器主再次升官，總管王朝所有的走馬。② 這一點可以從所賞賜物品中看出來。器主師兑這次所受賞賜物品分三類：首先是秬鬯一卣，其次是一套馬車所需要的配件，再次是四匹馬以及乘馬所需要的配飾。在西周銘文中，只有高級官員的册命和賞賜才會賞賜秬鬯一卣。可見《三年師兑簋銘》所記乃是一次“增命”，《周禮》所説的“九命”制度不是空穴來風。從

① 中國社會科學院考古研究所：《殷周金文集成（修訂增補本）》，第四册，中華書局，2007 年，第 2691 頁 44318.2 器。馬承源：《商周青銅器銘文選》，第三册，文物出版社，1988 年，第 201~202 頁 278 器。進按：器今藏上海博物館。

② 進按：李學勤認爲三年師兑簋在前，元年師兑簋在後，不是一個王世，以求銘文中的歷日相通。但《三年師兑簋銘》明確説“余既令女疋師龢父，司左右走馬，今余唯申就乃令”，顯然元年師兑簋在前，一爲夷王三年，一爲厲王元年，今不從。見李學勤：《論西周中期至晚期初金文的組合》，《社會科學戰線》2000 年 4 期。

《三年師兑簋銘》我們還可以推導出，在西周中期，王朝存在官員考核升遷制度，考核週期是三年。由此我們還可以推測此時官員也存在任期制度，考核期也就是任期，任期内考核優秀不一定升官，但可以升級。

師兑所記兩次册命，佑者都不一樣。元年是同仲佑師兑；三年是𣪕白佑師兑。這種差别表明在任期考核中，上級官員先考核，因而師兑的主管官員有變動，或者由於是兑"升級"了，主管他的官員也换成級别更高的官員。作爲册命銘文，《三年師兑簋銘》提供了一個三年一升職的案例，在本案例中可以看出，西周中期官僚制度中升遷有規定，並且是在同一係統中升遷，可見此時西周的職官體系是比較成熟的。從軍事史角度看，銘文記載器主從"司左右走馬""五邑走馬"變爲"司走馬"，説明走馬系統存在横向管理和縱向管理，并以縱向管理爲主。師兑名稱中的"師"本身就是軍事職務之稱，由此可見，到周孝王三年，師兑已經成爲"走馬"兵種的最高領導人。

（四）善、弭伯師耤和弭叔師察的册命銘文創作

根據西周中期册命銘文記載，新王繼位要對重要的人事安排作重新認定。《善鼎銘》載：

唯十又一月初吉，辰在丁亥，/王在宗周。王格大師宫，王/曰："善！昔先王既命汝佐胥/㠱侯，今余唯肇䡅先王命，命/汝佐胥㠱侯，監䜌師戍，賜/汝乃祖旂，用事！"善敢拜稽/首，對揚皇天子丕丕休，用/乍宗室寶尊，唯用綏福，唬/前文人，秉德恭純，余其用/格我宗子雩百姓。余用匄/純魯，雩萬年其永寶用之。[①]

圖 5-42　善鼎銘

① 中國社會科學院考古研究所：《殷周金文集成（修訂增補本）》，第二册，中華書局，2007 年，第 1490 頁 2820 器。又見馬承源：《商周青銅器銘文選》，第三册，文物出版社，1988 年，第 233 頁 321 器。

善在此前已經被先王任命爲㬱侯之佐，這一次職務没有變化，還是㬱侯之佐。顯然，時王這是對善的職務再次確認一遍，以顯示自己的權威性。這篇銘文還有一個歷史認識價值：善應該稱爲㬱監，猶如康王時期的應監。這一類侯國之監實質上是諸侯國君之佐，核心職責是監督軍隊，正如本銘所説的"監𤔲師戍"，這些諸侯國的監國爲周王直接任命，對周王負責，其上級領導即王朝太師。

西周時期尚有弭國，該國有一批貴族在王朝任職，擔任軍事將領，其中包括弭伯師耤、弭叔師察。弭伯師耤作有《弭伯師耤簋銘》，記敘的是一次册命禮儀：

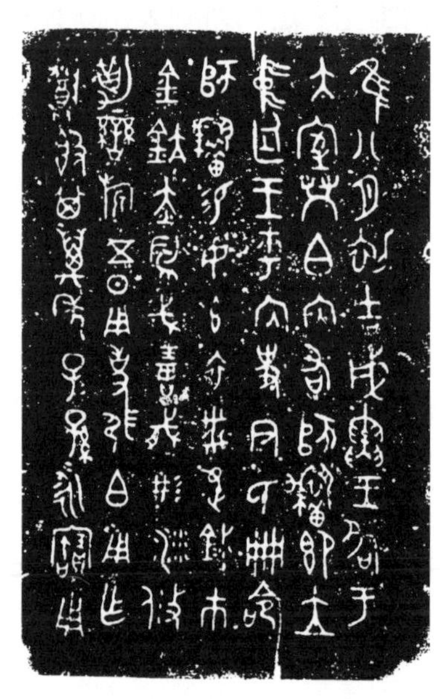

圖 5–43　弭伯師耤簋銘

唯八月初吉戊寅，王格于/大室，榮伯入佑師耤，既立/中庭，王呼内史尹氏册命/師耤："賜汝玄衣黹純，素市/金鈧，赤舄，戈琱㦸彤紗，攸/勒，鑾旂五日，用事！"弭伯用作/尊簋，其萬年子孫孫永寶用。[①]

銘文記敘的是册命禮儀，但没有説明器主所受爲何種職務。我們根據以上分析任務師耤擔任的是軍事將領職務。同樣，《弭叔師察簋銘》也没有記敘自己被册命擔任什麼職務：

唯五月初吉甲戌，王在𣶃，/各于大室，即立中庭，井叔/内，右師察。王乎尹氏册命/師察，賜汝赤舄、攸勒，用楚/弭伯。師察拜稽首，敢對揚/天子休，用作朕文祖寶簋。/弭叔其萬年子子孫孫永寶用。[②]

---

① 中國社會科學院考古研究所：《殷周金文集成（修訂增補本）》，第四册，中華書局，2007 年，第 2583 頁 4257 器。進按：器 1963 年出自陝西藍田縣輞川公社新村。

② 中國社會科學院考古研究所：《殷周金文集成（修訂增補本）》，第三册，中華書局，2007 年，第 2476 頁 4254 器。進按：器 1959 年 6 月出於陝西藍田縣寺坡村西周窖藏，今藏藍田縣文物管理所。

我們同樣可以判斷這也是一次軍事將領的任命。器主自稱“弭叔”“師察”，爲弭伯之佐官，此二人當爲同一宗族之中的大、小宗關係，二人極有可能是兄弟輩，他們都在西周王朝擔任軍事職務。弭叔還作有《弭叔作叔班盨銘》《弭叔盨銘》，前者有銘文二十三字：“唯五月既生霸庚寅，弭叔作叔班旅盨。其子子孫孫永寶用。”①此銘可以豐富我們對於西周弭國的認識。後者只有“弭叔乍旅盨，其萬年永寶用”②十一字，信息太少，影響了銘文價值。

圖 5–44　弭伯師耤簋銘

三、王朝對諸侯及其重要臣屬的任命

《左傳・桓公二年》：“天子建國，諸侯立家，卿置側室，大夫有貳宗。”《伯晨鼎銘》記敘了天子確認諸侯繼位權情況：

隹王八月辰才／丙午，王命𨊠侯／伯晨曰：“嗣乃且／考侯于𨊠。錫女／秬鬯一卣、玄衮衣、／幽夫、赤舄、駒車，／畫呻、幬爻、虎幃／冟衽裏幽、攸勒、／旅五旅，彤矢、旅／弓，旅矢，寽戈皋／胄。用夙夜事，勿／灋朕令。”晨拜稽／首，敢對揚王休，／用乍朕文考頻／公宮尊鼎，子子孫孫／其萬年用寶用。③

圖 5–45　伯晨鼎銘

① 中國社會科學院考古研究所：《殷周金文集成（修訂增補本）》，第四册，中華書局，2007 年，第 2816 頁 4430 器。

② 中國社會科學院考古研究所：《殷周金文集成（修訂增補本）》，第四册，中華書局，2007 年，第 2777 頁 4385 器。

③ 中國社會科學院考古研究所：《殷周金文集成（修訂增補本）》，第二册，中華書局，2007 年，第 1485 頁 2816 器。

《伯晨鼎銘》一百零七字，是西周長篇銘文，記敘的是器主伯晨被封爲𨊠侯的事情。此人是世襲侯，封侯地在𨊠，從銘文“作朕文考”和“嗣乃祖考侯于𨊠”看，伯晨的父親、前任𨊠侯已死，伯晨是繼位𨊠侯。但是這種繼任必須獲得周王的册命才是合法有效的𨊠侯。本銘爲研究西周諸侯繼位提供了一個真實的案例。

周王册命諸侯以及諸侯屬下的重要官員是西周王朝行使王權的重要標誌之一。《禮記·王制》所說諸侯國中的大國，其卿受周王任命。此說在西周青銅器銘文中獲得支持。根據西周中期册命銘文記載，諸侯國重要的官員由周王任命。《豆閉簋銘》載：

> 唯王二月既省霸，辰在戊寅，/ 王格于師戲大室，邢伯入佑 / 豆閉，王呼内史册命豆閉，/ 王曰：“閉：賜汝戠衣、玄市、鑾 / 旂，用併乃祖考事，司窒艅 / 邦君司馬弓矢。”閉拜稽首，/ 敢對揚天子丕顯休命，用 / 乍朕文考釐叔寶簋，用賜 / 壽壽萬年，永寶用于宗室。①

圖 5–46　豆閉簋銘

《豆閉簋銘》記載周懿王任命豆閉爲艅邦君司馬之事。邦君即邦國之君，在畿内爲邦君，在畿外爲諸侯。由此類推，畿内邦君的主要職官司徒、司馬、司空爲西周王朝任命。依此類推，畿外諸侯國的三有司之司徒、司馬、司工也有可能是周王直接任命。

四、公卿對私屬官員的册命

周天子採用分封形式將土地和人民賞賜給諸侯公卿，并用分封册命之令的形式將分封賜采契約化。諸侯和公卿雖然名義上是代理周王治理封國，但對於自己領地具有一定的獨立治理權，他們也採用契約形式册

① 中國社會科學院考古研究所：《殷周金文集成（修訂增補本）》，第四册，中華書局，2007 年，第 2609 頁 4276 器。

命自己屬下的官員。

《逆鐘銘》所記爲器主逆被公卿叔氏任命爲屬官的册命禮儀。

唯王元年三月既／生霸庚申，叔氏在／大廟，叔氏令史舀／召逆，叔氏若曰："逆！／乃祖考許政于公／室，今余賜汝毌五，／錫戈彤緌，用耤于／公室僕、庸、臣、妾、小子／室家，毋有不聞智，／敬乃夙夜，甹朕／身，勿廢朕命，汝遂／乃政。"逆敢拜手稽……①

圖 5–47　逆鐘銘

《逆鐘銘》記敘器主逆被叔氏册命爲主管公室僕庸的職官。逆擔任的不是王朝職官，而是王朝公卿的職官。從《逆鐘銘》看，公卿擁有一套自己的職官系統，有史官，如本銘中的史舀；有小子官，如本銘中的小子室家。此外還有一批從事日常生活服務的僕庸。公卿任命自己的職官也模仿王朝册命儀式，地點在太廟中，史官也撰寫册命令文本，因而有

① 中國社會科學院考古研究所：《殷周金文集成（修訂增補本）》，第一册，中華書局，2007 年，第 49~52 頁 60~63 器。進按：逆鐘今存四枚，出土於陝西省永壽縣店頭公社好時河，1974 年咸陽市文物管理委員會徵集。器今藏天津市歷史博物館。從銘文看，逆這次所作鐘不止四枚。馬承源定爲西周孝王時器。

了本銘的“叔氏若曰”；除了册命令文本規定具體職責範圍外，還同時賞賜與受賜者職官身份一致的相關禮器，如本銘中的盾牌和戈。銘文提到“乃祖考許政于公室”，可見擔任公卿家臣也是雙方自願，也遵守契約規定。

第四節　册命禮銘文傳統的繼承與發展

西周中期册命銘文在創造了巨大的歷史認識價值的同時，也在創作方法上分别從兩個方向進行了探索：一個是沿着舊模式進行細化，將册命銘文推向極致，這是主流；另一個是突破舊模式另走新路。這一派雖不占優勢，也取得了突出的成績。

穆、恭、懿、孝時代，册命銘文創作内容更加豐富，長篇大作層出不窮。銘文作家通過對册命銘文各要素記敘的細化，豐富册命銘文的内容，推動了册命銘文的發展。著名的册命銘文作品有《師酉簋銘》《師奎父鼎銘》《八祀師𩛥鼎銘》等五十多篇。這些銘文涉及西周社會治理的許多方面，對於我們了解西周社會中期的狀況具有極高的歷史認識價值。同時這些銘文還在語言藝術方面進行了有益探索，是中華文學中典雅之美的典範之作。

一、册命銘文模式

册命銘文到周穆王時期開始定型，逐漸形成從册命的時間寫起、到作器願望結束這樣一種固定的寫作模式，主要結構爲時間、地點、佑者、宣命者、册命内容、受命者感激、作器目的、作器願望等八大基本項。模式固定下來以後，銘文作者大多按照這個模式填寫，或詳細或簡略，基本上不出這個範圍。模式化寫作久了，必然限制了銘文作家寫作才能的發揮。許多銘文作者不滿足於這種刻板的模式化，試圖突破這種模式，他們的探索帶來了册命銘文的發展變化，他們創造的“器主曰”“王若曰”以及轉述、引用、套用等技巧提高了册命銘文的表現能力。我們本小節主要分析册命銘文傳統的積累和模式的形成。

（一）趞簋銘和親簋銘

我們首先通過對《趞簋銘》《親簋銘》的分析，對西周册命銘文的模式作簡單歸納。先看《趞簋銘》：

唯三月，王在宗周。戊寅，王格／于大廟，密叔佑趞，既立，内／

史即命，王若曰："趞，令汝作/𢻱師家司馬，啻司官僕、射/士、訊、小大右、隣，取債五寽，賜/汝赤市幽亢，鑾旂，用事。"/趞捧䭫首，對揚王/休，用乍季姜尊彝，/其子子孫孫萬年寶用。[①]

圖 5–48　趞簋銘

趞簋原由李山農收藏，今流落日本，藏東京書道博物館。内底鑄有銘文一篇八十三字，記敘了器主趞被穆王任命爲𢻱師家司馬的事情。銘文有兩個方面的知識性價值。

第一是豐富了關於穆王朝司馬職官的知識。《周禮·秋官》有"家司馬"，但《周禮》家司馬爲大夫采邑中的管理者，而且根據《周禮·秋官·序官》，"家司馬各使其臣以正於公司馬"，即王朝不任命家司馬，由卿大夫自己從自己的屬臣中挑選人擔任此職。鄭玄注説："卿大夫之采地王不特置司馬，各自使其家臣爲司馬，主其地之軍賦，往聽政於王之司馬。"然而本銘中的家司馬卻由穆王親自任命。本銘中的家司馬相當於《周禮·秋官》中的都司馬。都司馬的編制，《秋官·序官》説："都司馬，每都上士二人，中士四人，下士八人，府二人，史八人，胥八人，徒八十人。"其職責，都司馬職文説："掌都之士庶子及其衆庶車馬兵甲之戒令，以國灋掌其政學。"鄭玄注説："政謂賦稅也；學，修德學道。"本銘中，家司馬的職責範圍是"啻司官僕、射、士、訊、小大右、粦。"馬承源以爲僕、射、士即《周禮》司馬之屬的太僕、射人、司士；訊爲訊訟官；大右爲司右；小右爲群右，包括戎右、齊右、道右。[②] 我們認爲既然是𢻱師的家司馬，不可能管理王朝的太僕以下官員，應當管理𢻱師的僕、射、士、右、訊、隣六類人員，至少包含軍事和訴訟兩個方面，管轄範圍顯

① 中國社會科學院考古研究所:《殷周金文集成（修訂增補本）》，第四册，中華書局，2007 年，第 2596 頁 4266 器。進按：本器或又稱鼎，見馬承源:《商周青銅器銘文選》，第三册，文物出版社，1988 年，第 112 頁 172 器。

② 馬承源:《商周青銅器銘文選》，第三册，文物出版社，1988 年，第 113 頁。

然比《周禮·秋官·都司馬》的職責範圍還要大。另外器主擔任斆師的司馬，令人想起著名的西六師、殷八師、成周八師問題。也許西六師就是如“斆師”這樣的六地之師的總稱。

第二個方面是關於職官任命儀式本身。銘文記敘的册命儀節有：王格大廟、密叔佑趞、内史宣讀命書、趞拜稽首等。册命辭中“取債五寽”是接受民事訴訟官司可收取的費用標準，是中國最早的“收費許可證”之一。

再看《親簋銘》。親簋由國家博物館 2005 年徵集入館，有銘文 110 字。[1]《親簋銘》記敘了西周王朝著名的三有司——司馬的册命儀式，提供了王朝家司馬册命的實例，在西周銘文史上佔有重要地位。

隹廿又四年九月既望庚/寅，王在周，各大室，既立，司/工逘入右親，立中廷，北嚮。/王乎作册尹册醽令親曰：/“更乃祖服，乍家司

圖 5–49　親簋銘

① 進按：《中國歷史文物》2006 年 3 期刊登了李學勤《論親簋的年代》、王冠英《親簋考釋》、張永山《親簋作器者的年代》、夏含夷《從親簋看周穆王在位年數及年代問題》，以及該刊 2007 年 4 期發表的張聞玉《親簋及穆王年代》、葉正渤《亦談親簋銘文的歷日和所屬年代》，一致贊成親簋所記爲周穆王二十四年事。學者們還發現親就是師痕簋蓋銘中的右者司馬井伯親，并由此將一批銘文牽連起來。但韓巍《親簋年代及相關問題》一文中以爲恭王二十四年，收入朱鳳瀚主編《新出金文與西周曆史》，上海古籍出版社，2011 年。我們從李學勤等人説。另外恭、懿時期的司馬井伯不一定就是親，有可能爲其子孫。

馬。女迺諫/訊有粦，取債十寽，賜女赤/市、幽黄、金車、金勒、旂。女迺/敬夙夕勿灋朕令。女肇享。"/親捧䭬首，敢對揚天子休，/用乍朕文且幽伯寶簋。親/其萬年孫孫子子其永寶用。[①]

《親簋銘》記載在穆王二十四年，穆王親自蒞臨太廟大室，主持册命儀式。佑者爲大司工逩。當相關人員都站好位置後，穆王招呼作册長官宣佈册命令，任命親世襲先祖職務，作家司馬。穆王在册命中規定了器主的職責範圍，同時賞賜與家司馬級别相稱的官服、官車、馬具和旗幟，并勉勵器主忠誠敬業。

將《親簋銘》《趞鼎銘》和其他相關銘文聯繫起來不難發現，西周司馬、司土、司工所謂"三有司"往往世襲。三有司也分王朝三有司和地方三有司。王朝三有司對地方三有司實行垂直管理。在一定程度上，《周禮・秋官》中設置的大司馬、都司馬、家司馬反映了西周司馬職官的情況。

以上兩銘的出現標誌着西周册命銘文寫作的標準樣式已經形成。《趞鼎銘》《親簋銘》包含了册命銘文大部分要素構成，包括册命的時間、地點、佑者、面鄉、主持者、册命者、册命内容、受命者答謝、作器目的、作器願望十個要點。從此以後，西周册命寫作以此爲標準，或減省部分要素，或增加部分要素中的内容，但都不出這個範圍。從此，册命銘文寫作模式被固化，册命文寫作猶如填寫公文，基本寫作框架是這樣一條線形模式：

某年月日——王在某地——王各某宫或某室——既立——某官右器主——立中廷，北鄉——王乎作册某或内史某册命器主——册命之令的主要内容——器主拜稽首——對揚王休——器主因作某器——器主敘述作器願望。

以上爲西周中期册命銘文的基本框架，從此以後，册命銘文寫作都在這個框架之内，只有少數高手能夠突破這個框架。

（二）十三年望簋銘

在創作技術上，西周中期册命銘文作者大多延續册命銘文的體式，

---

① 吴鎮烽：《商周青銅器銘文暨圖像集成》，第12卷，上海古籍出版社，2012年，第118頁。

撰寫中規中矩的作品。例如《十三年望簋銘》：

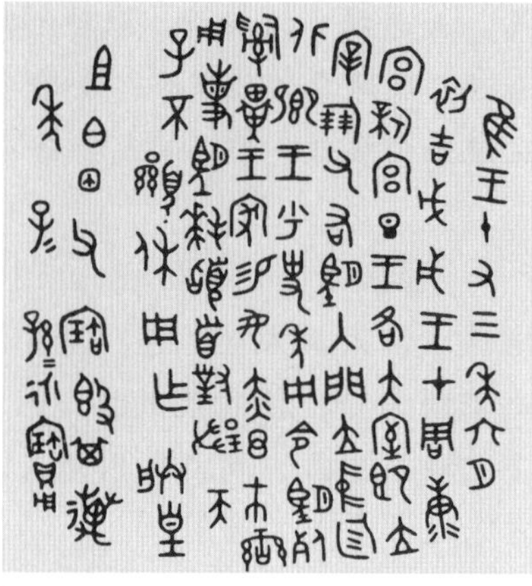
圖 5-50　十三年望簋銘文摹本

隹十又三年六月 / 初吉戊戌，王在周康 / 宫新宫。旦，王格大室，即位，/ 宰倗父佑望入門，立中庭，/ 北嚮。王呼史年册命望："死 / 司畢王家，賜汝赤雍市，鑾，/ 用事。"望拜稽首，對揚天 / 子丕顯休，用作朕皇 / 祖伯□父寶簋，其萬 / 年子子孫孫永寶用。[1]

銘文在時間、地點、右者、方位、賞賜物品、職責、作器目的和願望都有簡要記敘，詞語承載信息效率極高。不過由於銘文高度簡練，册命儀式和册命之令的許多細節被省略了，讀者難以了解儀式的細部以及相關職官及其執掌情況。册命銘文的進一步發展在所難免。

二、册命銘文傳統的繼承

西周中期册命銘寫作一般繼續沿用《親簋銘》奠定的寫作模式，中規中矩，銘文本身雖然很寶貴，但主要價值體現在繼承性，未能提供更多的歷史和文化信息，讓銘文成爲傑出的歷史文獻。

（一）師奎父鼎銘、七年趞曹鼎銘和利鼎銘

據《窓齋集古録釋文賸稿》等文獻，師奎父鼎出土於關中地區，器今藏上海博物館，《師奎父鼎銘》有銘文九十四字：

圖 5-51　師奎父鼎銘

隹六月既生霸庚寅，王 / 格于大室，司馬井伯佑 / 師奎父。王呼内史

① 中國社會科學院考古研究所：《殷周金文集成（修訂增補本）》，第四册，中華書局，2007 年，第 2603 頁 4272 器。又見馬承源：《商周青銅器銘文選》，第三册，文物出版社，1988 年，第 145 頁 212 器。

駒册 / 命師奎父："賜載市、同黄、/ 玄衣、黹屯，戈琱戟、旂，用 / 司乃父官友。"奎父拜稽 / 首，對揚天子丕顯魯休，/ 用追孝于剌中，用作尊 / 鼎，用匄眉壽黄耇吉康。/ 師奎父其萬年子子孫孫永寶用。[①]

《師奎父鼎銘》按照"時間——王各某地——某人右器主——王呼某史册命器主——器主感激——器主作某器——器主願望"這樣的標準程式進行寫作，記敘有條不紊。然而這樣的標準化寫作存在許多不足。例如從本銘中我們看不出師奎父任職何官，有多少俸禄；也不知道他的父親任職何官，他父親的官友是哪些人。由於銘文對於内史駒宣讀的册命文只是概述性質的記敘，當然不能提供以上信息。

（二）七年趞曹鼎銘

《七年趞曹鼎銘》也是在這一框架之下記敘册命禮，然而銘文對於語言描寫似乎不感興趣：

隹七年十月既生 / 霸，王在周般宫。旦，/ 王格大室，邢伯入 / 佑趞曹，立中庭，北 / 嚮。賜趞曹緇市、同 / 黄、鑾。趞曹拜稽首，/ 敢對揚天子休，用 / 乍寶鼎，其饗朋友。[②]

銘文用自己的話對周王的册命之令作了最簡要的概述，以至於趞曹擔任什麼職務都没有提及，我們只能根據佑者爲司馬推測趞曹擔任的是司馬屬官。作爲趞曹家族的銘文讀者當然知道器主擔任的是什麼官；但是作爲今天的讀者，這個缺失對我們的閱讀是一個障礙，嚴重影響了銘文的歷史認識價值。

（三）利鼎銘

留下同樣遺憾的還有一大批中規中矩的册命銘文。例如《利鼎銘》：

隹九月丁亥，王格 / 于般宫，邢伯入，右利，/ 立中庭，北嚮。王呼

① 中國社會科學院考古研究所：《殷周金文集成（修訂增補本）》，第二册，中華書局，2007 年，第 1482 頁 2813 器。

② 中國社會科學院考古研究所：《殷周金文集成（修訂增補本）》，第二册，中華書局，2007 年，第 1450 頁 2783 器。

乍命／内史册命利曰："賜汝赤／玄市，鑾旂，用事！"利拜稽／首，對揚天子丕顯皇休，／用乍朕文考𤎼伯尊鼎，／利其萬年子子孫孫永寶用。[①]

《利鼎銘》對於册命過程的幾個環節都有記敘，而且行文簡潔、流暢，信息量大；唯獨對利擔任什麽職務没有記敘。

（四）師酉簋銘

但是，同樣在這個框架下寫作，《師酉簋銘》卻提供了更多的内容。銘文在對於册命之令的記敘中側重於職官職責範圍的敘述：

隹王元年正月，王在吴，格／吴大廟。公族𤔲敼入右／師酉，立中廷。王呼史牆／册命師酉："司乃祖啻官／邑人、虎臣、西門夷、㚔夷、／秦夷、京夷、畁身夷。新賜汝／赤市、朱黄、中絅、攸勒，敬夙／夜勿廢朕命。"師酉拜稽／首，對揚天子丕顯休命，用乍／朕文考乙伯宄姬尊簋，酉／其萬年子子孫孫永寶用。[②]

圖 5–52　師酉簋銘

《師酉簋銘》對於周王册命令中關於師酉管理的範圍作了詳細的記敘。他所管理的範圍是公族中的邑人、虎臣、西門夷、㚔夷、秦夷、京夷、畁身夷。由於佑者是"公族𤔲敼"，此人當爲公族的主管官員。一般被佑者往往是佑者的下屬，這些人無疑屬於公族。由此我們知道了西周中期尚有公族官，公族中有西門夷以下五夷，這些公族中的夷人成份猶如懷姓九宗、殷民七族，是克商以後被周人分散到各地的古老部族。師酉無疑是軍事官員。"司乃祖啻官"透露師酉家族嫡長子一直擔任這一職

① 中國社會科學院考古研究所：《殷周金文集成（修訂增補本）》，第二册，中華書局，2007 年，第 1473 頁 2804 器。

② 中國社會科學院考古研究所：《殷周金文集成（修訂增補本）》，第四册，中華書局，2007 年，第 2630 頁 4288.1 器。

官；“新賜女赤市”説明師酉已經不是第一次接受册命了。

三、册命銘文要素記敘的細化

西周中期册命銘文的發展主要從要素記敘細化這個方向展開。包括對賞賜物品記敘的細化，對職官記敘的細化，對册命原因記敘的細化，對作器目的和願望記敘的細化。

（一）同簋銘和楚簋銘

一些銘文對於職官職責範圍的記敘有所細化。例如懿王時期的《同簋銘》：

圖 5–53　同簋銘

隹十又二月初吉丁丑。王/在宗周，格于大廟。榮伯佑/同，立中廷，北嚮。王命同佐/佑吴大父埸、林、虞、牧、自/虒東至于河，厥逆至于玄/水，世孫孫子子佐佑吴大父，毋/汝有閑。對揚天子厥休，/用作朕文考惠仲尊寶簋。/其萬年子子孫孫永寶用。①

《同簋銘》在職官職責範圍要素方面進行了細化記敘。“王令同佐佑吴大父埸、林、虞、牧、自虒東至于河，厥逆至于玄水。”這句話顯然截取於周懿王册命之令中，但這句話不是直接引用，而是選擇性間接引用。從整體上看，銘文依然屬於册命銘文的標準型，但銘文特別關注其職責範圍，這不僅是册命銘文的記敘的深化發展，同時也反映了西周中期職官制度已經細化，特别是技術性職官管理更加專業化，説明西周中期相關事務比較繁忙，也説明社會經濟生活全面繁榮。銘文這一記敘重點的細化提高了銘文的歷史文化價值。

一些銘文作品對於職官待遇的記敘也有所細化。這種細化可能與

① 中國社會科學院考古研究所：《殷周金文集成（修訂增補本）》，第四册，中華書局，2007 年，第 2602 頁 4271 器。

西周中期出現的行政收費許可制度有關。西周早期的册命銘文很少涉及職官待遇問題，但在西周中期，册命銘文多次出現了數量不等的“取遄”規定，最低的爲五寽，最多的達到卅寽。除了上面引用的《趞鼎銘》的取遄五寽、《親簋銘》的取遄十寽，《楚簋銘》也出現了類似記敘：

圖 5–54　楚簋甲器銘

隹正月初吉丁亥，王格于／康宫，中倗父内，佑楚立中／廷，内史尹氏册命楚赤雍市、／鑾旂，取遄五寽，司方鄙／官内師舟。楚拜手稽首，／𩁹揚天子丕顯休，用乍／尊簋，其子子孫孫萬年永寶用。①

《楚簋銘》作爲册命銘文，對於册命銘文的要素記敘都比較簡單，採取的都是概述手段。不過在概述周懿王册命銘文中，特意將自己的俸禄或行政事務收費標準提取出來記敘，那就是“取遄五寽”。這是對賞賜要素記敘作了選擇性細化。當然本銘在西周銘文中第一次提到了方京之鄙官的内師舟職務，師舟之官即管理軍隊的船隻，這是中國最早的“水軍”軍官的任命記載了。爲西周銘文多次出現的王在方京泛舟、舉行澤射提供了佐證，説明方京的確有辟雍太學存在，也爲《麥方尊銘》等多篇銘文記敘周王乘舟射禽作了最好的説明。

（二）𢦏簋蓋銘和卯簋蓋銘

《𢦏簋蓋銘》記載西周孝王時代器主𢦏的受册命情況，其中也包括行政收費額度的規定。𢦏這次受命做管理籍田的司徒官：

① 中國社會科學院考古研究所：《殷周金文集成（修訂增補本）》，第三册，中華書局，2007 年，第 2464 頁 4246.2 器。又見馬承源《商周青銅器銘文選》，第三册，文物出版社，1988 年，第 172 頁 232 器。進按：楚簋一共四件，1978 年陝西武功縣蘇坊公社戴甲大隊窖藏出土，四器同銘，今藏武功縣文化館。

隹正月乙子，王各于大／室，穆公入佑𢦏，立中庭，／北嚮。王曰："𢦏！命汝作司／徒，官司藉田，賜汝戠／衣，赤玄市，鑾旂，楚走／馬，取償五寽，用事！"𢦏拜／稽首，對揚王休，用乍朕／文考寶簋，其子子孫孫永用。[①]

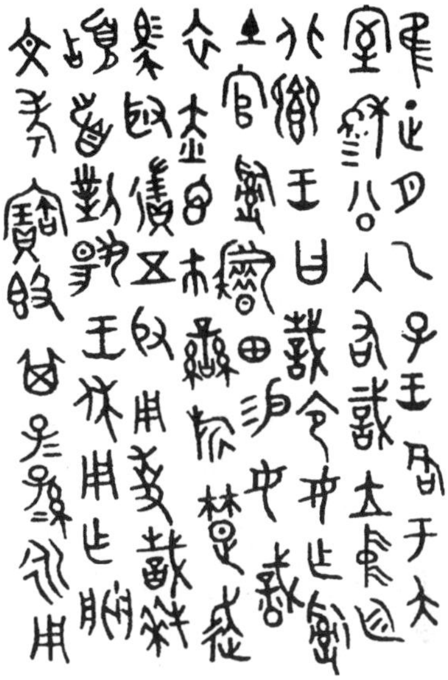

圖 5–55　𢦏簋蓋銘摹本

𢦏簋早年有過著録，今器、蓋均不知去向。這篇册命銘文採用"王曰"式直接記言的記敘手法，將周孝王册命𢦏的《𢦏命》主要内容記載下來。"𢦏！命汝作司徒，官司藉田，賜汝戠衣，赤玄市，鑾旂，楚走馬，取償五寽，用事！"绝對不是《𢦏命》的全部内容。由於册命簡册一片竹簡就能將這二十餘字寫下來，那麼一篇册命令不可能只用一片竹簡。顯然𢦏在撰寫本銘時候一定對《𢦏命》内容作了選擇性提取。佑者爲穆公，生稱"公"大臣一定是首輔大臣，可見𢦏這個司徒官職位不低，不能用《周禮》管理帝籍的下士官視之。銘文特意將"取償五寽"提取出來，可見器主非常在意孝王《𢦏命》中的這條規定。本銘的"取償"與上面的"取遄"當爲一事。[②]

《卯簋蓋銘》記載器主卯接受榮伯册命，繼承祖父、父親的世襲職官，爲榮伯家族管理榮伯家族在方京的房屋財産和相關人員：

隹王十有一月既生霸／丁亥，榮季入佑卯，立中庭，榮／伯呼命卯

① 中國社會科學院考古研究所：《殷周金文集成（修訂增補本）》，第三册，中華書局，2007 年，第 2477 頁 4255 器。又見馬承源《商周青銅器銘文選》，第三册，文物出版社，1988 年，第 172 頁 317 器。

② 進按：金文中恆見"取遄"若干寽的記載，並且均出現在册命銘文中。前輩學者對此有關研究，所説各異，但基本同意銘文所記與財物有關。若干寽遄是什麼性質的東西？如果是一次性的賞賜物，在册命令中應當直接説"賜女遄若干"，不必加"取"字。取作爲動詞謂語，其主語是受册命者。因此我們設想銘文所記爲授予受册命者行政收費權力。

曰："䚄乃先祖考死司／榮公室，昔乃祖亦既命乃父死／司方人，丕淑，孚我家窠，用喪。今／余非敢夢先公有進遂，[①] 余懋再／先公官，今余隹命汝死司方宫／方人，汝毋敢不善。賜汝瓚四、璋瑴、／宗彝一肆，寶。賜汝馬十匹，牛十。賜于乍／一田，賜于宮一田，賜于隊一田，賜于戠一田。"卯拜／手稽手，敢對揚榮伯休，用乍寶尊／簋。卯其萬年子子孫孫永寶用。[②]

圖 5–56　卯簋蓋銘

卯簋早年曾被人收藏，銘文著録於《攈古録》等著作，今器不知所在。《卯簋銘》一百五十二字，是西周長銘。作爲册命銘文，《卯簋銘》提供了非常寶貴的西周中期社會的歷史資料，具有很高的歷史價值。《卯簋銘》這種歷史價值主要通過銘文作者深化記敘要素得以展示，本銘對記敘要素中的册命内容要素作了細化記敘。通過册命儀式主持者榮伯之口，將册命内容盡可能多地記録下來。通過這個要素的細化我們知道，作爲西周長盛不衰的榮伯家族，他們的主要財産就在方京，方京也是他們家族采邑所在地，而方京是周王舉行大型祭祀活動的重地。由此可見榮伯家族與西周王族的關係。銘文還透露器主卯祖孫三代都爲榮伯管理方宫方人，這種家臣職官也是世襲制，並且具有很高的經濟地位和文化地位，所賞賜的禮器包括瓚四、璋瑴、宗彝一肆，寶；賞賜的財富有馬十匹、牛十頭。同時這種家臣還可以擁有自己的土地。銘文記載榮伯賞賜乍一田、宮一田、隊一田、戠

① 進按："進"原搨似從彳從藿，楷書無對應字，暫借用進字表示；"遂"原搨似從彳從豕。

② 中國社會科學院考古研究所：《殷周金文集成（修訂增補本）》，第四册，中華書局，2007 年，第 2711 頁 4327 器。又見馬承源：《商周青銅器銘文選》，第三册，文物出版社，1988 年，第 172 頁 244 器。

一田，總共四田，雖然這四田相當於多少户農夫耕種的土地目前尚有争論，我們仍然可以確定這四塊田應當不算少。這些數據價值非常高。如果没有器主對於册命内容要素當爲細化記敘，我們難以獲取這些第一手資料。

（三）䀎簋銘

䀎簋是21世紀出現的青銅器，來歷不明，現在歸未透露姓名的收藏家擁有。《䀎簋銘》也是一篇長銘，記敘的是器主自己受懿王册命，世襲司徒官之事，時間是周懿王十年，地點在周大室，由康公爲佑者，周王直接主持册命儀式，宣讀册命的是作册官之長，但没有記載姓名。銘文寫到這裏，還是遵循册命銘文的固定寫法：

隹十年正月初吉甲寅，王在周/大室，旦，王各廟。即立，嘱王。康公入/門右䀎，立中廷，北嚮。王乎作册尹册/命䀎曰："𢦏𠭯乃祖考誅有尊于先/王。亦弗忘乃祖考登裏氒典，封/于朕。今朕丕顯考恭王既命女/更乃祖考事，作司徒，今余唯/𤔲先王，命女攝司西服司徒，訊/訟，取賜十寽，敬勿廢朕命。賜/鬯卣、赤市、幽黄、攸勒。"䀎拜稽首，對/揚天子休，用乍朕烈考幽叔寶/尊簋，用賜萬年，子子孫孫其永寶。①

圖 5–57　䀎簋銘

作爲册命銘文，本銘绝大部分篇幅記敘的都是册命中的内容，採用的是直接記言形式。但是在記載册命令内容上，本銘記敘相對詳細，在册命銘文要素中的册命内容項作了細化記敘，銘文所記册命内容可以作

① 吴鎮烽：《商周青銅器銘文暨圖像集成》，第12卷，上海古籍出版社，2012年，第177頁。

層次分析。第一層，周懿王回顧器主𤚍的祖孫三代受到恭王重用；第二層，時王懿王發佈命令，任命器主𤚍繼續擔任司徒官，職務没變，管理範圍變爲“攝司西服司徒”，因此器主職官可能級别有所提高。第三層，關於器主𤚍的待遇，“訊訟，取賜十寽”，即接受民事訴訟案件的收費標準。第四層，賞賜物品清單。由此可見，《𤚍簋銘》在記敘册命内容要素上下了功夫，顯示了比較高的寫作技巧。

四、王曰、王若曰的興起

西周中期册命銘文記敘要素的細化另一條路徑是大量出現“王若曰”類銘文。所謂“王若曰”是指在記敘册命内容時候採用直接記言方式將周王的册命之令的主要内容或關鍵内容記載下來。相對於西周早期册命銘文用間接地概述形式記載周王册命内容不同，這種帶有“王若曰”的銘文所記敘的内容更加豐富，是西周中期册命銘文寫作的深化。

“王若曰”是西周史官筆法之一，最早出現在周初文獻《武成》《康誥》中，大約在西周康王時期進入銘文創作中，比較密集地出現在西周中期，到恭王時期全面爆發，《大盂鼎銘》《趞鼎銘》《彔伯𢦚簋銘》《乖伯簋銘》《詢簋銘》《應侯見工簋蓋銘》《師虎簋蓋銘》等都有“王若曰”，我們略舉幾個例子。

（一）師虎簋銘

師虎簋器蓋均有銘，器藏上海博物館，蓋有二。器銘在簋底部，全文一百二十四字：

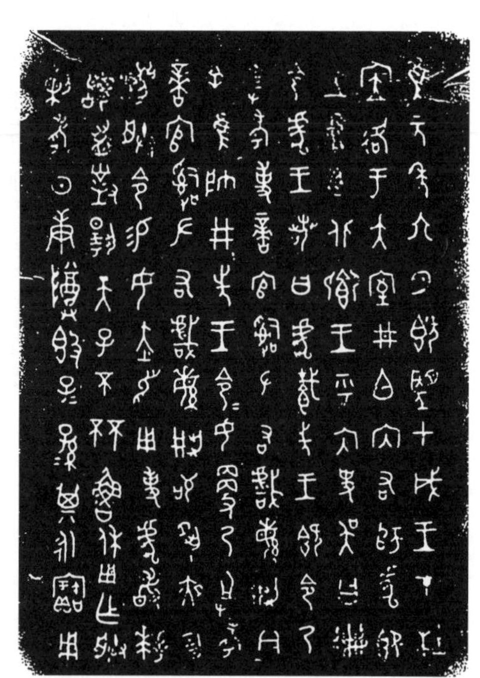

圖 5–58　師虎簋銘

隹元年六月既望甲戌，王才杜/庘，[①] 格于大室，井白内，右伯師

① 原字從宀從立，今楷書無對應字，暫借用從广從立字，二字均有用於居住的建築之義。

虎，即/立中廷，北嚮。王乎内史吴曰："册/令虎！"王若曰："虎，載先王既令乃/且考事，啻官嗣左右戲緐荆，今/余隹帥井先王令，令女更乃祖考，/啻官嗣左右戲緐荆，敬夙夜，勿/灋朕命。易女赤舄，用事。"虎敢拜/稽首，對揚天子不伓魯休，用乍朕/烈考日庚伯尊簋，子子孫孫其永寶用。①

本銘記敘周懿王元年懿王重新確認師虎擔任左右偏師司馬職官的册命禮儀。時間、地點、主持者、右者等要素的記敘中規中矩。但在記敘册命内容時作了變化。"王乎内史吴曰：'册令虎！'"是記言，當爲周懿王現場主持册命儀式的命令語。後面緊接着"王若曰"，而"王若曰"的内容就是已經撰寫好的册命内容。這個"王若曰"實際上就是對《師虎命》中主要内容的摘録，並且是概述性的摘録，所提供的内容比非"王若曰"册命銘文也多不了多少。不過"王若曰"這種起領性質的插入語具有牽引出豐富内容的能力。

（二）師虎簋蓋乙銘

師虎除了這個簋銘見著録外，尚有虎簋蓋銘甲、乙兩篇。1995年陝西省丹鳳縣鳳冠區西河鄉山溝村出土一青銅簋蓋，有銘文一百五十八字，是爲虎簋蓋甲，由商洛市文物管理委員會收藏。同年，香港市場出現另外一件虎簋蓋，銘文與虎簋蓋甲相同，是爲虎簋蓋乙，由台北私人藏家收藏。

圖 5–59　師虎簋蓋乙銘

隹卅年三月初吉甲戌，王在周/新宫。各于

① 中國社會科學院考古研究所：《殷周金文集成（修訂增補本）》，第四册，中華書局，2007年，第2687頁4316器。

大室。密叔内，右虎。既／立，王乎内史曰："册令虎！"曰："翻乃／祖考事先王嗣虎臣，今命女曰：／更乃祖考，胥師戲，嗣走馬、馭人／眔五邑走馬、馭人。女毋敢不善／于乃政。賜女截市、幽黃、玄衣，譩[①]／屯，䜌旂五日。用事！"虎敢拜稽首，／對揚天子不杯魯休。虎曰：不顯／朕烈祖考粦明，克事先王。肆天／子弗望氒孫子，付氒尚官。天子／其萬年䌛兹令。虎用乍文考日庚尊簋／子孫其永寶用，夙夕享于宗。[②]

虎簋蓋銘製作於穆王三十年，比《師虎簋銘》要早一些，師虎與虎爲同一人。[③] 兩篇銘文寫作方式非常接近，在記敘周王發佈册命令内容中都是先採用"王乎"引出史官，再用插入語引出册命文的主要内容。有所不同的是，本銘用"王曰"而非"王若曰"。這個細微的差别説明到了西周中期中後段，"王若曰"的使用逐漸成爲主流。

虎所作兩銘記載了自己受穆王、懿王兩次册命的榮耀。兩篇銘文也記載了器主虎的人生中最重要的升遷大事，從胥師戲、嗣走馬馭人眔五邑走馬馭人的輔助官員升遷爲"啻官嗣左右戲緐荆"這樣獨當一面主導型官員。銘文出現了走馬馭人、五邑走馬馭人、左右戲繁荆這樣的職官稱呼，豐富了我們對於西周中期職官的認識。虎也稱爲西周穆、恭時代優秀的銘文作家，在中國文學史上爲自己争得一席之地。

總之，西周中期册命禮銘文追求在細節上深化，不僅帶來寫作藝術的進步，還進一步提升了銘文的歷史價值，爲後人提供了更多的歷史資料。

第五節　册命禮銘文模式突破的嘗試

隨着西周中期册命銘文在記敘要素方面的深化，册命銘文再次大繁

① 原字從川從竞，今楷體無對應字，暫借用從言從竞字表示。

② 吴鎮烽：《商周青銅器銘文暨圖像集成》，上海古籍出版社，2012 年，第 207 頁 05400 器。

③ 關於師虎與虎是否爲同一人以及虎簋王世問題，學術界有不同意見。吴鎮烽、李自智等認爲師虎、虎爲同一人，虎簋蓋爲穆王世器，師虎簋稍晚，爲恭王世器。但王占奎認爲"同一人説"證據尚有不足。張懋镕認爲虎簋蓋與師虎簋一樣，都在恭王世。見《虎簋蓋銘座談紀要》，《考古與文物》1997 年 3 期。我們採用吴鎮烽等關於虎簋器主爲穆王世、師虎、虎爲同一人説。

榮。但還有一些銘文作家已經不滿足於這種過度的典範化，嘗試突破册命銘文寫作的現有框架。這些嘗試包括顛倒要素次序，省略部分要素項，追求詞彙個性化等。

一、變化要素次序

變化要素次序以求變包括突破標準銘文模式中時間、地點、佑者、册命史官以及册命内容在銘文中出現的舊有次序，讓銘文别具一格。

（一）訇簋銘

《訇簋銘》雖然還是各要素項具備的册命銘文，但在寫法上通過顛倒要素次序來打破舊有册命銘文格局：[①]

王若曰："訇，丕顯文武受命，則乃祖/奠周邦，今余命汝啻官司邑人，先/虎臣後庸：西門夷、秦夷、京夷、彙夷、/師笭、側新、初[②]華夷、弁狐夷、匽人、成/周走亞、戍秦人、降人、服夷。賜汝玄/衣黹純，載市同黄，戈琱戟，厥弋、彤/沙、鑾旂、攸勒，用事。"訇稽首，對揚天/子休命，用乍文祖乙伯、同姬尊簋，/訇萬年子子孫孫永寶用。唯王十又七祀，/王在射日宫，旦王格，益公入佑。[③]

圖 5-60　訇簋銘

《訇簋銘》採用顛倒要素項記敘方法，用插入語"王若曰"起領，直入主題，突出了册命内容項。通過"王若曰"式記言，將器主師訇多達

① 進按：訇簋1959年6月從陝西省藍田縣西周窖藏出土，今藏藍田縣文物管理委員會。傳世簋銘搨本不精，有不少字跡非常模糊，我們在分析中不得不做一些推測性釋讀。

② 原字不清，各家不識，字依稀如初吉之初。然銘文並未缺失，故暫以初字填補空白，以便流暢閱讀銘文。

③ 中國社會科學院考古研究所：《殷周金文集成（修訂增補本）》，第四册，中華書局，2007年，第2696頁4321器。馬承源《商周青銅器銘文選》，第三册，文物出版社，1988年，第172頁220器。

十四項職掌一一列出，“先虎臣後庸：西門夷、秦夷、京夷、㚇夷、師笭、側新、初華夷、弁狐夷、匽人、成周走亞、戍秦人、降人、服夷。”這些由器主管理的單位組織對今天的銘文釋讀者無疑是巨大的挑戰。對於時間、地點等要素項的記敘，銘文作者將他們置於最後，將作者認爲最重要的放在前面，爲充分表達職務範圍留下空間。這種次序的變化顯示作者求變的藝術追求；同時表明西周中期王朝管理體系更加嚴密。

（二）師訇簋銘

師訇還有另外一件簋曾經被著録，傳統書目稱之爲《師訇簋銘》。該銘長達二百一十三字，僅比《牧簋銘》少八字，是西周簋銘中的第二長篇，寫法與訇簋銘十分接近：

王若曰：“師訇：丕顯文武，膺受天命，亦／則於汝，乃聖祖考克尃佑先王，作厥／肱股，用夾召厥辟奠大命，盭和雩政，／肆皇帝亡旲，臨保我厥周，雩四方民／亡不康静。”

王曰：“師訇：哀哉！今昊天疾／畏降喪，首德不克乂，故亡承于先王。／鄉汝彶純恤周邦，妥立余小子載乃／事，唯王身厚𩛥，今余唯𤔲𠦪乃命，命汝／惠雍我邦小大猷，邦有潢辥，敬明乃／心，率以乃友捍吾王身，欲汝弗以乃／辟陷于艱，賜汝秬鬯一卣，圭瓚，夷僕／三百人。”訇稽首，敢對揚天子休，用作／朕烈祖乙伯同姬寶簋，訇其萬甶／年子子孫孫永寶，用作州宮寶。唯元年二／月既望庚寅，王格于大室，榮入佑訇。[1]

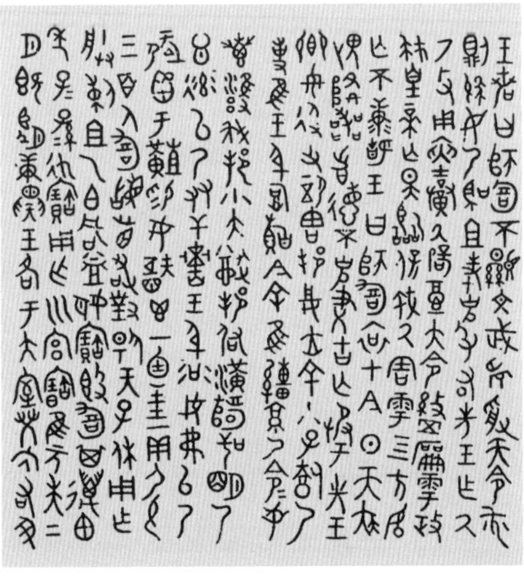

圖 5-61　師訇簋銘文摹寫本

① 中國社會科學院考古研究所：《殷周金文集成（修訂增補本）》，第四册，中華書局，2007 年，第 2746 頁 4342 器。又見馬承源《商周青銅器銘文選》，第三册，文物出版社，1988 年，第 172 頁 245 器。

此銘當作於《訇簋銘》之後，時間爲孝王元年。根據銘文内容可知，懿王去世後孝王繼位，對於先王遺留大臣作重新任命。但册命令十分客氣，還帶有遭遇喪亂的悲傷。銘文也是直接以“王若曰”開篇，再接以“王曰”，孝王册命語言的記敘成爲全文的核心，占全銘的绝大部分篇幅。將事件、地點、佑者的相關記敘置於銘文之末。由此可見册命銘文的越來越重視册命内容的記敘，記敘手法是語言描寫。“王曰”和“王若曰”的内容具有鮮明的個性，口語化明顯，語言描寫技術高，水平直接逼近《尚書》中的“周初八誥”。

二、變換詞彙和省略要素

西周中期，爲追求變化，還有銘文走的是另外一條突破之路，那就是追求銘文辭彙的個性化，通過對銘文語言藝術的追求顯示出銘文的個性特徵。這些銘文作品中就有《君夫簋蓋銘》：

唯正月初吉乙亥，王在/康宮大室，王命君夫/曰：“價求乃友！”君夫敢/奔揚王休，用作文父/丁鼐彝，子子孫孫其永用之。[①]

圖 5-62　君夫簋銘

《君夫簋銘》簡潔明了，册命銘文要素全部具備，也不偏重於某一要素，看似四平八穩，但用詞非常有個性。對於周王的册命令，銘文只記敘了一句話“價求乃友”，價當借爲勉，求借爲匹，即勉勵與同僚搞好關係。這句話極有可能是周王現場發揮的話，屬於册命文本之外的告誡之語，是那場册命儀式中最重要的話，因而器主在創作銘文時將這句話寫進來。銘文作者又用“奔揚王休”替代“對揚王休”，説明作者已經不滿足於千篇一律的“對揚王休”，别開一條途徑；同時説明“對揚”之

① 中國社會科學院考古研究所：《殷周金文集成（修訂增補本）》，第三册，中華書局，2007年，第2370頁4178器。

“對”與“婞”字可以互換。

還有一篇《恒簋蓋銘》，是“強家村四銘”之一。銘文直接從“王曰”起篇，可見作者已經不滿足於册命銘文那種從時間開始一直到作器願望的敘述，直接放棄了册命銘文的固定寫作模式中的其他要素。

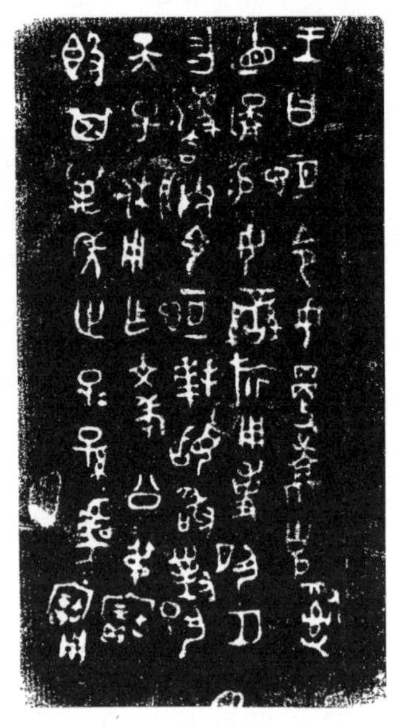

圖 5–63 恒簋盖銘

王曰：“恒！命汝更嵩克司 / 直鄙，賜汝鑾旂用事！夙夕 / 勿廢朕命！”恒拜稽，敢對揚 / 天子休，用作文考公叔寶 / 簋，其萬年止[①]子子孫虞[②]寶用。[③]

《恒簋銘》也是直接從記敘册命之令内容入手，但省去了時間、地點、佑者、方位、方向等要素的記敘。當然這種省略要素的册命銘文寫作方法並没有推動銘文創作向更高水平發展。由於記敘的内容偏少，銘文没有提供更多的信息，在一定程度上是向初期册命銘文傳統的回歸，同時也是一種倒退。因而没有形成西周中後期册命銘文寫作的主流，説明這種寫法没有得到同時代人的認可。恒簋出現在師𩵦家族的窖藏中，説明這兩個家族有交往，或爲餽贈，如《柞伯簋銘》出現在應國墓葬中；或作爲嫁妝隨女子而來。[④]

另一篇《王臣簋銘》捨棄的是册命内容中的册命原因以及周王期望等要素，僅僅記録賞賜物品：

---

① “止”，吴鎮烽、馬承源釋爲“世”。通過對比五年琱生簋銘“余老止”、五年琱生大口尊銘“余老之”不難發現止借作之，此處應釋爲“其萬年之子子孫孫”。

② 虞，馬承源注釋以爲借爲永，可從。見馬承源：《商周青銅器銘文選》，第三册，文物出版社，1988 年，第 233 頁 320 器。

③ 中國社會科學院考古研究所：《殷周金文集成（修訂增補本）》，第三册，中華書局，2007 年，第 2396 頁 4199 器。進按：器於 1974 年陝西扶風強家村西周窖藏出土，今藏陝西省博物館。

④ 1974 年，陝西省扶風縣強家村群衆發現西周銅器窖藏，文物工作者到現場進行了勘察，總共收集到七件青銅器，其中四器有銘，包括《恒簋銘》《師𩵦鼎銘》《師臾鐘銘》《即簋銘》，見吴鎮烽等：《陝西省扶風縣強家村出土的西周銅器》，《文物》1975 年 8 期。

隹二年三月初吉／庚寅，王格于大室，益公／入佑王臣，既立中廷，北／嚮。呼内史年册命王／臣："賜汝朱黄、桒襯，／玄衣黹純，鑾旂五日，／戈畫㦸，厚必、彤／沙，用事。"王臣手稽／首，不敢顯天子對揚／休，用乍朕文考易仲／尊簋，王臣其永寶用。①

圖 5–64　王臣簋銘

這也是一種省略形式，不過省略的恰恰屬於精神方面的重要内容，因而《王臣簋銘》給人的印象似乎是重物質財富而輕道德品行。另外，《王臣簋銘》在用詞上也有意顯得與衆不同，"拜稽首"寫成"王臣手稽首"；"對揚王休"寫成"不敢顯天子對揚休"。這樣做，造成句子拗口難讀，走的是"艱澀"之路，但不影響句子的理解。

三、突破固定結構

西周中期册命銘文的突破的突出表現在於對固定結構的突破。其中《番生簋蓋銘》完全拋棄了册命銘文的寫作模式，别開生面：

丕顯皇祖考，穆穆克哲厥德，儼／在上，廣啟厥孫子于下，登于大服。／番生不敢弗帥型皇祖考丕杯元／德，用饐恪大命，甹王位，虔夙夜

① 中國社會科學院考古研究所：《殷周金文集成（修訂增補本）》，第四册，中華書局，2007 年，第 2598 頁 4268 器。進按：器 1977 年陝西澄城縣南串業村西周墓葬出土，今藏陝西歷史博物館。

溥／求丕肆德，用諫四方，柔遠能邇。王／命䍙司公族、卿事、太史寮，取賜廿／鋝，錫朱韍、蔥衡、鞞璲、玉環、玉苶、車、／電軫、賁縟較、朱鞹、弘靳、虎冟、纁裏、／錯衡、右厄軛、畫轉、畫輯、金踵、金豙、／金簟弼、魚箙、朱旂、旜（旜）金枋二、鈴，番／生敢對天子休，用作簋，永寶。[1]

圖 5–65 番生簋蓋銘

番生即《詩經》中"番維司徒"的番，是周厲王時期的權臣，也是造成厲王後期政治腐敗的罪臣。但此人的銘文創作卻取得了非常高的成就。這篇銘文創作於周孝王時期。番生在孝王時期就得到重用，"司公族、卿事、太史寮"即爲首席執政官，地位相當於《周禮》中的天官冢宰，職權比周公子明保還要高，明保只統轄卿事寮，番生除統轄卿事寮之外，連太史寮和公族一併統轄，權力可謂一人之下、萬人之上。

這篇銘文没有依據册命銘文的模式按照時間、地點、主持人、佑者、册命者、册命令内容摘要、器主拜稽首和對揚王休、作器用途、作器目的和願望這些要素來寫。銘文首先回顧祖考聖德以及對後代子孫的庇護，言外之意是自己之所以能夠擔當如此重任還是歸功於祖先的蔭德。然後採用人鬼交流的形式嚮祖考神靈表示要以祖考的大德爲榜樣，"用豳圂大命，屏王位，虔夙夜溥求丕肆德，用諫四方，柔遠能邇。"是嚮祖考神靈表態，顯示了政治家的胸懷。"柔遠能邇"更是後世儒家"懷柔遠人"政治理想的源頭之一。這種人鬼精神交流式寫法具有早期心理描寫的性質。從"王命"以下，摘要記敘孝王册命令的主要内容。這種寫法不僅能夠表達傳統册命銘文所要表達的所有内容，還表達了傳統册命銘文所不能

① 中國社會科學院考古研究所：《殷周金文集成（修訂增補本）》，第四册，中華書局，2007 年，第 2708 頁 4326 器。

表達的内容，實現了對傳統册命銘文的覆蓋。

《番生簋蓋銘》一百三十九字，是册命銘文中的長篇。此當爲王朝當時除封侯令之外最高的册命之一。銘文没有記載鬯、斧鉞、弓矢等禮器，這些禮器當爲册命諸侯才有，朝廷官員册命不賞賜這些禮器。

番生還有一篇《番匊生壺銘》：

唯廿有六年十月／初吉己卯，番匊／生鑄媵壺，用／媵厥元子孟／妃𡚸，子子孫孫永寶。[①]

這篇銘文讓我們知道了這個西周著名的權臣並非姬姓，他的大女兒叫“孟妃𡚸”，可見他爲妃姓。番爲國名，番生表明他是番國的外甥。

西周中期册命銘文的突破還表現在對於固定句式“拜稽首、對揚某休”的揚棄上，代表作就是《八祀師𩛥鼎銘》。

唯王八祀正月，辰在丁卯，／王曰：“師𩛥，汝克盡乃身，臣／朕皇考穆穆王，用乃孔德璱／屯，乃用心引正乃辟安德。／叀余小子，肇淑先王德。賜汝／玄衮、黹屯、赤市、朱衡、鑾旂、／大師金膺，攸勒。用型乃聖／祖考，隣明黔辟前王，事余／一人。”𩛥拜稽首，休伯大師肩／𦚱𩛥臣皇辟，天子亦弗忘／公上父㝬德，𩛥蔑歷伯大師，／不自作。小子夙夕輔古先祖／列德，用臣皇辟。伯亦克款／古先祖，壘孫子一𦚱皇辟懿／德，用保王身。𩛥敢釐王，俾／天子萬年，華韓[②]伯大師武，／臣保天子，用厥列祖介德。／𩛥敢對王休，用妥，作公上父／尊于朕考虢季易父執宗。[③]

① 中國社會科學院考古研究所：《殷周金文集成（修訂增補本）》，第六册，中華書局，2007年，第5089頁9705器。

② 華韓，依据馬承源釋。裘錫圭第一字釋“東”，第二字釋“𩍂”，從東從韋，讀爲範圍，“範圍伯大師之足跡”，其説甚優。見裘錫圭：《説“東𩍂伯大師武”》，《考古》1978年5期。

③ 中國社會科學院考古研究所：《殷周金文集成（修訂增補本）》，第二册，中華書局，2007年，第1503頁2830器。進按：據吴鎮烽報告，師𩛥鼎通高85釐米，口徑64.5釐米，最大腹圍205釐米，是當時新中國成立之後發現的最大的鼎。

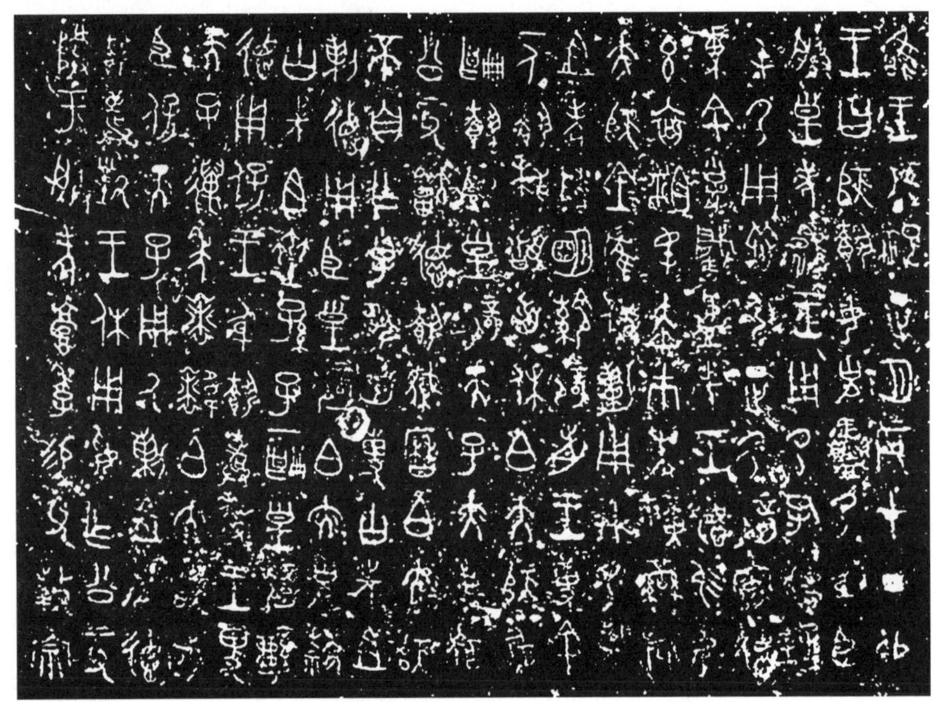

圖 5-66 八祀師訊鼎銘

《八祀師訊鼎銘》也是強家村四銘之一，全銘一百九十六字，是西周重要的長篇銘文。銘文記敘器主曾經在穆王朝擔任重要職位，那麼這一次乃是增命。從恭王賜師訊“大師金膺”看，器主師訊本次被册命爲大師之職，這是王朝最高的軍事長官。師訊鼎體型宏大，也説明了這一點。與一般的册命銘文不同。《師訊鼎銘》没有在册命銘文五大要素上用力，偏偏在以前銘文作家不甚在意的“拜稽首，對揚某休”上進行突破，將這兩句固定結構撕開，強行加入關於伯太師、天子恩惠的感激：“休伯大師肩𦖞訊臣皇辟，天子亦弗忘公上父㝬德，訊蔑歷伯大師，不自作。小子夙夕輔古先祖烈德，用臣皇辟。伯亦克款古先祖，壘孫子一𦖞皇辟懿德，用保王身。訊敢釐王，俾天子萬年，華韡伯大師武，臣保天子，用厥列祖介德，訊敢對王休。”這一部分九十餘字，幾乎占全銘的一半。但這一部分不但没有喧賓奪主，還提供了比册命之令本身更多的“言外之意”。從這一部分我們了解到，公上父是師訊已經去世的祖父，公上父的繼任者是伯太師，伯太師是器主的上級，非常照顧師訊，保護公上父這一脈，多次獎勵和提拔師訊，加上天子也不忘公上父的功業，任命器主師訊爲太師。器主師訊因而表示自己一定會忠誠天子，憑藉烈祖大德，保衛天子，發揚光大伯太師的業績。至此，才接上“對揚王休”。《八祀師訊鼎銘》是一篇奇文，在“拜稽首”與“對揚王休”之間添加了豐富的“私貨”——關於個人仕途成功的“私房話”，採用的是傾訴法，是抒情手法中的一種，讓銘文私人寫作性質更加突出，個性更加明顯。

師訊家族在西周頗爲興旺。從本銘我們知道這個家族是西周著名的虢季家族中的分支。我們不清楚師訊的祖父公上父是誰，但其父爲虢季易父，師訊爲公上父作器要放在父親的宗廟裏，説明虢季易父另立小宗，因而不得有祖父宗廟。師訊活動於周恭王前期，師訊之後，這個家族出現了另一爲師氏——師望。師望之後，還出現了虎臣即、師臾等名人。他們都留下了優秀的銘文作品，我們將這三篇銘文附在《師訊鼎銘》之後一併分析。

太師小子師望曰：丕顯皇／考宄公，穆穆克盟厥心，哲／厥德，用辟于先王，得純／亡涽。望肈帥型皇考，虔／夙夜出納王命，不敢不／遂不律，王用弗忘聖人／之後，多蔑歷賜休，望敢／對揚天子丕顯魯休，用／作朕皇考宄公尊鼎，師／望其萬年子子孫孫永寶用。①

圖 5–67　師望鼎銘

《師望鼎銘》九十四字。這是一篇因周王蔑歷賜休而作的銘文，其時師望的職官爲“太師小子”，即太師的屬官。銘文自稱其皇考爲宄公，極有可能是師訊的廟號。《師望鼎銘》打破了賞賜銘文的標準寫作模式，採用“器主曰”形式直接抒情，將刻板的儀式記敘變爲形式簡略的情感傾

① 中國社會科學院考古研究所：《殷周金文集成（修訂增補本）》，第二册，中華書局，2007 年，第 1481 頁 2812 器。又見馬承源《商周青銅器銘文選》，第三册，文物出版社，1988 年，第 172 頁 213 器。

瀉，在西周賞賜銘文中佔有一席之地。

師望傳世的銘文作品還有《師望壺銘》一篇、《望爵銘》一篇。這兩篇銘文的成就都比不上《師望鼎銘》。

《即簋銘》是強家村四銘之三，全文七十二字：

隹王三月初吉庚申，王才／康宫，各大室，定白入右即。／王乎命女赤市、朱黄、玄衣、／黹屯、旅鑾旂。曰："司琱宫人虢／旞，用事。"即敢揚天子不／顯休。用乍朕文考幽叔寶／簋，即其萬年子子孫孫永寶用。[①]

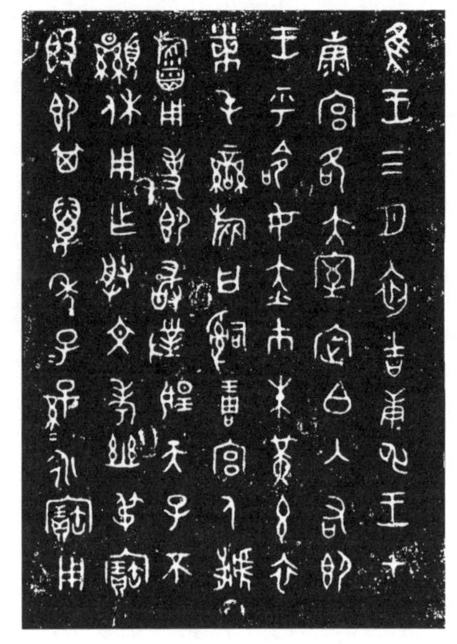

圖 5–68　即簋銘

即簋形制與懿王時期的師虎簋相似，學者多以爲恭、懿時期作品。我們從馬承源説，以爲作於懿王時期。[②]《即簋銘》是一篇記敘比較簡略的册命銘文，對於周王册命之令也採用壓縮法進行減字處理。在"王乎命女赤市、朱黄、玄衣、黹屯、旅鑾旂。曰：'司琱宫人虢旞，用事'"中，"王乎"後省略了册命者；"命"字後面省略了"賜"字；"曰"字前省略了"王"。這種減字法雖然節約了文字佔據青銅器空間的面積，卻也損失了許多寶貴的信息，與《師翻鼎銘》從容不迫相比，顯得有些拘謹迫促。不過本銘提到"文考幽叔"，爲我們判斷這個家族的世系提供了線索。

《師臾鐘銘》是強家村四銘之一。銘文記敘比較簡單，就是爲家族祭祀製作禮樂器：

師臾肇作朕列祖虢季、宄／公、幽叔、朕皇考德叔大林／鐘，用喜侃

① 中國社會科學院考古研究所：《殷周金文集成（修訂增補本）》，第三册，中華書局，2007 年，第 2470 頁 4250 器。

② 馬承源：《商周青銅器銘文選》，第三册，文物出版社，1988 年，第 168 頁 241 器。

前文人，用祈純／魯永命，用匄眉壽無疆，師／臾其萬年／永寶用享。[①]

從銘中可見，師訊的文考虢季成了首位烈祖，師訊的祖父公上父不在祭祀之列，再次證明虢季爲開宗之人。相對於公上父之宗，虢季爲小宗。師望的皇考究公成了烈祖之二，即的文考成爲烈祖之三，即有可能爲師臾的文考德叔。由此我們大致上可以排出師訊家族的世系：公上父——虢季易父——師訊（究公）——師望（幽叔）——即（德叔）——師臾。師臾當在孝王時期。不見這個家族後期的青銅器，或爲當時逃避犬戎之亂，分藏别處。

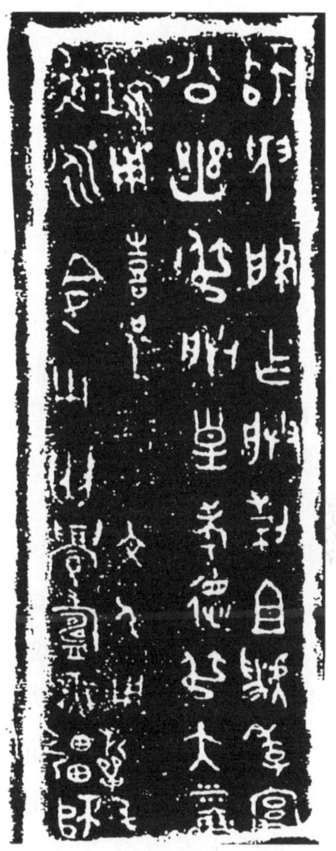

圖 5–69　師臾鐘銘

四、豳公盨銘對舊模式的突破

以上我們分析了西周中期册命銘文嘗試突破原有規範的嘗試。這一小節我們分析西周中期中後段出現的青銅器銘文書寫的新嘗試，這就是 21 世紀出現的《豳公盨銘》。

豳公盨出土地不明，21 世紀初出現，爲保利藝術館收藏。《中國歷史文物報》2002 年 6 期刊發了四位學者研究蓋器的文章。

天令禹尃土、隓山、濬川，廼／埒方、埶征。降民監德，廼自／作配鄉。民成父母，生我王、／作臣。氒顈唯德，民好明德，／顧在天下。用

---

① 中國社會科學院考古研究所：《殷周金文集成（修訂增補本）》，第一册，中華書局，2007 年，第 148 頁 141 器。又見馬承源《商周青銅器銘文選》，第三册，文物出版社，1988 年，第 172 頁 312 器。

圖 5–70　豩公盨銘

𠦪邵好，益⺀/懿德，康亡不楙，孝友吁明，/巠齊好祀，無覭心好德，婚/媾亦唯協，天釐用考，神復/用祓禄，永孚于寧。豩公曰：/“民唯克用兹德，亡侮。”[①]

此爲西周中期晚段豩公所作一篇銘文。[②]與之前所有銘文不同，這篇作品没有册命，没有賞賜，也不是契約，也不見紀功，還不見作器目的與用途、作器願望。從内容到形式，這是一篇全新的銘文作品。

銘文從内容上看，與論説文十分相似。我們從傳世的西周文獻中幾乎找不到類似的作品。銘文首先從大禹治水的神話説起，説到人間的一切活動的初衷都是爲了明德。因此有天子、有官員爲民做主。官員明德，百姓好德，一切都好辦，什麽秩序都有了。只要用德，人就不會有侮辱。本銘的意義不但證明了古老的大禹治水神話傳説來源古老，還證明從西周開始，就有“德治”思想。銘文具有濃厚的哲學意味，這是我國最古老的一篇政治哲學論文。利用青銅器載體寫作論文，這在我國銘文史上還是第一次。

在形式上，本銘没有“王若曰”，卻在最後有一個“器主曰”，與戰國時期的百家短論十分相似。這種銘文形式也是銘文史上的第一次。本銘文的出現，標誌青銅器銘文的創作進入了自覺時代。有人嘗試將更多的内容寫進青銅器銘文中，銘文更多的表現功能即將進一步被發掘出來。

器主豩公作器，自稱“豩公”，屬於“生稱公”。依據西周銘文慣例，生稱公者往往是王朝執政大臣。豩即豳，豳爲西周部落時代的舊地，此銘中的豳猶如周公之周、召公之召，都是賞賜給王朝權臣的采邑。

---

① 釋文主要依據李學勤釋文，見李學勤：《論豩公盨及其重要意義》，《中國文物報》2002 年 6 期。

② 李學勤、李零等學者從盨的流行學角度認爲此器爲西周中期偏晚。見李零：《論豩公盨發現的意義》，《中國文物報》2002 年 6 期。

第六章　西周中期經濟生活銘文的繁榮

本章主要總結穆、恭、懿、孝四王時期反映社會經濟生活銘文的特點和創作成就，討論範圍包括商業交易活動和王朝物質獎勵兩大類。西周王朝上升期雖然在昭王時代就已經結束，但西周社會並没有從此走向衰落，而是進入一段漫長的相對平穩期。這個相對平穩期在軍事上的積極進取精神已經消退，在政治上的創造性已經停滯，卻在經濟和文化上異常繁榮，結出了禮樂文明豐碩的成果。因此穆、恭、懿、孝四王時期的經濟、文化生活異常繁榮，爲反映經濟生活銘文的爆發提供了現實題材和物質支持。

西周禮樂文明應當有與之適應的經濟基礎支撐，關於這方面的研究雖然還不夠深入，但無疑，這種經濟具有不同於商品經濟的特點。西周青銅器銘文大量記載周王的賞賜，我們看到的大多是周王的“付出”，卻很少看到周王的“收入”。實際上周王的付出和收入應當有一個平衡。我們可以從西周中期的青銅器銘文中看出這種王權禮樂經濟的蛛絲馬跡。《周禮・大宰》載：“以九賦斂財賄：一曰邦中之賦，二曰四郊之賦，三曰邦甸之賦，四曰家削之賦，五曰邦縣之賦，六曰邦都之賦，七曰關市之賦，八曰山澤之賦，九曰幣餘之賦。”此爲《周禮》設計的王朝財政收入九大渠道。但我們在青銅器銘文中很少發現如此完整的財政收入體系，只是在西周後期《兮甲盤銘》中見到尹吉甫向南淮夷徵税的情況。《兮甲盤銘》能夠部分證實西周用於戰争的財力來自於對諸侯國的徵收；更多的銘文將西周財政收入指向其他來源，例如矩伯與裘衛换取玉器的交易讓人不禁想起西周銘文常見的“佩以出，反，納覲章”之句。諸侯、封君覲見周王必須繳納覲璋，猶如漢武帝規定諸侯王覲見天子必須繳納産自上林苑的白鹿皮，是一種經濟剥削手段。西周王朝極有可能通過控制標誌各種身份的禮器賺取高額利潤，達到掌控諸侯、采邑封君經濟的目的。賺取禮器利潤即“權力經濟”，屬於西周時代的“知識産權”，禮器製造業更是一種“政治文化産業”。我們與其稱之爲“朝貢經濟”，還不如稱之爲“禮樂經濟”。因而西周的經濟特徵極有可能就是這種“禮樂政治經濟”。銘文中大量出現的册命、殷見，極有可能是西周王朝靠出賣爵位、稱號、禮器、禮服來攫取高額利潤的一種行政手段。

西周經濟類銘文創作雖然在早期就已經出現，例如《集成》02436 器的《剌鼎銘》就有“剌肇賈，用作父庚寶尊彝”的記敘，但這類銘文没有形成大規模爆發之勢。自穆王時期起，銘文作家對於物質財富的關注越來越多，不少銘文開始記敘土地交易和賞賜，谷物和農夫、收入分配和成果提成進入銘文書寫之中，出現了裘衛、師永、倗生、琱生、曶、效等一批著名的經濟生活銘文作家，西周中期是經濟生活銘文崛起的時代。經濟生活銘文的興盛與王朝熱衷於經濟事務有極大關係。

第一節 裘衛及其家族的銘文創作

自從昭王南征失敗之後，西周王朝失去了積極進取的動力。穆王在位五十多年，除了在鎮壓徐偃王戰争中取得勝利外，對於淮夷的内侵也只採取防禦性措施。而穆王西征除了打通玉石之路外，王朝並没有發生向西發展的轉嚮，因而穆王西征没有給王朝帶來實質性的實際利益，整個西周社會已經從上升時期的勵精圖治轉變爲追求財富、享受生活。從此追求物質生活的幸福快樂成爲社會生活的主調。到了恭王時期，這種風氣變本加厲，物質和文化生活全面繁榮，將銘文創作推向鼎盛。裘衛就是這批銘文作家中的典範。

一、裘衛六銘

1975 年，陝西省岐山縣董家村發現西周青銅器窖藏一處，出土青銅器三十七件，其中器主爲裘衛的四件，包括一簋、一盉、二鼎，均有長銘。[①] 這是有確切出土地點的青銅器銘文。21 世紀初，有國内企業從海外購得一批青銅器，其中就包括器主爲裘衛的帶銘青銅簋。結合這些青銅器銘文，西周中期貴族裘衛的身份之謎也就揭開了。董家村的“裘衛

① 龐懷清等：《陝西省岐山縣董家村西周銅器窖穴發掘簡報》，《文物》1976 年 5 期。

四器銘”加上 1973 年馬王村出土的《衛作文祖簋銘》，以及 21 世紀從海外購回的《衛作文考甲公簋銘》，裘衛一共創作了六篇銘文，我們稱之爲“裘衛六銘”。“裘衛六銘”都是西周銘文中的優秀作品，裘衛也憑藉這六銘成爲西周銘文史上獨具特色的優秀作家。

（一）廿七年衛簋銘

《廿七年衛簋銘》是裘衛早年創作的一篇銘文。[①] 裘衛崛起於西周穆王時期，《廿七年衛簋銘》記敘了這個西周王朝中期經濟明星初步發跡的事跡：

隹廿又七年三月既生霸戊戌，/王在周，格大室，既立，南/伯入，佑裘衛，入門，立中庭，/北嚮。王乎内史，賜衛載市/朱黄、鑾。衛拜稽首，敢對/揚天子丕顯休，用作朕文祖/考寶簋，衛其子子孫孫其永寶。[②]

圖 6–1　廿七年衛簋蓋銘

① 廿七年衛簋出土於董家村窖藏，發掘者認爲該器與穆王時期的親簋和長由簋相似，因而定爲穆王器。

② 中國社會科學院考古研究所：《殷周金文集成（修訂增補本）》，第三册，中華書局，2007 年，第 2478 頁 4256 器。

這篇銘文的體式與穆王二十四年創作的《親簋銘》非常相似。《親簋銘》是西周册命銘文奠基之作。《廿七年衛簋銘》没有記敘穆王對裘衛的具體任命，然而根據本銘所記内容，以及相似的銘文慣例，這就是一篇册命銘文，只是銘文撰寫者過分注意物質財富的記敘而疏忽了相關職務任命的記敘。我們雖然不能説裘衛故意忽視了自己擔任職官和職責範圍的記敘，也許對於裘衛來説，其職官爲世襲製職官，人人皆知，没有必要刻寫下來。但在客觀上卻顯示裘衛更加在意物質財富。

（二）衛作文祖簋銘

《衛作文祖簋銘》是裘衛在廿七年之後創作的又一作品。“衛作文祖簋”原稱“衛簋乙”，1973 年長安馬王村 8 號窖藏出土，器蓋同銘，今藏西安市文物保護考古所。①

圖 6–2　衛簋銘

隹八月初吉丁亥，王各/于康宫，榮伯右衛，入，即/立，王曾令衛，易赤市、攸/勒。衛敢對揚天子丕顯/休，用作朕文祖考寶尊/簋，衛其萬年子子孫孫永寶用。②

《衛作文祖簋銘》又是一篇記載裘衛再次受册命的銘文。這次的佑者級别又提高了，是西周權勢家族族長榮伯。銘文出現了“王增命衛”，這是西周青銅器銘文中第一次出現“增命”之説，可見《周禮·大宗伯》所説的一命至九命不無根據。所賜物品出現了赤市，與《親簋銘》所記司馬井伯佑親任冢司馬所賜之市是一樣的。從《廿七年簋銘》至此，裘衛至少被周穆王册命了四次。《周禮·典命》載：“王之三公八命，其卿六命，其大夫四命，及其出封，皆加一等。”此時裘衛已經是大夫級别的

① 西安市文物管理處：《陝西長安新旺村、馬王村出土的西周銅器》，《考古》1974 年 1 期。

② 中國社會科學院考古研究所：《殷周金文集成（修訂增補本）》，第三册，中華書局，2007 年，第 2414 頁 4210.2 器。

王朝官員了。

（三）衛作文考甲公簋銘

《衛作文考甲公簋銘》是裘衛在創作《衛作文祖簋銘》之後又一篇優秀作品。到了創作這篇銘文時候，裘衛的身份又有所提高。衛作文考甲公簋是新發現的成套衛簋四件中的一件。其中甲乙兩件爲海外某收藏家收藏。另一件收藏在國内某博物館，還有一件爲國内私人所得。朱鳳瀚在《南開學報》2008 年 6 期予以發佈。① 衛簋甲器蓋均有同篇銘文 123 字。

隹八月既生霸庚寅，王各/于康大室。衛曰：朕光尹中/侃父右，告衛于王。王賜衛佩、/戈市、朱亢、金車、金、旂。曰：用/事。衛拜稽首，對揚王休。衛/用肇乍朕文考甲公寶𩰫/彝。其日夙夕用氒馨香享/祀于氒百神，亡不則𤼈夆。/馨香則登于上下，用匃百福，/萬年裕兹百姓，亡不睟魯。/孫孫子子其萬年永寶用兹王/休。其日引勿替，世毋望！②

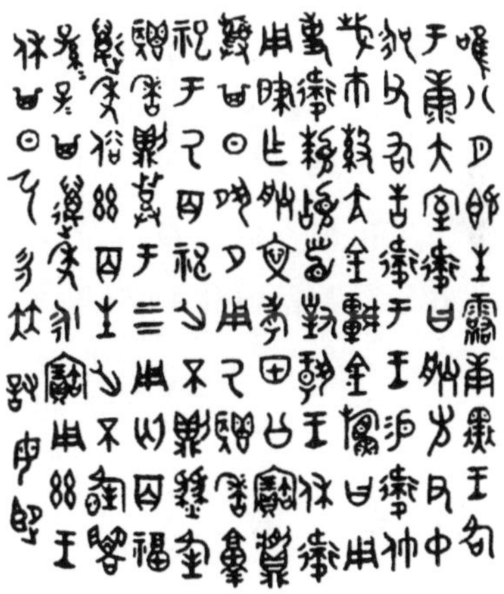

圖 6-3　衛作文考甲公簋銘

前面兩篇裘衛都是爲文祖作器，本銘爲文考作器，可見直到此時，裘衛之父才辭世。這一次仍然是册命銘文，裘衛還是不寫自己擔任什麽職務，或許職務不變，命數提高了，因賞賜的物品檔次提高了，有金車，有旗幟標識，可見裘衛這次已經進入大夫級官員之列。

這篇銘文寫法奇特，在一定程度上突破了康王二十四年《䚄簋銘》的册命銘文寫作模式。第一是用“衛曰”來敘述事件過程，并記載了西周册命銘文很少記載的佑者報告周王這一儀節，同時省去了王乎作册某册命器主這一儀注。第二是在作器願望板塊鋪張揚厲，對於彝器祭祀效果的描述極盡誇張之能事，上至於百神，下至於百姓，遠至於子子孫孫。

① 朱鳳瀚：《衛簋與伯㺇諸器》,《南開學報》2008 年 6 期。

② 吴鎮烽：《商周青銅器銘文暨圖像集成》，第 11 卷，上海古籍出版社，2012 年，第 295 頁。

第三，用詞奇特，燹夆、嶂魯兩次以名詞用作形容詞謂語。衛簋甲銘顯示了裘衛對於銘文藝術的强烈追求。標誌裘衛已經走上一條具有裘衛家族特色的青銅器銘文創作之路。[①]

以上三銘記載了裘衛在穆王朝地位不斷上升的官場履歷。但裘衛最突出的不是他的政治活動，而是他的商業活動。從三年衛盉銘開始，衛已經作爲具有精明的商業頭腦的官員活躍在周恭王朝經濟領域。

（四）三年衛盉銘

《三年衛盉銘》標誌着裘衛銘文創作的個性已經形成。三年衛盉出自董家村窖藏，是董家村“裘衛四器”之二。

隹三年三月既生霸壬寅，/王爯旂于豐。矩伯庶人取/瑾璋于裘衛，裁八十朋乒貯，/其舍田十田。矩或取赤虎/兩，麀桼兩，桼韐一，裁廿朋，其/舍田三田。裘衛迺彘告于/伯邑父、榮伯、定伯、琼伯、單/伯。伯邑父、榮伯、定伯、琼伯、單/伯迺命三有司：司徒微邑、司/馬單旟、司空邑人服眔/授田。燹趙、衛小子籍逆/諸其饗。衛用乍朕文考惠/孟寶盤，衛其萬年永寶用。[②]

圖 6–4 衛盉銘

《三年衛盉銘》記敘一件土地交易案例。提出交易請求一方爲畿内諸侯矩伯。此人爲參加恭王在豐邑舉辦的“稱旂禮”向裘衛提出購買瑾璋、赤琥兩件禮器的請求，同時還要購買兩件鹿皮護套、一件蔽膝。雙方約定了以上商品的價格，總價格爲一百朋，矩伯打算用一千三百畝田來交换。裘衛將這筆交易情況報告給伯邑父、榮伯、定伯、琼伯、單伯這五位大臣，五位執政大臣派遣三有司去負責土地交割，另外派燹趙和衛小子籍負責解决交割人員的飲食問題。

① 進按：相同寫法還出現在裘衛的兄長伯獄的銘文創作中。

② 中國社會科學院考古研究所：《殷周金文集成（修訂增補本）》，第六册，中華書局，2007 年，第 4973 頁 9456 器。

這篇銘文無論是記敘的内容還是記敘手段都是西周銘文史上的奇文。銘文記載了恭王時代西周社會政治經濟和文化生活寶貴的信息，具有極高的歷史認識價值。

第一，是關於西周土地買賣制度。銘文記載的這個土地交换的案例顯示，西周貴族擁有的土地是可以進行買賣的，土地也是一種商品，但土地是一種特殊的商品，因而土地買賣需要官方認可，并派官員去現場完成土地所有權的交割。這是所有傳世文獻不曾記載過的事情，銘文所記載的這個案例表明西周土地是有價格的。銘文記敘買賣雙方先將矩伯索要購買的物品進行價格談判，所用價格單位是貨幣單位“朋”，有了這個價格裁定，用田交换才能進行。因而這種交换不是簡單的物與物之間的直接交换，而是以貨幣爲尺度發生的商品交换。

第二，銘文展示了西周恭王朝政府的行政職能。銘文顯示，王朝政府日常行政事務由伯邑父以下五人負責處理，從他們可以命令三有司看，這是一個由貴族組成的王朝日常議事機構，接納官員的事務報告，根據官員事務報告制定處理措施，并有權委派官員執行措施。

第三，《三年衛盉銘》顯示，西周恭王朝土地交换或許不改變土地的王朝所有制性質，交换的或許是土地的使用權，以及對土地產出的擁有權。五大臣派遣分别管理民衆、賦税和工程的三有司去完成土地交接，應當是考慮到了土地上的人民及其所屬基層社會組織的調整。按照西周勞動生產力，一千三百畝土地可以滿足十三位勞動力的需要，最多不超過十三户耕種者。銘文没有記載原先耕種這篇土地的勞動者去嚮，不過根據三有司共同參與土地交割看，土地使用權的交割之後，必然涉及這些人的村社組織調整。

第四，從銘文反映的土地使用權交易中我們可以推測，西周貴族經濟地位處在變動中。從《三年衛盉銘》可以得知，西周恭王朝貴族之間的土地是可以進行買賣的，這種買賣是貴族之間的商品交易。有些貴族因此經濟地位日益上升，另外一些貴族經濟地位將日益下降。

第五，從矩伯購買瑾璋看，貴族覲見周王所使用的裝備都是自己購買的。從恭王朝册命銘文出現“某佩以出，返，入瑾璋”看，西周朝廷册命禮所附帶賞賜的物品極有可能是貴族自己購買，西周王朝只不過是授予貴族某些特權和相應的官職而已。裘衛也是王朝職官，負責的工作相當於《周禮》中的司裘。然而他手裹爲什麼有瑾璋、蔽膝這些禮器？如果不是周王賞賜的，就是裘衛在處理公務中獲得的——在西周銘文稱“賓物”，在《儀禮》等文獻中稱“儐物”。[①] 還有可能裘衛就是代表周王在與諸侯、士大夫“做生意”，裘衛所擁有的禮器產品都是王朝作坊生產的法定禮器。

銘文顯示了高超的記敘能力。銘文圍繞這筆土地交易一共記載了七件事情。第一件事情是周恭王在豐邑舉辦稱旂禮。銘文用最簡略的句子一筆帶過。不過這件事情是這筆土地交易的起源。作爲畿内諸侯，矩伯要參加這次稱旂禮，而參加這次稱旂禮，必須有相應的裝備，由此引出矩伯向裘衛購買瑾璋問題，這就引出第二件事情。

銘文記敘第二件事情用了二十一個字：“矩伯庶人取瑾璋于裘衛，裁八十朋氒貯，其舍田十田。”“取”字説明裘衛獲得交易授權，是獨家經營。“裁八十朋氒貯”説明雙方經過了協商，終於確定價格。“其舍田十田”寫出了矩伯的無奈。

第三件事情是矩伯的第二個交易。這第二筆交易的内容比第一筆要複雜，也只用了二十個字：“矩或取赤虎兩，麀萃兩，萃韐一，裁廿朋，其舍田三田”。銘文作者爲什麼不將兩筆交易放在一處寫？原來銘文是按照事情發展的先後次序來寫，顯示銘文作者採用分敘法，所追求的是記敘的細緻化。

銘文所記第四件事情是裘衛向五執政報告交易情況：“裘衛乃彘告于伯邑父、榮伯、定伯、瓊伯、單伯。”用語簡潔明了。

銘文所記第五件事情是五執政對裘衛報告的處理情況：“伯邑父、榮伯、定伯、瓊伯、單伯乃命三有司：司徒微邑、司馬單旟、司空邑人服眔授田。”核心是向裘衛授田。其中五執政名字採用重文符號與記敘上一件事情的銘文共用，實際上這件事情只用了“命三有司：司徒微邑、司馬單旟、司空邑人服眔授田”二十個字，此爲節約銘文書寫空間。採用重文符號記敘第五件事情中參與此事的五執政大臣的名稱，爲西周銘文中最

① 進按：銘文所記也有可能是裘衛代表王朝向矩伯出售矩伯覲見恭王所需要的裝備。那麼這筆土地交易的性質就不是私人與私人之間的交易，而是王朝與私人之間的交易。裘衛的角色相當於《周禮》中的内府。不過裘衛爲什麼要作器紀念？難道在這筆交易中裘衛獲得了一定的好處費？這個問題有待深入研究。

長的“重文”修辭。

銘文記敘第六件事情是這次交易執行的後勤保障工作：“燹趙、衛小子𥝌逆諸其饗。”銘文記載有兩人負責土地交割人員的餐飲，這在西周銘文中還是第一次，再次顯示銘文作者對於事件過程細節記敘的重視。

銘文第七件事情是記敘作器目的和願望，相對於以上六件事的記敘，本小節的寫作新意不如以上六事。

（五）五祀衛鼎銘

五祀衛鼎是“董家村裘衛四器”之三，更有一篇長達二百零七字的長篇銘文。《五祀衛鼎銘》將裘衛的創作風格體現的淋漓盡致。五祀衛鼎銘文所記的又是一個處理土地交易的事件。當事一方爲裘衛，另外一方是畿内諸侯邦君厲。起因是邦君厲主持一項水利工程，要將榮氏家族領地上的兩條河流接通到昭王廟邊。河流通過裘衛的領地，必須徵用裘衛的土地。邦君厲答應補償裘衛五百畝地。裘衛將二人之間的協議報告給了當朝五位執政大臣，五位執政大臣派人詢問了邦君厲，邦君厲證實確有其事。五大臣於是與邦君厲會聚在一起召開專門會議，要求邦君厲對這場交易發誓。在邦君厲按照要求發誓之後，五大臣派遣三有司確定邦君厲補償裘衛田的四方疆至。

隹正月初吉庚戌，衛以邦君/厲告于井伯、伯邑父、定伯、𤣻伯、伯/俗父曰：“厲曰‘余執恭王卹工/于昭大室，東逆榮二川。’曰：‘余/舍汝田五田。’”正廼訊厲曰：“汝/貯田不？”厲廼許曰：“余審貯田/五田。”井伯、伯邑父、定伯、𤣻伯、伯俗/父廼顜，使厲誓。乃命三有/司：司徒邑人逋、司馬𢼸人邦、司/工𨺩隆矩、内史友寺芻帥履裘/衛厲田四田，廼舍寓于厥邑，/厥逆疆眔厲田，厥東疆眔散/田，厥南疆眔散田，眔政父田，/厥西疆眔厲田。邦君厲眔付/裘衛田。厲淑子夙、厲有司申/季、慶癸、燹褱、井人敢、邢人/隅𡲬、衛小子逆其饗送。衛用/乍朕文考寶鼎，衛其萬年/永寶用。惟王五祀。[①]

① 中國社會科學院考古研究所：《殷周金文集成（修訂增補本）》，第二册，中華書局，2007年，第1506頁2832器。馬承源《商周青銅器銘文選》，第三册，文物出版社，1988年，第172頁198器。

圖 6-5　五祀衛鼎銘

《五祀衛鼎銘》與《三年衛盉銘》所記爲同一類事情，都是西周貴族之間的土地交易。《三年衛盉銘》記敘的是土地買賣交易，本銘記敘的是土地補償交易。本銘最突出的歷史價值是記敘了一場土地交易的細節：那就是土地交易必須確定被交易土地的四至，必須有官員現場勘查被交易土地的疆界。此外，銘文顯示，過了兩年，執政五大臣就换了兩位，井伯替代了榮伯；單伯不在了，替代者是伯俗父。三有司也發生了變化。這些變化説明周王一直控制着王朝政治。兩篇銘文透露出恭王朝最高層管理的框架，那就是王朝日常事務由五位執政大臣處理。這種情況與《周禮》所説六卿政治有相似之處，也有一定區别。

《五祀衛鼎銘》在銘文寫法上也有特點，那就是過程記敘更加細緻，也更全面。例如執政大臣派有司去邦君厲處求證的語言描寫；所補償田的四至疆界記敘到每一個方位；所涉及人物包括五執政、二當事人、一正、七執事，一共十五人，除了一正無名外，其餘十四人均有名稱。裘衛的記敘追求細緻化與銘文的約濟性質有關。青銅器銘文將作爲裘衛擁有邦君厲補償的五百畝田的證據流傳下去，因而證據越是明確越好。這個要求推動裘衛創作出注重細節記敘的銘文。

（六）九年衛鼎銘

《九年衛鼎銘》是裘衛的巔峰之作。銘文記載的是一次貴族之間的林地交易，作者裘衛將青銅器銘文的記敘功能發揮到極致，從而將銘文寫作水平提高了一大步。

隹九年正月既死霸庚辰，/ 王在周駒宮，格廟。眉敖者 / 膚卓吏覲于王，王大黹。矩取 / 省車軨桒，弘虎冟，帟韋，畫 / 轉，鞭师鞣，帛轡乘，金鹿鑁，/ 舍矩姜帛三兩，迺舍裘衛林 / 䜴里。𠭯，厥唯顏林，我舍顏 / 陳大馬兩，舍顏姒虡呂，舍 / 顏有司壽商圝裘、盠冟。矩 / 迺眔溓粦令壽商眔啻曰：/“顜湄，付裘衛林䜴里。”則乃 / 成夆四夆。顏小子俱叀夆，壽 / 商𧟱。舍盠冒梯羝皮二、𡎺 / 皮二；䕭舄、俑皮二；朏帛，金一 / 鈑，厥吴喜皮二。舍溓豦冟、/ 㝬桒、鞼鞃；東臣羔裘，顏下 / 皮二，眔受。衛小子𡨦逆諸其 / 媵。衛臣虣朏。衛用作朕文 / 考寶鼎，衛其萬年永寶用。①

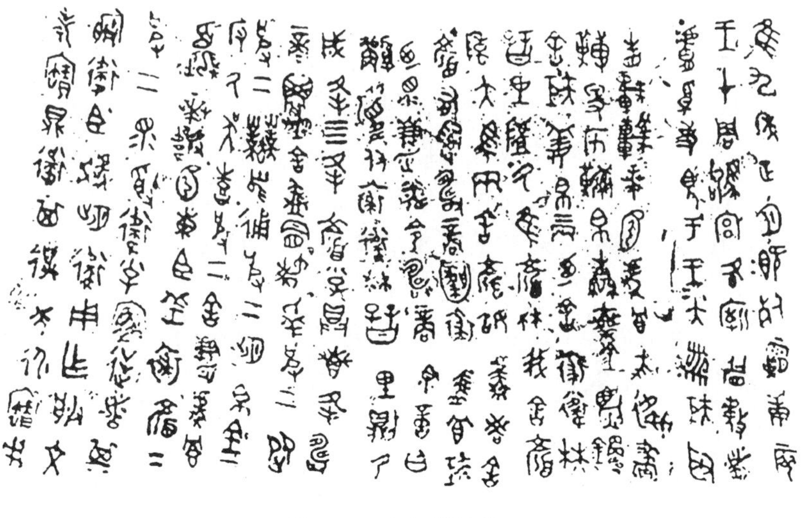

圖 6-6　九年衛鼎銘

① 中國社會科學院考古研究所：《殷周金文集成（修訂增補本）》，第二册，中華書局，2007 年，第 1504 頁 2831 器。馬承源《商周青銅器銘文選》，第三册，文物出版社，1988 年，第 172 頁 203 器。

九年衛鼎是“董家村裘衛四器”之四，全銘一百九十五字，又是一篇長銘。這次記敘的還是一件與財産事件。背景是外服諸眉敖者膚的使者卓吏覲見恭王。銘文爲什麼要記載眉敖的覲見禮？這與矩伯取一輛車及其配件有關。從《儀禮·聘禮》可以看出，西周貴族是有接待使者及其屬從義務的。《禮記·禮運》載：“天子適諸矦必舍其祖廟。”又說：“卿館於大夫，大夫館於士，士館於工商。”爲準備接待眉敖的這些禮品，矩伯再次以自己的林地爲代價與裘衛進行交换。此銘再次證明《儀禮》相關記敘是有根據的。

《九年衛鼎銘》同樣具有歷史認識價值。根據銘文記敘我們可以判斷，與田地交易必須經過王朝執政大臣審核執行不同，林地的交易只要買賣雙方以及相關第三方同意就可以直接交割。

《九年衛鼎銘》在追求記敘的細緻程度上已經超過了《三年衛盉銘》和《五祀衛鼎銘》。本銘對交易過程中的物品記敘不厭其煩，儼然是兩份物品清單。第一份是矩伯購買物品清單，包括省車一輛，以及較萃、弘虎冟、𢂔褘、畫轉、鞭席鞣、帛轡乘、金麃鍐。第二幅是用於賞賜有關人員物品的清單，包括付給矩伯夫人矩姜的帛三兩、颜陳大馬兩、颜姒虡吝、颜有司壽商䝤裘和盠冟，以及付給盠冒梯、羝皮二、㓝皮二，付給㸁舃、𧙕皮二，付給朏帛、金一鈑，付給吴喜皮二，付給溓的有㯱冟、䙝萃、韄鞃，付給東臣羔裘，付給颜下皮二……其中與皮有關的物品占多數，正好與裘衛的職責有關。其名稱，今天的中國人已經非常陌生。這份清單之長，在西周銘文中绝無僅有，顯示銘文作者對於物質財富的過分在意。本銘還對林地交易的參與人員記敘不厭其煩。先後參與交易的有矩、裘衛、矩姜、壽商、溓粦、盠、業、朏、吴喜、東臣、颜下以及没有列出名字的颜衆小子。《九年衛鼎銘》的出現，標誌着西周青銅器銘文的記敘領域已經深入到貴族經濟生活的細部，記敘能力進一步增強。

“裘衛六銘”將西周銘文記敘範圍擴大到貴族經濟生活中，對於貴族經濟生活過程和相關物品的記敘尤爲詳細，標誌着銘文記敘能力達到新高度。不過裘衛對於物質財富的過分關注也反映出那個時代過度追求物質財富，成康時代建功立業的精神追求已經不再，貴族士大夫精神世界逐步墮落。裘衛成爲那個時代最成功的“經濟人”，更是最成功的“經濟銘文”作家。

二、伯獄夫婦六銘

有趣的是裘衛家族不僅出現了裘衛這樣的富貴官員，還出了伯獄這樣的政治家。2005 年，上海兩家藝術公司從海外購回十八件青銅器，其中有獄鼎一件，獄簋三件，獄盉一件，獄盤一件，獄甗一件。這些青銅器器主都是一個叫獄的貴族。以上青銅器均刻有銘文，除去重複，得《獄鼎銘》一篇，《一式獄簋器銘》一篇，《一式獄簋蓋銘》一篇，《二式獄簋器銘》一篇，《獄盉銘》一篇，《南姞甗銘》一篇，一共六篇成篇銘文。

《一式獄簋器銘》只有“伯獄肇作甲公寶尊彝，孫孫子子其萬年用”二行十七字。銘文透露出兩個人名信息，一個是作器者叫伯獄，另一個是作器所祀者甲公。至於甲公是器主的什麼人，銘文没有說。銘文雖然成篇，但難以體現文學價值。

《獄鼎銘》透露出甲公就是作器者的文考：

獄肇作朕文考甲／公寶尊彝，其日朝／夕用享祀于氒百／神，孫孫子子其永寶用。①

這篇《獄鼎銘》中規中矩，體式完整。在作器願望上出現了“用享祀厥百神”的句子，將百神納入享受祭祀範圍内，在之前還没有過。但就銘文創作而言，不具有開拓精神，算不得西周銘文中的傑作。

不過《一式獄簋蓋銘》就不同了：

獄肇乍朕文考甲公寶／鬻彝。其日夙夕用氒馨／香享祀于氒百神，亡不則／燹夆。馨香則登于上下，用／匄百福，萬年裕茲百生，亡／不窭臨皣魯，孫孫子子萬年／永寶用茲彝，其世毋忘。②

① 吴鎮烽：《獄器銘文考釋》，《考古與文物》2006 年 6 期。
② 吴鎮烽：《獄器銘文考釋》，《考古與文物》2006 年 6 期。

圖 6–7　一式、二式獄簋蓋銘、獄鼎銘和獄簋器銘

《一式獄簋蓋銘》與前面《衛作文考甲公簋銘》非常相似，除了作器者名和少數幾個詞外，這兩篇銘文無疑出自同一人之手。難道古人也抄襲？朱鳳瀚通過比較衛器和獄器，指出這兩人所祭祀的文考都是甲公，顯然，衛與獄爲同父兄弟，獄稱伯獄，則獄爲宗子。[①] 伯獄"肇作"文考器，可見這篇銘文是伯獄首次爲文考作器，伯獄作器在前，裘衛作器在後，伯獄的首創之功應當超過裘衛。由此可見首先突破了穆王時期《親簋銘》奠定的西周册命銘文寫作模式的是伯獄，衛只是模仿兄長文風而已。但是衛在後來的銘文寫作中擺脱了兄長的影響，形成了自己獨特的風格，成爲傑出的銘文作家。在宗族生活中，伯獄成爲大宗宗子，繼續扮演自己的宗族領導者的角色；衛另立小宗，在西周恭王朝迅速崛起，成爲王朝經濟明星。

《二式獄簋銘》也是爲文考甲公所作。與《一式獄簋銘》在作器願望的語言表達上富於創新精神相比，這篇銘文在册命文體式上也有所創新，那就是採取"器主曰"模式替代穆王二十四年《親簋銘》構建的模式。

唯十又一月既望丁亥，王各 / 于康大室。獄曰：朕光尹周 / 師右，告獄于王。王或賜獄佩、戠 / 市、朱亢，曰"用事！"獄拜稽首，對 / 揚王

① 朱鳳瀚：《衛簋與伯獄諸器》，《南開學報》2008 年 6 期。

休，用作厥文考甲公寶／尊簋，其日夙夕用厥茜香享／祀于厥百神，孫孫子子其萬／年永寶用兹王休，其日引勿替。①

銘文用“𤞷曰”統領銘文中除了時間和地點之外其他内容的記敘，即用“器主曰”形式將作器緣起、册命過程、作器目的、作器願望囊括在内。這種寫法在西周除了𤞷之外只有裘衛用過一次，是伯𤞷的銘文創作最具個性化的特徵。此外，銘文説“王或賜𤞷佩”説明這一次册命至少是第二次了，即到此爲止，𤞷的“命數”至少爲二命的中士。

𤞷還爲自己的“文祖”作器，包括盤與盉。𤞷盤、𤞷盉均有銘文，内容相同：

隹四月初吉丁／亥，王各于師爯父／宫。𤞷曰：朕光尹周師／右，告𤞷于王。王賜𤞷佩、戠／市、絲亢、金車、金𩌦，曰：“用／夙夕事！”。𤞷拜稽首，對揚王／休，用作朕文祖戊公般／盉，孫孫子子其萬年／永寶用兹王休。／其日引勿替。②

圖 6-8　伯𤞷盉銘

《𤞷盉銘》所記又是一次册命活動。這次册命所賞賜的禮器比《二式𤞷簋銘》所記級別更高一些，其中一輛金車最爲貴重，由此可以判斷，𤞷此時應當爲大夫級貴族。這篇銘文仍然採用與《二式𤞷簋銘》一樣的“器主曰”的寫作模式。由此，𤞷將自己的銘文寫作模式固定下來。但這種模式的缺點是不利於記敘周王册命文内容和現場的訓話。因而在𤞷所創作的銘文中都没有記敘自己擔任什麽官職，自己的文考、文祖有過什麽功績。這些不足影響了銘文的歷史認識價值，對於我們進一步了解𤞷

① 吴鎮烽:《𤞷器銘文考釋》,《考古與文物》2006 年 6 期。
② 吴鎮烽:《𤞷器銘文考釋》,《考古與文物》2006 年 6 期。

的身份事跡非常不利，正因爲如此，獄的這種寫法西周其他銘文作家採用的不多。

幸運的是不僅伯獄自己的銘文創作重見天日，他的夫人南姞所作《南姞甗銘》[①]也重現人間。《南姞甗銘》雖然只有六行二十七字，銘文的歷史認識價值和文學價值還不能與伯獄諸器相比，但也彌足珍貴，我們根據《南姞甗銘》稱獄爲“伯獄”可以判斷，獄是宗族中的嫡長子，也是宗主，從而可以判斷裘衛是庶子，而裘衛又另立小宗，自爲宗主。

圖 6–9　南姞甗銘

南姞肇作厥皇／辟伯氏寶𪊨彝。／用匄百福。其萬／年子子永寶用。[②]

伯獄和裘衛兄弟二人通過銘文創作在歷史上留下自己的脚印。他們的銘文反映了西周政治、經濟和宗族生活。具有相當的歷史深刻性。另外，一對夫婦同時留下銘文作品，在歷史上極爲罕見，也是西周銘文史上的一段佳話。

三、膳夫此三銘

裘衛後代中最重要的人物當爲活躍在周厲王時期的膳夫此。膳夫此一次性製作了三鼎八簋，顯然爲大夫級貴族。膳夫此也是裘衛家族重要的銘文作家，三鼎八簋都有銘文，可惜膳夫此十一器銘内容相同，未能如其祖先一樣在同一批青銅器上創作不同的銘文，所作《膳夫此鼎銘》長達一百一十二字，爲西周優秀銘文之一。

隹十又七年十又二月既／生霸乙卯，王在周康宫夷／宫。旦，王各大室，即立。司徒／毛叔右此入門，立中廷。王／呼史翏册命此曰：“旅邑人膳夫。／賜女玄衣、黹屯、赤市、／朱黄、鑾旂。”此敢對揚天子／丕

① 吴鎮烽：《獄器銘文考釋》，《考古與文物》2006 年 6 期。
② 吴鎮烽：《獄器銘文考釋》，《考古與文物》2006 年 6 期。

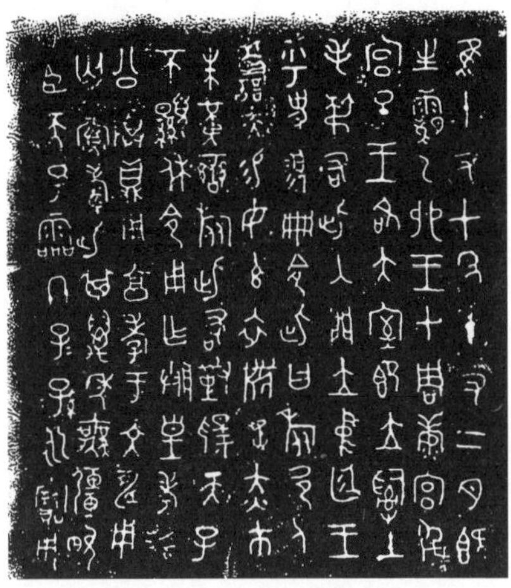

圖 6–10　膳夫此鼎乙銘

顯休命，用作朕皇考癸／公尊鼎，用享孝于文神，用／匄眉壽。此其萬年無疆，畯／臣天子靈終。子子孫孫永寶用。①

《膳夫此鼎銘》又是一篇記載周王册命的銘文。器主已經放棄了裘衛、伯獄喜歡的册命銘文“器主曰”寫作模式，回歸到《䚄簋銘》那種直敘式中。銘文中的“旅邑人膳夫”是對周王册命的省略式概括，即命此擔任旅邑人膳夫。“旅邑”爲西周王朝管理的一座重要城市。從司徒毛叔爲右者看，這個旅邑人膳夫職位不低。毛叔爲司徒官，膳夫此爲其下屬，也當屬於司徒官系統，或爲旅邑的邑宰也未可知。伯辛父任旅膳夫後以旅爲姓，自稱膳夫旅伯、膳夫伯辛父。膳夫此與司徒毛叔關係密切。他所作《旅伯鼎銘》載：“膳夫旅伯作／毛中姬尊鼎，／其萬年子子孫孫／永寶用享。”② 這是膳夫此爲妻子毛中姬所作器，可見司徒毛叔極有可能是他的岳父。在董家村窖藏中還有兩件成伯孫父銅鬲。《成伯孫父銅鬲銘》載：“成伯孫父作浸㜏嬴尊鬲，子子孫孫永寶用。”③ 成伯孫父鬲混在裘衛家族窖藏中，説明成伯孫父爲妻子所作銅器後來作爲嫁妝被成伯的女兒帶到裘衛家族來了。成國爲武王之後，姬姓。裘衛家族不僅與毛國通婚，還與成國通婚。這兩個諸侯國都是姬周血統，可見裘衛後人依然受到皇族重視。

膳夫此原名此，排行爲伯，故稱伯辛父。此與柴同聲，辛與薪同聲，柴即薪，此爲名，辛父爲字。④ 由此我們還可以在董家村窖藏找出他的第

① 龐懷清等：《陝西省岐山縣董家村西周銅器窖穴發掘簡報》，《文物》1976 年 5 期。

② 中國社會科學院考古研究所：《殷周金文集成（修訂增補本）》，第二册，中華書局，2007 年，第 1324 頁 2619 器。

③ 中國社會科學院考古研究所：《殷周金文集成（修訂增補本）》，第一册，中華書局，2007 年，第 637 頁 680 器。

④ 周瑗：《矩伯、裘衛兩家族的消長與周禮的崩壞——試論董家村銅器群》，《文物》1976 年 6 期。

三篇銘文《伯辛父鼎銘》:"膳夫伯辛父作/尊鼎，其萬年/子孫永寶用。"[①]

膳夫此這個人此後在旅地又將家族再次發揚光大，其後代出現了以旅爲姓者旅中。[②]董家村窖藏中就有旅中所作青銅器。所作《旅中簋銘》載："旅中作誇寶/簋，其萬年子子/孫孫永用享孝。"[③]

旅中還有另外一篇《中南父壺銘》，中爲排行，南父爲字。《中南父壺銘》只有十五字："中南父作尊/壺，其萬年/子子孫孫永寶。"[④]

有旅中當有旅伯，或許旅伯早卒，没有留下青銅器。

四、裘衛家族其他作家的銘文創作

在裘衛之後，這個家族銘文作家輩出。

董家村窖藏的發現，爲研究裘衛家族在西周的情況提供了實物證據。通過與獄所作諸器的比較，學者們已經發現裘衛是庶子另立小宗者。這個在西周中期崛起的暴發户式家族後來發展得怎麽樣？裘衛之後，這個家族出現了一個叫公臣的貴族，在周厲王時代做過權臣虢中的司空，此人留下四件青銅簋。在西周夷、厲時代，這個家族還出現了一個叫師㒼的人，此人創作了在我國法律史上有重要意義的《㒼匜銘》。在周宣王時代出現過一個叫膳夫此的人，爲王朝的旅邑膳夫，窖藏中有他所作十一件青銅器，所作《膳夫此鼎銘》爲西周優秀的長篇銘文。據董家村窖藏青銅器我們不難發現，這個家族一直繁榮到西周滅亡。之所以有董家村青銅器發現，那是因爲裘衛家族在逃亡時來不及帶走這些寶物，不得不埋藏起來以待來日發掘。然而幽王之亂後西周王朝再也没有能力對西周西北地區故地實行有效管理。裘衛家族在東周未能崛起，他們祖傳寶藏在地下沉睡兩千七百多年才重見天日。膳夫此以下人物非西周中期之人，我們將這些人的銘文創作附在裘衛之後，以便體現西周銘文的家族性質。

① 龐懷清等:《陝西省岐山縣董家村西周銅器窖穴發掘簡報》,《文物》1976年5期。《集成》2561器。

② 辛怡華:《西周裘衛家族的初步研究》,《秦始皇陵博物院》20015年輯刊185~194頁。

③ 龐懷清等:《陝西省岐山縣董家村西周銅器窖穴發掘簡報》,《文物》1976年5期。《集成》3872器。

④ 龐懷清等:《陝西省岐山縣董家村西周銅器窖穴發掘簡報》,《文物》1976年5期。《集成》9643.1器。

裘衛後人所創作的最重要的銘文當屬《𠑇匜銘》。《𠑇匜銘》全文一百五十字，記載師𠑇與另一位下層貴族牧牛的一件民事糾紛案件的處理情況。

隹三月既死霸甲申，王在方上宮，伯揚/父迺成賫曰："牧牛！𠭰！乃苛湛。汝敢以乃/師訟。汝上卲先誓。今汝亦既又御誓，溥/趪嗇覰𠑇，宥亦兹五夫，亦既御乃誓，汝/亦既從辭從誓。弋苛，我義鞭汝千，𪌍𪌍/汝。今我赦汝，義鞭汝千，黜𪌍汝。今大赦/汝，鞭汝五百，罰汝三百鋝"。伯揚/父迺或使牧牛誓曰："自今/余敢擾乃小大事。""乃師或以/汝告，則到，乃鞭千，𪌍𪌍。"牧/牛則誓。厥以告吏𢼸、吏曶/于會。牧牛辭誓成，罰金。𠑇/用乍旅盉。①

圖 6–11　𠑇匜器銘和蓋銘

① 中國社會科學院考古研究所：《殷周金文集成（修訂增補本）》，第七册，中華書局，2007 年，第 5541~5542 頁 10285.1 器。馬承源《商周青銅器銘文小選》，第三册，文物出版社，1988 年，第 172 頁 258 器。

《𠑇匜銘》是商周青銅匜銘中最長的一篇，長達一百五十七字。這篇銘文之所以具有法律史料價值，與銘文善於記言有關。本篇銘文記言也是有所選擇的，《𠑇匜銘》没有記敘被告牧牛一句話，也没有記敘師𠑇控告牧牛的話，所記全是主審官伯陽父的話。伯陽父的話有四個重要内容。第一個内容是斥責牧牛的過失，應當受到嚴厲懲處；第二個内容是牧牛雖然應當嚴厲懲處，但自己願意放牧牛一馬，從輕發落；第三個内容是迫使牧牛保證不再犯案；第四個内容是恐嚇牧牛：假如器主𠑇再次控告牧牛，就要對牧牛加重處罰。顯然，從器主𠑇的敘述角度看，辦案法官伯揚父並没有秉公辦案，而是偏袒器主一方。本銘記載了一個西周判案的典型案例，在中國法律史上具有重要價值。

公臣也是裘衛家族的一位重要作家，不過他已經不是王官了，而是虢國的諸侯臣屬。公臣流傳下來一篇《公臣簋銘》：

虢中命公臣："司朕/百工。賜女馬乘、鐘/五、金，用事！"公臣拜/稽首，敢揚天尹丕/顯休。用作尊簋，公/臣其萬年用寶兹休。①

圖 6–12　公臣簋拓

從《公臣簋銘》器主公臣稱呼虢中爲"天尹"看，虢中此時在王朝擔任重要職位，是公臣的長官。但這次任命卻是私人性質的任命。即虢中挑選公臣到虢中封國内擔任司空之職務。諸侯封地内的職官，根據《禮記·王制》，根據諸侯國的大、中、小，有的諸侯國的公卿天子册命，有的天子不册命。此爲非天子册命的諸侯司空官。虢中以自己個人身份册命公臣，因此公臣對揚的不是天子，而是虢中。銘文還記載虢中賞賜部屬編鐘，一次賞賜的不是典籍中所記載的八枚，而是五枚。或許反映

① 龐懷清等：《陝西省岐山縣董家村西周銅器窖穴發掘簡報》，《文物》1976 年 5 期。《集成》4184 器。

了西周時期的禮制規定。

第二節　師永、格伯、曶和效的銘文創作

撰寫反映西周經濟生活銘文的優秀作家除了上一節中的裘衛及其家族的一批作家外，還有師永、格伯、曶、涉子效等名家，他們的作品從不同角度反映了西周貴族經濟生活的一些側面，對於我們今天研究西周經濟狀況具有重要價值。

一、師永的銘文創作

《十二年永盂銘》是商周青銅盂銘文中最長的一篇，長達一百二十三字：

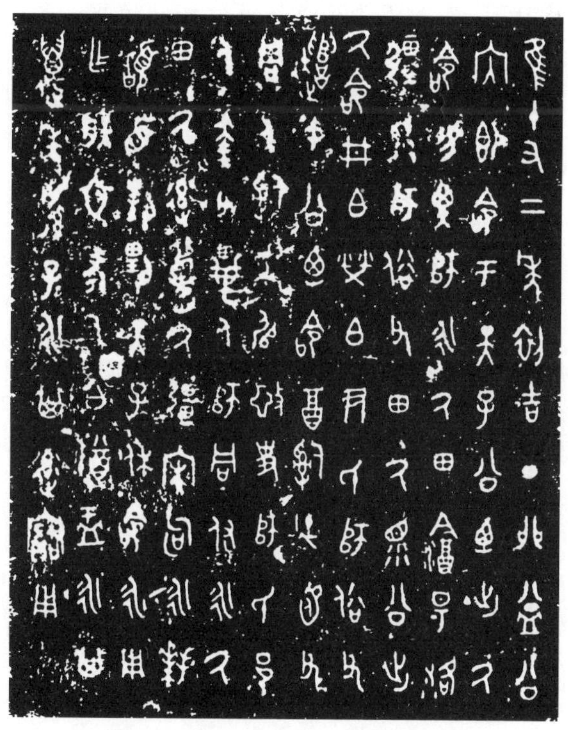

圖 6–13　十二年永盂銘

隹十又二年初吉丁卯，益公／入，即命于天子。益公迺出氒／命，賜畀師永氒田陰陽洛，／疆眔師俗父田，氒眔公出／氒命。邢伯、榮伯、尹氏、師俗父、／遣仲、公迺命鄭司徒圅父、／周人司空眉、𢿡史、師氏、邑／人奎父、畢人師同付永氒／田。氒率履氒疆宋句。永拜／稽首，對揚天子休命，永用／作朕文考乙伯尊盂，永其／萬年孫孫子子永其率寶用。①

① 中國社會科學院考古研究所：《殷周金文集成（修訂增補本）》，第七册，中華書局，2007 年，第 5565 頁 10322 器。又見馬承源《商周青銅器銘文選》，第三册，文物出版社，1988 年，第 172 頁 207 器。

《十二年永盂銘》比較詳細地記載了周恭王十二年[①]賞賜大臣田地的執行情况，這在之前的銘文中没有出現過，這篇銘文具有重要的歷史價值。

該銘記録了一個賜田案例從决策到發佈命令到執行命令的全過程。這個程序的第一步是首席大臣到天子處接受命令，這個過程相當於决策階段。第二步是首席大臣與其餘五位常務大臣發佈賜田令。即銘文記敘的執政大臣益公接受天子之命後，發佈了賜田令，同時聯名發佈的還有邢伯、榮伯、尹氏、師俗父、遣仲五人。這是西周王朝中期典型的首席輔臣加五位執政大臣的日常行政管理模式，與《周禮》所説以太宰爲首的六官治理模式非常接近，但六官構成卻不盡一致。第三步，中央機構作出决策，再由王朝二級行政機構執行。銘文説“公乃命鄭司徒函父、周人司空眉，懿史、師氏、邑人奎父、畢人師同付永氒田”，這六人爲西周二級行政機構職官，對應王朝益公以下六臣，在業務上中央一級機關首長爲他們的長官。

《十二年永盂銘》表明：周天子是天下土地的最終擁有者，王朝土地的使用權只有通過周天子的授權、並履行一定的程序和手續才能被個人使用。“普天之下莫非王土”並非虛言。

《十二年永盂銘》在創作方法上也有所創新。銘文已經不滿足於對具體儀節的描寫，拋棄了同期賞賜銘文那種記敘命令發佈會模式，以關鍵人物益公的相關活動爲線索，從第三方視角對整個事件作了廣角度記敘。以一個人物的活動爲線索進行客觀記敘，在西周賞賜類銘文中并不多見。本銘在語言表達上也進行了探索。在“益公乃出氒命，賜畀師永氒田陰陽洛，疆眔師俗父田，氒眔公出氒命。邢伯、榮伯、尹氏、師俗父、遣仲、公乃命鄭司徒函父、周人司空眉、懿史、師氏、邑人奎父、畢人師同付永氒田。”中，“氒眔公出氒命，邢伯、榮伯、尹氏、師俗父、遣仲、公”就是益公與邢伯、榮伯、尹氏、師俗父、遣仲出氒命，銘文偏偏將五大臣名稱後置，顯然在追求一種修辭效果。

二、格伯的銘文創作

經濟生活類銘文的興盛，還與貴族之間商品交易的興起有關。我們

① 唐蘭：《永盂銘文解釋》，《文物》1972年1期。

以《格伯銘》爲例。

隹正月初吉癸巳，王在成/周，格伯取良馬乘于倗/生，氒貯卅田，則析。格伯遷，殹/妊彶佗氒從格伯按彶甸：/殷氒雩穀杜木，還穀旅桑，/涉東門。氒書史戠武立盉/成壆。鑄簋，用典格伯田，/其萬年子子孫孫永寶用。[1]

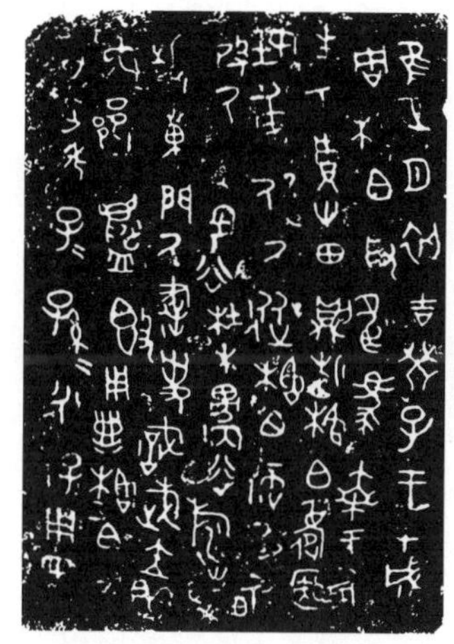

圖 6–14　格伯簋銘

與裘衛器一樣，《格伯簋銘》反映了田與物交换情況，裘衛和倗生都是富裕的貴族，或許屬於最得周王寵愛的一批貴族。《格伯簋銘》記載的又是一件貴族之間以屬田作價購買乘馬的商品買賣事件。購買方爲格伯，賣出方爲倗生，目標商品爲乘馬。從銘文記敘看，倗生的乘馬首先要作一個估價，雙方接受的估價是卅田。然而與裘衛諸器反映的田地買賣不同，《格伯簋銘》記載的田地買賣不需要通過王朝執政六大臣許可，買賣雙方直接進行田地交割。當然這種交割也具有半官方性質，因格伯一方實施田地交割的是格國包括書史在内的一批官員。這種情況顯示，到了

① 中國社會科學院考古研究所：《殷周金文集成（修訂增補本）》，第四册，中華書局，2007 年，第 2593 頁 4264.1 器。進按：器名又稱“倗生簋”，見馬承源：《商周青銅器銘文選》，第三册，文物出版社，1988 年，第 143 頁 210 器。倗生簋早年即爲私家收藏，圖像和銘文搨片有文獻著録。器蓋同銘，今藏上海博物館。

倗生與格伯交易田地時候，買賣雙方已經避開王朝直接進行田地交换。銘文“鑄簋，用典格伯田”明確表示這次鑄造青銅器就是爲了記録這次交易，以確定對於格伯這卅田的使用權或所有權。銘文中没有記敘王朝官員參與這樁買賣，如果有王朝官員參與，銘文應當寫入，這不是爲避免篇幅過程而省略，實際情況是王朝没有官員參與這次買賣。

《格伯簋銘》還有一個重要的價值，那就是爲後人提供了馬與田之間交易價格。按照銘文所記，四匹馬交换三十田，平均一匹馬可交换七點五田。這個數據對於研究西周經濟、生産力、土地價格具有重要意義。

《格伯簋銘》還表明，貴族之間可以自行買賣土地，至少是可以買賣土地的使用權，而不需要王朝批准審核。這種情況與《十二年永盂銘》所記情況互相牴牾。説明在土地問題上貴族與周王之間存在矛盾，這種矛盾在周厲王時期激化，最終使周厲王失去了統治王朝的基礎，被“國人”趕出權力中心。

三、曶鼎銘

西周中期反映經濟生活的銘文中還有兩篇重要作品，一篇是《曶鼎銘》，另外一篇是《效卣銘》。根據《積古齋》描述，曶鼎由清人畢沅得之於西安，器高兩尺，周圍四尺，深九寸。有款足，作牛首形狀。有銘文三百八十余字，是西周第三長銘，器後毁於兵火。

《曶鼎銘》實爲三銘合刻，分別爲《曶受命司卜銘》《曶訟五夫銘》《曶訟寇禾銘》。

《曶受命司卜銘》記敘周懿王元年器主曶被懿王授命爲王朝司卜，因而作器紀念。[1]

《曶訟五夫銘》記敘器主曶的一件購買勞動力發生糾紛的訴訟案。曶的下屬小子𩵦向井叔提出訴訟請求，説已經向中間人限提交了一匹馬、一束絲以贖回在效父處的五夫。但限並没有將五夫交給器主。限反而要求説：讓𦬇將一匹馬交給限，讓效父將一束絲交給限，交易取消。𦬇和效父回應説，王朝三門木榜上寫得清清楚楚，買賣要用金屬貨幣。他們堅持要用一百寽金屬貨幣賣出五夫。如果付出一百寽金屬貨幣還不交付

① 關於曶鼎銘的年代，董作賓主張爲周恭王時，郭沫若主張周孝王時，容庚主張周懿王時。均在西周中期。今從容庚説。見容庚：《商周彝器通考》，上海人民出版社，2008年，第38頁。

五夫，就要打官司并交納罰款。𣄰因此提出反訴請求，因曶没有按照協議要求支付一百寽，曶應當支付違約金。井叔做出判決：只有王人買賣有使用金屬貨幣的要求，𣄰不得反訴，必須將五夫交付於曶，不得讓五夫有二主。由此，曶獲得了這五夫。曶拿出酒和羊以及三寽作爲交付過程中的禮物。曶還要求𣄰償還䜌矢五秉，并做好五夫的安撫工作，讓他們居住在自己的邑中，耕種自己的田地。

《曶訟寇禾銘》記敘了另外一個訴訟案件。上一年是饑荒年，匡季指使手下二十餘人到曶田中搶了禾十秭。曶將匡季偷盜之事告發到東宫。東宫判決，要求匡季交出犯罪人員，不然處罰將十分嚴重。匡季主動到曶處賠禮道歉，提出用五田、四父作爲賠償，並希望與曶達成和解，表態説如果自己不賠償禾秭，寧可接受鞭刑。曶不同意，再次告到東宫。東宫判決：匡季支付曶十秭，再罰十秭，一共二十秭。如果到第二年還不賠償，就要付出四十秭。匡季再次來賠禮道歉，賠償數額增加到七田、五夫和卅秭。

隹王元年六月既望乙亥，王在周穆王大室，王/若曰："曶！命汝更乃祖考司卜事，賜汝赤雍市、鑾旂，/用事！"。王在召居，井叔賜赤金、鬱。曶受休命于王，[①]/用王曶兹金乍朕文考宄伯𩰫牛鼎。曶其萬年/用祀，子子孫其永寶。

隹王四月既生霸辰在丁酉，井叔在異。爲獄訟[②]，/使氒小子䜌以限訟于井叔："我既贖汝五夫于效/父，用匹馬束絲。"限許[③]曰："𣄰則俾我償馬，效父則/俾復厥絲束。"𣄰、效父迺許贅曰："于王參門書于/木榜，用債。祉贖兹五夫，用百鋝。非出五夫，則/訇，迺𣄰有訇眔𫾗

① 由於揭片下部不全，缺揭1~3字，爲方便通讀，我們根據銘文内容嘗試補齊，用帶框字以區别，僅供參考。以下凡帶框字均如此。

② 原揭缺二字。《六年琱生簋銘》有"以獄訟爲伯"句。本銘井叔在異，乃流動判獄訟，猶如《詩經·甘棠》贊召伯斷案甘棠之下。故我們暫以獄訟二字填補。

③ "許"，郭沫若釋爲"許"；馬承源釋爲"悟"，義爲違背。五年琱生大口尊出現同樣的字"弋許，勿使散亡"，義爲許可、答應，證明郭沫若釋正確。見郭沫若：《兩周金文辭大系考釋》，科學出版社，1957年線裝影印版第98頁。而張世超以爲許在訴訟環境中相當於辯解、應答，以許、語同源，可從。見張世超：《西周訴訟銘文中的"許"》，《中國文字研究》十五輯1~3頁。

金。”井叔曰：“在王人迺贖用徭，/不逆。付曶，毋俾貳于䀇。”曶則拜稽首，受兹五夫/曰陪，曰恒，曰秝，曰鑫，曰眚，使寽以告䀇，迺俾饗/以曶酒及羊，兹三寽用致兹人，曶迺每于䀇曰：/女其舍嚴矢五秉，曰：“弋尚俾處于氒邑，田巫/田。”䀇則俾復命曰：“諾。”

昔饉歲，匡衆厥臣廿夫寇曶禾十秭，以匡/季告東宫。東宫迺曰：“求乃人，乃弗得，汝匡罰大。”匡/迺稽首於曶，用五田，用衆，一夫曰嗌，用臣曰疐、曰/朏、曰奠，曰用兹四夫。稽首曰：“余無卣具寇正，秭/不出，鞭余。”曶或以匡季告東宫，曶曰：“弋惟朕禾是/償。”東宫

圖 6-15　曶鼎銘

迺曰：“償曶禾十秭，遺十秭，爲廿秭！若/來歲弗償，則付卌秭。”乃或即曶，用田二，又臣一夫，/凡用即曶田七田，人五夫，曶覓匡卅秭。①

以上兩個案件雖然都屬於經濟糾紛案，但性質不同。“五夫案”是交易糾紛，焦點是採取以物品交易還是以金屬貨幣交易問題。第二個“寇禾案”是一件偷盜財物案，屬於經濟犯罪訴訟案，重點在如何處罰。銘文記敘了這兩個案例從提請訴訟到判斷執行的全過程。②銘文還證實了西周的確有將法律條文張榜宣傳的事實，看來《周禮》五官職文所說的“象魏觀法”有一定的根據。“五夫交易案”在經濟史上更加寶貴：人力資源五夫勞動力的購買價格相當於乘馬束絲，或者金屬貨幣一百寽。同樣，四匹馬一束絲等於一百寽貨幣。這個價格爲推算西周商品、勞動力基準價格提供了實例。

《曶鼎銘》在寫人記事方面取得了很高的成就。銘文在一定程度上展現了西周懿王時期的社會生活畫卷。在“寇禾案”中，以“昔饉歲”開頭，讓一種無奈的氣氛籠罩全篇。由於饑荒，貴族匡季居然作出偷盜之事；匡季家族糧食儲備實在不足，以至於案發之後無力賠償，不得不賠償田地和勞動力以緩解卜曶的憤怒。卜曶不依不饒，堅決要求匡季賠償秭，對於五田、四夫都不動心，可見饑荒之年糧食多麼珍貴。貴族尚且如此，普通士人和地位更低的僕佣日子艱難更不用說了。銘文從一個側面再現了饑荒之年的慘狀。卜曶還是刻畫人物性格的高手。在五夫案中，井叔、限、𠭰、效父、曶性格各異。限是中間人，買賣不成，將支付錢財追回來就行了，因而被告限的陳述詞非常簡略，只要你們將我轉給𠭰和效父的匹馬束絲追回來我就別無所求了。𠭰和效父是比較貪婪的交易者，他們覺得匹馬束絲的交易吃虧了，試圖援引王朝法律條文將交易效果最大化。二人中，效父膽量小一些，沒有再堅持；𠭰最貪婪而狡猾，還提出反訴，援引王朝法律條文要求卜曶賠

① 中國社會科學院考古研究所：《殷周金文集成（修訂增補本）》，第二册，中華書局，2007年，第1521頁2838器。進按：《集成》稱器名爲舀鼎，馬承源等稱曶鼎，當爲曶鼎，見馬承源：《商周青銅器銘文選》，第三册，文物出版社，1988年，第169~172頁242器。

② 黄海：《曶鼎銘文法律問題研究》，華東師範大學2016年碩士論文。

償。銘文中的丼叔是非常熟悉法律條文的政治家，他抓住𠭯反訴的弱點，指出他援引王朝法律條文，卻用錯了地方，將𠭯試圖利益最大化的路子堵死。而在寇禾案中，卜曶堅持要賠償秭，顯得非常執拗。兩篇銘文顯示，卜曶是一個非常講究依靠法律解決問題的人，具有很強的“法治觀念”。

四、效卣銘

《曶鼎銘》涉及的被告效父也有銘文傳世。此人所作青銅器目前傳世的有一卣一尊，尊卣同銘。《效卣銘》也是一篇優秀的作品，效是與曶產生關聯的同時代人，我們將《效卣銘》放在《曶鼎銘》之後分析。

《效卣銘》記敘周恭王賞賜公東宮事情。周王有時候外出視察，相關費用誰出？一個成熟的國家體制對此一定有規定。西周青銅器銘文的記載對此作了回答。《效卣銘》記敘的就是這一類事情：

圖 6–16 效卣蓋銘

隹四月初吉甲午，王雚于／嘗。公東宮納饗于王，王賜／公貝五十朋，公賜厥涉子效／王休貝廿朋。效對公休，用／作寶尊彝。嗚呼，效不／敢不萬年夙夜奔走，／揚公休，亦其子子孫孫永寶。①

銘文記敘貴族某公東宮爲周恭王觀於嘗提供了舉行饗禮所需要的財物，周恭王因此獎賞了公五十朋貨幣，可見銘文記敘的背景是一個經濟問題。按照慣例，周王出遊，所花費一定是王朝支出。這一次公東宮“納饗于王”，則爲貴族主動承擔其中的一批費用。然而周王這一次畢竟是“公務

① 中國社會科學院考古研究所：《殷周金文集成（修訂增補本）》，第四册，中華書局，2007 年，第 3413 頁 5433 器。馬承源《商周青銅器銘文選》，第三册，文物出版社，1988 年，第 172 頁 223 器。進按：卣器蓋同銘，今藏上海博物館。效還有同銘尊一件，藏日本白鶴美術館。

消費”，他從王朝財政中撥出五十朋貨幣獎賞公，實際上是一種“財政補償”。由於這種補償採取的是天子賞賜形式，其意義超出了一般的財政問題，成爲具有王朝獎勵意義的嘉獎行爲。銘文中，公東宫又稱東宫，東宫，猶如南宫，也是一種姓氏，其爵位爲公，是地位很高的貴族。在《曶鼎銘》中，這位東宫也出現了，判決的是匡季寇禾案。效是東宫的世子，因此東宫將恭王賞賜的五十朋貨幣中的二十朋轉手賞賜給效，讓效分享家族的榮耀，因而效非常激動，在銘文創作中使用了西周銘文中不多見的抒情表現手法。效是銘文作家中最早使用“嗚呼”抒情的作家之一。“嗚呼”一段，通過插入這個感歎詞，將銘文中刻板的祝願變得富有個人感情，這是銘文表現手法的一次進步。同時，《效卣銘》再次表明，《曶鼎銘》中的效父不是被告人限的下屬，效父在《曶鼎銘》中，只是五夫擁有者之一。

第三節　行政獎勵類銘文的繁榮

獎賞是西周王朝一項重要的行政手段。獎勵本身不僅具有榮譽性，還具有實實在在的物質性，物質獎勵包括貨幣獎勵和財産獎勵兩大類。這是西周王朝爲激勵官員而採取的經濟措施，通過物質獎勵讓那些勤政官僚獲得物質利益，提高經濟待遇。這樣，在册命中賦予官僚接受民事訴訟案件收費權力，在行政考核中予以直接的物質獎賞，官員的經濟待遇提高了，在王朝任職成爲西周貴族子弟一條重要的“就業”渠道。同時，行政獎勵也是西周王朝吸引知識精英的重要措施。

一、蔑歷的興起

“蔑歷”一詞的起源，最早可以追溯到晚商時期。晚商《小子𠭯卣銘》出現了“貝唯蔑汝歷”[①]。“蔑歷”一詞被分開來使用，“蔑汝歷”就是“蔑歷汝”，這種用法西周金文仍有繼承。武王時期的《天亡簋銘》有“唯朕有蔑”，就是説因我受到獎勵。成王時期的《荆子鼎銘》直接使用了蔑歷：“荆子蔑歷，賞白牡一。”我們的前期研究表明，“蔑歷”是一種帶有儀式化的行政獎勵。金文中“蔑歷”一詞出現於晚商時期，西周早

① 馬承源：《商周青銅器銘文選》，第三册，文物出版社，1988年，第3頁。帝乙時期器，今藏白鶴美術館。

期開始興起，中期達到鼎盛，晚期之後逐漸減少，到春秋時期完全消失。[①]

爲什麼"蔑歷"大盛於西周中期而消失於春秋時期？這是因爲周禮興盛於西周中期而衰落於春秋時期。西周中期銘文記録了大量的"蔑歷"儀式，銘文作家創作了大量記敘"蔑歷"活動的賞賜類銘文。周天子是主要的"蔑歷"人，其次是主要執政大臣，王后也進行"蔑歷"活動。

《段簋銘》記敘的是周天子一次行政蔑歷活動：

隹王十又四祀十有一月 / 丁卯，王鼒畢烝，戊辰曾。/ 王蔑段歷，念畢仲孫子，/ 令龔𡚬饋大則于段。敢 / 對揚王休，用乍簋，孫孫子子 / 萬年用享祀，孫子取引。[②]

銘文爲畢公之後畢段所作。該銘文記敘周懿王在畢舉行烝祭，在這次祭祀活動之後對畢段進行了蔑歷。畢段享受到蔑歷的好處是獲得賞賜"大則"的待遇。大則即《周禮·大宗伯》職文所説的"五命賜則"。賜則即賞賜管理土地和人民的法則，顯然，這次畢段地位有了提高，成爲擁有治理土地和人民治權的君主。

再如《寓鼎銘》：

隹二月既生霸丁丑，王 / 在方京貞[室]。戊寅，王 / 蔑寓歷，使諄大人。賜 / 乍册寓䊷[㣇]。寓拜稽 / 首，對王休，用作尊彝。[③]

此銘所記顯然也是表彰器主寓。由於原揭不清，所賞賜物品難以辨認。但不是所有帶有"蔑歷"的銘文都是行政賞賜類銘文。

大臣也可以蔑歷自己的臣屬，例如西周中期的《屯鼎銘》："蔑歷于

① 丁進：《商周青銅器銘文文學研究》，西北大學出版社，2013 年，第 168~179 頁。

② 中國社會科學院考古研究所：《殷周金文集成（修訂增補本）》，第三册，中華書局，2007 年，第 2406 頁 4208 器。馬承源《商周青銅器銘文選》261 器。

③ 中國社會科學院考古研究所：《殷周金文集成（修訂增補本）》，第二册，中華書局，2007 年，第 1424 頁 2756 器。

亢衛，用作鬻彝。”[①] 本銘僅僅突出蔑歷事實。銘文這樣撰寫，就是爲了突出蔑歷本身，顯然作者對於受到蔑歷感到非常榮耀。

從“蔑歷”的主體看，王后、女主也可以是蔑歷的主體，這是因爲西周王朝的后宫管理也納入了國家管理體制。例如《趙盂銘》：

圖 6–17 趙盂銘

隹正月初吉，君在潦，/即宫，命趙使于述土，/隣諆各以佑。寮女寮：/奚、微、華。天君使趙使/㝨，趙敢對揚，用作文祖/己公尊盂，其永寶用。[②]

銘文記敘一件册命活動。周恭王某年正月初吉之日，王后册命器主作管理内宫的奚僕，并派遣到述土、㝨等地辦差事。此人尚有《小臣趙鼎銘》一篇：“小臣趙即事于西，休中賜趙鼎。揚中皇，乍寶。”[③] 根據《小臣趙鼎銘》，此人職官小臣。《周禮·天官》内有小臣職文：“后有好事於四方，則使往；有好令於卿大夫，則亦如之。”正好與本銘可以相互印證。《趙盂銘》還證實，王后具有册命王官的權力，不過限於内宫職官。此外本銘追求行文簡略。“唯正月初吉，君在潦，即宫，命趙使于述土，隣諆各以佑。”這些都是記敘册命銘文中的時間、地點、主持人、佑者要素；但“寮女寮：奚、微、華”則對册命内容作了大幅度壓縮，只摘録了其中王后教導中的一句，略去了“君曰”等插入語，以致難成句子。

① 吴鎮烽：《商周青銅器銘文暨圖像集成》，第 4 卷，上海古籍出版社，2012 年，第 219 頁 02048 器。

② 中國社會科學院考古研究所：《殷周金文集成（修訂增補本）》，第七册，中華書局，2007 年，第 5563 頁 10321 器。馬承源《商周青銅器銘文選》，第三册，文物出版社，1988 年，第 172 頁 195 器。進按：該器 1967 年出土於陝西長安縣灃西公社新旺村西周窖藏，同出一盂一匜。盂有銘 49 字，今藏陝西歷史博物館。見陝西省博物館：《陝西長安灃西出土的逋盂》，《考古》1977 年 1 期。

③ 中國社會科學院考古研究所：《殷周金文集成（修訂增補本）》，第二册，中華書局，2007 年，第 1301 頁 2581 器。馬承源《商周青銅器銘文選》，第三册，文物出版社，1988 年，第 172 頁 194 器。

《趩觶銘》記載了另外一次“蔑歷”：

隹三月初吉乙卯，王在/周，格大室，咸。邢叔入佑/趩，王呼内史册命趩，/更厥祖考服，賜趩戠衣、/緇市冋黄旂。趩拜稽/首，對揚王休。趩蔑歷，/用乍寶尊彝。百世孫子/毋敢墜，永寶，隹王二祀。①

銘文在記敘受賞賜過程中並没有提到“蔑歷”，卻在“祝願”部分提到了“蔑歷”。此處的“蔑歷”顯然是器主對前面記敘賞賜事件的一種總結性稱呼，這個“蔑歷”是對上面受賞賜儀式性質的判斷性概述。同樣的情況也出現在三年《師艅簋蓋銘》中：

隹三年三月初吉甲戌，/王在周師录宫。旦，王格大室，/即位，司馬共佑師俞入門，/立中庭。王呼作册内史册/命師艅，協司保氏，賜赤市、/朱黄、旂。艅拜稽首，天子其/萬年眉壽黄耉，畯在立。艅/其蔑歷，日賜魯休，艅敢對/揚天子丕顯休，用乍寶/其萬年永保，臣天子。②

此銘在記敘册命禮儀之後再説“蔑歷”，可見“蔑歷”就是上面周王的賞賜行爲。

根據以上分析我們不難發現，西周中期王朝通過册命令中的收費許可證、行政考核中的蔑歷以及不定期的恩惠賞賜提高官員的經濟待遇。册命令中的收費許可我們在册命銘文一節有過分析，以下我們主要分析周王不定期的恩惠類賞賜銘文。

二、事功類賞賜銘文

我們將西周賞賜銘文按照賞賜原因分爲事功賞賜、朝覲賞賜和恩惠賞賜三大類。我們本小節討論事功賞賜銘文。事功類賞賜銘文作者多爲

① 中國社會科學院考古研究所：《殷周金文集成（修訂增補本）》，第五册，中華書局，2007年，第3865頁6516器。馬承源《商周青銅器銘文選》，第三册，文物出版社，1988年，第172頁248器。

② 中國社會科學院考古研究所：《殷周金文集成（修訂增補本）》，第四册，中華書局，2007年，第2610頁4277器。馬承源《商周青銅器銘文選》，第三册，文物出版社，1988年，第172頁281器。

在禮樂活動表現優秀、在本職工作中獲得突出成績、在軍事鬥争中建立功勛的貴族。

（一）禮樂活動賞賜

因禮樂活動表現優秀而獲得賞賜的，如《十五年趞曹鼎銘》，全銘五十七字，記敘器主史趞曹在大射禮中表現好受到周恭王獎賞的事情：

> 隹十有五年五月/既生霸壬午，恭/王在周新宫。王射/于射盧，史趞曹/賜弓、矢、虎盧、九、胄、/毌、殳。趞曹敢對，曹/拜稽首，敢對揚天子休，/用乍寶鼎，用饗朋友。①

圖 6–18　十五年趞曹鼎銘

《史趞曹鼎銘》從一個側面記敘了周恭王舉行大射禮的情景。銘文没有直接説明器主受賞的原因，但可以從銘文内容中推導出來，此人所獲獎勵屬於勝者一方的獎賞。可惜對於大射禮的具體儀注銘文没有記敘，不過銘文中記敘大射禮在周新宫的射盧舉行，爲研究西周大射禮提供了寶貴的信息。本銘在賞賜銘文中也有與衆不同的地方，那就是對於賞賜物品的記敘比較詳細。周恭王賞賜給器主的有弓、矢、虎盧、九、胄、毌、殳六種物品，都是用於戰鬥的裝備。弓矢爲主動攻擊的武器，虎盧即虎櫓，是大盾牌，而毌是小盾牌，胄是護體裝備。九和殳是遠刺兵器。以上賞賜都與戰鬥有關，可見西周大射禮賞賜物品也不是禮樂用品，而是用於戰鬥的武器裝備，即使史官也不例外。

史趞曹還作有《七年趞曹鼎銘》。

> 隹七年十月既生/霸，王在周般宫。旦，/王各大室，井伯入，/

① 中國社會科學院考古研究所：《殷周金文集成（修訂增補本）》，第二册，中華書局，2007 年，第 1451 頁 2784 器。馬承源《商周青銅器銘文選》，第三册，文物出版社，1988 年，第 172 頁 209 器。進按：器今藏上海博物館。

右趞曹，立中廷，北／嚮。賜趞曹載市、冋／黄、䜌。趞曹拜稽首，／敢對揚天子休，用／乍寶鼎，用饗朋友。[1]

圖 6–19　七年趞曹鼎銘

《七年史趞曹鼎銘》記敘自己在周恭王七年受恭王册命之事。銘文没有直接説恭王任命他當什麽職務，但從銘文所記敘内容看，這是册命儀式。所賞賜的物品都是屬於象徵貴族身份的“禮器”，右者井伯身份也不低，銘文所記當爲增命性質的册命禮。

與十五年《史趞曹鼎銘》所記相似情況的還有《師湯父鼎銘》。

隹十又二月初吉／丙午，王在周新宫，／在射廬。王呼宰雁／賜盛[2]弓，象弭，矢／臸，彤干。師湯父拜／稽首，乍朕文考／毛叔䵼彝，其萬／年子子孫孫永寶用。[3]

圖 6–20　師湯父鼎及銘文

《師湯父鼎銘》記敘的重點也在賞賜物品上，包括象牙弓、帶有骨翼的鏃、彤色的盾牌。賞賜

① 中國社會科學院考古研究所：《殷周金文集成（修訂增補本）》，第二册，中華書局，2007年，第1450頁2783器。馬承源《商周青銅器銘文選》199器。

② 按：“盛”字馬承源以爲殘損，不識，吴鎮烽作“盛”。可從。“盛”爲名，“湯父”爲字，名、字相應，可從。

③ 中國社會科學院考古研究所：《殷周金文集成（修訂增補本）》，第二册，中華書局，2007年，第1447頁27807器。馬承源《商周青銅器銘文選》216器。進按：鼎有銘54字，今藏台北故宫博物院。

物品没有史趞曹多，但品質更高。《師湯父銘》所記比《十五年史趞曹鼎銘》多出“王乎宰雁賜”這樣的儀節記敘，這是對賞賜禮儀所作記録，具有禮學價值。另外，從《師湯父鼎銘》中，我們看到周公之胤所封毛國後裔情況。器主師湯父稱文考爲毛叔，説明毛侯這一係在西周還是比較發達，又衍生出旁系小宗毛叔，並且尚能在王朝擔任比較重要的師氏職務。

師湯父有自己的官署。傳世《仲枏父簋銘》載：“隹六月初吉，師湯父有司仲枏父作寶簋，用敢饗孝于皇祖考，用祈眉壽，其萬年子孫孫永寶用。”[①] 銘文中，器主自稱“師湯父有司仲枏父”，不僅透露出器主是師湯父下屬的信息，器主在私家傳世器皿上如此撰寫銘文，更説明他們不是簡單的上下屬關係，器主更有可能屬於師湯父家族的世官。同時表明，師湯父身份至少是采邑封君。

（二）工作成效突出

因有事功而賞賜的如《史懋壺蓋銘》，此銘所記爲事功類獎勵，獎勵物品爲貨幣。貨幣化獎勵表明，西周中期的商品交易相對比較發達。

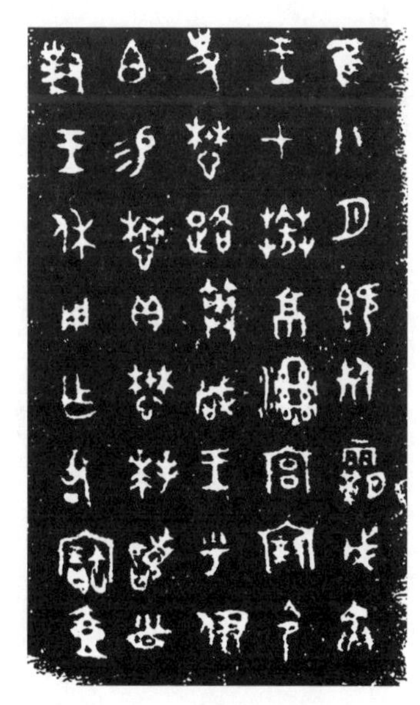

圖 6–21　史懋壺蓋銘

隹八月既死霸戊寅，/ 王在方京溼宫，親命 / 史懋路筮。咸，王呼伊 / 伯賜懋貝。懋拜稽首，/ 對王休，用乍父丁寶壺。[②]

《史懋壺銘》記敘器主史懋一次受周恭王命令，進行重要卜筮活動。活動非常成功，周恭王命令伊伯賞賜史懋貨幣，史懋因此作器紀念，宣揚恭王恩賜的榮

① 中國社會科學院考古研究所：《殷周金文集成（修訂增補本）》，第三册，中華書局，2007 年，第 2334 頁 4154 器。馬承源《商周青銅器銘文選》，第三册，文物出版社，1988 年，第 172 頁 217 器。進按：該器 1967 年陝西永壽縣出土，今藏陝西省博物館。

② 馬承源：《商周青銅器銘文選》，第三册，文物出版社，1988 年，第 158 頁 227 器，恭王時代。蓋今藏上海博物館，内壁有銘 41 字。

光。[①] 史懋壺蓋銘證明，西周史官是卜筮事務的主要承擔者，周人凡大事必有卜筮，從有司利在武王伐商甲子日貞占，到史懋路筮就是證明。

中國文化中一直存在“送禮物”的風氣，其源頭可以追溯到西周賓禮中的儐賜。“儐賜”是西周官員一項重要的收入。儐物産生於賓禮，賓禮中主客雙方的使者執行賓主派遣的任務登門拜訪、慰問和交割贈送物品，被拜訪方一般都要賞賜一些物品給這些使者，此爲賓禮中的正常物品消耗，是計算在賓禮預算中的。然而這種禮樂制度中的規定實際上成了西周官員非固定收入的一部分，也屬於西周官員經濟生活的一部分。

《小臣守簋蓋銘》記敘的就是一次賓禮活動器主獲得儐賜的事情。

圖 6–22 小臣守簋蓋銘

隹五月既死霸辛未，/ 王事小臣守事于夷，賓 / 馬兩，金十鈞。守敢對 / 揚王休命，令乍鑄引 / 仲寶簋，子子孫孫永寶用。[②]

《從小臣守簋蓋銘》看，器主小臣守作爲天子的使臣出使夷地，獲得儐物馬兩匹，還有銅十鈞，儐賜可謂豐富。小臣守因而製作了這個青銅器，以祭祀引仲。銘文没有記載受何人指派、爲何事到夷地，因器主創作銘文的着眼點不在這些地方。

《𦮃簋銘》所記也是獲得儐物之事：

---

① 關於路筮，至今仍有不同意見。徐同柏以爲即《周禮·大史》職文中射事“飾中舍筭”之“舍筭”，孫詒讓以爲會計之事。郭沫若以爲即“御用之大筭”，唐蘭以爲周王賞賜史懋筭籌，馬承源以爲周恭王讓史懋將待用的筮草置於星辰之下。見郭沫若：《周代金文圖録及釋文》(三)，台北大通書局，1971 年，第 92 頁；唐蘭：《唐蘭全集》，上海古籍出版社，2015 年，第 7 册，第 386 頁；馬承源：《商周青銅器銘文選》，第三册，文物出版社，1988 年，第 158 頁。我們路字採用郭沫若説，筮字基本採用馬承源説。《周禮》路車，註疏均以路爲大。筮即以蓍草演易，即卜筮之事。

② 馬承源：《商周青銅器銘文選》，第三册，文物出版社，1988 年，第 225 頁 324 器。按：器今藏上海博物館。

隹六月既生霸辛巳，王／命䔲眔叔緐父歸吴姬／飴器，以黄賓䔲璋一、馬／兩；吴姬賓帛束。䔲對揚／天子休，用乍尊簋季姜。①

圖 6–23　䔲簋器銘

與《小臣守簋蓋銘》所記不同的是，器主受天子之命贈送吴姬飴器。吴姬當爲虞國姑娘嫁給他國者。銘文中的“以黄”當爲吴姬的丈夫，此人和吴姬都賜予使者儐物。從本銘可見，在西周女子嫁出去之後，與母國還仍然有聯繫，母國或者兄弟之國的親屬通過贈送物品表達問候。

（三）軍功賞賜

西周中期因軍事活動獲得賞賜的銘文爲數不少。《孟簋銘》記敘的是因征伐有功而獲得賞賜：

孟曰：朕文考眔毛公、／遣仲征無需，毛公賜／朕文考臣自氒工。對／揚朕考賜休，用宫兹／彝，作氒，子子孫孫其永寶。②

銘文以“器主曰”形式開頭，突破了賞賜銘文寫作的傳統模式。銘文記敘的是自己的父親跟隨毛公參加討伐無需的戰役。在這次戰役中，器主的文考立下戰功，但最終死在戰場，器主孟作爲繼承人代替父親接受戰功奬賞，奬賞爲賞賜臣工。賞賜臣工在銘文中並不多見，可能是西周中期對於烈士遺屬的特殊照顧性賞賜。

三、朝覲類賞賜銘文

《周禮》所説外服諸侯在西周是否真的存在？西周青銅器銘文的有關記敘表明，這種情況是存在的。西周將諸侯分爲内服諸侯和外服諸侯。

① 馬承源：《商周青銅器銘文選》，第三册，文物出版社，1988 年，第 225 頁 325 器。按：器今藏上海博物館。

② 中國社會科學院考古研究所：《殷周金文集成（修訂增補本）》，第三册，中華書局，2007 年，第 2345 頁 4162 器。進按：孟簋劉啟益放在穆王時期，見《西周紀年》222 頁。馬承源放在懿王時期。此處的毛公即遣仲還是遣仲另爲一人？馬承源以爲前者，劉啟益以爲另有其人。見馬承源：《商周青銅器銘文選》，第三册，文物出版社，1988 年，第 191 頁 265 器。

内服諸侯是獲得周王册命、代理周王治理一方的諸侯。外服諸侯一般爲邊境地區的邦國，他們不受西周王朝的直接控制，臣服的時候以西周爲宗主國，爲西周擔任守衛邊疆的任務。外服邦國需要朝覲周王，並且有朝貢義務。周王同樣也要安撫外服諸侯，予以一定的物質賞賜。《乖伯簋銘》記載乖國君主歸夆覲見周恭王、獲得恭王賞賜的情況：

隹王九年九月甲寅，王命/益公征眉敖。益公至，告。二月，眉/敖至，見，獻帛。己未，王命中致，/歸乖伯貂裘。王若曰："乖伯，朕/丕顯祖玟珷膺受大命，乃/祖克桒先王，翼自他邦，有芇/于大命，我亦弗宊享邦。賜汝/貂裘。"乖伯拜手稽首天子/休，弗忘小裔邦。歸夆敢對揚/天子丕秠魯休，用作朕皇考/武乖幾王尊簋，用好宗廟，享/夙夕，好朋友雩百者婚遘。/用祈屯祿永命，魯壽子孫，歸/夆其萬年日用享于宗室。①

圖 6–24　九年乖伯簋銘

從本銘周恭王説："乖伯：朕丕顯祖玟珷膺受大命，乃祖克桒先王，翼自他邦"看，乖伯爲"他邦"人士。《九年衛鼎銘》記載"眉敖者膚卓吏覲于王，王大黹"，這個眉敖顯然是外服諸侯國君。《乖伯簋銘》也記載了同一件事情，結合兩銘，可以將眉敖覲見周恭王的大致時間列出來。周恭王九年正月，眉敖的使者來覲見，這一年的九月，恭王派益公出使眉敖國。當年，益公回來，報告了出使眉敖國的情況。第二年二月，眉

① 中國社會科學院考古研究所：《殷周金文集成（修訂增補本）》，第四册，中華書局，2007年，第2718頁4331器。馬承源《商周青銅器銘文選》，第三册，文物出版社，1988年，第140頁206器。進按：器今藏中國國家博物館。

敖親自來到宗周，覲見周恭王。[①]

眉敖使者來拜見、益公出差到眉敖國、眉敖來覲見周恭王……這一系列活動正是外服諸侯覲見宗主國大觀禮。眉敖當爲西北方外服之首，這次隨眉敖一起來覲見的不只眉敖一國，乖國當爲其中一個。銘文記敘的時間連貫，上年九月甲寅，益公出使眉敖國，并在當年回國報告情況。次年二月眉敖來覲見，當月己未，王命仲致館。乖伯獲得周恭王的餽贈。根據《儀禮》，致館有《命》，致館之《命》當以周恭王的名義撰寫，故有"王若曰"。在《致乖伯命》中，周恭王回顧了乖國祖先跟隨文王、武王伐商的功勞，"翼自他邦"説明乖國非畿内諸侯，是西周伐商聯盟國。這些聯盟國以西周爲宗主國，這才有銘文"乖伯拜手稽首天子休，弗忘小𢆶邦"之説，承認周恭王爲天子，自認爲"小邦"，就是對宗主與朝貢關係最好的註解。

乖國是有自己文化的異邦小國，其地理位置大約在今甘肅靈台縣一帶。在那裏的姚家河曾經出土一座西周墓，有一鼎銘刻"乖叔作"三字。[②]器主乖伯稱皇考爲"武乖幾王"，可見乖伯國有謚號，但與西周明顯不同，"乖"爲國稱，且爲王國，地位高於西周諸侯，"幾"和"武"當都是美謚，次序與西周謚號大不相同，一置於前，一置於中。至於器主既稱"乖伯"，又稱"歸夆"，與西周貴族稱號也不同。不過該國深受西周文化影響，乖伯所撰銘文完全遵守西周同時期銘文寫作規範。《乖伯簋銘》記敘了西周一個朝貢國與宗主國關係的實例，銘文所記"二月，眉敖來，獻幣"爲西周外服邦國向宗主國朝貢的確切證據。《乖伯簋銘》透露出外邦君主受到天子嘉獎的喜悦之情，眉敖覲見朝貢是周恭王外服政策的成功表現；《乖伯簋銘》的誕生也是中華早期文化成功的重要標誌，是早期大中華文化圈的重要成果之一，因此《乖伯簋銘》具有極高的文化價值。

另外有一篇《師眉簋銘》，也是記載外邦諸侯朝貢宗主國事情。"䚄乎師眉。薦王爲/周客，賜貝五朋，用爲寶/器，鼎二簋二，其用/享于

① 按：馬承源等許多學者以爲乖伯簋銘記敘眉敖相關事情的部分與正文無關，或以爲"大事紀年"，説非。

② 吴礽驤：《甘肅靈台縣兩周墓葬》，《考古》1976年1期。

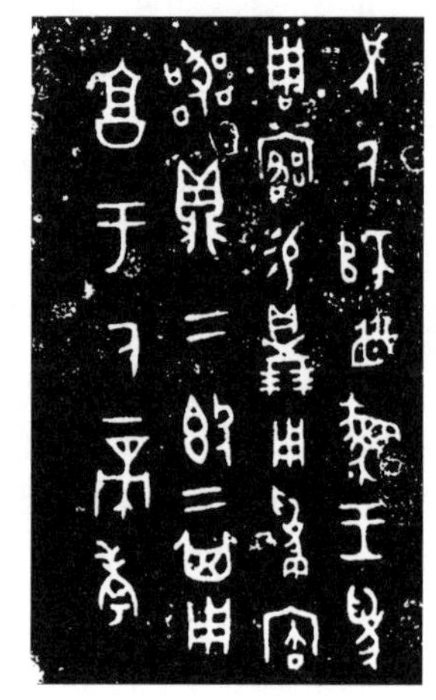
圖 6–25　師眉簋銘

𡇧帝考。”[①]《師眉簋銘》記敘器主師眉隨薦王去覲見周王，覲見成功之後薦王賞賜了屬下師眉五朋貨幣，師眉因此作器，用以祭祀自己的嫡考。銘文出現“周客”，而傳世文獻以爲夏、商之後於周爲客，銘文的“爲周客”可以證實傳世文獻“二王之後爲周客”的説法有所根據。本銘在寫法上也具有異域文化特色。銘文劈頭蓋腦將最重要的事情直接説出來。“睨𡇧師眉”是銘文的篇首中心句，後面的文字都是圍繞這句話展開。

四、恩惠賞賜物分析

恩惠賞賜出於王侯的個人喜好的不定期賞賜。恩惠賞賜銘文中所記物品比較豐富，我們歸納起來不外乎貨幣和財物兩大類。貨幣就是海貝，以朋爲單位。財物複雜一些，有金屬銅，有車馬及其配件，有服飾，有土地人民，有糧草，甚至還有魚等物品。貴重金屬稱金或赤金或善金，單位爲鈞。金即銅，一鈞有時又稱一鉼。

還有賞賜馬匹的，《盠駒尊銘》所記即周王賞賜器主馬匹兩只，《盠方尊銘》記載周王賞賜他名馬“南雷駱子”，我們在上一章有過分析。而《無㠱簋銘》是另外一篇記敘賞賜馬匹的銘文：

隹十有三年正月初 / 吉壬寅，王征南夷，王 / 賜無㠱馬四匹。無㠱 / 拜手稽首曰：敢對揚 / 天子魯休命，無㠱用作 / 朕皇祖釐季尊簋，無 / 㠱其萬年子孫永寶用。[②]

這是因軍事活動而獲得的賞賜，賞賜器主四馬顯然用於南征作

① 中國社會科學院考古研究所：《殷周金文集成（修訂增補本）》，第三册，中華書局，2007 年，第 2264 頁 4097 器。進按：器今藏上海博物館。本銘釋讀存在分歧。首二字或釋爲“睨厥”，或釋爲“祝人”器名或稱“師眉簋”或稱“客簋”。我們從馬承源釋，見馬承源：《商周青銅器銘文選》，第三册，文物出版社，1988 年，第 236 頁 327 器。

② 中國社會科學院考古研究所：《殷周金文集成（修訂增補本）》，第三册，中華書局，2007 年，第 2433 頁 4225.2 器。又見馬承源：《商周青銅器銘文選》，第三册，文物出版社，1990 年，第 211 頁。

戰。由於佐證材料不足，我們目前還難以判斷這次征南夷之戰的具體情況。

《亳鼎銘》記敘的賞賜是土地與糧草："公侯賜亳杞 / 土、麇土、栔 / 禾、䵼禾。亳 / 敢對公中休，/ 用作尊鼎。"① 銘文中的"公仲"也就是銘文中的"公侯"，異稱同指，這是爲了表達更多的信息。器主之辟的外職爲西周諸侯之一，内職爲王朝公卿之一。

還有賞賜禮器的，例如《鼂簋銘》：

唯正月初吉丁卯，鼂 / 延公，公賜鼂宗彝一肆，/ 賜鼎二，賜貝五朋。鼂對 / 揚公休，用作辛公 / 簋。其萬年孫子寶。②

圖 6–26　鼂簋銘

此銘或許表現的就是《周禮・大宗》所謂的"四命受器"。鄭玄《周禮注》載："鄭司農云：'受祭器爲上大夫。'玄謂此公之孤始得有祭器者也。《禮運》曰：'大夫具官，祭器不假，聲樂皆具，非禮也。'王之下大夫亦四命"。③ 鄭玄説似可從。"公之孤"即公侯屬下的地位最高之臣。銘文顯示，器主的君主正是"公"。另外馬承源將宗彝與鬻彝分開，宗彝爲酒器，鬻彝爲烹食器，分析頗有道理。

正常情況下周王、諸侯和公卿的賞賜往往是組合型賞賜。例如《幾父壺銘》：

隹五月初吉庚 / 午，同仲居西宫，/ 賜幾父示𣎼六、/ 僕四家，金十鈞。/ 幾父拜稽首，對 / 揚朕皇君休，用 / 作朕烈考尊壺，/ 幾父用追孝，

① 中國社會科學院考古所：《殷周金文集成（修訂增補本）》，第二册，中華書局，2007 年，第 1350 頁 02654 器。

② 中國社會科學院考古所：《殷周金文集成（修訂增補本）》，第三册，中華書局，2007 年，第 2342 頁 4159 器。進按：又見馬承源《商周青銅器銘文選》，第三册，文物出版社，1988 年，第 237 頁 238 器；器今藏故宫博物院。

③ 鄭玄：《周禮註》，《十三經註疏》，中華書局，1980 年影印本，第 761 頁。

其／萬年子子孫孫永寶用。①

圖 6–27　幾父壺乙及銘

幾父從同仲處獲得的賞賜分三類，一類是裝備類器物“示弈六”，第二類是僕從四家，第三類是銅十鈞。有人力資源，有貴重金屬材料，有禮器，這是一筆相當大的財富。

《守宮盤銘》所記賞賜也是組合式：

隹正月既生霸乙未，王／在周，周師光守宮，使祼，周／師丕丕，賜守宮絲束、苴／幕五、苴冟二，馬匹，毳布／三，團蓬三，奎朋。守宮對／揚周師釐，用乍祖乙尊，／其百世子子孫孫永寶用勿墜。②

銘文記敘器主守宮受到周師的抬舉，讓守宮參與祭祀，并賞賜了絲

① 中國社會科學院考古所：《殷周金文集成（修訂增補本）》，第六册，中華書局，2007 年，第 5111 頁 9722 器。馬承源：《商周青銅器銘文選》，第三册，文物出版社，1988 年，第 201 頁 277 器。進按：幾父壺等 1960 年在陝西扶風縣齊家村西周窖藏中發現，同時出土三十九件青銅器，其中二十四件有銘。見陝西省文管會：《陝西興平、鳳翔發現銅器》，《考古》1961 年 7 期。本器今藏陝西歷史博物館。

② 中國社會科學院考古所：《殷周金文集成（修訂增補本）》，第七册，中華書局，2007 年，第 5472 頁 10168A 器。進按：釋文以馬承源爲主并參考了時賢最新研究成果。見馬承源：《商周青銅器銘文選》，第三册，文物出版社，1988 年，第 181 頁 254 器。

圖 6-28　追簋蓋銘

綢以下七種財富。從這些賞賜活動中我們不難發現西周中期貴族賞賜物品的豐富性。這些進一步顯示了西周貴族經濟生活的富裕程度。

不過也有不少貴族“心存高遠”，不屑於將具體的上次物品刻寫出來，只是在銘文中籠統地説獲得了“賜休”，例如《追簋銘》：

追虔夙夕卹氒死事，天／子多賜追休，追敢對天／子顯揚，用作朕皇祖／考尊簋，用享孝于前／文人，用祈匄眉壽永／命，畯臣天子靈終。追／其萬年走子孫孫永寶用。[①]

《追簋銘》不屬於一事一記性質的銘文；寫法也與大多數賞賜類銘文不同，不記敘具體的賞賜儀式，只是籠統地表揚自己日夜操勞本職工作，因而天子給予很多賞賜，爲宣揚天子對自己的嘉獎，因而作祖考祭器。這種自我表揚性質的銘文在西周不多見。另外，“對天子顯揚”，“對”字用法特別，顯然用作動詞，對於解釋什麽是對揚王休有好處，馬承源以爲“對揚天子顯”的倒文，恐怕不確。倒文有規律，此無規律。另據馬承源説，追叔簋存同銘六器，則此人之簋至少造了六件，看來可以反映此人地位之高。[②]

第四節　賞賜類銘文名家的銘文創作

在西周中期，一批貴族人生特别幸運，賞賜多，家族繁榮，自己又因爲青銅器銘文的創作成爲西周銘文作家，這些人中我們選擇師遽、紀

① 中國社會科學院考古所：《殷周金文集成（修訂增補本）》，第三册，中華書局，2007 年，第 2424 頁 4219 器。

② 馬承源：《商周青銅器銘文選》，第三册，文物出版社，1988 年，第 239 頁 333 器。

大、梁其爲代表。這一時期女性銘文作家的創作水平大幅度提高，出現了傑出的銘文作家蔡姞、公姞等，我們爲她們專設一小節。

一、師遽二銘

在西周“蔑歷”活動中，周天子當然是最權威的蔑歷者，所有受“蔑歷”的貴族都以此爲榮耀，因而關於天子蔑歷的銘文爲數最多。《師遽方彝銘》記敘了器主師遽受天子蔑歷的榮耀：

圖 6–29　師遽方彝及蓋銘

隹正月既生霸丁酉，/王在周康宮寢，饗醴。師/遽蔑歷，晉。王呼宰利/賜師遽緬圭一，瑗璋/四。師遽拜稽首，敢對/揚天子丕顯休，用乍/文祖它公寶尊彝，用/匄萬年無疆，百世孫子永寶。[①]

《師遽方彝銘》記敘的是一次大饗禮活動中發生的賞賜事情。銘文没有全程記敘大饗禮，只是選取大饗禮中的“蔑歷”儀節，實際上大饗禮就是爲被蔑歷者舉行的，大饗就是饗賢者、有功者。因在蔑歷儀節中，師遽是被蔑歷者，這個儀式就是表彰師遽等在行政中的優異表現，因而師遽重點記敘這一部分情況。[②]師遽獲得周恭王的賞賜，賞賜的等級很高，賞賜禮物很貴重，分别是緬圭一、瑗璋四，由此可見器主師遽在王朝的地位不低。在西周銘文中，賞賜圭璋如此之多，這還是第一次。《師遽方彝銘》爲我們提供了關於大饗禮十分寶貴的信息：大饗禮在宗廟的寢宫舉行；大饗禮的主要目的是“蔑歷”政績突出人員；蔑歷不僅僅是一種榮譽性表彰，更帶有物質獎勵。

---

① 中國社會科學院考古所：《殷周金文集成（修訂增補本）》，第六册，中華書局，2007 年，第 5204 頁 9897.1 器。進按：又見馬承源《商周青銅器銘文選》，第三册，文物出版社，1988 年，第 130 頁 197 器。器蓋同銘，蓋銘 67 字，今藏上海博物館。

② 關於“師遽蔑歷友”，學術界有不同的解釋。馬承源等以“友”爲“侑”，即以財物助酒興，以爲“師遽受到王的蔑歷，并命在饗禮中助歡”。我們從馬承源説，但不讚成“并命在饗禮中助歡”；侑爲别人爲他助歡。

師遽還有一篇簋蓋銘傳世，就是《三祀師遽簋蓋銘》：

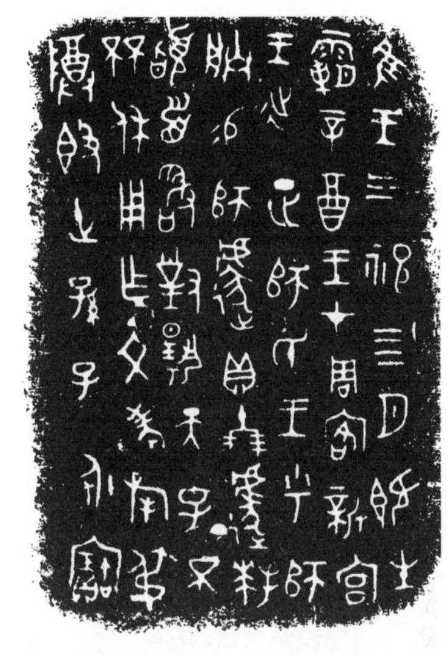
圖 6–30　師遽簋蓋銘

隹王三祀四月既生 / 霸辛酉，王在周，格新宫。/ 王征正師氏。王呼師 / 朕賜師遽貝十朋。遽拜 / 稽首，敢對揚天子丕 / 顯休，用作文考旄叔 / 尊簋，世孫子永寶。①

《三祀師遽簋蓋銘》所記也是一次天子賞賜活動。這次賞賜没有舉行蔑歷儀式，賞賜的是貨幣，可見隆重輕度不如上篇，上篇賞賜的是貴重的禮玉。但本銘提到恭王“正師氏”，“正師氏”就是整頓軍隊，提高王朝軍隊的戰鬥能力。《周禮·大司馬》有“振旅”之法，屬於操練軍隊以提高將士戰鬥技能的軍禮，銘文所記事件背景應當是王朝舉行軍禮中的“振旅禮”。

二、紀大三銘

夷王時期有一個作器自稱“大”的寵臣，所作《大鼎銘》稱“刺考己伯”，可見此人爲紀國後裔，因此我們稱此人爲紀大。紀大深受夷王寵信。此人留下三篇銘文，都是西周銘文中的優秀之作。

《十二年大簋銘》是一篇一百零八字長銘：

圖 6–31　十二年大簋銘

隹十又二年三月既 / 生霸丁亥，王在𩴺侲宫，王 / 呼吴師召大，賜𧺝②睽里。

① 中國社會科學院考古所：《殷周金文集成（修訂增補本）》，第三册，中華書局，2007 年，第 2416 頁 4214 器。又見馬承源《商周青銅器銘文選》，第三册，文物出版社，1988 年，第 129 頁 196 器。

② 進按：原字從走、𦙃，走爲義旁，𦙃爲聲旁，今楷體無對應字，暫用𦙃字表示。

王命/膳夫豖曰𦘪睽曰："余既賜大/乃里。"睽賓豖璋，帛束。睽命豖曰/天子："余弗敢𢿌。"豖以睽頒大賜/里。大賓，賓豖訊璋，馬兩，賓睽訊，/帛束。大拜稽首，敢對揚天/子丕顯休，用乍朕皇考剌/伯尊簋，其走子孫孫永寶用。①

銘文記敘周夷王將另外一個王臣𦘪睽的領地轉賜給了紀大。夷王派膳夫豖去通知𦘪睽，𦘪睽不得不表示不敢吝嗇，願意遵從天子的命令交付紀大土地，還拿出介璋作爲儐賜賞給膳夫豖。這是夷王憑藉自己的權力強行剥奪了另外一個貴族的既得利益，這篇銘文生動地記敘了獲得者的喜悦和傲氣、被剥奪者的忍氣吞聲和強作歡笑。紀大卻將這件事情銘刻在青銅器上，對於自己家族這是光榮，對於𦘪睽家族這是恥辱，可見紀大所作所爲也很不地道，没有貴族的涵養，暴露出自己暴發户的心態。然而這篇銘文十分寶貴，不但提供了西周中期偏晚西周貴族之間利益調整的一個真實案例，還相對詳細地記敘了周王賞賜土地的執行情況，讓今人都夠看到三千年前歷史上一個真實畫面。銘文反映了西周中期一個嚴重的社會問題：西周舊貴族的既得利益被新貴族所侵佔，這種侵佔通過周王的賞賜令得以合法實施。西周王朝與貴族之間曾經存在的契約由此被打破，"國人"對於王朝忠誠程度也由此開始打折扣。

《十二年大簋銘》寫作技術高超。這是一篇紀事體銘文，巧妙地將膳夫豖寫進銘文，而膳夫豖是其中一個線索性人物，通過膳夫豖的活動將周天子、被剥奪者𦘪睽、剥奪者紀大串聯起來，作者自己仿佛置身事外，平静而客觀地敘述事情的進展，代擬特徵突出。這樣一種寫作感覺標誌着西周青銅器銘文創作進入了成熟階段。

紀大的第二篇作品是《大鼎銘》：

隹十又五年三月既霸/丁亥，王在𩰫侲宫，大以乒友/守，王饗禮。王呼膳夫騣/召大以乒友入扞。王召走/馬雁，命取騅䮫卅二匹賜/大。大拜稽首，對揚天子丕/顯休，用乍朕剌考己伯盂鼎。/大其子子孫孫萬

① 中國社會科學院考古所：《殷周金文集成（修訂增補本）》，第四册，中華書局，2007年，第2649頁4298器。馬承源《商周青銅器銘文選》，第三册，文物出版社，1988年，第269頁392器。

年永寶用。[①]

《大鼎銘》記敘一次周夷王在𩛥侲宫舉辦大饗禮，紀大率領自己的部屬擔任守衛工作。由於保衛工作做得好，周夷王一次就賞賜給紀大三十二匹駿馬，此爲西周一次賞賜馬匹數量的最高紀録。由此可見周夷王對於紀大的寵愛。本篇銘文再現了西周中期重大節慶活動中的安全保衛工作情況，是中華最早的“安保”題材類文學作品。

紀大的第三篇銘文是《大簋銘》。

隹六月初吉丁巳，王 / 在鄭，蔑大曆，賜芻騂 / 犅曰：“用啻于考！”大 / 拜稽首，對揚王休，用 / 乍朕皇考大仲尊簋。[②]

這一次又是周夷王的賞賜，賞賜的物品是赤色牡牛，作爲犧牲，用於禘祭其父。[③]連祭祀亡父用的犧牲都要賜予，可見周夷王對紀大的寵信。

“紀大三銘”語言流暢，記敘簡潔，行文幹練，顯示了高超的銘文寫作水平。

三、梁其五銘

梁其是西周中期有名的多産作家，他一人流傳下來銘文就多達五篇。其中以《梁其鐘銘》最長，全篇一百四十七字，刻於兩枚甬鐘上：

梁其曰：丕顯皇祖考穆穆翼翼，/ 克哲氒德，農臣先王，得純 / 亡敃。梁其肇帥型皇祖考 / 秉明德，虔夙夕，辟天子。天子肩 / 事梁其，身邦 / 君大正，用天 / 子寵蔑梁其 / 曆。梁其敢對 / 天子丕顯休 / 揚，用

---

① 中國社會科學院考古所：《殷周金文集成（修訂增補本）》，第二册，中華書局，2007年，第1477頁2808器。

② 中國社會科學院考古所：《殷周金文集成（修訂增補本）》，第三册，中華書局，2007年，第2348頁4165器。

③ 進按：在《大鼎銘》中，紀大稱剌考己伯，此處稱皇考大中。大中即大仲。仲爲排行，紀伯之伯若爲排行，則紀伯與大仲不是同一人。如紀伯之伯爲爵稱，那麽紀大的父親可以稱爲紀伯大仲。還有一種可能：紀伯爲紀大的父輩，紀國如殷商人一樣，祭祀諸父。我們從前説。

作朕皇/祖考龢鐘，鏘鏘鎗鎗、鍺鍺鏞鏞，用昭格喜/侃前文人，用祈匄康娛純/佑、綽綰通祿，皇祖考其嚴/在上，數數驫驫，降余大魯福亡/昊，用寴光梁/其身，勵于永/命，梁其萬年/無疆，龕臣皇/王，眉壽永寶。①

《梁其鐘銘》以“器主曰”起領全銘，通篇雖爲散體文，文内三字句、四字句、多字句交替使用，對偶、排比連用，具有極高的語言藝術之美。本銘辭藻華麗，多用雙聲疊韻，追求語言節奏之美。其中用於祝禱的語句幾乎與用於記敘的語句各佔一半，可見本銘側重於抒情，是抒情體銘文。這是在祈禱語基礎上發展起來的抒情體散文，是西周抒情散文的極致性作品。《梁其鐘銘》的文學和語言學價值遠遠超過了它的歷史價值和禮學價值。

梁其的第二篇作品是《梁其簋銘》：

膳夫梁其作朕皇/考惠仲、皇母惠妣/尊簋，用追饗孝，/用匄眉壽，眉壽無疆，百/子千孫，子子孫孫永寶用享。②

從這篇銘文中我們知道梁其的職官是膳夫。這篇銘文頗具特色。此前銘文少有父母並列的，梁其將父、母並列，并稱“皇母”，這在之前還没有出現過。本銘還在祝禱語上發揮才能，獨創出“百子千孫”詞組，這個詞組在中華文獻中首次出現，此後，“百子千孫”成爲中華文化中常見的熟語。

此外，梁其還有《梁其鼎銘》一篇：

隹五月初吉壬申，梁其/作尊鼎，用孝享于/皇祖考，用祈多福，眉/壽無疆，畯臣天子，其百/子千孫，其萬年無/疆，其子子孫孫永寶用。③

---

① 中國社會科學院考古所:《殷周金文集成（修訂增補本）》，第一册，中華書局，2007年，第200~202頁187~188.2器。

② 中國社會科學院考古所:《殷周金文集成（修訂增補本）》，第三册，中華書局，2007年，第2327頁4149.1器。

③ 中國社會科學院考古所:《殷周金文集成（修訂增補本）》，第二册，中華書局，2007年，第1436頁2768器。

《伯梁其盨銘》一篇：

伯梁其作旅盨，用／孝用享，用匄眉壽／多福，畯臣天子，萬／年隹極。走子孫孫永寶用。[①]

《梁其壺銘》一篇：

隹五月初吉壬申，梁其作尊／壺，用饗孝于皇祖／考，用祈多福眉壽，永命／無疆，其百子千孫，永寶用，／其子子孫孫，永寶用。[②]

以上四篇銘文都用了“百子千孫”，最後一篇“百子千孫”與“子子孫孫”並用，表達不同層次的願望。這三篇銘文發揮自己長於遣詞造句優勢，都在作器願望上做文章，追求語言的典雅和節奏的優美。但缺點也是明顯的，那就是没有發揮銘文的記敘功能，去記録他所處時代和家族的重要事件。“梁其五銘”由於致力於作器願望，語言的文學意味濃厚，但均存在一個共同的弱點，那就是所承載的社會生活信息量不夠豐富，因而制約了“梁其五銘”的歷史、文化價值。因而“梁其五銘”的歷史價值没有其文學價值突出。

四、女性銘文作家的興起

貴族的宗族生活管理一般由女主人承擔，這樣西周貴族婦女實際上也是禮樂文明創造中不可忽視的力量。在西周早期，有過王姜從事王朝事務的記録。普通貴族婦女也參與貴族家庭管理。《螨鼎銘》記敘了一個普通貴族婦女管理家族事務的情況。螨鼎 1975 年出土於山西長子縣景義村，鼎内壁有銘文一篇四十六字。[③]

隹三月初吉，螨来／遘于妊氏。妊氏令螨事／保氒家，因付氒祖／僕

① 中國社會科學院考古所：《殷周金文集成（修訂增補本）》，第四册，中華書局，2007 年，第 2837 頁 4446.1 器。

② 中國社會科學院考古所：《殷周金文集成（修訂增補本）》，第六册，中華書局，2007 年，第 5105~5106 頁 9717 器。

③ 王進先：《山西長子縣發現西周銅器》，《文物》1979 第 9 期。

二家。螨捧䭫首/曰：休朕皇君弗忘氒寶/臣，對揚。用乍寶尊。[1]

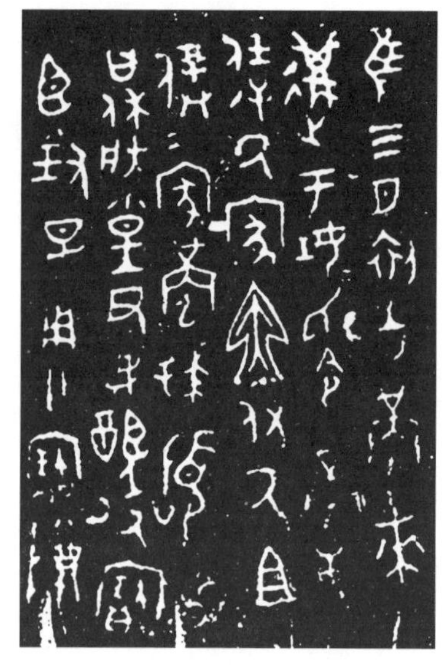
圖 6–32 螨鼎銘

《螨鼎銘》反映了西周貴族家族生活的一個方面。妊氏是貴族世家的主婦，負責管理家族内部事情。器主螨祖孫三代爲妊氏家臣。家臣有僕從，而且也有自己的世襲權利，那就是擁有對於僕從人員世襲的使用權。銘文没有直接説器主已經繼承了祖父在妊氏家族中的職事，從"妊氏令螨事保氒家"看，這就是世襲器主祖父的職事。本銘記載的是器主螨來覲見自己的領主妊氏，妊氏對器主進行了任命，并將兩家僕從調撥給器主使用。《螨鼎銘》用個案詮釋了西周社會天子臣公卿士大夫、公卿士大夫臣家臣、家臣臣僕從的社會階層分佈狀況。

從《螨鼎銘》看，西周貴族婦女管理家族内部事務。實際上她們還參與貴族文化創造。西周銘文的繁榮期出現了一批女性作家，她們爲這一時期的青銅器銘文添加了有别於男性作家的色彩，爲銘文創作帶來一股清風。她們是人類最早的女性具名創作的私人文學作品，其價值和地位不言而喻。本節選取蔡姞和尹姞兩位女性作家的作品進行簡要分析。

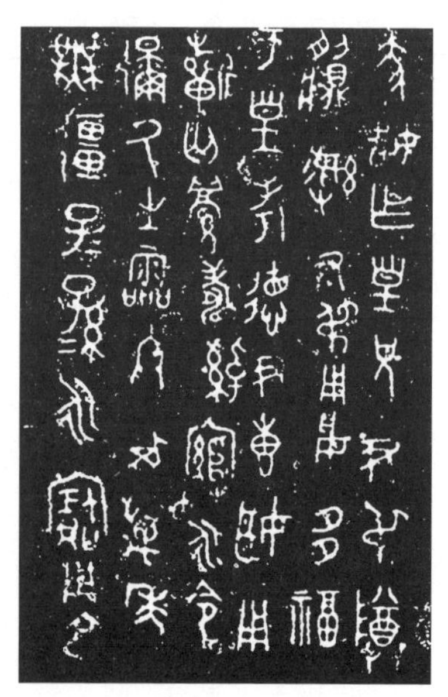
圖 6–33 蔡姞簋銘

蔡姞作皇兄尹叔尊/𩰫彝，尹叔用綏多福/于皇考德尹、叀姬，用/祈匄眉壽、

① 中國社會科學院考古研究所：《殷周金文集成》，中華書局，2007 年，第二册，第 1432 頁 2765 器。

綽綰、永命、/彌氒生，霝終，其萬年/無疆，子子孫孫永寶用享。[①]

蔡姞簋是一位姞姓女子嫁給蔡侯的蔡侯夫人所製作，贈給自己的兄長尹叔，希望他能夠祭祀自己的父母，獲得平安、多福、長壽。這篇銘文對於我們了解西周貴族婦女的情感生活提供了一個實例。女子已經出嫁，對於父母之家她們已經有情感上的牽掛，並且有宗教性道義和經濟責任，爲祭祀生身父母提供幫助，爲娘家的繁榮提供協助。同時這篇女性作器銘文在語言上有自己獨特的追求，那就是美好祝福詞語的疊加使用，例如眉壽、綽綰、永命、彌氒生，霝終。這是銘文史上首次出現"彌氒生"詞匯，《蔡姞簋銘》爲豐富西周銘文的語言做出了貢獻。

公姞又稱尹姞，也是一位優秀的女性銘文作家。她是西周政治家穆公的夫人，作有《公姞鼎銘》[②]一篇，《尹姞鼎銘》一篇。其中《公姞鬲銘》一篇三十八字：

隹十有二月既生/霸，子中魚大池。/天君蔑公姞歷，/使賜公姞魚三百，/拜稽首，對揚天/君休，用作𪔅鼎。[③]

圖 6–34　公姞鼎銘

銘文記敘周孝王[④]某年十二月，由子仲主持在大池舉辦獲魚禮。周穆王夫人對公姞進行了表彰，并讓屬下賞賜公姞三百條魚。銘文中記敘魚的數量應當是按照條來計算的。天君賞賜公姞魚，因爲婦女是家族祭祀物品的主要管理者，捕魚的時間在冬天，與前面所舉《井鼎銘》秋捕不同，本銘所記屬於冬捕。

① 中國社會科學院考古研究所：《殷周金文集成》，中華書局，2007 年，第三册，第 2395 頁 4198 器。

② 按：公姞鼎又稱公姞鬲，器物造型似鼎似鬲，今藏上海博物館。

③ 中國社會科學院考古研究所：《殷周金文集成》，中華書局，2007 年，第一册，第 694 頁 753 器。進按：器藏美國舊金山亞洲美術博物館。

④ 按：銘文中出現了穆公，穆公還出現在盠方彝銘、𧪚簋蓋銘中，還在西周晚期禹鼎銘中被稱爲"文祖"，綜合考察以上諸器，我們從馬承源意見，公姞鼎爲孝王世。

關於公姞的身份，我們可以從另一篇銘文——《尹姞鼎銘》中探知。《尹姞鼎銘》也是一篇優秀的青銅器銘文，因與《公姞鼎銘》有關，我們在這裏一併進行分析。

《尹姞鼎銘》一篇六十四字：

穆公作尹姞宗室于／䲨林。隹六月既生霸／乙卯，休天君弗忘穆／公聖粦明，𢦚事先王，／各于尹姞宗室䲨林。／君蔑尹姞歷，賜玉五／品，馬四匹。拜稽首，對揚／天君休，作寶齋。①

圖 6–35　尹姞鼎銘

銘文記敘周孝王夫人天君來到䲨林尹姞的宫室，對尹姞進行了表彰，尹姞特别感謝天君到䲨林來看望并表彰尹姞。銘文特别點明這是大君不忘聖明的穆公輔助先王的功績。由此可見尹吉是穆公的夫人，穆公爲公，因而尹姞又被稱“公姞”；穆公在王朝擔任職官首長，首席官長爲尹，因而公姞又被稱“尹姞”。根據銘文判斷，此時穆公已經去世。

銘文在寫法上也别具一格。一開頭就寫“穆公作尹姞宗室于䲨林”，這句話包含對於亡夫的深切懷念。尹姞坐落在䲨林的宗室是穆公爲她建造的，特别强調“穆公作尹姞宗室”可見穆公對尹姞的寵愛。穆公去世後尹姞一直住在䲨林，可見這個未亡人内心的孤獨。天君到䲨林來看望尹姞，讓尹姞喜出望外，這是多麼大的榮耀。《尹姞鼎銘》是西周銘文中字裏行間包含感情的優秀銘文之一。尹姞還出現在别人創作的《次尊銘》中。《次尊銘》一篇三十字：

隹二月初吉丁卯，公／姞命次司佃人，次／蔑歷，賜馬，賜裘，對／

① 中國社會科學院考古研究所：《殷周金文集成》，中華書局，2007 年，第一册，第 696 頁 755 器。進按：《集成》以器爲鬲，銘文稱“尹姞鬲”。馬承源以爲鼎，見《商周青銅器銘文選》，第三册，文物出版社，1988 年，第 230 頁 316 器。今從馬説。

揚公姞休，用乍寶彝。①

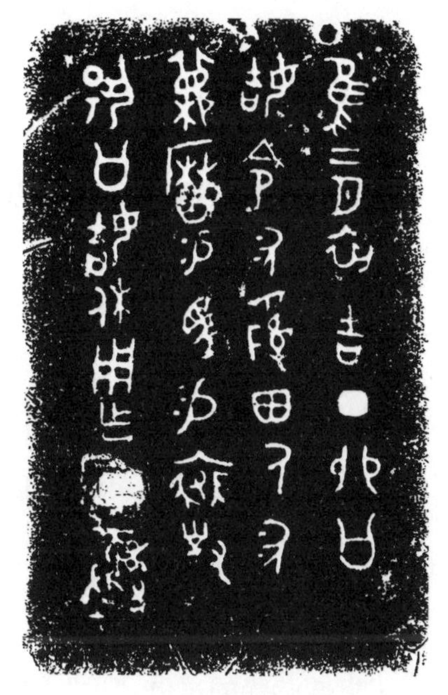
圖 6–36　次尊銘

銘文記敘公姞任命器主次擔任管理佃人的職務。從《次尊銘》可見，公姞乃是幫助穆公治家的好手，穆公有自己的采邑，這種公卿的采邑女主人是可以以個人名義發佈册命令的。器主次當爲穆公家族的世襲官僚，穆公當爲有地有臣的畿内諸侯。器主次是一個有一定地位的次等貴族，他還有與尊同銘的卣銘。次的尊、卣各一件，今均藏故宫博物院。

① 中國社會科學院考古研究所:《殷周金文集成》，中華書局，2007 年，第五册，第 3687 頁 5994 器。

第七章　西周晚期青銅器銘文的極盛

西周晚期發生了兩次大事。第一件是周厲王被“國人”趕走，逃跑到彘地而不能復辟，天子之位空缺，共和執政。第二件事情是周幽王寵愛褒姒，廢太子而立庶子，導致申國聯合戎狄殺周幽王。看來西周是在內外反對勢力的聯合打擊下滅亡的，實際上西周滅亡的原因還是在於西周貴族自身。我們從夷王時期的《紀大鼎銘》中可以看到，天子直接剥奪了貴族朏睽的采邑“里”，轉封給寵臣紀大，已經破壞了天子與貴族之間的契約。一方面，原有貴族不但要保證既得利益的穩固，還想爲枝葉繁茂的子孫再謀新利益。另一方面，新崛起的貴族希望獲得更多的利益。然而土地和人民都是有限的，在畿内能分封的土地都分封掉了，王朝掌控的都邑和土地又要堅守“紅線”，不能減少。西北非農業區不適宜分封。向東、向南用兵搶佔更多的封地必然引起淮夷和南淮夷的反抗。在兩難中找平衡非常不容易，“皇恩”不再浩蕩。最終周厲王被“憤怒的國人”趕走，以致聲望很高的召伯虎都不能力挽狂瀾，所能做的僅僅是將太子掉包藏起來，可見當時宗周貴族反對派必定是群情激憤，勢不可擋。原先“天子”這塊招牌是他們頭頂上的避雨蓬，一旦被掀掉，人人遭殃。然而眼前利益喪失的憤怒蒙蔽了貴族理性，從此，天子可以挑戰的觀念潛藏在貴族心中，以致申侯敢於勾結戎狄殺周幽王於驪山，西周天崩地裂，十幾代人近三百年時間創造的西周文明蕩然無存。從後世陸續發現的西周晚期青銅器窖藏看，西周貴族倉皇逃命，不再有機會重返家園恢復原來的經濟和社會地位。西周的滅亡是西周貴族内部利益調整不當帶來的惡果。

然而就在這重重危機之下，西周晚期貴族製作青銅器的熱情卻更加高漲。主要原因還是在於經濟、政治和社會的發展，西周貴族人丁興旺，世家延綿至此根深葉茂，宗法制度之下家族的發展變化促使新的小宗不斷産生，开宗建廟，青銅禮器必不可少。加上社會發展，王朝職官更加細化，公卿大夫采邑和畿内、畿外諸侯册命的官員越來越多，而“器不假人”，這些新貴族需要製作更多的禮器。另外貴族也有攀比心理，家族擁有青銅器數量大幅度增長。活着的貴族需要日常實用青銅器，死去的貴族也需要在地下繼續享用這些高檔精美的“家具”。例如《鄭季盨銘》載：“唯王元年，王在成周。六月初吉丁亥，叔專父作鄭季寶鐘六、金尊盨四、鼎七，鄭季其子子孫孫永寶用。”[①] 本器作於厲王元年，那時候尚未有諸侯國鄭國。鄭季也只是西周貴族，叔專父卻製作了七鼎，這已經是諸侯的配置了。西周早期和中期一般是鼎、簋配置。叔專父這次製作的没有簋，則爲鼎、盨的配置，走的是流行風格。製作的鐘只有六枚，一般來説八枚。《周礼・春官・小胥》職文説：“正乐悬之位，王宫悬，诸侯轩悬，卿、大夫判悬，士特悬。”鄭玄注以爲十六枚而在一簴谓之堵，半之則八枚。爲什麼製作六枚？家族可能原有兩枚可用，音準可配合。由此可見，貴族青銅器有的不是一次全部配齊，有的是全部重新製作，有的是補充的。

貴族們的需求推動了青銅器製作業的繁榮，加上社會政治生活的繁榮，爲貴族們提供了炫耀榮耀的創作衝動。西周銘文創作已經走過兩百年歷程，寫作技巧更加純熟，銘文創作不僅没有因爲社會危機而走向衰落，反而更加興盛，成爲西周青銅器銘文創作的集大成期。例如經濟活動類銘文的集大成者《散氏盤銘》，册命銘文的集大成者《毛公鼎銘》，軍事文學集大成者《晉侯蘇編鐘銘》，契約銘文類的集大成者《儹匜銘》[②] 等。還出現了一大批傑出的銘文作家如周厲王姬㝬、兮甲、單逑、史頌、膳夫山、虢季子白、不嬰、駒父、師寰等。

到西周晚期，青銅器銘文内容的豐富性、語言的審美性、寫作技法的多樣性達到了登峰造極的地步。西周銘文並没有隨着西周社會的衰落而衰落，相反，西周銘文的最高峰出現在西周晚期，這是文化固有的特性所致。

---

① 馬承源：《商周青銅器銘文選》，第三册，文物出版社，1988 年，第 276 頁 402 器。

② 按：儹匜銘已經在第六章裘衛家族其他成員的創作中介紹，本章不再討論。

第一節 西周晚期銘文概況

西周晚期的青銅器銘文延續上一時期的繁榮之勢，形成極其豐厚的藝術積淀。貴族們依然沉浸在“子子孫孫萬年永寶”的夢想中，他們創作銘文的熱情高漲，特别是册命銘文創作，名作輩出。西周晚期王官階層依然是銘文創作的“大户”，諸侯國的銘文創作也大多進入成熟期。我們在下一章對諸侯國青銅器銘文進行分析；本章以王官的銘文創作爲主。王官的創作如果按照題材劃分，最豐富的應當是册命銘文，其次是賞賜銘文，再次是經濟文化生活類銘文。其中賞賜類又以軍功賞賜最豐富，下面有專節介紹；册命銘文的傑出作家也有專節予以分析。本節對西周晚期的銘文創作做一次鳥瞰。

一、王朝職官的册命銘文創作

西周晚期册命銘文作品豐富，總體水平遠遠超過了早期和中期。不過從寫作藝術角度進行細分，西周晚期册命銘文大致上可以分爲五個檔次，形成金字塔形結構。

有些作品還是延續之前的創作模式，在内容和形式上没有多少創新。雖然放在早期和中期大多可以算作優秀作品，不過在傑作輩出的西周晚期，這些作品只能構成好作品金字塔的底層。例如《康鼎銘》：

隹三月初吉甲/戌，王在康宫，榮/伯入佑康，王命：/“死司王家，命汝/幽黄、攸勒！”康拜/稽首，對揚天/子丕顯休，用乍/朕文考釐伯寶/尊簋，子子孫孫其萬/年永寶用。奠井。[①]

《康鼎銘》比較簡略，引用周王册命令也只有兩句：第一句連册命自己什麽職務都没有寫；第二句僅僅羅列兩件賞賜物品名稱而已。因而和同時代作品相比，《康鼎銘》所提供的歷史認識信息算不上豐富。如《康鼎銘》這樣的泛泛之作爲數不少，此爲一個檔次。

相比之下，周厲王時期的《趞鼎銘》内容要豐富一些：

① 中國社會科學院考古研究所：《殷周金文集成（修訂增補本）》，中華書局，2007年，第二册，第1453頁2786器。

隹十有九年四月既望辛/卯，王在周康昭宫，格于大/室，即位，宰訊佑趞入門，立/中庭，北嚮。史留受王命/書。王呼内史𠭯册命趞/玄衣純黹，赤市朱黄，鑾/旂、攸勒，用事！趞拜稽首，/敢對揚天子丕顯魯休，用/乍朕皇考㱿叔、鄭姬寶鼎，/其眉壽萬年，子子孫孫永寶。①

銘文中出現了歷史上著名的文字學家《史籀篇》的作者史留，所賜物品清單比較明晰，但也過於簡略，將最重要的信息——器主所擔任職務部分省略了，可見本銘對於册命令内容的敘述捨棄的内容太多。本銘依然是標準的中規中矩之作，就寫作技術看，在西周晚期算不得優秀，但已經非常有歷史價值了，此類作品爲西周晚期好作品金字塔又一個層次。

第三檔次的銘文内容飽滿，技巧純熟，已經相當優秀了，只是在寫作技巧上以繼承爲主，没有創新。例如《𨛭簋銘》：

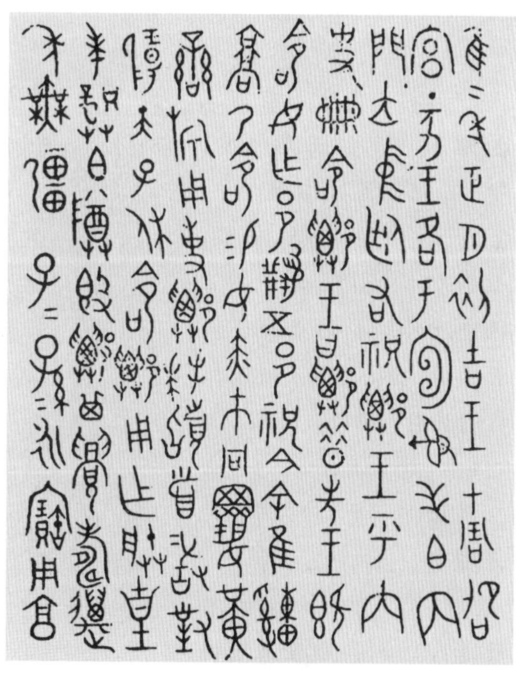

圖 7–1　𨛭簋銘

隹二年正月初吉，王在周昭/宫，丁亥，王各于宣榭，毛伯入/門，立中庭，佑祝𨛭。王呼内/史册命𨛭。王曰："𨛭！昔先王既/命女作邑，䊸五邑祝，今余唯申/就乃命，賜女赤市、冋緌黄、/鑾旂，用事！"𨛭拜稽首，敢對/揚天子休令，𨛭用乍朕皇/考龏伯尊簋，𨛭其眉壽萬/

① 中國社會科學院考古研究所：《殷周金文集成（修訂增補本）》，中華書局，2007年，第二册，第1484頁2815器。

年無疆，子子孫孫永寶用享。[1]

《鄭簋銘》創作於厲王二年。從寫作技術上看，銘文完整地記敘了册命禮儀的時間、地點、主持人、佑者、册命者、册命内容、作器目的、作器願望。在記敘册命内容中，將周厲王的册命之令内容的主要方面作了記録。其中記録器主擔任“五邑祝”一職對中國文化史非常有貢獻，也證明《周禮·春官》太祝以下官員的設置不是子虚烏有。

以上三個層次的劃分不是绝對的價值判斷，實際上如上所説三個層次的每一篇西周青銅器銘文都具有不可替代的價值，每一篇都非常寶貴。

第四檔次的作品除了有第三檔次的優點外，還顯示出了一些創新的嘗試。這一類我們選《蔡簋銘》爲代表。蔡簋早年有搨片和摹本傳世，今器不知所在。《蔡簋銘》一篇一百五十九字，記敘器主蔡在夷王元年受夷王再次册命擔任王朝内宰之事。

隹元年既望丁亥，王在雍居。旦，王各／廟，即位，宰曶入佑蔡立中庭，王／呼史年册命蔡，王若曰：“蔡！昔先／王既命汝作宰，司王家，今余唯申／就乃命，命汝眔曶䟽胥對，恪從。司王／家外内，毋敢有不聞；司百工，出納／姜氏命，厥有見有即命，厥非先告蔡，／毋敢疾有入告。汝毋弗善效姜氏／人，勿使敢有疾止縱獄。賜汝玄／衮衣、

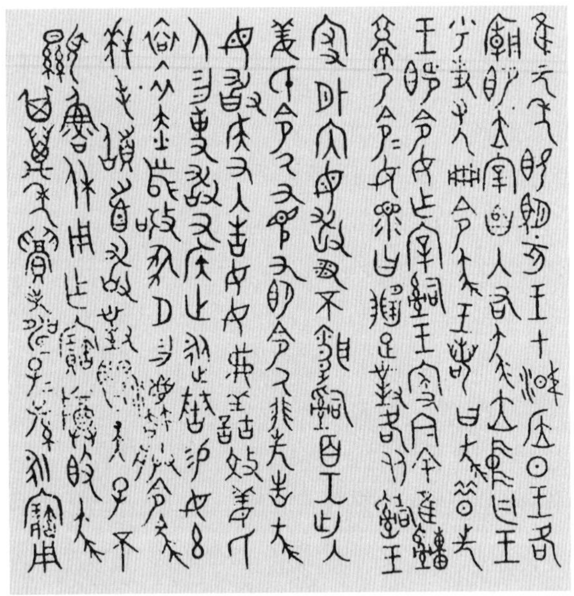

圖 7–2　蔡簋銘

① 中國社會科學院考古研究所：《殷周金文集成（修訂增補本）》，中華書局，2007 年，第四册，第 2643 頁 4296B 器。

赤舄，敬夙夕勿廢朕命！”蔡／拜手稽首，敢對揚天子丕／顯魯休，用作寶尊簋，蔡／其萬年眉壽，子子孫孫永寶用。[①]

根據《蔡簋銘》所記，蔡作爲先王留下來的遺臣，負責管理王家内外事務，職務非常重要。因此夷王的教導也非常細緻。教導有三項内容，第一項是穩定蔡的情緒。“命汝眔曶𤔲胥對，恪從”一句表明蔡還是作爲對的副手，與曶一起協助對工作。“恪從”是告誡蔡對長官對不要有其他想法，説明這次蔡的職務没有提升，或許有些不滿。第二項是警示職責。“司王家外内，毋敢有不聞”是告誡不要有所鬆懈，有所怠工，不盡職責。第三項是工作方法，這一項最細緻：“司百工，出納姜氏命”是總説；“氒有見有即命，氒非先告蔡，毋敢疾有入告”是工作程序；“汝毋弗善效姜氏人，勿使敢有疾止縱獄”是職責警戒點提示。可見器主蔡主管的職責是協助王后管理内宫事務。這一部分工作關係到夷王家族内部的方方面面，因此夷王對這一部分職責的警示更加細緻。蔡簋銘通過記言將夷王初登王位時勵精圖治的精神展現出來。

《蔡簋銘》具有一定的創新性。《蔡簋銘》最寶貴的地方在於“王若曰”部分，銘文作者摘取了夷王册命文《宰蔡之命》或夷王現場教導的《蔡誥》中最重要的部分。與之前大部分銘文作者採取概述式摘要不同，本銘盡量將册命文中夷王叮囑部分原汁原味地記敘下來，是西周銘文中記言最成功者之一。

《蔡簋銘》還具有重要的歷史認識價值和禮學價值。銘文所記對於後世了解王朝内宫管理體系和運作方式具有重要的參考作用，爲研究《周禮》相關部分的内容提供了可比較的案例。其中蔡之職官爲宰，相當於《周禮》中的内宰一職，側面證明《周禮》内宰之職並非憑空想象。

同一層次的優秀作品在西周晚期爲數衆多，體現出這個時代銘文總體水平很高。例如《師獸簋銘》：

隹王元年正月初吉丁亥，／伯龢父若曰：“師獸！乃祖考／有爵于我

① 中國社會科學院考古研究所：《殷周金文集成（修訂增補本）》，中華書局，2007年，第四册，第2741頁4340B器。

家，女有隹小子，/余命女死（職）我家，𦔻司我西/偏東偏僕御、百工、牧、臣、妾，/董裁内外，毋敢否善！賜女/戈琱戟、䩛必、彤𡰥、毌五，賜/鐘一肆，五金。敬乃夙夜用事！”/獸拜稽首，對揚皇君/休，用乍朕文考乙仲將簋，/獸其萬年子子孫孫永寶用享。①

圖 7–3 師獸簋圖像和銘文摹本

師獸簋宋代出土，《博古圖》有著録，今不知所在。《師獸簋銘》一百一十二字，記敘周夷王元年西周名臣伯龢父册命器主擔任伯龢父采邑大宰之事。銘文記敘簡潔，行文流暢，筆法老到，書法精美，尤其是史學價值更高。

銘文透露出了西周名臣伯龢父的相關信息，爲後世了解西周公卿大夫采邑情況提供了典型案例。伯龢父的“東偏”“西偏”，馬承源以爲即《左傳・隱公十一年》所説“鄭伯使大夫百里以許叔居許東偏”之東偏，按照杜預注，偏即《周禮・小司徒》都鄙之鄙，爲卿大夫采邑外圍農業居民區，正好與伯龢父身份吻合。器主受册命管理的東偏、西偏即伯龢父采邑的東部與西部。器主的職責分兩部分，第一部分是“死司我家”，即主司我家。第二部分是攝司偏東偏西僕御、百工、牧、臣妾。總的職責是董裁内外。可見器主地位僅僅在伯龢父一人之下，其職位相當於伯龢父的家宰。伯龢父采邑人員構成有僕御、百工、牧、臣妾。其中僕御集軍事、交通、安全保衛等功能於一體，是最重要的軍事力量；百工則爲“專業技術人員”，是采邑手工製造業從業人員；牧則爲畜牧業從業人員，同時負責培育戰馬；臣妾則爲服務業從業人員。

① 中國社會科學院考古研究所：《殷周金文集成（修訂增補本）》，中華書局，2007年，第四册，第2674頁4311器。

從伯龢父賞賜器主的物品看，師𩛥還是武裝人員，與他的稱呼“師”是一致的，可見采邑也實行軍民一體化。師𩛥既是日常事務官員也是軍事事務官員。

從禮學角度看，這篇銘文再次證明采邑的管理也採用王朝的管理模式，采邑政治是縮小版的王朝政治。采邑管理官員也採用世襲制，管理官員與采邑主是君臣關係，也是委託關係，册命就是雙方的契約。銘文有“伯龢父若曰”，這是對“王若曰”的翻版，説明采邑主册命如周王册命，有一定的禮儀程式，只不過級别低一個層次。

西周晚期册命銘文最優秀的作品就是那些高居金字塔尖頂上的作品，我們在本章設立專節予以分析，此處不再舉例。

二、音樂家創作的銘文

西周是産生了《詩經》主體部分的偉大時代，周樂與周禮一起構成獨具特色的中華禮樂文明。然而傳世文獻中音樂類作品非常稀少，除了半部戰國時代音樂文獻彙編類的《樂記》之外，西周音樂文獻没有一篇流傳下來。至於西周音樂大師的作品，連一點點信息都没有留下來。然而西周青銅器銘文中竟然有三篇樂師撰寫的銘文，分别是西周中期的《匡尊銘》和西周晚期的《師嫠簋銘》《輔師嫠簋銘》。由於三篇銘文中有兩篇屬於西周晚期，我們不得不將三篇銘文放在本節作集中分析。

圖 7–4　匡尊銘

隹四月初吉甲午，懿王／在射盧，作象舞，匡甫象樂二，／王曰：“休！”匡拜手稽首，對揚／天子丕顯休，用作文考日丁／寶彝，其子子孫孫永寶用。[1]

---

① 中國社會科學院考古研究所：《殷周金文集成（修訂增補本）》，中華書局，2007年，第四册，第3398頁5423器。進按：《集成》稱匡卣，《銘文選》稱匡尊，見馬承源《商周青銅器銘文選》，第三册，文物出版社，1988年，第167頁239器。

匽尊又稱匽卣、匽簠，實爲尊。今器已不傳，唯有搨片傳世。《匽尊銘》五十二字，記敘周懿王在射盧作象舞，器主匽演奏了著名的《象樂》二首。演奏效果非常好，周懿王大加讚賞。這篇銘文是中國歷史上最早的直接描繪音樂演奏的原始文本，極其寶貴。由於銘文出現了懿王之稱，懿爲謚號，表明銘文創作於懿王去世後的孝王時期所作。銘文證實傳世文獻中所説周公作象樂的《象》確實存在，《禮記》"成童舞象"説基本屬實。射盧爲習射之所，是西周貴族"六藝"教學處，可證實"成童"説；銘文中有"作象舞"，正好證實"成童舞象"。同時銘文也透露出《象》樂表演的組織結構，除了舞蹈者之外，還有樂器演奏《象》樂。匽的"甫象樂"之"甫"借爲"撫"字，古無輕唇音，撫即撥，彈撥弦樂。銘文還透露出《象》樂也有自己的結構，匽甫《象》樂二，則《象》樂至少爲二章式。由於西周音樂演奏組合有金石絲竹等，彈撥的是弦樂器，即絲，其他三類也一定參與演奏，可見《象樂》演奏組合一定比較複雜。

該銘文也具有文學欣賞價值。五十二字銘文記敘顯露出一個音樂家的獨特氣質。銘文對於演奏過程的記敘非常簡略，卻抓住重點——周懿王的態度。銘文只用一個"休"字，將懿王的神情顯露出來，那是一種陶醉式的讚美。同時"休"不僅是讚美，在西周銘文中還有獎賞、恩惠之意。毫無疑問，由於匽的演奏非常美妙，獲得了周懿王的獎賞。不過作爲音樂家的匽對於物質財富不屑提及，因此没記敘賞賜了什麽物品，顯示出一個音樂家的孤傲。匽一直到懿王去世後才作器，也説明他並不富裕。

第二篇是《師嫠簋銘》。師嫠一人留下兩篇銘文作品，分别是《師嫠簋銘》和《輔師嫠簋銘》。[①]師嫠簋今藏上海博物館，器、蓋均有銘文。其中器銘多出"師和父胙，嫠疏市巩告于王"一句，傳世銘文搨片不清晰。蓋銘搨片清晰。師嫠簋器銘一百四十二字，主體部分記敘器主受周宣王册命擔任管理小輔和鼓鐘的樂官。《師嫠簋銘》全文如下：

① 按：目前大部分學者以爲輔師嫠簋和師嫠簋爲同一人所作。王世民等以爲兩人所作，見王世民等：《西周青銅器分期斷代研究》，文物出版社，1999年版相關章節。我們認爲兩銘同一人所作，司鎛屬於技術型官員，是世官，代代相傳，而且兩篇器主都有私名嫠，有職官名師。差别只是一篇稱"師嫠"，一篇稱"輔師嫠"，師爲大類職官名稱，輔爲小類職官名稱。兩人都司輔，均可稱"輔師嫠"。

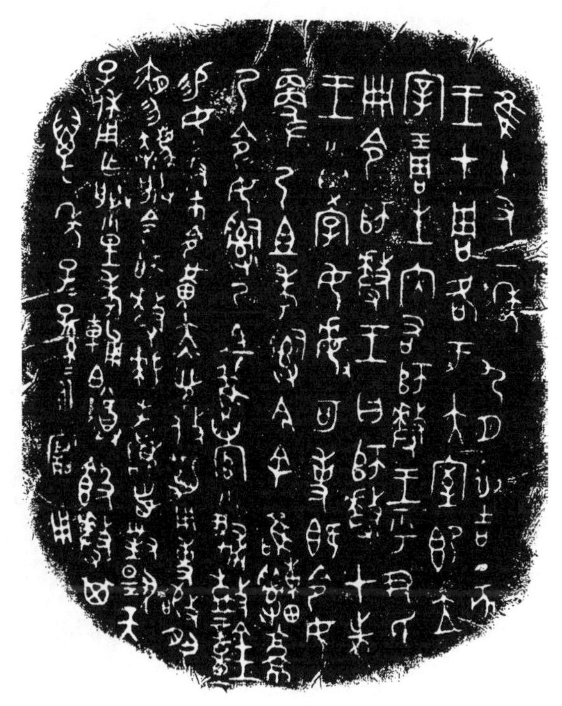

圖 7–5　師嫠簋蓋銘

隹十有一年九月初吉丁亥，/王在周，各于大室，即立，/宰琱生入佑師嫠。王呼尹氏/册命師嫠，王若曰："師嫠！在先/王小學，女敏可使，既命女/更乃祖考司，今余唯申就/乃命，女司乃祖舊官小輔眔鼓鐘，/賜女叔市、金黄、赤舃、攸勒，用事！敬夙/夜勿廢朕命！"師嫠拜手稽首，敢對揚天/子休，用作朕皇考輔伯尊簋。嫠其/萬年，子子孫孫永寶用。[①]

"在先王小學，汝敏可使"中，"小學"即西周學校之一，相對於璧雍中的太學，成童舞象的成童教育爲小學；璧雍中舞《大武樂》的爲大學。"汝敏可使"説明器主與匡尊銘中的匡一樣，在小學從事音樂教育。本次册命"汝司乃祖舊官小輔眔鼓鐘"，不僅官小輔，還有鼓鐘，職責範圍擴大了，同樣權力也就大了。由此可見，周厲王這次册命，師嫠的職位有所提升。鏄和鐘是不同的樂器，爲什麼又鼓鐘？《周禮・春官》鏄師職文説："鏄師掌金奏之鼓。凡祭祀，鼓其金奏之樂。饗食、賓射，亦如之。軍大獻，則鼓其愷樂。凡軍之夜三鼜，皆鼓之。守鼜，亦如之。大喪。廞其樂器，奉而藏之。"鄭玄注："主擊晋鼓，以奏其鍾鏄也。然則擊鏄者亦視瞭。"[②]從鄭玄注可以看出，鏄師並不自己擊鼓，他是管理者，非直接演奏者，因而可以管理擊鏄和鐘之人。

《師嫠簋銘》在中國文化史上具有重要地位，這是西周與樂官有關的

① 中國社會科學院考古研究所：《殷周金文集成（修訂增補本）》，中華書局，2007年，第四册，第2704頁4325器。

② 鄭玄：《周禮註》，《十三經註疏》，中華書局，1980年影印本，第801頁。

三篇銘文之一。銘文中的“小輔”即少輔，輔字借用爲鎛，從器主還負責鼓鐘可知，司小輔即主管小鎛演奏。[①]“罘鼓鐘”更明確，就是演奏鐘。這一職務相當於《周禮·春官》中的鎛師。嫠的父親稱輔伯，則以職業爲姓，可見“輔伯”不是國名加爵名，而是以職官加排行。此人以職業爲氏，則“伯”字當爲排行。同時表明，“師嫠”之“師”，非軍事職務，而是音樂之職，《周禮·春官》稱音樂家爲師，與此可以獲得證明。

輔師嫠簋1957年11月陝西省長安縣五樓鄉兆元坡村出土，今藏中國國家博物館。《輔師嫠簋銘》一百零二字，記敘周厲王增命輔師嫠的榮耀。[②]

圖7–6　輔師嫠簋銘

隹王九月既生霸甲寅，王/在周康宫，各大室，即位，榮/伯入佑輔師嫠。王呼作册/尹册命嫠曰：“更乃祖考司/輔，載賜汝韋市、素黄、鑾旂，/今余增乃命，賜女玄衣黼/純，赤市朱黄，戈彤紗琱胾，/旂五日，用事！”嫠拜稽首，敢/對揚天子休命，用乍寶尊簋，/嫠其萬年，子子孫孫永寶用事。[③]

上一篇《師嫠簋銘》中出現了宰琱生，此人即召伯虎的兄弟作“琱生三銘”者。召伯虎爲兄，是大宗，琱生分出去，是小宗。召伯虎主要

① 郭沫若：《輔師嫠簋考釋》，《考古學報》1958年2期。

② 按：輔師嫠簋年代，郭沫若認爲周宣王時代，馬承源同列兩銘於夷王時期，劉啟益以爲分别作於夷王、厲王時期，見劉啟益：《西周紀年》，廣西教育出版社，2002年，第364~365頁。我們以爲銘文中出現了召伯虎的兄弟琱生，器不當早於厲王、晚於宣王，因而定兩篇銘文作於厲王時期。

③ 中國社會科學院考古研究所：《殷周金文集成（修訂增補本）》，中華書局，2007年，第四册，第2626頁4286器。

活動於厲王和宣王時期，琱生也不可能太早，也當爲厲王、宣王時期人。本銘當作於《師嫠簋銘》之後，是周厲王增命師嫠。《師嫠簋銘》説“在先王小學，汝敏可使，既命汝更乃祖考司，今余唯申就乃命，汝司乃祖舊官小輔眔鼓鐘，賜汝叔市、金黄、赤舄、攸勒。”而本銘説：“庚乃祖考司輔，載賜汝韋市、素皇、鑾旂，今余增乃命，賜汝玄衣黹純，赤市朱黄，戈彤紗琱㦸，旂五日。”第一篇銘文都説“更乃祖舊官”，第二篇説“更乃祖考司輔”，一個人的輩分不會發生變化，因而兩篇册命都是同一個周王發佈的，只不過第二篇是增命。因而前一篇稱“師嫠”，這一篇稱“輔師嫠”，則職有專司。

師嫠雙銘具有寶貴的禮學價值。到第二銘爲止，師嫠至少接受了三次册命。第一次是《輔師嫠簋銘》所記周夷王册命師嫠世襲他的祖父職官，但這一次册命的銘文没有流傳下來。第二次是厲王首次册命，即《師嫠簋銘》所記的册命。第三次是增命，即在第二次基礎上再册命一次。《師嫠簋銘》有“叔市、金黄、赤舄、攸勒”，《輔師嫠簋銘》載：“載賜汝韋市、素皇、鑾旂”，馬承源以爲“載”有始、初義，即當初賜與，叔市、金黄即韋市、素皇，指的是相同的賞賜物品。《輔師簋銘》所記比《嫠簋銘》所記增命賞賜禮器的級别又高了一個層次：“賜汝玄衣黹純，赤市朱黄，戈彤紗琱㦸，旂五日。”兩篇銘文説明《周禮》所説“九命”是有一定根據的。這兩次册命中，器主職務還是原來的職務，没有提升，説明命數與職務是分開的。而“賜汝玄衣黹純”令人想起《周禮·大宗伯》“一命授職，二命賜服”説當有所本。

師嫠雙銘對於我們重新審視“師”這種職業名稱有一定的啟發。在大多數銘文中，凡是稱師某的一般都是軍事官員，而師嫠雙銘中的師卻是技術型的文職官員，並且與音樂有關，可見《周禮·春官》職官體系中的師之稱有一定的文化淵源。

三、西周晚期媵器和女性作器銘文創作

西周禮樂文明一條重要的文化共識就是同姓不婚，貴族男子娶妻必須娶異姓女子。例如姬姓周天子常娶姜姓女子爲夫人，青銅器銘文中出現的“王姜”諸器中的“王姜”就是姜姓女子爲天子夫人者。這種婚姻關係不僅優化了子女的遺傳基因，還在政治和文化上互相影響，女方家庭成員成爲“外戚”，對中國三千年社會發生過重大影響。

女方出嫁外姓，家長、父輩或兄長一般要陪嫁財物，其中就有青銅器。這一類青銅器被稱爲“媵器”，有些贈送者在青銅媵器上刻有銘文，因而西周青銅器銘文有一種題材叫“媵器銘文”。例如1933年陝西省扶風縣康莊村出土的函皇父盤有銘文“函皇父作琱妘盤盉尊器，鼎簋一具，自豕鼎降十又一，簋八，兩罍，兩壺。琱妘其萬年子子孫孫永寶用。”[①] 銘文比較簡單，但包含的信息十分珍貴。

在西周晚期也湧現了一批女性銘文作家，這些女性作家大多是自家經濟和人事的管理者，她們爲西周禮樂文明做出了巨大貢獻。以下我們挑選幾篇媵器銘文作簡要分析，重點分析女性作家的銘文。

《許男鼎銘》載：“許男作成姜洹母媵尊鼎，子子孫孫永寶用。”[②]這是許國國君爲自己嫁到成國的女兒製作的嫁妝。該女名稱“成姜洹母”，成爲所嫁國名，姜爲許國之姓，洹母爲此女的私名。銘文中出嫁女子被稱爲“某母”，實際上當釋爲“某女”，雖然這些姑娘都是未生育的女性，但已經成年及笄，故稱“母”，猶如男子二十而冠，稱“父”一樣。只不過典籍“父”寫作“甫”，銘文還是寫作最接近原始狀態的“父”字、“母”字。

《王伯姜鼎銘》載：“王伯姜作季姬福母尊鼎，季姬其永寶用。”[③] 王伯姜爲姜姓王后，季姬福母爲她的小女兒。季爲排行，姬爲周王族姓，福母爲出嫁者私名。

《輔伯𤸫父鼎銘》載：“輔伯𤸫父作豐孟妘媵鼎，子子孫孫永寶用。”[④] 這是輔伯爲嫁到豐地去的女兒孟妘所作嫁妝銘文。從簡短的銘文中我們可以獲知，輔氏可能爲音樂世家，以職業所司爲氏，輔伯爲輔氏貴族世家的宗子，此家族還有前面所論音樂家輔師嫠。在本銘中，器主的女兒孟妘嫁到宗周腹地豐邑去。豐邑爲西周王朝五邑之一，是王朝直接管轄的宗周核心區。但西周銘文出現過豐伯，可見豐地部分土地也有貴族采

① 馬承源:《商周青銅器銘文選》，文物出版社社，1988年，第3册，第322頁452器。

② 《考古與文物》1984年1期。器1977年長安縣馬王村西周窖藏出土，今藏西安市文物保護考古所。

③ 《考古與文物》1982年2期。器1978年岐山縣北郭公社楊村大隊武家莊出土，今藏岐山縣博物館。

④ 中國社會科學院考古研究所:《殷周金文集成（修訂增補本）》，中華書局，2007年二册，第1282頁2546器。進按：器今藏故宫博物院。

邑。孟妘極有可能所嫁的就是豐伯家族男子。

《函皇父鼎銘》載：“函皇父作琱妘尊兔鼎，子子孫孫其永寶用。”① 從鼎銘中我們知道函皇父爲妘姓，此女嫁到琱國爲人妻。琱國在宗周岐山一帶。

圖 7–7　輔伯鼎銘、王伯姜鼎銘、函皇父鼎銘

西周晚期著名的女性銘文作家還有辛中姬皇母、吴王姬。《辛中姬皇母鼎銘》載：“辛中姬皇母 / 作尊鼎，其子子孫孫 / 用享于宗考”。② “辛中姬皇母”即辛仲姬皇母，仲爲排行，姬爲父姓，皇母爲自己的私名，辛爲其丈夫廟號或丈夫國號。

圖 7–8　辛中姬皇母鼎銘

圖 7–9　吴王姬鼎銘

《吴王姬鼎銘》載：“吴王姬作南宫 / 史叔飤鼎。其萬 / 年子子孫孫永寶用。”③ “吴王姬作南宫史叔”中，王

① 中國社會科學院考古研究所：《殷周金文集成（修訂增補本）》，中華書局，2007 年二册，第 1284 頁 2548 器。

② 吴鎮烽：《商周青銅器銘文暨圖像集成》，第 4 卷，上海古籍出版社，2012 年，第 370 頁 02173 器。

③ 吴鎮烽：《商周青銅器銘文暨圖像集成》，第 4 卷，上海古籍出版社，2012 年，第 385 頁 02187 器。

姬表示該女出自姬姓王族，吴爲虞國，南宫史叔是南宫家族的後裔，也是姬姓。那麽吴王姬與南宫史叔的關係爲父女關係。

以上兩器銘文非常簡單，僅僅給出誰作器、爲誰作器、作器願望三項信息。

以上七篇媵器銘文所透露出來的信息非常寶貴，但銘文的内容普遍相對簡單。這是因爲所嫁女子畢竟非常年輕，人生之路剛剛開始，没有多少人生積累，媵器銘文的作者也就難以展開思路，發揮寫作才華。

四、契約銘文集大成之作

西周經濟生活類青銅器銘文記載的绝大多數爲交易糾紛案件，這是因爲普通的商品交易不存在契約證據問題，没有必要銘刻在青銅器上。但容易産生糾紛的案件一旦雙方在有關職官的調解下達成契約，雙方必須遵守。一旦後代再次産生糾紛，權力聲稱方必須拿出有力證據，因而西周晚期此類銘文創作水平很高，乃至於出現了《散氏盤銘》這樣的集大成之作。

我們先看《鬲比鼎銘》：

隹卅又二年三月初吉壬辰，/王在周康宫夷大室，鬲比/以攸衛牧告于王，曰："女授/我田，牧弗能許鬲比。"王令/眚史南以即虢旅。虢旅乃使攸/衛牧誓曰："我弗具付鬲比/其祖射分田邑，則殺。"攸衛/牧則誓。比作朕皇祖丁公、/皇考叀公尊鼎。鬲攸比其/萬年子子孫孫永寶用。[①]

圖 7–10 鬲比鼎銘

鼎銘記敘了一件陳年舊賬的解決。鬲比將官司打到周厲王那裏。原來周王授予器主鬲比的田，舊主攸衛牧不允許轉授給鬲比。厲王派負責

① 中國社會科學院考古研究所：《殷周金文集成（修訂增補本）》，中華書局，2007年二册，第1488頁2818器。進按：器今藏日本京都黑川古文化研究所。

檢查的史南將案件交付給虢旅，虢旅作了處理，强迫攸衛牧發誓：如果違背命令，不付鬲比田，將殺頭。此爲一樁典型的新貴族剥奪舊貴族田地的案件。本銘爲研究周厲王爲什麽招致國人的驅趕提供了又一個實例。青銅器銘文彌補了《尚書》等文獻的不足，承擔起記録社會現實的責任。雖然客觀上器主鬲比並没有認識到這個案件的背後隱藏了顛覆西周社會巨大的隱患。

再看《吴虎鼎銘》：

隹十又八年十又三月既／生霸丙戌，王在周康宫夷／宫。導入，佑吴虎。王令膳夫／豐生、司工雍毅，申厲王令：／"授吴蓋舊疆付吴虎。氒北疆／涵人眔疆；氒東疆官人眔／疆；氒南疆畢人眔疆；氒西／疆方姜眔疆。氒具履封：豐／生、雍毅、伯導、内司土寺桒。"／吴虎拜稽首，天子休，賓膳／夫豐生璋、馬匹；賓司工雍／毅璋、馬匹；賓内司土寺桒／璧。爰書尹友守史，乃賓史／桒韋兩。虎拜稽首，敢對／揚天子丕顯魯休。用作朕皇／祖考庚孟尊鼎。其子子孫孫永寶。①

圖 7–11　吴虎鼎銘

銘文記載的情況與鬲比鼎銘非常相似，只不過《鬲比鼎銘》記敘的是一次授田糾紛，此爲一次授田從發佈命令到執行命令的全過程，在執

① 吴鎮烽：《商周青銅器銘文暨圖像集成》，第 5 卷，上海古籍出版社，2012 年，第 282 頁 02446 器。按：吴虎鼎 1992 年出土於陝西省西安市長安區申店鄉徐家寨黑河引水工程工地。器今藏長安博物館。

行中没有遭到舊田主的反抗。銘文不但記敘了授田情況，還記敘了在成功執行之後器主付給相關人員的儐禮。銘文用“賓”字作動詞，義即付給對方儐物，價值不菲。

西周關於封田的經濟生活銘文的巔峰之作還是《散氏盤銘》。

《散氏盤銘》涉及的糾紛雙方夨國和散國都是西周王朝時期宗周地區的畿内小國。其中夨國爲異姓小國，散國爲姬姓小國。夨國對散國的土地進行了蠶食，引起兩國糾紛。最終，在王朝的裁決之下，夨國被迫返還被鯨吞的散國土地，并予以一定的物質賠償。《散氏盤銘》記敘的就是這次返還散國土地的勘界活動。[1]爲便於當今讀者閱讀，我們按照當代出版物分段落方式將《散氏盤銘》排列如下：

用夨薄散邑，乃即散用田。

履，自瀗涉，以南，至于大沽，一封。以涉，二封。至于邊柳，復涉瀗，陟雩，徂原𨻰，以西，封于𢼸城楮木，封于芻逨，封于芻導内。陟芻，登于厂湶，封剖桹、𨻰陵、剛桹，封于單道，封于原道，封于周道。以東，封于棹東疆。右還，封于𡖄道。以南，封於𧊒逨道。以西，至于琟墓。

履井邑田，自根木道，左至于井邑，封道。以東，一封。還，以西，一封。陟剛，三。降，以南，封于同道。陟州剛，登桹，降棫，二封。

夨人有司履田：鮮、且、微、武父、西宫襄、豆人虞丂，録、貞、師氏右眚，小門人䌛，原人虞艿，淮司工虎孛，𨚓豐父。琟人有司刑丂，凡十又五夫。

正履夨舍散田：司徒逆寅，司馬單𩓐，邦人司工騌君，宰德父。

散人小子履田：戎微父，效㮚父，襄之有司橐，州稾，焂從鬲，凡散有司十夫。

唯王九月，辰在乙卯，夨俾鮮、且、𩁹、旅誓曰：“我既付散氏田器，有爽，實余有散氏心賊，則隱千罰千，傳棄之。”鮮、且、𩁹、旅則誓。乃俾西宫襄、武父誓曰：“我既付散氏隰田、𤰇田，余有爽變，隱千

① 按：銘文開頭第一段“用夨薄散邑，乃即散用田”記敘的就是這次勘界的原因，見楊樹達《散氏盤跋》,《積微居金文説》，考古學專刊甲種第一號，中國科學院1952年，第33頁。

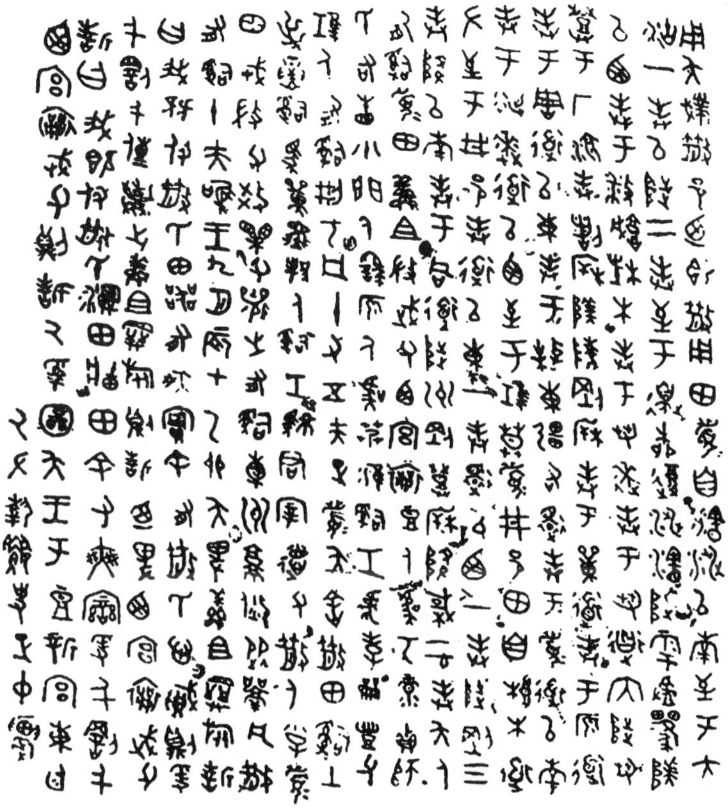

圖 7–12　散氏盤銘

罰千。”西宫襦、武父則誓。

氒爲圖矢王于豆新宫東庭。氒左執繧，史正中農。[1]

《散氏盤銘》是人類至今能夠看到的最早的勘定兩國邊界的原始文獻，是西周青銅器銘文中里程碑式作品。銘文記載了兩國如何確定封界、如何立約、如何保存契約等事情，充分顯示了青銅器銘文這一文學樣式

① 中國社會科學院考古研究所:《殷周金文集成（修訂增補本）》，中華書局，2007年七册，第 5486 頁 10178 器。進按釋文以馬承源釋文爲基礎，吸收吴鎮烽、王晶等時賢的研究成果。見王晶:《散氏盤銘文集釋及西周時期土地賠償案件審理程式窺探》，《長春工業大學學報》2012 年 1 期；馬承源:《商周青銅器銘文選》，第三册，文物出版社，1988 年，第 297 頁 428 器。

記敘能力之強達到了何種驚人程度。[1]

銘文對於空間位置的記敘達到無以復加的程度。銘文記敘的是勘定夨國返還侵占散國土地的邊界。夨國返還的土地由兩部分組成，第一部分是夨、散邊境的散田。關於這一部分的勘定，銘文以勘界人的步伐爲線索，十分準確、完整地記敘了這一地塊的勘界。我們以勘定夨、散邊境地塊爲例。在這一段記敘中，銘文作者抓住方位詞，以最簡練的語言描述了夨、散邊境地塊空間的分界線：

> 履，自濾涉，以南至于大沽，一封。以涉，二封。至于邊柳，復涉濾，陟雩，徂原隄，以西，封于弊城楮木，封于芻逨，封于芻導内。陟芻，登于厰湶，封剳桥、隄陵、剛桥，封于單道，封于原道，封于周道。以東，封于棹東疆。右還，封于堳道。以南，封于豬逨道。以西，至于堆墓。

首先以自然地理突出地貌爲參照物，進行空間定位。銘文中的濾河爲主要參照坐標。此外還有大沽、雩，原、隄，厰湶、剛桥。由於自然地理的突出地貌具有恆久性，是最理想的定位坐標。當代有學者根據本銘的記敘進行實際勘察，大致上還能看出銘文所描述的地貌。

其次，利用突出的人造物進行空間定位，參照物包括邊柳、弊城楮木、芻逨、芻導、單道、原道、周道、棹東疆、堳道、豬逨道、堆墓。其中“周道”相當於今天的國道，其餘道路相當於今天的省道、縣道。樹木也作爲參照物這是因爲“樹木以封”一直是古代封地的一種方式。

再次，銘文善於使用表示空間的詞語，結合勘界行動將夨、散兩國的邊界描述出來。涉過濾河用“以南”表示封疆方向；再次涉過濾河用“以西”表示封疆方向，七封之後到達周道，用“以東”表示封疆方向改變。一封之後用右還表示方向改變，用“以南”表示方向改變；一封之後以“以西”表示走向改變。銘文通過方位詞東、西、南、右等將複雜的勘定邊界活動化繁爲簡，讓讀者一目了然。

---

① 關於本銘的寫作藝術，可參考拙著《商周青銅器銘文文學研究》，西北大學出版社，2013年，第81頁。

銘文對於封界操作進程的記敘達到無以復加的程度。通過繁簡結合、妙用步行動作詞語將勘界活動準確、生動地記録下來。

銘文在總體上簡略的情況下，該簡略的簡略，該繁筆的繁筆。第一段“用夨薄散邑，乃即散用田”敘述勘定邊界的原因，十分簡略；但在記敘勘定夨、散邊界和散、井邊界卻在重要的關節點上一步不漏，應繁則繁。爲了體現這次勘定邊界的合法性，銘文分别記敘了夨國、散國、王朝三方一共二十九人的名稱，一個也不漏，而且三方分别記敘，體現了契約文書完整性原則。

銘文善於提煉描述步行動作的詞彙。我們還是以勘定返還夨國土地的夨、散邊界爲例。用“自”表示勘界的起點，用“至”表示勘界達到的目標點位，如銘文中的“至于大沽”“至于邊柳”“至于琟墓”。用“以”表示方向的選擇，如銘文中的“以南”“以西”“以東”。用“復”“還”表示行動的重複。銘文根據地貌、地形狀況選擇最恰當的動詞，如動詞涉、陟、徂、登分别對應瀗、雩、原、廠湶，即過河用涉，登高用陟，跨過平地用徂，翻過河堤用登。此外，勘定邊界用履，樹立界碑用封都十分準確。

銘文對於封界盟約儀式的記敘達到無以復加的程度。銘文從“唯王九月，辰在乙卯”以下記敘的是夨、散兩國舉辦的盟約儀式。

銘文細緻記敘了夨國兩撥人的立約過程。第一撥人爲獻、且、䍃、旅四人，這些人侵佔了散國一部分土地，是這一次歸還散國土地的大頭，他們只有私名，地位比較低。第二撥人有西宫襄和武父二人，這兩人是貴族，一個有姓氏，一個稱“父”。銘文記敘了立誓儀式的主持操作情況，此人稱“夨”，當即夨王，或夨王的代理人。銘文顯示，這個人是誓言的起領人，他讀一句，起誓者們跟著念一句，因而才有“獻、且、䍃、旅則誓”“西宫襄、武父則誓”。

銘文更分别記録了這兩撥人的誓詞。第一撥人的誓詞是“我既付散氏田器，有爽，實余有散氏心賊，則隱千罰千，傳棄之。”第二撥人的誓詞是“我既付散氏隰田、䀌田，余有爽變，隱千罰千。”兩撥人關於處罰的誓詞相同，而官員處罰的充分條件卻不一樣，可見這兩撥人侵吞散國的土地一級賠償方式都不一樣。

銘文還記敘了這次勘定邊界契約的審批情況。“氒爲圖夨王於豆新宫東庭。氒左執纓，史正中農。”這個審批過程記敘非常簡略，但又十分必要。“乎爲圖夨王於豆新宮東庭”記敘夨王到豆邑新宫的東廳製作了重新勘定邊界的地圖。“乎左執繧，史正中農”記敘夨王的助手史官之長仲農撰寫了這次重新勘定邊境的條約，他們保存了其中一份。

《散氏盤銘》在銘文記敘手法上已經達到登峰造極水平，她的歷史價值也非常高。夨王假惺惺地斥責兩撥侵吞散國土地的人，實際上幕後指揮者就是他。通過銘文我們可以了解到西周小國之間田地糾紛是如何産生的，周王朝成爲維護平衡的調節器。一旦這個調節器失靈，一旦連諸侯都覺得天子都可以殺掉，那麽西周列國“小國寡民”狀態難以爲繼，兼併加劇，群雄崛起是遲早的事情。

第二節　琱生三銘與西周晚期的社會矛盾

西周晚期銘文作家中有一位名家叫琱生。此人的銘文作品又與大名鼎鼎的西周政治家召伯虎聯繫在一起。琱生的銘文創作目前發現的遠遠不止三篇。例如《琱生鬲銘》：“琱生作文考寏仲尊鬲，琱生其萬年子子孫孫永寶用享。”[①]篇幅短小只有二十二字，卻也提供了琱生之父的重要信息。我們本節主要分析其作品《五年琱生簋銘》《五年琱生大口尊銘》和《六年琱生簋銘》。

“琱生三器”中，五年簋和六年簋傳世比較早，圖像和銘文被多種著作收録。到 2006 年 11 月，陝西省扶風縣城關鎮五郡村發現西周窖藏，出土帶銘的五年琱生大口尊。學者將“琱生三銘”聯讀，許多困擾學界的問題獲得解決。關於前二銘反映的是什麽樣的事情，孫詒讓在《古籀餘論》中曾經作過考釋，倡導土田糾紛説。[②]郭沫若以爲《五年琱生簋銘》是王后“君氏”責召伯虎的歲貢，而以《六年琱生簋銘》爲召伯虎伐淮夷歸來之事，與《大雅・江漢》所反映的事情相同。[③]楊樹達也作《六年琱生簋跋》，認爲銘文記載的是召伯虎將封田送給琱生的事情。林澐於

① 中國社會科學院考古研究所：《殷周金文集成（修訂增補本）》，第一册，中華書局，2007 年，第 686 頁 744 器；馬承源《商周青銅器銘文選》291 器。進按：器今藏陝西省博物館。

② 孫詒讓：《古籀餘論》，劉慶柱等編《金文文獻集成》，線裝書局，2005 年，第 13 册，第 103~106 頁。

③ 郭沫若：《兩周金文辭大系圖録考釋》，科學出版社，1957 年，第 142~145 頁。

1980年作《琱生簋新釋》，對以上二器作了不同於舊説的闡釋，將孫詒讓“土地糾紛説”發揚光大，認爲召伯虎幫助琱生徇私舞弊，打赢了一場訴訟官司。[①]朱鳳瀚1989年發表《琱生簋銘新探》，提出“余老止”連讀説，而王玉哲爲此文所作的《跋》否定了銘文的訴訟案件説。[②]2006年陝西扶風發現青銅器窖藏，又有兩件琱生同銘大口尊形器出土，銘文與以前傳世的兩簋有關，林澐發表《琱生尊與琱生簋的聯讀》[③]，朱鳳瀚發表《琱生簋與琱生尊的綜合考釋》[④]，分别就自己前作進行了部分更正。李學勤作《琱生三器聯讀研究》將三器綜合起來考察。[⑤]又有王占奎也對新發現的琱生器銘作了考釋。此後學者發表相關研究論文不下二十篇，但是諸家的釋讀分歧依然太大，對銘文關鍵問題的闡釋幾乎没有一致的。由於“琱生三銘”是西周晚期優秀的銘文作品，所反映的歷史史實對於解開西周宗法制度之謎、對於研究西周著名政治家召伯虎的人格和思想具有重要意義，我們在此特設專節，對“琱生三銘”的成就予以分析。《殷周金文集成》修訂增補本對於前二銘仍然稱“召伯虎簋銘”，事實上以上三銘都與召伯虎有關，但作者卻不是召伯虎，而是召伯虎兄弟琱生的作品，因此我們稱此三銘爲“琱生三銘”。

一、琱生三銘的内容

《五年琱生簋銘》記敘厲王五年正月己丑這一天，琱生因事被召伯虎徵召來議事。[⑥]琱生將壺獻給召伯虎夫人召姜，召姜把宗君的意見傳

① 林澐：《琱生簋新釋》，《古文字研究》第3輯，中華書局，1980年。

② 王玉哲：《論〈琱生簋〉銘没有涉及訴訟問題》，《中華文史論叢》1989年1期。

③ 林澐：《琱生尊與琱生簋的聯讀》，《古文字研究》27輯，中華書局，2008年。

④ 朱鳳瀚：《琱生簋餘琱生尊的綜合考釋》，《新出金文與西周歷史》，上海古籍出版社，2011年，第71~81頁。

⑤ 李學勤：《琱生三器聯讀研究》，《文物》2007年8期。

⑥ 陳夢家讀“琱生有事召，來合事”，其餘學者大多讀“琱生有事，召來合事”，郭沫若以“召”爲召伯虎全稱之省，“來合事”即召伯虎夫婦到琱生處討論有關事宜。此説從之者衆，今不從。我們認爲這句應如陳夢家讀，讀爲“琱生有事召，來合事”，可理解成召伯虎召琱生來合事。其敘述角度依然是從琱生這一角度，即琱生被召來合事，主動方是召伯虎。銘文所記不是召伯虎到琱生處，而是相反。因後面有獻壺給婦氏、惠於君氏大璋、報婦氏帛束、璜和琱生覲璋等記敘，主、客方很分明。若以“召”爲名詞，指代召伯虎夫婦，那後面爲什麽又稱“召伯虎曰”而不是“召曰”？見陳夢家：《西周銅器斷代》，中華書局，2004年，第232頁。郭沫若：《兩周金文辭大系圖録考釋》，上海書店出版社，1999年，第142~143頁。

達給琱生說："我老了，公族僕庸土田多有散失。琱生你是否答應這樣處理僕庸土田：公族取三分，你取二分；公族取二分，你取一份？"琱生用一塊大璋報答宗君的恩惠，又用十匹帛、一塊璜答謝召姜。召伯虎召見琱生說："我已經徵詢了我父母處理僕庸土田的意見。我不敢不聽我父母的意見，今天我再次傳達我父母的意見給你。"琱生於是獻上覲圭給召伯虎。

隹五年正月己丑，琱生又/事，召來合事。余獻婦氏以/壺。告曰："以君氏令曰'余老/止，公僕庸土田多擾，[①] 弋白/氏從許：公宕其參，汝則宕/其貳；公宕其貳，汝則宕其/一。'"余惠于君氏大璋，報婦/氏帛束、璜。召伯虎曰："余既/訊㕣我考我母令，余弗敢/亂，余或致我考我母令。"琱/生則覲圭。[②]

圖 7–13　五年琱生簋及銘

根據《五年琱生大口尊銘》，琱生與召伯虎是宗族兄弟，召伯虎是大宗嫡子，也就是族長，繼承的是召公奭留在王朝世襲王官的這一脈。琱

① 擾，林澐隸定爲"刺"，指所擁有土地遭到司法調查。李學勤以爲該字當讀爲"擾"，今從之。見李學勤：《琱生諸器聯讀研究》，《文物》2007 年 8 月。

② 中國社會科學院考古研究所：《殷周金文集成（修訂增補本）》，第四册，中華書局，2007 年，第 2636 頁 4292 器。進按：《集成》器名"五年召伯虎簋"，馬承源等以爲"五年琱生簋"，今從之。見《商周青銅器銘文選》，第三册，文物出版社，1988 年，第 208 頁 289 器。今藏美國耶魯大學藝術陳列館。

生是召伯虎的族弟，[①] 他在王朝也擔任職官，即西周晚期銘文中的“宰琱生”，可見此人有一定的社會地位。

《五年琱生簋銘》記載的是召伯虎夫婦與琱生商量如何管理和分配宗族土地産出問題。[②] 爲我們提供了西周貴族如何處理家族財産情況，將西周貴族家庭財産處理方式展現出來。首先直接出面的是召伯虎的夫人，銘文稱之爲“婦氏”。而婦氏卻以自己的婆婆“君氏”[③] 的名義告訴琱生關於宗族財産的處理方案，但君氏并没有接見琱生。在西周貴族家庭經濟生活中，主婦處理財産問題，“主内”。從銘文中可以看出，此時的君氏仍然掌控者家庭經濟大權，是真正的決策者，婦氏擔任的是協助和執行的角色。[④] 銘文最後記敘召伯虎接見了琱生，召伯虎也只是重申了自己父母的意見。

銘文還反映了西周宗族成員拜見宗主的禮儀。銘文没有記敘具體的禮儀儀注，但偏重於進獻禮物的記敘。先是“獻婦氏以壺”，繼之以“余惠于君氏大璋，報婦氏帛束、璜”，又獻給召伯虎覲圭。這三次付出，是一筆不小的花費。我們從中看出，西周宗族成員之間的來往也不是“免費”的，也是建立在一定的經濟條件之上，同時還有君臣之分。琱生送給召伯虎以覲璋，説明了這個問題。

《五年琱生簋銘》所記最有價值的是這個宗族財産分配方案。“公

---

① 琱生，林澐提出此人爲召伯虎的從弟，其母爲琱國女子，生即甥。

② “有事”，王輝等以爲即土田僕庸紛争。李學勤以爲祭祀，祭祀其父宄仲，因而召伯虎夫婦來參加。當從王輝等説，銘文未有任何祭祀方面資訊，“有事”是一種委婉説法，即提出土地分配問題。如果“有事”是祭祀之類的事情，那麼“合事”合的就是祭祀類事情，不是關於僕庸土田的事情。但是銘文的中心事件就是關於處理僕庸土田的事情，可見“有事”是因，“合事”即會同議事，是召的目的。見王辉：《琱生三器考释》，《高山鼓乘集》，中華書局，2008 年，第 26 頁；李學勤：《琱生諸器聯讀研究》，《文物》2007 年 8 月。

③ “君氏”，陳夢家以爲召伯之母，而連劭名予以申説，今從。見連劭名：《周生簋銘所見史實考述》，《考古與文物》2000 年 6 期。

④ “余獻婦氏以壺”的“余”，陳夢家以爲承上句，乃琱生自稱，今從。“告曰”，陳夢家以爲主詞也是琱生。陳夢家以爲“婦氏”即召伯虎的夫人，召伯與婦氏爲夫婦。此説在《五年琱生大口尊銘》出土後得到證實，“婦氏”即“召姜”。“告曰”，朱鳳瀚新舊作均以爲是婦氏告曰。見朱鳳瀚：《琱生簋銘新探》，《中華文史論叢》1989 年 1 期。朱鳳瀚：《琱生簋與琱生尊的綜合考釋》，《新出金文與西周歷史》，上海古籍出版社，2011 年，第 73 頁。

僕庸土田多擾”一句説明公族附庸田地問題比較多。[①] 在解決方案“弋白氏從許：公宕其參，汝則宕其貳；公宕其貳，汝則宕其一”中的“公宕”“女宕”，根據《五年琱生尊銘》，此處作“余宕其三，女宕其貳”，以第一人稱領格詞“余”替换“公”，那麼“公”就是由君氏掌握的公族召伯虎，即大宗之宗君夫婦爲領主的公族宗子。全句可以解釋爲君氏建議説：“伯氏已經允許公族占三成你就占兩成；公族占兩成你就占一成。”[②] 在這個方案中，大宗的宗子竟然分給小宗三分之一甚至五分之二的田地，顯然以召伯虎爲宗子的大宗犧牲了一部分利益，琱生喜出望外。爲了將這個分配方案作爲“大約劑”流傳下來，琱生製作了這個青銅器。

2006年被發現的《五年琱生大口尊銘》記敘的是發生在《五年琱生簋銘》所記八個月之後的事情：

隹五年九月初吉，召／姜以琱生戠五尋、壺／兩，以君氏命曰：“余老止，／我僕庸土田多擾，弋／許，勿使散亡。余宕其／參，汝宕其貳。其兄公，／其弟乃。”余惠大璋，報／婦氏帛束、璜一，有司眔／賜兩壁。琱生對揚朕／宗君休，用作召公尊／

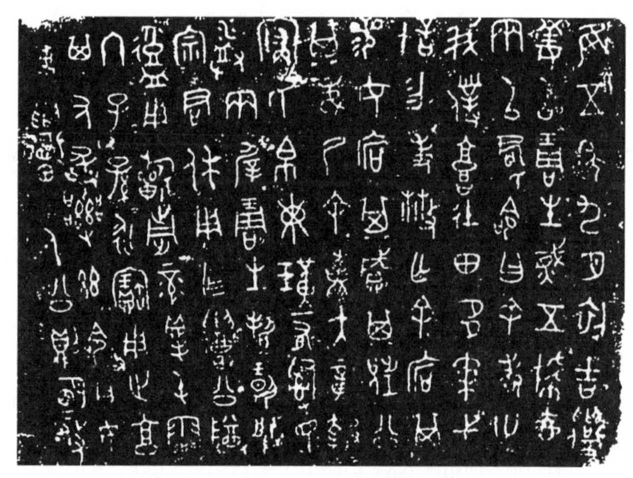

圖6-14　琱生尊銘

戲，用祈通禄德純靈／終，子孫永寶用之享。／其有亂兹命，曰毋／事召

① 公僕庸土田之“公”，王玉哲以爲即“公族”，指召公宗族的土田。《五年琱生大口尊銘》此處即以“我”替代了“公”，王玉哲説朱鳳瀚等學者已經接受。見王玉哲：《論〈琱生簋〉銘没有涉及訴訟問題》，《中華文史論叢》1989年1期。然實際上公即指召伯虎或召伯虎之父。西周銘文“公”多見，均指公侯之公；未見“公族”簡稱“公”的。公族即公之族。

② “宕”，陳夢家疑爲“拓取”之“拓”字，而方述鑫進一步論證“宕”字可以通“拓”字，拓即拓取，有取義，見方述鑫：《召伯虎簋銘文新釋》，《考古與文物》1997年1期。

人，公則明亟。①

《五年琱生簋銘》提到君氏處理僕庸土田的兩個方案，讓琱生選擇。至於琱生如何選擇，銘文没有交代。到了《五年琱生大口尊銘》中，答案出來了，宗君所傳意見是“余宕其三，汝宕其貳”，即公占五分之三，琱生占五分之二。這個方案當然最有利於琱生。銘文可以分爲三段，第一段從開頭到“其弟乃”；第二段從“余惠大璋”到“有司眔賜兩璧”；餘下爲第三段。該器出土後受到極大關注，多位學者撰寫了考釋性文章，但依然衆説紛紜。因此我們依據衆説，擇善而從，間或下以己意，對銘文作一番考察。

第一段記敘厲王五年九月初吉之日，召伯虎的夫人召姜賞給琱生四十丈長的帛和兩隻壺，②召姜用君氏的名義發佈宗族財産分割令説：“我老了，我的僕庸土田多有散亂。你一定要答應我，不要讓我的僕庸土田散亡。我擁有僕庸土田的三分，你擁有僕庸土田的二分。兄長爲公族之長，處事公平，是族弟們的依靠。”③

第二段記敘琱生對於有關人員的物質答謝，包括送給召伯虎一隻大璋，送給召伯虎夫人帛束、璜一，送給參與土田分割的有司兩璧。“有司眔兩璧”説明這一次不僅僅是發佈財産分割令，還有實際的執行。有司參與了這次土地的分割，因而獲得比較高的報酬。

第三段記敘琱生對大宗的感激。這一段銘文非常精彩。“琱生對揚朕宗君休”，即宣揚宗君的恩惠。此處的“宗君”當即“君氏”，爲召伯

---

① 李學勤：《雕生諸器聯讀研究》，《文物》2007 年 8 月。

② 第一個“以”字，林澐以爲即文獻中的“貽”字。陳美蘭予以詳細論證，將三銘中的“以”字分爲兩類，一類字義相當於“給予”，第二類字義相當於“傳達”，今從陳美蘭説。李學勤以爲召伯虎夫婦再次來到琱生處，送給琱生禮品。我們依然以爲是琱生來受命。朱鳳瀚以爲字讀爲蔑聲，似讀作“幣”字；而“尋”當爲“帥”。李學勤以爲字當讀爲並母月部的幣字，幣即行禮所用之“帛”；以“尋”爲帛的單位，一尋八尺。今從李學勤説。見林澐：《琱生尊與琱生簋的聯讀》，《古文字研究》27 輯，中華書局，2008 年，第 208 頁；陳美蘭：《説琱生器“以”字的兩種用法》，張光裕、黄德寬主編：《古文字學論稿》，安徽大學出版社，2008 年，第 300~312 頁。

③ “其兄公，其弟乃”，李學勤以爲“公”即公平，乃爲礽，兄公平，弟得福。朱鳳瀚以爲其兄擔任公族大宗之位，其弟當順從。乃即仍，即順從。我們認爲，根據銘文後面“曰毋事召人，公則明亟”，包含了琱生小宗維護召公大宗的意思，而“乃”有順從義，因此朱鳳瀚説可從。但也可以將“仍”看成“憑仍”之“仍”，即依靠，即兄的公族是弟的依靠。

虎的母親，因召姜以君氏發佈土地分配令。“用作召公尊戱”，這是因爲召公是琱生、召伯虎共同的祖先，是這個家族在西周發揚光大的第一人。“其有亂兹命，曰毋事召人，公則明亟。”這是誓言，在西周銘文的作器目的中非常少見。由於大宗慷慨地拿出僕庸土田分給琱生，琱生感激不盡，表示自己雖然立了小宗，但依然以大宗爲領袖，聽從大宗召氏指派。因此琱生在銘文中發誓：如果有人敢破壞這個命令，鼓動説不要聽從召氏公族，就請召公的神靈懲罰他吧！銘文稱召伯虎一方爲“召人”，説明琱生已經自立門户。

琱生還有另一作品《六年琱生簋銘》：

唯六年四月甲子，王在方。/召伯虎告曰：“余告慶曰：‘公/厥稟貝！用獄誎爲伯，有祇/有成，亦我考幽伯、幽姜命。/余告慶。余以邑訊有司，余/典勿敢封。今余既訊有司/曰：戻令，余既一名典獻。”/伯氏則報璧。琱生對揚朕/宗君其休，用作朕列祖召/公嘗簋，其萬年子子孫孫寶用/享于宗。①

圖 6–15　六年琱生簋銘

《六年琱生簋銘》研究成果頗爲豐富，孫詒讓、楊樹達、郭沫若、陳

① 馬承源：《商周青銅器銘文選》，第三册，文物出版社，1988 年，第 209 頁 290 器。

夢家、譚戒甫、李學勤、朱鳳瀚、劉恒等均發表了論著。儘管如此，學界尚未形成被普遍接受的看法。主要問題是本銘的主題到底是什麼？我們繼續以段落分析法入手。

第一段是召伯虎“告慶”。“告慶”就是報告喜訊。[①]“告慶”的主要内容包括兩項，第一項是報告自己被周王封爲伯的喜訊，[②]并宣佈將自己獲得的貨幣作爲宗族的共同財産。[③]在“告慶”中，召伯虎强調自己治理獄訟獲得成功與父母教導分不開。第二項内容是將自己受封爲伯的采邑分給宗族。[④]召伯虎以此兩項爲大喜事，因而向宗族“告慶”。

---

① “慶”，楊樹達以爲慶是召伯虎家宰。此説未當，諸家舉出令人信服的例子説明“告慶”相當於一種儀式。陳夢家以爲“告慶者諸侯征伐四夷有成，獻捷于周王”，即《詩經・江漢》所説的“經營四方，告成於王”，大體上抓住了“告慶”的一種特點，但不如林澐所説更具體。林澐以爲“告慶”就是召伯虎向琱生報喜。“報喜説”被朱鳳瀚、連劭名等學者所接受，我們也從此説。見陳夢家：《西周銅器斷代》，中華書局，2004年，第233~234頁；林澐：《琱生簋新釋》，《古文字研究》第3輯，中華書局，1980年。

② “用獄諫爲伯”，楊樹達以爲召伯虎因爲辦案子有成就，被任命爲“伯”，“諫”即訟。林澐在早年的《琱生簋新釋》中，以“爲伯”意思是“爲了琱生”，伯即指琱生；“衹”爲定，“成”爲平，即平息了訴訟。後來在《琱生尊與琱生簋的聯讀》中再次强調了“伯”爲琱生的意見。朱鳳瀚以“爲伯”屬下讀，意思是“作爲兄長的我”。以上三説還是以楊樹達説爲長，將“爲”解釋成“爲了琱生”，太現代漢語化了；“作爲兄長的我”也離上古漢語語境太遠。“伯”當指召伯虎自己受命爲伯的事情，即召伯虎由於辦理案件有功，被提升爲“伯”。我們從西周銘文中多處見到朝廷主要執政大臣均稱“伯”，比伯再高一級别的稱“公”。例如《五祀衛鼎銘》中有邢伯、定伯、瓊伯，《十二年永盂銘》有邢伯和榮伯；《班簋銘》中毛公在未受命前稱“伯”，受命後稱“公”。

③ “公厥秉貝”楊樹達以爲召伯虎命令家宰慶將受賜之貝分與宗族共用，秉貝即受賞賜之貝，則“公”爲共用，“厥”代詞，指代召伯虎所受賞賜之貝。因“慶”不是人名，這個説法前半不正確；但對“公厥貝”的解釋還是正確的。從語法上看，“公”只能是動詞。見楊樹達：《六年琱生簋跋》，《積微居金文説》246頁，中華書局，1997年。我們認爲“公厥秉貝”即召伯虎决定將自己所得貝拿出來給族人共用，前章《效卣銘》就記載公東宫獲得周王五十朋賞賜後，將其中二十朋轉賜涉子效，與此類似。

④ 這一段銘文非常難懂，我們以楊樹達説爲主。“余典勿敢封”，楊樹達以“典”讀爲“田”；訊，告，以田所在邑告邑有司：自己賜田不敢封疆，打算分給他人。林澐：“我雖有記録土田的文書，（因未有定論）不敢封存於官府。”李學勤以第二個“余告慶”是琱生所説，他分得的田地没有經過官方勘探，不敢封疆。此説迂曲，也隔斷了文氣，我們從楊樹達説。“余既一名典獻”，楊樹達：“一，皆也，盡也。名典即名田，謂定土田之主名，所謂正名也。蓋周王以田賜召伯虎，則其田當名之爲召伯虎之田。今召伯虎以田獻於召伯氏，則田當爲召伯氏之田，故獻者必先定器主名，示其誠意。”林澐《琱生簋新釋》：“現在我已經把全部文書寫好了送給您。”依然没有楊樹達説通達。

從“伯氏則報璧”以下爲第二部分。這一部分琱生記敘自己用一璧報答伯氏召伯虎，因這次琱生又享受到了大宗將財産公用的好處。因而琱生再次宣揚宗君的休德，并記敘了作器目的和願望。

以上分析了琱生四器三銘的主要内容，《五年琱生簋銘》和《五年琱生大口尊銘》記載的是同一件事情的不同階段。《五年琱生簋銘》記載周厲王五年正月己丑這一天琱生因事受召，到公族議事，隨後發生的主要事情有：琱生獻給主婦——召伯虎的夫人姜氏銅壺，姜氏通報了宗君處理宗族田地的設想，希望公族的僕庸土田劃分出一部分給琱生。琱生贈送宗君大璋，贈送姜氏帛和璜。召伯虎説：“我已經調查過了僕庸土田的有關情況，我遵循父母之命，我不敢讓公族僕庸土田生亂，我再次傳達我父母之命。”琱生用覲圭進獻召伯虎。

《五年琱生大口尊銘》記載的是八個月之後以上事情處理情況：召姜向琱生傳達了宗君之命，宗族獲取僕庸土田收入的五分之三，琱生作爲小宗，獲得僕庸土田收入的五分之二。這個處理方案對琱生有利。琱生獻給宗君大璋，獻給召姜十匹帛，一塊璜，賞給辦理手續的官員兩塊璧。爲了傳誦宗君的美德，琱生還爲先祖召公制作了這些禮器，要子子孫孫祭祀召公，發誓言説：“如果琱生及其後人不聽從召氏宗族，就請召公神靈予以懲罰。”

兩篇銘文合起來看，事實很明白，就是琱生分得了大宗的財産，因而感激大宗，作器以表示忠誠。但是銘文寫作技法高超，人物關係複雜，造成今天釋讀的困難，因此有必要梳理一下三篇銘文所記載的事件。

二、琱生三器的核心問題

到目前爲止，琱生三銘的文字隸定只有極少數幾個字没有定論，绝大多數字已經没有争議，但關於琱生三銘到底記載了什麼事情至今衆説紛紜，尤其以“土地糾紛案件説”影響最大。“糾紛説”又分爲琱生與召伯虎的大、小宗之間訴訟説和整個召氏家族與其他外姓土地糾紛説兩種。

獄訟説起於孫詒讓，他以爲“兩器所記情事似相牽連”，“皆爲土田獄訟之事”，[1] 但未予論證。孫詒讓説没有得到楊樹達、郭沫若、陳夢家的響應。琱生、召虎大小宗糾紛説由林澐在《琱生簋新釋》中最先提出。

① 孫詒讓：《古籀餘論》卷中，第二十一器。

林澐20世紀60年代開始撰寫、1980年發表的《琱生簋新釋》全面提出了土地糾紛案件説，得到同時代諸多學者的迅速響應，從那時起一直到今天，相當一部分人將此三銘當成西周法律材料，發表相關論文不下十數篇。此派也分三種觀點，即召氏大小宗之間的土地糾紛説、召氏與他姓土地糾紛説、召伯虎與周公合作賺取訴訟費用説。以林澐爲代表的學者從法律訴訟角度審視貴族土地的内部紛爭，將召伯虎所作所爲視爲徇私舞弊，讓讀者覺得處處扞格難通。林澐之作起於1964年，完成於1979年，難免帶有“階級鬥争”痕跡。近年，陳絜進一步發展了大小宗之間的土地糾紛説，他認爲《五祀衛鼎銘》中的“慶”字和“遅”字是法律術語，“遅”指案件平成，即辦成案子；“慶”是訴訟敗訴一方要向勝訴一方舉行“慶”的儀式。[①] 但是此説值得懷疑。第一,《五祀衛鼎銘》雖然出現了“慶”和“遅”，但“慶”緊緊跟在人名後面，難以斷定意義就是“余告慶”的“慶”字，傳世文獻中從未記載敗訴方要向勝訴方“告慶”的例子。第二,《五年琱生簋銘》和《五年琱生大口尊銘》均反映的是宗族僕庸土田擾亂散亡問題，正如朱鳳瀚所説，君氏明確提出宕三、宕二，爲的是不使宗族僕庸土田散亡，顯然不是兄弟之間的糾紛，而是保護宗族資産不被外姓侵吞問題。

朱鳳瀚主張召氏與外姓糾紛説。他在新作中提出的理由有二：第一，《五年尊銘》君氏希望土田僕庸勿使散亡，顯然不是宗族内部争奪土田僕庸；第二,《六年琱生簋銘》中有“余告慶”，如果是宗族内部糾紛獲得解決，没有必要向琱生邀功。認爲“舊作提出的大小宗協力爲僕庸土田而與外宗族進行獄訟之主線，還是可以成立的。”[②]

召、周合作賺取訴訟費説由陳漢平提出。他認爲銘文記載的是召伯虎由於訴訟案件太多，就找周公幫助處理，周公之弟琱生協助召伯虎打官司，分得了訴訟費用。[③]

然而無論是大小宗之間的土地糾紛獄訟説還是召氏與外姓土地糾

① 陳絜:《琱生諸器銘文綜合研究》,《新出金文與西周歷史》100頁，上海古籍出版社，2011年。

② 朱鳳瀚:《琱生簋與琱生尊的綜合考釋》,《新出金文與西周歷史》75頁，上海古籍出版社，2011年。

③ 陳漢平:《金文編訂補》，中國社會科學出版社，1993年，第609頁。

紛獄訟説都不能與銘文實際相符。從《五年琱生簋銘》看，主要問題是宗族的僕庸土田多猱，即這一部分土地與土地上的人民多有散亡，君氏提出的解決方案有兩個，一個是公族取其三，琱生取其貳；另一個方案是公族取其二，琱生取其一。前一個方案對琱生最有利。到了《五年尊銘》中，解決方案被召姜確定下來，採取的是第一個最有利於琱生的方案，琱生當然高興，因而作器紀念。公族財產爲公族所有，作爲小宗的琱生居然分得五分之二的額外財産，如何不高興！他在《五年尊銘》和《六年簋銘》中都“對揚宗君休”，哪裏有半點對薄公堂的影子？官司打贏了，還在祭祀祖先的重器上對揚敗者休，無論如何也不符合周禮精神，琱生能夠虛僞到連自己的烈祖也要欺騙？土地訴訟説受“階級鬥争”觀念束縛太深了。當年王玉哲就提出琱生器不關土地訴訟，他的直覺是對的，只是企圖通過分析“獄”字本義不爲監獄來否定舊説，没有被文字學家所接受。

至於賺取訴訟費用説，由於《五年琱生尊》的出土不攻自破，這裏不再討論。

除了土地訴訟説，前輩學者尚有其他解釋。郭沫若、陳夢家、楊樹達三位大師均聯繫到《詩經》，前二人以《大雅·江漢》説《六年琱生簋銘》，但缺點是不能坐實到字句；而楊樹達以《常棣》之詩爲背景，文字大多能落實。楊樹達對於《六年琱生簋銘》的闡釋十分精彩，除了“余告慶”解説迂曲外，其餘都能文從字順。他把握住兩個“余告慶”，一個告分賜貝，一個告獻田地，再引《左傳·僖公二十四年》召穆公作《常棣》之詩，釋文遊刃有餘，打開了被封存的歷史空間，是極其成功的銘文研究的典範。琱生三器能確定出土地點的均在陝西扶風之岐山境内，而召伯虎器均出土於洛陽邙山。由此可見召伯虎宗族的中心或在洛陽，而琱生極有可能佔據了召公最初所受封地，這些封地極有可能就是這次召伯虎所獻。

我們認爲，《六年琱生簋銘》與《五年琱生簋銘》及尊銘反映的不是一件事情。《六年琱生簋銘》當從楊樹達釋，即召伯虎將自己獲得賞賜的貝作爲公族財産，將獲得賞賜的采地獻給了琱生，琱生獲得好處，因此作器紀念。琱生五年的簋銘和尊銘記載的是另外一件事，即召伯虎將屬於大宗掌管的僕庸土田分出一部分給小宗琱生掌管。這兩件事情都反映了召伯虎團結宗族兄弟，不以財産爲獻的個人品格，也只有這樣勇於捨棄利益的人才能在周厲王奔逃後用自己的兒子换取厲王太子的性命。

分析了琱生三器銘的核心問題之後，我們不難發現琱生三器銘就是對與《左傳・僖公二十四年》富辰的話的最佳注釋：

召穆公思周德之不類，故糾合宗族于成周而作《詩》，曰："常棣之華，鄂不韡韡。凡今之人，莫如兄弟。"其四章曰："兄弟鬩于牆，外禦其侮。"如是則兄弟雖有小忿，不廢懿親。[①]

從這段話中我們獲悉：召伯虎曾經召集自己的宗族於成周，説明召伯虎家族的中心在成周，這個情況與考古發現中召伯虎家族墓葬全部出現於洛陽是一致的。這一次召集宗族於成周，小宗琱生極有可能也在被"糾合"之列，五年琱生二器當即記載這次事件，即《五年琱生簋銘》的"琱生有事召來合事"之"合事"。富辰用"糾合"，《五年琱生簋銘》用"召來合事"，恐怕不是巧合。琱生諸器發現於陝西扶風，這一地區屬於古周原，召公的采邑就在附近，從而間接印證了《六年琱生簋銘》所説召伯虎將自己的封田記在琱生名下是事實。從富辰"如是則兄弟雖有小忿，不廢懿親"看，召伯虎宗族之間可能有一點不愉快的事情，那事情極有可能就是僕庸土田的糾紛。《五年琱生簋銘》"琱生有事"，當指這件事，由於是宗族内部糾紛，不好明説，就用"有事"淡化掉了。召伯虎在處理這件事情上勇於捨棄部分利益，以换取宗族團結，被史家傳爲佳話。琱生也爲大宗宗君的氣度所折服，創作了這三篇頌揚銘文。而召伯虎不但採用利益分享手段團結宗族，還利用詩歌這個形式作精神上的動員，創作[②]了傑出詩歌《常棣》：

常棣之華，鄂不韡韡，凡今之人，莫如兄弟。

① 孔穎達：《春秋左傳注疏》，《十三經注疏》，中華書局，1980年，第1817~1818頁。

② 按：只有《左傳》記載富辰的話，説《常棣》由召穆公召伯虎創作，《毛詩序》《國語》以及鄭玄《箋》都説由周公所作，召伯虎只是引用了《常棣》。我們認爲《左傳》作者早於毛亨和鄭玄，並且《左傳》紀事大多被證明可靠，因此我們從富辰説，以《常棣》爲召伯虎所作。

死喪之威，兄弟孔懷，原隰裒矣，兄弟求矣。
脊令在原，兄弟急難。每有良朋，況也永歎。
兄弟鬩於牆，外禦其侮，每有良朋，烝也無戎。
喪亂既平，既安且寧。雖有兄弟，不如友生。
儐爾籩豆，飲酒之飫。兄弟既具，和樂且孺。
妻子好合，如鼓瑟琴。兄弟既翕，和樂且湛。
宜爾室家，樂爾妻帑。是究是圖，亶其然乎。①

富辰僅僅説召穆公作詩歌以激勵兄弟宗族。我們知道，如果没有實際物質利益，僅僅靠宣傳，兄弟團結的力量是有限的。“琱生三銘”反映了召穆公團結宗族的物質手段：以利益的合理分配和調整來加強大、小宗之間的團結。《常棣》是以詩歌的形式讚揚召伯虎的兄弟團結精神；“琱生三銘”用散文的形式表現召伯虎的“大公無私”，相得益彰。這兄弟兩個，一個創作了千古名詩《常棣》，一個創作三篇優秀散文，均是中國文學中傑出作家。若一定要分高下，召伯虎《常棣》詩無一語道及錢財，而琱生三銘每篇不離財物，境界高下不言而喻。當今學者不少人對“琱生三銘”作了錯誤的闡釋，勾畫出來的召伯虎竟然是一個徇私舞弊的小人，真是污蔑了古人！

三、琱生三器的文學價值

《詩經·小雅·常棣》以名句“兄弟鬩於牆，外禦其侮”而爲人們所熟知。但關於詩的作者卻有兩種説法：一種以爲西周初年周公旦因管、蔡叛亂而作；另一種以爲周宣王時期召伯虎所作。前者出自《國語·周語》，後者出自《春秋左傳》。

《國語·周語》載：

襄王十七年，鄭人伐滑。使游孫伯請滑，鄭人執之。王怒，將以狄伐鄭。富辰諫曰：“不可。古人有言曰：‘兄弟讒鬩，侮人百里。’周文公之詩曰：‘兄弟鬩於牆，外侮欺辱。’若是則鬩乃内侮，而雖鬩不敗親也。”②

① 孔穎達：《毛詩注疏》，《十三經注疏》，中華書局，1980年，第407~409頁。
② 徐元誥：《國語集解》，中華書局，2002年，第45頁。

《春秋左傳》載：

鄭公子士泄、堵俞彌帥師伐滑，王使伯服、游孫伯如鄭請滑。鄭伯怨惠王之入而不與厲公爵也，又怨襄王之與衛、滑也，不聽王命而執二子。王怒，將以狄伐鄭。富辰諫曰："不可。臣聞之：大上以德撫民，其次親親以相及也。昔周公弔二叔之不咸，故封建親戚以蕃屏周……召穆公思周德之不類，故糾合宗族於成周而作《詩》，曰："常棣之華，鄂不韡韡。凡今之人，莫如兄弟。"其四章曰："兄弟鬩於牆，外禦其侮。"如是則兄弟雖有小忿，不廢懿親。[①]

兩書所記是同一件事情，只是關於《常棣》的作者説法不一致，屬於傳聞異辭。不過關於《常棣》作者，兩説必有一錯。《國語》《左傳》都是先秦古書，所記歷史事實大多可靠，都不能輕易否定。《毛詩序》以下學者或持周公説，或主召伯虎説，或調停二説，以爲周公作詩，召伯虎用詩，於理似乎可通，但都没有過硬的證據。

西周青銅器銘文出自西周貴族之手，没有經過後人改動，是十分可靠的第一手資料。傳世銘文中有五年和六年琱生簋銘兩篇，記載了與厲、宣時期政治家召伯虎有關的事情。1954 年，楊樹達作《六年琱生簋跋》，將《琱生簋銘》與《常棣》詩聯繫起來。不過由於學術界對《琱生簋銘》的釋讀分歧很大，楊樹達的意見未受到充分重視。2006 年 8 月，陝西省扶風縣五郡西村窖藏中又發現了一批琱生器，其中兩件琱生器形狀類似於尊，被稱爲"大口尊形器"，兩尊都刻有相同的一百一十二字長銘，與已經流行的琱生兩簋銘内容密切相關。學界從考古學、古文字學和歷史學角度對琱生三器銘展開了多學科研究，文字考釋問題基本上得到解決。琱生三器銘聯繫起來可形成證據鏈，爲解決五年和六年《琱生簋銘》懸而未決的問題提供了可靠的參考資料。但是學術界對銘文的解讀分歧嚴重，影響了文獻歷史價值的發揮。本文從銘文解讀入手，從而揭示銘文所記召伯虎的真相，並以此爲基礎探索《常棣》一詩的作者問題。

在五年琱生尊没有出土之前，孫詒讓、陳夢家均提出《五年琱生簋

① 孔穎達：《春秋左傳注疏》，《十三經注疏》，中華書局，1980 年，第 1817~1818 頁。

銘》和《六年琱生簋銘》似可以連讀，林澐更説明兩文構成一篇完整的文章，應該連讀。《五年琱生尊銘》出來後，學者有主張《五年琱生簋銘》是前半部，《五年琱生尊銘》是後半部，而林澐堅持原來觀點，以《五年琱生簋銘》與《六年琱生簋銘》爲同一篇文章的上下篇，而《五年琱生尊銘》與《五年琱生簋銘》所記是同一件事情。①

我們認爲，首先可以肯定《五年琱生尊銘》不與《五年琱生簋銘》組成一篇文章的上下篇，原因很簡單，因五年琱生尊有兩件，且同銘。西周的確有一篇銘文刻於多器之上，但未見這樣分讀的銘文被重複刻於多器之上。

我們還認爲三篇銘文反映的是兩件事，五年尊銘和簋銘反映琱生、召伯虎處理宗族擁有的附庸土田事情，六年簋銘反映召伯虎將個人賞賜充公、與兄弟分享事件。不過李學勤、朱鳳瀚等提出五年簋銘和尊銘内容並不重複，反映了處理宗族附庸土田處理的一個過程，這個意見值得肯定。

三篇銘文的器主均爲琱生。琱生稱呼比較特别，馬承源以爲“琱生”之琱是采邑，是居住在琱的召公後裔。那麽馬承源判斷此人當以“琱”爲氏，即以采邑爲氏。此説雖有可能，但不如林澐以此人爲琱氏之外甥説更好理解：《函皇父簋銘》有琱妘，則琱爲妘姓之國；生即“外甥”，其母爲琱國妘姓女子。② 與器主關聯的召伯虎即傳世文獻中有名的西周晚期政治家召伯，經典多稱召穆公，與琱生是從兄弟關係。③

三篇銘文的作者不一定刻意要塑造召伯虎這一政治人物的形象，不過銘文實際效果是展示了召伯虎這位傑出政治家的廣闊胸襟。以下我們從人物形象展示技巧、語言表達技巧兩個方面進行分析。

（一）人物形象展示技巧

三篇銘文涉及了琱生、召伯虎、召姜、召伯虎的父母幽伯幽姜，其中召姜、幽姜在《五年琱生簋銘》中稱婦氏、君氏。再根據《函皇父簋銘》《五年琱生大口尊銘》，參考李學勤先生《琱生三器聯讀考釋》一文所列人物關係圖，將琱生小宗與召伯虎大宗關係表達如下：

① 林澐：《琱生尊與琱生簋的聯讀》，《古文字研究》27 輯，中華書局，2008 年，第 206 頁。

② 林澐：《琱生簋新釋》，《林澐文集》，中國大百科全書出版社，1998 年，第 159 頁。

③ 楊樹達以爲琱生是召伯虎的兄長，見《積微居金文説》248 頁，中華書局，1997 年。林澐以爲琱生鬲銘有“琱生作文考究仲尊彝”，而召伯虎稱“我考幽伯”，那麽召伯虎之父爲長兄，琱生之父爲弟。

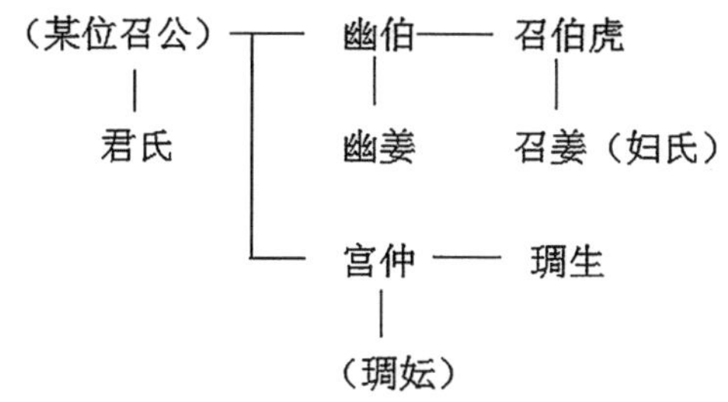

琱生三銘均從琱生自己的視角來記敘兩件獲利巨大的重要事件。銘文使用了明寫與暗寫技術，三篇銘文處處都有召伯虎的影子。

明寫與暗寫即正面描述與側面描述。由於西周青銅器銘文尚未發展出一套動作神情、肖像和心理描寫技術，唯有對話描寫比較成熟，明寫和暗寫主要體現在語言描寫和事件進程敘述方面。其中《五年琱生大口尊銘》對召伯虎形象採用暗寫來表現；《五年琱生簋銘》則由暗到明，逐步清晰地展示召伯虎形象；《六年琱生簋銘》採用正面直接敘事，展示召伯虎形象。《五年琱生大口尊銘》從召伯虎夫人召姜向琱生傳命寫起，召姜也不提召伯虎的意見，以君氏——自己婆婆的名義發佈處理宗族僕庸土田的方案，讓小宗琱生獲得大利益。以君氏的名義告誡說："其兄公，其弟乃"，"其兄"即召伯虎，雖未直寫，卻在暗示召伯虎的重要地位。

《五年琱生簋銘》也是從琱生角度記敘事件的。琱生因事被召來合事，誰召來合事？銘文没有明寫。不過從第一位接待者是召伯虎之妻婦氏看，召伯虎是實際的舉事者，但以君氏的名義操作，因婦氏所傳話中就有"以君氏命曰"。提出了兩個方案供琱生參考：一個方案琱生獲得五分之二的僕庸土田份額，另一個方案琱生獲得三分之一的份額。寫到這份上召伯虎還没有出現。直到琱生獻出大璋、帛束、璜之後，召伯虎才出來接見琱生，那已經是議事之後了。銘文這時候有一段語言描寫，内容是召伯虎解釋和再次傳達父母的建議，表面上看一個政治家並不熱衷於田産，主要事情讓給夫人處理，自己之所以出面，完全是應年邁的父母要求。在這篇銘文中召伯虎由暗處逐漸走到明處。

《六年琱生簋銘》是目前爲止唯一正面直接記敘召伯虎的一篇文獻。銘文採用語言描寫，通過召伯虎兩個"余告慶"將琱生帶到幸福的巔峰：召伯虎宣佈的第一個喜訊是在獲得提拔後，決定將自己的賞賜全部捐給公族。第二個消息更讓琱生喜出望外：召伯虎竟將自己的封田出讓給了琱生。兩個“告慶”是疊加法，第一個是小甜頭，第二個才是重磅消息！正面記敘相對於側面記敘不容易出彩，但銘文利用兩個“余告慶”累加起來，造成敘事高潮，十分成功。

銘文還使用了襯托手法。君氏在五年琱生雙銘中没有直接出現，卻無處不在，原因是召伯虎夫婦處處揚君氏之美，多不提自己的恩惠和功勞。銘文似乎不刻意突出召伯虎，卻處處突出了召伯虎。從六年簋銘召伯虎稱父母爲“幽伯、幽姜”可知，召伯虎的父母在六年雙雙去世，在五年當即體弱多病，已經不能過問家族内部事務，君氏傳話“余老止”是實情。從琱生未能與君氏直接見一面看，二老身體在五年已經相當糟糕，家族實際事務的處理者肯定不是他們，宗族大事處理權實際上已經在召伯虎手裏。

“琱生三銘”還使用了敘事視角轉換法。如《五年琱生簋銘》第一段採用第三方敘事立場，説“琱生有事召，來合事”。第二段用第一人稱“余”敘事，到了第三段，又回到第三方立場敘事，自稱“琱生覲圭”。《五年琱生大口尊銘》也是如此，第一段用第三方立場敘事，第二段用第一人稱敘事，第三段又回到第三方立場。

（二）人物敘事的語言技巧

“琱生三銘”在語言藝術上富有創新性。第一個語言特色是人物語言符合人物身份，有追求個性的傾向。例如記載召伯虎的語言，反映召伯虎偏好用動詞“訊”和人稱代詞“余”：

余既訊，㕓我考我母令，余弗敢亂，余或致我考我母令。（《五年琱生簋銘》）

余告慶：“余以邑訊有司，余典勿敢封。今余既訊有司曰：㕓令。余既一名典獻。”（《六年琱生簋銘》）

今余既訊有司曰：㕓令。（《六年琱生簋銘》）

第一例連用三個“余”字；第二例連用四個“余”，展示了召伯虎説話直接了當、風風火火的個性。再如召姜兩次傳達君氏的意見，都模仿君氏的口吻：

余老止，公僕庸土田多擾，弋白氏從許。(《五年琱生簋銘》)

余老止，我僕庸土田多擾，弋許。(《五年琱生大口尊銘》)

君氏兩次都強調“余老止”，直率地承認“我僕庸土田多擾”，既説明君氏的確精力不濟，同時間接刻畫了人物神態。

“琱生三銘”第二個語言特色是敘述語言根據人物和具體環境而變化。例如琱生獻禮物，對於君氏用“惠”和“惠於”，對於召姜用“報”，對於召伯虎則用“覲”。

“琱生三銘”語言的第三個特點是爲避重而採取了省略、互文和替換手法。例如《五年琱生簋銘》有“余獻婦氏以壺。告曰”，在“壺”與“告曰”省略了“婦氏”，這是承前省略。在傳達了君氏命之後，没有寫琱生同意採用哪一個方案，這是因爲《五年琱生大口尊銘》已經記載君氏之命，採用的是第一種方案。這是文本之間的“互文”。如果銘文記載琱生自己的選擇，那麽琱生未免有貪財之嫌。同樣，《五年琱生簋銘》稱召伯虎夫人爲“婦氏”，在《五年琱生大口尊銘》中則稱爲“召姜”，這是替換，同時形成文本之間的“對文”。

第三節　册命銘文集大成之作

册命是西周王朝基本國策，是王朝與貴族達成契約的儀式化確認，也是西周貴族服務於王朝權力的基本保障。因此册命銘文是西周第一大銘文文體。到了宣幽時期，西周册命儀式最終固化，宗周禮樂文明中的册命禮得以定型，不過，西周王朝也走到了歷史的盡頭。

圖 7–16　頌簋銘

宣幽時期，部分册命銘文依然延續之前的寫作路數，例如《無叀鼎銘》：

唯九月既望甲戌，王格/于周廟，烝于圖室，司徒/南中佑無叀内門，立中庭，/王呼史友册命無叀曰：/"官司穆王正側虎臣，賜/汝玄衣黹純，戈琱戟緱，/必彤紗，攸勒、鑾旂。"無叀/敢對揚天子丕顯魯休，用/作尊簋，用饗孝于朕列祖，用/匄眉壽，萬年子子孫孫永寶用。①

《無叀鼎銘》的内容包括時間、地點、佑者、命者、册命者、册命令、受命者對揚王休、作器目的、作器願望九項内容，比之前標準的册命銘文少了一項"拜稽首"。但是我們從《頌鼎銘》中看到，在周宣王三年，册命禮儀發生了變化，但《無叀鼎銘》没有反映這個變化。由此可見無叀鼎銘還是沿襲之前的老路撰寫册命銘文。

一、史頌二銘與膳夫山鼎銘

史頌主要生活在周厲王中晚年到周宣王時期，他所作多件青銅器很早就流傳於世，《攈古録金文》《綴遺齋彝器款識考釋》等文獻都有著録。由於史頌所作青銅器出土情況不明，我們只能通過這些青銅器上的銘文獲悉史頌的身份。史頌所作銘文數量不少，其中《史頌盤銘》《史頌匜銘》《史頌簠銘》由於篇幅短小，所承載的歷史信息有限，也限制了撰寫者的寫作才能，算不上傑出作品；但《史頌鼎銘》和《頌簋銘》卻是西周金文中的傑作。

圖 7–17　頌簋銘

隹三年五月既死霸甲戌，/王在周康昭宫，旦，王格大/室，即位。宰引佑頌入門，立/中庭。尹氏授王命書，王呼/史虢生册命頌。王

① 中國社會科學院考古研究所：《殷周金文集成（修訂增補本）》，第二册，中華書局，2007 年，第 1483 頁 2814 器。又見馬承源：《商周青銅器銘文選》，第三册，文物出版社，1988 年，第 313 頁 444 器。

曰："頌！命/汝官司成周貯廿家，監司新造。/貯用宫御。賜汝玄衣黹純，/赤市朱黄，鑾旂，攸勒，用事！"/頌拜稽首，受命册，佩以出，/反，入堇璋。頌敢對揚天子/丕顯魯休，用作朕皇考龔/叔、皇母龔姒寶尊鼎，用追/孝，祈匄康屯右、通禄永/令，頌其萬年眉壽无疆，畯/臣天子，靈終，子子孫孫永寶用。①

《頌簋銘》一篇一百五十二字，尚有鼎銘、壺銘與此同銘，器今藏山東省博物館。《頌簋銘》第一次完整地記敘了西周晚期册命禮儀的全過程，反映了西周晚期册命禮儀的變化。我們根據《頌簋銘》，可以將西周晚期册命禮儀的主要儀節歸納出來。

程式一，册命禮的準備。前一天，王住在先王宫中。同樣，受册命者也當住在附近，早早等待在宫門之外。

程式二，册命禮的前奏。包括三項内容：天亮，王進入廟中大室的北面，準備主持册命儀式；佑者引導受册命者進入廟門，站在大室前的中庭；史官之長和至少一名史官進入大室，伺候在周王之側，等候召唤。

程式三，正式册命。此時，史官之長將册命書遞給周王；周王命令另外一名史官宣讀册命書；史官宣讀册命令。

程式四：周王現場講話。如果周王發表現場講話，銘文直接寫"王曰"；如果周王不發表現場講話，銘文摘要記敘册命令中的主要内容用"王若曰"。

程式五：受命者答謝。包括講話結束後，受册命者拜稽首；然後受册命者從史官手中接受册命，手捧命册出門，然後返回，將瑾璋交給周王。

其中"受命册，佩以出，反内瑾璋"是第一次出現。標誌西周晚期册命禮儀發生變化。"佩"即捧。"反内瑾璋"是幹什麽？有學者説這是受命者將自己的摯玉交上來，恐怕不對。《周禮》有"六瑞"，外服之官執之，朝覲第一次見面就要交給周王，周王後面還要還給他，見《儀禮·覲禮》和《聘禮》。頌是王官，上交瑾璋的第一種可能是將舊瑾璋上

① 中國社會科學院考古研究所：《殷周金文集成（修訂增補本）》，第四册，中華書局，2007年，第2721頁4332.1器。

交，因職務變了，該拿身份更高的瑾璋；或者第二種可能：此瑾璋相當於册命的“費用”，無償貢獻給周王，這就是矩伯爲什麽要向裘衛以土地換瑾璋。我們覺得第二種的可能性最大。

《頌簋銘》所記載册命禮儀注是西周銘文中最詳細的，這就是《頌簋銘》的價值所在。史頌除了這篇傑出的頌簋銘外，還有一篇《史頌鼎銘》，我們也附帶在此一併分析。

《史頌鼎銘》記敘史頌受王命視察蘇國的情況。蘇國即西周初年司寇蘇忿生所封之國，故址在今河南温縣境内。史頌這一次視察内容包括蘇國的官僚機構、社會基層組織和百姓生活情況，最後視察團到成周。史頌這次視察取得成果，蘇侯贈送史頌一批儐物，包括璋、四馬和吉金。

圖 7–18　史頌鼎甲銘

隹三年五月丁巳，王在宗/周，命史頌省蘇僚友、里君、/百姓，帥偶㪟于成周，休有/成事，蘇賓璋，馬四匹，吉金，用/乍䵼彝，頌其萬年無疆，日/揚天子顯命，子子孫孫永寶用。[①]

史頌鼎有同銘二件。銘文反映了共和時期共伯和對諸侯進行有效的管理這一歷史事實。銘文中的“省”字特指王朝對所轄諸侯國的巡視，尤其是周王對諸侯國的巡視，例如《宜侯夨簋銘》《宗周鐘銘》。本篇史頌受共伯和派遣去巡視蘇國，史頌是作爲共伯和的代表行使視察責任的。《史頌鼎銘》對於了解共伯和時期的政治措施具有重要的價值。[②]

① 中國社會科學院考古研究所:《殷周金文集成（修訂增補本）》，第二册，中華書局，2007 年，第 1454 頁 2787 器。

② 馬承源以爲，《史頌鼎銘》和《頌鼎銘》所記均爲三年五月，前後十八天。前者爲巡視蘇國，後者爲受册命，不可能在同一王世發生，因而前者爲共和時期，後者爲宣王時期，今從之。見馬承源:《商周青銅器銘文選》，第三册，文物出版社，1988 年，第 300 頁 429 器、304 頁 434 器。

自從史頌創作了《頌簋銘》之後，宣、幽二王時期的册命銘文大多有“佩以出，返，納覲璋”的記敘。這個儀節在宣王以前的册命銘文中不多見。説明宣王時期對册命儀式進行了改革，增加這一程式，由此，西周册命儀式的複雜程度達到巔峰。

《膳夫山鼎銘》創作於周宣王三十七年，記載的是周宣王册命膳夫山擔任管理㝵地的飲獻人之官的事情。全銘一百二十一字。

《膳夫山鼎銘》“受册，佩以出。返，納覲璋”與《頌簋銘》“受命册，佩以出，反，納覲璋”只有個别詞彙的差别，所記敘的是同一個册命禮之中的程式。兩篇銘文相差三十四年，説明這個程式已經固化在周宣王册朝的命禮儀中。

隹卅又七年正月初吉庚/戌，王在周，格圖室，南宫呼/入佑膳夫山，入門，立中庭，/北嚮。王呼史桒册命山。王/曰：“山！命汝官司飲獻人于/㝵，用作憲；司貯，毋敢不善。/賜汝玄衣黹純，赤市朱黄，/鑾旂。”山拜稽首，受册，配以/出。反，納瑾璋。山敢對揚天/子休命，用乍朕皇考叔碩/父尊鼎，用祈匄眉壽綽/綰永命靈終，子孫

圖 7–19　膳夫山鼎銘

孫永寶用。[①]

此後，周宣王四十二年的逨鼎銘文、四十三年的逨鼎銘文都記敘了這個程式。由此可見在長近半個世紀的漫長歲月中，“受册，佩以出，返，納覲璋”成爲固化的程式，成爲册命禮儀的組成部分。《膳夫山鼎銘》爲我們研究“膳夫”職官職能提供了寶貴的原始資料。從其册命内容“命汝官司飲獻人于㫷，用作憲；司貯，毋敢不善”看，膳夫山不僅管理飲食服務人員，還管理財物，與《周禮·天官》的“膳夫”一職相似度很大。

二、單逨九銘

2003 年 1 月 19 日，陝西省眉縣馬家鎮楊家村五位村民取土時發現西周青銅器窖藏，考古工作者迅速趕到現場清理出精美的二十七件全部帶銘的西周青銅器。其中成篇青銅器銘文包括三百七十三字的《逨盤銘》、二百八十字的《四十二年逨鼎銘》、三百一十字的《四十三年逨鼎銘》、二十字的《逨盉銘》、十九字的《單五父壺銘》、十四字的《叔五父匜銘》、十二字的《大盂銘》、十一字的《單叔鬲銘》，總共八篇銘文。學者們一致認爲這是西周晚期單氏家族窖藏，其中逨器作於周宣王後期。學者還認爲，叔五父、單五父都是逨，單爲姓，叔爲排行，五父爲字，逨爲名。[②] 八篇銘文中除了《大盂銘》之外，七篇都爲單逨所作，加上 1985 年在楊家村另一處窖藏出土的兩篇《逨鐘銘》，此人留下九篇銘文作品，其中自稱逨的四篇逨銘都能進入西周最傑出的銘文作品之列，尤其是《逨盤銘》，是西周繼《史牆盤銘》之後最優秀的史詩性質的銘文作品。

（一）四十二年逨鼎銘

《四十二年逨鼎銘》完整地記敘了周宣王賞賜逨的賞賜禮儀中的各個儀節，尤其注重對於周宣王賞賜令内容的記敘，全文二百八十二字，摘録賞賜令就近一百七十字，佔據全文的三分之二。這一部分採用“王若曰”形式展開，核心内容是表揚器主逨協助長父侯整頓軍務，在抗擊玁狁掠奪邊境的戰鬥中建立了突出的戰功。爲此，周宣王賞賜了逨兩處一

① 中國社會科學院考古研究所：《殷周金文集成（修訂增補本）》，第二册，中華書局，2007 年，第 1495 頁 2825 器。又見馬承源《商周青銅器銘文選》，第三册，文物出版社，1988 年，第 314 頁 445 器。

② 劉懷君等：《陝西眉縣楊家村西周青銅器窖藏》，《考古與文物》2003 年 3 期。

共五十田以及秬鬯一卣：

隹卌又二年五月既生霸乙 / 卯，王在周康穆宫。旦，王各太 / 室，即位。司工散右吴逨入門，/ 立中廷，北嚮，尹氏受王贅書。/ 王呼史減册贅逨。王若曰："逨！ / 不顯文武膺受大令命，匍有四方，/ 則繇唯乃先聖祖考夾召先 / 王，爵勤大命，奠周邦。余弗遐 / 忘聖人孫子，余唯閉乃先祖 / 考有爵于周邦，肆余作汝鲨 / 訇。余肈建長父侯于楊，余命 / 汝奠長父，休，汝克奠于厥師，/ 汝唯克型乃先且考。闢玁狁 / 出戲于井阿，于歷巖，汝不斁戎，/ 汝光長父以追博戎，乃即宕 / 伐于弓谷，汝執訊獲馘，俘器、/ 車、馬，汝敏于戎工，弗逆朕親令。/ 贅汝秬鬯一卣，田于鄭卅田，于 / 隮廿田。"逨拜稽首，受册贅以 / 出。逨敢對天子丕顯魯休揚，/ 用作齋彝，用享孝于前文人，/ 其嚴在上，翼在下，穆秉明德，/ 數數纂纂，降余康娛、屯佑、通禄、/ 永命，眉壽綽綰，畯臣天子。/ 逨其萬年無疆，子子孫孫永寶用享。①

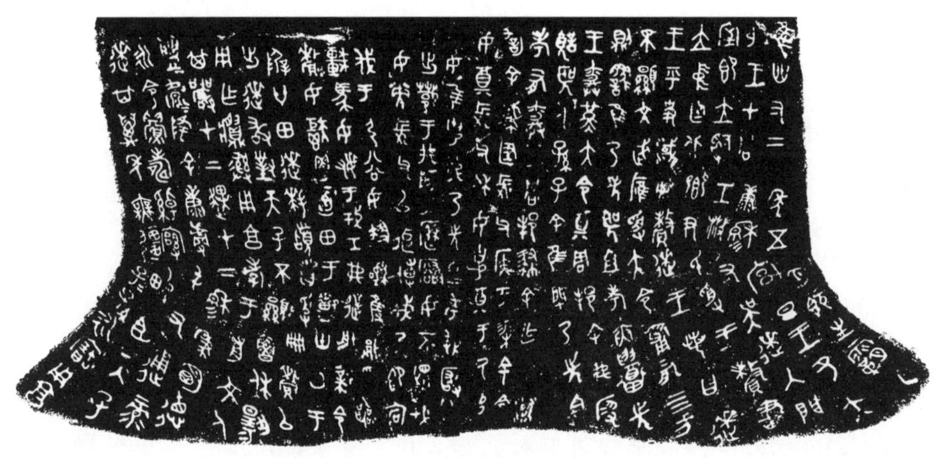

圖 7–20　四十二年逨鼎乙銘

《四十二年逨鼎銘》是西周賞賜銘文集大成之作。本銘在寫作上有三大特色，第一，將記功與賞賜融合在一起，豐富了賞賜銘文的表

① 劉懷君等：《陝西眉縣楊家村西周青銅器窖藏》，《考古與文物》2003 年 3 期。

現手法。本銘的主體是記敘一次賞賜禮儀，但如果簡單地記敘賞賜儀式的儀節，銘文未免枯燥。《四十二年逨鼎銘》没有在賞賜銘文八大要素中平均用力，而是通過“王若曰”的對話記敘，將銘功類銘文敘述戰功的長處引入本銘，爲本銘增加生動的内容。第二，繼承了西周中期賞賜銘文對要素深化的傳統，從記敘册命令着手，將器主逨在抗擊玁狁的戰鬥中做出的突出貢獻展示出來，不僅記敘了周王賞賜的榮耀，還起到了銘記戰功的作用。第三，本銘對西周賞賜銘文的作器願望要素進行了拓展：“用享孝于前文人，其嚴在上，翼在下，穆秉明德，數數纂纂，降余康娛、屯佑、通禄、永命，眉壽綽綰，畯臣天子……”“嚴在上，翼在下”是三字句，“穆秉明德，數數纂纂”是四字句，“康娛、屯佑、通禄、永命”是二字短語作賓語，“眉壽綽綰，畯臣天子”又回到四字句。可見這一部分語句富於變化，詞彙精美華麗，行文駢散結合，音節優美。

本銘有“佩册以出”，卻没有“返納覲璋”。這就是册命禮儀與賞賜禮儀的區别之處。册命禮伴隨職務的提升，所執之玉也隨之升級，因而才有返納覲璋的儀節。

（二）四十三年逨鼎銘

《四十三年逨鼎銘》長達三百二十字，是一篇册命銘文：

隹卌又三年六月既生霸/丁亥，王在周康宫穆宫。旦，王/各周廟。即立，司馬壽右吴/逨入門，立中廷，北嚮。史域授/王命書，王乎尹氏册令逨，/王若曰：”逨，丕顯文武膺受/大命，匍有四方，則繇唯乃先/聖祖考夾召先王，爵勤大/命，奠周邦，肆余弗忘聖人孫子。/昔余既命汝胥榮兑，䟫司/四方虞林，用宫御。今余唯/巠乃先祖考有爵于周邦，/申就乃命，命汝官司歷人。毋/敢妄寧，虔夙夕，惠雍我邦/小大猷，雩乃専政事，毋敢不/規不型，雩乃訊庶友𡩜，毋/敢不中不型，毋恭恭橐橐。唯有/宥從，迺敄鰥寡，用作余我/一人咎，不隹死。”王曰：“逨，賜汝秬鬯一/卣，玄衮衣，赤舄，駒車，桒較，朱/虢，鞃靳，虎冟，熏裏，畫轉，畫/輯，金甬，馬四匹，攸勒，敬夙夕勿莫/廢朕命！”逨拜稽首，受册，佩/以出，反入瑾圭。逨敢對天/子丕顯魯休揚，用作朕皇/考龔叔𩰫彝，皇考其嚴在/上，翼在下，穆秉明德，數

圖 7-21　四十三年逨鼎甲銘

數彙彙，/降余康娛屯佑、通禄、永命、/眉壽、綽綰，畯臣天子。逨萬/年無疆，子子孫孫永寶用享。①

《四十三年逨鼎銘》是西周册命銘文中地位僅次於《毛公鼎銘》的傑出作品。本銘最突出的地方有兩點。第一是詳細記敘了周宣王的册命令，爲《尚書》又添了一篇《單逨之命》。銘文用一個“王若曰”一個“王曰”將周宣王的訓令記録下來。“王若曰”部分包含對於逨的先祖功勛的回顧，對於單逨舊職的簡述，對單逨任命新職原因的簡述，對單逨新職的任命，對單逨的告誡。其中對單

① 劉懷君等：《陝西眉縣楊家村西周青銅器窖藏》，《考古與文物》2003 年 3 期。

逨的告誡屬於履新職之前的警示教育，佔了“王若曰”的大部分，内容包括應該幹什麽，不能幹什麽，以及失職的後果。不該做的包括妄寧、不規不型、不中不型、宥從、敄鮮寡；其後果是“用作余我一人咎，不隹死。”應該做的包括“虔夙夕，惠雍我邦小大猷”以及上面不該做的反面，即中規中型、撫恤鰥寡。“王曰”部分是賞賜物品的清單，按物品個體一條一條地列出。從本銘我們知道，虞逨職務發生變化，原來是管理四方虞林，現在是“司歷人”。歷當爲畿内一個戰略要地。周厲王時期的《禹鼎銘》有“噩侯馭方率南淮夷、東夷廣伐南或、東或，至于歷内。”噩侯御方入侵“歷内”，當即此地。

本銘第二個特點是完整地記敘了册命禮儀的細節，爲今人研究西周晚期册命禮儀提供了非常可靠的第一手資料。册命銘文的八大組成要素一個都不少，全部都是完整敘述，没有採用選擇性記敘或簡略記敘。時間方面，年月日俱全，爲今天研究周宣王時期曆法提供了可靠材料。地點是“王在周康宫穆宫，旦，王各周廟。”爲今天研究周廟、康宫、穆宫關係提供了線索。佑者爲司馬壽，撰寫命書的是史域，這兩人名字的出現可以將一批青銅器銘文串聯起來，從而爲判定記時不完整銘文的年代提供了依據。銘文還記録了“逨拜稽首，受册佩以出，反入瑾圭”的儀注，這個儀注在西周中期還没有出現，説明此時受册命需要向周王貢獻覲璋。這個記録或許可以解開《裘衛鼎銘》所記矩伯庶人向裘衛購買覲璋的問題。《四十二年逨鼎銘》是西周最標準的册命銘文，是典範型作品。

（三）逨盤銘

單逨最傑出的作品是《逨盤銘》。《逨盤銘》是西周世系銘文的終極性作品，代表了貴族世系銘文創作的最高成就。

逨曰：“丕顯朕皇高祖單公，桓桓克明哲氒德，夾／召文王武王達殷，膺受天魯命，匍有四方，竝／宅氒堇疆土，用配上帝。雩朕皇高祖公叔，克逨／匹成王，成受大命，方逖丕享，用奠四或萬邦。／雩朕皇高祖新室中，克幽明氒心，柔遠能邇，／會召康王，方懷不廷。雩朕皇高祖惠中盠父，／盭龢于政，有成于猷，用會昭王穆王，盜政四方，撲／伐楚荆。雩朕皇高祖零伯，粦明氒心，不墜[厥]／服，用辟龔王、懿王。雩朕皇亞祖懿中，廣廣諫諫，[①]克/甫保厥辟考王、徲王，有成于周邦。雩朕皇考/龏叔，穆穆趩趩，龢訇于政，明𪗉于德，享逑剌王。逑/肇纘朕皇祖考服，虔夙夕敬朕死事。肆天子/多賜逑休，天子其萬年無疆，耆黄耇，保奠周/邦，諫辪四方。王若曰："逑，丕顯文武膺受大命，/甫有四方，

圖 7–22　逑盤銘

① 按："諫"下有重文符號，當兩字均重文。"廣"原字作左上止下土，右攵，王輝以爲讀"廣"，今從，見王輝：《逑盤銘文箋釋》,《考古與文物》2003 年 3 期。

則繇唯廼先聖祖考夾召先王，勞/堇大命。今余唯巠廼先聖祖考，緟就廼令，令汝疋/榮兑，攝司四方虞林，用宫御。”賜汝赤市、幽黄、/攸勒。逨敢對天子丕顯魯休揚，用作朕皇祖/考寶尊盤，用追享孝于前文人，前文人嚴在上，廙在/下，豐豐勃勃，降逨魯多福，眉壽綽綰，授余康虞、純/右、通禄、永命、霝終。逨畯臣天子，子子孫孫永寶用享。①

《逨盤銘》全文三百七十三字，是西周篇幅最長的盤銘。逨盤銘文繼承了番生簋銘的傳統，突破了册命銘文的藩籬，抛棄了西周中期形成的册命銘文的固定結構，將西周册命銘文的一套要素腰斬，只保留册命令摘要以下部分，爲銘文進行史詩般敘述留下巨大空間。

銘文第一大貢獻是記敘了從周文王到周宣王十二王世系。逨盤銘文還繼承了《史牆盤銘》的寫作傳統，採用雙線索史詩結構記敘西周王朝十二代天子的豐功偉績和器主單逨家族在歷朝建立的功勛美德。我們採用列表分析法揭示逨盤銘的史詩敘事法。

表 7–1 單氏、周王世系功績對比表

單氏家族世系	王朝世系	功績
皇高祖單公	文王武王	桓桓克明哲氒德，夾召文王武王達殷，膺受天魯命，匍有四方，竝宅氒堇疆土，用配上帝
皇高祖公叔	成王	克逨匹成王成受大命，方逖丕享，用奠四或萬邦
皇高祖新室中	康王	克幽明氒心，柔遠能邇，會召康王，方懷不廷
皇高祖惠中盠父	昭王穆王	盭龢於政，有成於猷，用會昭王穆王，盜政四方，撲伐楚荆。
皇高祖零伯	恭王懿王	粦明氒心，不墜厥服，用辟龏王、懿王。
皇亞祖懿中	孝王夷王	廣廣諫諫，克匍保厥辟考王徲王，有成於周邦
皇考龏叔	厲王	穆穆趩趩，龢詢於政，明隮於德，享逨剌王
逨	天子	肇纘朕皇祖考服，虔夙夕敬朕死事。肆天子多賜逨休

① 劉懷君等:《陜西眉縣楊家村西周青銅器窖藏》,《考古與文物》2003 年 3 期。

從上表看，單逑家族八世對應西周王朝十二王，證明了先秦傳世文獻以及《史記·周本紀》所説西周王世完全可靠。至於其中的共和執政或共伯和執政，並不被單逑算在這個序列之中。由於本銘是西周最原始資料，是一份關於西周王世的鐵證。

第二，本銘是史詩與銘文的完美結合，顯示了銘文作者單逑具有很高的獨創性，爲銘文寫作走出了一條詩文結合之路。本銘的前半部完全是一首足以與《詩經》"三頌"媲美的家族史詩。銘文前半分别對單逑八代的功績進行了歌頌，因而可以將這一部分的銘文分出八節詩篇，可以分别擬名爲《高祖單公頌》《高祖公叔頌》《高祖新室中頌》《高祖惠中盠父頌》《高祖零伯頌》《亞祖懿中頌》《皇考龏叔頌》。除了單逑自己的部分不能稱頌之外，其餘七篇都可以用之廟堂。我們依照《詩經》頌體之例，將銘文中有關高祖公叔、高祖新室中的部分排列如下：

高祖公叔，/克逑匹成王，/成受大命，/方逖丕享，/用奠四或萬邦。
高祖新室中，/克幽明氒心，/柔遠能邇，/會召康王，/方懷不廷。

顯然，這是家族廟中所用詩篇，可以命名爲《單頌》七篇。這篇《逑盤銘》，單逑極有可能採用了家族宗廟中的祭祀用樂。宗周禮樂文明發展到周宣王時期達到了極盛期，那時候有采邑的貴族哪一家没有這樣的世系樂歌！可惜驪山之役後宗周禮樂文明頃刻崩塌。我們今天僅僅憑藉青銅器銘文想見其繁盛而已。

（四）逑鐘銘

單逑還有一篇《逑鐘銘》。逑鐘 1985 年在陝西省眉縣馬家鎮楊家村西周窖藏出土，有甬鐘十件，其中四件帶銘。逑鐘銘一篇一百二十九字，是一篇抒情體銘文。

逑曰：丕顯朕皇考/克粦明氒心，帥用氒/先祖考政德，享辟/先王。逑御/于氒辟，不敢墜，虔夙夕敬氒死/事天子，經朕先祖服，多賜逑/休，令糿司四方虞林。逑敢對天/子丕顯魯休揚，作朕皇考龏/叔龢鐘，/鎗鎗悤悤，雒雒雍雍，用/追孝召各喜侃/前文人。前文人嚴在上，數數/豪豪，降余多福，康娛、/純佑、永命。逑其萬年/眉壽，畯臣天子，子子孫孫永寶。[1]

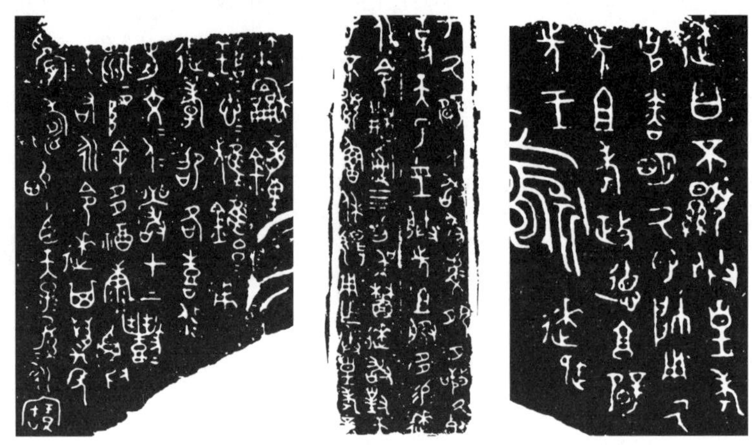

圖 7-23　逨鐘之四銘文

《逨鐘銘》當與逨盤同時製作，都是因爲周宣王任命逨司四方虞林官而感激祖考余蔭。四方虞林應當是西周王朝管理林業的最高王官，逨的政治地位無疑進入大夫級。君子無故不去樂，故逨製作了逨鐘，作爲貴族之家的“標配”。《逨鐘銘》的文章學地位雖然没有《逨盤銘》高，不過《逨鐘銘》依然屬於精美的文學作品，其特點是將詩的語言融入銘文中，通過節奏變化和尾句押韻，讓文字自身産生内在韻律，讓全篇充滿音樂之美。如果將本銘按照詩歌形式排列，則本銘又是一篇詩歌作品。銘文創作到了單逨這裏，已經自覺地追求語言之美，標誌青銅器銘文創作已經普遍追求審美價值。

“單逨九銘”將西周青銅器銘文推向最高峰，單逨也以這九篇銘文進入西周頂級銘文作家之列，成爲中華文化史上貢獻突出的銘文大家。

三、量盨銘

《量盨銘》是目前所發現的西周盨銘中最長的一篇。據《考古圖》器原藏睢陽王仲至，今不知所在，有銘文搨片傳世，今殘存銘文後半部一百五十四字。[2]

---

① 劉懷君：《眉縣出土一批西周窖藏青銅樂器》，《文博》1987 年 2 期。

② 中國社會科學院考古研究所：《殷周金文集成（修訂增補本）》，第四册，中華書局，2007 年，第 2878 頁 4469 器。進按：參考了馬承源釋文。見《商周青銅器銘文選》，第三册，文物出版社，1988 年，第 312 頁 443 器。

……有進後。雩邦人、胥人、師氏／人有𡍲有故，廼驕倗即女。／廼繇宕，卑復虐逐氒君氒／師，廼作余一人𡠀。”王曰：“𧽊！敬／明乃心，用辟我一人，善效乃／友内辟，勿事虣虐從獄，爰／奪𢦔行道。氒非正命，廼敢疾／訊人，則唯輔天降喪，不盡／唯死。賜女秬鬯一卣，乃父市、／赤舄，駒車，桒較，朱虢，𠚤靳，／虎冟，熏裏，畫轉，畫𨋈，金／甬，馬四匹，攸勒。敬夙夕勿廢／朕命！”𧽊拜稽首，對揚天子／丕顯魯休，用乍寶盨，叔邦／父、叔姞邁年，子子孫孫永寶用

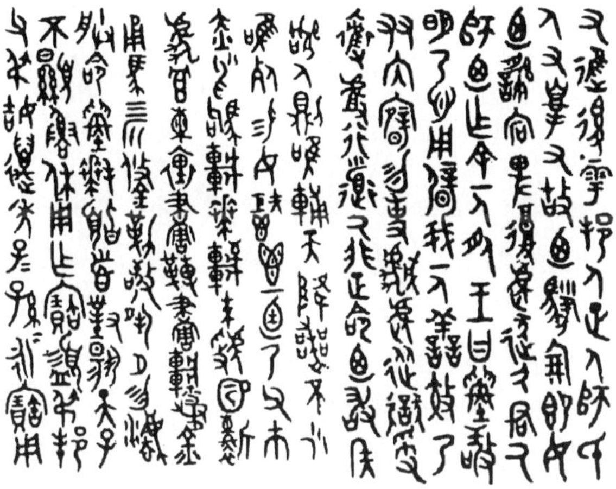

圖 7–24　𧽊盨銘

這是一篇册命類青銅器銘文的後小半篇。根據《毛公鼎銘》我們知道，“王曰”前有“王若曰”，此後才是“王曰”，最後一個“王曰”才列賞賜的物品。依據殘存的銘文可以推測，器主𧽊被周宣王任命爲管理獄訟的官員，𧽊極有可能被册命爲司寇。本篇銘文如果完整，將足以與《尚書・吕刑》媲美。銘文中，周宣王反復告誡器主𧽊慎重處理刑罰案件：“勿事虣虐從獄，爰奪𢦔行道。氒非正命，廼敢疾訊人，則唯輔天降喪，不盡唯死。”周宣王將法律是否公正提高到關係到王朝生死存亡的高度，本銘是中國法律史上又一篇重要的文獻。

《𧽊盨銘》以記言爲主，所記周宣王册命語言在一定程度上保留了語料的原始性，例如“廼驕倗即女”“廼繇宕”“廼作余一人𡠀”，詞彙地方性特色鮮明。在表達上連用三個廼字，起到營造語氣氛圍的作用。

四、毛公鼎銘

毛公鼎，清道光末年出土於陝西省岐山縣，器今藏台北故宫博物院，通高 53.8 釐米，口徑 47 釐米，重 34.7 公斤，有銘文四百九十七字，是西周最長的一篇青銅器銘文，更是西周青銅器銘文中最傑出的作品。

王若曰："父厝，不顯文武，皇天引/厭乒德，配我有周，雁受大命，衒懷/不廷方，亡不閈于文武耿光，唯天蔮/集乒命，亦唯先正襄辥乒辟，爵堇大命，/肆皇天無旲，臨保我有周，不巩先王配命。/敃天疾畏，嗣余小子弗彶，邦蔮害吉？翩翩四方，大/從不静。嗚呼，趯余小子，圂湛于艱，永巩先/王！"王曰："父厝！今余唯肈經先王命，命汝辥我邦/我家内外，惷于小大政，甹朕位，虩許上下若否/雩四方，死毋童余一人在位。引唯乃知，余/非庸又昏，女毋敢妄寧，虔夙夕，惠我一人，/雝我邦大小猷，毋折緘，告余先王若德，用/印昭皇天，䌛恪大命，康能四國，俗我弗作/先王憂。"王曰："父厝！雩之庶出入事于外，尃命/尃政，埶小大楚賦，無唯正昏，引其唯王知，迺/唯是喪我國，厤自今，出入尃命于外，乒非/先告于父厝，父厝舍命，毋有敢惷，尃命于外。"王/曰："父厝！今余唯䌛先王命，命女亟一方，圅/我邦我家，毋頧于政，勿雝建庶民㫺，毋/敢恭橐，恭橐乃侮鰥寡，善效乃友正，毋敢/湎于酒，女毋敢㒸在乃服，圂夙夕，敬念王/畏不賜，女毋弗帥用先王作明刑，俗女弗/以乃辟圅于艱。"王曰："父厝！已曰及兹卿/事寮、大史寮于父即尹，命女Ꞁ司公/族雩參有司、小子、師氏、虎臣雩朕褻事，/以乃族幹敔王身，取賜卅寽，賜女秬鬯一卣，/祼圭瓚寶，朱市，悤黄，玉環玉琮，金車、緟較，/朱鞹囩靳，虎冟熏裏，右厄，畫轉畫輴，金/甬錯衡，金嶂金豙，剌，䰂、金簟弼，魚葡，馬/四匹，攸勒，金巤，金雁，朱旂二鈴，賜女兹㚘，/用歲用政。"毛公厝對揚天子皇/休，用作尊鼎，子子孫孫永寶用。[①]

《毛公鼎銘》集西周册命銘文藝術之大成。《毛公鼎銘》在西周銘文

① 中國社會科學院考古研究所：《殷周金文集成（修訂增補本）》，第二册，中華書局，2007 年，第 1541 頁 2841 器。進按：參考了馬承源釋文，見《商周青銅器銘文選》，第三册，文物出版社，1988 年，第 316~317 頁 447 器。

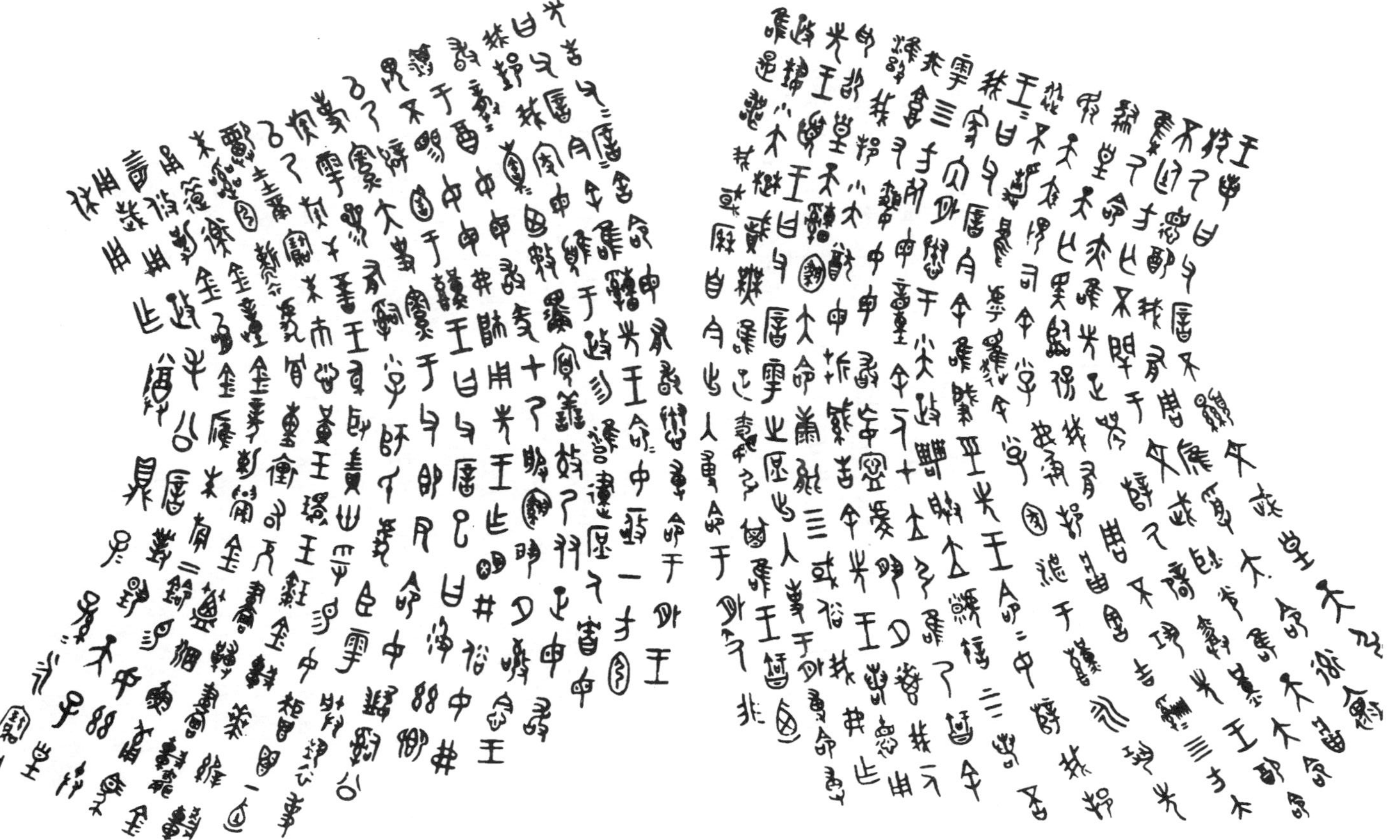

圖 7-25　毛公鼎銘摹本

史上屬於册命體銘文，卻完全拋棄了西周中期之後形成的册命銘文的寫作模式。銘文中没有時間、地點、册命者、佑者、受命者、作器用途六大要素，也没有套語“拜稽首”，在册命銘文八大構成要素中，剩下册命内容、“對揚王休”和作器願望三要素，後兩要素表達十分簡約。銘文致力於册命内容記敘的細緻化，將西周中晚期册命銘文寫作模式改革推向登峰造極。銘文四百九十七字中，只有“毛公厝對揚天子皇休，用作尊鼎，子子孫孫永寶用”二十字是作者自己的創作，其餘四百七十七字全部來自史官撰寫的册命文。[①] 如果按照《尚書》體命名，周宣王發佈的這份册命毛公的命令應稱之爲《厝命》。

《毛公鼎銘》集西周銘文記言藝術之大成。《毛公鼎銘》寫作藝術高超，主要寫作手段有三：第一，利用提示語明確層次和結構；第二，採用古今對比手法以警示受命者的責任；第三，採用職掌與職禁對應分列以提示職務風險。以下分别予以分析。《毛公鼎銘》的主體部分内容豐富，連續採用“王若曰”“王曰”插入語作爲結構提示，顯得重點突出，結構分明。這一部分可以再劃分爲五個段落。第一個段落是“王若曰”起領的内容，其餘四個段落分别爲四個“王曰”起領的内容。這是利用提示語明確層次和結構。第一段落分别記敘先王的功績和道德建樹、册命之時面臨的困難與王朝面臨的政治危機，從而激勵毛公奮發圖強。這是採用古今對比手法以警示受命者的責任。

銘文有四個“王曰”，分列毛公四項執掌，同時分列四大職務危險。我們採用圖表法進行語義分析，不難看出，除了第四個執掌没有告誡職務風險外，其餘三項，職掌與職禁對應分列，告誡内容比職務執掌内容更豐富。

《毛公鼎銘》在今古文《尚書》之外，爲我們提供了一篇西周原汁原味的誥命體文章——《厝命》。我們因此可以本銘文爲樣板，重新審視今、古文《尚書》中相關篇章的是是非非。今文《尚書》中有兩篇以“命”爲篇題的文獻，其一是《顧命》，另一是《文侯之命》。我們以《毛公鼎銘》審視《顧命》不難發現，真正的《顧命》只有“王曰”到“爾

---

① 關於“王若曰”，參見拙著《商周青銅器銘文文學研究》，西北大學出版社，2013年，第148~159頁。

無以釗冒貢於非幾”一百二十二字，其餘前後之文都是史家敘述性文字，因而《顧命》不是周成王發佈的原始文獻，不屬於“命”體。另一篇《文侯之命》與本銘體例、語言風格和結構上完全一致，當爲周平王爲晉文侯發佈的賞賜令。《文侯之命》分三部分，每一部分都以插入語“父義和”起領，與本銘以“父厝”起領一致。其中“王若曰”部分首先回顧先王的德、業，再以“嗚呼”轉到時王、時局上，與本銘也完全一致。我們利用本銘校勘，可以發現今本今、古文《尚書·文侯之命》的第二段都少了一個“王曰”。[①] 我們再以本銘與《吕刑》比較，發現《吕刑》當爲《吕命》，古文《尚書》中“吕命穆王訓夏贖刑作吕刑吕刑惟吕命王享國百年耄荒度作刑以詰四方”當爲《吕命》和《吕刑》兩篇《序》的雜糅，有重複，有錯簡。我們可以從中分别清理出《吕刑序》和《吕命序》。《吕刑序》爲：“吕刑。穆王訓夏贖刑，作吕刑。”《吕命序》爲：“吕命。惟王享國百年，耄荒，度作刑以詰四方……”“僞孔傳”在首句“吕命”下説：“吕侯見命爲天子司寇”，非常符合今本《吕刑》的内

表 7-2　毛公鼎銘王若曰分析

毛公職務執掌	職務風險
命汝辪我邦我家内外，惷于小大政，甹朕位，虩許上下若否雩四方，死毋童余一人在位。	引唯乃知余非庸又昏，女毋敢妄寧，虔夙夕，惠我一人，雝我邦大小猷，毋折緘，告余先王若德，用印昭皇天，醽圝大命，康能四國，俗我弗作先王憂。
雩之庶出入事于外，尃命尃政，埶小大楚賦。	無唯正昏，引其唯王知，乃唯是喪我國，厤自今，出入尃命于外，氒非先告于父厝，父厝捨命，毋有敢惷，尃命于外。
命女亟一方，𢆶我邦我家。	毋顀于政，勿雝建庶民㝉，毋敢恭橐，恭橐乃侮鰥寡，善效乃友正，毋敢湎于酒，女毋敢彖在乃服，夙夕，敬念王畏不睗，女毋弗帥用先王作明刑，俗女弗目乃辟圅于艱。
巳曰及兹卿事寮、大史寮於父即尹，命女靻司公族雩參有司、小子、師氏、虎臣雩朕褻事，以乃族幹敔王身	

① 孔穎達：《尚書正義》，中華書局《十三經註疏》1980年影印本，第254頁。皮錫瑞：《金文尚書考證》，中華書局，1989年，第464頁。

容。今本《吕刑》實際上就是《吕命》，是周穆王任命吕侯爲司寇所作册命文。

我們以本銘爲範本檢驗“僞古文尚書”中的《畢命》《冏命》，兩篇的基本内容是可信的，當爲相關文獻的輯録。不過兩篇都不完整，缺少與《文侯之命》《厝命》相似的賞賜物品部分，説明這些篇章也是不完整的。

第四節　戰争銘文與家族世系銘文集大成之作

西周晚期的賞賜銘文數量不少，其中軍事題材類銘文創作成就最高，其他賞賜類傑出作品不多，而平庸之作多見。例如周厲王時期的何簋銘：“唯三月初吉庚午，王在華宫。王呼虢仲入佑何，王賜何赤市朱亢，鑾旂。何拜稽首，對揚天子魯命，用作寶簋，何其萬年，子子孫孫其永寶用。”[①] 此作如在西周初年，可入優秀作品之列；放在西周晚期，則“泯然衆人矣”。相比之下，西周晚期軍事鬥争題材銘文最激動人心，所取得的成就也很高。

昭王南征失敗，中斷了西周的上升期。穆王伐犬戎，只獲得四白狼以歸。穆王伐徐夷，也堪堪推倒了一方諸侯而已。此後史書不見西周有大戰，而恭、懿、孝、夷四王時期銘文未見有戰争。周厲王時期，戰争又起。《後漢書·東夷傳》記載：“厲王無道，淮夷入寇，王命虢仲征之，不克。宣王復命召公伐而平之。”[②] 此爲厲王與淮夷的戰争。《後漢書·西羌傳》載：“厲王無道，戎狄寇掠，乃入犬丘，殺秦仲之族，王命伐戎，不克。”此爲厲王與戎狄的戰争。此外，不見傳世文獻記載周厲王時代的戰争。而西周銘文所記厲王朝的戰争更加豐富，出現了一批史詩性作品。

周厲王是一個在疆土上有雄心的君主，所作《㝬鐘銘》就有“王肇遹省文武勤疆”，《五祀㝬鐘銘》也有“用嬖不廷方。”顯然在疆土方面有過謀略和動作。但自昭王南征失敗之後，西周對南國没有採取什麽有效行動，西周南國方向的諸侯也相安無事，形成一種相對平衡狀態。然而作爲天下共主的“天子”周厲王顯然不滿足於這種狀態而有所動作，這

① 馬承源：《商周青銅器銘文選》，第三册，文物出版社，1988年，第292頁421器。
② 范曄等：《後漢書·東夷傳》卷85，中華書局，1965年，第2808頁。

樣，一百多年的相對均衡被打破了。首先是南國艮子聯合江淮地區的角、桐、潏等小邦國發動軍事叛亂，這次事件誕生了《伯㦰父簋銘》《㝬鐘銘》《噩侯御方鼎銘》等優秀作品，這些作品記敘了事件的過程。此爲厲王第一次討伐南淮夷之戰。以南國艮子爲首的南國諸侯反叛雖然暫時被平息，但矛盾並没有解決，更大的軍事衝突正在醞釀。不久，噩侯御方叛亂，向北、向西發動大規模攻擊。西周調動西六師、殷八師全力鎮壓，噩侯御方頑強抵抗，戰況慘烈。最後，叔向父禹率領公族一千二百精鋭奇襲噩侯御方首都，擒獲噩侯御方，平叛之戰獲得勝利。此爲厲王二次伐南淮夷之戰。這次戰役誕生了《翏生盨銘》《禹鼎銘》《敔簋銘》《柞伯簋銘》《應侯見工銘》等一大批優秀銘文作品。此戰之後，西周南國基本穩定，噩侯國從此消失，艮子國也不復存在。[①]

周厲王時期還發生了與西戎的戰争。《後漢書・西羌傳》將周厲王定性爲“無道”，所有作爲幾乎没有成功的，因而文獻所記都是慘痛的失敗，例如西戎殺秦仲。然而厲王時期的青銅器銘文改變了歷史學家對於厲王時代抗擊西戎記載的不足。其中最著名的當屬《多友鼎銘》。

一、第一次南淮夷之役的銘文創作

西周銘文記敘了第一次南淮夷之役的基本過程。根據《無㠱簋銘》，這次戰役當在周厲王十三年發動：“唯十有三年正月初吉壬寅，王征南夷，王賜無㠱馬四匹。無㠱拜手稽首曰：敢對揚天子魯休命，無㠱用作朕皇祖釐季尊簋，無㠱其萬年子孫永寶用。”[②]這是周厲王自作十二祀簋銘的第二年。[③]《虢仲盨蓋銘》載：“虢仲以王南征，伐南淮夷。在成周，作旅盨，兹盨有十又二。”[④]可見西周軍隊以成周爲大後方進行戰役準備。虢

① 按：杜勇將西周厲王伐南夷一批青銅器串聯起來研究，今採用其説。不過杜勇以虢仲、柞伯圍昏邑爲伐南淮夷第一階段，以伐南國艮子爲第二階段，以伐噩侯御方爲第三階段，見杜勇：《多重文獻所見厲世政治與厲王再評價》，《歷史研究》2017 年 1 期。我們不從。我們以圍困昏邑就是厲王簋銘所記“撲伐𠬝都”，以爲厲王伐南淮夷只有兩次。

② 馬承源：《商周青銅器銘文選》，第三册，文物出版社，1988 年，第 211 頁 293 器。

③ 按：關於《無㠱簋銘》，馬承源放在孝王世，因與作克鐘的克共有一個“皇祖釐伯”，而克爲孝王世。但孝王没有伐南夷的歷史記載，青銅器銘文也没有伐南夷的佐證，我們因此將《無㠱簋銘》所説伐南夷算在厲王世。

④ 馬承源：《商周青銅器銘文選》，第三册，文物出版社，1988 年，第 290 頁 418 器。

仲製作十二件盨也是爲了適應行軍作戰的需要。根據《柞伯鼎銘》記敘，虢仲是這次戰役的統帥，柞伯作爲左路軍統帥由北向南率領柞國和蔡國的軍隊從左面包圍南國𠬝子的昏邑，等待虢仲主力到達，對昏邑形成合圍之勢。虢仲到達後西周左右軍展開攻擊，不過攻擊效果不明顯。《柞伯鼎銘》記載柞伯執訊二夫、獲馘十人。作爲左路軍統帥只有這點戰果，説明他們並没有破城。再根據厲王鐘銘所記，可以肯定雙方最終簽訂了城下之盟。厲王鐘銘説南夷、東夷二十六國來見，一方面説明王師威懾力之大，另一方面也説明參與叛亂的列國太多。由於昏邑被圍困，叛軍一方妥協了，接受了西周的條件，第一次南淮夷之役第一階段以周厲王的勝利而結束。但參與叛亂的諸侯國仍然有一些没有表示臣服，於是首次南淮夷之役進入第二階段，這就是《翏生盨銘》《伯㦰父簋銘》記敘的討伐角、潏、桐、津之戰。西周軍隊採用各個擊破的方式，終於平定了淮河流域諸侯的叛亂。這次戰役的銘文顯示，平定叛亂的西周主力都是姬姓諸侯。虢國爲周文王弟所封之國，蔡國是周文王子的封國，蔡叔夥同管叔叛亂，爲周成王所滅，後又再封蔡叔之子。柞國爲"周公六胤"之一。由此可見首次南淮夷之役的主力是姬姓諸侯國。

（一）周厲王筆下的首次南淮夷之役

西周十三王中，唯有周厲王撰寫的銘文保存下來。㝬簋1978年在陝西省扶風縣法門公社齊家村出土，有銘文一百二十四字。《㝬簋銘》重現人間，讓世人領略到了這個在西周歷史上名聲非常差的帝王精神世界的一個側面。

圖 7–26 㝬簋銘

王曰："有余隹小子，余亡康，晝/夜巠雝先王，用配皇天。簧/黹朕心，墜于四方。肆余以/餘士獻民再盩先王宗室。/㝬作䵼彝寶簋，用康惠朕/皇文剌祖考，其各前文人，/其瀕在帝廷陟降，䌛圝皇/帝大魯令，用䢅保我家、朕/位、㝬身。陁陁降余多福、憲烝、/宇慕遠猷，㝬其萬年，𩐳實/朕多禦，用󱎳壽，匄永令，畯/在位，作疐在下。唯王十又二祀。[①]

這篇銘文採用西周中晚期流行的“器主曰”形式開篇，用插入語總領全篇，起篇就營造了一種内心獨白式的氛圍，實爲一種想象性質的抒情，抒情方式是傾訴，傾訴對象是祖先神。銘文傾訴自己多麼努力，日夜不敢康樂，一心想着怎樣以先王爲榜樣，怎麼配得上天子稱號。努力拓展自己的胸懷，通達天下四方。銘文接着傾訴自己製作祭器的目的，説自己帶領賢士獻民到先王宗廟稱揚列祖列宗美德，製作祭祀禮器以安順列祖列宗，懇請在天帝身邊的列祖列宗降臨，能夠敬重天帝賦予姬周的偉大使命，保佑王朝、厲王的家族和厲王自身，綿綿不绝地賜予多福和治理國家智慧謀略。

《㝬簋銘》語言典雅華麗，愛用四言句式，如巠雝先王、用配皇天、簧黹朕心、墜于四方；同時在整飭中又多變化，四言句、三言句、二言句和長句交替使用，形成優美的内在節奏。周厲王顯然是撰寫銘文的高手。同樣，銘文書法也整飭而精緻，筆畫一絲不苟，是西周銘文書法的典範之作。

1981年，陝西省扶風縣法門公社白家村村民挖土時發現一件青銅器，有銘文九十二字。這是周厲王所作另外一篇鐘銘，由於該銘有紀年，故稱爲《五祀㝬鐘銘》。[②]

……明福文，乃膺/受大命，匍右四/方。余小子肇嗣/先王，配/上下，作氒/王大寶。/用喜侃/前文人，前文人㢑厚多福，用申恪先/王，受皇天大魯命。文人/陟降，降余/黄烝，受余/純魯。用/燹不廷方。㝬其萬/年永畯尹四/方保大/命。作疐/在下，御/大福其各。唯王五祀。[③]

① 中國社會科學院考古研究所:《殷周金文集成（修訂增補本）》，第四册，中華書局，2007年，第2688頁4317器。進按：參考了馬承源釋文，見《商周青銅器銘文選》，第三册，文物出版社，1988年，第278頁404器。

② 穆海亭等:《新發現的王室重器五祀㝬鐘考》，《人文雜誌》1983年2期。

③ 穆海亭等:《新發現的王室重器五祀㝬鐘考》，《人文雜誌》1983年2期。《集成》358器。

《五祀㝬鐘銘》殘存九十二字。從篇首三字看，這是一篇完整銘文的後半部，前半部已經不知所蹤。西周晚期作鐘，一般爲八枚和八枚的倍數。周厲王所作鐘銘肯定不止以上兩篇。本篇與上篇多有相似之處，語言風格也相似，多四言句，語言節奏富於變化，有内在的旋律之美，正好與樂器編鐘相配合，銘文必爲出自同一人之手。本篇除了祈福之外，比上篇多出“用燮不廷方”，這是一種柔遠能邇的治理邊疆的政治理想，可見周厲王也是有政治抱負的。此銘已經開啟了下面《㝬鐘銘》的勤勞疆土的先聲。

早在簋銘出土之前就有宗周鐘被文獻著録。簋銘出現之後證實，㝬即周厲王胡，宗周鐘應當稱爲㝬鐘，《㝬鐘銘》所記載的一段西周歷史被揭開。

王肇遹省文武勤疆／土，南國𠬝子敢陷虐／我土，王敦伐其至，撲／伐氒都。𠬝子迺遣間／來逆昭王，南／夷、東夷來見，廿／有六邦。唯皇上帝／百神保余小子，朕／猷有成無競，我唯／司配皇天，王對作／宗周寶鐘，倉倉悤悤，徵徵／雝雝，用昭格丕顯祖／考先王，先王其嚴在上，／𧰼𧰼，數

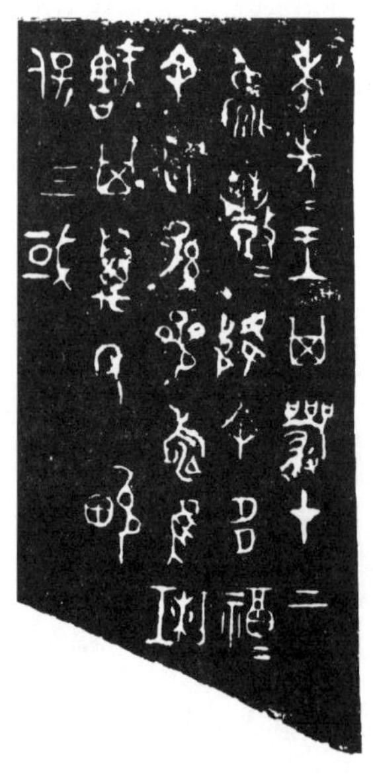

圖 7–27　㝬鐘銘

數，降余多福，/福余順孫，參壽唯琍，/㝬其萬年，畯/保四國。[1]

《㝬鐘銘》記載南國𠬝子主動攻擊西周王朝領土，厲王率領討伐大軍撲向南國𠬝子的國都。在軍事壓力下，南國𠬝子派遣中間人來拜見厲王商談罷兵事宜。參加會談的南夷、東夷之國多達二十六個。銘文没有直接説商談結果，顯然南國𠬝子一方妥協了，西周達到了軍事和政治目的，因而銘文説“朕猷有成無競”，於是作器感謝先王保佑降福。銘文所記載的歷史事實非常重要，傳世文獻對此幾乎没有正面記載，幸賴本銘，這個歷史大事得以記録下來。銘文在文學上很有特色。首先是善於渲染氣氛。一方面，“南國𠬝子敢陷虐我土。”寫出南國𠬝子竟然以下犯上、膽大妄爲、大逆不道的卑劣之相，另一方面，“王敦伐其至，撲伐氒都。”寫出了王師大軍壓境、勢不可擋的王者之勢，謀逆在彼而正義在此。“南夷、東夷來見，廿有六邦”寫出了王師震懾威勢，用數量之大突出王師對叛逆者的威懾。其次是善於刻畫人物形態。“𠬝子乃遣間來逆昭王”寫出了𠬝子膽怯猥瑣之態；二十六國扎推覲見周王，寫出了這些人首鼠兩端恐慌失據的醜態。再次，銘文主要通過選擇精彩的詞彙爲周厲王自己樹立了威猛的王者形象。肇，一般以爲“始”。《詩經・大雅・江漢》“肇敏戎公”，毛傳訓“謀”，確實。此銘文“王肇遹省文武勤疆土”即“王謀遵循文武王致力於疆土。”言下之意是自己如同文王、武王一樣正在謀劃大局，後銘辭“朕猷”可以呼應。“我唯思配皇天”雖未説能夠配天，至少顯示了他莫大的政治抱負。“昭王”在此爲形容詞，即明王，厲王自吹自擂，非生稱王號。[2] 我們可以從銘文中推測，這場戰爭的導火線有可能是厲王开疆拓土，遭到南國夷人反叛。

從“厲王三銘”看，周厲王不失爲多才多藝的帝王，銘文寫作水平達到了那個時代頂級層次，是中華文化史上優秀的散文作家。

（二）諸侯筆下的首次南淮夷之役

首次南淮夷之役，虢仲、柞伯、噩侯馭方都是參與者。這三人都是

---

① 中國社會科學院考古研究所：《殷周金文集成（修訂增補本）》，第一册，中華書局，2007年，第303頁260器。進按：參考了馬承源釋文，見《商周青銅器銘文選》，第三册，文物出版社，1988年，第279~280頁405器。

② 按：孫詒讓以“昭”爲紹介，也通。

諸侯，其中虢仲還是王朝卿士，當爲首席執政大臣。柞伯爲柞國之君，而噩侯爲西周南國異姓諸侯，他們分别作有銘文。《虢仲盨銘》雖然具有很高的歷史價值，但由於篇幅太短，文學價值要遠遠低於歷史價值，我們不做重點分析；《柞伯鼎銘》和《噩侯馭方鼎銘》都是傑出的銘文作品。

隹四月既死霸，虢中令/柞白曰："才乃聖祖周公、/繇有共于周邦。用昏無/及，廣伐南或。今女其率/蔡侯左至于昏邑。"即圍/城，令蔡侯告逘虢中，遣/氏曰："既圍昏"。虢中至，辛酉/尃戎，柞白執訊二夫，獲馘/十人。其弗敢昧朕皇祖，/用乍朕剌且幽叔寶尊/鼎，其用追享孝，用祈眉/壽萬年，子子孫孫其永寶用。[①]

圖 7–28　柞伯鼎銘

《柞伯鼎銘》是典型的歷史紀事體銘文。銘文記敘西周聯軍統帥虢仲向柞伯發佈命令。命令中，虢仲回顧了柞伯的先祖周公爲西周建立的功勛以激勵柞伯，命令柞伯率領蔡侯組成左路軍，包圍廣伐南國的昏之邑。[②] 柞伯和蔡侯的部隊包圍了昏邑，柞伯派遣蔡侯將戰役態勢報告了虢仲，虢仲隨即率領中路軍趕到，西周聯軍經過準備，在辛酉日發動總攻。這次總攻，柞伯斬殺十人，活捉二人，因而作器祭祀先祖幽叔，紀念這次立功榮耀。銘文没有記敘這次戰役最終情況，因戰役結果在當時人人皆知。根據《㝬鐘銘》，西周聯軍震懾了南夷、東夷，昏國在西周聯軍的

① 朱鳳翰：《柞伯鼎與周公南征》，《文物》2006 年 5 期。

② 按：朱鳳瀚以爲"用昏無及，廣伐南國"是説周公廣伐南國。我們認爲此句説的是昏國在西周的南國作亂，昏國國君即《㝬鐘銘》中的㠯子之國，廣伐南國即《㝬鐘銘》中的"敢陷虐我土"。

打擊下被迫講和，簽訂了城下之盟，二十六國臣服。《柞伯簋銘》没有進一步記敘戰役後續情況，那是因爲後面屬於政治活動，作爲左路軍軍事統帥參與不多。

鄂國也屬於西周的“南國”，當在震懾於西周聯軍軍事打擊力量的二十六國之列。時任國君噩侯馭方也作有傳世銘文一篇，是爲《噩侯馭方鼎銘》：

王南征，伐角、潏。唯還/自征，在怀。噩侯馭方/納醴于王，乃饗之。馭/方侑王，王休宴，乃射。馭/方會王射，馭方休闌。/王宴，咸酓，王親賜馭/方玉五瑴，馬四匹，矢五/朿，馭方拜手稽首，敢/對揚天子丕顯休釐，/用作尊鼎，其萬年/子孫永寶用。[1]

圖 7–29　噩侯禦方鼎銘

《噩侯馭方鼎銘》記敘厲王從第一次南淮夷之役得勝歸來，在虎牢關駐扎，噩侯馭方納饗給厲王的情況。“納饗”又見於《效卣銘》“公東宫納饗于王”，是一種以臣子之禮主動向君主貢獻的禮儀活動，銘中提到“王南征，伐角、潏”，新發現的《伯䢅父簋銘》也有“王出自成周，南征伐艮子、麇、桐、潏”的記載，《翏生盨銘》载“王征南淮夷，伐角、津，伐桐、遹。”綜合起來看，周厲王第一次南征戰役包括了伐艮子、角、麇、桐、潏等國，艮子爲亂首，在包圍了昏邑之後，艮子請來調解人，願意俯首稱臣，南夷、東夷都來表示臣服。但是依然有角、津、麇、桐、潏等小國未來臣服，西周聯軍繼續討伐，直至諸小國臣服。厲王歸來後，有意在大伾山一帶駐扎，觀看東夷、南夷動態。這就是噩侯馭方納饗厲王的背景。銘文還記載了一次大饗禮實踐，是最好的天子級别饗禮的案例，今人仍可以從中總結出部分大饗禮儀注。

---

① 中國社會科學院考古研究所：《殷周金文集成（修訂增補本）》，第二册，中華書局，2007 年，第 1479 頁 2810 器。進按：釋文參考了馬承源《商周青銅器銘文選》，第三册，文物出版社，1988 年，第 281 頁 406 器，器今藏上海博物館。

《噩侯馭方鼎銘》除了以上所説的歷史價值和禮學價值外，還具有文學價值。厲王二次南征，鎮壓的就是噩侯馭方的叛亂。但在首次南征之後噩侯馭方竟然“納饗于王”，由此可見，噩侯馭方是一個沉得住氣的大陰謀家，他的“納饗”根本不是向厲王表示臣服和敬意，主要目的是麻痺厲王，刺探厲王君臣動向和能力，是利用“周禮”進行的一次有效的情報工作。他創作這篇銘文也是戰略欺騙的組成部分，因而《噩侯禦方鼎銘》是我國最早的一篇“陰謀文學”。當然，伴隨厲王二次南征的勝利，噩侯禦方鼎成了西周軍隊的戰利品，《噩侯禦方鼎銘》成爲西周銘文中的“反面教材”，噩侯禦方的戰略欺騙成爲一個笑話。噩侯國從此消失在歷史的迷霧中，但該國的歷史文化卻憑藉《噩侯禦方鼎銘》而有所保存，這也是不幸中的萬幸。

（三）將軍筆下的首次南淮夷之役

跟隨周厲王參加首次南征之役的將軍們也創作了一批戰爭銘文，如今能見到的有《伯𢦏父簋銘》和《翏生盨銘》。伯𢦏父簋出土地不明，今爲美籍華人范季融收藏。《伯𢦏父簋銘》六十八字，記敘伯𢦏父跟隨周厲王南征的事情：

隹王九月初吉庚午，王/出自成周，南征伐𠬝子、/𪊨、桐、潏。伯𢦏父從王伐，/親執訊十夫，馘廿。得孚/金五十鈞，用乍寶簋。揚，/用享于文祖考，用賜眉/享壽，其萬年子子孫孫永寶用享。①

圖 7–30　伯𢦏父簋銘

《伯𢦏父簋銘》將伐南國𠬝子、𪊨、桐、潏等國聯繫在一起，讓我們能夠將《宗周鐘銘》《柞伯簋銘》《虢仲盨銘》等銘文串聯起來作綜合考察，從而勾勒出周厲王首次南征的廣闊歷史畫卷。根據馬承源考證，角城舊

① 吴鎮烽《商周青銅器銘文暨圖像集成》，第 11 卷，上海古籍出版社，2012 年，第 388 頁 05276 器。

址在今江蘇宿遷；津國舊址在今江蘇寶應。[①] 此兩地均在淮河下游的蘇北地區，桐、僪也當距離不遠，爲淮河中下游小國。四國自以爲“山高皇帝遠”，試圖憑藉路途遥遠擺脱西周王朝的羈絆，最終遭到西周軍事打擊。圍困昏邑之戰，柞伯的戰果也就俘獲二人，斬殺十人。伯𢦏父卻能執訊十夫、馘廿、得孚金五十鈞，戰果遠超柞伯。看來這些成果大多數是在討伐淮河下游小國戰鬥中取得的。

周厲王麾下還有另外一名將軍翏生，翏生作《翏生盨銘》一篇：

王征南淮夷，伐角、津，/伐桐、遹，翏生從，執訊/折首，孚戎器，孚金。用作/旅盨，用對剌。翏生及/大娟其百男百女千/孫，其萬年眉壽永寶用。[②]

圖 7–31　翏生盨銘

《翏生盨銘》對於厲王首次南征之役的記敘内容没有《柞伯簋銘》和《伯𢦏父簋銘》豐富，但銘文在表示作器願望部分説“翏生及大娟其百男、百女、千孫”，這樣的願望在西周銘文中還是首次。“百男百女千孫”是多子多孫願望的直接表達，根植於民族傳統血脈中的這種願望是中華民族賴以綿綿不绝的重要原因之一。同時“百男百女”也表明西周貴族没有性别歧視，没有重男輕女思想；而夫妻同時出現在作器願望部分也是首次。

二、第二次南淮夷之役銘文

第一次南淮夷之役雖然將叛亂的南夷、東夷鎮壓下去，但没有給予淮夷足夠的威懾，《㝬鐘銘》並没有記敘多大的戰果。第一階段包圍昏邑之戰最終和平解決，第二階段也只是定點討伐幾個不服的小諸侯，戰役結束之後，事態又回到之前的老樣子，根本性的問題並没有解決，爲後續南淮夷的

① 馬承源:《商周青銅器銘文選》，第三册，文物出版社，1988 年，第 290 頁。

② 中國社會科學院考古研究所:《殷周金文集成(修訂增補本)》，第四册，中華書局，2007 年，第 2858 頁 4459 器。進按：又見馬承源《商周青銅器銘文選》，第三册，文物出版社，1988 年，第 290 頁 417 器。器今藏上海博物館。

叛亂留下伏筆。周厲王二次南征之役相比首次南征形勢極其危險，戰爭規模非常宏大，戰爭進程十分艱難。《應侯見工簋蓋銘》《應侯見工鼎銘》《禹鼎銘》《敔簋銘》《敔鼎銘》等銘文從不同的視角記敘了這次戰役，這些銘文作品再次將西周的“戰爭文學”推到新的高峰。應侯見工的銘文作品我們將放在本書第八章“應侯國的銘文創作”一章中分析，這裏不做重點分析。

（一）禹鼎銘

叔向父禹是在二次伐南淮夷之役中崛起的銘文作家。所作“禹二銘”中，鼎銘成就最高。

禹曰：“不顯桓桓皇祖穆公，克／夾召先王奠四方。肆武公亦／弗叚望朕聖祖考幽大／弔、懿弔，命禹肖朕聖祖考政／于井邦。肆禹亦弗敢惷，睗／共朕辟之命。”烏虖哀哉！用／天降大喪于下國，亦唯噩／侯馭方率南淮夷、東夷廣／伐南國、東國，至于歷、内。王／迺命西六師、殷八師曰：“撲／伐噩侯馭方，勿遺壽幼。”肆／師彌怵匌恇，弗克伐噩。肆／武公迺遣禹率公戎車百／乘、斯馭二百、徒千，曰：“于匡朕／肅慕，叀西六師、殷八師伐／噩侯馭方，勿遺壽幼。”雩禹／以武公徒馭至于噩，敦伐／噩，休，隻氒君馭方。

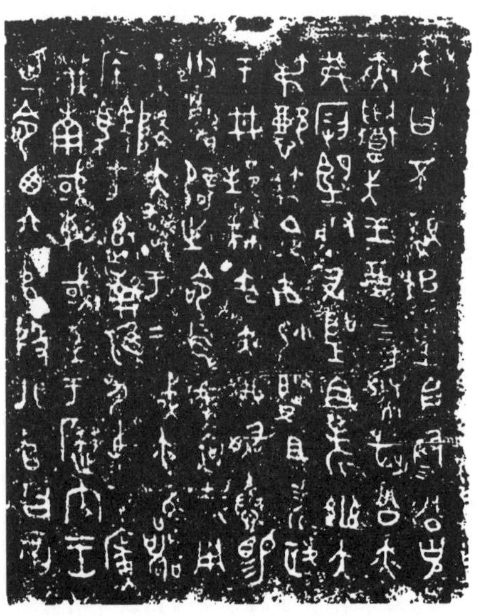

圖 7–32　禹鼎銘

肆禹有成，敢對/揚武公丕顯耿光。用乍大/寶鼎。禹其萬年子子孫寶用。[1]

《禹鼎銘》是西周銘文中最優秀的戰爭銘文之一。銘文透露了極其寶貴的歷史信息，具有極高的歷史文化價值。銘文可以分爲前後兩部分。前部分銘文首先回顧皇祖穆公“夾召先王奠四方”的功績，再感謝武公讓器主禹能夠世襲祖考職務，然後表示器主禹自己不敢愚昧，要恭敬地執行自己的上司武公的命令。這一部分非常重要，實際上是暗中顯示器主取得重大戰果的内在原因：禹之所以在厲王二次南征之役中建立奇勛與受武公信任並堅決執行武公決策密不可分，因而前後兩部分組成有機整體。銘文第一部分透露出三個重要信息。第一，從聖祖“政于丼邦”看，武公即丼邦之君，即丼武公，如《毛公鼎銘》中的毛公一樣，在封國内是諸侯毛伯，接受周王任命“爲四方極”之後則爲毛公。武公作爲丼邦之君則爲丼伯；爲王朝首席執政大臣則爲武公。第二，畿内封地也可以稱“邦”。銘文説“政于丼邦”，而丼與井字有别，在井字中間有一點，顯然有意與諸侯井國區分開來。第三，包含了叔嚮父禹的家族世系。從“武公弗叚望朕聖且考幽大弔、懿弔，命禹肖朕聖且考政于丼邦”看，禹的父親爲懿叔，祖父爲幽大叔，皇祖爲穆公，其中穆公是活躍在孝王時期的政治家丼穆公。這樣，禹最近四代世系爲穆公——幽大叔——懿叔——叔向父禹。可見禹爲丼穆公小宗，與時主丼武公有血緣關係。看來在宗法制度下，小宗成員有相當一部分在大宗出任各種職務，形成奇特的血緣政治聯合體。

然而銘文最重要的信息是關於厲王二次南征之役。這一部分提供了二次南征之役的起因、西周軍隊的規模、戰爭形勢、軍隊心理、克敵制勝的關鍵戰術、最終戰果等。“亦唯噩侯馭方率南淮夷、東夷廣伐南或、東或，至于歷内。”可見噩侯馭方的叛亂準備充足，能夠同時發動南夷、東夷主動攻擊西周的東國和南國，那麼第一次南征之役的二十六邦覲見厲王只不過是緩兵之計；同時，也寫出了戰爭形勢十分嚴峻，噩侯馭方的叛軍已經攻擊到西周核心區域歷和内，迫近宗周，西周將西六師、殷

① 中國社會科學院考古研究所：《殷周金文集成（修訂增補本）》，第二册，中華書局，2007年，第1509頁2833器。

八師這十二支“中央軍”悉數派出。但是平叛戰役進展非常緩慢，怯戰情緒感染着西周軍隊，以致各部之間互相觀望，不敢合圍。可見噩侯馭方採用了張開口袋讓你鉆的戰術頻頻奏效，將軍們多次吃虧上當。多虧主帥井武公採用捨身飼虎戰術取得成功，奇襲敵後，抓獲叛軍首領噩侯馭方，取得二次南征戰役的勝利。銘文没有迴避戰況的慘烈和西周軍隊的膽怯，全文籠罩在悲劇氣氛中，没有康王時期《小盂鼎銘》的豪氣，也没有記敘首次南征之役的《柞伯簋銘》那種王師氣度，所突出的是戰爭的殘酷：“嗚呼哀哉！天降大喪于下或”奠定了銘文下篇的基調，將噩侯馭方叛亂視爲天災，也視爲人禍，一股《詩經》“變雅”中的哀思之情充斥其間。這種變化表明，西周銘文至此進入風格的轉變期。

從本銘可以看出西周厲王時期戎車兵力的配備情況。“武公廼遣禹率公戎車百乘、斯馭二百、徒千”，可見一輛戎車配備二名斯馭，十名步兵。《漢書・嚴助傳》有“斯輿之卒”，戰車上一個御手、一名佑者，這二人爲斯馭。計戎車一輛，配置人員十二人。這個數據對於研究西周軍事史有重要價值。

銘文第一部分以“器主曰”形式開頭，其内容屬於“表忠心”，實際上器主並没有對誰實際上説什麼，乃“内心獨白”式表示，因而我們稱之爲“表白法”。第二部分雖然是記敘文，但以“嗚呼哀哉”開頭，讓銘文籠罩在抒情氣氛中，追求的是銘文的“文勢”。“文勢”爲文章“文氣”的一種，即“文氣之態勢”，此氣勢悲壯，乃文章藝術追求的典型標誌之一。本銘的第二部分“造勢”方法包括通過簡練的語言營造悲壯的氣氛；通過數量大小的對比襯托器主慷慨赴死的英雄氣概。在對比上，有周厲王的情緒與戰場將士心理的對比：一方面，厲王無比憤怒：“王廼命西六師、殷八師曰：‘撲伐噩侯馭方，勿遺壽幼！’”另一方面，“師彌怵匌恇，弗克伐噩。”有軍隊數量的對比：西周主力部隊有西六師、殷八師；叔向父禹只有戎車百乘、斯御二百、徒千。有戰果的對比：一面是“師彌怵匌恇，弗克伐噩”；另一面是“禹以武公徒馭至於噩，敦伐噩，休，隻氒君馭方”。井武公派出的是自己的私屬軍事力量，“于匡朕肅慕，叀西六師、殷八師伐噩侯馭方”是這支軍隊的戰略目的，即作爲偏師減輕西周主力的壓力，以便西周軍隊主力攻擊噩侯馭方。出乎意料的是這支偏師戰力強大，居然捕獲了叛軍首領噩侯馭方。至此，二次南征戰役取得決定性勝利。

器主禹是井武公家族的世臣，立下二次南征戰役的首功。禹所作鼎在北宋時期就有出土，銘文與本銘相同。本銘 1942 年出土於陝西省扶風縣任家村，今藏中國國家博物館。

（二）叔向父禹簋銘

禹還有兩篇銘文作品，一篇是《叔向父禹簋銘》，另一篇只有一字之差，是《叔向父簋銘》。《叔向父禹簋銘》六十六字：

叔向父禹曰："余小子司朕／皇考，肇帥型先文祖，恭明／德，秉威儀，用醽圝奠保／我邦我家。作朕皇祖幽大／叔尊簋。其在上，降余多／福繁釐，廣啟禹身，勵于／永命。禹其萬年永寶用。[1]

圖 7–33　叔向父禹簋銘

銘文稱自己的皇祖爲幽大叔，由此可知禹爲名，字向父，叔爲排行。採用的也是"器主曰"的寫作形式，與《禹鼎銘》相似。銘文語言純粹典雅，愛用四字句，顯然帶有《詩經》四言詩的影響。但本銘在內容的豐富程度和寫作技巧的成熟程度與《禹鼎銘》還是有一定的差距。

叔向父簋今藏上海博物館，器蓋同銘，《叔向父簋銘》有三行十六字："叔向父作姼姒尊簋，其子子孫孫永寶用。"[2] 還有一篇《叔向父爲備簋銘》："叔向父爲備寶簋兩、寶鼎二，百世孫子寶。"[3] 由於字數太少，兩銘所承載內容不多，也沒有發揮器主的寫作才能。

反映周厲王二次伐南淮夷的優秀作品還有應侯國第七代應侯敔所作《敔簋銘》《敔鼎銘》。《敔簋銘》也是大氣磅礴之作，反映的是二次南征

① 中國社會科學院考古研究所：《殷周金文集成（修訂增補本）》，第三册，中華書局，2007 年，第 2458 頁 4242 器。

② 中國社會科學院考古研究所：《殷周金文集成（修訂增補本）》，第三册，中華書局，2007 年，第 2057 頁 3849 器。

③ 中國社會科學院考古研究所：《殷周金文集成（修訂增補本）》，第三册，中華書局，2007 年，第 2073 頁 3870 器。

第一階段事跡，我們將在下一章“應侯家族銘文創造”一節予以介紹。

三、微史家族銘文

1976 年 12 月，陝西省扶風縣法門公社莊白大隊發現了一西周窖藏，内有西周青銅器一百零三件，其中具銘青銅器七十四件，考古專家研究青銅器銘文後得知這批青銅器屬於微史家族窖藏。根據帶銘青銅器器主自稱，銘文有七位作者，分别是商、陵、折、豐、牆、𤼈和伯先父。[①]我們本節重點分析史牆和微伯𤼈的銘文創作。

莊白窖藏中發現了史牆家族七位作者創作的銘文，就創作質量看，微史家族最重要的銘文作家有四個，分别是折、豐、牆和𤼈，這四人在微史家族宗廟中的庙號分别是亞祖辛公作册折、乙公豐、丁公史牆、微伯𤼈，世系連續。作册折和作册豐的作品我們在相關章節有分析，本節不再論及。

（一）史牆盤銘

牆所作器有二種三件，包括牆爵二件，有銘七字：“牆作父乙寶尊彝。”所記内容過於簡單；但《牆盤銘》卻是一篇長篇，是這個家族所作最長的一篇銘文，我們本節作重點分析。史牆盤今藏陝西周原博物館，盤重 12.5 公斤，盤底鑄有銘文二百八十四字：

曰古文王，初盭龢于政，上帝降懿德大甹，/匍有上下，會受萬邦。䵣圉武王，遹征四方，/達殷畯民，永丕鞏狄虘，微伐夷童。憲聖/成王，左右綬敍剛鯀，用肇徹周邦。淵哲/康王，分尹億疆。弘魯卲王，廣㧗楚荆，唯/寏南行。祇覭穆王，型帥宇謀。申寧天子，天子/恪䝿文武長剌。天子釁無匄，𩛥卬上下，亟/獄趄謨，昊昭亡斁。上帝司夒，允保授天子/綰令，厚福、豐年，方蠻亡不𢦏見。青幽高/且，在微靈處。雩武王既𢦏殷，微史剌祖/廼來見武王，武王則令周公舍寓，于周俾處。/甬叀乙祖，逨匹厥辟，遠猷腹心，子納粦/明。亞祖祖辛，䙶毓子孫，繁髮多孷，齊角熾/光，義其禋祀。害屖文考乙公，遽爽得純/無諫，蔑穡越歷，唯辟孝友。史牆夙夜不/墜，其日蔑歷。牆弗敢沮，對揚天子丕

① 陝西省周原考古隊：《陝西扶風莊白一號西周青銅器窖藏發掘簡報》，《文物》1978 年 3 期。

顯 / 休命，用作寶尊彝。烈祖文考，弋貯授牆 / 爾𣪕，福褱祓禄，黃耇彌生。龕事氒辟，其萬年永寶用。①

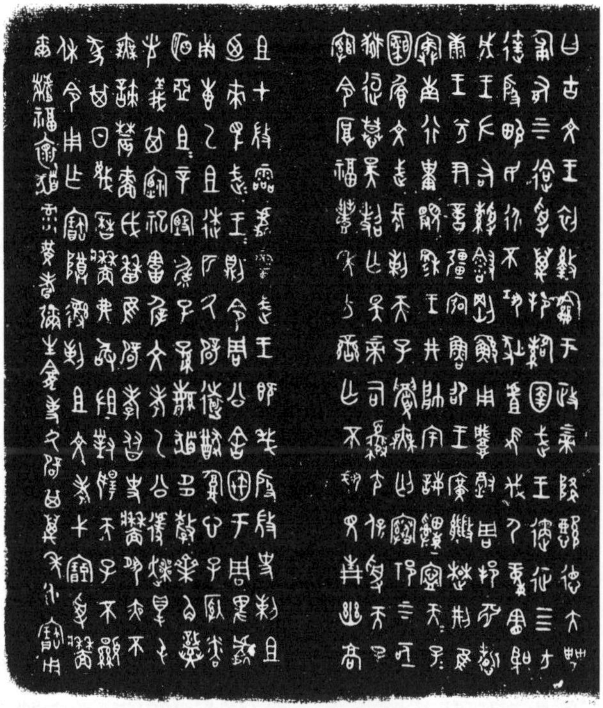

圖 7–34　史牆盤銘

《史牆盤銘》是西周第一篇記敘王朝和家族世系的銘文，開創了西周世系銘文的先河，具有極高的歷史認識價值和文學審美價值，對於西周晚期《逨盤銘》等世系銘文的創作産生了重大影響。

銘文第一部分回顧了文、武、成、康、昭、穆以及史牆所處時代的天子——恭王的功德，這些對於西周七王功業的回顧性敘述爲今人確定七位周王的業績提供了寶貴的線索。例如説武王“遹征四方”，正史中不見記載，《逸周書 · 世俘解》説武王“遂征四方，凡敦國九十有九”“凡服國六百五十有二”。由此看來，《世俘解》所説獲得《史牆盤銘》的證

① 中國社會科學院考古研究所：《殷周金文集成（修訂增補本）》，第七册，中華書局，2007 年，第 5484 頁 10175 器。

實。至於昭王，史書只記載昭王南征，所征爲誰没有説清。《史牆盤銘》説昭王“廣撻楚荆，唯寏南行。”明確記載昭王所伐對象即楚荆。此爲當時人説當時事，所説就是定論。

銘文的第二部分是回顧史牆家族歷代祖先在西周爲家族所作貢獻，以及爲所處時代周天子所作的貢獻，提供了一個貴族家族在西周生存發展的六代譜系，提供了一個投奔周王朝的知識性貴族在西周生存發展的案例。史牆家族從列祖開始投奔武王，武王賞賜他五十通土地，由周公安排在周原地區居住下來。從此當地形成了一個家族世代居住地：微，而“微”通“眉”，其地名一直到今天都在沿用。史牆家族世代爲西周王朝史官，并形成了自己的新族徽，該族徽以“木羊册”三字組合而成，成爲家族文化的標誌。

史牆是中華上古時期的語言大師，盤銘尤其擅長使用形容詞，西周每一王之前都有一個詞彙形容該王的美德或功業。史牆也用華美的詞語修飾他自己的列祖，例如翻圉武王、憲聖成王、淵哲康王、弘魯昭王、祇覭穆王、申寧天子、清幽高祖、甬叀乙祖、害屖文考。他在銘文中所使用的形容詞之豐富，讓我們在隸定銘文時總感覺到現代漢語詞匯量的不足，難以選擇到最恰當的現代漢語詞彙與之對應，讓今天的學者感受到了這位古代語言大師運用詞彙能力的強大。

《牆盤銘》既不屬於册命銘文，也不屬於賞賜銘文、契約銘文或紀功銘文，更像一首史詩，就其體裁看，是仿詩體銘文。《史牆盤銘》是一篇自覺地創作銘文體家族史詩的文學作品。銘文語言華美之至，讓他在西周銘文淵藪中一騎绝塵。

（二）微伯𤼈諸銘

微伯𤼈是史牆之子，微史家族在微伯𤼈時期進入家族發展的高峰期，我們從他製作了如此多的青銅器可以看出這一時期微史家族經濟繁榮，政治地位很高。微地作爲采邑已經牢固掌控在家族手中，微史家族成爲宗周地區有名的貴族世家。微伯𤼈是家族重要的銘文作家，也是留下作品最多的銘文作家。

微伯𤼈所作帶銘青銅器有鬲、簋、盨、豆、釜、匕、壺、爵、鐘九種，其中微伯鬲七件同銘，有銘文五字：“微伯作鼐鬲。”𤼈簋八件同銘四十四字。𤼈盨二件同銘六十六字，我們將重點分析。微伯𤼈豆一件，有銘十字：“微伯𤼈作簠，其萬年永寶。”𤼈釜二件，同銘四字：“微𤼈作寶。”微伯𤼈匕二件，同銘五字：“微伯𤼈作匕。”十三年𤼈壺二件，同銘五十六字，我們重點分析。三年𤼈壺二件，有銘文六十字。𤼈爵三件，其中兩件同銘，有四字：“𤼈作父丁。”一件有銘七字：“𤼈作父丁，作尊彝。”𤼈鐘十四件，其中乙組三件，同銘八字：“𤼈作協鐘，萬年日鼓。”甲組四件，每件同銘一百零四字。丙組二件，合鑄銘文一篇六十七字。丁組四件，合鑄銘文一篇四十四字，銘文與丙組合爲一篇長銘。戊組一件，有銘文一百零三字。除去短篇，微伯𤼈作有《𤼈簋銘》《𤼈盨銘》《十三年𤼈壺銘》《三年𤼈壺銘》《𤼈鐘甲組銘》《𤼈鐘丙組銘》《𤼈鐘丁組銘》《𤼈鐘戊組銘》共八篇長銘。

《微伯𤼈鐘銘》一共三篇，我們分別稱之爲《𤼈鐘甲銘》《𤼈鐘乙銘》《𤼈鐘丁銘》。《𤼈鐘甲銘》一百零四字：

𤼈曰：“丕顯高祖、亞祖、文考，克明氒心，胥尹敘／氒威儀，用辟先王。𤼈不敢弗帥祖考，秉明德，／虔夙夕，左尹氏，皇王／對𤼈身楙，賜佩，敢作／文人大寶協和鐘，用／追孝升祀，昭格樂大／神，大神其陟降，嚴祜業綏厚多福，其豐豐彙彙，受余純／魯、通禄、永命，眉壽無終，𤼈其萬年永寶日鼓。①

銘文記敘自己的高祖、亞祖和文考恪盡職守以及自己繼承祖考優良傳統日夜辛勞，因而獲得了周王的提攜，賞賜器主玉珮，爲此製作了大鐘。銘文在文化史上具有重要意義，那就是自己二祖一考“敘威儀”。根據《𤼈鐘丙銘》，這二祖一考都是史官，威儀即禮儀，在《周禮》中屬於典命一職管理；根據本銘，史官司威儀，而青銅器銘文中的册命銘文無數次記敘作册尹和作册某參與册命儀式。可見本銘所記完全正確，《周禮》在這一點上與西周實際情況不合。另外，《𤼈簋銘》載“顯皇祖考司威儀，用辟先王。”微伯𤼈一再強調司威儀，那是出自職業的自豪和職業知識的自信。

《𤼈鐘乙銘》一篇一百零九字：

① 中國社會科學院考古研究所：《殷周金文集成（修訂增補本）》，第一册，中華書局，2007年，第293頁247器。

曰古文王，初盭龢于/政，上帝降懿德大甹，匍/有四方，會受萬邦。雩/武王既𢦏殷，微史剌/祖來見武王，武王則令/周公舍寓，以五十頌處。/今癲夙夕敬恤乎/死事，肇作和林鐘，用/融綏厚多福，廣/啟癲身，樂于永/命，懷受余爾黻/福靈終，癲其萬/年羊角，義文/神無疆顯福，/用寓光癲/身，永余寶。①

《癲鐘乙銘》在寫作風格和内容上受到《史牆盤銘》的影響，關於文王一段也是從《史牆盤銘》中摘録。但不能説本銘抄襲《史牆盤銘》。本銘的價值在於補充了關於微史家族投奔武王的歷史事實。《史牆盤銘》載："武王則令周公舍寓，于周俾處。"本銘説："武王則令周公舍寓，以五十頌處。"《史牆盤銘》只是説周公在周原給了他們落腳地，本銘直接説周公劃撥了五十頌土地。五十頌即五十通，頌借爲通。② 十井爲通，五十通即五百井。這就是西周大夫的標準配置，這是微史家族生存資料的大致情況，可見此信息價值之高。本銘爲研究殷商微子家族後裔中的一部分投奔西周後的生存發展狀況提供了一個實例。

《癲鐘丙銘》一百零三字：

癲桓桓，夙夕聖爽，追孝于高祖辛公，文祖/乙公，皇考丁公和林鐘，用召格喜侃樂/前文人，用祓壽/匄永命，綽/綰福禄純/魯，弋皇祖考高/對爾剌，嚴在上，/豐豐彙彙，融綏/厚多福，廣啟癲身，/勵于永/命，懷受余爾黻福，癲其萬年，橋角龔光，/義文神無疆顯福，用寓光癲身，永余寶。③

微伯癲的這篇銘文最大價值是記敘了家族宗廟序列：高祖辛公，文祖乙公，皇考丁公，這是大夫級别的貴族宗廟的標準，對於傳世禮學文獻關於士一廟、大夫三廟、諸侯五廟、天子七廟説也是一個佐證。以上

① 中國社會科學院考古研究所：《殷周金文集成（修訂增補本）》，第一册，中華書局，2007年，第297~300頁251~256器。

② 進按：有學者以爲五十頌即五十容，即禮之容禮。但以五十頌處之處，顯然指居處。

③ 中國社會科學院考古研究所：《殷周金文集成（修訂增補本）》，第一册，中華書局，2007年，第292頁246器。

二祖一考正是作册折、作册豐、史牆，他們三人都留下了傳世銘文。

瘨是深受周王喜愛的貴族，《三年瘨壺銘》記敘周懿王舉行了兩次大饗禮：

隹三年九月／丁巳，王在奠，／饗醴。王虖虢叔／召瘨，賜羔俎。／己丑，王在句／陵，饗逆酉，虖／師壽召瘨，賜／彘俎。拜稽首，／敢對揚天子／休，用乍皇且／文考尊壺。瘨／其萬年永寶。[①]

銘文記載兩次大饗禮，一次在鄭，一次在句陵，周懿王都没有忘記瘨。一次派虢叔召瘨參加，另外一次派師壽召瘨參加，兩次都有賞賜，一爲羔俎，一爲彘俎。這是大饗禮中的賜俎儀節，足以證明《儀禮》有關記敘有根據。大饗禮是招待貴賓和有功有德人員，看來瘨當以德高望重獲此殊榮。

《四年瘨盨銘》記敘的是一次周王賞賜禮儀：

隹四年二月既生霸戊戌，／王在周師录宫，格大室，即／立，司馬共佑瘨，王呼史敖[②]／册賜褟冟，虢市攸勒，敢對／揚天子休，用作文考寶簋，／瘨其萬年子子孫孫其永寶。[③]

從佑者爲司馬共看，瘨的職務已經不是作册這類服務咨詢類官員，而是大司馬屬下的事務官員。所賞賜的物品也是禮器中的服飾和車馬器具。顯然這不是一般的賞賜禮，而是册命禮，只不過器主將記敘重點放在物品上。

《十三年瘨壺銘》與此相似：

隹十有三年／九月初吉戊／寅，王在成周／司徒虎宫，格／大室，即

① 中國社會科學院考古研究所：《殷周金文集成（修訂增補本）》，第六册，中華書局，2007年，第5115頁9726器。

② 進按：史敖，或釋史年，見馬承源：《商周青銅器銘文選》，第三册，文物出版社，1988年，第206頁286器。

③ 中國社會科學院考古研究所：《殷周金文集成（修訂增補本）》，第四册，中華書局，2007年，第2863頁4462器。

位，遲／父佑痶。王呼／作册尹册賜痶／畫冟，牙僰、赤／舃，痶拜稽首，／對揚王休，痶／其萬年永寶。[①]

這一次賞賜的服飾又高一個等級，這是職務未變，但命數提高了，待遇也提高了。痶創作的銘文篇數最多，在西周屬於“多産作家”，但總體上看，他的銘文創作一直籠罩在父親史牆的影響之下，没有突破史牆的藩籬。

微史家族銘文作家中還有商、陵、折、豐、伯先父。商所作尊和卣，同銘，三十字，我們已經在前面西周禮制建設儀節中有討論。陵所作罍有銘三行八字：“陵作父日乙寶罍。單。”其中“單”爲族徽。伯先父鬲十件同銘，有銘文十四字：“伯先父作妘尊鬲，其子子孫孫永寶用。”商、陵、伯先父的銘文作品篇幅太短，他們三人算不上微史家族的優秀作家。

作册折和作册豐是除了史牆、微伯痶之外家族最優秀的作家。折所作帶銘青銅器四件，其中《折斝銘》二行八字：“折作父乙寶尊乙。木羊册”；觚銘二行三字：“旅父乙”；《折觥銘》和《折方彝銘》四十字，我們已經在昭王伐南淮夷一節論及。豐所作帶銘青銅器三種五件，其中豐尊、豐卣各一件，同銘三十一字，我們在相關章節作分析；豐爵三件，有銘六字：“豐作父辛寶。木羊册。”折器帶有家族族徽“木羊册”。

此外，傳世銘文中還有一篇《微䜌鼎銘》，是微史家族成員微䜌所作：

隹王廿又三／年九月，王／在宗周，王令／微䜌纘司／九陂。䜌乍／朕皇考䵼彝／尊鼎，䜌用享／孝，用賜康勵、魯／休、屯右、／眉壽、永令、靈／終。其萬年／無疆，䜌子子／孫永寶用享。[②]

銘文記敘自己被周王任命爲司九陂的水利官員，這又是一篇任命水利官員的册命銘文。西周在關中崛起，與其重視河流治理與農田水利密

① 中國社會科學院考古研究所：《殷周金文集成（修訂增補本）》，第六册，中華書局，2007年，第5112頁9723.2器。

② 中國社會科學院考古研究所：《殷周金文集成（修訂增補本）》，第二册，中華書局，2007年，第1457頁2790器。

不可分。

微史家族是西周十分成功的文化家族，他們留給我們的一百零三件青銅器和七十四篇銘文至今還在向我們訴説着西周禮樂文明的輝煌，他們是中華民族寶貴的文化遺産。

四、伯克六銘

西周中期晚段還出現了一個傑出的銘文作家伯克。大約在清光緒十五年，[①]即1889年前後，陝西扶風法門寺任村發現一處青銅器窖藏，出土青銅器一百二十餘件，其中有一批器主自稱“克”的青銅器，大克鼎、小克鼎等均在其中。這批青銅器基本上可以判斷就是伯克家族的窖藏，由於當時條件有限，這一批青銅器没有作可靠的考古處理，今天很難如微史家族一樣，對伯克家族青銅器銘文創作進行一個總體的分析和評價。伯克有多篇銘文傳世，其作品質量高，尤其是《大克鼎銘》，是長篇奇文。伯克在西周銘文史上佔據重要地位。

伯克的銘文創作記録了伯克自己人生中幾個主要階段的重要事件。《伯克壺銘》記敘自己在伯大師手下任職時候獲得伯大師賞賜的事情：

隹十又六年／十月既生霸／乙未，伯大師／賜伯克僕卅／夫。伯克敢對／揚天右王伯／友，用作朕穆／考後仲尊壺。／克用匄眉壽／無疆。克其／子子孫孫永寶用享。[②]

銘文中的伯大師是伯克的主管官員，此人作有《白大師釐盨銘》：“伯大師釐作旅盨，其萬年永寶用。”[③]他賞賜伯克僕庸三十人，顯然是在照顧伯克，這種賞賜是私人賞賜，因而伯克對揚的不是天子，而是“天友皇伯”，即伯大師。

在這一年九月，克獲得一次重要機遇，這就是《克鐘銘》所記：

---

① 周亞認爲，《貞松堂集古遺文》所記光緒十六年發現大克鼎的記載已經被證明有誤。見周亞：《再讀大克鼎》，《上海文博》2004年1期。

② 中國社會科學院考古研究所：《殷周金文集成（修訂增補本）》，第六册，中華書局，2007年，第5114頁9725器。

③ 馬承源：《商周青銅器銘文選》，第三册，文物出版社，1988年，第218頁299器。

隹十又六年九月初吉/庚寅，王在周康剌宫，王/呼士曶召克。王親命克/遹涇東至于京/師。賜克甸車，馬/乘。克不敢墜，溥奠王命，/克敢對揚天子休，用作/朕皇祖考伯寶林鐘，用/匄純叚永/命，克其萬/年子孫永寶。①

伯克受周孝王派遣，從涇水東岸開始一直巡查到京師，根據銘文“溥奠王命”，這次巡查包括傳達王命任務。周王還賞賜他田車和乘馬作爲巡查的交通工具。伯克對這次任務十分重視，在銘文中特別提示“王親命”。

這是伯克進入王朝政治的開始，不久伯克就獲得增命的機會，《師克盨銘》載：

王若曰：“師克，丕顯文武膺/受大命，匍有四方。則繇唯/乃先祖考有爵于周邦，扞/害王身，作爪牙。”王曰：“克，余/唯巠乃先祖考，克勉臣先/王。昔余既命汝，今余唯申/就乃命，命汝更乃祖考，𤔲司/左右虎臣。賜汝秬鬯一卣；赤/市、五黄，赤舄、牙菼；駒車，賁/較，朱鞹、鞃靳，虎冟，熏裏，畫𨌲、/畫䡖，金甬，朱旂，馬四匹、攸勒；/素鉞。敬夙夕勿廢朕命。”克敢對/揚天子丕顯魯休，用作旅盨。/克其萬年子子孫孫永寶用。②

銘文將一篇册命文的主體部分摘録下來，從中可知道時王曾經册命過克，這次是增命。這也是一篇比較有個性的册命銘文，捨棄了時間、地點、佑者、册命者等項，直接從册命令内容入手，並且以記載賞賜物品爲重點。銘文所記賞賜物品多達十八項，師克都不厭其煩地加以記敘。

伯克在司左右虎臣的位置上幹得風生水起，兩年以後，他的職務發生重大變化，從左右虎臣的軍事保衛官變成膳夫。《膳夫克盨銘》載：

隹十又八年十又二月初/吉庚寅，王才周康穆宫，王/令尹氏友史

① 中國社會科學院考古研究所：《殷周金文集成（修訂增補本）》，第一册，中華書局，2007年，第222~223頁204~205器。

② 中國社會科學院考古研究所：《殷周金文集成（修訂增補本）》，第四册，中華書局，2007年，第2873頁4467器。

趛，典善夫克 / 田人。克拜稽首，敢對天子 / 不顯魯休揚，用乍旅盨，唯 / 用獻于師尹、朋友、婚媾，克 / 其用朝夕亯于皇且考，皇且考其 / 豐豐彔彔，降克多福、眉壽永令，/ 畯臣天子，克其日易無 / 彊，克其萬年子子孫孫永寶用。[1]

此銘記敘周孝王命令史官史趛對膳夫克的田地和僕庸進行登記造册，這是落實膳夫克的經濟待遇。伯克作器，對揚的對象是天子，作器目的也變成"用獻于師尹、朋友、婚媾"，標誌着伯克正式進入王朝高層。

伯克這次身份的轉變，膳夫克本人用銘文記録下來，那就是著名的《大克鼎銘》：

克曰：穆穆朕文且師華父，悤 / 襄乒心，寧静于猷，淑哲乒 / 德。肆克龏保乒辟龏王，諫 / 辥王家，叀于萬民。柔遠能 / 邇，肆克□于皇天，瑣于上下，/ 得屯亡敃，賜釐無疆，永念 / 于乒孫辟天子，天子明

圖 7–35　大克鼎銘

① 中國社會科學院考古研究所：《殷周金文集成（修訂增補本）》，第四册，中華書局，2007 年，第 2866 頁 4465 器。

哲，顯孝/于神，經念厥聖保且師華/父，勵克王服，出納王令，多/易寶休。不顯天子，天子其萬年/無疆，保辥周邦，畯尹四方。/王才宗周，旦，王各穆廟，即立，/緟季右善夫克，入門，立/中廷，北嚮，王乎尹氏册令/善夫克。王若曰："克，昔余既/令女出内朕令，今余唯醽/就乃令，賜女叔市、参冋中/悤。易女田于埜，易女田于/渒，易女井家匔田于㽕，以/厥臣妾，易女田于康，易女/田于匽，易女田于溥原，易/女田于寒山，易女史小臣、霝龠、/鼓鐘，易女井、遚、匔人耤。易/女井人奔于量，敬夙夜用/事，勿法朕令。"克拜稽首，敢/對揚天子不顯魯休，用/乍文且師華父寶𩰫彝，克/其萬年無疆，子子孫孫永寶用。[①]

此爲一篇奇文，上段爲"器主曰"式，是對祖先神的"通靈對話"，屬於頌體。後段是記敘文，用意是記敘宣揚榮耀，同時抒發榮耀永久的願望，因而寫法有别。銘文前半部歌頌祖父師華父美德以及現任天子的英明，充分發揮了銘文頌揚功能，語言恣肆誇張。後半部語言風格一變，記敘手法也跟着一變。寫成標準的八要素俱全的典雅册命文。然而，器主實在是按捺不住内心的激動，文筆不知不覺地張揚起來，在記敘賞賜部分開始發揮自己的寫作技巧，連用了十一個"賜汝"句式，形成鋪敘，這種鋪張揚厲法開啟了中華散文中賦體的先河，特别是其中七個"賜女田于"連用，描繪出私屬采地綿綿不斷的畫面，讓人感到這個膳夫克一夜之間就成了暴發户。膳夫克的這種寫法在西周绝無僅有，他所表現的個性特徵也绝無僅有。他的《大克鼎銘》前半部畫有格子，是想把字規規矩矩地寫出來。但在後半部，卻放棄了格子，任性書寫，由此可見書寫者的性格是規範不住的。當然，刻字者未必是膳夫克本人，然而書刻者與創作者顯示出了同樣的性格特徵，讓我們更傾向於兩者爲同一個人。

本銘記敘膳夫克獲得如此多的賞田，那麼《克鐘銘》所記尹氏友史趛典善夫克田人就可以理解了。同時也解決了大克鼎作器年代問題：大

① 中國社會科學院考古研究所：《殷周金文集成（修訂增補本）》，第二册，中華書局，2007年，第1514頁2836器。

克鼎所記事情發生在前，《克鐘銘》所記事情發生在後。《克鐘銘》所記的事情發生在周夷王十八年，那麼《膳夫克鼎銘》必定不能早於周夷王十八年。[①]

伯克人生道路上又一次輝煌發生在擔任膳夫五年之後的周夷王二十三。那就是《小克鼎銘》所記：

隹王廿又三年九月，王／在宗周，王命膳夫克舍／命于成周、遹正八師之／年，克作朕皇祖釐季寶／宗彝。克其日用𩰫朕辟魯／休，用匄康樂、純佑、眉／壽、永命、霝終。萬年／無疆，克其子子孫孫永寶用。[②]

圖 7–36　小克鼎銘

這一年，膳夫克再次受到重用，代表周王到成周整頓成周八師。成周八師是西周用於控制東國的軍事力量，膳夫克來整頓八師，也就意味着他能夠參與到王朝核心軍事力量的管理中。這個膳夫與《周禮》中天官膳夫不一樣，倒是與其中的宰夫比較接近。

以上我們分析了伯克六銘。克所作六銘，篇篇精彩，尤其是《大克鼎銘》，是他的代表作，也是西周中期晚段的代表作。伯克有意識地追求銘文語言的表情功能抒發個人的情感，探索銘文創作技巧，但語言並不古奧，語義表達明確，充分展示作者的個性。伯克用自己的銘文創作在

① 按：關於大克鼎銘所記事情的年代，馬承源以爲周孝王時，也有人以爲在西周晚期。根據本銘，膳夫克的祖父師華父服務於周恭王，而克被任命爲膳夫時候，他的父親已經過世，可見這三代人正好對應恭王、懿王和孝王。但孝王在位年數不多，因此我們將大克鼎銘安排在夷王世。見馬承源：《商周青銅器銘文選》，第三册，文物出版社，1988年，第215~216頁297器。

② 中國社會科學院考古研究所：《殷周金文集成（修訂增補本）》，第二册，中華書局，2007年，第1465頁2796器。

中國銘文史上爲建立了一座永久的紀念碑。

第五節　記功銘文集大成之作

宣幽時期，西周社會已經走到了末路，雖然有過一段“宣王中興”，最多也只不過是一個即將落幕的偉大時代的迴光返照。與西周社會的衰敗之象不同，西周青銅器銘文創作反而進入收穫期，册命銘文、記功銘文、約劑銘文都出現了集大成式的代表作，形成西周青銅器銘文的作最後一座高峰，也是最高的一座高峰。

一、尹吉甫的銘文

周宣王朝有一批優秀的政治家，如召伯虎、仲山甫、尹吉甫等，他們不僅具有傑出的政治才能，而且文武雙全，是西周晚期的文化巨人，他們爲宣王中興做出了巨大貢獻。在這一批政治家中，召伯虎作《常棣》之詩，我們在有關琱生諸器銘一節有過論述。尹吉甫作《大雅》中的《崧高》《烝民》《韓奕》《江漢》等篇，《毛詩傳》記載明確，有“吉甫作誦，其詩孔碩”“吉甫作誦，穆如清風”的美譽。更加幸運的是，尹吉甫所作青銅器銘文也流傳下來，其中《兮甲盤銘》是一篇優秀的青銅器銘文。

《兮甲盤銘》一篇一百三十三字，記敘了兩件大事。一件是器主兮甲隨周宣王初次征伐玁狁，大有斬獲；另一次是器主受周宣王委託，爲王朝徵收稅收到南淮夷，取得豐碩成果。銘文重點記敘第二件事情。這篇銘文具有很高的歷史價值。關於周宣王五年三月初次討伐玁狁，歷史文獻缺載。本銘提到周宣王趕到彭衙，雙方發生激戰，西周軍隊有所斬獲，玁狁奔逃。但這次給予玁狁的打擊並不大，因而兮甲没有將記敘重點放在打擊玁狁這件事上。《小雅・六月》記敘的是另外一次討伐玁狁之戰。詩中寫道：“玁狁匪茹，整居焦穫，侵鎬及方，至於涇陽。”這一次玁狁對西周的侵害嚴重得多，深入宗周鎬京和旁京，《小雅・六月》載：“薄伐玁狁，至於大原。文武吉甫，萬邦爲憲。”也就是將玁狁追趕到太原，阻止了玁狁對西周人口和財産的繼續掠奪，挽回了部分損失而已。玁狁作戰的特點流動性強，作戰目的是搶奪人民財産。周厲王時期的《多友鼎銘》記載玁狁對京師、郇兩地實施搶掠，西周軍隊也是進行追擊戰。整個西周晚期，玁狁都採取這種方式危害西周王朝，而西周軍隊一直將戰略重點放在南淮夷和東夷，未能採取主動進攻策略，深入玁狁腹地打擊玁狁，解除玁狁威脅。最終，西周王朝還是滅於西戎。

隹五年三月既死霸庚寅，/王初各，伐玁狁于𦊠𪊲。兮/甲從王，折首執訊，休，無敃。/王賜兮甲馬四匹，駒車。王/命甲政司成周四方積，至/于南淮夷。南淮夷舊我帛畮人，毋/敢不出其帛，其積，其進人，/其貴，毋敢不即次、即市。敢/不用令，則即刑撲伐。其隹/我諸侯百生，氒貴毋不即/市，毋敢或入䜌宄貴，則亦/刑。兮伯吉父乍盤，其眉壽/萬年無疆，子子孫孫永寶用。①

圖 7–37　兮甲盤銘

《兮甲盤銘》在寫作手段上採用了合敘法。將兮甲從王征伐玁狁與奉命徵收四方税收放在一篇銘文中記敘，但記敘的重點放在徵南淮夷的税收上。兮甲在首次驅逐玁狁之戰勝利之後被周宣王任命爲主管王朝財政税收的官員，“政司成周四方積”，因成周爲天下之中，成周四方即天下，猶如今天的全國。但兮甲徵收税收的重點卻放在南淮夷。主要原因是南淮夷經濟、手工藝以及貿易在當時是全國最爲繁榮的地區。銘文説“南淮夷舊我帛畮人，毋敢不出其帛、其積；其進人，其賈，毋敢不即次、即市。”這段話包含兩個方面的內容。第一項是南淮夷承擔有繳納常規税收的義務，税收形式包括帛和積。第二項是南淮夷的人口交易、商品交

① 中國社會科學院考古研究所：《殷周金文集成（修訂增補本）》，第七册，中華書局，2007 年，第 5482 頁 10174 器。

易必須到指定的市場、指定的地點。我們從中不難看出當時西周在南淮夷各主要市場交易點有常居官員管理市場交易税。這篇銘文爲研究西周時期的税收狀況以及王朝的税收管理提供了寶貴的第一手資料。兮甲盤銘文表明，經過周厲王的兩次南淮夷之役，南淮夷被徹底納入王朝經濟體系中。

《兮甲盤銘》在寫作上善於營造氣勢。在關於南淮夷税收一部分，連用了三個“毋敢”，營造出強大的威壓氣勢。“敢不用令，則即刑撲伐！”採用的是祈使句，語氣更加嚴厲，從私人敘事變成國家法律意志的公告。“其隹我諸侯百姓，氒賈毋不即市，毋敢或入蠻宄賈，則亦刑！”這是由近及遠，佈告天下，從南淮夷講到王朝所有的諸侯和有産業的人。銘文的核心意思是禁止私下交易，凡是商業貿易活動必須到市場，這是防止偷税漏税、税收流失。可以説《兮甲盤銘》包含我國最早的税收佈告，恐怕也是世界上最早的市場規範佈告。

尹吉甫除了《兮甲盤銘》之外，目前能見到的還有《兮伯吉父盨銘》《吉父鼎銘》《伯士父鼎銘》。《吉父鼎銘》十六字：“吉父作旅鼎，其萬年子子孫孫永寶用享。”[①]《伯士父鼎銘》一篇二十四字：“唯十又二月初

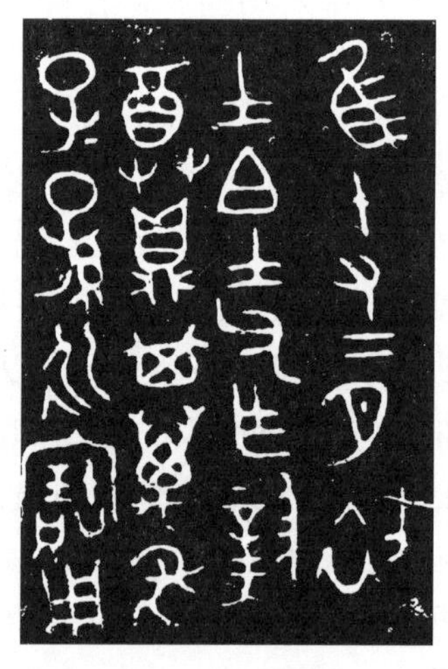

圖 7–38、39、40　吉父鼎銘、伯士父鼎銘、兮伯吉父盨銘

① 吴鎮烽：《商周青銅器銘文暨圖像集成》，第 4 卷，上海古籍出版社，2012 年，第 226 頁 2054 器。器 1940 年陝西扶風法門寺任家村西周窖藏出土，今藏上海博物館。

士，伯士父作簋尊鼎，其萬年子子孫孫永寶用。”[①]《兮伯吉父盨銘》一篇二十字：“兮伯吉父作旅尊彝，其萬年無疆，子子孫孫永寶用。”[②] 然而這些作品僅僅在意於區别器主、表達作器願望，没有反映西周晚期社會生活的方方面面，他們的價值不能與《兮甲盤銘》相比。

《兮甲盤銘》顯示周宣王對南國的侵略非常成功。作於周宣王二十三年的《文盨銘》也從另外一個視角證實周宣王時期對於南國行使了有效管理。《文盨銘》一篇四十字：

圖 7–41　文盨銘

唯王廿又三年八月，/ 王命士曶父殷南邦 / 君諸侯。乃賜馬，王命 / 文曰：“率道于小南。”唯 / 五月初吉，還至于成 / 周，作旅盨，用對王休。[③]

銘文記敘周宣王二十三年八月，器主文接受宣王命令，到南國殷見邦君、諸侯。到第二年五月，器主文完成任務，回到成周。銘文雖然記敘簡略，不過我們從中可以發現，周宣王時期，西周王朝對南國有效行使了管理權力。西周出自夷狄之地，自從公亶父確定向東南發展之後，整個西周都將發展目標定位在東部和南部地區，爲中華民族經濟文化大繁榮做出了貢獻。這種戰略選擇深刻影響了此後中國文化的發展。

二、虢季子白及其家族銘文

傳世文獻中關於虢國有多種稱呼：東虢、西虢、南虢、北虢、小虢這“五虢 ”之稱都曾經出現在歷史史料中。具體到虢國國君，還有虢仲、

① 吴鎮烽：《商周青銅器銘文暨圖像集成》，第 4 卷，上海古籍出版社，2012 年，第 476 頁 2250 器。器 1972 年陝西扶風建和公社北橋村西周窖藏出土，今藏扶風縣博物館。

② 中國社會科學院考古研究所：《殷周金文集成（修訂增補本）》，第四册，中華書局，2007 年，第 2811 頁 4426 器。

③ 李學勤：《文盨與周宣王中興》，《文博》2008 年 2 期。

虢叔、虢季，他們到底是哪一虢國之君？虢仲、虢叔是兄弟，爲什麽所封之國都稱“虢”？20世紀50年代和90年代，在河南省三門峽市上村嶺有過考古發掘，發現了幾座虢國君主墓葬，出土了一大批帶銘青銅器。但即使這樣，關於虢國的歷史還遠遠没有清理出來。因而學術研究還不可能將以上“五虢”完全區分清楚。我們在本節以虢季子白的銘文創作爲中心，將虢國和虢氏其他銘文作家的創作一併在此討論。

（一）虢季子白盤銘

虢氏在西周晚期在王朝代有高官。例如製作毛公鼎的毛公前任虢城公，周厲王時期首次南淮夷之役的統帥虢仲。在周宣王時期出現了虢季子白，所作《虢季子白盤銘》爲西周最傑出的青銅器銘文之一。虢季子白盤於清代道光年間出土於陝西寶雞虢川司。

隹十又二年正月初吉丁亥，虢季子/白作寶盤。丕顯子白，壯武於戎工，/經緯四方，搏伐玁狁，于洛之陽，折/首五百，執訊五十，適宜先行，趄趄子白，獻/馘于王，王孔嘉子白義，王各周廟，宣/榭爰饗。王曰白父，孔覭有光。王賜/乘馬，是用佐王。賜用弓，彤矢其央。/賜用鉞，用征蠻方。子子孫孫，萬年無疆！①

《虢季子白盤銘》憑藉其詩化的語言在西周青銅器銘文中獨樹一幟。銘文語言可以分爲散文語言和詩化語言兩類。其中散文語言作爲過渡，起到提示作用。詩化語言則爲銘文主體，記敘虢季子白的功績，抒發自豪。我們將散文語言用括號隔開對銘文作重新排列：

（唯十又二年正月初吉丁亥，虢季子白作寶盤。）/丕顯子白，壯武于戎工。/經緯四方，搏伐玁狁。/于洛之陽，折首五百，/執訊五十，適宜先行。/趄趄子白，獻馘于王。

（王孔嘉子白義。）/王各周廟，宣榭爰饗。/王曰白父，孔覭有光。/王賜乘馬，是用佐王。/賜用弓，彤矢其央。/賜用鉞，用征蠻方。/子

① 中國社會科學院考古研究所：《殷周金文集成（修訂增補本）》，第七册，中華書局，2007年，第5480頁10173器。

子孫孫，萬年無疆！

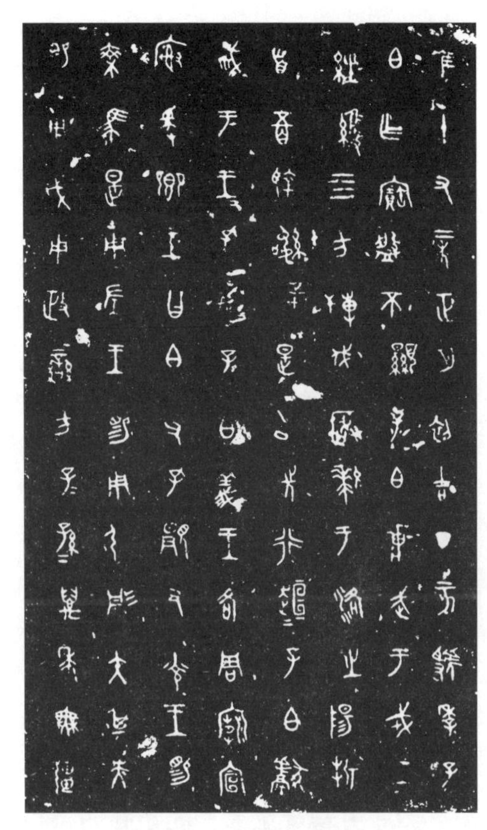

圖 7–42　虢季子白盤銘

如果將散文部分去掉，這就是一首刻在青銅器上的詩歌，一首記載周宣王十二年宣王再次出兵打擊玁狁的史詩性作品。而“唯十又二年正月初吉丁亥，虢季子白作寶盤”猶如後世詩歌作品的小序，起到介紹詩歌創作背景的作用。西周銘文發展到《虢季子白盤銘》，標誌銘文作家們已經能夠運用自如地將散文、詩歌兩種文體的語言糅合在一起，銘文作家們把握文學語言的能力又有提高。

虢季子白還有一篇銘文作品：《虢宣公子白鼎銘》。該器今藏北京頤和園管理處，出土地不明。《虢宣公子白鼎銘》一篇二十七字：“虢宣公子白作尊鼎，用卲享于皇祖考，用祈眉壽，子子孫孫永用爲寶。”[①] 由此我們知道著名的虢季子白的父親爲虢宣公。不過《虢宣公子白鼎銘》寫作意圖僅僅在意於區別器主和作器用途，没有記敘作器緣起和相關的社會歷史信息，其價值不能與《虢季子白盤銘》相比。

（二）𩁹叔奂父盨銘

𩁹叔奂父盨 1993 年三門峽上村嶺虢國墓地 M2006 號墓出土，墓主爲虢國夫人孟姞。器今藏三門峽市虢國博物館。器身蓋同銘，《𩁹叔奂父盨銘》有銘文 33 字。這是𩁹國叔奂父爲嫁到虢國的孟姞所作一篇媵器銘文：

① 中國社會科學院考古研究所：《殷周金文集成（修訂增補本）》，第二册，中華書局，2007 年，第 1337 頁 2637 器。

曑奐父作孟姞旅/盨，用盨稻穛糯粱，/嘉賓用饗，有飤則萬/年無疆，子子孫孫永寶用。[①]

這篇銘文值得關注的地方在於他的語言之美，其中粱、饗、疆連續三句押韻，三句字數分別爲六字句、四字句、七字句。這是一種在散文中追求富於節奏變化的音韻之美，表明西周晚期銘文作家已經在散文中找到了表現漢語音韻之美的方法，找到了一種獨立於詩歌語言藝術之外的音韻之美。其次，本銘在寫作藝術上將祈使句表達期望的功能充分發揮出來，“用盨稻穛糯粱”以下採用祈願疊加修辭，四句話基本上概括了一個貴族少女即將承擔的三大項家庭責任。其中“稻穛糯粱”一起出現在銘文中，還是首次。

（三）虢季鐘銘

《虢季鐘銘》出土於三門峽市上村嶺虢國墓地 M2001。該墓一共出土編鐘八枚，每一枚編鐘都鑄有一篇五十一字的銘文，銘文内容相同。與《曑叔奐父盨銘》相似，《虢季鐘銘》的價值在於銘文的語言審美追求。我們根據當代讀者閱讀習慣將銘文作如下排列：

唯十月初吉丁亥，虢季作爲協鐘，其音肅雍，用義其家，用與其邦。

虢季作寶，用享追孝于其皇考，用祈萬壽，用樂用享，季氏受福無疆。[②]

《虢季鐘銘》主要在作器目的的要素上用力，其中描述銘文音樂品質的只有一個四字句“其音肅雍”，然後利用“用”字引出所作器物用途。“用義其家，用與其邦”兩個四字句中，“義”與“與”、“家”與“邦”對舉，並且邦、家互文，義、與互文。第一輪詞氣到此已經終止。銘文作者意猶未盡，用“虢季作寶”重複上文，再次發動第二輪敘述。這一輪還是以“用”字起領三句，最後以“季氏受福無疆”爲終結，形成一個文意循環。在修辭上除了“用”字句的反復與排比之外，銘文在整體

① 李清麗：《虢國博物館收藏的一件銅須》，《文物》2004 年 4 期。

② 河南省文物考古研究所等：《三門峽虢國墓地》第一卷，文物出版社，1999 年，第 520 頁。

上形成環形的“追尾修辭”。爲促進“追尾修辭”的效果，銘文又採用了押韻法形成銘文内在節奏和韻律的連接。

（四）虢叔旅鐘銘

虢國尚有一篇《虢叔旅鐘銘》，也是比較優秀的青銅器銘文。《虢叔旅鐘銘》出於清末陝西寶雞的虢川司，一共有八枚，今傳世七枚，收藏於北京故宫博物院。《虢叔旅銘》用“器主曰”式開篇：

虢叔旅曰：丕顯皇考惠叔，/穆穆秉元明德，御于氒辟，得/純亡敃。旅敢肈帥型皇考/威儀，淄御于天子，迺天子/多賜旅休。旅對天/子魯休揚，用作朕皇/考叀叔大林和鐘。/皇考嚴在上，翼在下，/數數纂纂，降旅多福。旅其/萬年走子孫孫永寶用享。[①]

虢叔旅當即《鬲比鼎銘》中的虢旅，是王朝重要的大臣。這篇鐘銘雖然没有將家族世系或者皇考叀叔的事跡一一列出來，因而在歷史價值上有所遜色；但銘文走的是西周鐘銘創作的同一條路徑，那就是追求語言的華美，有向樂歌看齊的内在追求，其審美價值大於歷史價值。

三、多友的戰爭銘文

多友鼎 1980 年由陝西長安縣斗門公社下泉村農民從河中挖出，器今藏陝西省博物館。《多友鼎銘》有銘文二百七十七字：

唯十月，用嚴狁放興，廣伐京師，/告追于王。命武公遣乃元士羞追于/京師，武公命多友率公車羞追/于京師。癸未，戎伐郇，衣孚。多友西/追。甲申之晨，搏于鄰，多友又折/首、執訊。凡以公車折首二百又[廿]又/五人，執訊廿又三人，孚戎車百乘/一十又七乘，衣復郇人孚。或搏于/龔，折首卅又六人，執訊二人，孚車/十乘。從至，追搏于世，多友或有折/首、執訊。乃軼追至于楊冢。公車折/首百又十又五人，執訊三人，唯孚/車不克，以衣焚，唯馬驅盡，復/奪京師之孚。多友迺獻孚、馘，訊/于公。武公迺獻于王，迺曰武公曰：“女既/静京師，釐女，

① 中國社會科學院考古研究所：《殷周金文集成（修訂增補本）》，第一册，中華書局，2007 年，第 281~282 頁 238 器。

賜女土田。"丁酉，武公／在獻宫，迺命向父佋多友，迺徙／于獻宫，公親曰多友曰："余肇使／女，休不逆，有成事，多禽，女静京／師。賜女圭瓚一、湯鐘一䵼、鐈／鋚百鈞。"多友敢對揚公休，用乍尊／鼎，用倗用友，其子子孫孫永寶用。①

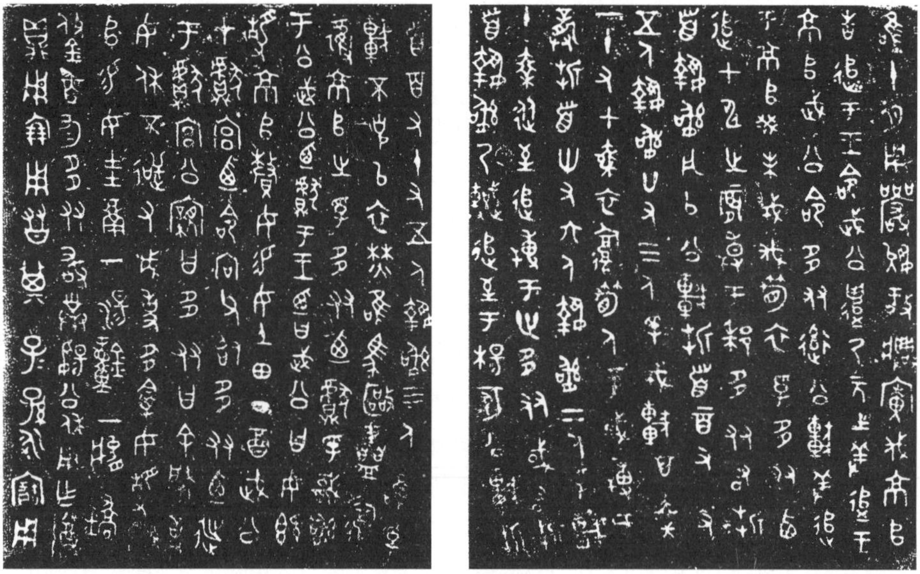

圖 7–43　多友鼎銘

《多友鼎銘》敘述層次分明，是典型的記敘文。《多友鼎銘》敘述戰争進程十分精彩，充滿英雄主義氣派，是西周不多見的傑出戰争銘文。全銘可以分爲四大部分；第一部分簡述西戎入侵的態勢和西周王朝反擊的準備。銘文記敘的重點是第二部分：反擊西戎入侵的四場追擊戰。首戰於邾，告捷；次戰於龏，告捷；三戰於世，告捷；四戰於楊冢，告捷。四戰四捷。第三部分記敘獻俘禮。第四部分簡述作器目的和願望。

《多友鼎銘》善於記敘戰争進程，特殊的記敘技巧之一是善用地點要素。第一戰是從郇到邾的追擊戰："癸未，戎伐郇，衣孚。多友西追，甲申之晨，搏于邾。"可見多友率領的戰車部隊晝夜追擊，終於在第二天凌

① 中國社會科學院考古研究所：《殷周金文集成（修訂增補本）》，第二册，中華書局，2007 年，第 1512 頁 2835 器。

晨趕上戎狄，大戰隨即爆發。第二戰是一場雙方都没有意料到的遭遇戰，銘文只用了“或搏于龔”四個字，可見没有追擊，没有偵察，也没有包圍，雙方不期而遇，立即投入到近身搏殺。第三場還是追擊戰。西戎由於在龔之戰中遭遇多友部隊的沉重打擊，被迫嚮西逃竄，銘文用“從至，追搏於世”六個字記敘第三場大戰。從即縱，指多友部隊從上一戰場直接追擊而來，中間没有經過修整，緊緊咬住西戎的尾巴，終於在世追趕上來，雙方再次展開近身搏殺。“世之戰”西戎再次戰敗奔逃，銘文用“乃軼追至於楊冢”記敘第四場追擊戰。“楊冢之戰”是多友這次抗擊西戎的最後一戰，多友取得了决定性勝利。通過地點的轉化，多友部隊反擊戰的路線圖自然呈現：京師——郇——𨚕——世——楊冢，越追越遠，終於將西戎趕出西周境内。

《多友鼎銘》記敘戰鬥的技巧之二是善於記敘重點事項——戰鬥成果。“𨚕之戰”，用“多友又折首、執訊廿又三人。凡以公車折首二百又十又五人，執訊廿又三人，孚戎車百乘一十又七乘，衣復郇人孚。”記敘戰果，抓住折首、執訊、俘車這三項數字，並且有意將多友個人的斬獲與這支部隊斬獲總數分别記敘，顯示作爲統帥的多友身先士卒的英雄氣概。最後一戰，銘文寫到：“公車折首百又十又五人，執訊三人。唯孚車不克，以𣪕焚，唯馬驅𦘔。復奪京師之孚。”特意介紹“楊冢之戰”没有俘獲西戎戰車，那是因爲西戎將自己的戰車一把火燒掉了。可見多友的追擊徹底擊潰了西戎的心理，大車是用來裝運戰鬥物資和搶奪的財産，西戎被迫放棄搶奪來的財産、人民，開始以逃命爲目的嚮西潰奔。西戎戰士騎馬奔逃而去，遭到搶奪的京師、旬邑兩地的人民和財産被多友攔截下來，多友最終完成了戰略目標。

《多友鼎銘》記敘戰鬥的技巧之三是善於提煉精彩的詞彙。例如記敘多友部隊的三場追擊戰，分别用了“西追”“從至”“軼追”，將三場追擊戰的不同情況的差别性表現出來。“西追”反映的是多友部隊獲得戎狄寇虐旬邑情報後立即撲擊，趕到旬邑時西戎已經聞風而逃，多友部隊確定方向展開追擊戰的情景。“從至”記敘的是多友部隊攜“𨚕之戰”的餘威直撲西戎的集聚點世的情況。“軼追”顯示西周軍隊更加蔑視西戎，追擊比“從至”更加無顧忌。再如銘文三次使用“搏”字，分别是搏於𨚕、或搏於龔、追搏於世，第一場“𨚕之戰”，雙方軍隊第一次交手，雙方士氣正旺，敵我雙方都敢於搏殺。“龏之戰”，西戎軍隊之前雖遭遇失敗，但戰鬥意志旺盛，仍然敢於放手一搏。“世之戰”，西戎軍隊連遭失敗，戰鬥信心動搖，因而是一邊抵抗一邊逃跑，所用詞彙是“追搏”。至於最後一戰没有用搏，那是西戎軍隊完全喪失鬥志，一心逃跑，西周軍隊戰場斗技以追殺爲主。

《多友鼎銘》在《小盂鼎銘》之後開闢了戰争銘文創作的新路徑，那就是注重戰争進程和戰鬥細節的描寫。《小盂鼎銘》重點在於記敘戰役結束後的大獻禮，《多友鼎銘》在對戰後大獻禮的記敘没有《小盂鼎銘》細緻，但戰役進程記敘的細緻程度是前所未有的，時間的推進、地點的轉换、戰果的記敘構成戰役進程的一個個板塊。《多友鼎銘》爲此後戰争類文章的創作積累了記敘經驗，在一定程度上，《多友鼎銘》是《左傳》等傳世文獻中戰争場面記敘的源頭。

《多友鼎銘》反映了西戎入侵的特點。在戰略上以搶奪財産、人民爲主；在戰術上以快速流動作戰爲主；在戰技上以騎上擊殺爲主；在戰鬥底線上以逃命爲主。這些特點決定西戎人得勢將無比殘暴，失勢將迅速脱離戰場，因而很難將西戎軍隊大規模擊殺。這種戰法或許是西戎接受了康王時期南宫盂大規模擊殺的教訓吧。由於西戎軍隊以上的特點，西周很難將西戎外患完全清除。多友率領的部隊只是西周部隊的一部分，連西六師都没有出動，可見厲王這次戰役的目的還是防禦性的進攻，以驅逐西戎爲最終目標。這是因爲周厲王將國家戰略的重點放在淮夷和東夷方向。

圖 7–44　不嬰簋蓋銘

1981 年扶風縣下務子村窖藏出土的《師同鼎銘》雖爲殘篇，卻反映出西周與西戎戰争的殘酷性：

䂓畀其井，師同從，/ 折首執訊，孚車馬 / 五乘，大車廿，羊百挈，/ 用造王，羞于黹。孚戎 / 金：合卅，戎鼎廿，鋪 / 五十，鐱廿，用鑄兹尊 /

鼎，子子孫孫其永寶用。[①]

這是那場戰爭的親歷者師同所列自己戰爭成果的清單。本銘的價值所在也就是這份獨一無二的清單。清單中，關於斬殺人員只有“折首執訊”，没有具體的數據。但對物質財富記載頗爲詳細，包括馬車五輛，牛車二十輛，一百頭羊，金鉼三十塊，還有二十件鼎，五十個鋪，二十把劍……這份清單在西周绝無僅有，將戰爭的掠奪性暴露無遺。

四、不嬰、駒父、師寰等人的銘文

西周晚期的記功銘文傑作輩出，其中多友、不嬰、駒父、師寰、量等是其中的代表性作家。他們的創作共同將西周軍事銘文推向最高峰，他們創作的銘文如《不嬰簋蓋銘》《駒父盨蓋銘》《量盨銘》《師寰簋銘》，是西周戰爭銘文總結性作品，不嬰所作銘文等尤爲突出。由於上一小節我們討論了多友的銘文，我們本節集中討論不嬰以下三位銘文作家的作品。

（一）不嬰簋銘

《不嬰簋銘》一百五十一字，1980年山東省滕縣後荆溝西周墓出土，今藏山東滕州市博物館。

唯九月初吉戊申，白氏曰：“不嬰：/馭方玁狁廣伐西俞，王命我/羞追于西，余來歸獻禽，余命/汝禦追于畧，汝以我車宕伐/玁狁于高陵，汝多折首執訊。戎/大同，從追汝，汝及戎大敦搏，汝休，弗/以我車陷于艱，汝多禽，折首執訊。”/白氏曰：“不嬰！汝小子，汝肈誨于戎工。/賜汝弓一，矢束，臣五家，田十田，用從乃/事。”不嬰拜稽首，休，用作朕皇祖公/白、孟姬尊簋，用匄多福，眉壽/無疆，永純霝終，子子孫孫其永寶用享。[②]

《不嬰簋銘》所反映的是周宣王十一年一場打擊玁狁戰役的情況。可

---

① 中國社會科學院考古研究所:《殷周金文集成（修訂增補本）》，第二册，中華書局，2007年，第1446頁2279器。進按：器藏扶風縣文物管理所。

② 中國社會科學院考古研究所:《殷周金文集成（修訂增補本）》，第四册，中華書局，2007年，第2714頁4329器。

與《虢季子白盤銘》對讀。本銘中的伯氏即虢季子白，不嬰爲虢季子白麾下的一員戰將。由於馭方玁狁對西周西部邊境都邑大肆搶劫，虢季子白率領西周部隊抗擊玁狁，首戰告捷，虢季子白廻宗周向宣王報告戰果。這就是虢季子白盤銘所記的"搏伐玁狁，于洛之陽。折首五百，執訊五十，適宜先行，趄趄子白，獻馘于王。"《虢季子白盤銘》記載的是首戰獲勝情況，實際上戰役並没有結束。虢季子白在廻宗周之前命令不嬰繼續率部向西進發，追擊玁狁。在高陵，不嬰遭遇玁狁，不嬰大有斬獲。玁狁獲悉西周軍主帥不在，對不嬰所部展開追擊，不嬰所部陷入重圍。但不嬰通過力戰，成功突圍，西周戰車部隊戰力猶在。突圍之戰，不嬰斬獲頗豐，因而受到主帥虢季子白的賞賜。結合兩銘，我們大致上可以將西周宣王時期這次討伐玁狁戰役全程描述出來。總體上看，這次戰役給予玁狁一定的打擊，但是由於主帥虢季子白對於玁狁作戰特點認識不足，過早地帶領主力部隊返回，不嬰所率領的偏師雖然給予玁狁一定的殺傷，但没有起到真正驅逐玁狁出中國的戰役目的，好在西周戰車部隊損失不大。這也是爲什麽《虢季子白盤銘》只記敘了戰役前半程的原因。本銘完成了周宣王發動的討伐玁狁戰役的最後一塊拼圖，這是本銘的歷史認識價值所在。

在寫作藝術上，《不嬰簋銘》就是一篇微縮版的《毛公鼎銘》。《不嬰簋銘》的主體也是以賞賜令構成。由於賞賜令過長，作者兩次採用了"白氏曰"以形成銘文層次。首次"白氏曰"的内容是敘述器主的戰功；第二次"白氏曰"是記敘賞賜的物品。然而本銘與《毛公鼎銘》也有所不同。第一是本銘不以"王若曰"開頭，而用"唯九月初吉戊申"開頭，爲銘文作了時間提示，從而讓銘文獲得時間定格。第二，本銘對"白氏曰"進行了摘要和提煉，語言進一步書面化，避免了《毛公鼎銘》的"佶屈聱牙"。

（二）駒父盨蓋銘

駒父盨蓋 1974 年出土於陝西省武功縣蘇坊公社金龍大隊，今藏武功縣博物館。《駒父盨蓋銘》有銘文八十二字，是一篇紀事體銘文，所反映的歷史信息十分寶貴。

唯王十又八年正月，南 / 中邦父命駒父即南諸 / 侯帥高父見南淮夷，

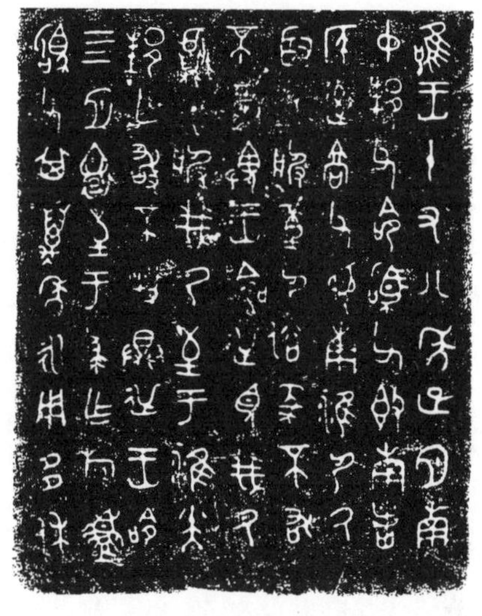

圖 7–45　駒父盨蓋銘

氒/出氒服，謹夷俗，豖不敢/不敬，畏王命，逆見我。氒/獻氒服，我乃至于淮，小大/邦毋敢不炆[①]其逆王命。/四月還，至于蔡，作旅盨。/駒父其萬年永永多休！[②]

銘文記敘周宣王十八年器主駒父受司徒南仲邦父的委派，到南淮夷徵集賦貢的事情。駒父正月出發，親自到達淮河流域，會見了流域内大大小小的邦國。四月完成任務，這次徵收賦貢十分順利，南淮夷諸侯也十分配合。本銘的價值在於再次證明，經過周厲王的兩次征南淮夷之役，南淮夷已經正式納入西周王經濟版圖，成爲支撑西周王朝經濟的重要來源地，爲周宣王朝抗擊西北玁狁入侵提供了强大的物質保障。與《兮甲盤銘》“南淮夷舊我帛晦人，毋敢不出其帛，其積，其進人，其賈，毋敢不即次，即市。敢不用令，則即刑撲伐”帶有威脅的口氣相比，本銘説“我乃至于淮，小大邦毋敢不炆其逆王命。”則南淮夷諸侯國要積極一些。雖然器主那種以“天朝”自居的傲氣仍在。《兮甲盤銘》是兮甲在討伐玁狁之後到南淮夷徵集賦税。本次在什麽背景下徵集賦貢？《詩經・小雅・出車》有“天子命我，城彼朔方。赫赫南仲，玁狁於襄。”可見在虢季子白帥軍打擊玁狁之後，周宣王找到了解決玁狁問題的新辦法，南仲執行周宣王對抗玁狁的政策，那就是在朔方築城，建立常駐守備部隊。設置常駐部隊對西周經濟是個挑戰。西周的西六師、殷八師、成周八師都是亦兵亦農的組織，戰時爲兵，閒時爲農，所消耗的戰略物資少。一旦組織常備軍，消耗將大幅度提高。這就是尹吉甫、南仲邦父向南淮夷徵集賦税的原因。本銘對於《出車》中所説南仲抵禦玁狁策略是一個補充。

《駒父盨蓋銘》全部採用直敘，按照時間先後、地點轉换敘述自己徵

---

① “炆”字馬承源不識，今從吴鎮烽本作“炆”。

② 馬承源:《商周青銅器銘文選》，第三册，文物出版社，1988 年，第 311 頁 442 器。

集南淮夷賦貢的行程和效果，語言簡潔流暢。

（三）師寰簋銘

然而，南淮夷與西周王朝的關係在周宣王時期也不是一帆風順的。王朝在經濟上對南淮夷的掠奪及其南淮夷的對立情緒積累到一定程度就會爆發，《師寰簋銘》記敘了發生在周宣王時期一次鎮壓淮夷的事件。

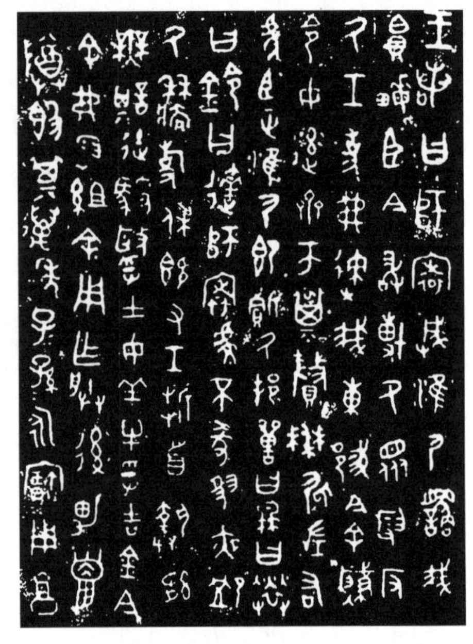
圖 7-46 師寰簋器銘

王若曰："師寰！𤔲，淮夷繇我/帛晦臣，今敢薄氒衆叚，反/氒工吏，弗速我東國。今余肇/令汝帥齊師、曩、萊、僰、㞒、左右/虎臣征淮夷，即質氒邦嘼，曰冉，曰𥎦，/曰鈴，曰達。"師寰虔不㒸，夙夜卹/氒將事，休，既有功，折首執訊，/無諆徒馭，毆孚士女羊牛，孚吉金。今/余弗叚組，余用乍朕後男巤/尊簋，其萬年，子子孫孫永寶用享。①

銘文第一部分採用記言法記敘周宣王向器主師寰下達征伐淮夷的命令，這一部分的語言描寫刻畫了周宣王的個性。宣王聲稱"淮夷繇我帛晦臣。"這個説法與《兮甲盤銘》一致，説明南淮夷早就與西周達成臣服協議，規定了南淮夷對於王朝的經濟義務。再經過周厲王兩次征南淮夷之役，再次確認並落實了南淮夷與西周王朝達成的臣服協議，向西周王朝行使經濟義務。"今敢薄氒衆叚，反氒工吏，弗速我東國"這是歷數淮夷"罪惡"，原來淮夷與王朝翻臉了，強迫群衆，召回服務於王朝的人員，與王朝斷绝聯繫，也即不承擔服貢力役義務。"今余肇令汝帥齊師、曩、萊、僰、㞒、左右虎臣征淮夷"包含了征伐淮夷軍隊的構成。王朝派出的是左右虎臣，其餘部隊則從山東半島徵集而來，包括齊國、紀國、

① 馬承源：《商周青銅器銘文選》，第三册，文物出版社，1988 年，第 307 頁 439 器。

萊國等五國的諸侯軍隊，統帥爲師寰。這個配置應當是王朝發動戰爭的標準配置，即以王朝的常備軍左右虎臣爲核心力量，同時調動附近諸侯國軍隊爲輔助力量，形成軍事打擊優勢。奇怪的是最接近東夷的魯國不在此列，或許魯國軍隊不歸師寰指揮，故不在列。宣王還下令"即賛氒邦嘼，曰冉，曰𧟁，曰鈴，曰達。"直接點了東夷四位必殺首領的名字，顯示出天子之怒、之威。本銘語言描寫最成功、最精彩的地方就在這裏。顯然，師寰率領的西周聯軍再次取得勝利，淮夷再次屈服，才有了銘文下半篇的紀功内容。

第八章　西周主要諸侯國的銘文

本章的主要内容是描述西周晚期邦君和諸侯青銅器銘文創作的成就。然而由於諸侯國和畿内邦君領地的特殊性，我們很難將這些地區非晚期的青銅器銘文創作排除在外。我們覺得諸侯國和邦君領地的銘文創作本身有其發展的連續性，人爲地分開反而割裂了這些銘文之間的聯繫。因此我們將大多屬於西周中期的霸國、倗國的青銅器銘文也放在本章中描述。

傳説西周諸侯三千，但我們本章僅僅挑選應侯國、晉侯國、倗國和霸國這四國進行分析，這是因爲本書的研究對象爲西周時代的銘文史，不是西周地域銘文史。但西周銘文史缺少了諸侯這一板塊，註定是不完整的。我們在前面有關銘文史的敘述中已經將魯國、匽國、邢國、宜侯國、虢國等諸侯國的銘文創作要麼附在周公、召公之後，要麼放在這些銘文産生的時代。本章只是挑選四國作爲西周銘文史的組成部分進行描述，以便全方位展現西周銘文創作的宏偉畫卷。當然，邦國諸侯青銅器銘文發展水平不一，有的在西周前期就達到非常高的水平，例如邢侯國、宜侯國；有的在西周中期進入繁榮期，例如霸國，女性作家霸姬在恭王時期就創作了一百五十余字反映貴族生活的長銘，這是西周女性作家創作的最優秀作品。大多數諸侯邦國青銅器銘文創作在西周晚期進入高峰期，例如應國、晉國，在這一時期收穫了他們的代表作，並與王朝銘文作家一起將西周銘文創作推向高峰。也還有一些邦國的銘文直到春秋時期才成熟，例如曾國，直到《曾侯與銘》的出現，才有真正意義上的銘文作家。諸侯國銘文的成熟和繁榮是西周禮樂文明的傳播的結果，他們本身是西周禮樂文明的組成部分。

第一節　西周應國青銅器銘文的創作

西周應國算不得一等強國，在西周歷史上也没有留下輝煌的業績。不過伴隨平頂山應國墓地的神秘面紗逐步揭開，一個創造了三百年文明的應國歷史展現在今人面前。通過對西周應國青銅器銘文的釋讀，人們發現，西周應國大約經過十個應侯時代，在春秋初期走向衰落。這個地處西周"南國"的諸侯國，青銅器銘文創作取得了突出成就，出現了應侯敔、應侯見工這樣傑出的銘文作家。應侯敔創作了長達一百四十余字的《應侯敔簋銘》，是西周銘文史上的傑作；而應侯見工創作了十數篇青銅器銘文，其中六七篇都是優秀之作。更加難能可貴的是，應侯見工有意識地追求銘文創作的差異化，盡最大可能在方寸之間表達更多的内容，顯示出對銘文寫作技巧的熱情追求。

應國爲周武王庶子的封國，首封在古應龍之國，地望相當於山西省長子縣應城。① 康、昭之後西周王朝戰略方向調整，應國改封到伏牛山東麓，所封之地在今河南省平頂山市西北郊的北滍村。②《左傳·僖公二十四年》有"邘、晉、應、韓，武之穆也"之説。應國爲周武王後裔，首封之君與周成王爲兄弟。《逸周書·王會解》記載周成王建成王城，大會諸侯，描述諸臣位置有"内臺西面者，正北方，應侯、曹叔、伯舅、中舅。比服次之，要服次之，荒服次之"的記載，應侯爲北方諸侯之首。《國語·鄭語》中著名的"史伯對鄭桓公"有"當成周者，南有荆蠻、申、吕、應、鄧、陳、蔡、隨、唐；北有衛、燕、翟、鮮虞、路、洛、泉、徐、蒲"之説，應國排在申、吕之後。《詩經·大雅·下武》之中有讚揚應侯國首封之君的詩句：

---

① 進按：何光嶽提出應國首封於此，然今長子縣似無應城。見何光嶽《應國略考》，《江漢考古》1988 年 2 期。而王正等從平頂山應國墓地第一代國君墓 M232 的山嶽崇拜等多方面分析中得出該墓帶有北方文化因素，似乎印證何光嶽説。見《從應國墓地看西周時期南北方文化的交流》，《黄河文明與可持續發展》第八輯 161~163 頁。

② 進按：河南省平頂山市北滍村應國墓地出土的應公簋銘有"珷帝日丁子子孫孫永寶"，而"珷"在西周專指稱周武王，從而證明應侯國首封之君爲武王之子；北滍村有應國墓地，西周古應國封地所在終於獲得確認。

下武維周，世有哲王。三后在天，王配于京。
王配于京，世德作求，永言配命，成王之孚。
成王之孚，下土之式。永言孝思，孝思維則。
媚兹一人，應侯順德。永言孝思，昭哉嗣服。
昭兹來許，繩其祖武。於萬斯年，受天之祜。
受天之祜，四方來賀，於萬斯年，不遐有佐。

對於“媚兹一人，應侯順德”，《毛詩》傳、箋解釋都有錯誤，毛傳説：“應，當；侯，維也。”鄭玄箋説：“媚，愛；兹，此也。可愛乎武王能當此順德，謂能成其祖考之功也。”[①]《下武》當爲讚揚應侯能夠順應遵循文王、武王之道。[②]以上爲傳世文獻中關於應侯國的一些記載，材料非常有限，大多爲片言隻語。

與傳世文獻的片言隻語不同，西周應侯國傳世和發掘出土的青銅器向人們展示了西周應國豐富的歷史文化。西周應國有銘青銅器八十多件，根據學者最近的統計，其中宋以來文獻著録的有 20 件，建國以來考古出土的有 51 件，近年以來公私收藏機構擁有的流散品也達到 13 件。[③]著名的有《應監甗銘》《應公鼎銘》《應侯見工鐘銘》《應侯稱盨銘》《應侯簋銘》《應侯作姬原母簋銘》等等。這些青銅器銘文極大地豐富了我們對西周應國的認識，特别是河南平頂山應國墓地的發現，確定了西周到春秋早期 300 多年應國的位置和範圍，揭開了埋藏在滍陽嶺下西周應國的神秘面紗。考古工作者還發現應國墓地有一個有趣的現象，那就是凡國君之墓都在山脊之上，由南向北延伸，越往北年代越晚；歷代國君墓東側爲夫人墓，重要臣屬墓在其國君墓東南側，呈現出典型的世系特徵。在這片墓地區域埋葬着大約十三位應侯，[④]結合銘文内容與青銅器，今人甚至可以利用這些銘文排列出西周應國世系的概況，考古學成果不但填補了應國歷史的空白，通過對銘文的研究，甚至可以在一定程度上能夠“復

① 鄭玄：《毛詩箋》，《十三經註疏》，中華書局，1980 年影印本，第 525 頁。

② 趙伯雄：《〈詩・下武〉“應侯順德”解》，《古籍整理研究學刊》1998 年 6 期。

③ 黄益飛：《應國具銘銅器研究》，中央民族大學 2010 年碩士學位論文。

④ 按：根據平頂山應國墓地對應國世系作系統研究的主要是王龍正等執筆的《平頂山應國墓地 I》一書，其次是黄益飛和李樹浪兩篇碩士論文，其中後者後出轉精。我們本節主要依據王龍正等人的觀點，并對李樹浪、黄益飛的研究成果多有參考。

活”應國貴族們的思想志趣，描述他們的生活狀況。這些銘文作品創作年代不一，我們在這裏按照世系前後作簡要分析。

一、應國早期銘文創作概況

第一代應國國君應公，周武王庶子，主要活動時間在武、成、康之際。傳世一件《應叔鼎銘》可能是他的作品，銘文有“應叔作宝尊齍”六字。[①] 銘文自稱“應叔”，叔爲同輩中的排行，與管叔、蔡叔、霍叔、唐叔一樣。《應叔鼎銘》可能是應公初封太行山南麓殷商古國應國時期的作品。此人與宜侯夨一樣，大約在周康王時期被改封到今河南省平頂山市一帶，封國依據舊稱，仍稱應國。世間流傳的帶“應公”銘文的青銅器中，有一部分就是他的作品。如雙弦應公鼎有銘文“應公作旅彝”五字[②]；獸面應公觶有銘文“應公作寶尊彝”六字；應公壺有“應公作寶尊彝”六字。這些作品由於文字太少，未能展現出高超的寫作技巧。

第一代應公所作最長銘文是《十六字應公鼎銘》。十六字應公方鼎甲、乙兩件均有同篇銘文：“應公作寶/尊彝曰：‘奄以乃/弟用夙夕𩰫享。”[③] 這是平頂山應國第一代應侯自己所作。然而此銘與衆不同的地方在于作器目的表述不同凡響。大多數銘文作器目的一般只講自己的願望，或作祝願用器者；本銘卻用“曰”字引出應公對自己嫡長子及其群弟的殷切希望，這種表述方式與穆王時期《叔趯父卣銘》有異曲同工之妙，飽含自己對新開國的應國未來的期待，具有鮮明的個性。銘文以父親的口吻告誡自己的兩個兒子早早晚晚都不要忘記祭祀祖先。

圖 8–1　十六字應公鼎銘

① 應叔鼎圖像未見著録，銘文收入《集成》，編號 2172。

② 應公作旅鼎銘只有“應公作旅鼎”五字，同銘之鼎有二，其中之一爲圓鼎，保存於上海博物館，陳佩芬《夏商周銅器研究》著録；其二未見實物，圖像未見著録，銘文摹本《綴遺齋》4.22 著録。

③ 進按：該鼎圖像文獻未見著録，銘文收入《集成》，編號 2553。銘文中第二行倒數第二字從申從大，不識，有人釋爲奄，暫從。第二行倒數第一字從乃從以，根據社科院考古所藏鼎乙揭片，實爲乃、以二字。

圖 8–2 應監甗銘

另外還有應監甗，1958 年在江西余幹縣黄金埠中學出土。應監甗器形屬於西周早期産品，時代當與第一代應公相當。應監甗出現在江西，最大的可能是該器被人帶到江西。《應監甗銘》只有“應監作寶尊彝”六字，文字雖少，卻透露出一條重要信息，證明西周早期對於諸侯的確有監國體制，武王之子也曾經作爲古應國監國者，監視殷商遺民。應侯監活動年代相當於武王、成王時期。這是因爲他如管叔、蔡叔一樣，受命監視殷國遺民。[①] 例如《集成》02367 號器爲管監引所作鼎，《管監引鼎銘》載：“管監引作父己寶䵼彝。”

在第一代應公墓 M232 附近有 M229 號墓，爲應公之臣、大行人應事的墓葬，因墓葬中出土帶有“應事”銘文的青銅器，該墓主身份得以明了。應事諸器銘共有五篇，器主自稱“應事”，所作銘文十分簡短。《應事鼎銘》載：“應事作旅鼎”；《應事簋銘》載：“應事作旅簋”，《應事爵銘》和《應事觶銘》相同，都是“應事作父乙寶”。[②] 由於太過簡略，銘文文學價值不高。

第二代應國國君應公奄[③] 主要活動於昭、穆王時期。應公奄墓葬在平頂山應國墓地的編號爲 M230，由於損毀嚴重，該墓未發現帶銘青銅禮器。目前可以判斷爲第二代應侯所作的有《應公方鼎銘》，方鼎兩件，均有同款同篇六字銘文“應公作寶尊彝”。[④] 還有《應公卣銘》一篇五字：

---

① 進按：關於銘文中的“監”字，周永珍以爲“監”是人名。見周永珍《西周時期的應國、鄧國銅器及其地理位置》，《考古》1982 年 1 期。馬承源《銘文選》以爲即《周禮》大宰職文“建其牧，立其監”之監。又 2008 年，吴鎮烽在西安見到另一應侯監甗，器形爲西周晚期，見吴鎮烽《商周青銅器圖像暨銘文集成》，第 7 卷，上海古籍出版社，2012 年，第 207 頁 03329 器。若此器爲真，那麼監乃西周常設官員，用以監督諸侯國，應監也是如此。那麼應監只是王朝設在應國的監察官而已。

② 平頂山市文物管理局：《平頂山應國墓地 I》，大象出版社，2012 年，第 203~205 頁。整理者以爲器主爲應國外交使臣。我們認爲青銅器銘文恆見“出入使人”，使人即《周禮》中的大小行人職官。

③ 我們根據十六字應公鼎銘“奄以乃弟用夙夕䵼享”判斷奄爲第一代應侯嫡長子，後爲第二代應侯。以字有“及”義，《周易·小畜》“富以其鄰”猶“富及其鄰”。

④ 應公方鼎有甲乙兩鼎，鼎甲爲平湖韓氏舊藏，鼎乙今藏故宮博物院，《集成》編號分别是 02150、02151。

“應公作寶彝。”[①] 見《集成》5177 器；帶鋬《應公觶銘》一篇，僅有“應公”二字，見《集成》6174 器。《應公壺銘》二行六字：“應公作寶尊彝”[②]。相對來説，第二代應公銘文創作貢獻在應國歷史上不算突出。

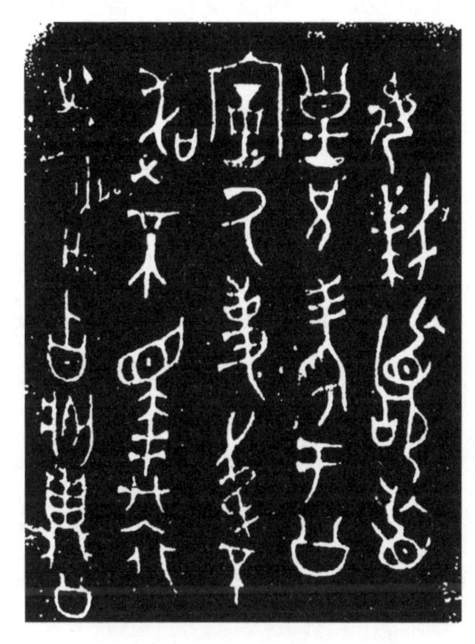
圖 8–3　旡鼎銘

應釐公奄有一弟名旡，墓葬在應國墓地編號爲 M242。從墓葬方位看，此人是作爲第一代應公的親屬安葬的，墓中出土一件青銅鼎，有銘文 5 行 24 字，器主自稱旡，是爲《應旡鼎銘》，墓主當即器主旡。[③]

> 旡拜稽首，/皇兄孝于公，/宦𠂔事。弟不/敢不擇衣，/夙夜用占𪏽公。[④]

按照袁俊傑等人的意見，銘文的内容是説皇兄讓其弟應旡具體負責應公的喪服事宜，應旡完美地完成了任務。爲感激皇兄的重任，弟弟旡製作了這個鼎，用來祭祀應公。[⑤] 聯繫到第一代應公所作十六字《應公鼎銘》，可以判斷應釐公奄是有弟弟的，而且這個弟弟被第一代應侯所看重，才有“奄以乃弟用夙夕𪏽享”一説。同樣，《旡鼎銘》又説到兄與弟

① 進按：該器不傳，圖像爲《西清》16.1 著録，銘文“應公作寶彝”，《集成》編號 5177。

② 進按：《集成》誤以爲卣，見《集成》5220 器。器藏臺北故宫博物院，蓋内、器底各有銘文。

③ 平頂山市文物管理局：《平頂山應國墓地 I》，大象出版社，2012 年，第 187 頁。

④ 袁俊傑等：《論旡鼎與喪服禮》，《考古》2015 年 6 期。

⑤ 袁俊傑等：《論旡鼎與喪服禮》，《考古》2015 年 6 期。按：黄益飛以爲本銘是旡爲已經去世的皇兄所作器，銘文没有直接説出來，但行文中已經隱含了“皇兄”去世以後，旡作爲宗親爲公之後，意爲不绝大宗。“皇兄孝于公，𠂔事”表面上讚揚皇兄已經對公盡了孝道，實則包含了皇兄已經去世的信息，此爲暗敘。“弟不敢不擇衣”則爲婉説。見黄益飛：《平頂山應國墓地出土“旡”鼎銘文研究》，《考古》2015 年 4 期。我們不從此説，因銘文“夙夜用占𪏽公”已經表明是公去世了，非皇兄去世。

的關係，銘文"夙夜用占鬻公"與"奄以乃弟用夙夕鬻享"何其相似，其兄名奄，其弟名旡，奄、旡兩字都不是正確的隸定，揚片上原字與今楷體漢字没有對應字，實爲不識之字。[①]

這是一篇優秀的銘文，寫法獨特，一改西周早期銘文按照作器緣起——個人感激——作器目的——未來願望的紀事體模式，開頭直入主題，表示皇兄既然如此孝順敬業，作爲弟弟更應當努力了。這是一種傾訴體，是弟弟向哥哥表達以兄爲榜樣的心願，傾訴的是兩個人之間的情懷，私人寫作性質更加突出。從目前的材料看，《應旡鼎銘》代表了應公奄時代應國銘文創作的最高水平。

第二代應公尚有一位長子，未能繼位爲應侯。此人墓葬編號爲 M48，與第一代、第二代應侯墓相距比較遠，因此考古工作者判斷此人因死於兵而"不入兆域"。此人作有銘文三篇，自稱"伯"或"伯衛"，我們不妨稱之爲"伯衛三銘"。其中《伯鼎銘》有銘文"伯作寶彝"四字；《伯衛簋銘》有銘"伯衛作寶彝"五字。墓中尚有一銅壺出土，爲其夫人所作，内壁有"少姜作用壺"銘文。伯衛及其夫人所創作的銘文具有寶貴的歷史認識價值，不過就銘文寫作藝術來説，創造性不能與《旡鼎銘》相比。

與應釐公同時代的胡國還有一位女性銘文作家，此女爲應國嫁到胡國的姬姓女子，由於西周胡國銘文作品發現不多，我們已經將胡應姬的創作一併放在昭王南征一節作了簡要分析。

二、應國中期銘文創作

第三代應國國君爲應釐公，活動於穆王時期的應公謚號釐公，是應侯稱的父親。[②] 此人銘文作品暫時不能確定。[③] 應釐公朝有一臣名匍，作

① 進按：又黄錦前讀擇爲斁或殬，讀衣爲瘁，讀占爲旨，以爲銘文大意是旻之兄在應公身边任事有功。今其弟旻亦不敢不善事其职，當盡心盡力，鞠躬盡瘁，侍奉應公。見黄錦前：《旻鼎銘文試釋》，《中國國家博物館館刊》2015 年 3 期。又陳劍説，讀考爲老，以爲兄向公告老，将宗族之事交予其弟，弟不敢不悦而服從，可備一説。

② 應釐公之稱爲學者根據應侯爯盨銘有"文考釐公"推測。應釐公墓在平頂山應國墓地編號 M86，該墓毁損嚴重，考古工作者未能清理出帶銘青銅器。

③ 有人將應公方鼎銘、應公觶銘歸屬第三代應侯，但這兩篇生稱公，而應侯見工鐘銘説"皇且應侯"，應釐公爲應侯見工祖父輩，因而應釐公不得生稱公。我們將生稱公的銘文歸屬前兩代應公。並且兩篇篇幅比較短，在五、六字之間，對於應國歷史研究有重要價值，但就銘文寫作藝術來説，算不得優秀銘文，我們此處對應釐公銘文創作暫不討論。

有《匍盉銘》一篇。[①]

圖 8–4　匍盉銘

隹四月既生霸戊申，匍／即于氐，青公使嗣事兒／曾匍于柬：麀賁、韋兩、赤／金一鈞。匍敢對揚公休，／用作寶尊彝，其永用。[②]

《匍盉銘》屬於西周銘文中的紀事體，銘文按照事件、地點、人物、事件過程、器主感激、作器、願望這個次序記敘，有條不紊，一條不缺，卻又簡潔明了。匍盉造型奇特，《匍盉銘》書法精美，既有西周銘文早期的自由流暢，又有西周中期的整飭，呈現出向“玉箸體”過渡狀態。

第四代應國國君爲應侯爯。應釐公之子應侯爯是西周應國第一個自称侯的銘文作家，他的主要活動年代在穆王晚期到龔、懿、孝時期。[③] 平頂山滍陽嶺上應侯爯墓編號 M84，1992 年發掘，墓中隨葬有標誌王侯身份的玉器和八面銅面具，墓主人國君地位不容置疑。[④] 根據出土青銅器銘文可以確定墓主是應侯爯。該墓一共出土七篇銘文，包括可以確定爲應侯爯自己創作的《應侯鼎銘》一篇，有四字銘文“應侯作旅”；《應侯甗銘》一篇，有“應侯作旅彝”五字；有内容相同的《任爯尊銘》和《任爯卣銘》；以及一長篇《應侯爯盨銘》。不能確定器主的有兩篇内容相同的《獸宫盤銘》。M84 至少保留下來應侯爯四篇銘文，其中《應侯爯盨銘》属於西周應國銘文中的優秀作品。該盨通高 22.4 釐米，通

① 匍的墓葬編號 M50，根據考古學者發現的平頂山應國墓葬規則，該墓與 M86 號第三代應侯墓是君臣關係佈局，當爲應侯家族之人。見王龍正等《平頂山應國墓地 I》，大象出版社，2012 年，第 378 頁。

② 王龍正等：《匍鴨銅盉與頫聘禮》，《文物》1998 年 4 期。

③ 進按：84 號墓藏發掘整理者將應侯爯盨定爲周恭王時期，而爯簋李家浩定爲周穆王時期，則應侯爯活動年代跨穆王、龔王時期，或可能更長。見河南省文物考古研究所：《平頂山應國墓地八十四號墓發掘簡報》，《文物》1998 年 9 期 8 頁。

④ 王龍正等：《平頂山應國墓地八十四號墓發掘簡報》，《文物》1998 年 9 期。

寬 39.3 釐米，在西周屬於比較大型的青銅盨，有蓋，器、蓋同銘，均爲 4 行 28 字。[①] 應侯爯的銘文代表作當爲《應侯爯盨銘》和《爯簋銘》兩篇。

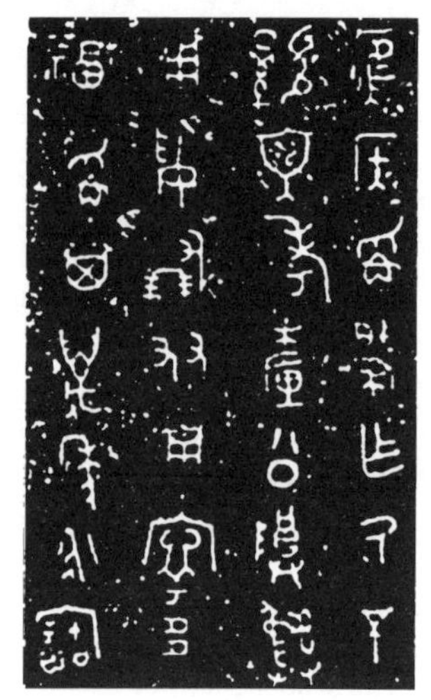

圖 8-5　應侯爯盨銘

應侯爯肇作氒丕 / 顯文考釐公尊彝。/ 用妥朋友，用宁多 / 福。爯其萬年永寶。[②]

《應侯爯盨銘》具有比較高的歷史認識價值。我們通過應侯爯盨銘文知道器主爲應侯爯，其父爲應釐公。以此爲坐標，向前、向後推演，應國國君世系基本上可以清理出一個梗概。《應侯爯盨銘》文風體現了西周中期銘文創作的一個傾向，那就是在作器目的和作器願望上作誇張性渲染，本銘“用妥朋友、用宀多福，爯其萬年永寶”用了十四個字，佔了全文的一半。

圖 8-6　爯簋蓋銘

此外，應侯爯還有另外一篇銘文——《爯簋銘》傳世。爯簋出處不明，今藏保利藝術館，是西周簋中的重器。刻有銘文，器、蓋同銘，六行五十七字：

隹王十又一月初吉丁亥，/ 王在姑。王弗望應公室，/ 彶[③] 宁爯身，賜貝卅朋，馬四匹。/ 爯對揚王丕顯休宀，用 / 作文考釐公尊彝，其萬 / 年用，夙夜明享，其永寶。[④]

① 河南省文物考古研究所等:《平頂山應國墓地八十四號墓發掘簡報》,《文物》1998 年 9 期。

② 河南省文物考古研究所等:《平頂山應國墓地八十四號墓發掘簡報》,《文物》1998 年 9 期。

③ 進按：彶字原搨從彳從戌，今暫寫作彶。

④ 李家浩:《應國爯簋銘文考釋》,《文物》1999 年 9 期。

從銘文“用作文考釐公尊彝”看，爯的父親、前任應公已經去世，爯此時已經成爲應國之君。爯爲什麽不自稱應公爯或應侯爯？《爯簋銘》爲感激周王對應國的照顧而作，没有必要强調自己的侯國之君身份，因而器主自稱私名，没有在名前冠以應侯，是一種自謙法。“王弗望應公室”是器主對應國與周王室特殊關係的强調，時王當對首封應公多有褒揚。

《爯簋銘》中出現了“王在姑”地名，姑在衛國。銘文中的祴宔、明享兩詞在西周銘文中不多見，卻出現在1981年陝西長安花園村17號墓出土的《伯姜鼎銘》中。伯姜鼎爲周穆王時期之器。根據《穆天子傳》，周穆王的確到過衛地，穆王東征，經過五鹿，五鹿在衛。因而極有可能是在穆王東征經過衛國，應侯爯前去覲見穆王，穆王表彰并賞賜了應侯爯。

除了《應侯爯盨銘》《爯簋銘》外，《任爯卣銘》12字：“任爯肇諆作寶尊彝，用夙夜享孝。”當爲應侯爯未即位時所作，其中“任爯”是合體字，發掘者認爲此字即爯的異體，因而判斷作器者就是爯。①

第五代應侯見工的銘文創作我們專設一節討論。與應侯見工同時代的銘文作家中還有一位柯史，所作《柯史簋銘》從平頂山應國墓地M257中發掘出土。銘文四行三十一字：

> 唯十月初吉丁卯，柯／史作唐姒媵簋，用／祈眉壽永命，子子／孫孫器邁年永寶用享。②

圖8-7　柯史簋銘

發掘者認爲柯史簋大約製作於孝、夷時期，爲唐國陪嫁女帶到應國，墓主人是應國上士級别貴族；而李鵬輝提出柯字應釋爲考字，

① 王龍正等：《平頂山應國墓地八十四號墓發掘簡報》，《文物》1998年9期13頁。

② 王龍正等：《河南平頂山應國墓地M257發掘簡報》，《華夏考古》2015年3期。

柯史當爲考史。[①] 由於柯史國屬不明，我們在此一併納入應國銘文創作中。該銘最大的價值在於讓我們認識到了西周青銅器可以在列國之間交流。

三、應侯見工的銘文創作

第五代應侯爲應侯見工。他的主要活動時間大約在西周孝王、夷王時代。應侯見工是西周又一位優秀的銘文作家，也是應國歷史上最優秀的銘文作家。目前所能見到的作品《應侯見工盨銘》《應侯見工鐘銘》《首陽齋藏應侯見工簋蓋銘》《首陽齋藏應侯見工簋銘》《保利藝術館藏應侯見工鼎銘》等。[②]

應侯見工第一篇傑作是《應侯見工鼎銘》。《應侯見工鼎銘》似乎正是爲證明《應侯見工鐘銘》而作。該器 2000 年上海博物館收藏。鼎通高 26.2 釐米，口徑 29 釐米，重 12 斤。銘文 6 行 59 字，包括重文二字。

用南夷毛敢作非良，廣 / 伐南國，王令應侯視工曰：/“征伐毛！”我受命，翦伐南夷 / 毛。我多俘戎。余用作朕烈 / 考武侯尊鼎。用祈眉賜 / 壽永命，子子孫孫用寶用享。[③]

圖 8–8　應侯見工鼎銘

銘文在寫作手法上非常講究。爲了突出周王的憤怒，首先使用了價值判斷性質的議論作爲起篇：“用南夷毛敢作非良”，再列南夷毛的罪孽：“廣伐南國”。對周王命令用語的描述只用了三個字“征伐毛”，從而描繪出周王因憤怒而急迫的語氣和神態。然而銘文也透露出一種謙謙君子的

① 李鵬輝：《平頂山應國墓地 M257 出土銅簋銘文補釋》，復旦大學出土文獻與古文字研究中心編《出土文獻與古文字研究（第五輯）》，上海古籍出版社，2019 年，第 66~74 頁。

② 進按：考古工作者推測應侯見工墓在平頂山應國墓地編號 M87，其夫人墓編號 M88。兩墓均遭嚴重盜竊。

③ 陳佩芬：《夏商周青銅器研究》“西周篇下”，上海古籍出版社，2005 年，第 413 頁。毛字或釋逆。器非發掘所得，中央民大黄益飛 2010 年碩士論文懷疑其僞，尚未有確切證據。

氣魄，没有致力於描述自己的殺伐之功，甚至連戰鬥經過都不去描述，只用“我多俘戎”四個字一筆帶過。然而這四個字本身包含了這次戰役的激烈以及應侯見工在戰場搏殺的氣概，俘獲許多敵人的兵器卻不提到俘獲人，實際上包含了人。敵人丟棄兵器，不是潰敗奔逃就是投降，由此四字可見應侯見工率領的部隊如何的氣勢磅礴、戰鬥如何的激烈。銘文刻意壓住戰場的血腥，不僅僅顯示了應侯見工的豪邁情懷，更顯示了應侯見工一種類似儒者的風雅。銘文用字精煉，技巧純熟，是西周戰爭銘文的典範之作。

應侯見工第二篇傑作是《首陽齋藏應侯見工簋蓋銘》。[①] 這篇銘文與《應侯見工鼎銘》所記爲同一件事情，也是周王命令應侯見工征伐淮南夷事件，只不過作器對象不同。前者爲烈考武侯作器；此篇爲王姑單姬作器。全銘九行八十二字，是西周應侯國第一篇長銘：

圖 8–9　首陽齋藏應侯見工簋蓋銘

唯正月初吉丁亥，王若／曰：“應侯視工：伐[②]淮南夷／毛！敢搏氒衆魯，敢加興／作戎，廣伐南國！”王命應／侯征伐淮南毛，休，克／翦伐南夷。我俘戈。余弗／敢沮，余用作朕王姑單／姬尊簋。姑氏用賜眉／壽永命，子子孫孫永寶用享。[③]

① 首陽齋藏應侯見工簋器蓋、器身不同銘。學者以爲當爲兩簋，其中一簋失蓋，另外一簋失器身。此爲蓋銘。器銘未應侯作姬原母簋銘，見王龍正等《平頂山應國墓地 I》，大象出版社，2012 年，第 756 頁。

② 按：伐字諸家不釋。此字左邊最下一横與本銘中兩個伐字左邊最下一提有異，然字形近似，暫釋爲伐。

③ 首陽齋等：《首陽吉金》，上海古籍出版社，2008 年，第 112~114 頁。淮南毛之毛，李學勤釋爲逆，見李學勤《論應侯視工諸器的年代》，收入李學勤：《文物中的古代文明》，商務印書館，2008 年，第 253 頁。此器韓巍以爲厲王時期器，見韓巍：《讀〈首陽吉金〉雜瑣記六則》，收入朱鳳瀚：《新出金文與西周歷史》，上海古籍出版社，2011 年，第 218 頁。

本銘與應侯見工簋銘所記爲同一件事情，只是作器用途不一樣。這個作器用途的差別決定了銘文寫作風格的差別。在前銘中，周夷王命令用語只有三字一句“征伐毛”；本銘中，對周夷王命令的記敘相對完整。“伐淮南夷毛！敢搏氒衆魯，敢加興作戎，廣伐南國！”前篇周夷王對討伐南淮夷顯得急不可耐；此篇則顯得氣憤填膺，連用兩個“敢”字，周夷王怒不可遏的神情躍然而出。作者爲同一人，寫作風格爲什麽差異如此之大？還是與作器用途有關。此器爲王姑[①]而作，王姑已經嫁給單族，此器的使用者爲單國人，應侯見工這篇略帶誇張的銘文將被單族人世世代代閱讀，那麽在這篇銘文中略微突出一點周王的信任和應侯見工的功勞也是理所當然的選擇。由於有了前一篇《應侯見工鼎銘》，所反映的題材又一樣，爲避免重複，本銘的創作難度更大，這篇《應侯見工簋蓋銘》成功地完成了這個任務，這是一種寫作藝術的自覺追求。

應侯見工第三篇傑作是《應侯見工鐘銘》。應侯見工鐘銘 1974 年在陝西藍田出土。[②]鐘銘不全，而日本人中村不折收藏一件應侯鐘銘文正好與之銜接。其完整的銘文如下：[③]

圖 8–10　應侯見工鐘銘

隹正二月初吉，王歸自成周，應侯見工遺王于周，辛未，王格于康，榮伯入佑應侯見工，賜彤弓一，彤矢百，馬四匹，見工敢對揚天子休，用作朕皇祖應侯大林鐘，用賜眉壽永命，子子孫

① 王姑，學者多以《爾雅·釋親》中祖父姐妹爲王姑，即解爲姑奶奶作器。從“姑氏用賜眉壽永命”看，此姑尚在人間，那麽所作之器當送到單族。

② 韌松：《記陝西藍田縣新出土的應侯鐘》，《文物》1975 年 10 期及《〈記陝西藍田縣新出土的應侯鐘〉一文補正》，《文物》1977 年 8 期。

③ 馬世之：《應侯銅器及其相關問題》，《中原文物》1986 年 1 期。進按：保利藝術館從海外購得另外兩件應侯見工鐘，銘文相當於藍田發現的應侯見工鐘銘，都爲一完整銘文的上篇。

孫永寶用。[1]

這是一篇紀事體銘文，記載的是西周中期應國歷史上的一件大事：周夷王某年二月辛未，應侯見工到宗周覲見穆王，穆王爲之舉行了一場規格很高的賞賜禮，佑者爲王朝紅人滎伯。從所賞賜的物品看，有彤弓、彤矢，這就意味着穆王賦予應侯可以討伐諸侯的資格。因而應侯見工銘文風格上選擇史官愛用的紀事體以便敘述這一重大歷史事件，所作銘記這一重大歷史事件的青銅器是樂器，正象徵"禮樂征伐自天子出"，標誌應侯已經獲得周天子的授權，從事禮樂建設與討伐不庭的軍事活動。

應侯見工第四篇傑作是保利藝術館藏《應侯見工簋銘》。根據西周中期諸侯製作祭器的慣例，所作祭器一般成套，鼎、簋組合少不了。應侯見工同樣爲烈考武侯作器的還有應侯見工簋。應侯見工簋兩件，由保利藝術館從海外購得，出土情況不明，簋器蓋同銘，銘文六行五十三字：

唯正月初吉丁亥，王在𩫖，饗／醴。應侯見工侑，賜玉／五穀，馬四匹，矢三千。敢／對揚天子休釐，用作／皇考武侯尊簋，用賜／眉壽永

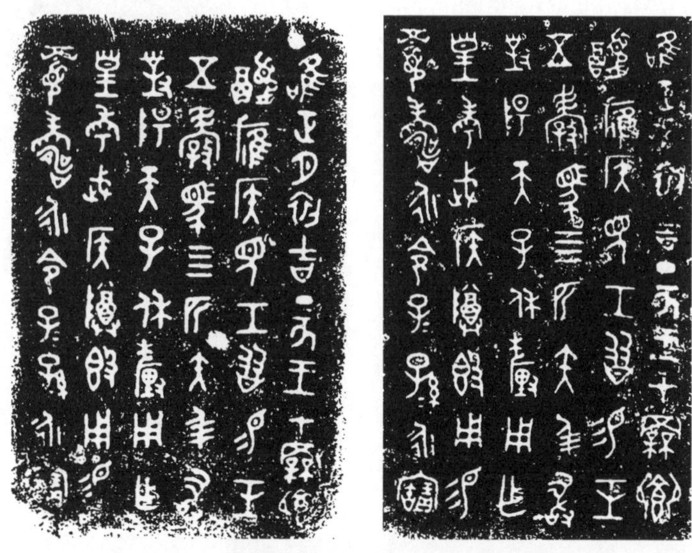

圖 8–11　保利藝術館藏應侯見工簋蓋銘與器銘

① 進按：從"四匹"開始到文末，爲日本人中村不折所藏鐘銘内容。

命，子子孫孫永寶。[1]

《應侯見工簋銘》記載在周夷王舉行的一次大饗禮中，周夷王挑選應侯見工協助自己舉行大饗禮儀，周夷王對應侯見工的表現頗爲滿意，賞賜應侯見工美玉、馬匹和弓矢。應侯見工因此製作了祭祀烈考武侯的寶器，記載這次榮耀，并希望自己能長壽，永爲諸侯，福澤綿延子子孫孫。銘文看似客觀地記敘了一次大饗禮，實則在平静的記敘中湧動着無限的喜悦。協助周王舉行大饗禮，説明應侯見工征伐南夷的功績獲得周王的認可，應國終於又一次進入王朝政治的核心層，其喜悦之情可知。銘文用平淡的語句簡潔地記敘了一場盛典的概況，與上面的應侯見工鼎銘一樣，文風儒雅，將巨大的喜悦隱藏在平静的敘述之中。

應侯見工第五篇傑作是《應侯見工殘鼎銘》。2000年，河南省平頂山市文物管理局在新華區西高皇一魚塘中打撈出一批被盜墓賊遺棄的青銅器殘片，其中三塊有銘文。經修復，得一件比較完整的應侯見工鼎，兩件相對完整的應侯見工盨。鼎銘一篇，兩件盨銘同篇，《應侯盨銘》保存完好，只有“應侯作旅盨，其邁年永寶”十個字。而鼎銘殘缺很多：

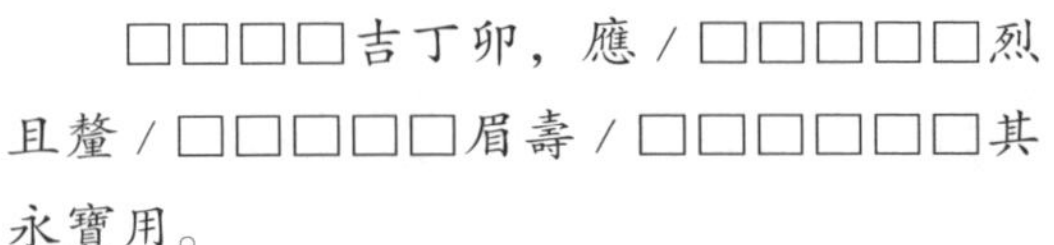
□□□□吉丁卯，應／□□□□□烈且釐／□□□□□眉壽／□□□□□□其永寶用。

圖 8-12　應侯見工鼎銘

王龍正以爲該殘片爲應侯見工墓出土，再根據西周金文慣例，對殘缺部分進行了填補。[2] 我們在王龍正基礎上，對銘文作如下推演，得四行三十四字。

① 裘錫圭：《應侯視工簋補釋》，《文物》2002年7期。
② 平頂山市文物管理局：《平頂山市西高皇魚塘撈出的一批應國銅器》，《中原文物》2010年2期67頁。

唯□月初吉丁卯，應/侯見工肇[①]作烈祖鳌/公尊彝，用祈眉壽/永命，子子孫孫其永寶用。

銘文殘存部分有“烈祖鳌”，顯然作器者爲應侯爯之子、應鳌公之孫，應國中晚期祖孫三代世系因此鼎銘得到確定。

應侯見工第六篇傑作當屬《應侯作生杙姜簋銘》。應侯作生杙姜簋出土情況不詳，圖像未見著録，銘文搨片收録於《考古圖》，有器銘、蓋銘同銘兩篇，銘文四行二十五字。

隹正月初吉丁/亥，應侯作生杙/姜尊簋，其萬年/子子孫孫永寶用。

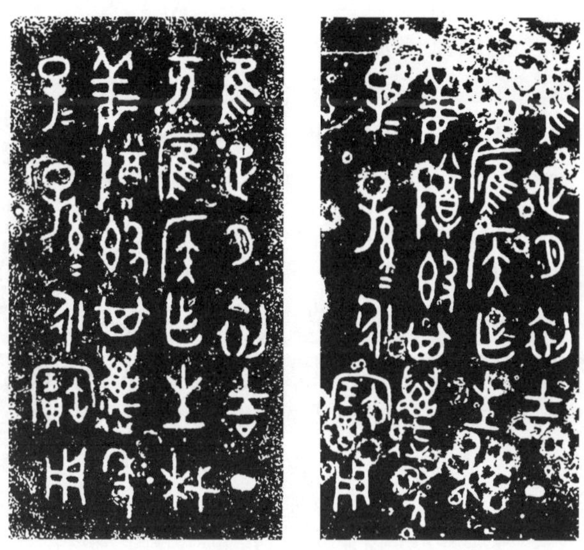

圖 8–13　應侯作生杙姜簋甲蓋銘、器銘

銘文是應侯爯爲自己嫁到謝國的外甥女所作的一件媵器。銘文透露出了應國與周邊諸侯國的婚姻關係。生即外甥本字，西周銘文恒見，此處指外甥女。[②] 外甥女姜姓，而應國周邊姜姓之國有許國、吕國，二者必

① 王龍正釋“肇”字爲“用”字，根據西周銘文慣例，只有在獲得賞賜時才說“用作……”以承接前文賞賜。

② 張亞初：《金文所見某生考》，《考古與文物》1983 年 5 期。

居其一。枤即謝，即南陽盆地的西周古謝國，任姓，在應國之南。[①] 由此可見西周南國姬姓小國與姜姓、吕姓、任姓互爲婚姻。此銘還顯示，西周貴族媵器製作者不僅有同姓，也有異姓母族舅氏。

此外，傳世應侯見工銘文作品還有《應侯壺銘》一篇，有銘文“應侯作旅壺，其萬年永寶用”十一字；[②]《應侯作姬原母簋銘》一篇，有銘文“應侯作姬原母尊簋，其邁年永寶用”十四字。[③] 這些作品只能算應侯見工銘文創作中的“小品”，我們不再展開討論。

應侯見工是西周應國歷史上創作銘文最多的諸侯國君，今天所見就不下十數篇，其中六篇長篇在西周銘文史上都屬於優秀作品。應侯見工是西周歷史上第一位有意識地追求銘文差異化寫作的作家，與商周大部分作者一事一銘不同，應侯見工一事多銘、同事異寫。例如同爲王姑單姬作器，首陽齋《應侯見工簋蓋銘》是一種寫法，在首陽齋《應侯見工簋銘》中是另一種寫法。前者稱“作王姑單姬尊簋”，後者稱“作姬原母尊簋”，姬原母即王姑單姬。同爲征伐南淮夷，《應侯見工鼎銘》是一種寫法，首陽齋《應侯見工簋銘》又是一種寫法。

四、應國後期銘文創作

第六代應侯爲應侯封虎。[④] 封虎所處年代爲夷王、厲王時期。此人作品目前只發現一篇，那就是出自平頂山應國墓地 M104 的封虎鼎。《封虎鼎銘》十一字：“封虎作飤 / 鼎，其邁 / 年永寶用。”[⑤] 此爲自作器，也不稱應侯、應公，當爲應侯見工仍然在世，

圖 8–14　封虎鼎銘

① 王龍正等：《平頂山應國墓地 I》，大象出版社，2012 年，第 717 頁。

② 壺有兩件，保利藝術館收藏，同時入藏的還有應侯見工簋 2 件，應侯見工鐘 2 件。王龍正等以爲這一批入藏青銅器出自同一墓葬，器主爲應侯見工，見王龍正等：《平頂山應國墓地 I》，大象出版社，2012 年，750 頁。

③ 首陽齋等：《首陽吉金》，上海古籍出版社，2008 年，第 39 頁。按：此爲首陽齋所藏應侯簋器銘；蓋銘則爲另外一篇銘文，見前文應侯見工簋蓋銘。

④ 封虎，有學者隸定爲蓺虎。封虎墓在平頂山應國墓地墓葬編號爲 M104，其夫人墓爲 M105。此人墓在嶺脊上，按照平頂山應國墓地排列規則，當爲應侯墓，這兩座墓損毀嚴重。封虎夫人爲鄧國女子應嫚。應嫚帶來鄧公所作鄧公簋，有銘，屬於鄧國的銘文創作。我們將在有關章節介紹。

⑤ 平頂山市文管會：《河南平頂山市發現西周銅簋》，《考古》1981 年 4 期。

封虎爲儲君，不得稱公稱侯。銘文字數少，未能展示高超的寫作技巧。

從 M95 號墓出土的鼎、簋各有銘，一篇可稱爲《公作敔鼎銘》。另一篇可稱爲《公作敔簋銘》。兩篇除了鼎、簋二字互異外，其餘文字一樣。[①]《公作敔簋銘》五行二十七字：

唯八月初吉／丁亥，公作敔／尊簋。敔用賜／眉壽永命，子子／孫孫永寶用享。[②]

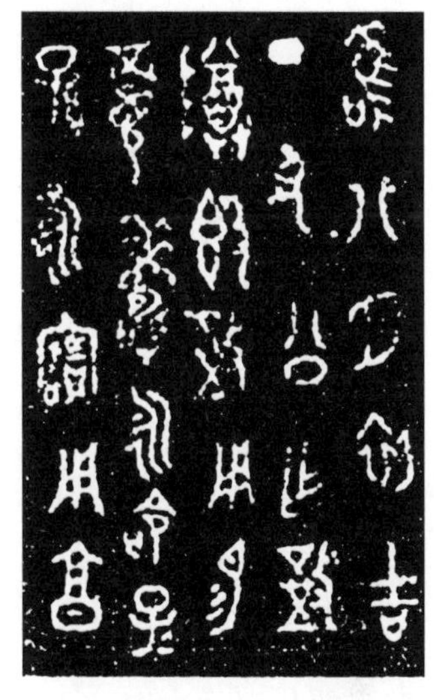

圖 8-15　公作敔簋銘

《公作敔鼎銘》與此篇僅僅將“簋”字替换爲“鼎”字而已。我們認爲銘文中的公即指應侯封虎，器是封虎爲其子所作，由封虎出資作器，銘文不直接稱呼公爲應公，更不稱爲“應公某”，此是爲尊者省文法。敔稱敔，不稱伯敔、應伯敔、太子敔，乃與父同文，不以字稱，也不以行輩稱，此爲尊者避諱以省文。雖然很難判斷這兩篇銘文的作者是誰，我們只能依據誰作器誰具有銘文著作權原則，將兩篇銘文的作者定爲應侯封虎，此爲應侯封虎留給我們的篇幅最長的銘文作品。

第七代應侯爲應侯敔。主要活動時間相當於周厲王時代，同時代人物有王朝著名將領叔向父禹、王朝政治家井武公等。他的墓葬在平頂山應國墓地中編號 M95，該墓出土有銘銅器多達 16 件，其中屬於應侯敔的就有《侯氏作姚氏鬲銘》《應伯盨銘》《應伯方壺銘》《應伯盤銘》。[③]應侯敔也是一位優秀的銘文作家，代表作有長篇銘文《十月敔簋銘》。十月敔簋圖像爲《博古圖》16.39 著録，銘文搨片在《殷周金文集成》中編號爲 4323。器今已不傳。銘文 13 行 140 字，是西周應國最長的一篇銘文。記敘的是周厲王二次南征戰役。

① 王龍正指出“公”爲敔鼎銘中的武公，可備一説，見王龍正：《平頂山應國墓地九十五號墓年代、墓主及相關問題》，《華夏考古》1995 年 4 期。

② 姜濤等：《平頂山應國墓地九十五號墓發掘簡報》，《華夏考古》1992 年 3 期。

③ 進按：我們認爲應伯爲排行稱呼，代表其人爲嫡長子，器爲應侯敔尚未即位時所作。侯氏即應侯敔，以通稱替代專稱，是一種换文修辭手法。應國國君多自稱公，而應侯爯、應侯見工、應侯敔自稱侯。

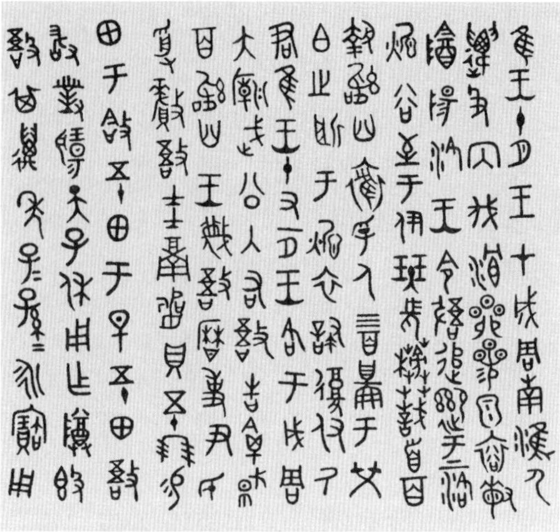

隹王十月，王在成周，南淮夷/摟殳内伐滬、昴、參泉、裕敏、/陰陽洛。王命敔追禦于上洛、/烬谷，至于伊。班，長榜載首百，/執訊卌，奪孚人四百，啚于榮/伯之所，于烬衣諱，復付氒/君。隹王十有一月，王格于成周/大廟，武公入佑敔，告禽：馘/百、訊卌。王蔑敔歷，使尹氏/授釐敔圭瓚，㚸貝五十朋，賜/田：于敜五十田，于早五十田。敔/敢對揚天子休，用作尊簋，/敔其萬年，子子孫孫永寶用。[①]

圖 8–16 十月敔簋銘文摹本

這是一篇記敘軍事活動的銘文，反映的是二次南征之役中的第一階段情況。這一階段主要是抵禦噩侯禦方叛軍的軍事進攻，西周軍隊總體上處於戰略防禦階段，但也有主動出擊。將軍敔這一次及時主動出擊并取得可觀的戰果。本銘是縮微版的《小盂鼎銘》，在地點記敘上頗有特色，一連記敘了滬、昴、參泉、裕敏、陰陽洛、上洛、烬谷、伊八個地點，這些都是西周軍隊打擊南淮夷内侵的戰場，銘文並没有讓讀者感到枯燥，反而覺得戰場瞬息萬變，南淮夷主力飄忽不定，難以捕捉，戰法靈活多樣，容易讓敵方疲於奔命。然而敔率領的部隊卻取得了不錯的戰果。班師的時候，“長榜載首百，執訊卌，奪孚人四百。”這是對凱旋情景的記敘；“啚于榮伯之所，于烬衣諱，復付氒君。”戰鬥成果提交給榮伯，還在烬谷仔細審訊戰俘，找出了僞裝成普通戰俘的南淮夷中一名君主，也提交給了榮伯。或許是爲了激勵西周軍隊的鬥志，周厲王舉行了獻俘禮，敔不但獲得周厲王獎賞的圭璋，還獲得萬畝良田。《敔簋銘》氣

① 中國社會科學院考古研究所：《殷周金文集成（修訂增補本）》，第四册，中華書局，2007 年，第 2700 頁 4323 器。

魄上没有《小盂鼎銘》的宏大，但是用詞十分講究，例如“内伐滬、昴、参泉……”，一個“内”字表明南淮夷已經打到宗周核心地區。

《十月敔簋銘》是首陽齋《應侯見工簋蓋銘》之後應國最優秀的銘文作品，也是西周銘文史上優秀的作品之一。銘文屬於紀事體，大體上包括南淮夷叛亂、周厲王部署鎮壓叛亂、敔率部激戰、戰果處理、周厲王舉行獻俘禮、敔獲得豐厚賞賜五個環節。平定南淮夷叛亂，這是西周王朝重大事件，銘文用了一百四十字將一次重大事件發生、發展、結局有條不紊地記敘下來。在記敘南淮夷叛亂中，連用了参泉、裕敏、陰陽洛等八個地名，寫出了南淮夷叛亂初期的氣勢洶洶，大有黑雲壓城之勢。記敘敔迎擊南淮夷，也連用了上洛、烅谷、伊三個地名，寫出敔的追擊勢如破竹。寫上洛，是因爲南淮夷前鋒已經達到陰陽洛，敔帥部無畏地攻擊其前鋒，“烅谷，至於伊”則寫出了戰鬥進程，敔攖其鋒，一路追擊，十分痛快。至於戰果處理、周王賞賜銘文記敘相對細緻。這些都是數世難遇的豐功偉績，要刻在青銅器上供子孫萬代頌揚，因此銘文不厭其細。銘文體現了注重細節描述的寫作傾向，這是銘文發展到西周中後期寫作藝術提高的必然要求。《十月敔簋銘》與《禹鼎銘》一起，推動西周中晚期軍事銘文創作形成一次高峰。

本銘不稱“應侯敔”，有的學者認爲此時應侯見工還在。我們認爲這是自謙法，從賞賜一百田看，無疑是益封，説明敔此時已經是諸侯了。敔和祖父應侯見工都在抗擊南淮夷的戰役中建立功勛，説明康王遷封應國富有政治遠見。

應侯敔還有《敔簋銘》和《敔簋蓋銘》傳世：

隹四月初吉丁亥，王在周，/格于大室，王蔑敔/歷，賜玄衣赤衮，敔對/揚王休，用作文考父丙鬻/彝。其萬年寶。[①]

圖 8–17　敔簋銘

① 中國社會科學院考古研究所：《殷周金文集成（修訂增補本）》，第三册，中華書局，2007 年，第 2349 頁 4166 器。

《敔簋銘》記敘厲王對敔的一次蔑歷活動，在這次蔑歷中周厲王賞賜敔玄衣赤衮，是一次賜服禮，没有涉及更多的内容。

應侯敔作器尚存一蓋，與《敔簋銘》相似，蓋銘記敘另一次賞賜：

隹十又一月既生霸/乙亥，王在康宫，各齊/伯室。召敔。王易敔㺇/裘。敔拜稽首，敢對/揚王休，用乍旅簋。/敔其邁年壽。①

圖 8–18　敔簋蓋銘

《敔簋蓋銘》所記是一次周王爲群臣授衣活動。銘文證明《周禮》所説王朝秋“授衣”以及《詩經·豳風·七月》説的“九月授衣”不無根據。

除了以上作品外，敔還作有《侯氏鬲銘》：“侯氏作姚氏尊鬲，器萬年永寶。”《應伯盨銘》：“應伯作旅盨。”《應伯壺銘》：“應伯作尊壺。”《應伯盤銘》：“應伯作寶盤，其萬年永寶。”② 這些作品都是小製作，文學和歷史學價值遠遠不及《十月敔簋銘》。

應侯敔的夫人也是一位銘文作家。平頂山應國墓地 M13 出土文物中，有應姚簋三件，應姚鬲二件，還有應姚盤，都刻有銘文，我們通稱爲“應姚三銘”。“應姚三銘”中，以《應姚簋銘》篇幅最長，四行三十一字：

圖 8–19　應姚簋

隹七月丁亥，應姚作/叔誥父尊簋。叔誥/

① 吴鎮烽：《商周青銅器銘文暨圖像集成》，第 11 卷，上海古籍出版社，2012 年，第 178 頁 05182 器。

② 以上短銘均出自 M95 號墓。其中侯氏即應侯敔，姚氏爲應侯敔的夫人。諸伯器爲敔未即位時所作，伯爲行輩稱。見河南省文物考古研究所、平頂山市文物管理委員會：《平頂山應國墓地九十五號墓的發掘》，《華夏考古》1992 年 3 期。

父其用賜眉壽永/命，子子孫孫永寶用享。

銘文説“應姚作叔誥父尊簋”，顯然本銘爲應姚所作。應姚簋出土於M13，那是叔誥父將此器作爲隨葬品帶入墓地。

《應姚鬲銘》刻在沿口，一共十三字：“應姚作叔誥父尊鬲，其永寶用享。”

圖 8–20 應姚鬲銘

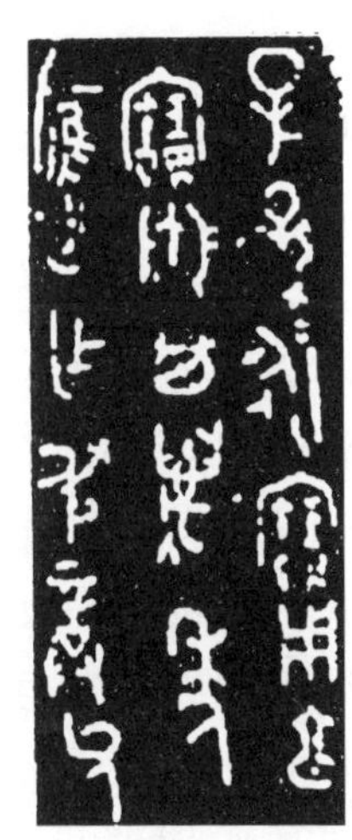

圖 8–21 應姚簋銘

《應姚盤銘》十九字，銘于盤底：“應姚作叔誥父寶盤，其萬年子子孫孫永寶用享。”

“應姚三銘”都是應姚爲叔誥父所作，其時，叔誥父尚未即位應侯，故稱叔誥父。“應姚三銘”在寫作藝術上雖然没有創新，卻爲我們留下來女性家長在青銅文化上積極作爲的實例，對於我們深入了解西周社會生活提供了新思路。銘文體現了一個祖母對於兒孫及家族未來的殷切希望，體現了母性的光輝。

第八代應侯爲應侯敔和應姚之子，在平頂山應國墓地的墓葬編號爲M38。此人没有留下值得注意的銘文作品，墓中出土的有銘銅器有應姚鬲二件。

第九代應侯爲應侯叔誥父，晚年生稱應公。叔誥父爲應侯敔和應姚之孫，因非嫡長子，因而稱“叔”。應侯叔誥父活動主要在宣王時期，他的墓葬在平頂山應侯墓地編號爲M13。該墓被盗嚴重，追回來的隨葬品多爲應姚的作品。但在M8墓葬中有一應公鼎，爲應侯叔誥父所作。“應公作尊/彝簟鼎，/珷帝日丁子子/孫孫永寶。”《應公作珷帝日丁鼎銘》四行十七字，極

圖 8–22 應公作珷帝日丁鼎銘

其簡略，卻包含了豐富的言外之意。第一個言外之意是“應公”這個稱呼。西周應國國君生稱公最明確的是第一代應侯。目前可以明確第三代應君爯以後多生稱侯，到了第八代應侯，又生稱公了。根據學者的研究，西周王朝只有擔任過三公的人才能生稱公，可見應侯叔誥父在第一任應侯之後再次進入王朝任三公之職。第二個言外之意是“珷帝”之稱。根據這個稱呼可以得知，此代應侯成功地在應國設立了武王廟。[①] 西周諸侯中只有周公等極少數三公能夠在封國内祭祀文王、武王等天子。應國爲武王之後，一直到應侯叔誥父時代才獲得這種權利，與應侯見工、應侯敌等奮勇抗擊南淮夷，屢建功勛有關。第三個言外之意是“珷帝日丁”，表面上是提示珷王的祭祀日爲丁日，或廟號爲丁，實際上還有一層意思，告誡應國後世子孫，一定不要忘記祭祀武王的日期。

第十代應侯在平頂山應國墓地的編號是 M8，在位後期已經進入周平王時代，西周應國終結。

以上對西周應侯國時代應侯及其家庭成員的創作作了簡要分析。應侯國銘文創作擔當起傳播該國歷史文化的使命，從這些銘文中我們獲知，該侯國歷史上爲藩屏西周做出了突出貢獻，出現了兩位優秀的軍事家、銘文作家應侯見工和應侯敌，留下了數十篇銘文作品，在一定程度上彌補了《詩經・國風》中没有《應風》的遺憾。

第二節　晉侯的銘文創作

晉國始封之君爲唐叔虞，爲周武王之子、周成王之弟。《史記・晉世家》載：“周公誅滅唐，成王與叔虞戲，削桐葉爲珪以與叔虞，曰：‘以此封若。’史佚因請擇日立叔虞。成王曰：‘吾與之戲爾。’史佚曰：‘天子無戲言，言則史書之，禮成之，樂歌之。’於是遂封叔虞於唐。唐在河汾之東，方百里。”[②]《史記索引》載：“唐有晉水，至子燮改其國號曰晉侯。然晉初封於唐，故稱晉唐叔虞。”[③]《史記正義》引《毛詩譜》載：“叔

① 賈海生等：《由應公鼎及相關諸器銘文論應國曾立武王廟》，《湖南大學學報》2016 年 5 期。

② 司馬遷：《史記》，中華書局，1959 年，第 1635 頁。

③ 司馬貞：《史記索隱》，中華書局，1959 年，第 1635 頁。

虞子燮父以堯墟南有晉水，改曰晉侯。”①

關於晉國的世系，《史記》載：“唐叔子燮，是爲晉侯，晉侯子寧族，是爲武侯。武侯之子服人，是爲成侯。成侯子福，是爲厲侯。厲侯子宜臼，是爲靖侯。靖侯已來，年紀可推。自唐叔至靖侯五世，無其年數。靖侯十七年，周厲王迷惑暴虐，國人作亂，厲王出奔於彘，大臣行政，故曰共和。十八年，靖侯卒，子釐侯司徒立。釐侯十四年，周宣王初立。十八年，釐侯卒，子獻侯籍立。獻侯十一年卒，子穆侯費王立。穆侯四年，取齊女姜氏爲夫人。七年伐條，生太子仇，十年伐千畝有功，生少子名曰成師……二十七年，穆侯卒，弟殤叔自立，太子仇出奔。殤叔三年，周宣王崩。四年，穆侯太子仇率其徒襲殤叔而立，是爲文侯。文侯十年，周幽王無道，犬戎殺幽王，周東徙，而秦襄公始列爲諸侯。”②

以上爲晉國在西周的世系：唐叔虞——晉侯燮父——晉武侯寧族——晉成侯服人——晉厲侯福——晉靖侯宜臼——晉釐侯司徒——晉獻侯籍——晉穆侯費王——（殤叔）——晉文侯仇。

一、晉侯蘇的銘文創作

20世紀80年代中後期，陝西省曲沃縣曲村鎮北趙村盜墓賊開始猖獗起來，發生了多次盜掘事件，大量青銅器被盜掘出來，流散海外。1992年4月起，考古工作者在此開展了六次考古發掘，確定北趙村爲晉侯家族墓地，發現十九座晉侯及其夫人墓葬，出土了八十一件帶銘青銅器，其中包括首封晉侯唐叔虞在内的晉侯喜父、晉侯僰馬、晉侯對、晉侯邦父、晉侯温等晉侯及其家族成員的銘文作品。其中最著名的是晉獻侯所作的長篇銘文《晉侯蘇編鐘銘》。

北趙晉侯家族墓地埋葬着從西周晉國開國到春秋初期晉國歷代國君，雖然目前的研究還不能完全確定每一位晉侯墓葬的位置，但是如此綿延三百多年的西周晉國歷史因此得以保存，這是中國古代文化研究領域中的一件大事。有趣的是，這八位有自稱名青銅器的晉侯没有一位名字與《史記·晉世家》所列晉侯名字相符。除了其中的晉獻侯籍有《史記索隱》引《世本》作晉侯蘇而得到確認外，對於其餘七侯，學術界幾乎没

① 張守節：《史記正義》，中華書局，1959年，第1636頁。
② 司馬遷：《史記》，中華書局，1959年，第1636~1638頁。

有一致的意見。西周歷代晉侯及其家族的銘文創作是西周青銅器銘文創作中的重要組成部分。由於其中以反映周厲王時期討伐夙夷的晉侯蘇編鐘銘最爲傑出，我們將晉侯世家的銘文創作放在本章集中論述。

晉侯蘇編鐘一共十六枚，其中十四枚 1992 年被盜掘於山西曲沃縣曲村鎮北趙村晉侯 8 號墓，隨即流落到香港文物市場，後由上海博物館購回。另外兩枚由北京大學考古隊在清理晉侯 8 號墓中發現。晉侯編鐘有銘文一篇三百五十五字，分別鑄在十六枚編鐘上，合爲一篇。由於編鐘銘揭片多達十六枚，我們不得不對銘揭忍痛割愛，按照當代人的閱讀習慣，將《晉侯蘇編鐘銘》排列如下：

隹王卅又三年，王親遹省東國、南國。

正月既生霸戊午，王步自宗周。

二月既望癸卯，王入，各成周。

二月既死霸壬寅，王償往東。

三月旁死霸，王至于䢼，分行。王親令晉侯蘇："率乃師左洀濩、北洀汶，伐夙夷！"晉侯蘇折首百又廿，執訊廿又三夫。王至于匔城，王親遠省師。王至于晉侯蘇師，王降自車，位南向，親令晉侯蘇："自西北隅敦伐匔城！"晉侯率氒亞旅、小子、或人先陷入，折首百，執訊十又一夫。王至淖列，淖列夷出奔。王令晉侯蘇率大室小臣車僕從，逋逐之。晉侯折首百又一十，執訊廿夫，大室小臣車僕折首百又五十，執訊六十夫。

王唯反，歸，在成周公族整師宫。

六月初吉戊寅，旦，王各大室，即位，王呼膳夫曶："召晉侯蘇！"入門，立中廷，王親賜駒四匹，蘇拜稽首，受駒以出，反入，拜稽首。

丁亥旦，王御于邑伐宫。庚寅，旦，王各大室，司空揚入佑晉侯蘇，王親儕晉侯蘇秬鬯一卣，弓，矢百，馬四匹。

蘇敢揚天子丕顯魯休，用作元和揚鐘，用昭各前文人。前文人其嚴在上，翼在下，歖歖泉泉，降余多福。蘇其萬年無疆，子子孫孫永寶玆鐘。[①]

① 馬承源：《晉侯蘇鐘》，《上海博物館集刊》第 7 期，上海書畫出版社，1996 年，第 1~13 頁。按：釋文以馬承源説爲主，并吸收了李學勤等學者最新研究成果。

《晉侯蘇編鐘銘》在創作手法上有三大特色。

第一大特色是善於利用時間變化記敘戰役發展進程。《晉侯蘇編鐘銘》記敘周厲王三十三年西周討伐東夷中的夙夷這一重大歷史事件的主要過程，是一篇寶貴的歷史文獻，同時也是一篇優秀的戰爭類銘文文學作品。[①] 如果説《多友鼎銘》是以地點的轉换來展現戰役進程的戰争銘文傑作，那麽《晉侯蘇編鐘銘》就是以時間轉换來展示戰役進程的傑作。

"隹王卅又三年，王親遹省東國、南國"這是以時間記敘爲銘文起點，總括周厲王三十三年的核心任務是遹省東國、南國，不説討伐東國、南國而説遹省東國、南國，更突顯了天子巡行天下的氣派，似乎不是發動一場戰役，而是在履行天子五年一巡守的責任。銘文然後抓住六個時間節點，記敘六大戰役進程。從正月既生霸戊午到二月既望癸卯再到二月既死霸壬寅這三個時間節點是戰役的準備階段，周厲王從宗周到成周，在到達成周的第二天軍隊向東出發，開始了戰役的第二階段，主要任務是兵力調動和部署。[②] 三月旁死霸以後，進入戰役的決戰階段，西周軍隊分别進行了三場大戰。第一場是攻擊夙夷的外圍防守地𩏂和汶，晉侯蘇折首百又廿，執訊廿又三夫。第二場大戰是對於夙夷盤踞的𩰫城進行的破襲戰，晉侯又折首百，執訊十又一夫。第三場是追擊戰，打擊從淖列突圍的夙夷，晉侯又折首百又一十，執訊廿夫。

《晉侯蘇編鐘銘》第二大寫作特色是利用晉侯蘇的行程將戰役中的一系列事件串聯起來。《晉侯蘇編鐘銘》始終以周厲王的行程爲主線，將時間、地點串聯起來，正面展示征伐夙夷戰役的全景。我們採用列表分析法，從記敘伐夙夷戰役的正面戰場的銘文中提出時間、地點、事件、王的行爲四項分析因素列表如下：

---

① 按：關於晉侯蘇編鐘銘文中的"王卅又三年"，學術界有周厲王三十三年説、周宣王三十三年説。若爲周宣王三十三年，按照《史記·十二諸侯年表》，晉侯蘇已經去世；如果爲周厲王三十三年，則晉侯蘇還没有即位。李學勤提出晉侯蘇編鐘銘所記事情是周厲王三十三年之事，晉侯蘇那時候還是太子。銘文是在晉侯蘇即位之後創作，故稱太子蘇爲晉侯蘇。此説解決了與《史記》不符合的問題，可從。見李學勤：《晉侯蘇編鐘的時、地、人》，《中國文物報》1997 年 3 月 9 日。

② 按：大多數學者以爲正月戊午和二月癸卯必有一錯。我們認爲不能用今天我們對於月相的理解反推古人所記錯誤，兩月之間只要不超過六十天都在合理範圍内。

表 8-2 周厲王行程表

時間	地點	王的行爲	事件
正月既生霸戊午	宗周	王步自宗周	王從宗周出發
二月既望癸卯	成周	王入各成周	王到達成周
二月既死霸壬寅	東	王償往東	王向東進發
三月旁死霸	葬	王至於葬，分行	王部署部隊分頭行進
	匔城下	王至於匔城	王戰前視察軍隊
	晉侯蘇師	王至於晉侯蘇師	王發佈攻擊匔城的命令
	淖列	王至淖列	王命令晉侯蘇追擊潰逃的夙夷
	成周	王唯反，歸。	公族整師宫
六月初吉戊寅旦	大室	王各大室	王親賜駒
丁亥旦	邑伐宫	王御於邑伐宫	王御于邑伐宫
庚寅旦	大室	王各大室	王儕晉侯蘇矩鬯一卣，弓矢百，馬四匹

通過這張表不難看出《晉侯蘇編鐘銘》顯示這場戰役的整個過程都在周厲王的掌控之下，周厲王是這場戰役的總指揮。

《晉侯蘇鐘銘》第三大寫作特色是主線和副線交織在一起。銘文記敘的主線是周厲王，副線是晉侯蘇。實際上參與這場戰役的軍隊遠遠不止晉侯蘇一支軍隊。銘文"王親遠省師。王至于晉侯蘇師"表明周厲王在開戰前夕視察的軍隊遠遠不止一支，晉侯蘇的部隊甚至還不是主要部隊。從《柞伯簋銘》《禹鼎銘》看，西周聯軍往往由姬姓諸侯軍隊組成，包括柞國、蔡國、應國都參加了厲王南征之役。這一次姬姓的魯國肯定也在。由於厲王經過成周，成周是這次戰略的大本營，成周八師也應當然參加，而銘文一字都没有提及其他軍隊。這是銘文以厲王行動爲主線、以晉侯蘇行動爲副線交織成文的寫法所决定，銘文不願意節外生枝，就是爲了突出周厲王的天子氣度和晉侯蘇的赫赫戰功。從銘文的敘述中可以看出晉侯蘇對於周厲王的評價與傳世文獻的全盤否定是完全不一樣的。

《晉侯蘇編鐘銘》是繼《多友鼎銘》之後最優秀的戰争銘文，對於戰争細節的記敘，其細緻程度比《多友鼎銘》更高，標誌着中華戰争文學從概述式記敘即將跨入細節式記敘。

晉侯蘇除了這篇編鐘銘，還有一篇《晉侯蘇鼎銘》："晉侯蘇作寶尊鼎，其萬年永寶用。”[①] 晉侯蘇鼎一共5件，同銘，出土於北趙晉侯八號墓地，今分别收藏於曲沃縣博物館、上海博物館和海外收藏家手中。由於晉侯蘇鼎銘不成篇，我們不進行深入討論。

二、唐叔虞和晉侯燮馬的銘文

叔夨方鼎，2000~2001年從曲村天馬北趙晉侯墓地M114墓整理而出。出土時爲碎片，經過修整，成全器，由李伯謙撰寫成《叔夨方鼎銘文考釋》一文，發表於《文物》2001年8期。今列李伯謙釋文如下：

隹十又四月，王彭/大栅桒，在成周。/咸桒，王乎殷氒/士，齍[②]叔夨以㠯、[③]衣、/車、馬、貝卅朋。敢/對揚王休，用作寶/尊彝，其萬/年揚王光氒士。[④]

圖8–23　叔夨鼎銘

從銘文内容看唐叔虞[⑤]所作這篇鼎銘顯然在成王初年，其時叔虞尚未被封爲唐侯，他只是作爲成王之士參與助祭活動。周成王時期的青銅器銘文十分罕見，關於周成王的事跡，傳世文獻記載也非常少。《叔夨鼎銘》中的“王彭大栅桒”是周成王舉行的一次盛大的祈禱求福禮儀，[⑥]對於我們了解西周初年祭祀禮典有重要的參考價值。“王殷氒士”則爲大桒

① 王金平:《天馬—曲村遺址青銅器介紹》,《文物季刊》1996年3期。

② 齊字，李伯謙釋爲齊，以爲劑字。黄錫全以爲齍字，借爲賜。李學勤釋齎，持遺也。吴振武讀釋爵字。

③ 李伯謙推測可能是衣裳之裳。

④ 李伯謙:《叔夨方鼎銘文考釋》,《文物》2001年8期。按：李伯謙以齊叔夨之齊爲賞賜，夨爲虞，賞賜叔虞，則器主爲第一代唐侯唐叔虞。

⑤ 按：李伯謙以“齊叔夨”之齊爲賞賜，夨爲虞，賞賜叔虞，則器主爲第一代唐侯唐叔虞，而黄盛璋以爲夨與虞有别，不讚成器主即唐叔虞説。我們認爲夨爲吴之初文，虞爲吴的區别字。根據《史記・晉世家》記載的一則傳説，説唐叔虞出生時手掌上有字曰“虞”。古今中華人手紋差别不應當很大，今人手紋即使再複雜，也不可能出現虞字紋，而夨紋很常見，只要倒看手掌，手紋出現類似小篆體的大、天、夫、夨、矢等紋樣不足爲奇。此以夨爲虞的初文又一證據。

⑥ 李學勤:《談叔夨方鼎及其他》,《文物》2001年10期。

禮之後舉行殷見禮，可證《詩經·大雅·文王》之“濟濟多士，文王以寧”並非虛言；同時也可見成周也是西周的宗教文化中心。至於銘文對於時間的記敘“隹十又四月”，同樣反映西周初年曆法還不算精密，不但在年底置閏，還在年底連續置閏以糾正曆法粗疏造成的偏差。

晉侯㚤馬有壺銘一篇。

在北趙晉侯墓地 M33 號墓出土了一件銘文自稱晉侯㚤馬方壺，有銘文四十一字：

隹正月初吉，晉侯㚤馬/既爲寶盂，則作尊壺，用/尊于宗室，用享用孝，用祈壽/考，子子孫孫其萬年永保寶用。[1]

圖 8–24　晉侯㚤馬壺銘和晉侯㚤馬方壺銘

《晉侯㚤馬壺銘》所提供的歷史信息不多，不過銘文語言非常流暢，語句連貫，節奏感非常强，具有《詩經》四言詩的韻味：“既爲寶盂，則作尊壺；用尊於宗室，用享用孝，用祈壽考。”既與則呼應，三個“用”字構成排比修辭，“盂”與“壺”、“孝”與“考”押韻。銘文駢散結合，以詩入文，器主晉侯㚤馬是撰寫銘文的高手。

① 徐天進等：《天馬—曲村遺址北趙晉侯墓地第五次發掘》，《文物》1995 年 7 期。

在 M91 號晉侯墓，也出土了一件晉侯僰馬銅方壺，銘文與 M33 號墓出土的内容一樣，只是形制有别。在 M92 晉侯夫人墓中也出土了兩件同銘壺，《晉侯僰馬方壺銘》有銘文十二字："晉侯僰馬作寶尊壺，其永寶用。"至於晉侯僰馬是誰，學術界有晉厲侯福、晉成侯服人等説，我們根據 M33 號墓與 M91 號墓的關係，讚成晉侯僰馬即晉厲侯福。

三、晉侯喜父和晉侯對的銘文

晉侯喜父作有盤銘一篇。

在北趙晉侯 M91 號墓出土一青銅器底部殘片，有銘文一篇二十七字。在其夫人墓 M92 中，出土一件盤，也有銘文二十七字，與 M91 銅器底部殘片上的銘文内容相同：

圖 8–25　晉侯喜父銅器底部殘銘

> 隹五月初吉庚寅，/ 晉侯喜父作朕 / 文考剌侯寶盤，/ 子子孫孫其永寶用。[①]

晉侯喜父銘文的發現爲確定晉侯僰馬的身份提供了重要證據。晉侯喜父銘文稱文考爲剌侯，剌侯即厲侯，那麽晉侯喜父的身份也就確定了。根據《史記·晉世家》所列晉侯世系，晉厲侯福，其子爲晉靖侯宜臼，司馬遷所謂其年代可考者即從晉靖侯開始。由於 M33、M91、M92 號墓都出土了晉侯僰馬所作器，M92 可確定爲 M91 晉侯夫人墓，那麽 M33 與 M91 必有一個爲晉侯僰馬本人的墓。但從 M91 和 M92 出土的青銅器銘文中可以判斷 M91 墓即晉靖侯宜臼墓，那麽 M33 爲第五代晉侯晉厲侯福無疑。

晉侯對創作了七篇銘文。

在北趙晉侯墓地還出土了一批自銘晉侯對的青銅器，包括兩件鼎和一批盨，這些青銅器大多有銘文，除去重複，可以整理出四篇完整的青銅器銘文。至於器主晉侯對我們在《史記·晉世家》中找不到同名晉侯，因而學術界對於晉侯對到底是誰還没有取得一致的看法。我們傾向於此

---

① 徐天進等：《天馬—曲村遺址北趙晉侯墓地第五次發掘》，《文物》1995 年 7 期。

人即晉釐侯司徒。

《晉侯對鼎銘》兩篇。晉侯對鼎出自北趙 M92 晉侯夫人墓中，有銘文二十二字：

隹九月初吉庚／寅，晉侯對作／鑄尊鼎。其萬年／眉壽永寶用。①

上海博物館也收藏了一件有銘晉侯對鼎：

隹二月既生霸／庚寅，晉侯對／作鑄尊匋鼎，用／賜眉壽萬年，／其子子孫孫永寶用。②

圖 8–26　晉侯對鼎銘

《晉侯對盨銘》甲類兩篇。晉侯對此人還作有晉侯對盨銘兩篇，我們以甲、乙分別之。晉侯對盨甲類一共有四件，其中三件爲上海博物館收藏，一件爲私人收藏家范季融所有。這四件青銅盨均爲器、蓋同銘，都是出自北趙村 M2 號晉侯墓。《晉侯對盨銘甲》一篇三十字：

唯正月初吉／庚寅，晉侯對／作寶尊彶盨，／其用田獸，甚／樂于原隰，其／萬年永寶用。③

晉侯對盨乙類也有多件，其中一件上海博物館收藏，流落日本一件，也是器、蓋同銘，出於北趙村 M1 晉侯墓。《晉侯對盨銘乙》一篇二十四字：

① 徐天進等：《天馬—曲村遺址北趙晉侯墓地第五次發掘》，《文物》1995 年 7 期。

② 周亞：《館藏晉侯青銅器概論》，《上海博物館集刊》第 7 期，上海書畫出版社，1996 年。

③ 周亞：《館藏晉侯青銅器概論》，《上海博物館集刊》第 7 期，上海書畫出版社，1996 年。

圖 8–27　晉侯對鼎銘和對盨甲、乙銘

唯正月初吉丁亥，晉/侯對作寶尊盨，其/萬年子子孫孫永寶用。[①]

其餘作品，有《晉侯對盤銘》一篇。晉侯對盤不知出自哪座墓葬，現已經流落到日本。晉侯盤銘有銘文二十字："唯九月既望戊寅，晉侯對作寶盤，其子子孫孫萬年永寶。"《晉侯對鋪銘》一篇。晉侯對鋪也不知出自何處，今藏臺灣省故宫博物院。《晉侯對鋪銘》存字二十："唯九月初吉庚寅，晉侯對作鑄尊鋪，用旨食大饎，其永寶用。"[②]《晉侯對匜銘》一篇。晉侯對匜不知何時被盜出土，由上海博物館從海外購回。晉侯對匜銘有字："唯九月既望戊寅，晉侯對作寶[尊][匜]，其子孫萬年永[寶][用][享]。"[③]

晉侯對七篇銘文作品篇幅都不長，也沒有記敘重要的歷史事件和貴族生活經歷，因而限制了作者寫作才能的發揮，所反映的信息也不夠豐富，其歷史價值與文學價值都不能與《晉侯蘇編鐘銘》相比，也比不上《叔夨鼎銘》。不過這四篇銘文仍然彌足珍貴。西周晉國傳世史料極其匱

① 周亞：《館藏晉侯青銅器概論》，《上海博物館集刊》第 7 期，上海書畫出版社，1996 年。

② 鐘柏生等：《新收殷周青銅器銘文暨器影彙編》，台灣藝文印書館，2006 年，第 629 頁。

③ 周亞：《館藏晉侯青銅器概論》，《上海博物館集刊》第 7 期，上海書畫出版社，1996 年。

乏，“晉侯對七銘”對於學者研究西周晉侯世系起到了極好的橋樑作用。其中《晉侯對盨甲銘》語言精湛，具有追求語言之美的意味。

晉侯斷二銘。

北趙墓地還出現了自銘“晉侯斷”的青銅器。這個晉侯斷與《史記·晉世家》所記晉國歷代君侯之名相去甚遠，學術界争論最多。在北趙晉侯墓地 M8 中出土了四件晉侯斷簋和二件晉侯斷壺。四簋同銘，二壺同銘，實際出土晉侯斷二篇銘文。

《晉侯斷簋銘》一篇二十六字：“唯九月初吉庚午，晉侯斷作尊簋，用享於文祖皇考，其萬億永寶用。”①

《晉侯斷壺銘》也是一篇二十六字：“唯九月初吉庚午，晉侯斷作尊壺，用享於文祖皇考，其萬億永寶用。”②

晉侯斷兩篇銘文相似，只有個别字不一樣。由於此二銘没有文祖皇考的廟號、謚號，我們不知道其人爲第幾代晉侯，因而歷史價值受到影響。

四、晉侯邦父和其他人員的銘文

晉穆侯邦父創作鼎銘一篇。

北趙晉侯墓地 M64 還出現了晉侯邦父鼎兩件，有銘文“晉侯邦父作尊鼎，其萬年子孫永寶用”十五字。這位晉侯邦父，學者們大多讚成即《史記·晉世家》中的晉穆侯費王。③

晉殤叔創作壺銘一篇。

在 M93 號墓還出土了晉叔家父壺二件，有銘文十七字：“晉叔家父作尊壺，其萬年子子孫孫永寶用。”有學者以爲此人就是那個奪了晉文侯之位、四年後被殺的殤叔；也有學者以爲此人就是晉侯邦父在即位前的名稱。我們讚成“殤叔説”。因邦父、家父都是字。古人二十而冠，有字，冠禮慎重，不可能同時取兩個名字。其兄晉穆侯字邦父，其弟殤叔字家父，邦、家相連，符合中華文化中同輩兄弟取名習俗。

此外，北趙晉侯墓地 M9 還出現了一件晉侯温鼎，有銘五字：“晉侯作旅鼎。”由於文字太少，不成篇章，我們不作討論。

晋侯家族其他成員也創作了一批銘文。

---

① 張頷：《晉侯斷簋銘文初識》，《文物》1994 年 1 期。
② 孫華等：《天馬—曲村遺址北趙晉侯墓地第二次發掘》，《文物》1994 年 1 期。
③ 裘錫圭：《關於晉侯銅器銘文釋文幾個問題》，《傳統文化與現代化》1994 年 2 期。

北趙晉侯墓地 M64 還出土了一件叔釗父方甗，有銘文十五字："叔釗父作柏姞寶獻，子子孫孫永寶用。"同墓還出土了四件簋，器主自稱𩰫休。四簋同銘，《𩰫休銘》一篇二十六字："唯正月初吉，𩰫休作朕文考叔氏尊簋，休其萬年子子孫孫永寶用。"[①]M64 號墓是晉穆侯之墓，墓中出土陪葬品中出現了叔釗父方甗、𩰫休簋。我們判斷𩰫休是叔釗父之子，其父叔釗父，在同輩中排行爲叔，故以叔爲氏，𩰫休因而稱叔釗父爲"文考叔氏"，當爲晉穆侯入葬，𩰫休將家族擁有的青銅器貢獻出來作爲晉穆侯的陪葬品。同樣情況，楚國在晉穆侯入葬前贈送了一套編鐘，這就是在 M64 號墓出土的楚公逆鐘。

晉侯家族成員中還有一位晉伯𠳿父，所作甗一件，被盗掘之後流落到香港文物市場，由上海博物館購回，不能判定該器出自哪座墓葬。有銘文："晉伯𠳿父作寶獻，其萬年子子孫孫永寶用。"[②]

此外，M13 出土了晉姜簋一件，有銘文五字："晉姜作寶簋。"在 M63 號墓發現了楊姞壺二件。二壺同銘，有銘文九字："楊姞作羞醴壺，永寶用。"[③]這是西周晉國女性創作的兩篇銘文。

西周晉國重見天日的青銅器銘文就篇數來看，無疑是列國中最多的。不過西周晉國銘文作者大多數没有超越時代的文化意識，大多數作者創作銘文時都以晉侯世家綿延不绝、晉國文化綿延不绝爲前提，因而所作銘文大多數只能起到區别器主和用途的作用，銘文的功能發揮依附於禮器的功能，所提供的文化信息不多；也没有抒情、敘事、記物的衝動，限制了這些銘文彰顯文學功能。但是《晉侯蘇編鐘銘》是一個特例，無論是歷史價值還是文學價值，遠遠超越了晉國其他的銘文作品，成爲西周晉國最傑出的青銅器銘文代表作，進入西周最優秀的青銅器銘文行列。

第三節　霸國和倗國的銘文創作

西周霸國，傳世文獻没有任何記載，早年有"霸姞"青銅器流傳，

① 李夏廷等：《天馬—曲村遺址北趙晉侯墓地第四次發掘》，《文物》1994 南 8 期。

② 周亞：《館藏晉侯青銅器概論》，《上海博物館集刊》第 7 期，上海書畫出版社，1996 年。

③ 李夏廷等：《天馬—曲村遺址北趙晉侯墓地第四次發掘》，《文物》1994 年 8 期。

因不知器從何出，加上銘文比較簡略，並沒有引起足夠的關注。2007年，山西省翼城縣東郊六公里處大河口村發生盜墓行爲，文物考古部門組織搶救性發掘，在這一地區一共發掘了兩千余座墓葬，確定大河口墓葬屬於西周畿内諸侯國霸國。霸國考古成果正在整理中，其中M1017和M2002已經發表了發掘成果報告。我們根據這兩份報告中發表的青銅器銘文對西周霸國青銅器銘文創作成就作簡要分析。

一、霸伯盂銘的禮學意義

霸伯盂銘在發掘報告未公佈之前，其照片就在網絡上流傳，學者們根據這些照片進行了非常有成效的研究。我們也曾撰寫過短文對霸伯盂銘所反映的禮學問題進行了討論。① 現在1017墓發掘成果已經正式公佈，隨報告公佈的霸伯盂銘文搨片相當清晰，並且還有一批霸伯所作其他銘文相參照，霸伯盂銘所記禮典的性質更加明晰。

最近發表的發掘報告對《霸伯盂銘》作了完整的隸定。對於霸伯盂文字的隸定學術界争議並不大。主要分歧在於對銘文内容的理解。我們主要依據該文，并吸收時賢的研究成果，將《霸伯盂銘》録於下：

圖8–28　霸伯盂銘

隹三月，王使伯考蔑尚歷，歸/柔茅芳鬯。臧，尚拜稽首。既稽/首，延賓；瓚賓，用虎皮稱；毁用/璋，奏②。翌日命，賓曰："拜稽首，天子/蔑其臣歷，敢毋用璋！"遣賓，瓚用/魚皮兩，側毁用璋、先馬，又毁/用

① 丁進：《新出霸伯盂銘文所見王國聘禮》，《文藝評論》2012年2期。

② 最近公佈的發掘報告將奏字定爲奉字。我們仍然堅持定爲奏字。同墓出土的霸伯方簋銘"大奏"之奏字形結構與本銘奏字完全一致，並且"毁用璋"的"用璋"包括了持璋、奉璋、交接等系列儀注，没有必要在"用璋"之後再挑選其中一個儀注進行特別強調。

玉，賓出以俎。或延伯，或邌毁用玉、/先車，賓出。伯遺賓于郊，或舍/賓馬。霸伯拜稽首，對揚王休，/用作寶盂，孫孫子子其萬年永寶。[①]

關於銘文所記禮典的性質，學者們有過熱烈討論，[②]我們認爲此篇記敘的就是西周中期聘禮中的蔑歷禮。由於蔑歷禮興起於西周中期，衰落於西周晚期而消失於春秋時期，成書於孔子及其後學之手的《儀禮》中只有覲禮，没有蔑歷禮是可以理解的。不過諸侯入見天子有多種理由，籠統地稱之爲覲禮當然行，但受册封的是册命禮，受表彰的是蔑歷禮。由此可見，《儀禮》不能反映真正的周禮，《漢書・藝文志》中對禮學文獻的不滿還是有根據的。當然根據《周禮》，覲禮屬於賓禮八種之一的"秋見曰覲"。《周禮》所説禮典非西周實録，雖然西周諸侯覲見天子或許有時間上的要求，但不一定如此嚴格按照四季次序入朝，並且青銅器銘文中不見四季名稱，本銘所記時間爲三月，則爲春季。儘管如此，仍然不妨將覲見禮歸入賓禮中。

在討論銘文禮典性質之前，必須解決銘文中的"賓"是誰的問題，這個問題決定了銘文所記禮儀的性質。若"賓"是霸伯，則銘文所記最有可能是覲禮。若賓是伯考，則銘文所記最有可能是聘禮。如果以伯考爲賓，則銘文記載的是周天子派伯考到霸國來蔑歷霸伯，並且賞賜他苞茅和鬱鬯，爲王禮中的聘禮；如果霸伯是賓，那麽銘文記載的是霸伯到宗周或者成周去，周天子委派伯考蔑歷霸伯，爲諸侯覲見禮，那麽銘文中關於用玉、庭實就是另外一番解釋了。從已經發表的研究成果看，大部分學者均認爲"賓"是伯考。筆者也主張此賓就是考伯，並舉出新的證據。同時出土的還有一件霸伯簋，銘文有"井叔來祓，乃蔑霸伯歷，事伐用幬二百，丹二量，虎皮一。"[③]銘文明確指出井叔"來祓"，[④]可見是周王派卿士到諸侯國去"蔑歷"諸侯。而本銘也説"王使伯考蔑尚歷"，而不是"王令伯考蔑尚歷"，使即出使，爲長距離行爲。

① 謝堯亭等:《山西翼城大河口西周墓地1017號墓發掘》,《考古學報》2018年1期。

② 黄錦前、張新俊以爲就是聘禮；曹建敦籠統地稱之爲"賓禮"；張亮雖側重於禮典的分析，似傾向於聘禮，而用詞多閃爍，觀點多遊移，未能區分禮典與禮儀。

③ 謝堯亭等:《山西翼城大河口西周墓地1017號墓發掘》,《考古學報》2018年1期。

④ 按:"祓"字或釋爲"拜"，然銘文中有"拜稽首"之"拜"，寫法明顯不同，故不當爲"拜"。

銘文所記禮儀是蔑歷禮。當然蔑歷禮可以在王朝舉行，也可以派遣大臣到諸侯所在地舉行。都是蔑歷禮，賓主身份正好顛倒。本銘所記禮典雖與《儀禮·聘禮》有相似處，但不屬於同一等級的禮儀。《儀禮·聘禮》是大夫代表諸侯聘問諸侯的禮儀，是諸侯禮；此篇是天子派大夫蔑歷諸侯的禮儀，是王禮。《霸伯盂銘》的寶貴之處就在這裏。王禮是周王朝自己使用的禮儀，文本已經不存；而《儀禮》是諸侯禮，由孔子及其門徒依據魯國文獻和禮樂實踐整理出來，又因孔門學子的代代傳習被保存下來。

典籍中有天子聘諸侯的記載。《周禮·大行人》載："時聘以結諸侯之好。"[①]《禮記·聘義》載："故天子制諸侯，比年小聘，三年大聘，相厲以禮。"[②]《左傳》記載不在少數，這裏僅以東周周王聘魯國爲例：

隱公七年，王使凡伯來聘。
隱公九年，天王使南季來聘。
桓公四年，周宰渠伯糾來聘。
桓公五年，天王使仍叔之子來聘。
桓公八年春，天王使家父來聘。
莊公二十三年，祭叔來聘。
僖公三十年冬，王使周公閱來聘。
宣公九年，王使來徵聘。
宣公九年夏，孟獻子聘於周，王以爲有禮，厚賄之。
宣公十年秋，劉康公來報聘。

筆者找出以上九個王朝與諸侯交往的案例。由於《春秋》經傳不是流水帳，只有不尋常的事情才被孔子採入《春秋》，未被寫入《春秋》的王國與諸侯國交聘的當不止這些。

《霸伯盂銘》解讀分歧比較大，主要在於對銘文所記儀注的理解不同。其中"瓚賓"與"毀用"是兩個關鍵儀注。銘文中兩個場合"瓚賓"與"毀用"對舉，並且均是瓚賓用皮，毀用璋，另有一場合無瓚賓，而

① 賈公彥：《周禮注疏》，《十三經注疏》，中華書局，1980年影印本，第890頁。
② 孔穎達：《禮記注疏》，《十三經注疏》，中華書局，1980年影印本，第1693頁。

有兩次“毀用”，顯然，這是制度化的禮儀。是什麽禮儀呢？筆者認爲是饗禮。“瓚”是以獻酒；“毀”借爲“侑”，勸食。

先説“瓚賓”。“瓚”字也見於《小盂鼎銘》，作“[illegible]”，本銘在上部左右各多出一個口字，則以本銘“瓚”字爲正，小盂鼎銘文銹蝕嚴重，兩口字當已經漫漶難辨。陳夢家以爲該字即文獻之“瓚”字，此處讀“贊”，還認爲“除小盂鼎讀贊外，其餘圭瓚、瓚璋都是瓚”[①]認爲銘文“贊賓”即“宥賓’”，但如何宥賓，陳夢家先生没有説明，只是隱約地表示可能是“賞賜”。[②]

從《小盂鼎銘》來看，“瓚賓”與飲酒有關，銘文記載了三次王臣“入服酒”，均以“贊賓”結束，而中間没有任何關於飲酒的記載：第一次是入燎周廟之後，“咸，賓即位，贊賓。王呼贊盂，以□□□進賓”；第二次是禘祭文王、武王之後，“王祼，祼述，贊邦賓。王呼□□□令盂以區入，凡區以品”；第三次是在三事大夫入服酒之後，“王格廟。贊王、邦賓，誕王令賞盂”。顯然，在“贊賓”之後，所“服”之酒被“瓚賓”消費掉了。顯然，張亮讀“瓚賓”爲“贊，賓……”是不合適的。查陳夢家先生所舉例子，主要是《左傳·襄公十八年》“春，虢公、晉侯朝王，王饗醴，命之宥”，注説：“王之覲群后，始則行饗禮，先置醴酒，示不忘古，飲宴，則命以幣物宥助也，所以助歡敬之意。”孔穎達疏説：

饗禮有酬幣也。禮，主人酌酒於賓曰獻，賓答主人曰酢，主人又酌以酬賓曰酬，幣蓋於酬酒之時賜之幣也，所賜之物即下玉、馬是也。《傳》稱饗醴命宥，言其備設盛禮也，此《注》命之宥者，命在下以幣物宥助。[③]

典籍中酬酒之幣曰“酬幣”，《儀禮·聘禮》載：“大夫於賓壹饗壹食，上介若食若饗，若不親饗，則公作大夫致之以酬幣，致食以侑幣。”[④]

① 陳夢家：《西周銅器斷代》，中華書局，2004 年，第 16 頁。

② 陳夢家：《西周銅器斷代》，中華書局，2004 年，第 111 頁。

③ 孔穎達：《春秋左傳注疏》，《十三經注疏》，中華書局，1980 年影印本，第 1772~1773 頁。

④ 賈公彦：《儀禮注疏》，《十三經注疏》，中華書局，1980 年影印本，第 1065 頁。

《大戴禮記》載："公冠，饗之以三獻之禮，無介，無樂，皆玄端，其酬幣朱錦采四馬。"[①] 可見"瓚賓"所用虎皮、魚皮當爲酬賓之物。

再説"毁用……"。"毁"字，黄錦前等釋爲"委"，解爲放置；解爲"贈送"；張亮釋爲"襲"，即獻璋時候前襟不外露；徐伯鴻以爲"簋"字而無解説，然以爲侑食則可從。曹建敦釋爲"賄"字，然正如張亮所疑，銘文中四次"毁用"，則賄何其多？《聘禮》中"賄用……"只出現在主國派大夫還璋於賓，才"大夫賄用束紡。禮玉、束帛、乘皮，皆如還玉禮。"

《説文・十三篇下・土部》載："毁，缺也，從土，毇省聲，許委切。"若依此解釋，則銘文"毁"指損壞璋、玉，則不可能。"毁"不得用"缺"義。筆者以爲"毁"當釋爲"侑"。馬敘倫懷疑毁字以臼爲聲。[②] 筆者也以爲毁字當從臼得聲，臼、有聲近通假。侑爲侑食，即勸食。《儀禮・公食大夫禮》載：

公受宰夫束帛以侑，西嚮立。賓降筵，北面。擯者進相幣。賓降辭幣，升聽命，降拜。公辭。賓升再拜稽首，受幣，當東楹北面，退西楹西，東面立。公壹拜，賓降也，公再拜。介逆出。賓北面揖，執庭實以出。公降立。上介受賓幣，從者訝受皮。[③]

饗禮和食禮是兩種禮典，怎麽會混淆在一起？這是因爲因饗禮包含燕禮和食禮，因而在饗禮中出現侑食就不足爲奇了。《周禮》春人職説："凡饗食共其食米。"鄭玄注説："饗有食米，則饗禮兼燕與食。"賈公彦疏説："燕禮無食米，食禮無飲酒，若饗禮有飲酒有食米，故云饗禮兼燕與食也。"[④] 即饗禮從規模上看，兼容了燕禮和食禮。從今本《燕禮》和《公食大夫禮》，燕禮側重飲酒，食禮側重食飯。這樣，霸伯招待伯考有燕有食兩次，無燕有食一次，即一食兩饗，而《儀禮・聘禮》載：" 公於

---

① 王聘珍：《大戴禮記解詁》，中華書局，1983 年，第 248 頁。

② 馬敘倫：《説文解釋六書疏證》卷 26，上海書店，1985 年，第 71 頁。

③ 賈公彦：《儀禮・公食大夫禮疏》，《十三經注疏》，中華書局，1980 年影印本，第 1082~1082 頁。

④ 賈公彦：《周禮注疏》，《十三經注疏》，中華書局，1980 年影印本，第 750 頁。

賓，壹食，再饗。”兩者契合無間。

《霸伯盂銘》記敘了王國聘諸侯禮的構成。

一個完整的禮典由數個儀式組成，每個儀式可分爲數個儀節，每個儀節由衆多儀注組成。銘文記載了蔑歷、初饗賓、致命、遣賓再饗、食賓、郊送六個主要儀式，以下筆者在這三個層次上對銘文所反映王國聘諸侯禮進行分析解説。

（一）蔑歷

“唯三月，王使伯考蔑尚歷”，此爲“蔑歷”儀式的第一個儀節。在今本《儀禮》中没有“蔑歷”儀式，據《金文引得・春秋戰國卷》統計，春秋戰國時期的青銅器銘文含有“蔑歷”義的只有《王蔑鼎銘》一篇，[①]而《金文引得・殷商西周卷》則多達四十餘例。[②]可見《儀禮》所記當爲春秋時期的禮儀。“蔑歷”當有一套固定程式，但西周青銅器銘文多不載具體儀節、儀注。本銘中的蔑歷儀節也同樣只記録了儀式名稱，没有儀注描述。

“歸柔茅芳鬯”爲蔑歷儀式的第二個儀節。天子賞賜秬鬯，銘文習見。《毛詩・旱麓》載：“瑟彼玉瓚，黄流在中。”《毛詩傳》載：“玉瓚，圭瓚也，黄金所以飾流鬯也，九命然後錫以秬鬯、圭瓚。”又《毛詩・江漢》“厘爾圭瓚，秬鬯一卣，告於文人。”《毛詩傳》載：“厘，賜也，秬，黑黍也，鬯，香草也，築煮合而鬱之曰鬯，卣，器也，九命錫圭瓚、秬鬯。”是否九命才能賞賜秬鬯不敢肯定，不過只有地位高的人才能享受賞賜秬鬯待遇是可以肯定的，霸伯既然稱“伯”，當爲諸侯。另外西周銘文賞賜秬鬯一般用動詞“賜”，此處爲“歸”，讀爲“饋”，即饋贈。因伯考親赴霸國，爲贈送，故用“歸”。集成 8.4217 器西周中期璊簋銘説：“王命璊眔叔肆父歸吴姬飴器，師黄賓璊璋一，馬兩，吴姬賓帛束。”與此同。蔑歷並賜秬鬯，這是周王行使天子權力的一種形式。“蔑歷”從行政角度對諸侯政績進行考評；得貨賄，從經濟上維繫王朝與諸侯的朝貢關係；賜鬱鬯，從宗教角度控制諸侯祭祀權力，《禮記・王制》載：“諸侯

---

① 華東師範大學中國文字研究與應用中心：《金文引得・春秋戰國卷》，廣西教育出版社，2001 年，第 84 頁。

② 華東師範大學中國文字研究與應用中心：《金文引得・殷商西周卷》，廣西教育出版社，2001 年，第 203 頁。

賜圭瓚然後爲鬯”，不是諸侯没有秬鬯，而是諸侯没有權力製作秬鬯，顯然，周王派伯考蔑歷霸伯的政治意義是明顯的，此銘文反映西周王權如何對諸侯進行政權和神權管理。

“臧，尚拜稽首”爲蔑歷儀式的第三個儀節。“臧”是説賞賜蔑歷、賞賜秬鬯完畢，没有出現不合禮節的事情，過程開展很順利。“拜稽首”是霸伯答謝天子賞賜所作的標準禮儀動作，“拜稽首”是九拜中最高級别的拜謝動作，因伯考代表周王賞賜霸伯，霸伯必須做出如見天子的儀注，“拜稽首”就是儀注描述。

（二）初饗賓

“既稽首，延賓；瓚賓，用虎皮稱；毁用璋，奏。”爲饗賓儀式，相當於《聘禮》中主人禮賓。第一個儀節是“延賓”。“延賓”西周銘文習見，小盂鼎銘文多次提到“延賓”。“延賓”即延請賓進入廟門内。相當於《聘禮》中的“納賓”，銘文雖無儀注記敘，其儀注可以參考《儀禮·聘禮》的“納賓”：“納賓，賓入門左。介皆入門左，北面西上。三揖，至於階，三讓。公升二等，賓升，西楹西，東面。擯者退中庭。”[①] 第二個儀節是瓚賓，類似於燕禮中的“獻酢酬”，用四張虎皮作爲勸酒用的“酬幣”。第三個儀節食賓。用一璋勸食，且有音樂伴奏，《周禮·膳夫》載：“以樂侑食”。

（三）還玉

“翌日，命賓曰：‘拜稽首，天子蔑其臣歷，敢毋用璋！’”爲還玉儀式。從《儀禮·聘禮》可以推知，伯考奉周王之命而來，必攜帶一圭作爲憑證，霸伯受圭後要將圭還給考伯，同時要獻上“賄物”。賄物，諸侯與諸侯之間是“賄幣”，但諸侯回報周王的應當高一級，用璋，這就是霸伯所説的“敢毋用璋！”。“敢毋用璋”之“毋”，諸家皆釋爲“敏”。《金文編》“敏”有[illegible]、[illegible]、[illegible]、[illegible]、[illegible]五形，[②]“母”上之“一”筆畫明顯。而霸伯盂之敏没有“一”字，與“毋”一致，只是左下角多一“左”字，似可視爲羨筆，句子當爲“敢毋用璋”，意思是説敢不用璋作爲報答！

---

① 賈公彦：《儀禮註疏》，《十三經註疏》，中華書局，1980年影印本，第1053頁。

② 容庚：《金文編》，中華書局，1985年，第211頁。

（四）遣賓再饗

“遣賓，瓚用魚皮兩，側毀用璋、先馬，又毀用玉，賓出以俎”記載的是遣賓所舉辦的饗禮，描述了四個儀節，分別是用魚皮酬酒；初用璋勸食，並有庭實；再勸食用玉；賓出。“側毀”之“側”通“特”，“特”義爲“獨”。《儀禮·聘禮》有“公側襲受玉於中堂與東楹之間。”鄭玄注說：“側猶獨也，言獨見其尊賓也。”《禮記·聘義》有“圭璋特達”。“特達”就是用圭璋不需束帛與之相配，而璧則要“束帛加璧”。可見特、側、獨均有單獨的意思。這裏的“側毀”與“又毀”相對，即一毀、再毀，指兩次侑食。“賓出以俎”，類似於《三年瘨壺銘》之“賜俎”：“王在鄭，饗醴。呼虢叔召瘨，賜羔俎。己丑，王在句陵，饗逆酒。呼師壽召瘨，賜彘俎。”[①]此爲天子饗禮中一個程式，即饗禮結束後，贈賓以饗禮陳列的煮熟牛、羊、彘。《儀禮》中的《士冠禮》、《士昏禮》等均有“歸賓俎”，《公食大夫禮》也有“有司卷三牲之俎，歸於賓館。”[②]

（五）食禮

“或延伯，或邍毀用玉，先車，賓出”記載了一次食禮。前兩次饗禮是“延賓”，此“延伯”，當是霸伯這一次不爲主人，而以大夫爲主人，故“延伯”，即延伯考。小盂鼎銘文就有“瓚王、邦賓”。“或”，有人，因銘文爲私家敘事，不宜載入他人名字，故用“或”指代。“或邍毀”即“或原毀”，原爲“再”，指兩次侑食。《周禮·夏官》有“馬質”職文“禁原蠶者”鄭玄注說：“原，再也”。“再蠶”就是一年中養第二茬蠶。這一場食禮級別與饗禮比起來級別要低，侑食之物爲“玉”。根據《儀禮》，此玉當爲“束帛加璧”之“璧”。“先車”，與前面“先馬”都是“庭實”，爲賞賜考伯的賄物。于省吾有《釋先馬》一文，以爲“古者王公外出，常有導馬於前”，[③]先馬即導馬；先車爲前導之車。導馬、導車往往快速、便捷，則凡快馬、快車都可以稱之爲“先馬”、“先車”。

（六）郊送

“伯遺賓于郊，或舍賓馬”爲郊送儀式。“遺賓”，即饋贈賓財物，霸

① 社科院考古所編：《殷周金文集成釋文》，香港中文大學出版社，2001年，第五卷465頁。

② 賈公彥：《儀禮注疏》，《十三經注疏》，中華書局，1980年影印本，第1083頁。

③ 于省吾：《甲骨文字釋林》，中華書局，2009年，第64頁。

伯自己不一定到了郊外，親自送别伯考。“或舍賓馬”是霸國大夫贈送考伯馬，不是考伯用馬作爲儐禮送給霸伯。“舍”，施與也，爲謂語動詞，賓馬爲雙動詞，不是偏正結構賓語。西周銘文賓字未有當修飾定語的：

賓馬兩，金十均。(《小臣守簋蓋銘》)
蘇賓璋、馬四匹、吉金。(《史頌簋銘》)
王令盂甯登白，賓貝。(《盂爵銘》)
王姜令乍册睘安夷伯，夷白賓睘貝布。(《作册睘卣銘》)
叔氏事使布安異白伯。賓布馬轡乘。(《公貿鼎銘》)

以上對《霸伯盂銘》作了儀注分析。我們的分析顯示，霸伯盂記敘了王朝蔑歷禮中的主要儀節和部分儀注。此爲西周真正的周禮，而且是遺失了三千年的周禮，是寶貴的文化遺産。《霸伯盂銘》的禮學價值可見一斑。霸伯的銘文創作似乎與同時代其他作者有所不同，他特别關注與儀注的記敘。銘文跳出了私人敘事以器主所見、所聞、所感爲線索的記敘模式，在儀注記敘中將器主個人隱藏起來，用全能視角描述蔑歷禮的進程，一方面説明霸伯熱衷於禮典，顯示出非常高的實踐周禮的熱情；另一方面顯示出霸伯銘文記敘技巧的自覺追求，不願意落入俗套，另闢蹊徑。霸伯尚用他的銘文寫作讓他的侯國文化跨越時空展現在今人面前，并展現宗周禮樂文明的風貌，爲他個人和他的侯國獲得不朽的榮耀。

二、霸伯創作的其他銘文

2009年發掘的大河口墓地M1017墓爲霸伯墓，出土一批帶銘青銅器。[①]除去重複和不成篇者，計有《霸伯簋銘》一篇、《霸伯垂腹圓簋銘》一篇、《霸伯方簋銘》一篇、《霸伯豆銘》一篇、《霸伯盤銘》一篇、《霸伯盉蓋銘》一篇、《霸伯盂銘》一篇，一共七篇銘文，除了上面分析的《霸伯盂銘》之外，我們本小節對其餘六篇作簡要介紹。

第一篇是《伯荆垂腹圓簋銘》，有銘文“伯荆肇作鬻彝，子子孫孫永寶”十二字，由於銘文太短，没有提供更多信息，我們不知道伯荆和霸

① 謝堯亭等：《山西翼城大河口西周墓地1017號墓發掘》，《考古學報》2018年1期。

伯之間是什麽關係。

第二篇是《霸伯豆銘》，有銘文十四字："霸伯作太廟尊彝，其子子孫孫永寶。"《霸伯豆銘》透露出霸國有太廟，可見該國廟制情況。

第三篇是《霸伯方簋銘》，有銘文三十二字："唯正月，王祭，登于/氐，大奏。王賜霸伯/貝十朋，霸伯用作寶鈦，/其萬年，孫子子其永寶。"《霸伯方簋銘》記敘周穆王在氐舉行一次登祭禮，[①] 並且還有大型的樂奏活動，可見這是一次非常重要的祭祀活動，參與這次祭祀的諸侯獲得了賞賜，霸伯也獲得了十朋貨幣獎勵。有意思的是銘文中出現了祭登禮，此爲西周銘文首次出現這個祭名，周穆王親自到氐來舉行祭祀，透露出西周中期早段王朝祀典建設的一些信息。

第四篇是《霸伯盉蓋銘》，有銘文三行十九字："唯正月，王在氐。

圖 8–29　伯荆垂腹圜簋銘、霸伯豆銘、霸伯方簋銘

① 按：發掘報告將該字隸定爲從肉、從刂、從豆的不識字。我們仔細辨認原器彩色照片，發現該字與上一個祭祀之祭字唯一的不同是一個從示、一個從豆。因而我們認爲該字可隸定爲登字。登字《說文》有收録："禮器也，從廾，持肉在豆上。"若以通假字求之，似可與《周禮・大宗伯》先王六祀之一的烝冬之烝通。然銘文作"祭登"則登爲名詞，似爲祭祀對象，周穆王親自到氐來祭祀，並且有大型器樂表演，顯然不是祭祀周人祖先神靈，而是祭祀自然神靈，我們以爲所祭祀當爲發明製鹽的行業祖神，神名曰登，登字象此神以鹵製鮮肉。

霸伯作寶盉，其萬年孫子子永寶。”這篇銘文當與《霸伯方簋銘》同時創作，“王在氐”屬於西周銘文的“大事紀年法”，當即王在氐祭祀之事。由此可見周穆王在氐滯留绝對不止一天，不然作銘者不會用“王在氐”作爲“大事紀年”，從而再次證明這次祭祀活動是一次盛典。

第五篇是《霸伯盤銘》，有銘文四行三十八字：“唯正月既死霸丙午，戎/大捷于霸伯，搏戎，獲訊/一。霸伯對揚，用作宜姬寶/盤，孫子子其萬年永寶用。”《霸伯盤銘》記敘一次與戎的戰鬥。此戎爲何種戎，銘文没有説，“大捷”不是打了大勝仗，而是戎大規模出動，與霸伯的軍隊發生激烈戰鬥。霸伯投入了戰鬥，但戰果似乎讓人失望，只抓住了一名俘虜，這個戰果是西周銘文中所記最少的一次。説明戎的活動飄忽不定，戰鬥接觸後，一旦形勢不妙，戎便立即轉移，因而西周戰車部隊很難打一場殲滅戰，能夠活捉一名戎族戰士已經非常值得慶賀了。這篇銘文顯示霸國面臨戎族的威脅，而霸國無力討伐，只能採取防禦措施，被動應對戎族騷擾。愛用“孫子子”是霸國銘文一大語言特色，绝大多數西周銘文都用“子子孫孫”，偶有用“孫孫子子”的，只有霸國用“孫子子”，孫在前，不重文，子在後，重文。實際上還是應讀爲“孫孫子子”，子後一重文符號可以提示兩字分别重文。

圖 8–30　霸伯盤銘、霸伯盉蓋銘

第六篇是《霸伯簋銘》。《霸伯簋銘》刻在多個簋上，其中 8 號霸伯簋有銘文五十一字，40 號霸伯簋有銘文五十字，内容一致。還有簋蓋帶有山形提手的霸伯簋，標號 35，銘文同於 8 號、40 號，但有一字之差，前兩類寫作“用作寶簋”，而此篇寫作“用作寶山簋”，因而發掘報告稱之爲“霸伯山簋”。

隹十又一月，井叔來[①]/桒[②]鹵，蔑霸伯歷事，伐/用疇二百、丼[③]二糧、虎皮/二，霸伯拜稽首，對揚/井叔休，用作寶簋，其/萬年子子孫孫其永寶用。

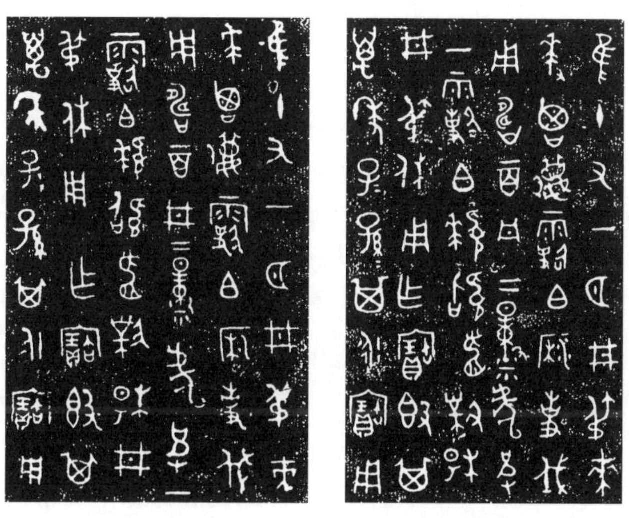

圖 8–31　M1017.8 霸伯簋蓋銘與器銘

銘文記敘王朝權臣丼叔來舉辦祭祀鹵神的祭祀禮。祭祀鹵神看來每年有一次，首次爲周穆親自主持，這一次由丼叔主持。與上一次周康王到氏舉辦祭祀一樣，這次毫無疑問霸伯是祭祀禮的助祭者，由於表現優異，受到丼叔的蔑歷，獎勵他二百田、兩井田的糧食和兩張虎皮。[④]這次獎勵力度很大，獎勵二百畝田，在整個西周時代都是不多見的。由於鹽業是國家財政的重要來源，霸國在西周鹽業管理上處於特殊地位，給與重獎也是情理之中的事情。

① 按："來"字，編號 M1017：8 簋器銘作"來"，其餘幾件霸伯簋器銘、蓋銘均作"朿"。而西周早期沫司徒疑簋銘"王來伐商邑"之"來"，正寫作"朿"。我們認爲"朿"爲"來"字波磔筆畫的簡寫，當作"來"。

② 按："桒"字，編號 M1017：8 簋器銘從桒、從右，蓋銘不從右，僅作"桒"字。編號 M1017：40 的簋器、蓋此字均作"桒"字，故定爲"桒"字。

③ 按："丼"字，三類霸伯簋器、蓋或作"丼"或作"丹"，"丹"實爲"丼"之誤筆。

④ "疇""丼"二字的解釋，我們從黄益飛、謝堯亭説，見黄益飛等：《霸伯簋銘文考》，《鄭州大學學報》2018 年 1 期。

在可以確定爲西周霸國君主霸伯尚創作的六篇銘文中，至少四篇與西周中期的禮制建設有關。《霸伯豆銘》記敘太廟情況，屬於廣義的吉禮；《霸伯方鼎銘》記敘周王在氐舉行祭祀，也屬於吉禮；《霸伯簋銘》記敘井叔祭祀鹽神，也是吉禮。至於《霸伯盂銘》，則屬於賓禮。他的這些作品反映了西周禮樂文明的一個側面，其貢獻不可低估。

三、霸姬和霸仲的銘文

根據山西翼城大河口霸國墓地 M2002 號墓發掘報告，這座墓葬出土的最重要的青銅器銘文當屬《霸姬盤銘》，其次是《格仲鼎銘》。學者普遍認爲 M2002 墓葬的主人即霸仲，爲 M1017 墓主人霸伯尚的弟弟。霸姬是霸仲的妻子，爲姬姓國女子。比較令人費解的是 M2002 墓葬中不僅出土了器主自稱“霸中”的青銅器，還出土了器主自稱“格中”的青銅器銘。這兩人是什麽關係？我們從黄錦前等人説，以爲格中就是霸仲，霸、格同聲假借，霸國又稱格國。①

霸仲墓出土青銅器組合是三鼎、三簋、二鬲、一甗、一盤、一盉。三鼎中兩件有銘，其一《格中鼎銘》，有銘文五行二十九字。其一《霸中鼎銘》，有銘文二行十字：“霸中作寶旅鼎，其永寶用。”還有《霸中甗銘》十字：“霸中作寶旅甗，其永寶用。”簋三件，兩篇《格中簋銘》，與《格中鼎銘》一樣，二十九字。實得霸仲銘文三篇，我們重點分析二十九字《格中鼎銘》。

唯正月甲午，/戎捷于喪原，格中/率追，獲訊二夫，/馘二。對揚祖考/福，用作寶鼎。②

《格中鼎銘》記敘的一次戰役當與《霸伯盤銘》一樣，都是抗擊戎人入侵。《霸伯盤銘》記載霸伯的戰果只是抓住了一個俘虜，没有獲得馘。格中的戰果超過了哥哥，抓住了兩個俘虜，殺了兩名戎人。可見這兄弟二人都在陣前作戰，弟弟更加勇猛。由此可見，西周分封霸國，其戰略意義在本銘中獲得體現。霸國對於保衛西周東北部的安全非常重要。

---

① 黄錦前、張新俊：《説西周金文中的“霸”與“格”——兼論兩周時期霸國的地望》，《考古與文物》2015 年 5 期。

② 謝堯亭等：《山西翼城大河口西周墓地 2002 号墓發掘》，《考古學報》2008 年 2 期。

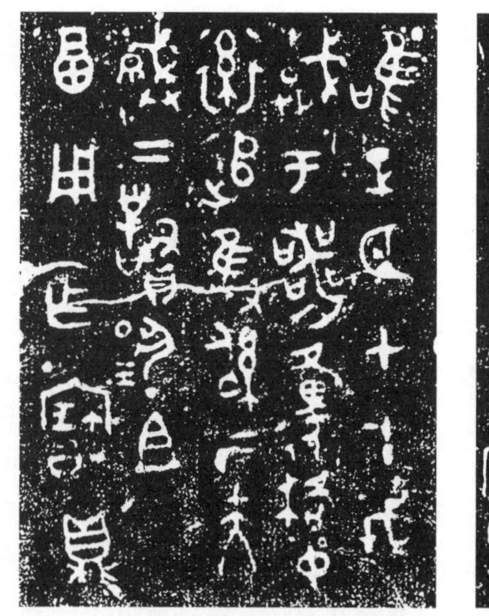

圖 8-32　格中鼎銘、格中簋銘

除了《霸伯盂銘》和《霸伯簋銘》，霸國最重要的文獻就是從 2002 號墓出土的霸姬盤銘文。《霸姬盤銘》一篇一百五十三字：

唯八月戊申，霸姬以氣訟于穆公曰："以／公命用討[①]朕僕馭、臣妾自氣，不余乞[②]。"／公曰："余不汝命曰付[③]霸姬！"氣誓曰："余某／弗厚稱公命，用付霸姬。余唯自誣[④]，鞭／五百，罰五百寽。"報氒誓曰："余稱公命，用付霸／姬。倘[⑤]余亦改朕辭，則鞭五百，罰五百寽。"氣則／誓。增氒誓曰："汝某弗稱公命，則付霸姬，／余唯自誣，則鞭身，

① 按：發掘報告討字隸定爲"簋"字，裘錫圭以爲該字從糸從叏，爲"紹"字，"紹"通討，今從。裘錫圭：《大河口西周墓地 2002 號墓出土盤盉銘文解釋》，復旦大學出土文獻與古文字研究中心網站 2018 年 7 月 14 日刊。

② 按：字原揭作"氣"，裘錫圭以爲通"乞"，今從。

③ 按："付"字原揭從卜、虎，王寧以爲"撲"字或體，當讀爲交付之付，今從。見心包：《氣盤銘文與舊説印證》，武漢大學簡帛網"簡帛論壇"跟帖，2018 年 5 月 28 日刊。

④ 按："誣"字原揭作"無"，蕭旭以爲通誣蔑，今從。見鄧佩玲：《讀山西翼城大河口出土鳥形盉銘文劄記》，復旦大學出土文獻與古文字研究中心網站跟帖，2011 年 8 月 5 日發表。

⑤ 按：倘字從李學勤釋，見李學勤：《試釋翼城大河口鳥形盉銘文》，《文博》2011 年 4 期。

傳出。”報氒誓曰：“余既曰／稱公命，倘余改朕辭，則出棄。”氣則誓。／對公命，用作寶盤、盉，孫孫子子其萬年寶用。

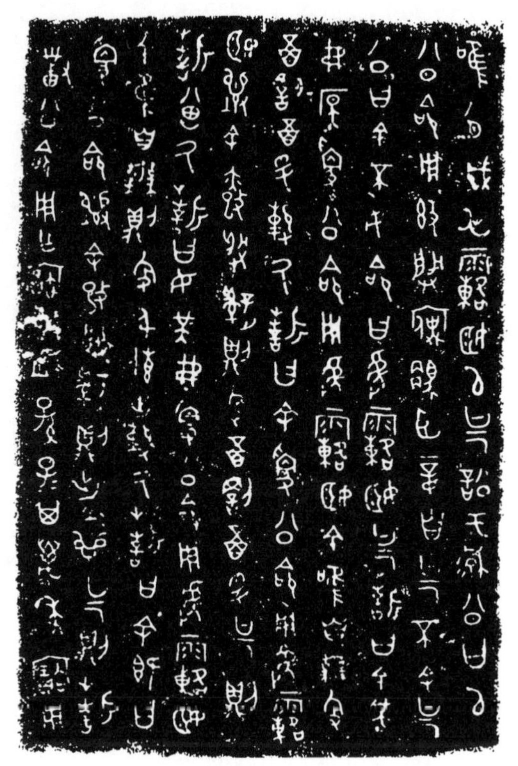
圖 8–33　霸姬盤銘

此前《鳥形盉銘》傳出，但《鳥形盉銘》只是半篇銘文。今《霸姬盤銘》全文發表出來，原先學者研究的錯誤便暴露出來。裘錫圭先生隨後發表了新的文字考釋，發表了最新研究成果，糾正了以前的錯誤，對於理解本銘多有幫助。

《霸姬盤銘》記敘了一件民事訴訟案件，原告爲霸姬，被告爲氣，接受案件的主管官員是《尹姞簋銘》的作者尹姞的丈夫、西周穆恭時期的執政大臣穆公，起因是被告氣没有向霸姬交付屬於霸姬的臣妾僕馭。穆公作出判決，判決被告氣如數交付霸姬臣妾僕馭。由於是民事訴訟，需要雙方協調執行。於是被告氣在穆公的監督下，在原告方當面進行了誓約。可見這官司霸姬打贏了，至於臣妾僕馭得到没有，銘文没有記敘。但從作盤、盉二器記載穆公的判決看，霸姬應當得到了這批僕庸。此爲世界法制史上第一部女性訴訟原始文獻，其價值不言而喻。從引起糾紛的臣妾僕馭看，這些都是西周青銅器銘文中常見的人力賞賜。因而本銘所記訴訟極有可能是王朝賞賜了霸仲一批臣妾僕馭，這些臣妾僕馭的原擁有者就是被告氣。氣没有按照王朝的賞賜令將這些臣妾僕馭按時交付霸仲，因而霸姬控告氣也是一告就贏；氣的態度非常謙卑，所立違約誓言没有給自己留下餘地：如果不按照判決書執行，氣將被趕出王朝，捲鋪蓋走人。《霸姬盤銘》再一次顯示貴族家庭中，管理財產和處理日常生活的是女主人。這些女性貴族居然也拋頭露面與男人打官司，顯示出這個貴族婦女敢於擔當的一面。

銘文在寫作上頗有新意。抓住被告氣的誓詞，一口氣寫下去，連續寫了六次氣之誓：氣誓曰——報氒誓——氣則誓——增誓曰——報氒誓曰——氣則誓，不厭其煩，卻顯得層次分明，意義逐漸加深，顯示出高超的記言技巧，我們姑且稱之爲“疊敘法”。銘文將《氣誓》的内容也寫出來，從鞭撻、罰款、遣送出境到没收財産全部寫下來，刻在自家的青銅器上，一點也不給氣及其後代留情面，可見此女的鮮明個性。

四、倗國銘文

2004年，山西省绛縣横水鎮多處古墓被盜，文物考古部門對三座古墓進行了搶救性發掘，出土一批帶銘青銅器，由此一個不見典籍記載的西周古國倗國露出水面。目前已經公佈的比較優秀的青銅器銘文有兩篇，一篇是出自一號墓的《倗伯爯簋銘》，有銘文四十五字：

唯廿又三年戊戌，/益公蔑倗伯爯歷，又告/令金、車、旅。爯拜稽首，/對揚公休，用作朕考/尊。爯其萬年永寶用享。①

益公以佑者的身份出現在恭、夷時期的《永盂銘》《九年乖伯簋銘》《詢簋銘》《休盤銘》《申簋蓋銘》《王臣簋銘》中，這些青銅器大多在西周恭王時期所作，因此我們可以通過銘文中的益公判斷倗伯爯生活的時代當在周恭王、夷王時期。本銘記敘周恭王二十三年益公爲倗伯舉行了蔑歷禮以表彰倗伯，並且賞賜了金、車等物品。由此我們可以判斷倗國的地位：由於是益公蔑歷倗伯，而倗伯作器不是對揚王休，而是對揚公休，其地位不如益公。倗伯向王朝述職，可見倗國不是晉國的附庸，應是有治權的邦國；王朝執政官員直接蔑歷倗伯，那麼倗國也是一個小邦國無疑。

出土於二號墓的《肅卣銘》代表了倗國青銅器銘文創作的最高成就。《肅卣銘》一篇六十六字，我們以董珊的釋文爲主要參照，并吸收時賢的研究成果，結合我們自己的意見，將銘文隸定如下：

① 宋建忠等：《山西絳縣横水西周墓發掘簡報》，《文物》2006年8期。

伯氏賜肅僕六家，曰：/自擇于庶人。今氒赴[①]/我興邑競諫：瞼、芳、鞶、/昔、大宮、静。王俾彙叔/爯父、汝父复付肅曰：/“非命！”曰：“乃兄既俾汝，害/義！敢爯令賞汝！”肅右王/于東征，付肅于成周。[②]

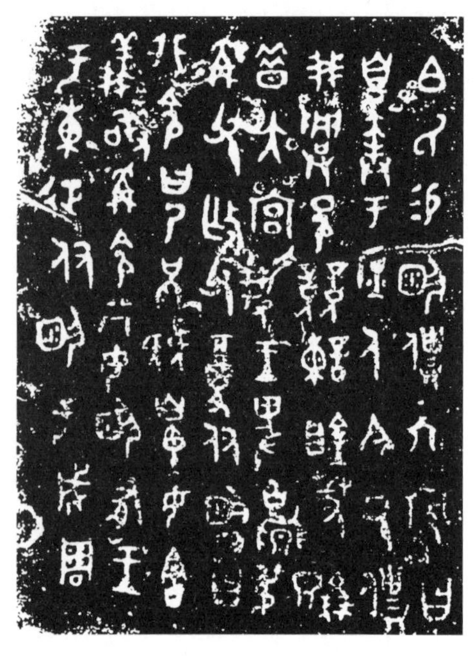

圖 8–34　倗伯卣銘

銘文記敘器主自己的長兄賞賜六家僕從給器主，讓他自己從庶人中挑選六家。被挑選的六家人瞼、芳、鞶、昔等到我邑中強烈諫言勸阻，恭王也派爯父等三人來要求重選六家僕庸，傳達恭王意見，認爲之前從庶人中挑選是錯誤的，說：“兄長將六家庶人交給你作僕庸，有害於道義。等再發佈命令賠償你。”後來，肅協助周王東征，在成周，有司將賠償交付給了倗肅。

《倗肅卣銘》的意義在於反映了西周中期庶人具有人身自由，並且王朝也能保護他們的人身自由，他們在與貴族倗肅的鬥爭中取得了勝利。銘文所反映的內容在之前的出土文獻和傳世文獻中都是聞所未聞，因而特别珍貴。

就目前所能看到的材料看，倗國雖然出現了優秀銘文《倗肅卣銘》，但該國銘文創作的總體水平要落後於霸國。我們期待更多的考古成果和研究資料發表。

① 按：“赴”字原作僕，我們根據文意推測，暫以爲該字借用做“赴”，不然“我”字不能入句。此説僅供參考。

② 董珊：《山西绛縣横水 M2 出土肅卣銘文初探》，《文物》2014 年 1 期。

第九章　西周青銅器銘文的特徵和價值

正如前面所述，西周青銅器銘文創造了多項人類文化的首次，這份文化遺産價值之高我們再怎麼估量也不爲過分。如果我們參照當年孔子的做法對青銅器銘文進行篩選，我們同樣能篩選出“銘三百”。但是我們不能説三百篇之外的青銅器銘文就没有價值，那些銘文同樣是無價之寶。

西周青銅器銘文創作在高峰期戛然而止，但並没有隨着西周社會的衰落而同步衰落。青銅器銘文作爲一種文化現象有自身的發展規律，她與人類青銅時代有密切聯繫。西周雖滅，但她還有一段長途要走。在夏朝和商朝中前期，中華青銅時代已經非常成熟了，但作爲文學的青銅器銘文時代並没有到來；一直到殷商晚期才開始出現成篇的青銅器銘文創作，可見青銅器銘文的發生嚴重滯後於青銅時代，並不與青銅時代同步。但是青銅器銘文的衰落期與青銅時代的衰落還是一致的。這是因爲中華青銅器銘文與中華禮樂文化有密切的關係。晚商時代已經是商文化的總結期，一種新的禮樂文明正在孕育，晚商銘文作家應運而生。但殷商社會已經失去了將這種文學樣式發揚光大的機會。“郁郁乎文哉”的西周知識精英接過這種文化新傳統，將青銅器銘文的紀事、議論、抒情功能發揮到極致，形成蔚爲大觀的一代文學的代表樣式。没有禮樂文明就没有《詩經》；同樣，没有禮樂文明就没有青銅器銘文。《詩經》是滲入到兩周貴族血液骨髓中的文學；青銅器銘文是滲入到西周貴族一食一飲、一鼓一奏日常生活中的文學，是西周貴族如影隨形的文學，《詩經》與銘文是真正的西周文學的“雙璧”。我們在本章對西周青銅器銘文的特徵和成就作總結性分析。

第一節　西周青銅器銘文的特徵

與同時代的《詩經》《尚書》相比，西周青銅器銘文個性化特徵非常明顯。在作品内容禮樂化、寫作立場私人化、文體高度格式化、審美風格典雅化這四個方面表現尤其突出。

一、作品内容禮樂化

西周青銅器銘文在近三百年的發展歷程中體現了禮樂性特徵、階段性特徵和私人化特徵。在三大特徵的變化中形成自己的發展規律。

西周青銅器銘文具有典型的禮樂性特徵。西周貴族銘文創作除了約劑銘文和勸誡銘文與西周禮樂文化間接有關外，其餘銘文創作都與禮樂文化緊密聯繫。作器目的不是"喜侃前文人"，就是燕享朋友、出入使人，前者屬於祭祀禮——吉禮，後者屬於賓禮和嘉禮。康王制禮作樂，册命銘文、蔑歷類銘文開始興起；穆王時代制禮作樂，册命銘文和賞賜銘文爆發。祖先神靈祭祀屬於吉禮，禱告類銘文直接產生祭祀禱告。"器主其眉壽萬年，子子孫孫永寶用"是青銅器銘文套語，卻也是祈禱語言。至於戰争銘與軍禮禮典的關係更無須論證。因而没有禮樂文化就没有青銅器銘文。

西周青銅器銘文顯示了典型的階段化特徵。武王、成王時期是西周銘文發展的第一階段。這一階段，傑出的銘文作品時有出現，但往往是個别現象，優秀作品没有形成集團爆發現象，主要題材與社會發展的主流一致。在武成時代，青銅器銘文創作的主題是戰争，克商、二次克商和周公東征這些重大歷史事件激發了銘文作家的創作熱情，他們的創作動機是紀功和告成，背後仍然是禮樂文化中的祭祀文化在起作用。在戰争銘文之後，另一種主題逐漸顯露，那就是王朝建設主題。《何尊銘》透露出周成王建設成周、掌控東方的决心；《德方鼎銘》反映了國家祀典建設情况；《柬鼎銘》記載成王建設成周情况；《保卣銘》記載成王分封東國五侯和燕召公情况。

康王、昭王時期是西周青銅器銘文的發展期。康王時期，王朝建設成爲最重要的銘文主題，優秀青銅器銘文出現比武、成時期密集一些。

《宜侯夨簋銘》《邢侯簋銘》《大盂鼎銘》是這一時期分封賜采類銘文的代表作，還出現了記敘大獻禮典的傑出銘文《小盂鼎銘》。到了昭王時期，青銅器銘文創作的題材有兩大類，一類是行政方面的賞賜，另一類是軍事方面的賞賜。在行政賞賜類銘文中出現了册命賞賜銘文，證明昭王時期王朝行政的禮樂儀式化已經開始實施。著名的《令方彝銘》《令鼎銘》是行政賞賜銘文的代表作。《卲𠬝簋銘》是西周最早出現的册命銘文；《𤔲鼎銘》也是西周最早的蔑歷類銘文。軍事類銘文出現了《中方鼎銘》《中甗銘》《中觶銘》這樣一人三銘的多産作家現象。

穆、恭、懿、孝四王時期是西周青銅器銘文的繁榮期。這一階段傑作成批湧現，傑出作家輩出，出現了一批銘文世家。例如裘衛世家、伯克世家、微史世家，出現了數代銘文作家和代表作。册命賞賜類銘文尤其繁榮，經濟生活類銘文崛起，禮樂類銘文傑作不斷。西周時期近半優秀銘文作家出現在這個時代。

夷、厲、宣、幽四王時期是西周青銅器銘文的極盛階段。主要特徵是在各類題材中出現了集大成式作品。《逨盤銘》是世系類銘文的終極作品，《散氏盤銘》是約劑類銘文的終極作品，《晉侯蘇編鐘銘》是戰争類銘文的終極作品，《毛公鼎銘》是册命類銘文的終極作品，《四十三年逨鼎銘》是賞賜類銘文的終極作品。由於文化的積累貴族世家銘文創作也進入極盛期。《豳公盨銘》是勸誡祈禱類銘文的終極性作品。

西周貴族用自己的銘文創作，記録了自己的時代，在不自覺中承擔起書寫自己時代的責任，取得了輝煌的成就。

二、文體高度格式化

自孔子整理“詩三百”之後，《詩經》獲得崇高地位，直至今天，《詩經》中的部分篇章還在作爲大、中、小學教材中的課文，爲一代又一代人所熟知。在西漢，《詩經》作爲五經之一，王朝設立了“三家詩”博士，進入王朝主流“意識形態”。在此後的兩千年中一直被尊崇爲國家經典，爲科舉考試必讀書。西周青銅器銘文就没有這麼幸運了，她没經歷過經典化；到今天由於字形、詞彙和語法與現代漢語存在重大差别，形成“堅硬的外殼”阻礙着普通大衆的閲讀。然而西周青銅器銘文是高度成熟的文學體裁，爲中華青銅時代最優秀的文學遺産之一，她有資格爲當代讀者所熟知。

西周青銅器銘文具有高度成熟的體式。從用語看，青銅器銘文與《尚書·周書》類篇章使用的是同一種書面語，遵循相同的詞彙、語法規範。由於青銅器銘文是私人化的習作，其標誌性用語“對揚王休”“用作某祖考寶尊彝”“其萬年子子孫孫永寶用”等將自己與王朝文獻檔案體的《尚書·周書》區别開來。又由於青銅器銘文載體的限制，西周青銅器銘文在用語上比《周書》篇章更加簡略、更加凝練，形成青銅器銘文語言獨有的典雅風格。

從寫作方法上看，青銅器銘文的記言與《尚書·周書》類篇章記言方法相似，也採用“王若曰”“王曰”兩種提示性插入語引領。但與《周書》中的篇章不同，青銅器銘文中“王若曰”“王曰”往往採用選擇性引用、概述式引用和轉述性引用；並且還有《尚書》所没有的“器主曰”形式引出創作者的内心獨白或祈禱、告誡語，是一種“擬言”，並非真實的記言。青銅器銘文的紀事既有概述式也有詳敘式，特别是其中的經濟法律事務紀事，細密程度超過了《尚書·周書》，只有《逸周書》中的《世俘解》才能與之相比。

從寫作内容看，西周青銅器銘文具有高度的類型化特徵，其内容大致上可以劃分爲行政事務類、軍事事務類、經濟事務類、禮樂事務類。其中行政事務類最多的是記敘册命和賞賜事務，經濟事務類又可以分爲物質交易事務、訴訟契約事務，禮樂事務類也可以分爲祭祀、告誡、祈禱等。從寫作形式上看，西周青銅器銘文具有高度的模式化特點，例如册命賞賜類銘文一般由時間、地點、主持者、佑者、册命者、受命者、册命内容、受命者感激、作器目的、作器願望這十項要素構成。經濟事務類銘文主要按照一般記敘文的寫法展開。至於禮樂事務中的告誡、祈禱類往往採用“器主曰”形式展開。這些寫作形式屬於常規寫法，但歷朝都有銘文作家打破這些常規，創作出許多具有創新精神的銘文傑作，推動青銅器銘文的發展。

青銅器銘文形成了源遠流長的傳統，這個傳統從殷商晚期開始，經過西周的發展和強化，到春秋時期，經過列國的推動，達到繁榮的極致，然後在戰國時期逐漸衰落。然而青銅器銘文衰落了，作爲一種文學體裁的銘文寫作傳統並没有斷绝。在青銅器銘文之後，銘文家族又出現了碑銘和更多種類的器物銘。到了紙質載體時代，人們又在紙上按照銘文的體式書寫紙質銘體文，即使其中許多篇章没有機會被銘刻在器物上，歷代都有銘文作者樂此不疲。即使在今天，除了碑銘之外我們還能看到各類建築物銘，例如橋銘、樓銘、路銘、隧道銘等等。這個傳統延續到今天已經超過三千年。然而能夠進行銘文創作的畢竟只有極少數知識分子，由於青銅器銘文没有經過經典化過程，也没有出現像孔子一樣的學者對青銅器銘文進行整理，挑選出一批代表性作品供普通大衆學習，青銅器銘文的傳播和接受範圍十分狹窄，當代也僅僅只有極少數學者在閱讀和研究青銅器銘文。

隨着互聯網時代的到來，青銅器銘文的傳播受到了挑戰，由於今天流行的漢字輸入法受到存儲的限制，一批青銅器銘文没有對應的楷體字，一些在現代漢語字庫中找不到的青銅器銘文文字，難以顯示出來，造成過多的缺字，嚴重影響了閱讀效果，制約了青銅器銘文的傳播和接受，制約了青銅器銘文當代價值的實現。

三、寫作立場私人化

西周青銅器銘文第三大特徵是私人化。史官撰寫的作品是行政公文，盡可能隱藏史官個人的思想感情。青銅器銘文不同，是完全的私人寫作，記敘的是作器者個人的經歷和榮譽，表達的是作器者私人的願望和感情。正因爲如此，西周青銅器銘文不同於《尚書·周書》中的作品，她們比《周書》中的作品更富於個性化，因而《霸姬盤銘》毫不掩飾自己對於訴訟對手、被告氣的蔑視，讓作品更具文學氣息。也正因爲私人化，給西周青銅器銘文寫作帶來一些不利影響。由於青銅器用於家族和家族祭祀，進入銘文中的“他者”太少，進入作者視野的社會問題不多，制約了銘文反映社會生活的深度和廣度。同時，由於今天的讀者對於當時貴族家庭情況知之甚少，而銘文作家撰寫銘文時想不到許多在他們眼中屬於常識性知識，我們今天都不了解，因而閱讀銘文存在巨大的閱讀障礙。

西周青銅器銘文的創作造就了一大批銘文作家。這些作家上至天子下至下士，從貴族的底層到貴族的最高層都有優秀的銘文作家。

在西周十三王中，目前發現了周厲王創作的一批青銅器銘文。與傳世文獻描述的周厲王不同，周厲王創作的《㝬簋銘》《五祀㝬鐘銘》篇篇精美，都是青銅器銘文中的傑作。周厲王的銘文作品是天子級別作家的代表作。

西周王公諸侯創作了一大批優秀的銘文作品。周公創作的銘文作品能見到的没有幾篇，並且多爲不成文章規模。但在周公之胤中，魯侯伯禽創作的《禽簋銘》流傳下來。周初著名政治家召公有《太保簋銘》和《太保玉戈銘》傳世。至於召公的後裔，最著名的銘文作家是琱生，此人創作的"琱生三銘"是西周反映經濟活動銘文的代表性作品。西周諸侯創作的優秀銘文作品就更多了。例如昭、穆之際的柞侯創作了《柞伯簋銘》，記載了柞伯參加周王籍田禮之後的一場賭局，這是世界上第一篇記載賭局的原始文獻；在厲王時代又有一位柞侯創作了《柞伯鼎銘》，記敘柞伯參加周厲王鎮壓南淮夷反叛的軍事鬥爭。西周應國也出現了應侯爯、應侯對、應侯見工、應侯敔等多位諸侯級銘文作家，他們創作的《應侯見工鐘銘》《應侯爯盨銘》《應侯簋銘》《應侯作姬原母簋銘》等都是西周青銅器銘文的典範作品。甚至名不見經傳的西周霸國都出現了《霸伯盂銘》《霸伯簋銘》這樣優秀的銘文作品。

士大夫是西周青銅器銘文創作的主力軍。很多優秀的銘文作品來自西周中下層貴族。其中有擔任王朝司裘的裘衛，擔任王朝膳夫的膳夫山、膳夫克，擔任王朝作册的史牆、作册折、作册豐，擔任王朝小臣的小臣單、小臣宅、小臣謰、小臣傳、小臣静、小臣逋、小臣守，擔任王朝各類師官的師旂、師晙、師酉、師望、師湯父、師毛父、師遽、師詢、師虎、師藉、師晨、師艅……這些中下層貴族創作的優秀作品數量之多、質量之高是天子、諸侯、王公所不能比擬的。

這些銘文作家各自擅長不同的題材銘文創作，成就了一批約劑銘文作家、戰争銘文作家、世系銘文作家、禮樂銘文作家。

約劑類銘文幾乎每一篇都是優秀作品，這是因爲約劑銘文要求作者的記敘做到事實清楚，判決詞準確，執行規範。西周散國國君創作了《散氏盤銘》，成爲西周約劑銘文的集大成製作，自己也因爲這篇作品而躋身傑出銘文作家行列。約劑銘文作家中還有曶，此人創作的《曶鼎銘》記敘了一件盜竊案件、一件買賣糾紛案件，《曶鼎銘》也成爲我們今天能夠直接看到的人類最早的記載盜竊和商品交易糾紛的原始文獻。

軍事題材的銘文作家輩出。從早期的《利簋銘》到晚期的《多友鼎銘》，優秀的戰争題材銘文不下百篇，優秀作家數十人。其中包括應侯爯、應侯見工、應侯敔、柞伯、叔向父禹、虢季子白、秦大夫不嬰、尹吉甫、駒父、毛班、晉侯蘇，他們創作的《伯戋父簋銘》《㝬鐘銘》《噩侯馭方鼎銘》《禹鼎銘》《班簋銘》《晉侯蘇編鐘銘》《翏生盨銘》《禹鼎銘》《敔簋銘》《柞伯簋銘》《應侯見工銘》《兮甲盤銘》《虢季子白盤銘》《師寰簋銘》都是西周青銅器銘文中的傑作。

尤其難能可貴的是西周青銅器銘文作家中出現了女性銘文作家群。例如西周早期的王后庚嬴創作了《庚嬴簋銘》《庚嬴卣銘》兩篇作品；王后伯姜也創作了《伯姜鼎銘》。早期還有女性作家庚姬創作的《庚姬尊銘》。中期則出現了女性作家尹姞，創作了《尹姞鬲銘》《公姞鬲銘》，還有一個蔡姬，創作了一篇《蔡姬簋銘》。西周中期女性銘文作家中最傑出的當屬霸國的霸姬。此女爲霸國貴族霸伯的夫人，所創作的《霸姬盤銘》長達一百五十余字，是西周女性創作的最長銘文，也是西周女性銘文作品的巔峰之作。銘文記敘的是自己與一個叫“氣”的貴族民事訴訟糾紛。記敘手法高超，採用“疊敘法”側重於刻畫“氣”打敗官司的囧相，絲毫不留情面，筆鋒犀利，語言潑辣，顯示出一個貴族婦女敢作敢當的氣魄。這篇銘文也是人類歷史上唯一一篇流傳至今的女性訴訟案件的原始文獻。

西周中期還出現了女性銘文作家胡應姬。胡應姬是應國嫁胡國的貴族女子，當爲胡國胡侯夫人。此女在周昭王南征途中拜見了昭王，昭王給予賞賜，《胡應姬鼎銘》簡要記敘了這件事情。

《詩經》中只有極少數《雅》詩作者在詩歌中自稱名字，例如吉甫、寺人孟子、巷伯。與此相反，绝大部分青銅器銘文都有作者具名。由於青銅器製作是私人行爲，特别是所祭祀的神靈具有家族性質，促進了銘文作者署名之風的形成。這是中華文學第一批以私人名義創作的作品，作家人數之多、作品數量之多，在世界同時期也是绝無僅有的。

四、審美風格典雅化

西周青銅器銘文在長近三百年的發展過程中形成了獨特的審美傳統。這種審美傳統包括文字和書法審美、銘文語言審美以及器、文、字、紋四位一體的綜合藝術審美。

青銅器銘文的語言整體風格典雅，在整體典雅之下，銘文作家對銘文語言之美有持續不斷的審美追求。到了中後期，很多銘文作家將詩的音樂美引入銘文，例如《虢季子白盤銘》等一批作品創造了“仿詩體”

銘文；有的銘文借鑒詩歌節奏之美來調節銘文節奏，形成散文詩般的語境。有的採用鋪敘法、反復修辭法，給銘文造成氣勢之美。但總體來説，青銅器銘文的語言與現代漢語的隔閡是不争的事實，現代讀者感到“佶屈聱牙”在所難免。

西周作器者書法審美經歷了從自由奔放到整飭嚴謹的變化過程。早期銘文文字和書法透露出書寫者個性化追求，例如《利簋銘》書法恣肆中自有神韻，《何尊簋銘》書法狂放中多有風姿，《小臣單觶銘》疏放中有綽約。這些作品不講究對稱，意到心至。中後期銘文作品逐漸追求形式美，有的作品在書寫前還打了格子防止竄行。

西周帶銘青銅器是文字、書法、器形、紋飾四位一體的綜合性藝術品。大部分青銅器造型是對陶器、竹器、木器的模仿。也有相當多的青銅器採用動物造型，成爲鴞形器、羊形器、牛形器、馬形器、象形器、犀形器，讓人想起《周禮》所説的鴞尊、犧尊、象尊、雞彝、鳥彝。由於這些已經超出青銅器銘文的研究範圍，我們僅僅作簡單介紹。

第二節　西周銘文的歷史文化價值

中國社會在商周時代建立了先進的史官制度，以王朝爲中心的國家政治生活都有記載。日積月累，形成豐富的歷史資料，然而這些歷史資料由於社會動亂，大多湮滅在歷史長河中，到孔子整理文獻時，只有百篇《尚書》。從孔子之後到漢初伏生下山發掘藏書，列國史記大多被焚毁，百篇《尚書》只存二十八篇。關於商周社會，我們今天只能通過二十八篇《尚書》以及《詩經》《左傳》《國語》《世本》《帝系》《竹書紀年》等有限的文獻捕捉其碎片，拼接其片段，鏈接出斷斷續續的商周社會歷史綫索。這些文獻大多殘缺不全，真僞難辨，互相矛盾。後來殷墟甲骨文和周原甲骨文的發現將中華有直接文字記載的歷史上推到殷商中晚期，極大地促進了今人對商周社會的深入了解。與甲骨文字相似，商周青銅器銘文是商周人記商周事，是第一手的原始資料，保存了歷史的真實面貌。由於甲骨文字多爲占卜記事，所述非常簡略，在反映商周社會生活信息的細緻性上，青銅器銘文更加突出。綜合起來，西周青銅器銘文具有四大歷史文化價值。

一、西周銘文記録了大量失傳的歷史史實

西周青銅器銘文中的賞賜類、册命類銘文保存了大量西周王室檔案文獻。一篇賞賜銘文就是周王室的一篇賞賜令，一篇册命銘文就是一篇周王室的册命令。在一定程度上，他們是被銘刻在青銅器上的《尚書·周書》，填補了西周史大量的空白。我們僅僅以西周時期的戰争銘文爲例，簡要分析西周青銅器銘文的歷史價值。

西周青銅器銘文的開篇就是記敘武王伐商之戰。《利簋銘》證實傳世文獻所説周武王與商紂王之戰爆發在甲子之日完全正確。以此類推，傳世文獻所説有關武王伐商的其他情況可信度大幅度提高。武王時期的另一篇銘文《天亡簋銘》所記武王伐商後祭祀文王以配天，與《逸周書》中的《克殷》《世俘》《度邑》等篇多有近似，證明《逸周書》中的相關篇同樣具有史料價值。

周成王時期的《沬司徒疑簋銘》不但證實二次伐商確實存在，還證實傳世文獻所説封康叔於衛是歷史事實。《何尊銘》證實周武王確實曾經有建都洛邑的打算。《小臣單觶銘》《塱方鼎銘》《禽簋銘》《魯侯尊銘》都從不同側面記敘了周公東征的歷史事件。

史傳文獻記載成、康之際天下太平，刑錯四十餘年不用。但康王時期的《小盂鼎銘》卻記載了康王後期一次討伐玁狁的大規模戰役。這場戰役傳世文獻失載，《小盂鼎銘》填補了康王時期西周與玁狁戰争的歷史史料空白。同爲康王時期的《師旂鼎銘》和《吕行壺銘》記載伯懋父率領西周軍隊討伐方雷的歷史史實，這場戰争，傳世文獻同樣失載。《寳鼎銘》《疐鼎銘》《保員簋銘》《小臣謎簋銘》反映伯懋父討伐東夷之役，説明西周在周公東征之後相當長的時間内，東夷一直心懷不軌。此戰役史書同樣失載。

昭王時期最著名的戰争是兩次南征，但是傳世文獻極其簡略，這一時期的《過伯簋銘》《𫑡馭簋銘》《唯叔鼎銘》《𧊒簋銘》《啟尊銘》《啟卣蓋銘》《師艅鼎銘》《小子生尊銘》《誃簋銘》以及寵臣中所作“中五銘”、《庯伯捱簋銘》《陖貯簋銘》《員卣銘》等十七銘從不同角度描繪出兩次昭王南征戰役的歷史畫卷，極大地豐富了昭王南征的歷史史料。

傳世文獻關於穆王時期的戰争只有鎮壓徐偃王叛亂之戰。然而同時期的青銅器銘文卻名篇層出不窮，出現了傑出的戰争文學作品《班簋銘》，誕生了傑出的戰争文學作家录戜，《录戜卣銘》《戜作文母鼎銘》等“戜六銘”，以及《稽卣銘》《遹甗銘》《㝬鼎銘》《臤尊銘》等十一銘共同構成穆王時代宏偉的戰争長卷。

關於厲王時期的戰争，傳世文獻只有片言隻語的記載。與此相反，這一時期戰争類青銅器銘文名篇琳瑯滿目。從周厲王自己親自撰寫的《㝬簋銘》《㝬鐘銘》到其部下撰寫的《禹鼎銘》《多友鼎銘》《叔向父禹簋銘》《叔向父簋銘》《敔簋甲銘》《敔鼎乙銘》《晉侯蘇編鐘銘》再到其對手噩侯禦方親自撰寫的《噩侯馭方鼎銘》，構成了這一時代戰争的全景圖。

號稱“中興”的周宣王時期，反映周宣王打擊玁狁的傑出銘文就有《兮甲盤銘》《虢季子白盤銘》《不嬰簋蓋銘》三篇。這些銘文記敘了宣王時期與玁狁的幾場惡戰，以及後來爲抗擊玁狁入侵而建立常駐守衛部隊的戰略調整，填補了史料的空白。《駒父盨蓋銘》《師寰簋銘》記敘了周宣王朝與南淮夷關係的演變。《駒父盨蓋銘》記敘駒父奉命到淮夷地區向諸侯國徵集賦貢；《師寰簋銘》記敘東夷拒绝承擔賦貢義務，招致宣王嚴厲的軍事打擊。這些歷史事實因青銅器銘文而重現天日。

西周青銅器銘文記載了史書失載的許多重大歷史事件。在西周封國賜采史料方面，《匽侯克盉銘》直接記敘周成王册封召公之子克“侯於匽”的分封史實。康王時期的《宜侯夨簋銘》記載了遷封虞侯夨於宜的史實，同樣填補了傳世文獻的空白。康王時期的《邢侯簋銘》及其寵臣麥所作“麥四銘”記敘了康王遷封邢侯的歷史史實。葉家山曾侯墓地出土的《曾侯犺簋銘》有“犺作烈考南公寶尊彝”，説明曾國首封之君爲西周初年“八士”之一的南宫括。聯繫新出土的《曾侯與編鐘銘》的“伯括上庸，左右文武，達殷之命，撫定天下。王折命南公，營宅汭土，君庇淮夷，臨有江夏”[①]可以發現，西周初年將南宫括分封在隨棗走廊，任務就是控制淮夷，意義不下於封伯禽於魯，封召公於匽，封太公於齊，都是戰略性大手筆。可是傳世文獻中對此隻字未提，一段湮滅的歷史因此銘文的出土而大白於天下。

---

① 李學勤：《曾侯與編鐘銘文前半釋讀》，《江漢考古》2013 年 4 期。按：文峰塔曾國墓地出土銘文中，曾侯與之“與”除了用“與”之外，還有另外兩種寫法，其二從肉、又從與；其三從辶從與。本書一律從其簡，寫作“曾侯與”。

西周青銅器銘文還提供了大量的西周王朝治理天下的史料。周成王時期的《荆子鼎銘》證實周成王確實有岐陽之會，楚國首領確實與會，並受周成王封賞。《鳴士卿尊銘》《柬鼎銘》《臣卿鼎》再次證實了周成王時期有過對成周洛邑的建設。西周册命類銘文反映了王朝職官制度的變化。昭王時期的《夨令簋銘》、宣王時期的《毛公鼎銘》顯示，西周時期的執政大臣稱公，而太史寮、卿事寮爲王朝常設行政機構，這兩寮歸執政大臣管理。《牧簋銘》《免簠銘》中出現了"司徒"之官；《揚簋銘》出現了"司工"之官；《申簋蓋銘》有"大祝"之官；《師瘨簋蓋銘》中的"邑人"和"師氏"；《膳夫山鼎銘》中有"飲獻人"等等，如果將册命銘文以及相關銘文中的職官名稱匯集起來，對於真實的西周職官體系的研究將有極大幫助。

由於青銅器銘文反映家族宗法方面的内容，我們可以通過系聯法整理出許多西周貴族世系。例如學者通過對河南省平頂山市滍陽鎮應國墓地出土應國青銅器銘文的考證，建立了西周應國應侯的世系；通過眉縣楊家村單逨窖藏青銅器銘文的考證，整理出單逨家族的世系；通過《牆盤銘》等西周青銅器銘文的研究，整理出微史家族在西周的世系等等。山西北趙晉侯墓地出土的青銅器銘文爲理清唐叔虞家族的世系提供了極其寶貴的史料。

西周青銅器銘文的歷史價值遠遠不止以上所舉四個方面。青銅器銘文的片言隻語都極其寶貴，那是因爲我們所面對的這些銘文是三千多年前西周人親自撰寫的真跡，每一篇、每一句、每一字都彌足珍貴，不可多得。

二、西周青銅器銘文記載了真實的禮樂制度

西周人在近三百年裏創造了十分燦爛的文化，奠定了此後中華文明的基礎。西周汲取了夏商文化而發揚光大，形成人類文明史上獨具特色的"禮樂文明"。孔子曾經多次表示"吾從周"的政治理想，可見西周禮樂文明的魅力。我們本節以西周青銅器銘文中的禮樂文明爲主，分析銘問的文化價值。

西周青銅器銘文承載了西周政治文明的大量信息。

銘文顯示，西周初年推行監國制度。根據鄭玄《毛詩譜・邶鄘衛譜》，武王克商之後，在殷都朝歌周邊安排管叔、蔡叔、霍叔"三監"監視殷商遺民，此爲設監於諸侯國之外。武庚禄父叛亂之後，西周實行新的監國制度，在被監國之内設置由周王直接任命的官員，這些官員不受監國制約，直接對周王負責。這些官員根據所監國之名稱爲某國之監。例如1958年在江西余干發現的“應監”，即爲應國的監國者。1964年在山東龍口市發現的“句監”鼎，乃句國監國者所作。2013年國家博物館入藏的“鄂監”簋就是周王派往鄂國的監國者。其餘如1981年陝西扶風南陽鄉出土的“榮監”青銅器、上海博物館收藏的一件“管監引”鼎，這些監國者所作青銅器時間從西周初年一直到西周中晚期都有，可見西周監國制度是普遍推行的政治制度。

銘文顯示，西周實行分封賜采制度。西周禮樂文明的政治基礎是西周的封建制，通過對西周青銅器銘文的研究，今天可以大致上歸納出西周分封賜采的基本情況。

西周行使政權的範圍有三個層次。第一個層次爲王朝直轄區，包括西方的宗周和東方的成周兩個核心區域及其周邊地區。宗周以豐、鎬爲中心，這一地區是西周的發祥地，周部落時代的列祖列宗以及文、武、周公都埋葬在這裏，是銘文中多次出現的西六師的駐紮地，因而宗周是西周的政治、文化、軍事和宗教核心。成周包括洛邑和王城兩大都市，是西周政權在東方的權力核心區。由於東方諸侯朝貢和貿易都集中於此，再加上銘文中多次出現的成周八師駐紮在這一地區，因而成周是西周在東方的政治、經濟、軍事和文化中心。西周政權的第二個層次是分封出去的諸侯國。西周分别在文、武、成、康四王時期有過大規模的分封。例如《左傳》所説的文之昭、武之穆以及周公之胤等同姓諸侯國，以及如姜太公等異姓諸侯國大多在這段時期分封。這些諸侯國被分封到全國各地，他們本身成爲西周王國的主要組成部分，同時他們還對附近小國行使管理權，迫使他們成爲自己的附庸。西周政權的第三個層次是夏商古國和東夷、南淮夷以及居住在華夏境内的戎狄。這些地方政權承認王朝的宗主地位，承擔一定的經濟、軍事義務，並有一定程度上的臣服表示。他們被納入華夏版圖，成爲西周政權的外圍社會組織。

宗周和成周爲西周王朝直接管轄區域。至於分封的諸侯國，西周王朝通過册命禮控制着列國由誰世襲的權力；同時通過覲禮、殷見禮、巡狩禮、聘禮將權力滲透到諸侯國政治生活中。在軍事上，西周王朝有權力動用諸侯國軍隊參與戰爭。銘文中的“殷八師”是西周在東方的主要軍事力量。之所以稱爲“殷八師”，是因爲這些軍事力量來自原殷都地區，基本上爲衛國所控制。[①]

在分封的基礎上，西周誕生了遹省制度。遹省就是王朝中央政府對諸侯國進行視察，行使監督責任。《臣卿鼎銘》有“公違省自東，在新邑”的巡視記載。《宜侯夨簋銘》載：“王省武王、成王伐商圖，誕省東國圖。”《大盂鼎銘》載：“雩我其遹省先王受民受疆土。”《宗周鐘銘》載：“王肇遹省文武勤疆。”《晉侯蘇編鐘銘》載：“隹王卅又三年，王親遹省東國南國。”這些材料説明傳世文獻所説的巡守制度在西周確實實行過。

由分封制度引出朝貢制度。朝貢就是諸侯國向西周王朝中央政府進獻賦税財物。西周對於第三層次諸侯國的控制主要採用朝貢制度和税收制度。例如楚國在西周主要承擔王朝祭祀用品中苞茅的供應。因而在春秋時期，晉文公想對付楚國，就拿出“爾供苞茅之不入”的藉口。西周行政權力外圍區的諸侯並非僅僅象徵性地進貢祭祀品而已。周宣王時期的《兮甲盤銘》載：“南淮夷舊我帛晦人，毋敢不出其帛，其積，其進人，其賈，毋敢不即次、即市。”該銘對於南淮夷諸部落的定位是“舊我帛晦人”，即承擔耕田、織布的義務，不但要出布帛、糧草、人力，還要在規定的地方進行商品交易，繳納税收。由此可見西周對於這些外圍諸侯的經濟掠奪還是比較重的。

西周禮樂文明的另一個政治基礎是宗法制度。宗法制度的核心是嫡長子繼承制，由此形成大宗、小宗。維繫大、小宗的核心力量是祖先敬仰以及由此誕生的祖先祭祀制度。祭祀既是宗教性活動，又是禮樂活動和政治活動。西周時期從王朝核心區到邊緣區都施行宗法制度，周王通過宗法制度掌控了列國的政治、宗教思想和文化。由宗法制度衍生出西周的廟制和相應的祭祀制度，西周在祭祀方面又創造了許多文明成果，反映在青銅器銘文中就是那些“用作某皇祖某文考”的銘文。

西周政治、軍事、經濟、文化等活動全部規範在禮樂制度中。《周禮·春官·大宗伯》職文敘述了大宗伯爲國家制定五禮、九儀的主要內容，這五禮、九儀將國家日常生活幾乎全部納入禮儀中。《周禮》雖不是

① 也有學者以爲殷八師就是成周八師，可備一説，但我們不採用。

西周禮制的實録，卻是對西周禮制實踐的總結和歸納，並滲透着儒家理想，對於我們今天理解西周青銅器銘文是不可或缺的參考文獻。例如賓禮，《周禮》載："以賓禮親邦國：春見曰朝，夏見曰宗，秋見曰覲，冬見曰遇，時見曰會，殷見曰同，時聘曰問，殷眺曰視。"在親切的話語中道出諸侯國朝覲周王制度的嚴密。根據《儀禮・覲禮》，諸侯朝覲周王不是僅僅見面那麼簡單。諸侯朝覲實質上就是向周王述職，其儀節有上繳象徵身份和權力的瑞節，向周王報告國家治理情況，並以"戴罪"之身等候周王發落。顯然在温情脈脈的覲禮中，體現了周王與諸侯的主人與奴才的關係。銘文中也多次記載在覲見周王後"休，亡尤"，因而感到慶幸，正是這種情況的真實反映。

西周禮樂制度不僅僅針對諸侯。《周禮・春官・大宗伯》載："以嘉礼亲万民。"此處萬民不一定包括下層勞動者，但嘉禮使用範圍廣泛是不容置疑的。《周禮・春官・大宗伯》總結出六大嘉禮："以飲食之禮親宗族兄弟，以婚冠之禮親成男女，以賓射之禮親故舊朋友，以饗燕之禮親四方之賓客，以脈膰之禮親兄弟之國，以賀慶之禮親異姓之國。"從諸侯到百姓的日常生活都包括在嘉禮之内。

西周禮樂文明的成果在戰國時期遭受嚴重破壞，加上秦始皇帝的"焚書坑儒"，我們今天所能看到的已經非常有限。首先是作爲禮樂文明核心因素之一的樂已經失傳，唯有樂歌中的三百零五首歌詞流傳下來，這就是我們今天稱之爲"詩經"的作品。至於禮樂文明中的另一核心要素禮典則大多失傳。流傳到今天的《儀禮》十七篇，核心精神雖然屬於西周，但基本上屬於士一級貴族人生中的主要禮儀，其中王朝級别的禮典，涉及很少，我們今天只能通過《儀禮》看到西周禮典的吉光片羽。西周禮樂文明中還有十分完備的史官制度，同步記載了大量歷史文獻，這些記載西周重大歷史事件的文獻除了收在《尚書》中的"周初八誥"之外，其餘依靠《逸周書》《國語・周語》等流傳下來的也不過六七篇而已。此外，能夠見證西周禮樂文明的就是出土青銅器和銘刻在青銅器上的銘文了。

西周青銅器銘文反映西周貴族宗法生活的例子比比皆是。著名的"琱生三銘"反映的就是大宗召伯虎照顧小宗琱生利益的事情。西周中期的《𩵦鐘銘》明確出現了"大宗"一詞："作寶鐘，用追孝于紀伯，用享大宗，用樂好賓，𫹺眔蔡姬用實，昭大宗。”[①]該銘可以證明至少西周中期，西周社會已經出現大小宗制度。該鐘顯然是器主爲大宗鑄造一組鐘，刻上自己與妻子名字，在舉行禘祫禮時候直接獻給大宗使用。

與大、小宗有關還有廟制。廟制即貴族宗廟制度，大部分祭祀用青銅器上的銘文都明確寫出所祭祀對象。例如《瘐鐘銘》提到高祖辛公、文祖乙公、皇考丁公，可見大夫之廟的確是三廟，高祖辛公不變，文祖乙公可能在瘐去世後就要進入祧廟。

《師臾鐘銘》載："師臾肇作朕烈祖虢季、宄公、幽叔、朕皇考德叔大林鐘。"[②]師臾鐘顯然是專爲祭祀所作，而且是第一次作。其廟制有烈祖三位，考一位。虢季、虢仲、虢叔都是歷史上有名人物，三列祖可能是以虢季爲高祖，宄公爲曾祖，幽叔爲祖。同一鐘用於祭祀三祖一考，與《瘐鐘銘》二祖一考有別。

《沈子它簋銘》載："沈子作綄於周公宗，陟二公，不敢不綄。"[③]劉雨以爲這是舉行合祭，並新去世的父考牌位列入祖廟，原先的祖宗牌位依次升一位。[④]如果劉雨分析成立的話，那麽宛祭就是祫祭，該字金文大多作從宛從食，宛爲聲，食爲義符，即合食。讀"宛"聲字有"全"義，如完、原、元、圓、垣、苑等。此説同時解決了祫祭合食的原因是"牌位"的移動，就是"遷廟禮"，或者是亡考靈位入廟之禮。這篇銘文反映西周"别子爲宗"與戰國時代禮學文獻不同。"陟二公"當爲將周公之後兩位先祖合食，則周公之曾孫新死，遷入周公廟合食。

至於王朝舉辦的宛祭，青銅器銘文記載很多，劉雨就舉出五個例子。《臣辰盉銘》有"惟王大禴於宗周，誕宛方京年。"《麥方尊銘》有"會王宛方京。"《伯唐父鼎銘》有"乙卯，王宛方京。"《高卣蓋銘》有"唯十又二月，王初宛方京。"《吕方鼎銘》有"五月既死霸，辰在壬戌，王宛京大室。"宛於方京爲什麽可以作爲"大事紀年"，因這是祖考遷廟不是

---

① 中國社會科學院考古所：《殷周金文集成（修訂增補本）》，第一册，中華書局，2007年，第82頁89器。

② 中國社會科學院考古所：《殷周金文集成（修訂增補本）》，第一册，中華書局，2007年，第148頁141器。

③ 馬承源：《商周青銅器銘文選》，第三册，文物出版社，1988年，第56~58頁81器。

④ 劉雨：《西周金文中的"周礼"》，《金文論集》紫禁城出版社，2006年，第116頁。

經常發生的，只有父王死去需要入廟合祭才會發生。

銘文還反映西周廟制中有昭穆制度。唐蘭作《西周銅器斷代中的“康宫”問題》，[①] 將金文中的廟制作了充分的闡釋。今人劉正《金文廟制研究》對青銅器銘文中的廟制材料進行了系統的梳理。[②]

此外西周銘文還反映了西周貴族的經濟生活。《贤簋銘》載：“唯九月初吉庚午，公叔初見于衛，賢從。公叔使晦賢百晦。”[③] 這是衛國公叔賞賜給下屬賢百畝田，反映官僚屬員不定期的經濟收入情况。著名的《三年衛盉銘》記載矩伯庶人用田地作價購買裘衛的覲璋等禮器。《格伯簋銘》記載格伯用三十田向倗生購買良馬乘。

三、西周青銅器銘文保存了大量文獻檔案

我們都知道《尚書》寶貴，但《尚書》中的《周書》，即使是“僞古文尚書”中的《周書》也就三十二篇而已。西周青銅器銘文中所包含的西周檔案十分龐大，我們將這些檔案大致上分爲誥命體檔案、契約檔案、貴族世家私人檔案三大類。

我們今天可以從西周青銅器銘文中整理出相當於《尚書》中誥命類的册命令、賞賜令和訓令。相關的青銅器銘文爲了讓受到表彰、獎勵、册命的榮耀流芳百世，都會簡述、摘要和抄録以上訓令、册封令和獎賞令，其中採用抄録法的銘文記録、保存這些原始文檔的内容最多，最接近王朝史官撰寫的原文本。例如《毛公鼎銘》中一個“王若曰”、四個“王曰”構成的主要内容就是周宣王史官撰寫的《毛公唇之命》。以下我們簡略介紹保存在西周青銅器銘文中的這些原始檔案文獻。

分封賜采令。根據《左傳·定公四年》記載，周成王封伯禽爲魯侯，所作分封令爲《伯禽》；成王封康叔爲衛侯，分封令爲《康誥》；封唐叔爲唐侯，分封令爲《唐誥》。依此類推，凡封侯必有一篇誥命，文之昭十六國（管、蔡、郕、霍、魯、衛、毛、聃、郜、雍、曹、滕、畢、原、酆、郇）當有十六篇誥命；武之穆四國（邘、晉、應、韓）當有四篇誥命；周公之胤六國（凡、蔣、邢、茅、胙、祭）當有六篇誥命。《荀子·儒效》篇還説周公封國七十一，其中姬姓五十三國。《左傳》所説

① 唐蘭:《西周銅器斷代中的“康宫”問題》,《考古學報》1962 年 1 期。
② 劉正:《金文廟制研究》，中國社會科學出版社，2004 年。
③ 張經:《賢簋新釋》,《中原文物》2002 年 3 期。

二十六國分封令中只有一篇《康誥》保存在《尚書》中，其餘各篇全部湮滅在歷史長河裹。

所幸，在西周青銅器銘文中我們還能見到一些相關文獻。例如《宜侯夨簋銘》中保存了周康王分封宜侯夨分封令中的主要内容，只是没有完整地抄録原文，選抄了《宜侯夨誥》中後半部分關於賞賜財物、土地、人民的那一部分，也就是説《宜侯夨簋銘》保留了《宜侯夨誥》中的後半部分，今天可以從《宜侯夨簋銘》中我們還能看到周康王史官撰寫的《宜侯夨誥》的核心内容。另一篇《燕侯克罍銘》没有採取直接抄録形式，用的是概述法將西周史官撰寫的《匽侯克誥》中封侯原因、封侯地點、賞賜的人民這三項内容概述出來。《邢侯簋銘》採取的是摘要法，"割井侯服。賜臣三品：州人、重人、庸人"摘出《邢誥》中關於賞賜人民的内容。此外《麥尊銘》中的"王命辟井侯出坯，侯於邢"摘出的是《邢誥》中封侯地點内容。

西周青銅器銘文保存最多的還是官員任命的檔案。西周之所以"郁郁乎文哉"，就是國家治理具有很高的政治文明性質，官員每有任命，史官必撰寫任命書，就是文獻所説的"册命"，册命相當於後世的"委任狀"，具有一定的契約意義，讓行政有文本可依，讓糾紛有檔案可查。西周青銅器銘文保存的册命檔案是今天所能看到的人類最早的任命書，有多少篇册命銘文就保存了多少篇册命檔案。如分封令一樣，册命銘文對於册命檔案文本的保存程度是有高低的。有的銘文全篇抄録原始册命，如《毛公鼎銘》《大盂鼎銘》。有的銘文抄録大部分，如穆王時期的《趞鼎銘》《录伯戜鼎銘》，恭王時期的《師酉簋銘》《利鼎銘》。同樣，西周賞賜、表彰類銘文保存了大量的原始嘉獎令、賞賜令。這些都是目前所能看到的人類最早的嘉獎、賞賜類文書檔案。

西周"郁郁乎文哉"還體現在貴族經濟、法律事務往往撰寫文書，這些屬於王朝治理的契約檔案。著名的《散盤銘》《曶鼎銘》《效卣銘》《五祀衛鼎銘》《九年衛鼎銘》保存了法律文書檔案；《十二年永盂銘》《倗生簋銘》《三年衛盉銘》和著名的"琱生三器銘"保存了經濟文書檔案，這些都是人類最早的經濟、法律生活原始檔案，價值不言而喻。

此外，諸侯國、公卿采邑對自己轄區内職官的任命書檔案可以從相關的西周青銅器銘文中輯佚出來，經濟、法律類文書檔案也是如此。

西周家族檔案主要指那些記録西周貴族重大事件的銘文。例如“琱生三銘”記録了大宗召伯虎分給小宗琱生財産情況；《史牆盤銘》《逨盤銘》列出家族世系，是典型的家譜材料。我們通過對裘衛家族窖藏青銅器銘文的整理，大致上可以排列出裘衛家族的世系、歷代名人及其職官等情況；對於西周應侯國出土青銅器的整理，我們能夠大致上排列出西周應侯國的世系，以及歷代應侯的主要功績等；對於西周霸國、倗國、晉侯國我們同樣可以採取這些手段獲得這些諸侯家族檔案材料。就西周家族來説，家族創作的青銅器代代相傳，附著其上的青銅器銘文實際上凝聚了家族的歷史變遷、重大事件，從中可以輯佚出大量屬於家族的檔案文獻。如此豐富的家族史檔案，在世界文化史上也是绝無僅有的。

四、西周青銅器銘文具有語言文字學和經學價值

西周青銅器銘文所用文字是“周字”，屬於漢字在西周歷史階段的形態。由於銘刻在青銅器上，原汁原味地保留了那個時代“周字”的結構特徵、書寫特徵和使用特徵，這個時代的漢字更接近於漢字的造字時代，保存着大量的漢字原始信息。這些信息在秦漢之際轉變成隸書過程中遭受一定的損失。今天的文字學家可以從西周青銅器銘文使用的文字中發現漢字字義的本義以及字義的演變，糾正《説文解字》中存在的一些錯誤，也有助於辨析古今學者對於傳世文獻例如《尚書》《詩經》《左傳》等經學著作以及子部、史部著作註解的錯誤。

在詞彙和語法上也同樣如此。由於西周青銅器銘文是西周人所撰寫，保存了西周人用詞造句的習慣，爲我們研究漢語在西周的使用提供了第一手資料。銘文是書面語，同時銘文中包含了記言，而記言與當時的口語比較接近。西周青銅器銘文是我們研究西周詞法和語法、書面語和口語最好的資料。

由於西周青銅器銘文與《尚書》的《周書》部分、《詩經》中的《周頌》以及風詩、雅詩中的西周部分屬於同時代作品，而《詩經》《尚書》經過歷代傳抄，發生了比較嚴重的失真情況，青銅器銘文正好可與之參照，在歷史事實方面也可以互相印證，甚至可以互相補充。《尚書》中西周誥命語言與銘文同時代，可以互相比較，用以整理“僞古文尚書”必有成效。

至於《禮經》學和《周禮》學，西周青銅器銘文所記是真實的周禮，

是真實的周官，學者們在這方面已經開展了卓有成效的研究，成果令人欣喜。我們在本書相關篇目分析中大多做過提示。

第三節　西周銘文的文學價值

西周青銅器銘文對於中華文學的最大貢獻是開創了私人寫作傳統。私人寫作的源頭由晚商銘文作家開啟，但真正形成私人化寫作傳統的還是西周作家。經過西周銘文作家近三百年的努力，私人化的散文寫作傳統勢不可擋，爲春秋戰國時期諸子百家争鳴的爆發奠定了基礎，也爲春秋以降的散文創作提供了成熟的寫作經驗。西周青銅器銘文是西周人的"私家著作"。當年新文化運動領袖人物所説的"戰國以前無私家著作"的結論由此被打破。

西周銘文的文學貢獻是多方面的，我們在這裏主要從文體創造、寫作模式、記言技巧和敘事方法四個方面進行舉例説明。

一、傳統悠久的文體

晚商銘文作家已經以青銅器爲載體撰寫文章，不過那只是青銅器銘文的初創階段，内容集中在記敘賞賜事件上，記敘的手段绝大部分是概述法，描述法難以一見，哪怕是其中最傑出的《四祀邲其卣銘》也只有"王曰：'尊文武帝乙。'"這樣一句八字的對話描寫。經過西周銘文作家三百年的努力，青銅器銘文銘刻發展成爲當時除了公務文書之外最常見的寫作形式，也是當時人争相誇耀的文化創新的流行形式，是當時與《詩經》中西周部分詩歌創作並行的散文創作的主流。

經過西周銘文作家的辛勤耕耘，青銅器銘文形制複雜多樣，有簡略的銘文小品，更有銘文長篇巨制。仅仅以西周時期鼎類銘文爲例，收入吴鎮烽《商周青銅器銘文暨圖像集成》一書的百字以上長篇就多達二十二篇；而接近百字的長篇簋銘多達四十二篇，不算鐘銘、盤銘、盨銘、尊銘、卣銘、壺銘，就鼎銘、簋銘兩項加起來就超過了搜羅最全的"僞古文尚書"五十八篇之數，加上爲數更多的七十字到九十九字之間的青銅器銘文，僅僅西周鼎銘篇數就遠遠超過了傳説中的百篇《尚書》，還不算春秋戰國時期的鼎銘。傳説孔子整理《尚書》，得百篇之巨；今天能夠整理出來的成篇西周青銅器銘文數量不下千篇，這是連孔子都會妒忌的事情！也是人類歷史上绝無僅有的事情。

西周青銅器銘文數量巨大，依據所反映的題材，可以分爲册命銘文、獎勵銘文、紀功銘文、分封賜采銘文、勸誡祈禱銘文、媵器銘文、世系銘文七大類。

册命銘文是西周青銅器銘文中的“大户”，核心内容是記敘器主受周王或君主提拔，被任命爲世襲職官的榮耀。

獎勵銘文記敘器主受到周王或上級的表彰、賞賜物品的榮耀。獎勵銘文所記程序與册命銘文非常相似。需要指出的是，西周青銅器銘文绝大部分都有賞賜物品的記載，我們這裏所説的獎勵銘文是純粹的賞賜，不是因分封而賞賜、因戰功而賞賜、因册命而賞賜。

紀功銘文最多的是記敘戰功。早期紀功銘文篇幅都比較短小，到了中後期，長篇紀功銘文湧現，出現了一大批傑出作品。

分封賜采銘文記敘器主被分封爲諸侯的榮耀；賜采銘文記敘器主被賜予采邑的榮耀。以上兩類器主都擁有土地和人民，在封地内都是君主。

勸誡銘文是器主爲勸誡族人後輩而創作的銘文；祈禱銘文是器主爲消災避禍而向祖先神靈禱告，祈求攘去災禍、降臨福祉而創作的銘文。這類銘文數量雖然不大，卻富有濃郁的抒情色彩，具有很高的寫作技巧，藝術價值極高。

媵器銘文是女方長輩或兄弟輩爲即將出嫁的女子製作青銅器嫁妝所撰寫的銘文。一般來説，這一類銘文主要寄託美好願望，反映了列國之間的關係，其内容深刻的長篇巨制很少。依據西周“同姓不婚”原則，學者可以從中發現列國的關係，古老國族姓氏等信息。

世系銘文爲數不多。這一類銘文主要出現在西周中後期，是貴族世家文化積累到一定程度的產物。内容主要是展示列祖列宗在歷史上的豐功偉績和高尚道德，表達世系永遠綿延不绝的美好願望。這類銘文的歷史價值非常高。

如果按照表現手法劃分，可以分爲紀事體銘文和抒情體銘文。上面所説的册命銘文、獎勵銘文、紀功銘文、分封賜采銘文大部分都屬於紀事體銘文，而勸誡類大多屬於抒情體銘文。抒情體銘文大多採用“器主曰”形式開頭，例如《沈子它簋蓋銘》《叔趯父卣銘》等。祈禱類的大多屬於抒情體銘文，例如《作册嗌卣銘》《瘐鐘銘》等。勸誡祈禱類銘文是對青銅器銘文傳統的突破，標誌着一些青銅器銘文作家已經不滿足於在青銅器上撰寫自己活家族的豐功偉績與光宗耀祖之事，他們在探索利用這些特殊載體表達自己的思考、願望等更加個性化的思想感情成果。

二、精緻的寫作模式

西周青銅器銘文在記敘事件、對話描寫、人物塑造和語言表達上進行了艱苦探索，積累了豐富的經驗，取得了突出成就，爲後世散文寫作提供了成熟的路徑。

西周青銅器銘文將記敘對象凝固爲時間、地點、人物、事件過程、作器目的、作器願望這六項要素展開記敘。在時間要點記敘上，西周青銅器銘文建立了年數、月數、月相、日辰的記時模式。一個完整的時間要點記敘包括王年數或祀數、月數和月相、日辰干支。其中年數、月數用自然數字表示，月相則爲既生霸、既死霸、既望、初吉[①]，日辰則用六十干支表示，這是獨具中國特色的記時法，也是西周文獻的典型標誌。當然也有少數銘文不遵從這個模式，例如“大事紀年法”就是一個例外。“大事紀年法”可視爲銘文作家試圖突破現有寫作模式的一種嘗試。西周青銅器銘文獨特的記時法爲後人研究銅器斷代提供了可靠的證據。

在地點記敘方面，西周青銅器銘文用得最多的是“王在某地”，如“王在成周”“王在周”“王在周某宫”等等。唐蘭根據這個記地特點，總結出西周青銅器銘文中的“康宫”問題，從而爲一大批青銅器斷代提供了依據。如果銘文内容與周王没有直接關係，銘文也會出現“王在某地”的記敘。這是因爲地點是十分可靠的證據之一，青銅器銘文中的契約類更加注重地點繼續，册命銘文也本身也是如此。

人物記敘方面，册命和賞賜類銘文的標準樣式有佑者、主持人、册命者。佑者一般是受册命或受賞賜者的直接上級官員；王朝册命和賞賜的主持人一般是周王，册命者往往是史官。紀功銘文中的人物往往是周王或器主的上級官員；契約類銘文記敘的人物更多，凡是與制定契約、執行契約、裁決契約有關的人員全部寫入銘文，以增加銘文所記契約的權威性。

在人物塑造方面，西周青銅器銘文取得了十分寶貴的成果。例如在

① 進按：依照王國維説，初吉是月相，初吉、既生霸、既望、既死霸一月四分。也有學者否認初吉爲月相。我們暫時採用初吉月相説。

塑造帝王形象方面，周厲王所作鐘銘、簋銘就成功地實現了自我塑造。《晉侯蘇編鐘銘》中的周厲王、《噩侯馭方鼎銘》中的周厲王、《禹鼎銘》中的周厲王各不相同，但都富有個性特徵。“琱生三銘”中塑造的召伯虎形象非常完美。而“裘衛四銘”成功刻畫了一個注重財富的貴族商人形象。這是中國文學中最早的商人形象。《兮甲盤銘》自我塑造的尹吉甫形象也很鮮明；《虢季子白盤銘》《多友鼎銘》《不嬰簋銘》等多篇戰爭銘文，都體現了器主的英雄氣概，突出了器主的力戰精神。而《小盂鼎銘》《毛公鼎銘》中器主的自我塑造突出的是政治家的氣質。

西周青銅器銘文雖然受載體面積限制，在過程記敘中難以全面展開細節描寫，但通過多種手法盡可能高效、生動、準確地記録事件的過程。在册命、賞賜類銘文中，大部分優秀銘文特别注重儀式描寫。例如册命、賞賜銘文的標準記敘是：旦，主持人各廟，佑者帶領受命者進入廟門，在中庭站立，面嚮北面站好，等待册命。史官之長將册命書遞交給周王，周王命令史官宣讀册命文。受命者在聽完册命宣讀之後，拜稽首，接受名册走出廟門，然後返回，繳納覲璋。後世學者根據這些程式的記敘，模擬出西周册命禮典中的主要儀注，爲研究《儀禮》等禮學文獻提供參照。在紀功類銘文中，過程記敘往往别出心裁。例如僅僅三十三字的《利簋銘》，在記敘克殷之戰中就使用了一明一暗雙線索記敘。明線是周武王伐商，暗線是右史利的建功。至於契約類銘文對過程描敘更加仔細，《散盤銘》《曶鼎銘》等都是長篇銘文，這是因爲必須要相當大的書寫空間才能將契約制定、執行的過程正面記敘下來。

關於作器目的，西周青銅器銘文绝大部分均有記敘。最多的是祭祀祖先神靈，其次是用於自己的日常生活和社會交往。這一部分的記敘看起來枯燥無味，刻板笨拙，實際上包含重要的歷史信息，隱藏着一個家族數百年的歷史。後世學者根據這些信息確定銅器年代、器主身份、該器與其他銅器的關係，通過系聯法，將一篇篇銘文聯繫起來，構成一幅幅宏偉的歷史畫卷。

西周青銅器銘文使用了繁敘、變敘、曲敘等手法，提高了銘文的表達效果。[①]

① 見拙著《商周青銅器銘文文學研究》，西北大學出版社，2013 年，第 191~206 頁。

至於作器願望記敘，看起來也是比較刻板，都是“子子孫孫永寶用享”之類的套話。然而這些都是三千年前的中華人突破時空的限制表達他們萬世不绝的願望。中華民族文化之所以數千年不滅，正是在實現這種願望。許多銘文作家在寫作這一部分時候都追求語言的華美，爲西周青銅器銘文的典雅特質的形成做出了貢獻。

三、精粹的記言技巧

記言就是對説話的記録。西周青銅器銘文的記言已經形成獨具特色的技巧，我們的前期研究發現西周青銅器銘文中的記言水平已經從言語記録發展到虚擬記言。就其手法，可以分爲獨白記言、訓令記言、對話記言、概述性記言、套轉記言、選擇性記言、描述性記言。

（一）獨白記言

在青銅器銘文中主要以“器主曰”形式出現。關於“器主曰”這種銘文表達形式，裘锡圭[①]、何树环[②]、陳英傑[③]等學者都提出了富有啟發性的意見。我們認爲獨白記言不屬於心理描寫，不屬於意識流，也不屬於内心獨白，是虚擬的器主與祖先神靈、與不在現場的人物之間的單嚮對話。

我們認爲“器主曰”並不是真實的談話，而是虚擬性對話。根據預設的傾聽對象不同，又可以分爲人與神靈虚擬對話和人與人虚擬對話兩種。前者預設的傾聽對象是鬼神；後者預設的傾聽對象是現實中的人。

與虚擬的神靈對話的如《盂簋銘》：

孟曰：“朕文考眔毛公遣中征無需，毛公賜朕文考臣自厥功，對揚朕考賜休，用鑄兹彝作，厥子子孫孫其永寶。”[④]

孟實際上没有對任何人説什麽，因而“孟曰”只是虚擬的對話，但對話並没有發生，是一種虚擬的獨白，其理想傾聽者當然是已經死去的文考神靈。同樣，《㦰方鼎銘》所傾訴的對象也是虚擬的文考甲公、文母日庚的魂靈，是一種人與祖先魂靈的對話。《沈子它簋蓋銘》以人鬼對話

① 裘錫圭:《戎生編鐘銘文考釋》,《保利藏金》，嶺南美術出版社，1999年。
② 何樹環:《讀逨盤銘文瑣記》,《文與哲》第3期，2003年12月，1~16頁。
③ 陳英傑:《兩周金文“器主曰”開篇銘辭研究》,《華夏考古》2009年34期。
④ 郭沫若:《長安縣張家坡銅器群銘文匯釋》,《考古學報》1962年1期。

的形式説明器主遷廟的原因以告慰被遷廟的神靈。與此類似的還有《叔向父禹簋銘》和《虢叔旅鐘銘》等。

與不在現場的人對話的如《叔趯父卣銘》：

叔趯父曰："余老，不克禦事，惟汝倏其敬辪乃身，毋尚爲小子，余貺爲汝兹小鬱彝，汝其用饗乃辟軝侯逆舟，出納事人，嗚呼！倏：敬哉！兹小彝妹吹（末墜），見余，唯用諆歡汝！"[①]

《叔趯父卣銘》所傾訴的對象顯然不是祖先神靈，而是自己的晚輩繼承人倏。但是銘文不是對倏的現場訓話，而是虛擬的教導：假設繼承人倏正在現場傾聽。

（二）訓令記言

主要是將周王和君主的政令用"王若曰""侯若曰"的形式記録下來。"王若曰"記言是中華文化中的獨特現象，也是西周王朝檔案文獻的典型標誌。但是"王若曰"記言與一般的記言有所不同，"王若曰"之後的"王的話"已經不是純粹的王的語言，而是經過史官記録改造的語言。王所説是口語，史官記録在簡册上就轉化成書面語了。再經過銘文轉作者的轉述，寫成青銅器銘文，"王曰"的内容已經經過兩次改造。我們以《盠方彝銘》爲例：

王册命尹賜盠赤市幽亢、攸勒，曰："用司六師王行、三有司：司徒、司馬、司空。"王命盠曰："兼司六師及八師藝。"[②]

這一段銘採用了三次記言，第一次"王册命尹賜盠赤市幽亢、攸勒"，這句話顯然是對册命文中賞賜物品部分的概述；第二次"曰"以下顯然是對册命關於主管職掌部分的概述；第三次"王命盠曰"以下顯然是對册命中關於兼管部分的概述。

---

① 河北省文物管理處：《河北元氏縣西張村的西周遺址和墓葬》，《考古》1979 年 1 期。

② 馬承源：《商周青銅器銘文選》，第三册，313 器，文物出版社，1988 年，第 228 頁。

（三）對話描寫記言

到了周恭王時期的《五祀衛鼎銘》，出現了真正的對話記言：

正乃訊厲曰："汝貯田不？"

厲乃許曰："余審貯田五田。"①

銘文記敘了正與厲一來一往的對話。周懿王時期的《曶鼎銘》中，對話記言比較完備了：

東宫乃曰："求乃人，乃弗得，汝匡罰大。"

匡乃稽首於曶，用五田，用衆一夫曰益，用臣曰嚏、曰出、曰奠。曰："用兹四夫。"稽首曰："余無由具寇足秭。不出，鞭余。"②

由於青銅器載體面積有限，銘文作家一般不採用完整的對話記言形式。以上兩例都出自契約類銘文，反映了契約類銘文對於證據完整性的追求。

（四）選擇性記言

銘文有時候爲了節省篇幅以追求文章簡潔，有意漏掉説話者一部分内容，挑選其中關鍵的語句進行記言。我們將銘文這種記言方法稱爲選擇性記言。例如：

唯六月初吉丁巳，王在鄭，蔑大歷，賜芻騂犅曰："用啻於考！"③

王呼史翏册命此曰："旅邑人、膳夫，賜汝玄衣黹純，赤市朱黄、鑾旂。"④

---

① 馬承源：《商周青銅器銘文選》，第三册，422 器，文物出版社，1988 年，第 131~132 頁 198 器。

② 馬承源：《商周青銅器銘文選》，第三册，422 器，文物出版社，1988 年，第 169~172 頁 242 器。

③ 馬承源：《商周青銅器銘文選》，第三册，文物出版社，1988 年，第 268~270 頁 393 器。

④ 馬承源：《商周青銅器銘文選》，第三册，文物出版社，1988 年，第 292 頁 422 器。

第一篇《大簋銘》僅僅采用周王訓令中四字句的一句話；第二篇《此鼎銘》挑選出來的王之訓令略長一些，也是極其簡略，將册命中關於職掌、賞賜物品部分做了大幅度壓縮。

（五）概述性記言

册命、賞賜類的大部分西周青銅器銘文對於周王或君長的訓令都不照抄，採用概述法，將其中的主要部分或核心内容記載下來。例如《史頌鼎銘》載："王在宗周，命史頌省蘇僚友、里君、百姓，帥偶𣪘於成周。"其中"命史頌省蘇僚友、里君、百姓，帥偶𣪘於成周。"[①]是對周王命辭的概述，周王的命辭毫無疑問比這幾個字要多得多。

（六）套轉性記言

西周青銅器銘文還有一種比較複雜的記言法，就是通過第三者之口，將對方的話記録下來，形成話中套話。同樣是《曶鼎銘》：

> 小子允以限訟于邢叔："我既贖汝五夫效父，以匹馬束絲。限牾曰：'𩰫則俾我償馬，效父則俾複厥絲束。'𩰫、效父乃牾。"

銘文所借爲小子允之口，通過此人之口轉述被告限的話，以説明買賣違法的原因是被告限中途變卦，要求取消交易，歸還交易物品，引起連鎖反應。這種轉述性記言的出現標誌西周青銅器銘文的記言水平達到了相當高的水平。

套轉記言還有明轉與暗轉之分。例如《吴虎鼎銘》：

> 唯十又八年十又三月既生霸丙戌，王在周康宫夷宫，導入右吴虎。王令膳夫豐生、司工雍毅："申剌王令，付吴蒕舊疆付吴虎……"[②]

這是周宣王發佈的賞賜令，將原來屬於吴蒕的土地賞賜給了吴虎。但"申剌王令……"中，剌王即周厲王。那麼周宣王之命包含周厲王舊令，令中套令，這就是暗轉述。

---

① 中國社科院考古所：《殷周金文集成》（修訂增補本），第二册，中華書局，2007年，第1455頁2788器。

② 周曉陸等：《吴虎鼎銘録》，《考古與文物》1998年3期。

（七）描述記言

西周青銅器銘文中有的篇章對説話人的聲音進行了模擬性記敘，我們稱之爲“描述性記言”。“描述性記言”是記言手法成熟的標誌，説明西周青銅器銘文利用記言在刻畫人物形象。例如著名的《何尊銘》：

王誥宗小子於京室，曰：“昔在爾考公氏，克弼玟王，肆玟王受茲大命。惟珷王既克大邑商，則廷告于天，曰：‘余其宅茲中國，自之乂民。’嗚呼，爾有惟小子亡識，視于公氏，有賞于天，徹命，敬享戈！”①

這一段銘文首先使用了套轉記言，即通過周成王之口轉述周武王“余其宅茲中國”之語。但更重要的是，銘文採用了描述記言。本銘在西周銘文史上首次進行了語言描寫，銘文中的“嗚呼”和“敬享戈”之“戈”都屬於感歎詞，這是銘文作者對周成王在告誡宗小子何過程的語氣進行了描寫。

四、精巧的記敘手法

前文我們就西周青銅器銘文對事件過程的記敘作了簡單分析，實際上西周青銅器銘文在記敘事件過程方面積累了許多經驗，形成豐富的敘事技巧。我們在這裏專門列一小節分析西周青銅器銘文幾種記敘技巧。②

（一）疊加記敘法

疊加記敘是由兩個以上的次級敘事組合而成。我們以《不嬰簋銘》爲例：

伯氏曰：“不嬰：馭方玁狁廣伐西俞，王命我羞追于西，余來歸獻禽。余命汝禦追於畧，汝以我車宕伐玁狁于高陵，汝多折首執訊。戎大同，從追汝，汝及戎大敦搏，汝休，弗以我車陷於艱，汝多禽，折首執訊。”③

---

① 馬承源：《商周青銅器銘文選》，第三册，文物出版社，1988 年，第 20 頁。

② 本處的記敘法實際上是敘事法。但爲了與 20 世紀末從西方傳入“敘事學”區別，本文不得不採用記敘法，這個本土説法，因銘文的敘事與西方敘事學没有關係。

③ 馬承源：《商周青銅器銘文選》第 3 卷 441 器，文物出版社，1990 年，第 308~309 頁。按，不其，原字作“嬰”，據李學勤考證，此人即秦莊公。秦莊公之名，《史記・十二諸侯年表》作“其”，今從此説。

“伯氏曰”之中包含了六件事情。玁狁伐西俞、王命伯氏追玁狁、伯氏獻擒、伯氏命不嬰追擊玁狁、高陵之戰、宎圍之戰。以上六件事情構成了一個大事件記敘：西周軍隊抗擊玁狁入侵，取得突出戰果。這就是疊加記敘法，同時，這種“疊加繼續”是在記言掩蓋下進行的，可見本銘作者記敘手段之高超。疊加記敘法的出現標誌西周青銅器銘文的記敘能力大幅度提升。

（二）聯陳法

聯陳法就是連續的陳述，主要出現在西周青銅器銘文的作器願望的陳述上。例如《蔡姞簋銘》載：“尹叔用綏多福於皇考德尹、叀姬，用祈匄眉壽、綽綰、永命、彌氒生、靈終，其萬年無疆，子子孫孫永寶用享。”[①] 作器者蔡姞的願望包括綏多福、祈匄眉壽、綽綰、永命、彌氒生、靈終、萬年無疆、永寶用享八大項，這八項都出自器主蔡姞一人，願望也都落實到尹叔一人身上。

也有不在同一層次上的願望聯陳的。《九年乖伯簋銘》載：“歸夆敢對揚天子丕顯魯休，用作朕皇考武乖幾王尊簋。用好宗廟，享夙夕，好朋友，雩百者司遘。用旂屯録永命，魯壽子孫，歸夆其萬年日用享於宗室。”[②] 歸夆的願望分爲兩組，分別以“用”起領。第一組有三項，第二組也有三項，每項之間是並列關係：

用好宗廟，享夙夕，好朋友，雩百者司遘。
用旂屯禄永命，魯壽子孫，歸夆其萬年日用享於宗室。

而《一式瘐鍾銘》的願望竟然多達十個，這裏不再列舉。西周青銅器銘文在文末幾乎都有願望表達，但都難以避免走入套路中，顯得老調重彈。銘文作家們採用聯陳法，試圖通過修辭讓枯燥的願望表達顯得生動活潑一些，是一種值得肯定的審美追求。

① 馬承源：《商周青銅器銘文選》，第三册，文物出版社，1988年，第238頁331器。
② 馬承源：《商周青銅器銘文選》，第三册，文物出版社，1988年，第140頁206器。

（三）鋪敘法

與聯陳法表達願望不同，鋪敘發是指銘文對一件事情的記敘猶如一幅卷軸全方位展開。西周銘文鋪敘法用得最好的是世系類銘文和契約類銘文。例如著名的《史牆盤銘》從文王開始講起，歷數武王、成王、康王、昭王、穆王和恭王七代周天子的偉大功業，以及自己的祖先高祖、剌祖、乙祖、祖辛、文考乙公的事跡。[①]《逨盤銘》所鋪敘的世系更長，鋪敘高祖单公、皇高祖公叔、皇高祖新室中、高祖惠中盠父、皇高祖零白、皇亚祖懿中、皇考龏叔七代祖考服務西周歷代天子的功績。[②]這是以時間先後爲序的鋪敘法。還有以四方爲序展開空間鋪敘的作品，例如《散氏盘銘》：

自洮涉，以南，至於大沽，一封，以涉，二封，至於邊柳……

以西，……封於㠱逨，封於㠱衜，納陟㠱……封于單道，封于原道，封于周道。

以東，封於𩏂東疆右。還。封於𡌞道。

以南，封於𦦗逨道。

以西，至於唯莫，眉井邑田，自根木道，左至於井邑封，道以東一封。還。

以西一封，陟剛三封，降。

以南，封于同道，陟州剛，登栫，降棫，二封。[③]

散氏盤銘爲後世提供了西周確定田地疆界的具體操作方法。記敘田地四封的手段十分高超。以人物的行走路線爲線索，展開空間轉換的鋪敘，有條不紊，面面俱到，令人驚歎。

《大克鼎銘》也使用了鋪敘法。與以上不同，《大克鼎銘》在賞賜物品項上展開鋪敘。我們將其鋪敘羅列如下：

---

① 馬承源：《商周青銅器銘文選》，第三册，文物出版社，1988年，第153~154頁225器。

② 劉懷君等：《陝西眉縣楊家村西周青銅器窖藏》，《考古與文物》2003年3期。

③ 馬承源：《商周青銅器銘文選》，第三册，文物出版社，1988年，第297~298頁428器。

賜汝叔市、参絅、中悤。

賜女田于埜。

賜女田于渒。

賜女井家匔田于㽙，以氒臣妾。

賜女田于康。

賜女田于匽。

賜女田于溥原。

賜女田于寒山。

賜女史小臣、霝、龠、鼓、鐘。

賜女井、遚、匔人𦔻。

賜女井人奔于量。[①]

顯然，“大克鼎銘”的作者有意追求修辭效果。他完全可以將所賞賜物品直接列出來，無需每一條都帶上“賜女”這樣的動賓結構短語以節約文字。但是撰寫者固執地連用十個“賜女”，我們讀起來不但不感到累贅，反而感到爲銘文增添了一股氣勢，形成了十分具有震撼利的閱讀效果。這就是鋪敘的力量。

以上我們略舉西周青銅器銘文的三個記敘技巧。實際上西周青銅器銘文的記敘技巧遠遠不止這些，例如補敘伐、變敘法、轉體法、合敘法、喻敘法、曲敘法、仿詩法等等，[②] 這裏不一一舉例了。

① 馬承源:《商周青銅器銘文選》文物出版社，1988 年，第 215~216 頁。

② 參見拙著《商周青銅器銘文文學研究》，第七章，西北大學出版社，2013 年。

參考文獻

古籍經史之屬

（漢）伏生：《尚書大傳》，《續修四庫全書》第 55 册。

（漢）孔安國：《古文尚書注》，《十三經註疏》，中華書局，1980 年影印本。

（清）皮錫瑞：《今文尚書考證》，中華書局，1999 年。

（漢）毛亨：《毛詩故訓傳》，《十三經註疏》，中華書局，1980 年影印本。

（漢）鄭玄：《毛詩箋》，《十三經註疏》，中華書局，1980 年影印本。

（唐）孔穎達：《毛詩註疏》，《十三經註疏》，中華書局，1980 年影印本。

（唐）賈公彦：《儀禮註疏》，《十三經註疏》，中華書局，1980 年影印本。

（唐）賈公彦：《周禮註疏》，《十三經註疏》，中華書局，1980 年影印本。

（清）孫詒讓：《周禮正義》，中華書局，1987 年。

（唐）孔穎達：《禮記註疏》，《十三經註疏》，中華書局，1980 年影印本。

（唐）孔穎達：《春秋左傳註疏》，《十三經註疏》，中華書局，1980 年影印本。

（唐）徐彦：《春秋公羊傳註疏》，《十三經註疏》中華書局，1980 年影印本。

（清）王聘珍：《大戴禮記解詁》，中華書局，1983 年。

（漢）司馬遷：《史記》，中華書局，1959 年。
（唐）張守節：《史記正義》，中華書局，1959 年。
（唐）司馬貞：《史記索隱》，中華書局，1959 年。
（劉宋）裴駰：《史記集解》，中華書局，1959 年。
（漢）班固：《漢書》，中華書局，1962 年。
（劉宋）范曄：《後漢書》，中華書局，1965 年。
（漢）許慎：《説文解字》，中華書局，1963 年。
（清）馬敘倫：《説文解字六書疏證》，上海書店，1985 年。
（清）陳逢衡：《竹書紀年集證》，《續修四庫全書》本，第 335 册。
（清）方濬益：《綴遺齋彝器考釋》，商務印書館，1935 年。
（清）吴大澂：《愙齋集古録》，涵芬樓影印本，1930 年。

今人工具書之屬

華東師大中國文字研究與應用中心：《金文引得·西周卷》，廣西教育出版社，2001 年。

李圃：《古文字詁林》，上海教育出版社，2004 年。

劉雨、盧岩：《近出殷周金文集録》第三册，中華書局，2002 年。

劉慶柱等：《金文文獻集成》，香港明石文化國際出版社有限公司，2004 年。

馬承源：《商周青銅器銘文選（三）》，文物出版社，1988 年。

容庚：《金文編》，中華書局，1985 年。

吴鎮烽：《商周青銅器銘文暨圖像集成》，上海古籍出版社，2012 年。

吴鎮烽：《商周青銅器銘文暨圖像集成續編》，上海古籍出版社，2016 年。

于省吾：《甲骨文字釋林》，中華書局，2009 年。

中國社科院考古所：《殷周金文集成釋文》，香港中文大學 2001 年。

中國社科院考古所：《殷周金文集成（修訂增補本）》，中華書局，2007 年。

周法高等：《金文詁林》，香港中文大學出版社，1975 年。

鐘柏生等：《新收商周青銅器銘文暨器影彙編》，藝文印書館。

今人專著之屬

白川静：《金文的世界：殷周社會史》，臺北聯經出版社，1989 年。

陳夢家：《西周銅器斷代》，中華書局，2002 年。

陳夢家：《西周年代考 六國紀年》，中華書局，2005 年。

陳佩芬：《夏商周青銅器研究》上海古籍出版社，2005 年。

陳漢平：《西周册命制度研究》，學林出版社，1986 年。

丁進：《商周青銅器銘文文學研究》，西北大學出版社，2013 年。

丁山：《商周史料考證》，中華書局，1988 年。

丁山：《甲骨文所見氏族及其制度》，中華書局，1988 年。

丁山：《中國古代宗教與神話考》，龍門聯合書局，1961 年。

董立章：《國語譯註辨析》，暨南大學出版社，1993 年。

高明：《中國古文字學通論》，北京大學出版社，1996 年。

郭沫若：《兩周金文辭大系圖録考釋》，上海書店出版社，1999 年。

顧頡剛、劉起釪：《尚書校釋譯論》，中華書局，2005 年。

黄懷信等：《逸周書彙校集注》。上海古籍出版社，2007 年。。

李學勤等：《夏商周斷代工程 1996–2000 年級段成果報告》（簡本），世界圖書出版公司，2000 年。

李學勤：《當代學者自選集・李學勤卷》，安徽教育出版社，1999 年。

劉奉光：《甲骨金石簡帛文學源流》，吉林人民出版 2002 年。。

劉啟益：《西周紀年》，廣西教育出版社，2002 年。

劉雨：《金文論集》，紫禁城出版社，2006 年。

平頂山市文物管理局：《平頂山應國墓地 I》，大象出版社，2012 年。

秦永龍：《西周金文選注》，北京師範大學出版社，1992 年。

容庚：《商周彝器通考》，上海人民出版社，2008 年。

首陽齋等：《首陽吉金》，上海古籍出版社，2008 年。

唐蘭：《西周青銅器銘文分代史徵》，中華書局，1985 年。

唐蘭：《唐蘭先生金文論集》，紫禁城出版社，1995 年。

唐蘭：《唐蘭全集》，上海古籍出版社，2015 年。

王世民等：《西周青銅器分期斷代研究》，文物出版社，1999 年。

楊樹達:《積微居金文説》,中華書局,1997年。

尹盛平:《西周史徵》,陝西師範大學出版社,2004年。

周寶宏:《西周青銅重器銘文集釋》。天津古籍出版社,2007年。

朱鳳翰:《中國青銅器綜論》,上海古籍出版社,2009年。。

朱凤瀚:《商周家族形态》(增订本),天津古籍出版社,2004年。

張亞初、劉雨:《西周金文官職研究》,中華書局,1986年。

今人論文之屬

曹定雲:《論甲骨、金文"唯王口祀"是"唯王廿祀"》,《甲骨文與殷商史》新五輯。

曹定雲:《古文"夏"字再考——兼論夏夨、宜侯夨、乍册夨爲一人》,《考古學研究(五)》,科學出版社,2003年。

曹錦言:《關於〈宜侯夨簋〉銘文的幾點看法》,《東南文化》1990年5期。

陳美蘭:《説琱生器"以"字的兩種用法》,張光裕、黃德寬主編:《古文字學論稿》,安徽大學出版社,2008年。

陳絜:《琱生諸器銘文綜合研究》,《新出金文與西周歷史》,上海古籍出版社,2011年。

陳邦福:《夨簋考釋》,《文物參考資料》1955年5期。

陳邦懷:《金文叢考三則》,《文物》1964年2期。

陳佩芬:《上海博物館新收集的西周青銅器》,《文物》1981年9期。

陳平:《克壘、克盉銘文及其相關問題》,《考古》1991年9期。

陳平:《再論克罍、克盉銘文及其有關問題——兼答張亞初同志》,《考古與文物》1995年1期。

陳夢家:《宜侯夨簋和它的意義》,《文物參考資料》1955年5期。

陳偉武:《兩件新見曾國銅器銘文考述》,《中山大學學報》2009年5期。

陳英傑:《兩周金文"器主曰"開篇銘辭研究》,《華夏考古》2009年34期。

董蓮池《沫司徒疑簋"征"、"啚"釋"徙""圖"説平議》,《中國文字研究》2008 年 1 期。

董珊:《山西绛縣横水 M2 出土肅卣銘文初探》,《文物》2014 年 1 期。

董珊:《啟尊、啟卣新考》,《文博》2012 年 5 期。

杜迺松:《克罍克盉銘文新釋》,《故宫博物院院刊》1998 年 01 期。

杜勇:《多重文獻所見厲世政治與厲王再評價》,《歷史研究》2017 年 1。

丁山:《遣敦跋》,《歷史語言研究所集刊》2 本 4 分册, 1932 年。

丁進:《新出霸伯盂銘文所見王國聘禮》,《文藝評論》2012 年 2 期。

丁進:《利簋銘"歲鼎克"的再認識》, 安徽農業大學學報 2012 年 1 期。

丁進:《從小盂鼎銘所見西周大獻禮典》,《學術月刊》2014 年 10 期。

馮時:《坂方鼎、榮方鼎及相關問題》,《考古》2006 年 8 期。

方述鑫:《太保罍、盉銘文考釋》,《考古與文物》1992 年 6 期。

方述鑫:《召伯虎簋銘文新釋》,《考古與文物》1997 年 1 期。

傅振倫:《西周邢侯簋銘》,《文物春秋》1997 年 1 期。

郭沫若:《長安縣張家坡銅器群銘文匯釋》,《考古學報》1962 年 1 期。

郭沫若:《保卣銘釋文》,《考古學報》1958 年 1 期。

郭沫若:《夨簋考釋》。《考古學報》1956 年 1 期。

郭沫若:《輔師嫠簋考釋》,《考古學報》1958 年 2 期。

顧孟武:《從宜侯夨簋論周初吴的戰略地位》,《學術月刊》1992 年 6 期。

高智群:《獻俘禮研究》,《切問》(下)復旦大學出版社, 2005 年。

韓巍:《讀〈首陽吉金〉雜瑣記六則》,《新出金文與西周歷史》, 上海古籍出版社, 2011 年。

韓巍:《覩簋年代及相關問題》,《新出金文與西周歷史》, 上海古籍出版社, 2011 年。

何樹環:《讀逨盤銘文瑣記》,《文與哲》2006 年, 總第 9 期。

何光嶽:《應國略考》,《江漢考古》1988 年 2 期。

河北省文物管理處:《河北元氏縣西張村的西周遺址和墓葬》,《考古》1979年1期。

河南省文物考古研究所等:《平頂山應國墓地八十四號墓發掘簡報》,《文物》1998年9期。

河南省文物考古研究所等:《三門峽虢國墓地》第一卷，文物出版社，1999年。

黃錦前:《旻簋銘文試釋》,《中國國家博物館館刊》2015年3期。

黃錦前:《荆子鼎與成王岐陽之盟》,《中國國家博物館館刊》2013年9期。

黃錦前、張新俊:《説西周金文中的“霸”與“格”——兼論兩周時期霸國的地望》,《考古與文物》2015年5期。

黃錦前:《京師畯尊讀釋》,《文物春秋》2017年1期。

黃盛璋:《保卣的年代、地理與歷史問題》,《考古學報》1957年3期。

黃盛璋:《銅器銘文宜、虞、矢的地望及其與吴國的關係》,《考古學報》1983年3期。

黃鳳春等:《説西周金文中的“南公”——兼論隨州葉家山西周曾國墓地的族屬》,《江漢考古》2014年2期。

黃鳳春:《再説西周金文中的“南公”——二論葉家山西周曾國墓地的族屬》,《江漢考古》2014年5期。

黃鳳春等:《湖北隨州葉家山新出西周曾國銅器及其相關問題》,《文物》2011年11期。

黃益飛等:《霸伯簋銘文考》,《鄭州大學學報》2018年1期。

黃益飛:《應國具銘銅器研究》，中央民族大學2010年碩士論文。

黃益飛:《平頂山應國墓地出土“无”鼎銘文研究》,《考古》2015年4期。

黃海:《曶鼎銘文法律問題研究》，華東師範大學2016年碩士論文。

蔣大沂:《保卣銘考釋》,《中華文史論叢》5輯。

姜濤:《平頂山應國墓地九十五號墓發掘簡報》,《華夏考古》1992年3期。

河南省文物考古所:《平頂山應國墓地九十五號墓的發掘》,《華夏考古》1992年3期。

賈海生:《由應公鼎及相關諸器銘文論應國曾立武王廟》,《湖南大學學報》2016 年 5 期。

賈海生:《試論保員簋銘所見禮典》,《勵耘學刊(文學卷)》2011 年 2 期。

李伯謙:《叔夨方鼎銘文考釋》,《文物》2001 年 8 期。

李家浩:《應國爯簋銘文考釋》,《文物》1999 年 9 期 83 頁。

李零:《論豩公盨發現的意義》,《中國文物報》2002 年 6 期。

李鵬輝:《平頂山應國墓地 M257 出土銅簋銘文補釋》,《出土文獻與古文字研究》第八輯。

李清麗:《虢國博物館收藏的一件銅盨》,《文物》2004 年 4 期。

李平心:《保卣銘新釋》,《平心文集》,華東師範大學出版社,1992 年。

李平心:《大盂鼎銘“女妹辰又大服”解》,《中華文史論叢》第五輯,上海古籍出版社,1964 年。

李學勤:《小盂鼎與西周社會》,《歷史研究》1987 年 5 期。

李學勤:《清華簡〈系年〉及有關古史問題》,《文物》2011 年 3 期。

李學勤:《北京琉璃河出土西周有銘銅器座談紀要》,《考古》1989 年 10 期。

李學勤:《宜侯夨簋與吴國》,《文物》1985 年 7 期。

李學勤、唐雲明:《元氏青銅器與西周的邢國》,《考古》1979 年 1 期。

李學勤:《晉侯蘇編鐘的時、地、人》,《中國文物報》1997 年 3 月 9 日。

李學勤:《史記·晉世家與新出金文》,《學術集林》卷四,遠東出版社,1995 年。

李學勤:《談叔夨方鼎及其他》,《文物》2001 年 10 期。

李學勤:《試説新出現的胡國方鼎》,《江漢考古》2015 年 6 期。

李學勤:《令方彝、方尊新釋》,《古文字研究》1989 年。16 輯。

李學勤:《從新出青銅器看長江下游文化的發展》,《文物》1980 年 8 期。

李學勤:《試釋翼城大河口鳥形盉銘文》,《文博》2011 年 4 期。

李學勤:《論豩公盨及其重要意義》,《中國文物報》2002 年 6。

李學勤:《論西周中期至晚期初金文的組合》,《社會科學戰線》2000 年 4 期。

李學勤:《論親簋的年代》,《中國歷史文物》2006 年 3 期刊。

李學勤:《大盂鼎新論》,《鄭州大學學報》1985 年 3 期。

李學勤:《琱生諸器聯讀研究》,《文物》2007 年 8 月。

李學勤:《文盨與周宣王中興》,《文博》2008 年 2 期。

李學勤:《論應侯視工諸器的年代》,《文物中的古代文明》,商務印書館,2008 年。

李學勤:《胡應姬鼎試釋》,《出土文獻與古文字研究》第六輯。

李夏廷等:《天馬—曲村遺址北趙晉侯墓地第四次發掘》,《文物》1994 南 8 期。

黎子耀:《陝西臨潼發現的武王征商簋銘文考釋》,《杭州大學學報》1978 年 1 期。

連劭名:《周生簋銘所見史實考述》,《考古與文物》2000 年 6 期。

林澐:《琱生尊與琱生簋的聯讀》,《古文字研究》27 輯,中華書局,2008 年。

林澐:《琱生簋新釋》,《古文字研究》第 3 輯,中華書局,1980 年。

劉曉東:《天亡簋與武王東土度邑》,《考古與文物》1987 年 1 期。

劉啟益:《西周夨國銅器的新發現與有關的歷史地理問題》,《考古與文物》1982 年 2 期。

劉建國:《宜侯夨簋與吴國關係新探》,《東南文化》1988 年 2 期。

劉節:《古邢國考》,《禹貢》1935 年 4 卷 9 期。

劉節:《麥氏四器考》,《浙江學報》1947 年 1 卷 1 期。

劉懷君等:《陝西眉縣楊家村西周青銅器窖藏》,《考古與文物》2003 年 3 期。

劉懷君:《眉縣出土一批西周窖藏青銅樂器》,《文博》1987 年 2 期。

羅西章:《扶風出土的商周青銅器》,《考古與文物》1980 年 4 期。

羅西章等:《陝西扶風出土西周伯㦰諸器》,《文物》1976 年 6 期。

馬承源:《晉侯蘇鐘》,《上海博物館集刊》第 7 期,上海書畫出版社,1996 年。

馬承源:《新獲西周青銅器研究二則》,《上海博物館集刊》1992 年刊。

馬世之:《應侯銅器及其相關問題》,《中原文物》1986 年 1 期。

穆海亭等:《新發現的王室重器五祀㝬鐘考》,《人文雜誌》1983 年 2 期。

彭裕商:《保卣新解》,《考古與文物》1998 年 4 期。

平頂山市文物局:《平頂山市西高皇魚塘撈出的一批應國銅器》,《中原文物》2010 年 2 期。

平頂山市文管會:《河南平頂山市發現西周銅簋》,《考古》1981 年 4 期。

龐懷清等:《陝西省岐山縣董家村西周銅器窖穴發掘簡報》,《文物》1976 年 5 期。

裘錫圭:《戎生編鐘銘文考釋》,《保利藏金》,嶺南美術出版社,1999 年。

裘錫圭:《大河口西周墓地 2002 號墓出土盤盉銘文解釋》,復旦大學出土文獻與古文字研究中心網站 2018 年 7 月 14 日刊。

裘錫圭:《關於晉侯銅器銘文釋文幾個問題》,《傳統文化與現代化》1994 年 2 期。

裘錫圭:《應侯視工簋補釋》,《文物》2002 年 7 期。

裘錫圭:《説"柬鶇伯大師武"》,《考古》1978 年 5 期。

邱海文:《西周關中都邑若干問題研究》,陝西師範大學 2017 年歷史學碩士學位論文庫。

韌松:《記陝西藍田縣新出土的應侯鐘》,《文物》1975 年 10 期。

韌松:《〈記陝西藍田縣新出土的應侯鐘〉一文補正》,《文物》1977 年 8 期。

陝西省博物館:《陝西長安灃西出土的逋盂》,《考古》1977 年 1 期。

陝西省文管會:《陝西興平、鳳翔發現銅器》,《考古》1961 年 7 期。

單育辰:《作册嗌卣初探》,《出土文獻研究》十一輯。

單育辰:《再論沈子它簋》,《中國歷史文物》2007 年 5 期。

孫稚雛:《天亡簋銘文匯釋》,古文字研究第三輯,中華書局,1980 年編。

孫作雲:《説"天亡簋"爲武王伐商以前銅器》,《文物參考資料》1958 年 1 期。

孫常敘:《天亡簋問字疑年》,《吉林師大學報》1963 年 1 期。

孫常敘:《曶鼎銘文通釋》,《孫常敘古文字學論集》,東北師範大學出版社 1998 年。

孫慶偉：《從新出𣪕甗銘看昭王南征與晉侯燮父》，《文物》2007年1期。

孫華等：《天馬—曲村遺址北趙晉侯墓地第二次發掘》，《文物》1994年1期。

沈長雲：《元氏銅器銘文補説》，《邢臺歷史文化論叢》，河北人民出版社，1990年。

宋建忠等：《山西絳縣横水西周墓發掘簡報》，《文物》2006年8期10頁。

陝西周原考古隊：《陝西扶風莊白一號西周青銅器窖藏發掘簡報》，《文物》，1978年3期。

松丸道雄：《西周後期社會所見的變革萌芽——曶鼎銘解釋問題的初步解決》，田建國等譯《日本學者研究中國史論著選譯》中華書局，1993年。

唐蘭：《西周銅器斷代中的"康宫"問題》，《考古學報》1962年1期。

唐蘭：《西周時代最早的一件銅器利簋銘文解釋》，《文物》1977年8期。

唐蘭：《何尊銘文解釋》，《文物》1976年1期。

唐蘭：《宜侯夨簋考釋》，《考古學報》956年2期。

唐蘭：《永盂銘文解釋》，《文物》1972年1期。

唐雲明：《河北元氏縣西張村的西周遺址和墓地》，《考古》1979年1期。

唐友波：《𩰫卣與周獻功之禮》，《上海博物館集刊》第7輯。

天津市文物管理處：《天津市發現西周㲋簋蓋》，《文物》1979年2期。

譚戒甫：《西周"𦣞"器銘文綜合研究》，載《中華文史論叢》第3輯。

王光永：《寶雞市博物館新徵集的饕餮紋銅尊》，《文物》1966年1期。

王龍正、姜濤、袁俊傑：《新發現的柞伯簋極其銘文考釋》，《文物》1998年9期。

王龍正等：《平頂山應國墓地八十四號墓發掘簡報》，《文物》1998年9期。

王龍正等：《河南平頂山應國墓地M257發掘簡報》，《華夏考古》2015年3期。

王龍正:《平頂山應國墓地九十五號墓年代、墓主及相關問題》,《華夏考古》1995 年 4。

王龍正等:《平頂山應國墓地 I》, 大象出版社, 2012 年。

王龍正等:《匍鴨銅盉與頫聘禮》,《文物》1998 年 4 期。

王人聰:《記載武王伐商史實的周初重器利簋》,《中國文物世界》1986 年 8 期。

王克陵:《"宜侯夨簋" 銘文記〈武王、成王伐商圖〉、〈東國圖〉及西周地圖綜析》,《地圖》1990 年 1 期。

王金平:《天馬—曲村遺址青銅器介紹》,《文物季刊》1996 年 3 期。

王恩田:《曾侯與編鐘與曾國始封——兼論葉家山西周曾國墓地復原》,《江漢考古》2016 年 2 期。

王恩田:《静方鼎銘文辨僞》, 復旦大學出土文獻與古文字網站 2017 年 4 月 5 日刊。

王辉:《琱生三器考释》,《高山鼓乘集》, 中華書局, 2008 年。

王玉哲:《論〈雕生簋〉銘没有涉及訴訟問題》,《中華文史論叢》1989 年 1 期。

王冠英:《親簋考釋》,《中國歷史文物》2006 年 3 期刊。

王晶:《散氏盤銘文集釋及西周時期土地賠償案件審理程式窺探》,《長春工業大學學報》2012 年 1 期。

王正等:《從應國墓地看西周時期南北方文化的交流》,《黄河文明與可持續發展》第八輯。

王輝:《逨盤銘文箋釋》,《考古與文物》2003 年 3 期。

王進先:《山西長子縣發現西周銅器》,《文物》1979 莫按摩 9 期。

吴礽驤:《甘肅靈台縣兩周墓葬》,《考古》1976 年 1 期。

吴鎮烽:《獄器銘文考釋》,《考古與文物》2006 年 6 期。

吴鎮烽等:《陝西省扶風縣強家村出土的西周銅器》,《文物》1975 年 8 期。

徐錫臺、李自智《太保玉戈銘補釋》,《考古與文物》1993 年 3 期。

徐天進等:《天馬—曲村遺址北趙晉侯墓地第五次發掘》,《文物》1995 年 7 期。

肖夢龍:《江蘇丹徒大港煙墩山二號墓的發掘與研究》,《江蘇社聯通訊》1988 年 1 期。

謝堯亭等:《山西翼城大河口西周墓地 1017 號墓發掘》,《考古學報》2018 年 1 期。

謝堯亭等:《山西翼城大河口西周墓地 2002 号墓發掘》,《考古學報》2008 年 2 期。

夏含夷:《從親簋看周穆王在位年數及年代問題》,《中國歷史文物》2006 年 3 期刊。

西安市文物管理處:《陝西長安新旺村、馬王村出土的西周銅器》,《考古》1974 年 1 期。

辛怡華:《西周裘衛家族的初步研究》,《秦始皇陵博物院》20015 年輯刊 185–194 頁。

楊文山:《西周青銅邢器“麥尊”通釋》,《邢臺師範高專學報(綜合版)》1997 年 4 期。

院文清等:《隨州文峰塔 M1(曾侯與墓)M2 發掘簡報》,《江漢考古》2014 年 4 期。

殷瑋璋:《新出太保銅器及其相關問題》,《考古》1990 年 1 期。

殷滌非:《十論“大豐簋”的年代》,《文物》1960 年 5 期。

尹泓兵:《地理學與考古學視野下的昭王南征》,《歷史研究》2015 年 1 期。

尹盛平:《西周的弓鱼國与太伯、仲雍的奔荆蛮》,《陝西省文博考古科研成果匯報會議論文選集》,陝西省文物事业管理局編印,1981 年。

于省吾:《利簋銘文考釋》,《文物》1977 年 8 期。

于省吾:《商周金文録遺》,中華書局,2009 年。

于薇:《西周封國徙封的文獻舉證——以宜侯夨簋銘文等四篇文獻爲中心》,《中國歷史地理論叢》2013 年 1 期。

俞珊瑛:《浙江省博物館收藏的一批商周青銅器》,《中原文物》2012 年 3 期。

袁俊傑等:《論旡鼎與喪服禮》,《考古》2015 年 6 期。

葉正渤:《我方鼎銘文今釋》,《故宫博物院院刊》2001 年 3 期。

葉正渤:《亦談親簋銘文的歷日和所屬年代》2007 年 4 期。

姚孝遂:《舀鼎銘文研究》,載《吉林大學社會科學學報》1962 年

2 期。

張頷：《寢孳方鼎銘文考釋》，《文物季刊》1990 年 1 期。

張頷：《晉侯斷簋銘文初識》，《文物》1994 年 1 期。

張懷通：《小盂鼎与世俘新證》，《中國史研究》2008 年 1 期。

張光裕：《新見保員簋試釋》，《考古》1991 年 7 期。

張經：《賢簋新釋》，《中原文物》2002 年 3 期。

張懋镕：《虎簋蓋銘座談紀要》，《考古與文物》1997 年 3 期。

張聞玉：《親簋及穆王年代》，《中國歷史文物》2007 年 4 期。

張亞初：《太保罍、盉銘文的再探討》，《考古》1993 年 1 期。

張亞初：《金文所見某生考》，《考古與文物》1983 年 5 期。

張永山：《親簋作器者的年代》，《中國歷史文物》2006 年 3 期刊。

張世超：《西周訴訟銘文中的“許”》，《中國文字研究》十五輯。

趙伯雄：《〈詩·下武〉“應侯順德”解》，《古籍整理研究學刊》1998 年 6 期。

周錫韓：《天亡簋應爲康王時器》，《古文字研究》24 集 211 頁，中華書局，2002 年。

周曉陸等：《吴虎鼎銘録》，《考古與文物》1998 年 3 期。

周亞：《館藏晉侯青銅器概論》，《上海博物館集刊》第 7 期。

周亞：《再讀大克鼎》，《上海文博》2004 年 1 期。

周永珍：《西周時期的應國、鄧國銅器及其地理位置》，《考古》1982 年 1 期。

周瑗：《矩伯裘衛兩家族的消長與周禮的崩壞—試論董家村銅器群》，《文物》1976 年 6 期。

周同：《令彝考釋中的幾個問題》，《歷史研究》1959 年 4 期。

朱鳳瀚：《叀器與魯國早期歷史》，《新出金文與西周歷史》，2011 年。

朱鳳瀚：《琱生簋銘新探》，《中華文史論叢》1989 年 1 期。

朱鳳瀚：《衛簋與伯獄諸器》，《南開學報》2008 年 6 期。

朱鳳瀚：《琱生簋與琱生尊的綜合考釋》，《新出金文與西周歷史》，上海古籍出版社，2011 年。

朱鳳翰：《柞伯鼎與周公南征》，《文物》2006 年 5 期。

朱英：《釋妹辰》，《考古社刊》1935 年 3 期。

後 記

青銅器銘文研究原先是我研究經學的"副產品"。自從攻讀博士學位起，爲了發掘真正的"周禮"，我不得不試圖從西周銘文中發現線索，由此開啟了我的金文研究。一抬頭，二十年過去了，令人感慨良多。非常感謝業師蔣凡先生當年開設了"近代學術大師治學方法研究"博士課程，課程作業要求選兩位學術大師作比較研究。同門師兄弟有選王國維與梁啟超的，有選魯迅與郭沫若的，有選朱自清與聞一多的，有選章太炎與劉師培的。我選的是楊樹達與于省吾兩位學術大師。爲了完成課程作業，我將兩位學術大師的絕大部分著作認真閱讀了一遍，尤其喜愛楊樹達先生的"積微居"系列，其中收入《積微居金文説》的《新識字之由來》所論十四法，給予我太多的啟發。研讀金文，漸有心得。然而金文研究明顯被學科割裂成文學研究、史學研究、政治學研究等多個方塊，是典型的"道術已爲天下裂"。在完成《商周青銅器銘文文學研究》一書之後，我將自己的金文研究目標定爲經學、史學、文學、哲學相互交融的綜合性研究，以求全面揭示金文中的宗周禮樂文明遺跡，成果之一就是這部《西周銘文史》。

本書作爲國家社科一般項目立項於 2012 年，2018 年結項，直到 2022 年才得以出版。由於撰寫時間跨度長，對於具體銘文篇章的看法前後多有不同；加上新的青銅器銘文不時出土，爲撰寫西周銘文史提供了新材料，同時對以前的結論形成新挑戰，因而全書修改難度極大。感謝文物出版社的許海意先生爲本書的校勘付出了巨大的努力；也感謝三位匿名評審專家爲本書結項提出的寶貴意見。本項課題的完成，又是另一項研究的起點，我們不僅期待《春秋戰國銘文史》的出現，更期待金文研究各個領域取得新突破。

青陽丁進 2021 年 11 月

記于湖南大學嶽麓書院